아함경 [6]

시대철학과 연기법의 진리

학담평석 아함경 **6**

법보장 3 시대철학, 그 연기론적 비판과 포용
법보장 4 연기법의 진리

한길사

Āgama-Sūtra

by. Hakdam

Published by Hangilsa Publising. Co., Ltd., Korea, 2014

학담 아함경의 구성

시대철학, 그 연기론적 비판과 포용

법보장法寶章 4
연기법의 진리

제6부 고통의 연기, 해탈의 연기

일러두기

1. 번역 대본 및 참고한 주요 불전과 문헌은 다음과 같다.

- 북전 산스크리트어의 한역(漢譯) 네 아함을 번역 대본으로 삼고, 필요한 경우 그에 해당하는 남전 팔리어 니카야를 번역해 함께 수록했다. 그 가운데 상윳타니카야(Saṃyutta-nikāya, 상응부경전)와 마즈히마니카야(Majjhima-nikāya, 중부경전)는 보디(Bodhi) 비구의 영역본을 기본으로 해서 일어역『남전장경』(南傳藏經)을 참조했다. 또한 동국역경원 한글 번역본을 초역에 참고했다.

- 비나야(vinaya, 律)로는 동아시아 불교 율종(律宗)의 토대가 된『사분율』(四分律)의 주요 내용을 뽑아 실었다.

- 천태지의선사(天台智顗禪師)의 교관(敎觀)을 경전 해석의 기본 틀로 삼아 천태선사의 저술『마하지관』(摩訶止觀)·『법계차제초문』(法界次第初門) 가운데 많은 법문을 번역해 실었다.

- 그밖에 참고한 다양한 불전 및 문헌들은 제12책(아함경 독해의 길잡이) 끝에 자세히 실었다.

2. 네 아함의 한문 경전은 직역을 원칙으로 했으며 자연스러운 우리말을 풍부히 살렸다. 특히, 게송은 뜻을 살리면서 운율의 맛이 느껴지게 했다.

3. 기존 한역 네 아함과 남전 다섯 니카야의 불전 체계를 귀명장·불보장·법보장·승보장 삼보(三寶)의 새로운 틀로 재구성했다. 전12책 20권의 편제다.

4. 해제, 이끄는 글, 해설에서 모든 경을 대승 교설과 회통하여 깊고 명쾌하게 평석했다. 부·장·절 그리고 각 경에 제목을 붙여 내용의 이해를 도왔다.

5. 지명·인명·용어 등은 산스크리트어 표기를 원칙으로 하되 이미 익숙해

진 발음은 아래처럼 예외를 두었다.

• 붓다는 산스크리트어 Buddha의 어원을 나타내기 위해 '붇다'로 표기한다. 싣단타(siddhānta)와 데바닫타(Devadatta)의 경우도 마찬가지이다.

• 산스크리트어 표기는 묵음화된 현대 발음을 쓰지 않고 고대 한자어로 음 사한 음을 따라 쓴다. 예를 들어 Veda는 웨다로 쓰지 않고 베다로 쓴다. 산 스크리트어 비파스야나(vipaśyanā)는 위파사나로 하는 이들이 있지만, 우 리말에 익숙해진 비파사나로 쓴다.

• ⟨ś⟩의 발음은 ⟨śari⟩처럼 뒤에 모음이 오면 '사리(스)', ⟨Śrāvastī⟩처럼 뒤에 자음이 오면 '슈라바스티(슈)', ⟨Aśvajit⟩처럼 단어 중간에 모음 없이 오면 '아쓰바짓(쓰)'으로 표기한다.

• 팔리어 인·지명만 남아 있을 경우 '巴'로 팔리어임을 표시했다.

• 산스크리트어의 원래 발음을 찾지 못한 한자 음사어는 우리말 한자음과 현 대 중국어 발음을 참고해서 원어에 가깝게 표기하고 한자어를 병기한다.

• 산스크리트어 빅슈(bhikṣu)·빅슈니(bhikṣuṇī)는 팔리어 비구(bhikkhu)· 비구니(bhikkhunī)로 쓴다. 산스크리트어 슈라마네라(śrāmaṇera)·슈라 마네리카(śrāmaṇerikā)도 사미·사미니로 쓴다. 산스크리트어로 슈라마나 (śramaṇa), 팔리어로 사마나(samaṇa)는 사문(沙門)으로 쓴다.

• 용수(龍樹)-나가르주나(Nāgārjuna), 마명(馬鳴)-아쓰바고샤(Aśvaghoṣa), 세친(世親)-바수반두(Vasubandhu) 등 일부 인명은 익숙한 한자음 표기를 혼용한다.

6. 경전명·저술명은 가급적 한자어로 표기한다. 『중론』·『성유식론』·『기신 론』·『대지도론』·『열반경』·『화엄경』 등.

7. 불(佛)·법(法)·승(僧)은 어원에 따라 붇다·다르마·상가로 쓴다.

8. " " - 직접인용 및 대화   ' ' - " " 속의 인용과 대화 및 어구 강조

   ⟨ ⟩ - ' ' 속의 인용과 대화   「 」- 경전(품)·논문·단편

   『 』- 경전·불전·책(빈번히 언급되는 남·북전 아함경은 생략)

   [ ] - 병기 한자어 및 원어 독음이 다를 때

법보장 法寶章 3

시대철학, 그 연기론적 비판과 포용

제4부

기성 사상계에 대한 붇다의 비판과 깨우침

연기법은 깨뜨리되 깨뜨림이
없고[破而不破] 세우되 세움이
없다[立而不立]. 이처럼 실로 깨뜨리고
세움이 없되[實無破立] 깨뜨림과 세움을
자재히[破立自在] 하는 연기법의
비판정신이, 깨뜨림과 살려냄을 늘 지혜
안에서 통일하는 반야의 빛이고 불교를
불교답게 하는 창조적 비판정신이다. (…)
당대 브라마나와 사문들의 온갖 철학적
실체주의·종파주의·계급주의를
비타협적으로 비판하고 깨뜨리되 그들과
싸우거나 다투지 않고, 광란의 꿈에 날뛰던
그 시대를 자비의 품에 크게 끌어안고
시대 대중을 구원하였던 것이다.

연기법의 비판, 연기법의 거둠

1. 일원론과 다원론을 넘어

경전에서 연기(緣起)의 진리란 '깊고 깊어 미묘하여 이루 생각할 수 없고 말할 수 없다'[甚深微妙不可思議]고 표현한다. 이는 붇다의 보디의 길[菩提路]이 세계에 대한 다양한 견해 가운데 한 길이 아니라, 온갖 헛된 관념과 견해의 틀을 부숨으로써 세계의 진실을 진실 그대로 실현하는 길임을 뜻한다.

그러므로 『법화경』은 '모든 법의 진실한 모습은 붇다와 붇다라야 사무쳐 다할 수 있다'[唯佛與佛 乃能究盡 諸法實相]고 말한다.

이처럼 연기법(緣起法)의 깨달음이 사물을 보는 제약된 견해를 뛰어넘음으로써 실현되는데도 불구하고, 요즈음 많은 이들이 자신의 닫힌 견해를 세워 그 견해대로 연기의 진리를 이해하고자 한다. 심한 경우에는 붇다가 비판한 비연기론적 세계관과 연기론을 혼동한 채 여래의 선(禪)과 깨달음[覺]을 말하는 이들이 넘쳐나고 있다.

여래는 세간과 다투지 않는 크나큰 포용의 사람이다. 그러나 여래의 포용은 왜곡된 세계관에 대한 철저한 비판을 통한 포용이다.

연기론에서는 한 티끌이라도 기성 철학의 치우치고 왜곡된 세계관의 자취란 찾아볼 수 없다. 기성의 것에 대한 어정쩡한 비판이나, 기성 철학의 일부 수정을 통해 기성 철학과 담합하고 야합할 통로는 연기론 안에 없다. 연기법에는 기성 철학의 그릇됨에 대한 철저한 비판과 비판을 통한 크나큰 포용만이 있다.

연기론은 비판 없는 포용과 포용 없는 비판을 모두 부정한다.

붇다 출세 당시 인도사회의 사상계는 크게 두 가지 흐름으로 구분한다.

첫째 흐름은 기성 브라마나의 철학이다. 무규정적 보편자인 하나인 것[Tad Ekam]에서 만유의 다양성이 전개되었다고 말하는 사상으로, 이를 전변설(轉變說, pariṇāma-vāda)이라 한다.

만유를 전변하는 '오직 하나인 자'는 때로 그 권화(權化)로서 마혜쓰바라(Maheśvara)·비슈누(Viṣṇu)·브라흐만(Brahman)의 하늘왕과 같은 하늘의 신격과 동일시되어 나타나기도 한다.

전변설에 대항하는 신흥 사문들은 만유의 다양성의 근거가 되는 오직 하나인 것은 존재하지 않는다고 주장하며, 존재는 물질적이고 정신적인 요소들의 쌓여짐[積聚]에 의해서 형성된다고 주장한다.

자이나교는 오직 하나인 신적 운동자를 부정하면서도 전변설과 적취설(積聚說)의 새로운 종합을 시도한다.

자이나교에서는 영혼적인 지바(jīva)와 비영혼적인 아지바(ajīva)의 결합 속에서 존재가 구성된다. 지바는 땅·물·불·바람·동물·식물에 모두 있는 영적 실체이다. 아지바는 운동의 조건이 되는 다르마(dharma), 정지의 조건이 되는 아다르마(adharma), 허공[ākāśa]과 시간[kāla], 물질의 보편적 형식으로서 푸드갈라(pudgala)이다.

지바는 물질적 존재 내부에 있는 활동의 주체로서 앎[知, jñāna]과 봄[見, darśana), 힘[力, virya], 안온[安, sukha]을 갖고 있다. 이 영적 주체가 아지바의 시간·공간의 형식에 담겨 무규정적 푸드갈라의 원형에 구체성을 부여하는 것이다.

푸드갈라는 더 이상 나뉠 수 없는 원자[aṇu]로 이루어져 있는 무규정적 물질의 원형인데, 지바의 활동에 의해 푸드갈라에 형성되는 업

(業)의 힘이 다시 지바의 영적 실체를 구속한다.

아지바 가운데 다르마가 물체의 운동을 가능케 하는 원리의 성격을 지닌다면, 아다르마는 정지의 원리이다.

이렇게 보면 자이나교에서 지바가 정신적·물질적 질료의 성격을 띤다면, 아지바의 허공·시간과 다르마·아다르마는 지바와 푸드갈라의 움직임을 담아주는 보편적 형식의 성격을 지닌다.

브라마나의 전변설과 신흥 사문들의 적취설, 자이나교의 세계관이 세 가지 유파의 존재론적 입장을 원인[因]과 결과[果]의 같음과 다름이라는 관점에서 살펴보자.

원래 있던 하나인 것이 만 가지 것으로 전개되었다고 주장하는 세계관은 원인[kāraṇa] 속에 이미 결과[kārya]가 있는 것이니, 이는 원인과 결과는 서로 같다고 주장함[sat-kārya, 因中有果]이 된다.

그에 비해 정신적이고 물질적인 요소들의 쌓여짐으로 존재가 형성되었다고 주장하는 세계관에서는 원인 속에 결과가 없고 요소가 모임으로써만 결과가 있다. 이 주장은 바로 원인 가운데 결과가 없고, 원인과 결과는 같지 않다는 주장[a-sat-kārya, 因中無果]이다.

자이나교의 관점에서는 아지바 가운데 허공·시간과 다르마·아다르마는 원인에서 결과로 그대로 이전되므로 원인과 결과가 다르지 않다. 지바의 결합과 물질의 무규정적 원형인 푸드갈라의 묶임과 해탈이 새로운 결과를 내므로 원인과 결과는 같지 않다.

그러므로 자이나교는 원인과 결과가 같지도 않고 다르지도 않은 입장으로 '원인 가운데 결과가 있기도 하고 없기도 하다'[因中亦有果亦無果]고 주장하는 셈이 된다.

후기 육파철학(六派哲學)에서 바이세시카(Vaiśeṣika, 勝論)·니야야(Niyāya) · 미맘사(Mīmāṃsā) 학파들은 적취설의 계승자들이다. 이들은 다원적 요소들의 통일장으로 허공(ākāśa)을 상정하지만, 이 학설들도 원인 가운데 결과 없음[因中無果]을 말하고 있다.

상키야(Sāṃkhya, 數論) 학파와 베단타(Vedānta) 학파는 전변설의 계승자들이다. 베단타는 만유를 하나인 브라흐만의 화현이라는 학설을 견지함으로써 베다 철학의 정통적 주장을 이어받았다 할 수 있다. 상키야 학파는 일원론적 전변설에 사문들의 다원주의 세계관을 흡수하여 조직한 학설로서, 푸루샤(puruṣa)의 관조가 움직이는 힘의 원인[動力因]이 되어 프라크리티(prakṛti)의 물질적 질료와 정신적 자각의 힘[buddhi]을 움직여 만유가 전개된다고 말한다.

프라크리티의 생명력은 순수한 바탕으로서 사트바(sattva), 움직이는 성질로서 라자스(rajas), 가리는 성질로서 타마스(tamas)의 세 가지 덕으로 이루어져 있다. 이 세 가지 덕은 원래 프라크리티 안에 주어진 것이고, 그것을 움직이는 힘이 푸루샤이다.

이 학설에서 모든 다원적 힘의 운동은 결국 일원적인 통일자의 관조에 의하므로 이 학설 또한 원인 가운데 결과 있음을 주장하고 있다.

붇다의 연기론은, '원인 가운데 결과가 있다'는 브라마나의 주장, '원인 가운데 결과가 없다'는 사문들의 주장, '원인 가운데 결과가 있기도 하고 없기도 하다'는 중간철학의 주장을 모두 깨뜨린다.

붇다의 연기론은 원인[因]과 조건[緣]에 의해 결과[果]가 일어난다고 말함으로써 하나인 것의 자기전변에 의해 만유가 전개된다고 말하는 전변설을 깨뜨린다. 연기설에서는 원인이 조건을 만남으로써 비로소 결과가 이루어지므로, 원인 속에 미리 결과가 있다는 전변설, 일원론적 선험주의의 주장은 부정된다.

그러나 연기법에서 원인은 실체적 덩어리로서의 원인이 아니므로 조건을 만나고, 조건 또한 실체적 조건이 아니므로 원인과 조건이 어울려 결과 아닌 결과를 내는 것이다. 연기법의 생성은 생성 아닌 생성[無生之生]이고, 연기법에서는 있음도 공하고 공함도 공하니 원인 가운데 결과 없다 함도 부정된다.

'배추 씨앗과 배추 싹의 관계'를 통해 살펴보자.

씨앗이 씨앗 아닌 씨앗이고 땅·물·바람·햇빛도 실체로서 원자적 요소가 아니므로 씨앗은 땅·물·바람·햇빛의 기운을 받아 싹이 된다. 다시 결과로 이루어진 배추 싹도 결과 아닌 결과이므로 새롭게 자라고 달라지며 끝내 시들어 사라지지만 어디에도 사라지는 곳은 없다. 곧 배추 싹에는 배추 씨도 없고 땅·물·바람·햇빛도 없지만, 씨앗과 땅·물·바람·햇빛이 없으면 싹은 나올 수 없다.

원인 가운데 결과가 없지만 원인을 떠나 결과도 없으며, 앞의 것이 그대로 뒤의 것이 되지 않지만 앞의 것이 끊어지고 뒤의 것이 나오지도 않는다.

씨앗이 조건을 통해서만 싹이 될 수 있다고 말함으로써 연기법은 전변설의 원인 가운데 결과 있음[因中有果]을 깨뜨린다. 연기법은 씨앗 아닌 씨앗이 조건 아닌 조건을 만나 결과 아닌 결과를 냄으로, 씨앗을 떠나 싹은 없다. 씨앗과 조건과 싹의 결과는 모두 있되 공하므로 원인과 조건과 결과는 다르되 다르지 않음을 말할 수 있다.

그러므로 연기법은 실체로서 다른 원인과 조건이 화합하고 모여 쌓여 새로운 존재가 나온다고 주장하는 적취설을 다시 부정함으로써, 원인 가운데 결과 없음[因中無果] 또한 깨뜨린다.

중간철학인 자이나교 또한 '원인 가운데 결과가 있음도 부정하고 결과 없음도 부정'함으로써, '원인 가운데 결과 있다'는 주장과 '결과 없다'는 주장을 통합하려 한다. 그러나 자이나교에서는 원인 가운데 결과 있음과 없음이 지양되지 못하고 절충적으로 결합되어 있다.

붇다의 연기법은 '원인 가운데 결과 있다는 주장'에 대해서는 결과를 이미 갖고 있는 절대적인 자기원인의 실체를 철저히 타파하고, '원인 가운데 결과가 없다는 주장'에 대해서는 결과를 내되 결과를 내는 원인과 조건, 원인과 조건에 의해 일어난 결과의 실체를 철저히 타파한다.

그리하여 연기법은 원인 가운데 결과 있음과 없음을 한꺼번에 부정하여, 원인 아닌 원인과 결과 아닌 결과가 서로 소통하고[因果交徹], 원인과 결과가 공성(空性)인 원인과 결과가 되어 인과가 모두 원만한 창조적 인과설[因圓果滿]을 천명한다.

2. 연기법의 비판을 통한 시대철학의 회통

연기법에서 온갖 존재는 인연으로 나므로 실로 남이 없고[實無生] 인연으로 사라지므로 실로 사라짐이 없다[實無滅]. 남에 남이 없으므로 나지 않음이 없고, 사라짐에 사라짐이 없으므로 사라지지 않음이 없다.

지금 타오르는 불꽃을 예로 들어보자.

지금 타는 불은 심지와 기름과 불씨가 어울려 불이 있다. 불씨와 심지와 기름과 바람이 어울려 불이 있으므로 불이라고 하는 존재가 이미 원인 속에 불을 갖추고 있는 보편자에 의해 생겼다는 주장은 부정된다. 그러나 불씨와 심지와 기름과 바람이 각기 자기실체적 존재의 장 속에 닫혀 있다고 해도 불씨와 심지와 기름과 바람에 의해 앞의 불씨를 받아 뒤의 불이 나올 수 없다.

불은 불씨와 심지와 기름에 의해 있으므로 불에 불이라는 자기성품[自性]이 없다. 그러므로 자기성품을 가진 불이 어디서 왔다거나 어디로 간다고 말해서는 안 된다. 불은 인연에 의해 끊임없이 생성하고 소멸하되 실로 나온 곳이 없고 사라진 곳이 없다[不來不出]. 하나의 불꽃이 사라지고 다음 불꽃이 이어지나[相續] 앞의 불꽃이 실로 사라지고 뒤의 불꽃이 오는 것이 아니고[不斷], 앞의 불꽃이 그대로 뒤의 불꽃으로 가는 것도 아니다[不常].

앞의 불꽃과 뒤의 불꽃, 원인과 결과는 같다고 해도 맞지 않고 다르다고 해도 맞지 않는다[不一不異].

연기법은 이처럼 원인과 결과가 같다고 말하는 전변설을 깨뜨리고, 원인과 결과가 다르다고 말하는 적취설을 깨뜨리며, 그 둘을 절충적으로 종합하려는 중간철학을 깨뜨린다.

그러나 원인을 떠나서 결과가 없다고 말함으로써 적취설의 무상성에 응답하며, 원인 그대로 결과가 되는 것이 아니라고 말함으로써 전변설의 영속성에 응답한다.

다시 현실의 인연에 의해서만 결과가 있다고 말함으로써 일원론자의 초월적 보편주의를 깨뜨리지만, 원인과 조건과 결과가 자기성품 없는 원인과 조건과 결과라고 말함으로써 원인과 조건과 결과 사이의 상호개방성과 존재와 존재 사이의 소통과 하나됨을 가르친다.

연기법에서는 실체적인 안의 자체 요인[內因]과 밖의 조건[外緣]이 쌓여서 새로운 존재가 생겨나는 것이 아니니, 연기설은 적취설의 닫힌 경험주의나 소박한 실체론적 세계관을 넘어선다.

그러나 안과 밖이 공한 안과 밖이라, 안이 밖을 떠나지 않고 밖이 안을 떠나지 않으므로 안과 밖이 어울려 결과 아닌 결과가 나는 것이니, 연기설이야말로 존재와 존재의 개방성과 자발성을 가르치는 철학이다.

지금 타오르는 불꽃은 앞의 불씨 그대로가 아니므로 원인 가운데 결과는 없다. 그러나 지금 타오르는 불꽃은 앞의 불씨를 떠나서 있을 수 없으므로 원인 가운데 결과가 없는 것도 아니다.

이와 같이 실체적 시간성을 두고 원인과 결과를 고찰하면, 원인의 원인됨[因因] 그 무한 소급과, 결과의 결과됨[果果] 그 무한확장을 벗어날 수 없으며, 존재와 존재 사이 끝없는 관계의 그물에서 빠져나오지 못한다.

이렇게 연기법을 이해하는 것 또한 실체주의[有論]에 연기론의 개방성을 가두는 것이 된다. 연기이므로 공하고 공하기 때문에 연기가 있다고 보는 연기(緣起)와 공(空)의 중도의 관점만이 연기에 관한 실체주의의 허물을 벗어날 수 있다.

지금 타오르는 불꽃[火, 有]에서 불꽃을 불꽃이게 하는 원인과 조건이 공하고 결과로서의 불꽃 또한 공하므로, 불은 불이 아니라 불꽃에는 불꽃의 자기성품이 없다.

그러나 불꽃의 원인과 조건과 결과가 공하므로 새로운 원인과 조건에 의해 새로운 불꽃이 생성되니, 원인과 조건과 결과가 공함 또한 공하다[空亦空]. 불은 공한 불이므로 불은 불 아니지만, 불은 연기한 것이므로 불은 불 아님도 아닌 것이다.

인과설을 실천론적으로 살펴보자. 실천적으로는 지금 있는 불꽃이 공하여 그 있음이 있음 아니고, 그 공함 또한 공하여 없음이 없음 아닌 곳에, 있음을 떠나고 없음을 떠난 니르바나의 뜻이 세워진다.

그것은 있음이 있음이 아니므로 존재를 취하지 않고[不取], 없음이 없음이 아니므로 존재를 버리지 않을[不捨] 때 해탈의 삶이 있기 때문이다.

이처럼 중도의 관점에서 지금 주어진 있음이 있되 공한 뜻을 바로 세울 때[立妙有義], 원인 가운데 결과가 있다는 주장을 참으로 깨뜨릴 수 있을 것이다. 그리고 공함 또한 공한 참된 공의 뜻을 바로 세울 때[立眞空義] 원인 가운데 결과가 없다는 주장을 참으로 깨뜨릴 수 있을 것이다.

유식불교(唯識佛敎)는 앎이 연기이므로 공하다는 말을 듣고 끊어져 없다는 견해 일으키는 이들을 위해 지금 현재의 행위와 다음의 행위를 매개하는 앎[識]의 종자(種子)를 말한다. 여래장(如來藏) 불교는 진여(眞如)를 다만 공함[但空]으로 보는 이들의 치우침을 깨기 위해 공하지 않은 진여[不空眞如]의 뜻을 세운다.

이는 모두 원인 가운데 결과 있음을 깨뜨리되, 원인 가운데 결과 없지 않음의 뜻을 세워내지 못하는 치우침에 응답하기 위한 교설이다.

이를 『수랑가마수트라』(Sūraṃgama-sūtra, 首楞嚴經)의 뜻으로 살펴보자.

지금 타오르는 불에는 불을 불이게 하는 실체로서 원인과 조건이 공하여 찾을 수 없으므로 실체적인 원인과 조건에 의해 불이 있다고 해서는 안 된다[非因緣生]. 그러나 불꽃은 불씨와 섶과 바람을 떠나서 불이 될 수 없으므로 불을 절대적인 운동자가 만들었다 하거나 절대적인 있음[絶對有]이나 절대적 없음[絶對無]에서 불이 저절로 생겼다고 말해서도 안 된다[非自然生].

불에는 불의 원인과 조건과 결과가 공하여 불의 자기모습이 없다.

시방 세계 어디에도 불의 실체적인 원인과 조건은 없으나, 시방 세계 어디에서도 원인과 조건에 의해 있되 공한 불[空火]의 결과, 불 아닌 불이 남이 없이 나는 것이다.

불이 실체로서의 불이 아니고 있되 공한 불이므로, 불은 주체의 삶과 동떨어진 불, 주체의 업(業) 밖의 불이 아니라 업의 토대이자 업 자체로 주어지는 불이다.

그러므로 불에서 철저히 불의 공함을 보되 허무에 떨어지지도 않는 자가, 성품이 공한 참된 불[性空眞火]을 보고, 불이 공하되 공도 공하여 주체의 앎활동 자체로 불이 현전함을 보는 자가 '성품의 불의 참된 공'[性火眞空]을 본다.

『수랑가마수트라』는 말한다.

"네가 오히려 알지 못하는구나. 여래장 가운데 성품의 불의 참된 공과 성품이 공한 참된 불이 청정하고 본디 그러하여 법계에 두루해 중생의 마음을 따르고 아는 바 헤아림에 응한다.

아난다여, 알아야 한다. 세상 사람이 한곳에서 불거울[火鏡]을 잡으면 한곳에서 불이 나고, 법계에 두루하게 잡으면 세간에 가득 일어나 세간에 두루하니 어찌 방위와 곳이 있겠느냐.

업을 따라 나타나지만 세간 사람들이 알지 못해 실체적 인연으로 난다[因緣生]거나 스스로 그러한 성품[自然性]이라 의혹하나, 이는 모두 마음의 분별로 헤아림이라 말만 있고 진실한 뜻이 없는 것이다."

3. 『중론』의 '인연 살피는 품'을 통해 연기법의 비판정신을 다시 고찰함

앞에서 간략히 살핀 바처럼 붇다의 연기론은 초월적인 '하나인 자'의 전변을 통해 우주 만유의 생성을 말하는 브라마나의 철학과, 다원적 요소들의 쌓여짐으로 존재의 생성을 설명하는 바깥길 사문의 철학을 한꺼번에 깨뜨리고 한꺼번에 넘어선다.

연기론은 '초월적인 자기원인 가운데 이미 결과가 주어진다'고 말하는 브라마나의 초월주의 철학과, '원인에 결과가 없다'고 주장하는 사문들의 다원주의적이고 원자적인 세계관, 속류 경험주의적 세계관을 반대하고, '원인 속에 결과가 있기도 하고 없기도 하다'는 절충주의 철학을 모두 비판한다.

이러한 연기론의 관점을 이제 나가르주나 존자(Nāgarjūna, 龍樹)의 『중론』(中論)을 통해 다시 살피고자 한다.

연기론은 원래 초월적 일자가 되었든 다원적 요소가 되었든 존재의 생성에 실체적 출발점을 인정하는 입장을 삿된 원인을 말하는 세계관[邪因論]이라 비판한다. 그리고 원인 없이 저절로 생겨난다는 입장을 원인 없음을 말하는 세계관[無因論]이라 비판한다.

이렇듯 삿된 원인과 원인 없음을 모두 부정하는 붇다의 연기의 가르침은, 붇다께서 니르바나에 드신 뒤 후대 제자들에 의해 존재를 내는 원인과 조건이 다시 실체화되어 왜곡되니, 이때 나가르주나 존자가 출현하여 그 잘못된 이해를 깨뜨려서 연기법의 바른 입장을 세우게 된다. 그리고 연기론의 실체론적 왜곡을 깨뜨리는 맨 앞머리에 바로 『중론』이 있다.

『중론』은 전체 스물일곱 품의 사백사십육 게송[446頌]으로 구성되어 있는데, 그 첫머리가 바로 '인연을 살피는 품'[觀因緣品]이니, 원인과 조건의 실체화를 깨뜨리기 위해 연기법에서 원인과 조건을 깊이 고찰하고 있는 것이다.

『중론』은 인연의 고찰을 통해 원인과 조건과 결과가 모두 공한 원인과 조건과 결과이므로 연기적인 생성에 남이 없음[生而無生]을 보여, 먼저 당대 사상계의 온갖 사인론(邪因論)과 무인론(無因論)을 깨뜨린다. 그런 다음 인식 발생의 네 가지 조건[四緣]이 모두 있되 있음 아님을 밝혀 불교 내부 법집(法執)에 떨어진 실체론[有論]을 깨뜨린다.

『중론』의 본송(本頌)과 청목의 풀이(釋)를 읽으면서 보디사트바(bodhi-sattva, 菩薩) 나가르주나의 관점을 살펴보자.

1) 나되 실로 남이 없음을 말하는 연기법과 실로 남이 있음을 보이는 다른 철학

나가르주나의 『중론』은 논의를 펼치기 전에 먼저 존재의 생성에 관해 삿된 원인[邪因]을 말하고 원인 없음[無因]을 말하는 온갖 다른 헛된 논란[戲論]을 연기의 진리로써 잠재우신 붇다께 찬탄과 공경의 노래를 바친다. 그것이 곧 온갖 법이 인연으로 나므로 남이 없고 인연으로 사라지므로 사라짐 없는 '으뜸가는 진리의 뜻'[第一義]을 노래한 첫머리 게송이다.

존재의 생성에 관해 삿된 원인을 말하는 다른 철학의 견해는 갖가지 모습으로 나타난다. 절대신성의 운동이 절대신의 현실적 권화로서 신격과 동일시되어 마헤쓰바라하늘신이나 비슈누신이 만물을 내었다고 말하는 이들도 있다. 한편 어떤 이들은 비인격적이되 온갖 존재를 포괄하는 보편자[有]에서 파생되어 나왔다고 하며, 절대무[無]에서 나왔다고 하며, 운동하는 과정의 신[時]이 외화하였다고 한다.

　보편운동자를 부정하는 사문들은 실체적 인연의 화합이나 더 이상 나뉠 수 없는 원소에서 나왔다고 말한다.

　붇다의 연기법엔 그 어떤 실체적 원인도 없고 원인 없음도 없다.

　나가르주나 존자의 게송과 청목(靑目)의 풀이를 들어보자. 나가르주나 존자는 붇다 귀의를 통해 실체적 인과설과 하늘신들에 의해 세계가 일어났다는 삿된 원인론을 다음과 같이 부정한다.

　　나지 않고 또한 사라지지 않으며
　　늘 있지 않고 또한 끊어지지 않으며
　　같지도 않고 또한 다르지도 않으며
　　오지도 않고 또한 가지도 않는다.

　　이런 인연의 법을 말씀하시어
　　모든 헛된 논란 잘 없애주시니
　　나는 모든 말씀 가운데 으뜸이신
　　붇다께 머리 숙여 공경히 절하도다.

　　不生亦不滅　不常亦不斷

　　不一亦不異　不來亦不出

　　能說是因緣　善滅諸戲論

　　我稽首禮佛　諸說中第一

　『중론』의 가장 대표적인 풀이로 전승되고 있는 청목의 풀이(靑目

釋)는 위 송에 대해 다음과 같이 말한다.

"**묻는다** 왜 이 논(論)을 짓는가.

답한다 어떤 사람은 온갖 사물들이 큰 마헤쓰바라 하늘에서 생겨났다고 말하고, 어떤 사람은 비슈누 하늘에서 생겨났다고 말하고, 어떤 사람은 어울려 합함[和合]에서 생겨났다고 말하고, 어떤 사람은 때[時]에서 생겨났다고 말한다. 어떤 사람은 물질의 원료[世性, prakṛti]에서 생겨났다고 말하고, 어떤 사람은 변화에서 생겨났다고 말하고, 어떤 사람은 스스로 그러함[自然]에서 생겨났다고 말하고, 어떤 사람은 가는 티끌[微塵]에서 생겨났다고 말한다.

이와 같은 등의 그릇됨이 있으므로 원인 없음[無因]이나 삿된 원인[邪因], 끊어져 없어짐[斷], 항상함[常] 등의 삿된 견해에 떨어져 갖가지로 나와 내 것을 말해 바른 법을 알지 못한다.

붇다께서는 이와 같은 여러 삿된 견해들을 끊어서 붇다의 법을 알도록 하려 하므로 먼저 성문(聲聞)의 법 가운데서 십이인연(十二因緣)을 말씀하고, 또 이미 익혀온 행으로 큰 마음이 있어 깊은 법을 받아 지닐 수 있는 이를 위해 마하야나의 법[大乘法]으로 인연의 모습을 설하시는 것이다.

'온갖 법이 나지 않고 사라지지 않으며 같지도 않고 다르지도 않아서 마쳐 다함도 공해 있는 바가 없다'고 하는 것은 『반야바라밀경』에서 다음처럼 말씀하신 것과 같다.

붇다께서 수부티에게 말씀하셨다.

'보디사트바는 도량에 앉을 때 십이인연이 허공 같아 다할 것이 없다고 살핀다.'

붇다께서 니르바나에 드신 뒤, 뒤 오백 세 상법(像法) 가운데 사람들의 근기가 더욱 무디어져, 깊이 연기하는 법의 실체를 집착해 십이인연·다섯 쌓임[五蘊]·열두 들임[十二入]·열여덟 법의 영역[十八界] 등의 결정된 모습[決定相]을 구하여 붇다의 뜻을 알지 못하고 문자만을 집착한다.

대승의 법 가운데 마쳐 다함마저 공하다[畢竟空] 함을 듣고서도, 어떤 인연 때문에 공한 줄을 알지 못하고 이렇게 의심하는 견해를 낸다.

'만약 도무지 마쳐 다함마저 공하다면 어떻게 죄와 복의 갚음 등이 있음을 분별할 수 있는가. 이와 같다면 속제와 으뜸가는 뜻의 진리가 없게 된다.'

이렇듯 이 공한 모습을 취해 탐착을 일으키고 마쳐 다함마저 공함 가운데서 갖가지 허물을 낸다.

나가르주나 존자께선 이런 것들 때문에 이 『중론』을 지어 그 첫머리에 다음과 같이 게송을 말하고 있다.

나지 않고 또한 사라지지 않으며
늘 있지 않고 또한 끊어지지 않으며
같지도 않고 또한 다르지도 않으며

오지도 않고 또한 가지도 않는다.

이 인연의 법을 말씀하시어
모든 헛된 논란 잘 없애주시니
나는 모든 말씀 가운데 으뜸이신
붇다께 머리 숙여 공경히 절합니다."

나가르주나 존자의 게송에 대한 청목의 풀이로 보면 붇다의 연기법은 삿된 인연론[邪因論]과 원인 없음[無因論]을 깨뜨리고, 다시 원인과 조건 그 결과가 공하다는 교설을 듣고 그 공에 집착하는 견해[着空]를 깨뜨린다.

인연 자체가 공하다는 것은 인연이 있음 아닌 있음임을 보이고 있으므로 공에도 취할 공의 모습이 없다. 연기와 공의 뜻을 모르는 이들은 공하다는 말을 듣고, 공하여 마쳐 다함[畢竟]에 그 마쳐 다함마저 없는 줄 모르고 공함을 집착한다.

그리하여 공하므로 연기하는 속제(俗諦)의 뜻과, 연기하므로 공한 승의제(勝義諦)의 뜻이 모두 사라질 것을 두려워한다.

게송 가운데는 나지 않고 사라지지 않음, 늘 있지 않고 끊어지지 않음, 같지 않고 다르지 않음, 오지 않고 가지 않음의 여덟 가지 부정의 어법[八不]이 나온다.

이는 바로 연기적인 존재의 생성 가운데서 사인론(邪因論)과 무인론(無因論)을 깨뜨릴 뿐 아니라 공에서 공을 취하는 그릇된 견해를 깨뜨려 참으로 속제를 세우고 승의제를 세우는 법문이다.

이 여덟 가지 부정이, 속제를 '있음 아닌 있음'[非有之有]으로 세우고 승의제를 '공하지 않은 공'[不空之空]으로 세우는 것이니, 그 뜻을 살펴보자.

2) 여덟 가지 부정의 뜻을 다시 살핌

『중론』의 첫 게송은 당대 사상계의 온갖 실체론에 대한 부정을 나지 않음과 사라지지 않음, 늘 있지 않음과 끊어지지 않음, 같지 않음과 다르지 않음, 오지 않음과 가지 않음의 여덟 가지 부정으로 벌여 보이고 있다.

그러나 이 여덟 가지 부정이 실은 인연으로 나므로[緣起] 실로 나지 않고[不生], 인연으로 사라지므로[緣滅] 실로 사라지지 않는 뜻[不滅]을 이루기 위함이다.

붇다의 가르침과 다른 길을 걷는 사상가들의 교설은 초월적인 원인이든 물질적이고 경험적인 요인이든, 내적 요인[內因]이든 외적 여건[外緣]이든, 어떤 실체적 출발점에서 존재가 난다고 말하며 그 나는 모습[生相]을 강조한다.

붇다는 인연으로 나므로 남에 남이 없고, 남이 없으므로 사라짐에 실로 사라짐이 없다고 가르친다.

인연으로 남이 없이 나므로 온갖 법은 항상하지 않고, 사라짐 없이 사라지므로 온갖 법은 끊어짐이 없다[不常不斷].

인연으로 나므로 원인과 결과는 같지 않고, 인연으로 나되 남이 없으므로 원인과 결과는 다르지 않다[不一不異].

결과를 내는 원인이 공한 원인이고 조건이 공한 조건이므로 결과로 난 존재 또한 공한 결과다. 결과가 공한 결과이므로 결과로서의 존재는 오되 어디에서 온 것이 아니며 가되 가서 이르는 곳이 없다

[不來不出].

이와 같이 여덟 가지 부정이 실은 '나지 않고 사라지지 않는 뜻'
[不生不滅義]을 이루는 여덟 가지 부정이다.

청목은 나지 않고 사라지지 않음의 뜻을 몇 가지 비유를 들어 다시
보인다.

"흔히 어떻게든 나는 모습[生相]을 말하려는 이들은, 태초의 때
를 상정해서 그 맨 처음의 때가 어떤 씨앗을 냈다고 말하거나 맨
처음 말씀이 있었다고 주장한다.

그러나 겁초(劫初)의 씨앗은 홀연히 난 것이 아니다. 왜냐하면
맨 처음의 씨앗으로 지금의 씨앗이 있다면, 맨 처음의 씨앗도 홀연
히 난 것이 아니라 그 앞의 씨앗과 조건으로 인해 난 씨앗이기 때
문이다.

겁초의 씨앗은 실로 난 것이 아니다. 만약 실로 났다면 그것은
실로 있는 것이라 사라져서 뒤의 씨앗을 낼 수 없기 때문이다.

또한 씨앗은 실로 남이 없기 때문에 실로 사라짐이 없다. 왜인가.

지금의 씨앗이 그 앞의 씨앗으로 인해 있고 그 씨앗이 겁초의 씨
앗으로 인해 있다면, 겁초의 씨앗은 사라지되 사라지지 않았기 때
문이다."

온갖 법은 항상하지 않고 끊어지지 않는다. 그것은 마치 씨앗이 무
너져 싹이 되고 싹이 다시 씨앗이 되어 항상하지 않되 서로 이어감[相
續]이 없지 않은 것과 같다. 앞의 씨앗과 뒤의 열매는 같음도 아니고
다름도 아니다. 앞의 씨앗이 그대로 뒤의 열매가 되지 않으므로 같지

않지만, 앞의 씨앗으로 인해 뒤의 열매가 있으므로 다르지 않다.

　겁초에 어떤 제일원인이 있다 하면 그것은 그럴 수 없는 것이니, 원인도 그 앞의 원인에 의해서 생겨난 것이기 때문이고, 겁초에 어떤 원인이 실로 난 것이라면 실로 난 것은 사라지지 않으므로 그 원인에 의해 다른 것이 날 수 없다. 모든 원인도 다른 것의 결과이므로 원인은 원인 아닌 원인이다. 원인 아닌 원인과 조건 아닌 조건에 의해 결과가 난 것이라면, 결과는 나되 실로 남이 없다.

　또 원인과 조건과 결과가 모두 공하다면 결과로서 싹이 원인인 씨앗과 다른 조건에서 오는 것도 아니고[不來], 싹이 씨앗에서 나가는 것도 아니다[不出].

　이제 나가르주나의 송에 대한 청목의 풀이를 읽어보자.

　"묻는다　모든 법은 한량없는데 왜 다만 이 여덟 가지 일[八事]로써 깨뜨리는가.

　답한다　법은 비록 한량없지만 간략히 여덟 가지 일을 말하면 온갖 법을 모두 깨뜨리게 된다.

　'나지 않음'[不生]을 말해보자. 여러 논사들은 갖가지로 '나는 모습'[生相]을 말하니, 어떤 이는 원인과 결과가 같다고 하고 어떤 이는 원인과 결과가 다르다고 하며, 어떤 이는 원인 가운데 먼저 결과가 있다고 하고, 어떤 이는 원인 가운데 먼저 결과가 없다고 한다.

　또 어떤 이는 스스로 난다[自生]고 하고, 어떤 이는 다른 것에서 난다[他生]고 하며, 어떤 이는 스스로와 다른 것이 같이 낸다[共生]고 하며, 어떤 이는 있음[有]이 낸다고 하고, 어떤 이는 없음[無]이 낸다고 한다.

이와 같이들 '나는 모습'을 말하지만, 다 그렇지 않다. 이 일은 뒤에 널리 말하겠다.

'나는 모습'을 결정코 얻을 수 없으므로 나지 않는다.

'사라지지 않음'[不滅]을 말해보자.

만약 남이 없다면 어떻게 사라짐을 얻을 수 있겠는가. 남이 없고 사라짐이 없기 때문에 다른 여섯 가지 일 또한 없는 것이다.

묻는다 나지 않고 사라지지 않음이 이미 온갖 법을 모두 깨뜨리는데 왜 다시 여섯 가지 일을 말하는가.

답한다 '나지 않고 사라지지 않는 뜻'[不生不滅義]을 이루려 하기 때문이다.

어떤 사람은 나지 않고 사라지지 않음을 받아들이지 않고도, 항상지 않고 끊어지지 않음[不常不斷]을 믿는다.

만약 깊이 '항상지 않고 끊어지지 않음'을 구하면 바로 나지 않고 사라지지 않음이다.

왜 그런가. 법이 만약 실로 있다면 반드시 없어지지 않아야 한다. 먼저 있다가 지금 없다면 이것은 곧 끊어짐이다.

만약 먼저 성품[性]이 있다면 이것은 곧 항상함이다. 그러므로 항상지 않고 끊어지지 않음을 말하면 곧 나지 않고 사라지지 않는 뜻에 들어간다.

그런데 어떤 사람은 비록 위의 네 가지로 모든 법 깨뜨림을 듣고서도 오히려 다음 네 가지 문으로 모든 법을 이루니 이 또한 그렇지 않다.

만약 원인과 결과가 같다면 조건[緣]이 없는 것이고, 만약 다르다면 서로 이어짐[相續]이 없는 것이다.

이에 대해서는 뒤에 갖가지로 깨뜨리겠다.

그러므로 다시 '같지 않고 다르지 않음'[不一不異]을 말한다.

어떤 사람은 비록 위의 여섯 가지로 모든 법 깨뜨림을 듣고서도 오히려 '옴과 감'[來去]으로 모든 법을 이룬다.

온다[來]는 것은 마헤쓰바라하늘이나 세간의 성품인 물질의 원료나 가는 티끌 등에서 온다고 함을 말한다.

간다[去]는 것은 본 곳[本處]으로 다시 가 이르는 것이다.

다시 온갖 것은 남이 없다. 왜 그런가.

세간에 드러나 보이기 때문이다. 세간의 눈[世間眼]은 겁의 처음의 곡식이 실로 나지 않는 것을 본다. 왜냐하면 겁의 처음의 곡식을 떠나서는 지금의 곡식을 얻을 수 없기 때문이다. 만약 겁의 처음의 곡식을 떠나서 지금의 곡식이 있다면 곧 반드시 지금 남이 있을 것이나 실로는 그렇지 않다. 그러므로 나지 않는다.

묻는다 만약 나지 않으면 곧 반드시 사라질 것이다.

답한다 사라지지 않는다. 왜인가. 세간에 드러나 보이기 때문이다.

세간의 눈은 겁의 처음에 곡식이 사라지지 않음을 본다. 만약 사라진다면 지금 곡식이 있지 않아야 하지만 실로 곡식이 있다. 그러므로 사라지지 않는다.

묻는다 사라지지 않는다면 항상하여야 한다.

답한다 항상하지 않는다. 왜 그런가. 세간에 드러나 보이기 때문이다.

세간의 눈은 온갖 것이 항상하지 않음을 보니 곡식이 싹일 때 씨앗은 변해 무너지는 것과 같다. 그러므로 항상하지 않다.

묻는다 만약 항상하지 않다면 끊어져야 한다.

답한다 끊어지지 않는다. 왜인가. 세간에 드러나 보이기 때문이다.

세간의 눈은 온갖 것이 끊어지지 않음을 보니 마치 곡식에서 싹이 있음과 같다. 그러므로 끊어지지 않는다. 만약 끊어지면 반드시 서로 있지 않아야 한다.

묻는다 만약 그렇다면 온갖 것은 원인과 결과가 같은 것인가.

답한다 같지 않다. 왜 그런가. 세간에 드러나 보이기 때문이다.

세간의 눈은 온갖 것이 원인과 결과가 같지 않음을 보니, 마치 곡식이 싹이 되지 않고 싹은 곡식이 되지 않는 것과 같다. 만약 곡식이 싹이 되고 싹이 곡식이 된다면 같을 것이지만 실로는 그렇지 않다. 그러므로 같지 않다.

묻는다 만약 같지 않다면 곧 달라야 할 것이다.

답한다 다르지 않다. 왜인가. 세간에 드러나 보이기 때문이다.

세간의 눈은 온갖 것이 원인과 결과가 다르지 않음을 본다. 만약 다르다면 왜 곡식의 싹, 곡식의 줄기, 곡식의 잎이라 분별하고 나무의 싹, 나무줄기, 나뭇잎이라 말하지 않는가. 그러므로 다르지 않다.

묻는다 만약 다르지 않다면 오는 것이 있을 것이다.

답한다 오는 것이 없다. 왜인가. 세간에 드러나 보이기 때문이다.

세간의 눈은 온갖 것이 오지 않음을 보니, 마치 곡식 씨앗 속의 싹은 따라 오는 곳이 없는 것과 같다.

만약 온다면 마치 새가 와서 나무에 깃드는 것과 같아야 하나 실로 그렇지 않다. 그러므로 오지 않는다.

묻는다 만약 오지 않는다면 나가는 것은 있을 것이다.

답한다 나가지 않는다. 왜인가. 세간에 드러나 보이기 때문이다.

세간의 눈은 온갖 것이 가지 않는 것을 본다.

만약 간다면 마치 뱀이 구멍에서 나가듯 싹이 씨앗에서 나가는 것을 볼 것이나 실로 그렇지 않다. 그러므로 나가지 않는다."

청목의 풀이로 보면 지금의 씨앗이 앞의 씨앗으로 인해 있으므로 실로 나지 않는 것이니, 겁의 처음의 씨앗도 앞의 씨앗으로 인해 있을 것이므로 실로 나지 않는다. 또한 실로 사라지지 않는 것이니, 지금의 씨앗으로 인해 뒤의 씨앗이 있기 때문이다.

나가르주나 존자는 붇다의 '인연으로 난다'는 연기의 교설을 다시 '나지 않고 사라지지 않는 뜻'으로 보이고 있다. 그런데 붇다의 연기의 가르침은 세간법의 진실이므로 앞의 씨앗의 비유로 보인 것처럼 지금 보이고 들리는 세간법 가운데서 검증되고 확인되는 법이다.

청목은 그래서 법이 나지 않고 사라지지 않으며 항상함이 아니고 끊어짐이 아님이 바로 세간의 눈으로 볼 수 있는 법이라고 말하고 그것을 씨앗의 비유로 보인다. 지금 세간의 눈으로 분명히 보고 분명히 들리되 스스로 깨우치지 못한 법일 뿐 여래의 온갖 가르침은 눈이 보고 귀가 듣는 세간법의 진실일 뿐이다.

3) 인연의 실체적 화합과 연기설을 구분함

원인과 조건의 기계적인 결합 속에서 결과가 난다고 말하면, 이는 적취적 세계관으로서 남[生]에 남이 있는 견해이지, 남에 실로 남이 없는[無生] 연기적 세계관이 아니다.

배추 씨앗과 땅·물·햇빛이 어울려서 배추 싹이 나지만, 배추 싹은 씨앗이 낸 것도 아니고, 땅·물·햇빛이 낸 것도 아니며, 씨앗과 땅·물·햇빛을 떠난 것도 아니다. 공한 씨앗과 공한 조건 속에서 배추 싹이 남이 없이 났으므로 배추 싹에는 배추 싹이라 할 자기성품[自性]이 없다.

배추가 배추 씨앗을 떠나지 않으나 배추의 자기성품이 없어서 자체의 원인에서 난 것이 아니라면, 배추라는 자기성품이 없는데 다른 성품[他性] 곧 배추 아닌 무에서 배추가 나올 수도 없는 것이다.

『중론』의 송과 청목의 풀이를 들어보자.

"**묻는다** 그대가 '나지 않고 사라지지 않는 뜻'[不生不滅義]을 풀이했지만, 나는 논을 지은 이의 말을 듣고 싶다.

모든 법은 스스로 나는 것도 아니고
다른 것으로부터 나는 것도 아니며
스스로와 다른 것에서 나는 것 아니고
아무런 원인 없이 나는 것도 아니네.
그러므로 모든 법의 남이 없음을 알라.

諸法不自生　亦不從他生
不共不無因　是故知無生

'스스로 나지 않는다'[不自生]고 하는 것은 다음과 같다.

온갖 것은 스스로에서 나는 일이 없고 반드시 뭇 연[衆緣]을 기다린다.

만약 스스로의 바탕[自體]에서 난다면 한 법에 두 가지 바탕[體]이 있게 되니, 첫째 나는 것[生]이오, 둘째는 내는 자[生者]이다.

만약 다른 원인[因]이 없이 스스로의 바탕에서 난다면 곧 원인이 없고 조건이 없는 것이다.

또 나는 것에 다시 남이 있어 남이 곧 끝이 없게 될 것이다.

이와 같이 스스로가 없으므로 다른 것도 없다. 왜 그런가. 스스로가 있기 때문에 다른 것이 있는 것이니, 만약 스스로에서 나지 않는다면 다른 것으로부터도 나지 않을 것[不從他生]이다.

스스로와 다른 것 모두[共]에서 난다면 두 가지 허물이 있게 되니, 스스로[自]에서 나고 다른 것[他]에서 나기 때문이다.

만약 원인이 없다면[無因] 결과가 없으니, 원인이 없는데도 결과가 있으면 보시하고 계 지키는 이들이 지옥에 떨어질 것이고, 열 가지 악[十惡]·다섯 가지 거스르는 죄[五逆] 지은 이들이 하늘에 날 것이다. 왜냐하면 원인이 없어도 되기 때문이다.

모든 법의 자기성품이
뭇 연 가운데 있지 않듯이
스스로의 성품이 없으므로
다른 성품 또한 다시 없다.

如諸法自性　不在於緣中
以無自性故　他性亦復無

모든 법의 자기성품은 뭇 연 가운데 있지 않다. 다만 뭇 연이 어울려 합하므로 이름을 얻는 것이다. 자기성품이란 곧 스스로의 바탕[自體]이니 뭇 연 가운데에 자기성품이 없다. 자기성품이 없으므로 스스로 나는 것이 아니다.

자기성품이 없으므로 다른 성품 또한 없다. 왜인가. 자기성품으로 인해 다른 성품이 있기 때문이다.

다른 성품 또한 다른 것에서는 또한 자기성품이다.

만약 자기성품을 깨뜨리면 곧 다른 성품을 깨뜨리는 것이다. 그러므로 다른 성품에서 나는 것이 아니다.

만약 자기성품과 다른 성품을 깨뜨리면 곧 두 가지가 함께하는 뜻을 깨뜨린다.

원인이 없으면 곧 큰 허물이 있게 된다.

원인 있음도 오히려 깨뜨릴 수 있는데 어찌 하물며 원인 없음[無因]이겠는가.

네 구절 가운데서 남[生]을 얻을 수 없다. 그러므로 나지 않는다.”

인연으로 결과가 난다고 말할 때 결과는 원인에 있는 것도 아니고 조건에 있는 것도 아니지만, 원인과 조건을 떠나서도 결과는 없다. 인연으로 결과가 나기 때문에 결과는 실로 남이 없고 있되 공하다. 『중론』은 인연을 이처럼 주체적 요인과 객관적 여건이라는 뜻으로 스스로 지음[自作]과 남이 지음[他作], 스스로와 남이 같이 지음[自他作], 스스로와 남을 떠나 지음[非自他作]의 네 구절로 바꾸어 존재의 생성이 네 구절 가운데 있는가 물어서 남이 없음[無生]을 밝힌다.

4) 인식 발생의 네 가지 조건을 살펴서 남이 없음을 보임

앎[識]이 날 때 눈·귀·코·혀·몸의 앎[前五識]이 감성적 인식활동이라면, 뜻의 앎[意識]은 이성적 인식활동이다. 앎[識自體]은 보고 듣는 것 사유되어지는 것[所緣緣]이 없이도 날 수 없으며, 알게 하는 눈과 귀 등 감각기관[增上緣] 없이도 날 수 없으며, 앞 생각[等無間緣]이 없이도 날 수 없으며, 세계를 자기화하려는 뜻[意, manas]의 자기욕구[親因緣] 없이도 날 수 없다.

붇다는 지금 사물을 보고 들음을 통해 일어나는 앎[識]이 뭇 인연[衆因緣]을 통해 일어나므로 '앎에 자기성품이 없다'[識無自性]고 가르친다. 이 가르침을 듣고 후대 아비다르마(Ahbidharma)의 논사들은 어떤 것의 자기동일성[我, ātman]을 일으키는 법(法, dharma)을 집착하여 네 가지 조건[四緣]이 앎을 일으킨다고 말한다.

뭇 인연은 있되 있지 않기 때문에[有而非有故] 서로 어울려 공한 결과를 낸다. 뭇 인연이 있다면 스스로 닫혀 있는데 어찌 어울려 결과를 낼 수 있으며, 없다면 없는데 어찌 새로운 결과를 낼 수 있는가. 공한 뭇 인연으로 인해 결과를 내면 그 결과 또한 공해 나되 남이 없는 것이다.

또한 뭇 인연과 결과란 뭇 인연이 미리 있어서 결과를 내는 것이 아니라, 결과가 결과로서 어루어질 때 인연과 결과의 인과관계가 이루어지는 것이다. 그러므로 실체적 인연이 먼저 있어서 결과를 낸다고 말해서는 안 된다.

아함경의 '손뼉 소리의 비유로 보인 경'을 예로 들어 생각해보자.

인식 발생은 두 손이 마주쳐 소리를 내는 것과 같다. 앎은 아는 자와 알려지는 것이 서로 어울려 합함[和合, 觸]으로써 일어나지만, 앎에는 아는 자도 없고 알려지는 것도 없다. 마치 손뼉 소리에 왼손도 오른손도 없지만 왼손 오른손을 떠나서 소리가 없는 것과 같다.

왼손이 스스로 닫혀 있고 오른손이 또한 닫혀 있는 것이라면 어찌 두 손이 함께 마주쳐 소리를 낼 수 있겠는가. 또 소리와 두 손의 인과관계도 소리가 일어남을 통해 소리와 두 손의 인과관계가 이루어진 것이니, 두 손이 소리를 낸다고 말하면 안 된다.

그러므로 이 비유를 통해 앎 자체[識自體]와 앎을 내는 네 가지 조건[四緣]에 모두 실로 얻을 것이 없음을 알아야 하니, 『중론』은 먼저 네 조건이 공하므로 앎이 조건을 의지해서 날 수 있음을 보이기 위해, 네 조건의 결합을 실체화하는 아비다르마의 견해를 들어 보인다.

"묻는다 아비다르마의 사람들은 '모든 법이 네 가지 조건[四緣]을 좇아 난다'고 말하는데 어떻게 나지 않는다 말하는가.
무엇이 네 가지 조건인가.

자기요인의 조건, 다음을 이어주는 조건
아는 바의 조건, 도와 키워주는 조건이니
이 네 가지 조건이 모든 법을 내고
다시 다섯 번째의 조건은 없도다.

因緣次第緣 緣緣增上緣
四緣生諸法 更無第五緣

온갖 있는바 조건은 다 네 가지 조건에 거두어져 있으니, 이 네 가지 조건으로 온갖 것은 날 수 있다.

자기요인의 조건[因緣]은 온갖 함이 있는 법 자체를 말한다.

다음을 이어주는 조건[次第緣]은 과거·현재 아라한의 맨 뒤의 마음과 마음작용법을 내놓고, 다른 아라한을 이루지 못한 이의 과거·현재의 마음[心]과 마음작용[心所]의 법이다.

아는 바의 조건과 도와 키워주는 조건은 온갖 법에 해당한다.

답한다

결과는 조건을 좇아 나는가.
결과는 조건 아님을 좇아 나는가.
이 조건에는 결과가 있는가.
이 조건에는 결과가 없는가.

果為從緣生　為從非緣生
是緣為有果　是緣為無果

만약 결과가 있다고 하면 이 결과는 조건을 좇아 나는가 조건 아님[非緣]을 좇아 나는가.

만약 조건이 있다고 하면 이 조건에는 결과가 있는가 결과가 없는가.

두 가지가 모두 그렇지 않다. 왜인가.

이 법을 인해 결과를 내면
이 법을 조건이라 이름하네.
만약 이 결과가 아직 나지 않으면

어찌 조건 아님이라 이름하지 않으리.

因是法生果　是法名爲緣

若是果未生　何不名非緣

모든 조건은 확실히 정해짐이 없다. 왜 그런가.

만약 결과가 아직 나지 않았으면 이때에는 결과의 조건이라 이름하지 않는다. 다만 눈으로 조건을 좇아 결과 냄을 보므로 이를 조건이라 이름하는 것이다.

조건이 이루어짐은 결과로 말미암으니 결과가 뒤이고 조건이 앞이기 때문이다.

만약 아직 결과가 있지 않은데 어떤 조건이라 이름하겠는가. 마치 병이 물과 흙이 어울려 합하므로 병이 나는 것과 같다. 병을 보므로 물과 흙 등이 병의 조건인 것을 아는 것이다. 만약 병이 아직 나지 않았을 때는 어찌 물과 흙이 병의 조건이 아님이라 이름하지 않겠는가.

그러므로 결과는 조건을 좇아 나지 않는다. 조건에서도 오히려 나지 않는데 어찌 하물며 조건 아님이겠는가.

결과가 미리 조건 가운데 있다거나

없다거나 함이 모두 그럴 수 없으니

미리 없다면 누구의 조건이 되며

미리 있다면 조건을 어디에 쓸 건가.

果先於緣中　有無俱不可

先無爲誰緣　先有何用緣

조건 가운데 먼저 결과 있음도 아니고 결과 없음도 아니다.

만약 미리 결과가 있다면 조건이라고 이름할 수 없으니 결과가 미리 있기 때문이다.

만약 미리 결과가 없다 해도 조건이라고 이름할 수 없으니 다른 것을 낼 수 없기 때문이다."

5) 네 가지 조건을 자세히 살펴 그 실체를 깨뜨림

결과를 내는 네 가지 조건과 그에 따라 일어난 결과에 모두 자기실체 없음을 전체적으로 살펴보았지만, 이제 네 가지 조건을 낱낱이 살펴 자기실체 없음을 말해보자.

자체 요인의 조건[親因緣]이란 온갖 함이 있는 법에 모두 해당되니, 배추의 배추 씨와 같으며, 앎활동[識, vijñāna]에서 보면 알려지는 것[所緣緣]을 아는 주체 곧 뜻의 뿌리[意根]를 말한다.

법을 사유할 때 뜻의 아는 뿌리[意根]가 '자체 요인의 조건'이라면, 몸의 다른 아는 뿌리[諸根]는 '늘려 도와주는 조건'[增上緣]이 되고, 한 생각이 나서 사라지고 다음 생각이 나도록 서로 이어주는 조건은 '다음으로 이어주는 조건'[次第緣]이 되고, 알려지는 대상의 법은 '아는 바의 조건'[所緣緣]이 된다.

그런데 여기 아는 뿌리가 실로 여기 있다면 어떻게 저기 알려지는 바 법(法)과 사물[五境]을 알 수 있겠는가.

있다[有]고 해도 알 수 없고, 없다[無]고 해도 알 수 없으며, 있기도 하고 없기도 하다[亦有亦無] 해도 알 수 없으며, 있음도 아니고 없음도 아닌 어떤 것[非有非無]이라고 해도 알 수 없는 것이다.

아는 뿌리[諸根]는 있되 있지 않으므로 '아는 바의 조건'을 안고 앎[識]으로 일어나는 것이다.

'다음으로 이어주는 조건'이란 배추 씨가 사라지되 끊어 없어지지 않고 배추 씨에서 싹이 나오도록 하는 조건이며, 하나의 생각이 사라지고 다음 생각이 일어나도록 이어주는 조건을 말한다.

보통 한 생각이 나서[生] 머물다[住] 달라지고[異] 사라져서[滅] 그 달라지고 사라짐이 다음 생각을 일어나게 한다고 말한다.

그런데 지금 사라짐은 달라짐으로 인해 있고, 달라짐은 머묾으로 인해 있으며, 머묾은 생겨남으로 인해 있는데, 생겨남을 찾아보면 실로 생겨난 곳이 없다. 생겨남에 생겨남이 없다면 머물고 달라지고 사라짐 또한 없으니, 다음으로 이어주는 조건이란 지금 있는 생각이 사라지되 사라짐 없음을 설명하는 거짓 이름[假名]이다.

아는 바의 조건을 살펴보자.

지금 눈으로 저 빛깔을 볼 때 눈의 앎은 보여지는 것을 의지해서 앎으로 일어나므로 보여지는바 빛깔을 앎의 조건이라 한다. 지금 빛깔을 볼 때 보여지는 빛깔로 인해 눈의 앎이 일어나지만, 눈의 앎에 빛깔이 담겨 있지 않고, 앎일 때 오직 빛깔은 앎인 빛깔이다.

만약 저 빛깔이 아는 자 밖에 실로 있어서 눈의 앎을 일으킨다고 하면, 아는 자 밖에 홀로 닫혀 있는 빛깔이 어찌 아는 자에 알려지는 빛깔이 되겠는가. 그러므로 알려지는 조건은 실체적인 조건으로 앎을 내는 것이 아니다.

다음으로, 늘려 도와주는 조건[增上緣]을 생각해보자.

늘려 도와주는 조건이란 서로 의지해서 일으켜내고 늘려 키워내는 조건이다. 경에서 십이연기를 말할 때 '이것이 있으므로 이것이 있다'고 말하고, '이것이 없으므로 이것이 없다'고 말한다. 이때 다른 것을 있도록 도와주는 어떤 것을 '늘려 도와주는 조건'이라 한다.

그러나 경의 위의 말도 자세히 들여다보면 저것을 있게 하는 이것도 또한 다른 것을 통해 이것이 되었으므로 도와주는 이것도 도움 받는 저것도 모두 자기실체가 없다.

무명(無明)으로 인해 지어감과 나아가 나고 죽음이 있지만, 그 무명 또한 나고 죽음을 나고 죽음으로 보는 미망과 애착으로 무명이 되었으므로 십이연기의 모든 법이 공한 줄 알아야 하니, 늘려 도와주는 조건에 자기실체가 없는 것이다.

지금까지 설명한 뜻을 『중론』의 송과 청목의 풀이로 다시 살펴보자.

"자체 요인의 조건[親因緣]에 실체 없음

묻는다 이미 온갖 인연[因]을 함께 모아 깨뜨렸다. 지금은 낱낱이 모든 인연 깨뜨림을 듣고자 한다.

답한다 먼저 자체 요인의 조건을 말해보자.

만약 결과가 있음에서 나지 않으면
또한 다시 없음에서 나지 않으며
있기도 하고 없기도 함에서 나지 않네.
어찌 조건이 있다고 말할 수 있겠는가.

若果非有生 亦復非無生
亦非有無生 何得言有緣

만약 조건(緣)이 결과를 낼 수 있다면 반드시 세 가지 경우가 있어야 할 것이니, 있음[有]이거나 없음[無]이거나 있기도 하고 없기도 함[有無]이다.

앞의 게송 가운데서 말한 바와 같이 '조건 가운데 만약 미리 결과가 있다'면 '난다'고 말해서는 안 되니 미리 있기 때문이다.

'만약 미리 결과가 없다'면 '난다'고 말해서는 안 되니 미리 없기 때문이고, 조건 아님[非緣]과 같아지기 때문이다.

'있기도 하고 없기도 함에서도 나지 않는다'고 하니 '있기도 하고 없기도 함'은 반은 있고 반은 없음이다. 두 가지가 함께함은 허물이 있게 된다. 또 있음이 없음과 서로 어긋나고, 없음이 있음에 서로 어긋나는데 어찌 한 법에 두 모습이 있을 수 있겠는가.

이와 같은 세 모습으로 결과를 구해도 나는 모습은 얻을 수 없다. 그러므로 어떻게 자체 요인이 되는 조건[因緣]이 있다고 말하겠는가.

다음으로 이어주는 조건[次第緣]에 실체 없음

다음으로 이어주는 조건을 말해보자.

결과가 만약 나지 않을 때에는
사라짐이 있지 않아야 하고
사라진 법이라면 어찌 조건이 될 건가.
그러므로 이어주는 조건이 없도다.

果若未生時　則不應有滅
滅法何能緣　故無次第緣

여러 마음과 마음작용의 법은 삼세 가운데 차제로 난다.

현재의 마음과 마음작용의 법은 머무는 때가 없으니, 만약 머물지 않으면 어찌 다음으로 이어주는 조건이 될 수 있겠는가. 만약 머묾이 있으면 곧 함이 있는 법[有爲法]이 아니다. 왜 그런가. 온갖 함이 있는 법은 늘 사라지는 모습이 있기 때문이다.

만약 사라져 다했으면 다음으로 이어주는 조건이 될 수 없을 것이다.

만약 사라지는 법이 오히려 있다고 하면 이는 항상함이다. 만약 항상하다면 곧 죄도 없고 복도 없게 된다.

만약 사라질 때 다음으로 이어주는 조건이 될 수 있다고 하면, 사라질 때 반은 사라지고 반은 아직 사라지지 않는 것이다. 다시 이밖에 세 번째의 법이 없으니 이를 사라지는 때라고 이름하는 것이다.

또 붇다께서는 이렇게 말씀하신다.

'온갖 함이 있는 법은 생각생각 사라져 한 생각이 머무는 때가 없는데 어떻게 현재법이 사라지려 함[欲滅]과 아직 사라지려 하지 않음[未欲滅]이 있다 하는가. 그대가 한 생각 가운데 사라지려 함과 아직 사라지려 하지 않음이 없다고 말하면 곧 스스로 세운 법[自法]을 깨뜨리는 것이다.'

그런데도 그대들의 아비다르마는 말한다.

'사라지는 법이 있고 사라지지 않는 법이 있다. 사라지려 하는 법이 있고 사라지려 하지 않는 법이 있다. 사라지려 하는 법은 현재법이 사라지려 하는 것이고, 아직 사라지려 하지 않는 법은 현재에서 사라지려 하는 법을 내놓고 나머지 현재법과 과거법, 미래법, 함이 있는 법, 이것을 사라지려 하지 않는 법이라고 한다.'

그러므로 (있다고 함이 공함이기 때문에 있다고 하는 여래의 뜻을 모르므로) 다음으로 이어주는 조건이 없는 것이다.

아는 바의 조건[所緣緣]에 실체 없음
아는 바의 조건을 말해보자.

모든 붇다께서 말씀하신 바와 같이
진실하고 미묘한 법 여기에는
실로 따라 아는 법이 없는데
어떻게 알려지는 조건이 있겠는가.

如諸佛所說　真實微妙法
於此無緣法　云何有緣緣

붇다께서 말씀하셨다.
'대승에서 모든 법은 빛깔 있음이나 빛깔 없음이나, 형상 있음이나 형상 없음이나, 샘이 있음이나 샘이 없음이나, 함이 있음이나 함이 없음이나 이러한 모든 법의 모습[諸法相]들은 모습 없는 법의 성품[法性]에 들어가 온갖 것은 다 공하여 모습 없고 생각함[緣]이 없다.

비유하면 뭇 강의 흐름이 바다에 들어가 같이 한맛이 되는 것과 같다. 그래서 여래의 진실한 법이 믿을 만하고, 여래께서 중생의 마땅함을 따라 말씀하신 것들은 진실이라 할 수 없다.

그러므로 아는 바의 조건이 없는 것이다.'

늘려 도와주는 조건[增上緣]에 실체 없음

늘려 도와주는 조건을 말해보자.

모든 법은 스스로의 성품이 없다.

그러므로 있는 모습이 있지 않으니

이 일이 있으므로 이 일이 있다고

말하는 것은 그렇다고 할 수 없다.

諸法無自性　故無有有相

說有是事故　是事有不然

경에서 십이인연을 말하면서 '이 일이 있으면 이 일이 있다'고 하는데 이것은 곧 그렇지 않다. 왜인가.

모든 법은 뭇 조건[衆因緣]을 따라 나므로 스스로 정해진 성품이 없다. 스스로 정해진 성품이 없으므로 있는 모습[有相]이 있지 않다. 있는 모습이 없으므로 어찌 (실체적인 어떤 것이 있어서) '이 일이 있으므로 이 일이 있다'고 말할 수 있겠는가.

그러므로 늘려 도와주는 조건이 없다.

붇다께서는 범부의 분별을 따라 있음과 없음을 짐짓 말씀하기 때문이다.

조건의 합함과 조건 자체에 결과 없음을 다시 보임

다시 말해보자.

간략하고 넓게 보인 인연 가운데

결과를 구해도 얻을 수 없네.

인연 가운데 만약 결과 없다면

어떻게 조건을 따라 나올 것인가.

略廣因緣中　求果不可得

因緣中若無　云何從緣出

간략하게 보임[略]이란 어울려 합하는 인연 가운데 결과 없음을 보임이고, 넓게 보임[廣]이란 낱낱의 조건 가운데 또한 결과 없음을 보임이다.

만약 간략하고 넓게 인연을 보임 가운데 결과가 없다면 어떻게 결과가 원인과 조건[因緣]을 따라 나온다고 말할 것인가.

다시 말해보자.

만약 조건에 결과가 없지만

조건 가운데를 따라 나온다 하면

이 결과는 어찌 조건 아님 가운데를

따라서 나오지는 않는 것인가.

若謂緣無果　而從緣中出

是果何不從　非緣中而出

만약 인연 가운데 결과를 구해 얻을 수 없지만(조건 가운데 결과가 없지만) 조건 가운데서 따라 나온다 하면, 왜 조건 아님[非緣]을 따라 나오지 않는 것인가.

그것이 마치 진흙 가운데 병(瓶)이 없는 것과 같지만(진흙에 병이 없지만) 진흙에서 병이 나온다 하면, 왜 병이 병의 조건이 아닌 젖[乳] 가운데서는 나오지 않는가.

다시 말해보자.

> 만약 결과가 조건에서 나온다면
> 이 조건은 자기성품이 없네.
> 스스로의 성품 없는 데서 나온다 하면
> 어찌 조건을 따라 나올 수 있겠는가.

若果從緣生　是緣無自性

從無自性生　何得從緣生

> 결과가 조건에서 나오지 않는다면
> 조건 아님에서도 나오지 않는다.
> 결과가 실로 있지 않기 때문에
> 조건과 조건 아님 또한 있지 않도다.

果不從緣生　不從非緣生

以果無有故　緣非緣亦無

결과가 뭇 조건을 따라 난다면 이 조건은 <u>스스로의 성품</u>이 없다. 만약 <u>스스로의 성품</u>이 없다면 법이 없는 것이니, 법이 없는데 어찌 낼 수 있겠는가. 그러므로 결과는 조건에서 나지 않는다.

조건 아님[非緣]을 따라 난다는 것은, 조건을 깨뜨리므로(조건 없이 난다고 하는 것이므로) 조건 아님을 말하는 것이니 실로 결과를 내는 조건 아닌 법도 없다.

그러므로 조건 아님을 따라 나지도 않는다. 만약 두 가지에서 나지 않으면 이것은 곧 결과에 실체 없음이다. 실체로서 결과가 없으므로 조건과 조건 아님 또한 없는 것이다."

『중론』의 송에 대한 청목의 풀이를 다시 구체적인 인식활동을 통해 살펴보자. 눈이 한 송이 꽃을 보아 꽃이라는 앎[眼識]이 날 때, 이 눈의 앎[眼識]은 아는 뜻뿌리[意根, manas] 없이도 날 수 없고, 눈[眼]과 빛[光], 빈 공간[空]이 없이도 날 수 없으며, 보여지는 꽃의 빛깔과 꼴[色境]이 없이도 날 수 없고, 꽃의 앎이 나기 전 앞 생각[前識]이 없이도 날 수 없다.

이 네 가지 조건이 없이 날 수 없으므로 아비다르마의 논사들은 자체 요인의 조건, 다음으로 이어주는 조건, 늘려 도와주는 조건, 아는 바의 조건으로 앎이 난다고 말한다.

그러나 주체적 조건과 객관, 도와주는 조건이 실로 있다면 어찌 원인과 조건이 모여 새로운 결과를 낼 수 있겠는가.

결과는 조건을 떠나 나지 않지만 조건에서도 나지 않으니, 지금 눈의 앎은 아는 자와 알려지는 꽃과 알게 하는 여러 조건과 앞 생각을 떠나 일어나지 않지만, 지금의 앎 속에 네 가지 조건은 없다.

그러므로 눈이 알되 실로 앎이 없고 눈이 꽃을 보아 꽃이라는 앎이 일어났지만, 보는바 꽃에 실체가 없어서 눈의 앎에 앎이 없는 줄 깨달아야, 보고 들음 가운데서 보고 들음을 떠나지 않고[不離見聞緣] 해탈의 길을 갈 수 있다.

생각에서 생각 떠나 늘 고요하고 생각 없음에서 생각 없음 떠나 늘 밝을 때, 여래 큰 무니 큰 선인[大仙]의 해탈의 길에 나아가게 됨을

『화엄경』(「십지품」十地品)은 이렇게 말한다.

여래 크신 선인의 도는
미묘하여 알 수 없어라.
생각이 생각 아니라
모든 생각 떠났으니
보려 하면 얻을 수 없어라.

如來大仙道　微妙難可知
非念離諸念　求見不可得

남이 없고 또한 사라짐 없어서
그 바탕 깨끗해 늘 고요해야
때 떠난 지혜로운 사람이니
그것이 지혜로운 이 행할 곳이네.

無生亦無滅　性淨恒寂然
離垢聰慧人　彼智所行處

4. 기성 철학의 실천론과 연기법의 실천론

세계관과 실천론은 서로 맞아 따른다. 현실존재의 근거를 절대신성의 무차별적 보편운동에 둔 사람은 오직 브라흐만이라는 절대신성에 경배하고 제사하며 찬탄의 노래 바치는 것으로 삶의 모든 도덕적 책무를 다하는 것으로 생각할 것이다.

전변설의 발전된 형태가 브라흐만의 보편적 실체와 아트만이라는 개아적 실체가 둘이 아니라는 사고이다.

이런 신조를 가진 사람들은 신비선정 닦음[修定]을 통해, 브라흐만이라는 보편자와 나의 자아를 합치하는 것[梵我一如]으로 삶의 완성을 삼으려 할 것이다.

이때 브라흐만은 만유의 절대적 근거가 되고 모든 도덕의 원천이 되므로 어떤 이들은 집을 나와 물가에나 넓은 들판에 살면서 오직 절대신성에 불[火]로 제사하는 것으로 수행을 삼기도 한다.

세속 생활하면서 브라흐만을 섬기는 이들은 하층계급인 수드라를 학대하고 착취하면서 신 앞에 제사하기 위해 수많은 짐승을 기둥에 묶어 죽이고도 그것을 아름다운 일로 생각한다.

앞의 『중론』을 통해 이미 극명하게 살폈듯 절대신성의 원인 안에 모든 존재자의 운명과 행위가 결정되어 있다면, 삶 속에 내가 능동적으로 행해야 할 자유의지는 무엇으로 설명할 수 있을 것인가.

원인 속에 이미 결과가 있다고 하면 순간순간 스스로 결정하고 행위해야 하는 중생의 삶의 현실을 설명할 수 없고, 고뇌와 갈등으로 가득 찬 삶의 문제를 주체의 결단으로 풀어갈 수도 없을 것이다.

또 신성의 존재를 믿는 이들은 그 절대신성의 현실적 권화(權化)로서 하늘의 신을 섬기며, 선정을 통해 죽어서 그 하늘신의 '하늘세계'[天上] '브라흐만의 방'[梵室]에 태어나려고 한다.

그들의 심성 밑바닥에는 지배계급으로서 브라마나들이 현세에서 누리는 복락을 선정의 수행을 통해 죽은 다음에까지 연장하려는 욕망이 작용하고 있는 것으로 보아야 할 것이다.

적취설을 주장하는 많은 사문들은 그 출신계급이 하층 천민이다. 그들에게 브라흐만의 존재는 그들의 출생부터 자신들의 삶을 옥죄는 신분의 사슬이고 삶의 질곡이다. 그러므로 그들은 절대신성을 부정하고 오직 물질적 요소의 결합으로 존재가 이루어졌다고 하거나, 물질적 요소에 영혼적 요인이 결합되어 있다고 말한다.

그들은 대개 도덕부정의 입장을 취하고 고행의 삶을 살아간다. 그들은 거의 자학적 고행을 통해 오히려 고통의 업을 끊고 해탈한다고 믿으니, 이는 현세에서 자기 출신계급인 하층민으로서의 고통을 더욱 치열하게 사는 것으로 도덕적 자기위안을 삼는 태도가 깔려 있다고 볼 수 있다.

중간철학인 자이나교의 수행자들은 영혼적인 지바의 질료로서 요인과, 지바를 담아주는 아지바의 형식 곧 허공·시간·다르마·아비다르마의 틀과, 푸드갈라라는 물질의 원형으로 삶을 설명한다.

지바의 운동이 몸과 입과 뜻의 업을 일으켜 푸드갈라의 물질적 세력을 물들이고 그 업의 힘으로 업이 지바에 흘러들어옴[流入, āśrava]으로 얽매임[bandha]이 생긴다. 지바가 푸드갈라의 얽매임에서 벗어나는 것을 업의 유입을 끊고 해탈하는 것이라 말하며, 지바의 해탈은 고행을 통해 이루어진다고 말한다.

『열반경』에서 고행하는 바깥길 수행자[苦行外道]는 여섯 가지로 구분된다. 여섯 가지 고행자는 스스로 굶는 고행자[自餓外道], 못에 몸을 던져 찬 기운을 참는 고행자[投淵外道], 불에 뛰어드는 고행자[赴火外道], 빈 땅에 옷을 벗고 앉아 지내는 고행자[自坐外道], 말을 끊고 침묵하는 고행자[寂黙外道], 소나 개를 흉내내는 고행자[牛狗外道]이다.

고행주의자들은 몸에 자학적 고통을 더함으로써 고통의 현실에서 벗어나고, 영혼의 빛을 드러내 물질의 질곡에서 벗어나게 하려 하지만, 지바의 영혼은 스스로 있는 자기운동자이므로 그 해탈은 유아론의 벽에 갇힌 관념의 놀이에 그치고 말 것이다.

존재 자체에 자기요인으로 있는 영혼의 해탈을 말하는 그들은 유아론의 답답한 벽을 넘어서지 못하므로 그들에게는 타자에 대한 도덕적 배려가 나올 수 없으며, 닫힌 개아 사이에는 하나됨의 어울림과 상호개방성이 나올 수 없는 것이다.

연기법은 선정의 수행을 통해 브라흐만의 세계에 돌아가려는 이들과 고행을 통해 영혼의 빛을 드려내려는 이들, 이 둘의 치우침을 동시에 넘어선다.

연기법에서 해탈의 길은 무차별적 무한 보편자에 복귀하는 길도 아니고, 자아 속 사라지지 않는 영혼을 파악하는 길도 아니다.

연기법에서 나는 나 아닌 나이고, 너는 너 아닌 너이며, 세계는 세계 아닌 세계이다. 그러므로 연기법은 주체와 객체의 실체성을 모두 버리고, 주체와 객체의 연기적 자립성을 모두 살린다.

연기법에서 여덟 가지 바른 삶의 길[八正道]은 자아와 세계의 실체성을 모두 깨뜨리되, 자아와 세계의 '모습에 모습 없는 실상'[無相實相]을 온전히 실현한다.

연기법에서 바르게 봄[正見]은 보는 자[見者]와 보여지는 바[所見]와 봄[見] 그 자체에 모두 머물지 않되, 보는 자와 보여지는 것의 연기적 진실을 버림이 없다. 바르게 보는 자는 모습에서 모습 떠나 봄이 없이 보고, 듣되 들음 없이 들어서 모습에 가리고 막힌 얽매임의 삶을 벗어나 해탈의 삶을 이루게 된다.

연기법에서 나 밖의 너는 나 밖에 실로 있는 너가 아니며, 나 아니되 나 아님도 아니므로 너에 대해 베풀고 너의 아픔을 함께 짊어지고 그 고통을 풀어주는 것이 참된 자기실현이 된다.

너가 나 아니되 나 아님도 아니므로, 내가 너에게 준다는 생각 베푼다는 생각을 가지고 베풀어서는, 나와 너의 실체성에 갇힌 물든 보시와 사랑이 된다.

때로 붇다도 저 브라마나들을 이끌기 위해 브라마나들이 가서 나려고 하는 '브라흐만의 방'을 말씀한다. 그러나 붇다는 브라흐만을 믿고 브라흐만에 제사 지내는 자만이 갈 수 있는 브라흐만의 방은 존재하지 않고, 주체의 네 가지 한량없는 마음[四無量心] 곧 세간에 두루 사랑을 베풂[慈], 뭇 삶들을 슬피 여김[悲], 함께 기뻐함[喜], 평정한 마음[捨]이 바로 '네 가지 브라흐만의 방'[四梵室]이 된다고 가르친다.

고행에 대해서도 때로 붇다는 두타행으로 으뜸가는 제자 '마하카샤파'를 칭찬하고 마하카샤파처럼 두타행과 고행을 행하라고 가르친다. 그러나 붇다가 칭찬한 고행과 두타행은 고행 자체를 목적으로 하는 고행주의자 영혼주의자의 고행이 아니다.

연기법에서 고행은 세간의 복락을 탐착하지 않고, 스스로 지은 복덕을 스스로의 것으로 받아들이지 않으며[不受福德] 그 복덕을 더불어 사는 이웃에 회향함이다.

연기법의 고행은 즐거움을 버리고 고통을 취하는 고행이 아니라, 괴로움과 즐거움의 실체를 모두 버리고 복덕이 복덕이 아닌 공덕의 세계에서 참된 진리의 기쁨을 누리기 위한 고행인 것이다.

붇다 또한 선정을 닦게 한다. 그러나 그 선정은 내면에 몰입하여 선정의 맛을 탐착하는 선정이거나 선정을 통해 뒷세상 더 높은 곳에 가서 나게 하는 선정이 아니다.

붇다는 선정을 통해 온갖 존재의 실체성에서 벗어나 세간법의 소용

돌이 속에서 늘 고요한 삶의 평화와 안정을 얻게 하고, 지혜를 통해 공하므로 연기하는 세간법의 생성을 살펴 세간법을 버리지 않게 한다.

연기법에서는 선정일 때 나와 너는 공한 나와 너가 되고, 주체가 대상을 보는 것은 비록 보되, 봄[能見]과 보여짐[所見]이 끊어진 봄이 된다. 연기법의 선정은 지혜인 선정이고 지혜는 선정인 지혜이니, 선정인 지혜일 때 사물을 보되 봄이 없이 보고 사물을 알되 앎이 없이 알게 된다.

연기법에서 지혜인 선정일 때 자아와 세계의 실체성이 부정되고[雙遮能所], 선정인 지혜일 때 자아와 세계의 연기적 실상이 드러난다[雙照能所].

이와 같이 보고 듣는 세속법의 있되 공한 진실[眞諦]밖에 보디의 길이 없다면, 연기법의 선정과 지혜 가운데 돌아갈 초월적 보편운동자는 어디 있으며 붙들어 쥐어야 할 영혼의 실체는 어디 있겠는가.

오직 환상이 없는 지혜와 지혜 자체인 모습 없는 세계의 실상[眞如實相]만이 있을 뿐이다.

5. 연기법에서 통합의 정신

붇다 니르바나 이후 기존 불교관에 대한 가장 치열한 비판운동이 일어났던 시기가, 실체론적 법집[有論]에 떨어진 아비다르마 불교에 대한 중관불교(中觀佛敎)의 비판이 일어났던 때이다.

그 뒤 다시 중관불교에서 말하는 공(空)이 신비화되거나 관념화될 때 유식불교(唯識佛敎)는 공하므로 법의 모습[法相]이 연기하는 것임을 다시 밝혀, 중관불교 원래의 중도의 뜻[中道義]을 되살린다.

붇다의 연기법에 대한 치우친 이해로 말미암아, 아비다르마의 논사들은 존재[我]의 공성은 인정하지만 존재를 존재이게 하는 여러 법들[諸法]을 실체적인 것으로 보므로, 중관불교에서는 공(空, śūnya)으로 법의 실체성을 깨뜨리고, 다시 있음[有]을 깨뜨리는 그 공마저 공하다고 말하여 공의 실체성마저 깨뜨린다.

그러므로 중관의 공은 있음을 허물어뜨리는 공이 아니라, 존재와 존재를 이루어주는 모든 법들의 실체성을 철저히 깨뜨리되, 모든 법들을 있음 아닌 있음으로 살려내고 세워주는 공이다.

유식불교는 반야중관(般若中觀)의 공이 다시 새롭게 신비화될 때, 공하므로 온갖 법의 모습이 일어남을 보여 갖가지 차별된 법의 모습을 세워준다.

그러나 알고 보면 유식에서 법의 모습을 세움은 공을 버리고 있음을 세우는 것이 아니다. 그것은 법의 모습이 연기함을 통해 법의 모습이 공할 뿐 아니라 공함 또한 공함을 보이니, 유식불교는 있음 아닌 있음으로서 법의 모습을 세워 실체로서의 법의 모습과 공성에 대한 집착까지 깨뜨리는 것이다.

중관과 유식은 이처럼 깨뜨리는 집착의 방향은 다르지만, 중도인 법의 실상에 돌아가는 것은 다르지 않다.

이제 불교철학과 당시 시대철학과의 관계를 살펴보자.

중관불교에서 법의 모습에 대한 실체적 집착을 깨뜨려 공으로 존재의 개방성을 천명한 것은 불교 내부 다원론적 법집에 대한 비판운동이었다.

그러면서 그것은 중관불교 당시 주류적 사상이었던 일원론적 베단타 철학에 대한 불교적 응답인 것이며, 붇다 당시 적취설에 대한 붇다의 비판을 그 시대에 반영한 것이다.

또 유식불교에서 다양한 법의 모습 세움을 통해 일원론적 공성을 비판한 것은 중관불교에서 강조한 공이 신비화되는 치우침을 비판한 것이었다. 그러면서 그것은 당대 주류적 사상이었던 바이세시카(Vaiśeṣika) 학파 등 다원론 철학에 대한 불교적 응답인 것이며, 붓다 당시 전변설에 대한 붓다의 비판을 그 시대에 반영한 것이다.

이처럼 일원론과 다원론은 인도철학사에서 불교까지를 포함해 기나긴 역사 속에서 서로 충돌하고 비판하며 서로 침투했던 두 갈래 사상의 큰 물줄기였다.

붓다의 연기론은 일원론 철학인 전변설과 다원론 철학인 적취설을 비판하는 데 털끝만한 타협의 여지도 남겨두지 않았다. 철저히 비판하고 그 옳지 않음을 철저히 깨뜨려서 두 견해를 넘어서는 곳에 연기론의 길이 있다.

붓다의 경전 어디에도 만유를 전변하고 창조하는 브라흐만의 신성이 긍정된 곳은 없다. 신성은 철저히 타파되고 철저히 비판된다.

연기론은 초월적 신성의 전변에 의해서가 아니라 현실존재가 서로 원인이 되고 조건이 되어 새로운 결과로서의 현실의 존재가 형성됨을 가르친다.

그러나 붓다는 원인이 원인 아닌 원인이고 조건이 조건 아닌 조건이며 결과 또한 있되 공한 결과로서 결과가 나되 남이 없음을 가르쳐, 적취설의 원자적 세계관, 존재와 존재 사이 실체성의 앙상한 뼈만 남은 닫힌 관계성을 깨뜨린다.

붓다는 전변설의 초월적 신성의 보편운동을 부정하되 연기법 안에서 존재의 개방적 보편성을 크게 살리니, 붓다는 연기하는 존재의 있음이 실로 있음 아닌 있음임을 보여 초월적 보편운동자의 개방성을 연기하는 존재의 상호개방성으로 살려낸다.

연기법은 다시 적취설의 현실적 관계성을 인정하되, 존재를 일으키는 여러 법의 실체 없음을 밝혀 다원주의자들의 원자적 세계관, 유아론적 세계관을 철저히 부정한다.

연기법 안에서 적취설의 닫히고 고립된 현실성은 상호주체의 개방적 현실성으로 살아나고, 전변설의 초월적 보편성은 존재 사이 막힘없는 현실의 보편성으로 살아난다.

연기법은 두 철학 사조의 치우침을 철저히 깨뜨리되, 연기법의 부정은 연기의 진실 안에서 두 사조의 긍정성을 크게 살리는 깨뜨림이다. 또 연기법은 두 철학의 긍정성을 인정하되, 연기법의 긍정은 연기의 진실 안에서 두 사조의 치우침을 크게 비판해서 살림이다.

연기법은 깨뜨리되 깨뜨림이 없고[破而不破] 세우되 세움이 없다[立而不立]. 이처럼 실로 깨뜨리고 세움이 없되[實無破立] 깨뜨림과 세움을 자재히[破立自在] 하는 연기법의 비판정신이, 깨뜨림과 살려냄을 늘 지혜 안에서 통일하는 반야의 빛이고 불교를 불교답게 하는 창조적 비판정신이다.

붓다의 그릇됨에 대한 비판은 이처럼 비판하되 거두고, 깨뜨리되 진실의 땅 안에서 크게 살리는 포용의 비판이었다.

이러한 붓다의 비판적 포용정신은 당대 브라마나와 사문들의 온갖 철학적 실체주의·종파주의·계급주의를 비타협적으로 비판하고 깨뜨리되 그들과 싸우거나 다투지 않고, 광란의 꿈에 날뛰던 그 시대를 자비의 품에 크게 끌어안고 시대 대중을 구원하였던 것이다.

붓다 당시 인도는 인류역사상 가장 참혹했던 전쟁과 살육의 시기였으며, 극도의 사상적 혼란으로 온 사회가 뒤흔들리던 시기였다.

이러한 어두움과 광분의 역사 속에서 그릇됨을 깨뜨리되 진실의 땅[眞實地]에 크게 세워주고, 꾸짖고 나무라되 진여의 바다[眞如海]에 크게 싸안는 붇다의 자비정신으로 인해, 불교는 시대를 넘어 인류역사의 먼 미래를 비출 반야의 등불이 되었다.

무명의 어두운 밤 꺼지지 않는 반야의 등불로 인해 중생은 끝날 길 없는 나고 죽음의 바다 위태롭고 험난한 항로 가운데 해탈의 저 언덕에 이끌 삶의 나침반과 나룻배를 얻게 되었다. 또한 중생은 세간의 가시밭길 죽음의 구렁텅이에서 참으로 안온히 쉴 섬을 얻고, 크게 안락한 니르바나의 성에 이르를 해탈의 수레를 얻게 된 것이다.

제1장

연기론의 기본 입장과 실체론

"이것은 춘다를 위한 것이니, 나는 이미 너를 위하여
차츰 더는 법을 말하였고, 마음 내는 법을 이미 말하였으며,
마주하는 법을 이미 말하였고, 위로 오르는 법을 이미 말하였으며,
파리니르바나에 드는 법을 이미 말하였다.
높은 스승은 제자를 위해 큰 사랑과 슬픔을 일으키고
가엾이 여김·불쌍히 여김을 일으켜, 올바름과 요익됨을 구하고
안온과 즐거움 구한다.
그처럼 나는 지금 이미 그 모든 것을 다 지었다."

붇다가 제시하신 세계관과 실천관은 '연기중도'(緣起中道)라는 한 마디로 요약할 수 있다. 연기는 '서로 조건이 되어 서로 도와 함께 일어난다'[相依相資同時生起]는 뜻의 '프라티트야사무트파다'(pratītyasamutpāda)를 옮긴 말이다. 이는 존재가 어떤 실체적 요인에 의해서 생성되었다는 다른 브라마나와 사문들의 가르침에 대해, 공한 원인과 조건이 서로 의지해서, 실체 아닌 결과가 남이 없이 남[無生而生]을 밝힌 여래의 교설이다.

브라마나들은 존재를 내는 원인을 브라흐만이라는 초월적인 보편자라고 말하고, 그에 반대하는 사문들은 다원적인 여러 요소들의 쌓여짐에 의해 존재가 이루어졌다고 말한다.

다원적 요소를 말하는 이들 가운데도 어떤 이들은 물질적 요인만을 말하는 이들도 있고, 어떤 이들은 물질적 요소와 정신적 요인의 결합을 말하는 이들도 있다. 사문들 가운데 발전된 철학은 정신적이고 물질적인 요인과 그 요인들을 담아주는 시간·공간·운동·정지의 조건을 말하는 이들도 있다.

붇다의 연기론은 '존재를 내는 여러 법들[諸法]과 생겨난 존재[我]에 모두 붙잡을 실체가 없다[我法俱空]'고 말함으로써, 일원론과 다원론을 모두 법에 대한 집착[法執]에 떨어진 자들이라 비판한다.

연기론의 눈으로 보면, 초월적 일자가 굴러 변해 온갖 존재가 되었다고 말하는 일원론자들은 '오직 하나인 자'[Tad Ekam]에 대한 법집에 떨어진 자들이고, 다원적 요소가 모여 만물이 되었다고 주장하는 다원론자들은 '원자적 요소'에 대한 법집에 떨어진 자들이다.

연기법에서는 존재는 스스로 있는 것이 아니라 원인[因, heta]과 조건[緣, pratyaya]에 의해 일어난 것이므로 공하다[我空]. 원인과 조건 또한 원자적 요소와 같은 원인과 조건이 아니라 그 스스로 다른 원인과 조건에 의해 결과[果, phala] 되어지고, 다른 것에 원인과 조건이 되는 원인 아닌 원인이고 조건 아닌 조건이므로 존재의 원인과 조건이 되는 모든 법들 또한 공하다[法空].

연기법은 현실적 원인과 조건을 말함으로써 초월자에 대한 법집을 깨뜨리고, 원인과 조건에 실체 없음을 말함으로써 원자적 요소의 법집을 넘어선다.

그러나 연기법에서 존재도 공하고 존재를 구성하는 법도 공하다는 말을 듣고, 아무것도 없이 끊어져 없어질 것[斷滅空]이라고 생각해 공에 대해 두려움을 느끼거나, 공을 절대무(絶代無)와 같은 것으로 신비화해서는 안 된다.

존재가 공하다[我非有]고 말할 때 존재를 존재이게 하는 원인과 조건의 없지 않음[法非無]이 표시되고, 존재를 이루는 모든 법들이 공하다[法非有]고 말할 때 존재의 공하되 공하지 않음[我非無]이 표시된다.

그러므로 존재의 실체성을 깨뜨리고[破我執] 여러 법들의 실체성을 깨뜨릴 때[破法執], 허무에 떨어지는 것이 아니라 있되 있지 않고 없되 없지 않은 존재의 진실이 드러난다. 그리고 존재가 공함을 말할 때 전변설의 초월주의를 부정해서 적취설의 현실성을 긍정해주고, 법이 공함을 말할 때 적취설의 닫혀진 현실성을 깨뜨려서 전변설의 보편성을 긍정해준다.

실천론에 있어서도 마찬가지다. 초월적인 하나인 것을 존재의 근거로 생각하는 이들은 초월자의 품에 돌아가는 것으로 해탈을 삼을 것이고, 물질적 요소와 영적 실체의 결합을 주장하는 이들은 물질의 굴레로부터 영적 실체가 벗어남을 해탈로 삼을 것이다.

붇다는 이 둘을 넘어서, 안으로 얻을 마음[名, nāma]의 실체와 밖으로 구할 물질[色, rūpa]의 실체, 초월자의 신비를 한꺼번에 깨뜨릴 때 파리니르바나의 길이 있다 말한다.

붇다의 지혜의 칼은 삿된 견해의 숲을 베어내고 베어내되, 그 지혜는 비치되 고요한[照而寂] 지혜이므로 온갖 삿된 견해의 중생을 니르바나의 고요한 진리의 땅에 거두는 지혜이다.

붇다의 자비의 품은 온갖 중생을 거두어 한 중생도 버리지 않되, 그 자비는 고요하되 비치는[寂而照] 지혜 그대로의 자비이므로 삿됨을 끊어 반야로 돌이키는 자비의 품이다.

붇다의 연기법은 기성 사문과 브라마나의 세계관을 비판하되 그들을 연기법 안에서 새롭게 진리의 주체로 세워주는 비판이니, 붇다의 연기의 진리를 따르는 자 그가 '사문 가운데 참된 사문'이 되며, '브라마나 가운데 참된 브라마나'가 되는 것이다.

왜 그런가. 환상을 환상으로 알면 이미 환상에서 벗어난 것이고, 그름을 그름으로 알면 그가 바로 바름에 나아가는 자이기 때문이다.

견해가 끊어지고 언설이 끊어진 곳에서 중생의 집착과 마음을 따라 언설을 세워 보디에 이끄는 여래의 교화를, 『화엄경』(「야마궁중게찬품」夜摩宮中偈讚品)은 이렇게 말한다.

보디는 오고 감이 없어서
온갖 분별을 떠났으니
어떻게 이 가운데에서

볼 수 있다 스스로 말씀하겠나.

菩提無來去　離一切分別
云何於是中　自言能得見

보디의 완성자 모든 붇다는
실로 얻은 법이 있지 않는데
붇다께서 어디에 말이 있겠는가.
다만 중생의 마음을 따라서
이와 같은 법 설한다고 하네.

諸佛無有法　佛於何有說
但隨其自心　謂說如是法

1 바깥길 실체론자에 대한 연기론의 기본 관점

경전에서 '바깥길'[外道]이란 말을 쓰고 있지만, 어디가 안이고 어디가 밖이며 어느 곳이 바름이고 어느 곳이 그름인가.

브라마나(brāhmaṇa)들에게는 온갖 존재의 절대적 근거인 브라흐만의 존재를 인정하는 것이 안이 되고, '오직 하나인 자'를 부정하는 모든 사상이 밖이 될 것이다. 그에 비해 원자적 세계관을 주장하는 사문(śramaṇa)들에게는 초월적 실재를 주장하는 자가 밖이 되고, 자기 교파가 주장하는 원자적 실체를 인정하는 자가 안이 될 것이다.

붇다의 연기론에서 보면 주체의 삶 밖에 초월적이든 경험적이든 실체적 근거를 설정하는 이들이 바깥길이 되고, 초월적 실체와 경험적 실체를 모두 부정하여 얻을 것 없는 자가 안이 된다. 그러나 주체의 삶과 앎활동 자체도 머물러 있는 실체가 없으니[識無自性], 안을 안이라 주장하는 자 또한 이미 보디의 길을 등지는 것이다.

연기법에서는 안의 아는 자도 공하고[內入空] 밖의 알려지는 것도 공하고[外入空] 초월적인 하나인 자를 집착하고 원자적 요소를 집착하는 바깥길 걷는 이들의 무명과 환상의 사유도 공하니[無明空], 연기법 가운데 그 어느 누구도 진리 밖에 서 있는 자는 없다.

오히려 스스로 붇다의 해탈의 도를 깨쳤다고 말하고 중생이 모르는 깊은 도리를 알았다고 말하는 자라 해도, '위없는 보디'라 규정할 법의 실체를 인정하는 자가 보디를 등지는 자이다.

참으로 바른 길, 안의 길을 말할 수 있는 자는 바른 보디의 길에서 보디의 길이라 할 정해진 법을 보지 않고, 저 세간의 갖가지 물든 견해 속에 들어가되 그 견해에 물듦이 없이 견해에 바른 방향을 주는 자가 보디를 행하는 자라 할 것이다.

그러므로 『비말라키르티수트라』(淨名經)는 '여섯 사람 바깥길 스승[六師外道]이 떨어진 곳에 함께 떨어질 수 있어야 붇다의 제자로 남의 밥을 받을 수 있다'고 말한다.

또 『비말라키르티수트라』에서 만주쓰리 보디사트바(Mañjuśrī-bodhisattva, 文殊舍利菩薩)와 비말라키르티 거사는 붇다의 도에 도라고 할 규정된 틀이 없으므로 도 아님[非道]을 통달해야 붇다의 도 통달함을 이렇게 문답한다.

그때 만주쓰리 보디사트바가 비말라키르티에게 물었다.
"보디사트바는 어떻게 붇다의 도를 통달하오."
비말라키르티가 말했다.
"만약 보디사트바가 도 아님을 행하면 이것이 붇다의 도를 통달하는 것입니다."
또 물었다.
"어떻게 보디사트바는 도 아님을 행하오."

답했다.

"만약 보디사트바가 다섯 무간지옥에 가되 괴로움과 성냄이 없으며, 지옥에 이르되 모든 죄의 허물이 없으며, 축생에 이르되 무명과 교만의 허물이 없으며, 아귀에 이르되 공덕을 갖추면 도 아님을 행하는 것입니다.

(중략)

마라(māra, 魔)에 들어감을 보이되 붇다의 지혜를 따르고 저들의 가르침을 따르지 않으며, 성문에 들어감을 보이되 중생을 위해 아직 듣지 못한 법을 말해주며, 프라테카붇다(Pratyeka-buddha, 辟支佛, 獨覺)에 들어감을 보이되 큰 자비를 성취하여 중생을 교화하며, 가난함에 들어감을 보이되 보배의 손이 있어 공덕이 다함없으면 도 아님을 행하는 것입니다.

(중략)

두루 여러 도에 들어감을 보이되 그 인연을 끊으며, 니르바나를 나타내되 나고 죽음을 끊지 않습니다.

만주쓰리시여, 보디사트바가 이와 같이 도 아님 행할 줄을 알아야 이것이 붇다의 도를 통달하는 것입니다."

1) 일원론과 다원론을 넘어

만약 사문이나 브라마나들이 '나'가 있다고 헤아리면
그것은 다섯 쌓임에 '나'가 있다고 헤아림이니

이와 같이 내가 들었다.

한때 붇다께서는 슈라바스티 국 제타 숲 '외로운 이 돕는 장자의
동산'에 계셨다.

그때 세존께서 여러 비구들에게 말씀하셨다.

"다섯 가지 받는 쌓임[五受陰]이 있다. 곧 물질의 받는 쌓임[色受
陰]·느낌의 받는 쌓임[受受陰]·모습 취함의 받는 쌓임[想受陰]·
지어감의 받는 쌓임[行受陰]·앎의 받는 쌓임[識受陰]이다.

비구들이여, 만약 사문·브라마나가 '나가 있다'[有我]고 헤아린
다면, 그것은 다 이 다섯 가지 받는 쌓임에 '나가 있다'고 헤아리는
것이다. 어떤 것이 다섯 가지인가?

여러 사문·브라마나는 물질에 대해서 '이것은 나다, 나와 다르
다, 나[我]와 나와 다름[異我]이 서로 같이 있는 것[相在]이다'라고
본다.

이와 같이 느낌·모습 취함·지어감·앎에 대해서도 '이것은 나다,
나와 다르다, 나와 나와 다름이 서로 같이 있는 것이다'라고 본다."

다른 사문·브라마나들의 실체론이 무명에 뿌리 두고 있음을 보이심

"이와 같이 어리석고 들음 없는 범부들은 나[我]를 헤아려 무명으로써 분별하고, 이렇게 살펴 내 것[我所]을 떠나지 못한다.

내 것을 떠나지 못하는 자는 모든 아는 뿌리[諸根]에 들어가고, 모든 아는 뿌리에 들어간 뒤에는 닿음[觸]을 내 여섯 닿음[六觸]이 닿는 바[所觸]에 들어간다. 그러면 어리석고 들음 없는 범부들은 괴로움과 즐거움을 내고, 이를 좇아 이런저런 느낌을 낸다.

여섯 닿음의 몸[六觸身]이란 무엇이 여섯 가지인가?

곧 눈의 닿아 들임[眼觸入處]·귀의 닿아 들임[耳觸入處]·코의 닿아 들임[鼻觸入處]·혀의 닿아 들임[舌觸入處]·몸의 닿아 들임[身觸入處]·뜻의 닿아 들임[意觸入處]이다.

비구들이여, 뜻의 영역[意界]·뜻이 아는바 법의 영역[法界]·무명의 영역[無明界]이 있다. 무명으로 닿는 바[所觸]에 닿아, 어리석고 들음 없는 범부들은 '있다'고 말하고, '없다'고 말하며, '있기도 하고 없기도 하다'고 말하고, '있는 것도 아니고 없는 것도 아니다'라고 말한다. 그리하여 '내가 가장 빼어나다'고 말하고, '내가 서로 비슷하다'고 말하며, '내가 알고 내가 본다'고 한다."

무명을 떠나면 헛된 분별 떠나 밝음 일으킬 수 있음을 보이심

"다시 비구들이여, 많이 들은 거룩한 제자들은 여섯 닿아 들임[六觸入處]에 머무르면서도 무명(無明)을 싫어해 떠나 밝음[明]을 낼 수 있다.

그는 무명에서 탐욕을 떠나 밝음을 내기 때문에 '있다'고 하지 않고, '없다'고 하지 않으며, '있기도 하고 없기도 하다'고 하지 않고,

'있는 것도 아니고 없는 것도 아니다'라고 하지 않는다.

그리하여 '나는 빼어나다'고 하지 않고, '내가 못하다'고 하지 않으며, '나는 그와 같다'고 하지도 않으며, '내가 알고 내가 본다'고 하지도 않는다.

이와 같이 알고 이와 같이 보고 나면, 일으킨바 앞의 무명의 닿음이 사라지고, 뒤의 밝음의 닿음이 모여 일어난다."

붇다께서 이 경을 말씀하시자, 여러 비구들은 붇다의 말씀을 듣고 기뻐하며 받들어 행하였다.

• 잡아함 63 분별경(分別經) ③

• 해설 •

연기법의 언어는 연기의 진리대로 이해되어야 한다. 경에서 마음·물질 [名色]이라고 표현한 것은 바로 다섯 쌓임[五蘊]에서 물질의 쌓임과 마음 활동의 쌓임이 서로 규정함을 나타낸다.

마음은 물질인 마음이라 마음이 공하고, 물질은 마음인 물질이라 물질이 공하다. 물질을 물질이라 집착하면 마음은 물질에 물든 쌓임이 되고, 마음을 마음이라 집착하면 물질은 마음에 물든 물질이 된다.

실체성에 갇힌 물질과 마음의 물든 모습을 경은 받는 쌓임[受陰]이라 한다.

다섯 쌓임은 스스로 낸 것이 아니고[非自作], 바깥 여건이 일으킨 것도 아니며[非他作], 스스로와 남이 기계적으로 결합한 것도 아니고[非共作], 원인 없이 생긴 것도 아니다[非無因作]. 이처럼 다섯 쌓임은 공한 인연으로 있으므로 그 결과도 공하여 있되 있음이 아니다.

공한 다섯 쌓임으로 나[我]가 있으므로 저 물질법[色法]이 내가 아니되 나를 떠남도 아니며, 마음법[心法]이 나 아님이 아니되 나와 다름을 떠난 것이 아니니, 다섯 쌓임의 법들은 나[我]도 아니요 나와 다름[異我]도 아니며 나와 나와 다름이 함께 있는 것[相在]도 아니다.

그러나 연기론의 이런 관점과 달리 나와 다섯 쌓임의 법이 모두 있되 공한 곳에서 그 실체성을 헤아리는 자는, 초월적 일자가 그 존재성을 부여했다고 집착하거나, 안과 밖의 원자적 요소가 결합했다고 집착한다.

공한 아는 뿌리에 실로 아는 자가 있다고 집착하고, 알려지는 것에 알 것이 있고 내 것이 있다 생각하면, 아는 자가 알려지는 바에 닿아지고, 아는 자와 알려지는 바의 닿음에 실로 닿음이 있게 되면 그 닿음은 무명(avidyā, 無明)의 닿음이 된다.

그러나 알려지는 바에 실로 알 것이 없다고 살피면, 대상에 대한 있음과 없음의 분별이 사라져서 닿음[觸]과 닿아지는 바[所觸]의 만남에 실로 만남이 없으니, 이것이 밝음(vidyā, 明)의 닿음이 된다.

비록 무명이 사라지고 밝음이 난다 말했으나, 저 무명의 받음과 닿음이 실로 얻을 것 없는 곳에서 얻을 것 일으켜서 낸 것이라면, 무명은 온 곳이 없다. 그렇다면 그 무명이 어디로 사라지고 밝음이 나겠는가.

『비말라키르티수트라』에서 '눈 깜박이지 않는 보디사트바'[不眴菩薩]는 이렇게 말한다.

"받음[受]과 받지 않음[不受]이 둘이 되나, 만약 법을 받지 않으면 얻을 것이 없습니다. 얻을 것이 없으므로 취함이 없고 버림이 없으며 지음이 없고 마음의 행도 없으니, 이것이 '둘 아닌 법문'[不二法門]에 들어가는 것입니다."

또 '번개하늘 보디사트바'[電天菩薩]가 말했다.

"밝음[明]과 밝음 없음[無明]이 둘이 되나, 무명의 참된 성품이 곧바로 밝음이라 밝음 또한 취할 것이 없습니다. 온갖 수(數)를 떠나 그 가운데 평등하여 둘이 없으면, 이것이 '둘 아닌 법문'에 들어가는 것입니다."

여섯 들이는 곳에서 나와 내 것 없음을
살펴야 니르바나 깨닫나니

이와 같이 내가 들었다.

한때 붇다께서는 슈라바스티 국 제타 숲 '외로운 이 돕는 장자의 동산'에 계시면서 여러 비구들에게 말씀하셨다.

"너희들에게 실로 있는 것이 아님을 버려야 한다. 그 법을 다 버리게 되면 기나긴 밤에 안락할 것이다.

여러 비구들이여, 어떻게 생각하느냐. 이 제타 숲 가운데서 여러 풀과 나무의 가지와 잎을 어떤 사람이 가지고 가면 너희들은 그것을 이렇게 생각해 말하겠는가.

'이 모든 것은 다 내 것인데, 저 사람은 왜 갑자기 가지고 가는가?'"

비구들은 대답하였다.

"아닙니다, 세존이시여. 왜냐하면 그것은 '나'도 아니요. '내 것'도 아니기 때문입니다."

"너희 여러 비구들 또한 이와 같다. 너희들에게 실로 있는 바가 아닌 것은 버려야 한다. 그 법을 다 버리게 되면 기나긴 밤에 안락할 것이다.

어떤 것을 너희들에게 있는 것이 아님이라 하는가. 곧 눈이니, 눈은 너희들에게 있는 것이 아니니 버려야 한다. 그 법을 다 버리게 되면 기나긴 밤에 안락할 것이다.

귀·코·혀·몸·뜻에서도 또한 이와 같다."

여섯 들임 가운데 나와 나와 다름
그 둘의 같이 있음이 모두 없음을 살피게 하심

"어떤가. 비구들이여, 눈은 항상한 것인가, 항상하지 않은 것인가."

대답했다.

"항상하지 않습니다."

"만약 덧없는 것이라면 그것은 괴로운 것인가."

"그것은 괴로운 것입니다, 세존이시여."

다시 물으셨다.

"만약 덧없고 괴로운 것이라면 그것은 변하고 바뀌는 법이다. 그런데 많이 들은 거룩한 제자로서 과연 거기서 '나'와 '나와 다름'과 그 둘의 '서로 같이 있음'을 보겠느냐."

"아닙니다, 세존이시여."

"귀·코·혀·몸·뜻에서도 또한 이와 같다.

많이 들은 거룩한 제자는 이 여섯 들이는 곳에서 '나'도 아니요 '내 것'도 아님을 살핀다. 살피고서는 모든 세간에 대해서 도무지 취할 것이 없고, 취할 것이 없기 때문에 집착할 것이 없고, 집착할 것이 없기 때문에 스스로 니르바나를 깨닫는다.

그래서 나의 태어남은 이미 다하고, 범행은 이미 서고, 지을 바를 이미 지어 다시는 뒤의 있음을 받지 않는다고 스스로 안다."

붇다께서 이 경을 말씀하시자 여러 비구들은 붇다의 말씀을 듣고 기뻐하며 받들어 행하였다.

• 잡아함 274 기사경(棄捨經)

• 해설 •

앞의 경이 밖의 받아들일 것에 실로 받아들임이 있다는 집착으로 주체의
닿음이 무명의 닿음이 됨을 주로 깨우쳐 보이고 있다면, 이 경은 주체의 여
섯 아는 뿌리[六根]가 연기한 것이라 공하여 얻을 것이 없음을 깨달아야 세
간에 대한 집착을 떠나게 됨을 가르친다.

여섯 아는 뿌리도 알려지는 것을 의지해 있는 아는 뿌리이므로 있되 공
하다. 경계를 의지하지 않는 눈·귀·코·혀도 없고 마음도 없으므로 자체
가 공한데, 저 눈이 나라고 해도 옳지 않고 나 아니라고 해도 옳지 않다. 여
섯 아는 뿌리에는 나도 없고 나와 다름도 없고 둘이 같이 있음도 없다.

오히려 나에 나 없음을 알고 경계에 경계 없음을 알아야 무명을 벗어나
니르바나를 깨닫는다.

곧 알려지는 세계가 닫혀지므로 아는 마음이 물들지만, 아는 자에 대해
나이거나 나와 다름이거나 분별해 안의 아는 자가 실체화되므로 알려지는
바 세계가 닫혀지는 것이다.

아는 자와 알려지는 것에 취할 것이 없음을 알면 앎에 앎이 없게 되니, 알
고 봄에 실로 봄이 없으면 니르바나이고[知見無見 斯卽涅槃], 알고 봄에 실
로 앎을 세우면 무명의 뿌리가 된다[知見立知 卽無明本].

나와 내 것, 아는 자와 알려지는 것을 모두 버리라는 이 경의 가르침은
『선문염송집』(禪門拈頌集)의 다음 공안(公安)의 뜻과 서로 맞는다.

검은 얼굴[黑氏] 브라마나가 신통의 힘으로 왼손 오른손에 합환오동
꽃[合歡梧桐花] 두 줄기를 들고 세존께 공양하므로, 붇다께서 "선인아"
하고 부르셨다.
브라마나가 대답하므로 붇다께서 말씀하셨다.
"놓아라."
브라마나가 왼손의 꽃을 놓자 붇다께서 또 선인을 부르시고서 "놓아
라" 하셨다.

브라마나가 오른손의 한 줄기 꽃을 놓자 붇다께서 또 말씀하셨다.

"놓아라."

브라마나가 말했다.

"세존이시여, 저는 지금 맨몸으로 서 있는데 다시 무엇을 놓으라 하십니까."

붇다께서 말씀하셨다.

"나는 그대에게 꽃을 놓으라고 한 것이 아니다. 그대는 반드시 밖의 여섯 티끌경계[六境]와 안의 여섯 아는 뿌리[六根]와 가운데의 여섯 앎[六識]을 한때에 놓아버려 버릴 곳이 없으면, 이것이 그대가 나고 죽음을 벗어나는 곳이다."

브라마나가 말씀 아래 남이 없는 법인[無生法忍]을 깨달았다.

그렇다면 이 공안에서 여섯 아는 뿌리, 알려지는 경계, 앎을 모두 버려서 버릴 곳 없음은 그 어느 시절인가.

연기법에서 아는 뿌리와 알려지는 경계는 있되 있음 아니므로 취하지 않아야 하지만, 없되 없음 아니므로 버릴 것이 없다.

옛 조사가 '자주 지나는 봄바람에 꽃은 피어 찬란하다'[多謝春風爛熳開]고 말했으니, 이는 '달빛이 흐르는 물과 섞이어 다리 지나가는'[月和流水過橋流] 소식 보임인가.

살피고 살펴야 하리라.

다섯 쌓임에 탐욕이 있으므로
나와 내 것이 분별되나니

이와 같이 내가 들었다.

한때 붓다께서는 슈라바스티 국 동쪽 동산에 있는 므리가라마트리(Mṛgāra-mātṛ) 강당에 계셨다. 그때에 세존께서는 해질녘 절에서 깨어나 여러 비구들 앞에 자리를 펴고 앉아 여러 비구들에게 말씀하셨다.

"다섯 가지 받는 쌓임이 있으니 어떤 것이 다섯인가. 곧 물질의 받는 쌓임과 느낌·모습 취함·지어감·앎의 받는 쌓임이다."

때에 어떤 비구가 자리에서 일어나 옷을 바로 여미고 오른쪽 어깨를 드러내고 오른쪽 무릎을 땅에 대고 두 손을 맞잡고 붓다께 여쭈었다.

"세존이시여, 이 다섯 가지 받는 쌓임이란 물질의 받는 쌓임과 느낌·모습 취함·지어감·앎의 받는 쌓임입니까."

탐욕으로 공한 다섯 쌓임이 받는 쌓임이 됨을 보이심

붓다께서는 그 비구에게 말씀하셨다.

"자리에 돌아가 앉아 물으라. 나는 너를 위해 말해주겠다."

때에 그 비구는 붓다께 절하고 다시 본래 자리로 돌아가 여쭈었다.

"세존이시여, 그 다섯 가지 받는 쌓임은 무엇을 뿌리로 하고, 무엇이 모아내고, 무엇으로 나며, 무엇으로 닿습니까."

붇다께서는 그 비구에게 말씀하셨다.

"그 다섯 가지 받는 쌓임은 탐욕이 뿌리가 되고, 탐욕이 모아내며, 탐욕으로 나고, 탐욕으로 닿는다."

때에 그 비구는 붇다의 말씀을 듣고 기뻐하고 따라 기뻐하면서 붇다께 말씀드렸다.

"세존께서는 다섯 가지 쌓임은 곧 받음이라고 말씀하셨습니다. 거룩하십니다! 그 말씀은.

이제 다시 말씀드립니다. 세존이시여, 쌓임이 곧 받음입니까, 다섯 가지 쌓임은 받음과 다릅니까."

붇다께서는 그 비구에게 말씀하셨다.

"다섯 가지 쌓임이 곧 받음도 아니요, 또한 다섯 가지 쌓임이 받음과 다른 것도 아니다. 다만 거기에 탐욕이 있으면 그것이 곧 다섯 가지 받는 쌓임이다."

비구가 붇다께 말씀드렸다.

"거룩하십니다, 세존이시여."

이 쌓임과 저 쌓임이 서로 의지하고
앞의 쌓임과 뒤의 쌓임이 서로 이어 남을 보이심

그 비구는 기뻐하고 따라 기뻐하면서 다시 여쭈었다.

"이제 다시 여쭙습니다. 세존이시여, 두 쌓임은 서로 관계가 있습니까."

"그렇고 그렇다. 마치 어떤 비구가 이렇게 생각함과 같다.

'나는 미래에 이와 같은 물질과 이와 같은 느낌과 이와 같은 모습취함, 이와 같은 지어감, 이와 같은 앎을 받아 나자.'

이와 같음을 비구의 쌓임과 쌓임이 서로 관계하는 것[陰陰相關]이라 한다."

비구가 붙다께 말씀드렸다.

"그 말씀은 참으로 거룩하십니다."

그 비구는 기뻐하고 따라 기뻐하면서 다시 붙다께 여쭈었다.

"다시 물음이 있습니다. 세존이시여, 어떤 것을 쌓임이라 합니까."

"모든 물질로서 과거든 미래든 현재든, 안이든 밖이든, 거칠든 가늘든, 곱든 밉든, 멀든 가깝든 그 온갖 것을 모두 쌓임이라 한다.

이것을 쌓임이라 하니, 느낌·모습 취함·지어감·앎 또한 다시 이와 같다.

이와 같이 비구여, 이것을 쌓임이라 한다."

"그 말씀은 참으로 거룩하십니다."

다섯 쌓임을 분별해 답하심

그 비구는 말씀을 기뻐하고 따라 기뻐하면서 다시 여쭈었다.

"다시 물음이 있습니다, 세존이시여. 무슨 인연으로 물질의 쌓임이라 하며, 무슨 인연으로 느낌·모습 취함·지어감·앎의 쌓임이라 합니까."

붙다께서는 그 비구에게 말씀하셨다.

"네 가지 큰 요소가 원인[四大因]이 되고, 네 가지 큰 요소가 조건[四大緣]이 되니, 이것을 물질의 쌓임이라 한다.

무슨 까닭인가. 있는바 모든 물질의 쌓임 그 온갖 것은 다 네 가지 큰 요소이니, 네 가지 큰 요소를 인연하여 만들어지기 때문이다.

닿음의 원인과 닿음의 조건으로 느낌·모습 취함·지어감이 생기므로 이것을 느낌·모습 취함·지어감의 쌓임이라 한다.

무슨 까닭인가. 모든 느낌·모습 취함·지어감은 모두 닿음을 인연하기 때문이다.

마음·물질의 원인[名色因]과 마음·물질의 조건[名色緣]으로 앎의 쌓임이 된다고 이름하는 것이다. 무슨 까닭인가. 만약 있는바 앎[諸識] 그 온갖 것은 '마음·물질'[名色, nāma-rūpa]을 인연하기 때문이다."

비구가 붇다께 말씀드렸다.

"거룩하십니다! 그 말씀은."

다섯 쌓임의 집착과 벗어남을 분별해 보이심

그 비구는 기뻐하고 따라 기뻐하면서 다시 여쭈었다.

"다시 물음이 있습니다. 어떤 것을 물질의 맛들임[色味]이라 하고, 물질의 걱정거리[色患]라 하며, 물질을 떠남[色離]이라 합니까.

어떤 것을 느낌·모습 취함·지어감·앎의 맛들임이라 하고, 그것들의 걱정거리라 하며, 그것들을 떠남이라 합니까."

붇다께서는 그 비구에게 말씀하셨다.

"물질을 인연하여 기쁨과 즐거움을 내면, 이것을 물질의 맛들임이라 한다. 만약 물질이 덧없고 괴로우며 변하고 바뀌는 법이라면 이것을 물질의 걱정거리라 한다.

만약 물질에서 탐욕을 항복받고 탐욕을 끊으며 탐욕을 뛰어넘으면 이것을 물질을 떠남이라 한다.

만약 느낌·모습 취함·지어감·앎을 인연하여 기쁨과 즐거움을 내면 이것을 그것들의 맛들임이라 한다. 느낌·모습 취함·지어감·

앎은 덧없고 괴로우며 변하고 바뀌는 법이니 이것을 그것들의 걱정거리라 한다.

느낌·모습 취함·지어감·앎에서 탐욕을 항복받고 탐욕을 끊으며 탐욕을 뛰어넘으면 이것을 그것들을 떠남이라 한다."

"거룩하십니다! 그 말씀은."

그 비구는 기뻐하고 따라 기뻐하면서 다시 여쭈었다.

"다시 물음이 있습니다. 세존이시여, 어떻게 나라는 교만을 냅니까."

"어리석고 들음이 없는 범부는 물질에서 '나'와 '나와 다름' '이 둘의 함께 있음'을 보고, 느낌·모습 취함·지어감·앎에서 '나'와 '나와 다름' '이 둘의 함께 있음'을 보게 되니, 여기서 나라는 교만을 낸다."

"거룩하십니다! 그 말씀은."

그 비구는 기뻐하고 따라 기뻐하면서 다시 여쭈었다.

"다시 물음이 있습니다. 세존이시여, 어떻게 하면 나라는 교만이 없음을 얻습니까."

"많이 들은 거룩한 제자는 물질에서 '나'와 '나와 다름' '이 둘의 함께 있음'을 보지 않고, 느낌·모습 취함·지어감·앎에서 '나'와 '나와 다름' '이 둘의 함께 있음'을 보지 않는다."

"거룩하십니다! 그 말씀은."

그 비구는 다시 붇다께 여쭈었다.

"다시 물음이 있습니다. 무엇을 알고 무엇을 보아야 번뇌의 흐름이 다함[漏盡]을 다 얻을 수 있습니까."

"모든 물질로서 이미 미래든 현재든, 안이든 밖이든, 거칠든 가늘든, 곱든 밉든, 멀든 가깝든 그 온갖 것은 '나'도 아니요, '나와 다름'

도 아니며, '이 둘의 함께 있음'도 아니다.

느낌·모습 취함·지어감·앎 또한 다시 이와 같다.

비구여, 이와 같이 알고 이와 같이 보면 빨리 흐름 다함을 얻을 것이다."

다섯 쌓임의 법에 취함과 분별이 없으면 해탈하게 됨을 보이심

그때에 그 자리에는 어떤 다른 비구가 있어 근기가 무디고 바로 아는 것이 없었다. 그는 무명 껍질에 싸여 악하고 삿된 견해를 일으켜 이렇게 생각하였다.

'만약 〈나〉가 없다면 〈나〉 없는 업을 지을 것인데, 미래세상에서 누가 그 갚음을 받을 것인가.'

그때에 세존께서는 그 비구의 생각을 아시고 모든 비구들에게 말씀하셨다.

"이 대중 가운데서 만약 어리석은 사람이 있으면, 지혜의 밝음이 없어 이렇게 생각할 것이다.

곧 '만약 〈나〉가 없다면 〈나〉 없는 업을 지을 것인데, 미래세상에서 누가 그 갚음을 받을 것인가.'

만약 이와 같이 의심하고 있으면 먼저 그것을 풀이해주겠다.

어떤가, 비구들이여. 물질은 항상한 것인가, 덧없는 것인가."

비구들은 대답하였다.

"덧없습니다, 세존이시여."

"만약 덧없는 것이라면 그것은 괴로운 것인가."

"그것은 괴로운 것입니다, 세존이시여."

"만약 덧없고 괴로운 것이라면 그것은 변하고 바뀌는 법이다. 그런데도 많이 들은 거룩한 제자로서 거기서 과연 '이것은 나다, 이것은 나와 다르다, 이 둘이 함께 있는 것이다'라고 보겠는가."

"아닙니다, 세존이시여."

"느낌 · 모습 취함 · 지어감 · 앎 또한 다시 이와 같다. 그러므로 비구들이여, 만약 모든 물질로서 미래든 현재든, 안이든 밖이든, 거칠든 가늘든, 곱든 밉든, 멀든 가깝든 그 온갖 것은 '나'도 아니요, '나와 다름'도 아니며, '이 둘의 함께 있음'도 아니라고 이와 같이 보면, 그것은 바른 견해다.

느낌 · 모습 취함 · 지어감 · 앎 또한 다시 이와 같다.

많이 들은 거룩한 제자로서 이렇게 보는 사람은 곧 즐거워하지 않음[厭]을 닦고, 즐거워하지 않으면 탐욕을 떠나며, 탐욕을 떠난 뒤에는 해탈하고, 해탈한 뒤에는 해탈한 줄을 알고 본다.

그래서 '나의 태어남은 이미 다하고, 범행은 이미 서고, 지을 바를 이미 지어 다시는 뒤의 있음을 받지 않음'을 스스로 안다."

붇다께서 이 경을 말씀하실 때 많은 비구들은 모든 흐름 일으키지 않고 마음에 해탈을 얻었다.

붇다께서 이 경을 설하시자 여러 비구들은 붇다의 말씀을 듣고 기뻐하며 받들어 행하였다.

• 잡아함 58 음근경(陰根經)

• 해설 •

다섯 쌓임에서 느낌 · 모습 취함 · 지어감 · 앎의 마음작용[名法]은 알려지는바 세계의 모습을 안고 일어난 것이므로 공하고, 세계의 물질과 모습[色法]은 네 큰 요소가 모여 일어나 마음에 알려지므로 세계도 공하다.

마음·물질[名色]인 다섯 쌓임이 인연으로 일어난 것[五蘊依他起相]이라 공하여 취할 것이 없는 곳[五蘊圓成實相]에서 취함을 일으키고 탐욕을 일으키므로 다섯 쌓임은 받는 쌓임[五蘊遍計所執相]이 되었다. 공한 다섯 쌓임으로 공한 나[我]가 있으니, 다섯 쌓임의 낱낱법에 나와 나와 다름의 분별이 있으면 다섯 쌓임이 받음이 되고 번뇌법이 된다.

곧 다섯 쌓임이 받는 쌓임이 되면 마음은 물질에 물들고 갇힌 마음이 되고, 물질은 물든 마음 취하는 마음으로 인해 닫힌 물질이 된다.

경에서 비구가 두 쌓임의 관계를 묻는 것은 앎활동과 알려지는 물질의 서로 의지해 있는 관계를 묻는 것이고, 앞의 다섯 쌓임과 뒤의 다섯 쌓임의 관계를 묻는 것이다.

붇다께서 지금의 쌓임으로 미래의 쌓임이 일어남을 보이시니, 이는 앞의 쌓임이 끊어지고 뒤의 쌓임이 되는 것이 아니고, 앞의 쌓임이 그대로 뒤의 쌓임이 되는 것이 아님을 보이신 것이다.

다섯 쌓임이 항상하다 해도 연기의 진실이 아니며 끊어진다 해도 연기의 진실이 아니니, 『화엄경』(「수미정상게찬품」須彌頂上偈讚品)은 이렇게 말한다.

앞의 다섯 쌓임으로 인하여
뒤의 쌓임이 서로 이어 일어나네.
여기서 참성품 깨달아 알면
붇다의 부사의함을 볼 수 있으리.

因前五蘊故　後蘊相續起
於此性了知　見佛難思議

인연으로 있는 법은 나되 남이 없는 것[生而無生]이니, 다섯 쌓임의 법은 실로 일어났다 사라짐[起滅]도 아니고 늘 머물러 있음[常住]도 아닐뿐더러, 다섯 쌓임의 각 쌓임은 서로가 서로를 의지해 있으므로 있되 공한 것이다.

그러므로 낱낱법에 실로 있음과 실로 없음의 분별을 떠나고 나와 같음과

다름의 분별을 떠나야 법의 진실을 볼 수 있으니,『화엄경』(야마궁중게찬
품 夜摩宮中偈讚品)은 이렇게 말한다.

> 이 모든 쌓임들 분별하면
> 그 성품은 비어 고요하도다.
> 공하므로 없앨 것 없으니
> 이것이 남이 없는 뜻이네.
>
> 分別此諸蘊　其性本空寂
> 空故不可滅　此是無生義

이와 같이 다섯 쌓임이 나되 남이 없고 있되 공하므로 없앨 것이 없으며,
있되 실로 있음이 아니므로 탐욕 떠나 취하지 않고, 없되 없음이 아니므로
버리지 않으면, 물질은 모습에 모습 없는 실상[無相實相]을 실현하고, 마음
은 앎에 앎 없는 해탈의 마음[無住眞心]이 된다.

해탈의 마음이 되면 과거·현재·미래의 업(業)에 업도 없고 업 없음도
없으니, 오는 세상 끊어져 없어질 것을 왜 두려워할 것인가.

2) 앎과 알려짐의 같고 다름을 넘어

———

보고 보여지는 법에는 나도 없고 나 없음도 없으니

이와 같이 내가 들었다.

한때 붇다께서는 슈라바스티 국 제타 숲 '외로운 이 돕는 장자의 동산'에 계셨다. 그때에 어떤 비구는 홀로 한 고요한 곳에서 사유를 오롯이 하여 정진하다 이렇게 생각하였다.

'비구는 어떻게 알고 어떻게 보아야 법을 볼 수 있는가.'

이렇게 사유하고서 선정에서 일어나 붇다 계신 곳에 나아가 머리를 대 발에 절하고 한쪽에 물러나 앉아 붇다께 말씀드렸다.

"세존이시여, 저는 홀로 한 고요한 곳에서 사유를 오롯이 하여 정진하다 이렇게 생각했습니다.

'비구는 어떻게 알고 어떻게 보아야 법을 볼 수 있는가.'"

나가 공한 곳에서 갖가지 실체성에 대한 집착이 남을 보이심

그때에 세존께서는 그 비구에게 말씀하셨다.

"자세히 듣고 잘 생각하라. 너를 위해 말해주겠다.

두 가지 법이 있으니, 어떤 것이 두 가지인가. 눈과 빛깔, 귀와 소리, 코와 냄새, 혀와 맛, 몸과 닿음, 뜻과 법이다.

만약 누가 여래가 말한 두 가지 법 밖에 다른 두 가지 법이 있다고 하면, 그것은 말만 있을 뿐이니, 경계가 아니기 때문이다.

왜 그런가. 눈과 빛깔의 인연으로 눈의 앎[眼識]을 내고, 이 세 가지 일이 어울려 합함[三事和合]이 닿음이니, 닿음이 함께하여 느낌·모습 취함·지어감을 내기 때문이다.

이 물질이 아닌 네 가지 마음의 쌓임[四無色陰]과, 눈과 색깔 이러한 법들을 사람[manuṣya, 人]이라 하며, 이러한 법에 대해 사람이라는 모습 취함, '중생(衆生, sattva) · 나라(nara, 人) · 마누자(manu-ja, 意生) · 마나바카(mānavaka, 勝我, 儒童) · 푸루샤(puruṣa, 士夫, 神我) · 푸드갈라(pudgala, 生命, 敎趣) · 지바카(jīvaka, 壽者) · 쟌투(jantu, 衆生)'라는 모습 취함[想, saṃjñā]을 짓는다."

주관 · 객관의 두 법이 어울려 나는 삶활동 가운데서 중생의 괴로움과 니르바나가 연기함을 보이심

"또 이와 같이 말한다.

곧 '나는 눈으로 빛깔을 보고, 나는 귀로 소리를 들으며, 나는 코로 냄새를 맡고, 나는 혀로 맛을 보며, 몸으로 닿음을 깨닫고, 나는 뜻으로 법을 분별한다.'

그는 베풀어 세우고서 또 이와 같이 말한다.

'이 존자는 이와 같은 이름 · 이와 같은 태어남 · 이와 같은 성이며, 이와 같이 먹고, 이와 같이 괴로움과 즐거움을 받으며, 이와 같이 오래 살고, 이와 같이 오래 머무르며, 이와 같이 목숨이 한정되었다.'

비구들이여, 이것이 모습 취함이 되고 기억함이 되고 이것이 곧 말함이 되나, 이 모든 법은 덧없고 함이 있어서 지어감[思]과 바람[願] 때문에 생긴 것이다.

만약 덧없고 함이 있어서 지어감과 바람 때문에 생긴 것이라면 그것은 곧 괴로움이다. 다시 그 괴로움은 생기고 또한 괴로움은 머무르며 또한 괴로움은 사라지고 또한 괴로움은 자꾸자꾸 생기니, 온갖 것은 다 괴로움이다.

다시 그 괴로움을 남음 없이 끊고 뱉어 다하고, 탐욕 떠나 사라져서 쉬어 그치면 다른 괴로움이 다시 서로 있지 않고 생기지 않으니, 이것이 곧 고요함이요 이것이 빼어나 묘함이다.

그리고 이것을 온갖 남음 있음을 버리고 온갖 애착을 다해 탐욕 없이 사라져 다한 니르바나라고 한다."

나와 중생 등 갖가지 집착을 떠날 때 니르바나에 들어감을 보이심

"귀 · 코 · 혀 · 몸의 닿음 등을 인연하여 몸의 앎 등을 내고 이 세 가지 일이 어울려 합함이 닿음이니, 닿음이 함께하여 느낌 · 모습 취함 · 지어감을 내기 때문이다.

이 물질이 아닌 네 가지 마음의 쌓임과 눈과 색깔 이러한 법들을 사람이라 하며, 이러한 법에 대해 사람이라는 모습 취함, '중생 · 나라 · 마누자 · 마나바카 · 푸루샤 · 푸드갈라 · 지바카 · 쟌투'라는 모습 취함을 짓는다.

또 이와 같이 말한다.

곧 '나는 눈으로 빛깔을 보고, 나는 귀로 소리를 들으며, 나는 코로 냄새를 맡고, 나는 혀로 맛을 보며, 몸으로 닿음을 깨닫고, 나는 뜻으로 법을 분별한다.'

그는 베풀어 세우고서 또 이와 같이 말한다.

'이 존자는 이와 같은 이름 · 이와 같은 태어남 · 이와 같은 성이며, 이와 같이 먹고, 이와 같이 괴로움과 즐거움을 받으며, 이와 같이 오

래 살고, 이와 같이 오래 머무르며, 이와 같이 목숨이 한정되었다.'

비구들이여, 이것이 모습 취함이 되고 기억함이 되고 이것이 곧 말함이 되나, 이 모든 법은 덧없고 함이 있어서 지어감과 바람 때문에 생긴 것이다.

만약 덧없고 함이 있어서 지어감과 바람 때문에 생긴 것이라면 그것은 곧 괴로움이다. 다시 그 괴로움은 생기고 또한 괴로움은 머무르며 또한 괴로움은 사라지고 또한 괴로움은 자꾸자꾸 생기니, 온갖 것은 다 괴로움이다.

다시 그 괴로움을 남음 없이 끊고 뱉어 다하고 탐욕 떠나 사라져서 쉬어 그치면 다른 괴로움이 다시 서로 있지 않고 생기지 않으니, 이것이 곧 고요함이요 이것이 빼어나 묘함이다.

그리고 이것을 온갖 남음 있음을 버리고 온갖 애착을 다해 탐욕 없이 사라져 다한 니르바나라고 한다.

뜻과 법을 인연하여 뜻의 앎을 내고, 이 세 가지 일이 어울려 합함이 닿음이니, 닿음이 함께하여 느낌 · 모습 취함 · 지어감을 내기 때문이다. 이 물질이 아닌 네 가지 마음의 쌓임과, 눈과 색깔 이러한 법들을 사람이라 하며, 이러한 법에 대해 사람이라는 모습 취함, '중생 · 나라 · 마누자 · 마나바카 · 푸루샤 · 푸드갈라 · 지바카 · 쟌투'라는 모습 취함을 짓는다.

또 이와 같이 말한다.

곧 '나는 눈으로 빛깔을 보고, 나는 귀로 소리를 들으며, 나는 코로 냄새를 맡고, 나는 혀로 맛을 보며, 몸으로 닿음을 깨닫고, 나는 뜻으로 법을 분별한다.'

그는 베풀어 세우고서 또 이와 같이 말한다.

'이 존자는 이와 같은 이름·이와 같은 태어남·이와 같은 성이며, 이와 같이 먹고, 이와 같이 괴로움과 즐거움을 받으며, 이와 같이 오래 살고, 이와 같이 오래 머무르며, 이와 같이 목숨이 한정되었다.'

비구들이여, 이것이 모습 취함이 되고 기억함이 되고 이것이 곧 말함이 되나, 이 모든 법은 덧없고 함이 있어서 지어감과 바람 때문에 생긴 것이다.

만약 덧없고 함이 있어서 지어감과 바람 때문에 생긴 것이라면 그것은 곧 괴로움이다. 다시 그 괴로움은 생기고 또한 괴로움은 머무르며 또한 괴로움은 사라지고 또한 괴로움은 자꾸자꾸 생기니, 온갖 것은 다 괴로움이다.

다시 그 괴로움을 남음 없이 끊고 뱉어 다하고 탐욕 떠나 사라져서 쉬어 그치면 다른 괴로움이 다시 서로 있지 않고 생기지 않으니, 이것이 곧 고요함이요 이것이 빼어나 묘함이다.

그리고 이것을 온갖 남음 있음을 버리고 온갖 애착을 다해 탐욕 없이 사라져 다한 니르바나라고 한다.

만약 이 모든 법에 대해서 마음이 따라 들어갔어도, 해탈에 머물러 물러나 뒤바뀌지 않으면, 그것이 일으키는바 얽맴과 집착에서 '나'가 있지 않게 된다.

비구들이여, 이와 같이 알고 이와 같이 보면 곧 법을 봄[見法]이다."

붇다께서 이 경을 말씀하시자 여러 비구들은 붇다의 말씀을 듣고 기뻐하며 받들어 행하였다.

• 잡아함 306 인경(人經)

아는 자와 알려지는 것이 의지해 나의 앎활동이 일어나므로 스스로 있는 나[我]란 없다. 공한 주체적 요인과 객관적 여건이 어울려 남이 없이 난[無生而生] 존재[我]와 앎활동[識]에서 나와 내 것을 집착하므로 해탈에 이르지 못한다.

여기 사물을 보는 '나'도 보여지는 세계를 떠난 '나'가 없으므로 저 사물을 보는 여섯 아는 뿌리에서도 '나'와 '나와 다름' '나와 나와 다름이 같이 있음'을 분별할 수 없다.

보여지는 세계는 '내'가 볼 수 있는 세계이고 '내'가 알 때 앎인 세계로 주어지므로, 저 세계에서도 '나'와 '나와 다름' '나와 나와 다름이 같이 있음'을 분별할 수 없다.

보는 '나'도 공한 '나'이고 보여지는 세계도 공한 세계이므로, '나'와 세계는 같음도 아니고 다름도 아니며 있음도 아니고 없음도 아니라, '나'와 세계가 만나 앎을 내고 느낌을 내니 앎에 앎이 없고 느낌에 느낌이 없다.

이와 같이 연기의 진실을 못 보고 보는 '나'에 실로 '나'가 있다고 하거나, '나'[我, ātman]의 존재를 존재이게 하는 푸드갈라(pudgala)의 틀이 있다고 하거나, 목숨[壽, jīva]의 실체가 있다고 하므로 중생은 중생이 되어 기나긴 미혹의 강에 흘러가는 것이다.

해탈의 길은 어디 있는가. '나'에 '나 없음'을 보고 세계의 모습에 모습 없음을 보고 앎과 느낌에 앎 없음을 보면 그것이 법을 보는 것이고, 법을 보면 보고 듣고 느끼어 아는 이곳을 떠나 해탈의 땅이 없는 것이리라. 그러면 지금 나고 죽음의 땅이 곧 보디의 도량이 되고 니르바나의 성이 되리니, 나고 죽음을 끊고 니르바나의 땅에 들어가려는 자 그가 진리의 고향을 등지고 헤매는 나그네가 될 것이다.

나 없음을 알아야 길이 괴로움 쉬리니

이와 같이 내가 들었다.

한때 붇다께서는 슈라바스티 국 제타 숲 '외로운 이 돕는 장자의 동산'에 계셨다. 그때에 어떤 비구는 홀로 한 고요한 곳에서 사유를 오롯이 하여 정진하다 이렇게 생각하였다.

'비구는 어떻게 알고 어떻게 보아야 법을 볼 수 있는가.'

이렇게 사유하고서 선정에서 일어나 붇다 계신 곳에 나아가 머리를 대 발에 절하고 한쪽에 물러나 앉아 붇다께 말씀드렸다.

"세존이시여, 저는 홀로 한 고요한 곳에서 사유를 오롯이 하여 정진하다 이렇게 생각했습니다.

'비구는 어떻게 알고 어떻게 보아야 법을 볼 수 있는가.'"

**공한 자아와 세계, 앎에서 나라는 집착 떠나야
니르바나에 들어감을 보이심**

그때에 세존께서는 그 비구에게 말씀하셨다.

"자세히 듣고 잘 생각하라. 너를 위해 말해주겠다.

두 가지 법이 있으니, 어떤 것이 두 가지인가. 눈과 빛깔, 귀와 소리, 코와 냄새, 혀와 맛, 몸과 닿음, 뜻과 법이다.

만약 누가 여래가 말한 두 가지 법밖에 다른 두 가지 법이 있다고 하면, 그것은 말만 있을 뿐이니, 경계가 아니기 때문이다.

왜 그런가. 눈과 빛깔의 인연으로 눈의 앎을 내고, 이 세 가지 일[三事: 眼·色·識]이 어울려 합함이 닿음이니, 닿음이 함께하여 느낌·모습 취함·지어감을 내기 때문이다.

이 물질 없는 네 가지 마음의 쌓임[四無色陰]과, 눈과 빛깔[眼色] 이러한 법들을 사람이라 하며, 이러한 법에 대해 사람이라는 모습 취함, '중생·나라·마누자·마나바카·푸루샤·푸드갈라·지바카·잔투'라는 모습 취함을 짓는다.

또 이와 같이 말한다.

곧 '나는 눈으로 빛깔을 보고, 나는 귀로 소리를 들으며, 나는 코로 냄새를 맡고, 나는 혀로 맛을 보며, 몸으로 닿음을 깨닫고, 나는 뜻으로 법을 분별한다.'

그는 베풀어 세우고서 또 이와 같이 말한다.

'이 존자는 이와 같은 이름·이와 같은 태어남·이와 같은 성이며, 이와 같이 먹고, 이와 같이 괴로움과 즐거움을 받으며, 이와 같이 오래 살고, 이와 같이 오래 머무르며, 이와 같이 목숨이 한정되었다.'

비구들이여, 이것이 모습 취함이 되고 기억함이 되고 이것이 곧 말함이 되나, 이 모든 법은 덧없고 함이 있어서 지어감과 바람 때문에 생긴 것이다.

만약 덧없고 함이 있어서 지어감과 바람 때문에 생긴 것이라면 그것은 곧 괴로움이다. 다시 그 괴로움은 생기고 또한 괴로움은 머무르며 또한 괴로움은 사라지고 또한 괴로움은 자꾸자꾸 생기니, 온갖 것은 다 괴로움이다.

다시 그 괴로움을 남음 없이 끊고 뱉어 다하고, 탐욕 떠나 사라져서 쉬어 그치면 다른 괴로움이 다시 서로 있지 않고 생기지 않으니,

이것이 곧 고요함이요 이것이 빼어나 묘함이다.

　그리고 이것을 온갖 남음 있음을 버리고 온갖 애착을 다해 탐욕 없이 사라져 다한 니르바나라고 한다.”

세존의 ‘나 없음’의 가르침을 듣고 게송으로 다시 그 뜻을 기림

　그 존자는 다음 게송과 같이 말하였다.

　　눈과 빛깔 이 두 가지 인연으로
　　마음과 마음작용의 법을 내네.
　　앎과 닿음이 함께 같이 생겨나면
　　느낌 · 모습 취함 등에 원인이 있게 되니

　　나도 아니요 내 것도 아니며
　　이는 또한 푸드갈라도 아니며
　　이는 또한 마누자도 아니고
　　이는 또한 마나바카도 아니라
　　이것은 곧 나고 사라지는 것이고
　　괴로움의 쌓임 변해 바뀌는 법이네.

　　이와 같은 법 등에서 생각을 지어
　　중생과 나라, 마누자와 마나바카
　　푸루샤 · 푸드갈라 · 지바카 · 쟌투 등
　　여러 가지 모습들을 베풀었고

그 밖의 여러 모습 취함들을 세웠으나
모두 괴로움의 쌓임으로 생긴 것
모든 업과 애착 무명이 원인 되어
다른 세상의 쌓임을 모아내도다.

다른 사문 다른 길 수행자들이
이 두 가지 법 달리 말한다 해도
그것은 다만 말만 있는 것이라
듣고 나면 어리석은 미혹만 더하리.

탐욕 애착 쉬어 나머지 없고
무명이 사라져 길이 없어져야
애착 다하고 뭇 괴로움이 쉬리니
위없는 붇다의 눈이 말씀함이네.

붇다께서 이 경을 말씀하시자 여러 비구들은 붇다의 말씀을 듣고 기뻐하며 받들어 행하였다.

• 잡아함 307 견법경(見法經)

• 해설 •

자아 없는 세계가 있고 세계 없는 자아가 있는가. 자아와 세계를 초월한 포괄자가 자아와 세계를 굴려낸 것인가. 붇다는 안의 여섯 아는 뿌리[六根]와 밖의 여섯 경계[六境]가 서로 의지해 있음을 보이는 열두 들임[十二入]의 교설로 위의 물음에 답하여 해탈의 길을 보이신다.

우주의 온갖 법은 지금 보고 듣고 아는 주체를 중심으로 보면 아는 자[內入]와 알려지는 것[外入]으로 분류될 수밖에 없으니, 붇다는 법을 보는 것, 존재의 진실을 보는 것은 아는 자와 알려지는 것을 바로 봄이라 말씀한다.

아는 자인 여섯 앎의 뿌리와 알려지는 바인 여섯 경계는 여섯 앎[六識]의 토대가 되어 여섯 앎을 내므로, 아는 뿌리를 안의 아는 곳[內處]과 밖의 경계를 알려지는 곳[外處]이라 말한다.

다시 안의 주체와 밖의 객체가 여섯 앎이 그치어 쉬는 곳이 되므로 주체를 여섯 안의 들임[六內入], 객체를 여섯 밖의 들임[六外入]이라 한다.

그렇다면 안의 아는 자와 밖의 알려지는 것은 실로 있는 것인가 없는 것인가, 같은 것인가 다른 것인가.

안과 밖이 실로 있다고 해도 아는 자와 알려지는 것의 어울림[合]은 일어날 수 없고, 실로 없다고 해도 아는 자와 알려지는 것의 닿음[觸]은 일어날 수 없다. 또한 같다고 해도 아는 자가 알려지는 것을 알 수 없으며, 다르다고 해도 알려지는 것이 아는 자에 알려질 수 없다.

아는 자와 알려지는 것이 있되 공하므로 아는 자는 알려지는 것을 안고 앎이 되는 것이며, 알려지는 것은 앎의 토대이자 앎 자체가 되는 것이니, 앎 또한 실로 있음도 아니고 실로 없음도 아니다.

이 공한 마음과 공한 물질의 어울림으로 주어지는 세간법의 있되 공한 모습 가운데서 브라마나들은 '하나인 자'가 자아와 세계에 존재성을 부여했다고 말한다.

그에 비해 실체주의적 적취설을 주장하는 사문들은 자아와 세계에 각기 고유한 원자적 요인이 있다고 가르친다.

그리하여 연기의 진실을 모르고 그릇된 가르침을 따르는 미혹의 사람들은 나 없고 사람이 공한 곳에서 나를 집착하고 사람[人]을 분별하고 중생을 분별하고 목숨을 분별함으로 물질에 의한 마음의 물듦과 마음에 의한 물질의 닫힘이 서로 규정하여 삶의 괴로움이 일어난다.

경에 나오는 중생의 실체적 견해 가운데 사람(manuṣya)이란 육도(六

道) 가운데 사람을 실체화하는 사고이고, 사트바(sattva)란 뜻이 있는 생명[有情]을 실체화함이다. 푸드갈라(pudgala)는 윤회의 주체로서 개체 생명의 틀[命]이 되는 것을 실체화하는 것이고, 푸루샤(puruṣa)·마나바카(mānavaka)는 개체 안에 영적 주체인 신아(神我) 등을 집착함이다. 지바카는 목숨 있는 것[壽者]이라 옮겨진 것으로 자이나교에서 영적 자아로 집착하는 것이다.

마나바카는 빼어난 자아[勝我]로 옮겨지며, 푸루샤는 신아로 옮겨진다.

그러나 이 모든 것은 조건을 통해서만 있는 자아의 활동을 실체화한 것으로 그 뿌리가 공한 것이다.

그러므로 붇다는 자아 속에 그 어떤 신비한 영적 실체를 세우는 사견을 부정하고, 연기의 진실을 깨달아서 아는 자에 실로 아는 자가 없고 아는 바에 실로 알 것이 없는 줄 깨달아 알 때, 탐욕을 떠나 괴로움을 그치어 쉬고, 괴로움을 남음 없이 뱉어내게 된다고 가르치신다.

또한 이와 같이 자아와 세계에 관한 모든 애착을 다할 때 남음 있음을 버리고 탐욕 떠나 사라져 다한 니르바나에 이른다고 가르치신다.

이 뜻을 『금강경』에서는 '나[我, ātman]·사람[人, pudgala]·중생(衆生, sattva)·목숨[壽者, jīvaka]에 대한 모습 취함[想, saṃjñā]이 있으면 보디사트바가 아니다'라고 가르치신다. 곧 『금강경』에서 네 가지 모습 취함은 나라는 모습 취함[ātman-saṃjñā], 사람이라는 모습 취함[pudgala-saṃjñā], 중생이라는 모습 취함[sattva-saṃjñā], 목숨이라는 모습 취함[jīvaka-saṃjñā]이다.

이와 같이 모습 취함에 취할 모습 없음을 본 자를 법을 본 자라 세존께서 말씀하시고, 이와 같이 나·사람의 집착 끊어 쉬어 그치면 이것이 고요함이고 이것이 빼어나 묘함이라 가르치신다.

원래 저 괴로움이 온 곳이 없다면 괴로움을 뱉어낸 곳은 어디이며 괴로움 다한 니르바나의 처소는 어디인가.

지금의 나고 죽는 곳[生死處], 지금 보고 듣는 곳[見聞處]을 떠나 니르바나의 처소가 따로 있는가.

여래의 뜻을 참으로 알려면 『비말라키르티수트라』에서 비말라키르티 거사가 마이트레야 보디사트바에게 한 다음 말을 생각해보아야 할 것이다.

"함이 없음이 보디이니 나고 머물고 사라짐이 없기 때문이고, 바로 아는 것이 보디이니 중생의 마음 지어감을 사무쳐 알기 때문이며, 모이지 않음이 보디이니 여러 들임[諸入]이 모이지 않기 때문입니다.

합하지 않음이 보디이니 번뇌의 익힘을 떠나기 때문이며, 아는 자와 알려지는 것에 닫혀진 곳 없음[無處]이 보디이니 눈과 빛깔이 없기 때문입니다.

거짓 이름이 보디이니 문자가 공하기 때문이고, 변화와 같음이 보디이니 취함이 없고 버림이 없기 때문이며, 어지러움 없음이 보디이니 늘 스스로 고요하기 때문입니다."

3) 다른 길 사문과 브라마나에 대한 거두심

대왕이여, 다른 길 사문과 브라마나에게도 널리 보시해야 하오

이와 같이 들었다.

한때 붇다께서는 슈라바스티 국 제타 숲 '외로운 이 돕는 장자의 동산'에 계셨다.

그때에 슈라바스티 성 가운데서는 바드리카(Bhadrika) 장자가 병을 만나 목숨을 마쳤다. 그런데 그 장자는 자식이 없어 가지고 있던 재보는 모두 나라에 들어갔다.

그때에 프라세나짓 왕은 흙먼지를 몸에 뒤집어쓰고 세존 계신 곳에 와 머리를 대 발에 절하고 한쪽에 앉았다.

세존께서는 왕에게 물었다.

"대왕이여, 무슨 일로 흙먼지를 뒤집어쓰고 내가 있는 곳에 오셨소?"

왕은 대답하였다.

"세존이시여, 이 슈라바스티 성안의 바드리카 장자가 오늘 목숨을 마쳤습니다. 그런데 그에게는 자식이 없기 때문에 제가 몸소 가서 재보를 거두어 나라에 들이었습니다. 순금이 팔만 근이나 되는데, 하물며 그 밖의 다른 물건들이겠습니까.

그러나 세상에 있을 때에 그 장자가 먹었던 것은 아주 좋지 않은 이런 먹을거리였습니다. 그는 부드럽고 맛있는 먹을거리는 먹지 않았고, 입은 옷은 때가 묻어 더러웠으며, 타는 수레의 말은 매우 여위고 약했었습니다."

세존께서는 말씀하셨다.

"그렇소, 왕이 오셔서 말한 것과 같소. 대개 지나치게 아껴 탐욕이 많은 사람은 이런 재화를 가지고도 잘 먹지 못하오. 그리고 부모·처자·아래 두는 사람·따르는 이들[從]에게도 주지 않으며, 또한 벗이나 아는 사람, 사문이나 브라마나나 여러 존자나 어른에게 주지도 않소.

그러나 지혜로운 사람은 이런 재보를 얻으면 은혜롭게 베풀어 널리 건져주면서도 온갖 것에 아까워하는 바가 없고, 사문이나 브라마나나 여러 덕이 높은 이들에게 받들어 드리오."

프라세나짓 왕에게 장자가 '우는 지옥' 떨어진 까닭과 그 장자의 과거생 본사(本事)를 말씀하심

그때에 프라세나짓 왕이 여쭈었다.

"그 바드리카 장자는 지금 목숨 마치고 어느 곳에 났습니까."

세존께서는 말씀하셨다.

"바드리카 장자는 몸이 무너지고 목숨 마쳐서 '눈물 흘려 우는 지옥'에 났소. 왜냐하면 착함의 뿌리[善根]를 끊은 사람은 몸이 무너지고 목숨을 마친 뒤에는 눈물 흘려 우는 지옥에 나기 때문이오."

"그 바드리카 장자는 착함의 뿌리를 끊었습니까."

"그렇소, 대왕이여, 왕의 말과 같이 그 장자는 착함의 뿌리를 끊었소. 그 장자는 옛 복은 이미 다했는데 다시 새 복을 짓지 않았소."

프라세나짓 왕이 여쭈었다.

"그 장자에게는 다른 복을 남겨두었습니까."

세존께서 말씀하셨다.

"없소, 대왕이여. 털끝만큼도 남은 것이 없소. 마치 저 농부가 다만 거두기만 하고 씨를 뿌리지 않아서, 뒤에 다 떨어져서 가난하게 살다 목숨을 마친 것과 같소. 그 까닭은 다만 옛날 뿌린 것을 먹고 새것을 다시 짓지 않았기 때문이오. 저 장자도 이와 같아 다만 옛 복을 먹기만 하고 새 복을 짓지 않았기 때문이오.

저 장자는 오늘밤에 눈물 흘려 우는 지옥에 있을 것이오."

그때에 프라세나짓 왕은 갑자기 두려움이 생겨 눈물을 거두면서 말하였다.

"그 장자는 옛날 어떤 공덕의 복업을 지었기에 부잣집에 태어났으며, 다시 어떻게 착하지 않은 뿌리와 바탕을 지었기에 그 많은 재화를 쓰지 못하고 다섯 가지 즐거움을 즐기지도 못하였습니까."

세존께서는 말씀하셨다.

"지난 먼 옛날 카샤파 붇다 때에 이 장자는 이 슈라바스티 성의 어떤 농부 아들이었소. 그 붇다가 세상을 떠나신 뒤에 어떤 프라테카붇다가 세상에 나와 이 장자 집에 갔었소. 이 장자는 이 프라테카붇다가 문밖에 있는 것을 보고서는 곧 이런 생각을 냈소.

'이런 거룩한 이가 세상에 나오기는 매우 어려운 일이다. 나는 이제 먹을 것으로 이 사람에게 가서 베풀어주어야겠다.'

그때 장자는 곧 그 프라테카붇다에게 먹을 것을 보시하였소. 프라테카붇다는 그 음식을 먹고 곧 허공으로 날아갔소.

때에 그 장자는 그 프라테카붇다가 신통 짓는 것을 보고 이렇게 서원을 세웠소.

'이 착한 바탕의 원을 가지고 어느 세상에나 나는 곳에서 세 가지 나쁜 세계에 떨어지지 않고 늘 재물이 많게 하여지이다.'

조금 뒤에 이렇게 뉘우치는 마음이 생겼소.

'나는 아까 그 먹을 것을 따르는 이들에게 주고 저 까까머리 수행자에게 주어 먹게 하지 않았어야 하는데, 주어 먹게 하였구나.'

그때의 농부 집의 장자가 어찌 다른 사람이겠소. 다른 사람이라 그렇게 보지 않아야 하오. 왜냐하면 그때의 그 농부 집의 장자는 바로 지금의 저 바드리카 장자이기 때문이오.

그때에 그는 보시하고는 이런 서원을 냈소.

'이 공덕을 가지고 나는 곳마다 나쁜 세계에 떨어지지 않고 언제나 재물이 많으며, 부귀한 집에 태어나 조금도 목말라 모자람이 없어지이다.'

그는 보시한 뒤에 곧 이렇게 뉘우치는 마음을 냈소.

'나는 차라리 저 따르는 이들에게 주어 먹게 하고 그 까까머리 수행자에게 주어 먹게 하지 않았어야 했는데.'

이런 인연으로 그는 그 많은 재물을 쓰지 못하고 또 다섯 가지 즐거움을 즐기지도 못하였소. 그래서 스스로 공양하지도 못하고 또 부모·처자·아래 두는 사람·따르는 이들에게도 주지 않으며, 또한 벗이나 아는 사람, 사문이나 브라마나나 여러 존자나 어른들에게도 보시하지 않았소. 다만 옛 지음을 먹고 새 복을 짓지 않았소.

그러므로 대왕이여, 만약 지혜로운 사람이라면 이 재화를 얻으면 널리 베풀어 아끼는 바를 두지 말아야 하오. 그러면 다시 다함없는 재물을 얻게 될 것이오. 이와 같이 대왕이여, 반드시 이렇게 배워야 하오."

**배움 다른 수행자에게도 보시하여 그 마음을
치우침 없게 하길 가르치심**

프라세나짓 왕은 세존께 말씀드렸다.

"저는 지금부터 사문과 브라마나의 네 가지 무리에게 널리 보시하겠습니다. 그래서 여러 바깥길 배움 다른 이들[外道異學]이 와서 빌면 저는 주지 않을 것입니다."

세존께서는 말씀하셨다.

"대왕이여, 그렇게 생각하지 마시오. 왜냐하면 온갖 중생은 다 먹음으로 말미암아 살고, 먹지 않으면 곧 죽기 때문이오."

그때에 세존께서는 다음 게송으로 말씀하셨다.

> 널리 은혜로이 베풀기를 생각해
> 끝내 베푸는 마음 끊지 않으면
> 그는 반드시 현성을 만나게 되어
> 이 나고 죽음의 근원 건너가리라.

이때 프라세나짓 왕은 세존께 말씀드렸다.

"저는 이제 갑절이나 더 기쁜 마음으로 여래에게 나아가겠습니다. 왜냐하면 '온갖 중생은 다 먹음으로 말미암아 살고, 먹지 않으면 곧 죽는다'고 하셨기 때문입니다."

프라세나짓 왕은 다시 말씀드렸다.

"저는 지금부터 널리 은혜로이 베풀어 아까워하지 않겠습니다."

그때에 세존께서는 왕에게 미묘한 법을 말씀하셨다.

그때 왕은 곧 자리에서 일어나 머리를 대 세존의 발에 절하고 물러나 떠났다.

그때에 프라세나짓 왕은 붇다의 말씀을 듣고 기뻐하며 받들어 행하였다.

• 증일아함 23 지주품(地主品) 四

• 해설 •

이 경은 탐욕에 눈이 어두워 재물을 모으기만 할 뿐 남을 위해 주지 못하고 나쁜 세계에 떨어진 장자의 보기를 들어 아낌과 탐욕의 허물을 깨우쳐주고 있다. 요즈음 말로 하면 사회의 공공복리를 위해 기여하지 않으며 노동자의 복지후생을 돌보지 않고, 제 스스로도 누리지 못하는 악덕기업주 재벌의 유산을 상속자가 없으므로 국가에 강제 귀속시키는 모습이 기술되어 있으니, 왕 또한 탐욕자의 한 모습이다.

경에서 프라테카붇다란 홀로 깨달아[獨覺] 그 깨달음을 내면화할 줄만 알았지 세계화할 줄 모르는 치우친 수행자를 말한다.

그 옛날 농부 집의 아들이었던 장자는 밥을 빌러 온 프라테카붇다에게 한 번 먹을 것을 보시하고서 늘 보시하고 풍요롭게 살 좋은 원력을 세웠다.

그러나 그의 보시는 주고 받음이 끊어진 곳에서 줌이 없이 주는 바른 보시가 되지 못하여 뒤에 보시한 것을 뉘우치므로, 비록 뒷세상 부자로서 복을 받았지만 이미 지은 복은 다하고 다시 보시할 원과 행을 내지 못해 끝내 그는 나쁜 곳에 떨어졌다.

함이 있고 지음 있는 복은 다함이 있지만, 주고 받음이 공하되 공도 공한 곳에서 보시해야 그 보시의 복은 다함이 없는 것이다.

저 장자가 비록 많이 가졌지만 스스로도 쓸 줄 모르고 남과 이웃에게 베풀 줄 몰라 많이 갖고도 고달픈 삶을 살았으니, 그가 바로 현생에서 풍요와 안락의 조건 속에서 '비탄의 눈물 흘리는 자'인 것이다.

여래의 가르침에서 보시는 세계의 있되 공한 진실 그대로의 삶의 모습일 뿐이니, 그 보시는 가림이 없는 평등한 보시가 되어야 한다. 저 프라세나짓 왕이 비록 붇다를 섬기는 붇다의 신도가 되었지만 어찌 붇다의 상가에만 공양하고 다른 사문이나 브라마나에게 보시하지 않아도 되겠는가.

온갖 중생은 먹음으로 몸과 목숨을 지탱하니, 먹을거리를 중생에게 주는 것은 저 중생에게 생명을 이어주는 일이자 나의 삶을 풍요와 안락에 이르게 하는 길이다.

여래의 진리의 집은 깊고 깊으며 넓고 넓다. 여래는 바름을 세워 세간의 그름과 삿됨까지도 바름으로 이끌고, 진리의 품 안에서 평등히 진리의 생명을 주는 바름이니, 그 자비가 어찌 안밖이 있겠는가.

그러므로 뭇 생명에 먹을거리 가림 없이 베푸는 것이 여래의 자비라 가르치시고, 다른 가르침을 따르고 때로 여래와 상가대중을 비방하는 다른 사문·브라마나들에게도 널리 보시하라 가르치신다.

아낌 없는 보시 가림 없는 보시는 다만 남에게 주는 것이 아니라, 줌을 통해 아첨과 탐욕의 때에 물든 스스로의 삶을 해탈의 몸이 되게 하고 자재의 몸이 되게 하는 길이다.

아낌 없는 보시 가림 없는 보시는 다만 남에게 주는 것이 아니라, 줌을 통해 아첨과 탐욕의 때에 물든 스스로의 삶을 해탈의 몸이 되게 하고 자재의 몸이 되게 하는 길이니, 『화엄경』(「범행품」梵行品)은 가르친다.

널리 끝없는 공덕의 원을 발하여
온갖 중생에게 즐거움을 주도다.
미래제가 다하도록 원에 의해 행하여
늘 부지런히 중생 건네줌 닦아 익히네.

普發無邊功德願　悉與一切衆生樂
盡未來際依願行　常勤修習度衆生

저 바깥길 사람들은 세존을 헐뜯는데
세존께서는 저들을 기리십니다

이와 같이 들었다.

한때 붇다께서는 슈라바스티 국 제타 숲 '외로운 이 돕는 장자의 동산'에 계셨다.

그때에 프라세나짓 왕은 세존 계신 곳에 가서 머리와 얼굴을 세존 발에 대 절하고 한쪽에 앉았다.

그때 프라세나짓 왕은 세존께 말씀드렸다.

"대개 보시하는 집은 어떤 곳에 보시해야 합니까."

붇다께서는 말씀하셨다.

"마음이 기뻐하는 대로 거기에 보시하시오."

왕은 다시 말씀드렸다.

"어떤 곳에 보시해야 큰 공덕을 얻습니까."

붇다께서는 말씀하셨다.

"왕은 '어떤 곳에 보시해야 하는가'라고 묻더니, 이제는 다시 복의 공덕 얻는 것을 물으시오."

왕이 붇다께 말씀드렸다.

"저는 지금 여래께 '어떤 곳에 보시해야 그 공덕을 얻는가'라고 여쭙니다."

프라세나짓 왕이 보시해야 할 곳을 여쭈니
신하에 우열이 있듯 보시할 비구에게도 차별이 있음을 보이심

붇다께서 왕에게 말씀하셨다.

"나는 이제 도로 묻겠소. 왕은 좋아하는 대로 나에게 대답하시오. 어떻소, 대왕이여. 만약 어떤 크샤트리아의 아들이나 브라마나의 아들이 왔는데, 그들은 모두 미혹하여 아는 것이 없고 마음의 뜻이 어지러워 항상해 일정하지 않소. 그런데 왕 있는 곳에 와서 왕에게 말했소.

'우리는 거룩한 왕을 공경하고 받들어 필요하신 것을 때를 따라 대드리겠습니다.'

어떻소, 대왕은 그 사람들을 반드시 받아들여 좌우에 두겠소?"

왕은 붇다께 말씀드렸다.

"쓰지 않겠습니다, 세존이시여. 왜냐하면, 그 사람들은 지혜가 없고 마음의 앎이 안정되지 않아 바깥 도적이 오는 것을 막아 낼 수 없기 때문입니다."

붇다께서는 말씀하셨다.

"어떻소, 대왕이여. 만약 크샤트리아 종족이나 브라마나 종족으로서, 여러 방편이 많아 두려움과 어려워함이 없고, 또한 무서워하지도 않아서 바깥 도적을 없앨 수 있는 이들이 왕 있는 곳에 와서, 왕에게 이렇게 말한다 합시다.

'우리들은 때를 따라 거룩한 왕을 보살펴 받들겠습니다. 은혜를 베풀어 받아들여주시길 바랍니다.'

어떻소, 대왕은 그들을 받아들이겠소?"

왕은 말씀드렸다.

"그렇습니다, 세존이시여. 저는 그들을 받아들이겠습니다. 왜냐하면, 그 사람들은 바깥 도적을 막아내 두려움과 어려워함이 없고 또 무서워하지도 않기 때문입니다."

붇다가 말씀하셨다.

"지금 비구들 또한 다시 이와 같소. 모든 아는 뿌리를 온전히 갖추어 다섯을 버리고 여섯을 이루며[捨五成六] 하나를 보살피고 넷을 항복받는[護一降四], 이런 사람에게 보시하면 복 얻음이 가장 많을 것이오."

왕은 말씀드렸다.

"어떤 것이 비구가 다섯을 버리고 여섯을 이루며, 하나를 보살피고 넷을 항복받는 것입니까."

붇다께서 왕에게 말씀하셨다.

"여기에서 비구가 탐욕의 덮음·성냄의 덮음·잠의 덮음·들뜸과 의심의 덮음을 버리면, 이와 같은 비구를 '다섯을 버렸다' 하오.

어떤 것이 비구가 여섯을 이룬 것이오? 왕은 알아야 하오. 만약 비구가 빛깔을 보고서 빛깔이라는 생각을 일으키지 않으면, 이 때문에 눈의 뿌리를 보살피고, 악하여 착하지 않은 생각을 없애어 눈의 뿌리를 보살피게 되오.

또 귀·코·혀·몸·뜻이 뜻의 앎 등을 일으키지 않아 뜻의 뿌리 등을 보살피면, 이와 같은 비구는 여섯을 이룬 것이오.

어떤 것이 비구가 하나를 보살피는 것이오? 여기에서 비구가 생각을 매어 앞에 두면 이와 같은 비구는 하나를 보살피는 것이오.

어떤 것이 비구가 넷을 항복받는 것이오? 여기에 대해서 이렇게 말할 수 있소. 비구가 몸의 마라[身魔]를 항복받고, 탐욕의 마라[欲

魔]·죽음의 마라[死魔]·하늘의 마라[天魔]를 모두 다 항복받으면, 이와 같은 비구는 넷을 항복받는 것이오.

이와 같음이 대왕이여, '다섯을 버리고 여섯을 이루며 하나를 보살피고 넷을 항복받는 것'이니, 이와 같은 사람에게 보시하면 복 얻음을 헤아릴 수 없소. 그리고 대왕이여, 삿된 견해는 치우친 견해와 서로 맞는 것이니, 이런 사람에게 보시하는 것은 대개 이익이 없소."

왕은 붇다께 말씀드렸다.

"그렇습니다, 세존이시여. 이런 사람에게 보시하면 그 복은 헤아리기 어려울 것입니다. 만약 비구가 한 법을 이루어도 그 복은 오히려 헤아리기 어려운 것인데, 하물며 나머지 법이겠습니까.

어떤 것이 한 법이냐 하면, 곧 몸 살핌[身念處]이 그것입니다. 왜냐하면, 니르그란타는 늘 몸의 행만 헤아리고 뜻의 행과 입의 행은 헤아리지 않기 때문입니다."

붇다께서 왕에게 말씀하셨다.

"니르그란타는 어리석고 미혹하여 뜻은 늘 어지럽고 마음의 앎은 안정되지 않소. 이런 스승의 법이기 때문에 이런 말을 하는 것이오. 그가 몸의 행의 과보를 받는 것도 대개 말할 것이 없는데, 뜻의 행은 모습이 없기 때문에 볼 수 없는 것이오."

몸과 입과 뜻의 행 가운데 뜻의 행이 몸과 입의 행 이끎을 보이심

왕이 붇다께 여쭈었다.

"이 세 가지 행 가운데 어떤 것이 가장 무겁습니까. 몸의 행입니까, 입의 행입니까, 뜻의 행입니까."

붇다께서 왕에게 말씀하셨다.

"그 세 가지 행 가운데 뜻의 행[意行]이 가장 무겁소. 입의 행과 몸의 행은 대개 말할 것이 아니오."

왕이 붇다께 여쭈었다.

"다시 무슨 인연으로 뜻의 행이 으뜸이 된다고 말씀하십니까."

붇다께서 왕에게 말씀하셨다.

"대개 사람의 행하는 바는 먼저 뜻으로 생각한 뒤에 입에서 나오고 입에서 나온 뒤에 몸으로 산목숨 죽임과 도둑질과 음행을 행하는 것이오. 그런데, 혀의 뿌리는 일정하지 않아 또한 실마리가 없는 것이오. 비록 그 사람이 목숨을 마치더라도 몸의 뿌리와 혀의 뿌리는 남아 있소. 대왕이여, 그런데 그 사람은 왜 남아 있는 몸과 입으로는 베풀어 행하는 바가 있지 않은 것이오?"

왕은 붇다께 말씀드렸다.

"그 사람은 뜻의 뿌리가 없기 때문에 이런 변화를 이룬 것입니다."

붇다께서 왕에게 말씀하셨다.

"이런 방편으로도 뜻의 뿌리가 가장 무겁고 다른 두 가지는 가벼운 줄을 알 수 있는 것이오."

그때에 붇다께서는 곧 다음 게송을 읊으셨다.

마음은 법의 바탕이 되어
마음이 높아 마음이 부리니
마음이 악을 생각하여
곧 악 행하고 악 베풀면
거기에서 괴로움 받으니
바퀴가 자국대로 구름이네.

마음은 법의 바탕이 되어
마음이 높아 마음이 부리니
마음 가운데 착함을 생각해
곧 행하고 곧 하게 되면
그 착함의 과보 받게 되니
그림자가 모습 따름과 같네.

그때에 프라세나짓 왕은 세존께 말씀드렸다.

"그렇습니다. 세존이시여, 악을 짓는 사람은 몸으로 악을 행하고, 그 행함 따라 나쁜 세계에 떨어집니다."

여래는 보시의 차별을 말하되 가림 없는 보시의 공덕 닦도록 하심

붇다께서 왕에게 물으셨다.

"왕은 어떤 뜻을 살폈기 때문에 내게 와서 '어떤 사람에게 보시하면 복을 얻음이 더욱 많은가'라고 물었소?"

왕은 붇다께 말씀드렸다.

"저는 옛날 니르그란타가 있는 곳에 가서 그에게 이렇게 물었습니다.

'어떤 곳에 은혜롭게 보시해야 하는가.'

그는 내 물음을 듣고서는 다른 일만 이야기하고 답을 보이지 않았습니다.

때에 니르그란타는 저에게 말했습니다.

'사문 고타마는 이렇게 말하오. 〈내게 보시하면 복을 많이 받지만 다른 사람에게 하면 복이 없다. 그러므로 내 제자에게만 보시하고 다른 사람에게 보시하지 말라. 나의 제자에게 보시하는 사람들은 그 복을 헤아릴 수 없다.〉'"

붇다께서 왕에게 물으셨다.

"그때에 왕은 어떻게 대답하였소?"

왕이 붇다께 말씀드렸다.

"때에 저는 이렇게 생각했습니다.

'이런 법이 있는 것인가. 여래에게만 보시해야 그 복이 헤아리기 어렵다니…….'

그래서 지금 일부러 붇다께 〈어느 곳에 보시하면 그 복을 헤아리기 어려운가〉라고 여쭙는 것입니다. 그러나 지금 붇다께서는 스스로 기리지도 않고 또 남을 헐뜯지도 않으십니다."

붇다께서 왕에게 말씀하셨다.

"내 입으로는 이런 말을 하지 않았소.

'내게 보시하면 복을 많이 얻고 다른 사람에게는 보시해도 복을 얻지 못한다.'

다만 내가 지금 말하는 것은 이렇소.

'발우 가운데 남은 것을 가지고 남에게 주면 그 복은 헤아리기 어렵다. 청정한 마음으로 그 남은 밥을 깨끗한 물에 던지면서 널리 이런 생각을 내면, 그 가운데 사는 형상이 있는 무리들도 복을 입음이 한량없는데 하물며 사람이겠는가.'

다만 대왕이여, 내가 지금 말하는 것은 다음과 같소.

'계율을 가지는 이에게 보시하면 그 복은 헤아리기 어렵지만, 계율을 범하는 이에게 보시하는 것은 말할 것도 못 된다.'

대왕이여, 알아야 하오. 마치 저 농부가 그 땅을 잘 치고 더럽고 나쁜 것들을 없앤 뒤에 좋은 씨앗을 좋은 밭에 뿌리면 거기서 거두는 씨는 한량이 없지만, 그 농부가 땅을 잘 치지 않고 더럽고 나쁜 것들도 없애지 않고서 씨앗을 뿌리면 그 거두는 씨는 말할 것도 못 되는 것과 같소.

지금 비구 또한 다시 이와 같소. 만약 비구가 다섯을 버리고 여섯을 이루며 하나를 보살피고 넷을 항복받으면, 그런 사람에게 보시하면 그 복이 한량이 없지만, 삿된 견해의 사람에게 보시하면 그것은 말할 것도 못될 것이오.

또 대왕이여, 그것은 마치 크샤트리아 종족이나 브라마나 종족으로서 뜻에 의심해 따짐이 없어서 바깥 도적을 항복받는 사람이라면, 아라한과 같이 보아야 하는 것과 같소."

그때 프라세나짓 왕이 세존께 말씀드렸다.

"계율을 가지는 사람에게 보시하면 그 복은 헤아리기 어렵다 하시니, 저는 지금부터는 그런 사문이 와서 구하면 끝내 이기어 거스르지 않겠습니다.

그리고 만약 네 무리의 대중[四部之中]이 와서 구하면 또한 거스르지 않고 때를 따라 입을 옷·먹을거리·자리끼·의약품 등으로 공양하며, 또 여러 범행인들에게도 보시하겠습니다."

붇다께서는 말씀하셨다.

"이런 말 마시오. 왜냐하면 축생들에게 보시하여도 그 복은 헤아리기 어려운데, 하물며 다시 사람이겠소.

다만 내가 오늘 말하는 것은 계율을 가지는 이에게 보시하면 그 복은 헤아리기 어렵다는 것이고, 계율을 범하는 이에게 보시하지 말라는 것은 아니오."

프라세나짓 왕이 세존께 말씀드렸다.

"저는 지금 거듭 스스로 귀의합니다. 그렇듯이 붇다께서는 이처럼 조용히 타일러주십니다. 나아가 여기에서 바깥길 배움 다른 이들은 세존을 서로 전해가며 헐뜯는데, 또 세존께서는 그 사람들을 늘 찬탄해 기리십니다. 저 바깥길 배움 다른 이들은 이로운 공양[利養]에 탐착하지만 다시 세존께서는 이로운 공양에 탐착하지 않으십니다.

나라 일이 너무 번거로워 머무는 곳에 돌아가려 합니다."

붇다께서는 말씀하셨다.

"때를 알아 하시오."

그때에 프라세나짓 왕은 붇다의 말씀을 듣고 기뻐하며 받들어 행하였다.

• 증일아함 52 대애도반열반품(大愛道般涅槃品) 七

• 해설 •

붇다 당시 여러 교파의 스승들이 교단을 이끌면서 힘 있는 국왕이나 장자에게 도움을 요청하며 다른 교파를 비난하고 자기 교파의 우월성을 주장하는 일이 많았을 것이다.

자이나 교도들은 당시 사문집단으로 가장 강력한 경쟁 상대였던 고타마의 상가에 대해 '고타마는 자신의 상가에게만 공양하도록 하고 다른 사문·브라마나들에게 보시하지 말도록 한다'고 비난한다.

그러나 붇다의 치우침 없는 평등의 마음, 따짐이 없는 자비의 마음에는 그러한 차별과 따짐과 가림이 없다.

다만 붇다는 평등한 보시의 공덕을 가르치시면서 평등 가운데 차별을 보이시어 '악한 자에게 보시함보다 착한 자에게 보시한 공덕이 크고, 착한 자에게 보시함보다는 지혜의 흐름에 들어간 이에게 보시한 공덕이 크고, 지혜의 흐름에 들어간 이보다는 함이 없고 지음 없는 아라한에게 보시한 공덕이 크다'고 가르칠 따름이다.

물론 붇다도 여래의 제자를 다른 바깥길 사문에 대해 '많이 들은 거룩한 제자'라고 특화하고 '거룩한 상가'에 보시하고 공양해야 한다고 가르친다. 그러나 연기법에서 '거룩함'과 '거룩한 곳'은 거룩하고 신성한 자로부터 부여 받은 거룩함이 아니고, '나와 세계가 모두 연기임을 깨달음'으로써 세워지는 거룩함이고, '지혜의 길을 따라 행함'으로써 이루어지는 거룩한 곳이다.

그러므로 그 거룩함을 신비화해서 '나는 거룩한 제자에게 공양해야 한다'든가 '나는 거룩한 상가의 한 구성원이므로 공양 받아 마땅하다'고 하면 여래가 세운 거룩함의 뜻을 거스르는 것이다. 오히려 그러한 '신비화된 거룩함'을 깨뜨리는 자가 '받음이 없이 남의 공양을 받을 만하고 줌이 없이 법을 베풀어 세간을 섬길 수 있는 자'일 것이다.

『비말라키르티수트라』에서 비말라키르티 거사는 그 실체화된 거룩함을 깨뜨리는 자가 여래의 거룩한 제자로서 세간의 공양 받을 수 있음을 다음과 같이 말한다.

"저 수부티시여, 만약 밥에 평등한 사람은 모든 법에 평등하고[諸法亦等] 모든 법에 평등한 이는 밥에도 평등하니[於食亦等], 이와 같이 밥을 빌어야 밥을 얻을 수 있을 것이오.

만약 수부티께서 음욕과 성냄과 어리석음을 끊지 않고 또한 함께하지도 않으며 몸을 무너뜨리지 않고 모습 없는 한 모습을 따르며 어리석음과 애착을 없애지 않고 밝은 해탈을 일으킬 수 있으면, 다섯 가지 거스르는 죄의 모습[五逆相]으로 해탈을 얻되 또한 풀림도 아니고 얽매임도 아닌 것이오.

사제를 보지 않으나[不見四諦] 진리 보지 않음도 아니고, 과덕 얻음이 아니나 과덕 얻지 않음도 아니며, 범부가 아니나 범부 아님도 아니고, 성인이 아니나 성인 아님도 아니고, 온갖 법을 성취하나 모든 법의 모습을 떠나야[離諸法相] 밥을 받을 수 있을 것이오.

만약 수부티께서 붇다를 뵙지 못하고 법을 듣지 못하다 바깥길[tīrthaka, 外道] 여섯 스승[六師]인 푸라나 카샤파, 마카리 고사리푸트라, 산자야 바이라티푸트라, 아지타 케사캄바라, 카쿠다 카타야나, 니르그란타 즈냐타푸트라 등이 그대의 스승이라 그들을 인해 출가하였으니, 저 스승들이 떨어진 곳에 그대 또한 따라 떨어져야 밥을 받을 수 있을 것이오.

만약 수부티께서 모든 삿된 견해에 들어 저 언덕에 이르지 못하고 여덟 가지 어려움에 머물러 어려움 없음을 얻지 않으며 번뇌에 같이해 청정한 법을 떠나도 그대가 다툼 없는 사마디[無諍三昧]를 얻으면 온갖 중생 또한 이 선정 얻는다 합시다.

그래서 그대에게 보시하는 자는 복밭이라 이름하지 못하고, 그대에게 공양하는 자는 세 가지 악한 길[三惡道]에 떨어지고, 뭇 마라와 더불어 한 손을 같이 잡고 여러 번뇌의 벗이 된다 합시다.

그리고 그대가 뭇 마라와 여러 번뇌와 평등하여 다름없이 (중생이 중생이 아니라 그 이름이 중생이므로) 온갖 중생에게 원망하는 마음이 있으며, (실체적인 삼보에 집착하지 않으므로) 모든 붇다를 헐뜯고 법을 허물며 상가의 숫자에 들지 않으며 끝내 니르바나에 건너가지 않는다 합시다.

그대가 만약 이와 같으면 밥을 받을 수 있을 것이오."

늘 여러 사문·브라마나, 가난한 이들에게 보시하면

이와 같이 들었다.

한때 붇다께서는 슈라바스티 국 제타 숲 '외로운 이 돕는 장자의 동산'에 계셨다.

그때에 프라세나짓 왕은 보배깃털 수레를 타고 슈라바스티 성을 나와 제타 숲 '외로운 이 돕는 장자의 동산'으로 가서 세존을 뵈오려 하였다.

모든 왕의 항상한 법에는 다섯 가지 위엄스런 모습[五威容]이 있는데, 그는 그 장식을 한쪽에 버려두고, 세존 계신 곳에 이르러 머리를 대 발에 절하고 한쪽에 앉았다.

밝음과 어두움으로 네 가지 사람을 분별하심

그때에 세존께서는 왕에게 말씀하셨다.

"대왕은 아셔야 하오. 세간에는 네 종류의 사람이 있어 세상에 출현하오. 어떤 것이 네 종류인가 하면, 다음과 같소.

어떤 사람은 앞에는 어두우나 뒤에는 밝고, 어떤 사람은 앞에는 밝으나 뒤에는 어두우며, 어떤 사람은 앞에도 어둡고 뒤에도 어둡고, 어떤 사람은 앞에도 밝고 뒤에도 밝소."

앞에는 어두우나 뒤에 밝은 사람

"그 어떤 사람이 앞에는 어두우나 뒤에는 밝은 것이오? 여기에서 어떤 사람은 낮아 천한 집, 곧 찬다알라 종족·악한 행의 버릇이 있는 종족·기술자 종족 또는 음탕한 집에 태어나 눈이 없거나 손발이 없거나 발가벗거나 맨발이거나 모든 아는 뿌리가 어지럽소.

그러나 그는 몸과 입으로 착한 법을 행하고 뜻으로 착한 법을 생각하오. 그는 사문이나 브라마나나 여러 존자나 어른을 보면 늘 절하기를 생각하고 때를 잃지 않고 맞이하고 배웅하여, 먼저 웃고 뒤에 말하며 때를 따라 이바지하오.

또 거지나 사문이나 브라마나나 길가는 나그네나 가난한 이를 보았을 때에 재물이 있으면 곧 베풀어주고, 설사 재물이 없더라도 곧 장자 집으로 가서 빌어다 주오.

또 보시하는 이를 보면 도리어 기뻐 뛰놀아 스스로 이기지 못하오. 그는 몸과 입으로 착한 법을 닦고 뜻으로 착한 법을 생각하다가 몸이 무너지고 목숨을 마친 뒤에는 하늘위의 좋은 곳에 나게 되오.

그것은 마치 어떤 사람이 땅에서 평상에 오르고 평상에서 말을 타며 말에서 코끼리를 타고 코끼리에서 강당에 오르는 것과 같소. 이로 말미암아 나는 이제 말하는 것이오.

'이 사람은 앞에는 어두우나 뒤에는 밝다.'

이와 같이 대왕이여, 이런 사람을 앞에는 어두우나 뒤에는 밝다고 말하는 것이오."

앞에는 밝으나 뒤에 어두운 사람

"그 어떤 사람이 앞에는 밝으나 뒤에는 어두운 것이오? 어떤 사람은 크고 좋은 종족의 집, 곧 크샤트리아 종족·장자 종족·브라마나 종족에 태어나, 재물이 넉넉하고 보물이 많아 금·은·보배·자거·마노·수정·유리와 남녀의 따르는 심부름꾼들은 이루 헤아릴 수 없고, 코끼리·말·돼지·염소도 모두 갖췄소.

그리고 얼굴도 단정하여 복사꽃 빛깔과 같소. 그러나 그는 늘 삿된 견해를 품어 치우친 견해와 서로 하나로 맞소. 곧 그는 이런 견해를 가지고 있소.

'베푸는 것도 없고 받는 것도 없고, 앞 사람이 어떤 곳에 보시한 물건도 없으며, 선과 악의 행도 없고, 지금 세상과 뒷세상도 없으며, 도를 얻는 이도 없고, 세상에는 받들어 공경할 아라한이나 지금 세상이나 뒷세상에서 증득할 수 있는 사람도 없다.'

그가 만약 사문이나 브라마나를 보면 곧 성냄을 일으켜 공경하는 마음이 없고, 남이 보시하는 것을 보면 마음이 기뻐 즐겁지 않으며, 몸과 입과 뜻으로 지은 행은 고르지 못하오.

그는 그 법답지 않은 행을 지어 몸이 무너지고 목숨 마친 뒤에는 지옥 가운데 나게 되오.

그것은 마치 어떤 사람이 강당에서 코끼리로 내려가고 코끼리에서 말로 내려가며, 말에서 평상으로 내려가고 평상에서 땅으로 내려가는 것과 같소.

이로 말미암아 나는 이제 이 사람에게 이와 같이 말하는 것이오.

대왕이여, 이런 사람을 '앞에는 밝으나 뒤에는 어둡다'고 말하는 것이오."

어두움에서 어두움으로 가는 사람

"그 어떤 사람이 어두움에서 어두움으로 가는 것이오? 어떤 사람은 낮고 천한 집, 곧 수드라의 집, 악한 행의 버릇이 있는 집이나, 아주 낮고 가난한 집에 태어나오. 어떤 때는 모든 몸의 뿌리가 갖춰지지 않고 얼굴빛이 거칠고 악하오. 그리고 또 그는 늘 삿된 견해를 가져 이렇게 주장하오.

'지금 세상·뒷세상도 없고 사문이나 브라마나도 없으며, 또한 도를 얻는 자도 없고 받들어 공경할 아라한도 없으며, 지금 세상·뒷세상에서 증득할 수 있는 사람도 없다.'

그가 만약 사문이나 브라마나를 보면 곧 성냄을 일으켜 공경하는 마음이 없고, 남이 와서 보시하는 것을 보면 마음이 기뻐 즐겁지 않소. 몸과 입과 뜻으로 짓는 행이 평등하지 않고, 성인을 헐뜯고 세 거룩한 곳을 헐뜯소.

그는 이미 스스로 보시하지 않고 남의 보시하는 것을 보면 매우 성냄을 품고, 성냄을 행하므로 몸이 무너지고 목숨을 마친 뒤에는 지옥 가운데 나게 되오.

그것은 마치 어떤 사람이 어두움에서 어두움으로 가고 불꽃에서 불꽃으로 가며 지혜를 버리고 어리석음으로 나아가는 것과 같소.

이로 말미암아 이 사람은 '앞에도 어둡고 뒤에도 어둡다'고 말하는 것이오. 대왕이여, 알아야 하오. 그러므로 이런 사람을 '어두움에서 어두움으로 간다'고 말하는 것이오."

밝음에서 밝음으로 가는 사람

"그 어떤 사람을 밝음에서 밝음으로 가는 것이라 하오? 어떤 사람은 크고 좋은 종족의 집, 곧 크샤트리아 집, 국왕의 집, 대신의 집에 태어나서 재물이 넉넉하고 보물이 많아 헤아릴 수 없소.

그리고 그는 얼굴빛이 단정하여 복사꽃 빛깔 같고, 그 사람은 늘 바른 견해를 가져 마음에 어지러움이 없소. 그에게는 이런 견해가 있소.

'보시도 있고 복도 있으며, 받는 이도 있고 선악의 갚음도 있으며, 지금 세상·뒷세상도 있고 사문이나 브라마나도 있다.'

그래서 만약 그가 사문이나 브라마나를 보면 공경하는 마음을 내고 얼굴빛을 부드럽게 하며, 기쁜 빛을 지으며 자기 몸으로도 늘 보시를 기뻐하고, 남을 권해 보시하도록 하며, 보시하는 날에는 마음이 기뻐 뛰놀아 스스로 이기지 못하오.

그는 몸으로 착한 일을 행하고 입과 뜻으로 착한 일을 행하다가 몸이 무너지고 목숨을 마친 뒤에는 하늘위의 좋은 곳에 나오.

그것은 마치 어떤 사람이 강당에서 강당으로 가고 궁전에서 궁전으로 가는 것과 같소. 그러므로 나는 지금 이 사람은 '밝음에서 밝음으로 간다'고 말하는 것이오.

이것이 대왕이여, '세상에 네 종류 사람이 있다'고 하는 것이오."

**앞에 어두우나 뒤에 밝은 이와 앞은 밝으나
뒤에 어두운 이를 보이심**

그때에 세존께서는 곧 다음 게송으로 말씀하셨다.

대왕은 반드시 알아야 하오.
가난한 사람도 믿음이 있어서

늘 널리 베풀기를 좋아하면
사문이나 브라마나를 보거나
또 여러 보시할 만한 사람들 보면
일어나 맞이하고 또 배웅하며
바른 견해로 그를 가르쳐 주며
베풀어줄 때는 아주 크게 기뻐해
구하는 것에 사람 거스르지 않네.

이 사람은 곧 좋은 벗으로서
끝내 여러 악한 짓은 하지 않으며
바른 견해 행하기를 좋아하여
착한 법 구하기를 늘 생각하리.

대왕이여, 만약 그런 사람이라면
죽을 때에는 가야 할 곳이 있어
반드시 저 투시타하늘에 나리니
앞은 어두우나 뒤에는 밝은 것이오.

어떤 사람이 아주 큰 부자라 해도
믿음이 없고 성내기 좋아하며
아끼고 탐내고 마음 두렵고 약해
삿된 견해 바꾸어 고치지 못하면
사문이나 브라마나를 보거나
여러 빌어 구하는 사람 볼 때는

늘 꾸짖고 욕하기를 좋아하며
삿된 견해로 있는 것 없다 말하네.

보시하는 것 보면 곧 성냄 일으켜
보시하는 사람 없도록 하나니
그 사람의 행하는 것 아주 나빠서
여러 악의 근본을 짓게 되리라.

이와 같이 행하는 그런 사람은
목숨이 다해 끝나려 할 때 이르러
반드시 지옥 가운데 떨어지리니
앞에는 밝았으나 뒤에 어두움이오.

앞도 어둡고 뒤도 어두운 이와 앞도 밝고 뒤도 밝은 이를 보이심

또 만약 가난하고 천한 사람으로
믿음도 없고 성내기 좋아하며
착하지 않은 온갖 행을 지어서
삿된 견해로 바른 법 믿지 않으면
그는 저 여러 사문들을 보거나
섬겨야 할 만한 여러 사람 보아도
곧 업신여기고 그를 헐뜯어서
아끼고 탐내고 믿음이 없으며
보시할 때도 전혀 기뻐하지 않고

남의 보시함 보고 또한 그러니
그런 사람이 짓는바 행으로는
가는 곳마다 편안한 곳이 없으리.

이와 같이 행하는 이런 사람이라면
반드시 목숨 다해 마치려 할 때
저 지옥 가운데 태어나리니
앞도 어둡고 뒤도 어두운 것이오.

어떤 사람은 아주 재물도 많고
믿음도 있고 보시하길 좋아하며
바른 견해로 다른 생각이 없이
늘 착한 법 구하기를 좋아하니
만약 여러 수행하는 사람 보거나
또 보시할 만한 사람 보게 되면
일어나 맞이하고 또 공경하며
바른 견해로 그를 가르쳐주네.

줄 때는 아주 부드럽고 즐거워
고르게 하기를 언제나 생각하며
은혜로이 베풀며 아낌이 없어
사람의 마음을 거스르지 않고
명령 받아 어떤 일을 결정할 때에도
그 사람은 온갖 그른 법 짓지 않네.

대왕이여, 반드시 아셔야 하오.

그 사람은 목숨 다해 마치려 할 때

반드시 저 좋은 곳에 나게 되리니

앞에도 밝고 또 뒤에도 밝은 것이오.

"그러므로 대왕이여, 앞에도 밝고 뒤에도 밝은 것을 배우고, 앞에는 밝으나 뒤에는 어두운 것을 배우지 않아야 하오.

이와 같이 대왕이여, 반드시 이렇게 배워야 하오."

그때에 프라세나짓 왕은 붇다의 말씀을 듣고 기뻐하며 받들어 행하였다.

• 증일아함 26 사의단품(四意斷品) 五

• 해설 •

지금 업을 짓는 자[作者]와 짓는 업[作]과 업을 받음[受者]이 공하므로, 새로운 업을 지어 새로운 존재를 구성하는 행위의 인과가 있는 것이다.

업의 인과는 업이 공하므로 있는 것이니, 결정적 인과에 떨어지지 않음[不落因果]과 인과 아닌 인과를 써 인과에 어둡지 않음[不昧因果]은 둘이 아니다.

붇다는 네 종류 사람을 구분하여 지금 어두움 속에서 고통과 질곡의 삶을 사는 자에게 지금의 업 받음이 공하여 보시의 업과 사랑의 업을 지음으로 새로운 밝은 미래가 이루어질 수 있다는 희망을 준다.

그리고 지금 복을 누리는 자에게는 지금 받는 복된 업이 공하여 지금 내가 누리는 복과 가진 것을 늘 뭇 삶들에게 돌려주어야 밝음에서 밝음으로 나아갈 수 있음을 보인다.

지금 세상의 가난한 이나 어려운 이들, 남의 밥을 빌어서 범행을 닦는 사문이나 브라마나들은 남의 보시를 받아 남에게 복을 짓게 하는 이들이므로 그들이 이 세간의 복밭이 된다.

그러나 복된 업이 공한 줄 모르고 복덕을 누리고 홀로 그 복을 차지하는 자는, 복을 끌어안고 복이 복 아닌 함이 없는 진리[無爲法]의 세계에 나아가지 못하는 자들이다.

붇다는 이처럼 죄와 복의 모습이 공함을 보이시어 죄업에서 죄업의 모습을 깨뜨리고 복업에서 복업의 모습을 깨뜨려 무너지지 않는 공덕의 세계로 뭇 삶들을 이끄시는 분이니, 결코 붇다의 상가만을 세간의 복밭이 된다고 말씀하시지 않는다.

연기법으로 보면 오히려 상가의 모습이 공한 줄 알아 상가와 거룩함의 모습을 취하지 않고 모습에서 모습 떠난 참된 상가에 공양하는 이가 복된 업의 주인공이 되는 것이다. 또한 밥을 빌고 받아 쓰되 받음 없이 받아 보디에 회향하는 자가 이 세간의 복밭이 되고, 주되 준다는 마음으로 오만하게 주는 자가 진리의 복밭을 허무는 자인 것이다.

그러면 어떤 사람이 붇다의 경계를 알아 세간의 복밭이 되고 해탈의 성에 들어가는가. 『화엄경』(「입법계품」)은 말한다.

  가진 것 아끼고 남을 미워하거나
  거짓 속이는 등 모든 물든 뜻에
  그 마음이 머물지 않으며
  번뇌의 업에 덮이지 않는 이
  그가 붇다의 경계 알 수 있으리.

  非是住慳嫉　諂誑諸濁意
  煩惱業所覆　能知佛境界

4) 여래의 지혜의 길이 참된 사문과 브라마나의 길이니

만약 법의 참모습 알지 못하면
사문이나 브라마나의 수에 들지 못하니

이와 같이 내가 들었다.

한때 붇다께서는 슈라바스티 국 제타 숲 '외로운 이 돕는 장자의 동산'에 계시면서 여러 비구들에게 말씀하셨다.

"만약 사문이나 브라마나로서 법을 진실 그대로 알지 못하고, 법의 모아냄·법의 사라짐·법을 없애는 길의 자취를 진실 그대로 알지 못하면, 이 사문이나 브라마나는 사문이면서 사문의 수(數)가 아니요, 브라마나면서 브라마나의 수가 아니다.

그들은 또한 사문의 뜻이 아니요, 브라마나의 뜻이 아니니, 사문·브라마나가 추구하는 뜻이란, 곧 법을 보아 스스로 알고 증득하여 '나의 태어남은 이미 다하고 범행은 이미 서고, 지을 바를 이미 지어 다시는 뒤의 있음을 받지 않는다'고 스스로 아는 것이다."

여섯 아는 뿌리[六根, 六入]의 진실 바르게 아는 것이
사문·브라마나의 뜻임을 보이심

"어떤 법을 진실 그대로 알지 못하고 어떤 법의 모아냄·법의 사라짐·법을 없애는 길의 자취를 진실 그대로 알지 못하는가.

곧 여섯 들이는 곳[六入處]의 법을 진실 그대로 알지 못하고, 여섯 들이는 곳의 모아냄 · 여섯 들이는 곳의 사라짐 · 여섯 들이는 곳을 없애는 길의 자취를 진실 그대로 알지 못한다.

그렇게 알지 못하고도 닿음에 대해 진실 그대로 안다고 하면 그럴 수가 없는 것이다.

이와 같이 여섯 들이는 곳 알지 못하고 느낌 · 애착 · 취함 · 존재 · 남과 늙음과 죽음을 진실 그대로 안다고 하면 그럴 수가 없는 것이다.

만약 사문이나 브라마나로서 여섯 들이는 곳을 진실 그대로 알고, 여섯 들이는 곳의 모아냄 · 여섯 들이는 곳의 사라짐 · 여섯 들이는 곳을 없애는 길의 자취를 진실 그대로 알면, 닿음을 진실 그대로 아는 것이니, 이것은 그럴 수가 있는 것이다.

이와 같이 느낌 · 애착 · 취함 · 존재 · 남과 늙음과 죽음을 진실 그대로 안다고 하면 이것도 그럴 수가 있는 것이다."

붇다께서 이 경을 말씀하시자, 여러 비구들은 붇다의 말씀을 듣고 기뻐하며 받들어 행하였다.

• 잡아함 353 사문바라문경(沙門婆羅門經) ②

• 해설 •

붇다가 다른 사문 · 브라마나들을 비판하는 것은 그들을 이단(異端)으로 내몰아 자기 입장을 강화하기 위함이 아니라 그들을 깨우쳐 참된 사문 · 브라마나의 길을 가도록 하려 함이다. 붇다는 적취적 인연(因緣)의 실체를 집착하는 사문들에게는 인연의 공성을 깨우쳐 참된 사문이 되게 하고, 초월적인 '하나인 것'[彼一者]의 절대성을 믿는 이들에게는 하나인 것의 절대성을 깨뜨려 바른 브라마나가 되게 하려 한다.

전변설처럼 오직 하나인 것이 있다면 오직 하나인데 어찌 만물이 나올 수 있을 것이며, 원자적 요소설을 주장하는 이들처럼 인연이 실체라면 서로 다른 원인과 조건이 만나 어찌 새로운 결과를 낼 수 있겠는가.

아는 자인 여섯 들임의 법에 자기성품이 없고 알려지는 것인 여섯 경계에 실체 없는 줄 아는 것이 법을 아는 것이니, 법의 공한 진실을 알아 닿되 닿음이 없고 알되 앎이 없는 자가 참된 사문이고 참된 브라마나이다.

설사 거룩한 사제의 차림새와 수행자의 모습으로 도를 찾아 이 세상 끝까지 돌아다니더라도 온갖 거짓과 환상이 없는 바른 법을 구하지 않으면 참된 도를 이루지 못하니, 『화엄경』(「도솔궁중게찬품」兜率宮中偈讚品)은 이렇게 말한다.

> 비록 미래세상이 다하도록
> 붇다의 나라 두루 돌아다녀도
> 이 묘한 법을 구하지 않으면
> 끝내 보디를 이루지 못하리.

> 雖盡未來際　遍遊諸佛利
> 不求此妙法　終不成菩提

지혜가 있을 때 사문의 몸가짐을 갖추고
브라마나의 몸가짐을 갖추나니

이와 같이 들었다.

한때 붇다께서는 슈라바스티 국 제타 숲 '외로운 이 돕는 장자의 동산'에 계셨다.

그때에 많은 비구들은 때가 되어 가사를 입고 발우를 가지고 성에 들어가 밥을 빌려다가 이렇게 생각했다.

'우리들이 성에 들어가 밥을 빌기에는 날이 너무 이르다. 이제 서로 이끌어 바깥길 브라마나들이 있는 곳에 가보자.'

여러 비구들은 곧 배움 다른 브라마나들이 있는 곳으로 가서 같이 서로 문안하고 한쪽에 앉았다.

브라마나의 뜻과 세존의 뜻이 같다고 한 말을 세존께 전하자
서로 같지 않음을 분별해 보이심

때에 브라마나들이 사문들에게 물었다.

"고타마 스승은 늘 탐욕과 몸과 느낌과 모습 취함을 논해 말한다는데, 이와 같은 여러 가지 논함에는 무슨 차별이 있소.

우리들이 논한 것이 또한 사문이 말한 바이고, 사문이 말한 바가 또한 우리들이 논한 바이오. 법 설함도 우리가 법 설함과 같고, 가르쳐 깨우침도 우리가 가르쳐 깨우침과 같소."

이때 비구들은 그들의 말을 듣고는 좋다고도 말하지 않고 나쁘다고도 말하지 않고 곧 자리에서 일어나 떠나가면서 이렇게 생각하였다.

'우리는 이 뜻을 세존께 가서 여쭈어야 할 것이다.'

그때 뭇 비구들은 밥을 먹고 나서 곧 세존 계신 곳에 이르러 머리를 대 발에 절하고 한쪽에 앉았다. 브라마나들이 있는 곳에서 그들이 물은 일의 인연 그 바탕과 끝[本末]을 세존께 다 말씀드렸다.

때에 세존께서는 비구들에게 말씀하셨다.

"만약 그 브라마나들이 이렇게 묻거든 너희들은 이 뜻으로 그들의 물음에 대답해야 한다.

'탐욕에는 어떤 맛들임이 있고 어떤 허물이 있기에 탐욕을 버려 떠나야 하는가.

물질에는 어떤 맛들임이 있고 어떤 허물이 있기에 물질을 버려 떠나야 하는가.

느낌에는 어떤 맛들임이 있고 어떤 허물이 있기에 느낌을 버려 떠나야 하는가.'

만약 너희들이 이런 말로 그들의 물음에 대답한다면, 그 브라마나들은 잠자코 대답하지 않을 것이다. 비록 무슨 말이 있더라도 그들은 이 깊은 뜻을 이해하지 못하고, 도리어 어리석음과 의혹만 더해 한쪽으로 치우친 견해에 떨어질 것이다.

왜 그런가. 그것은 있는 경계가 아니기 때문이다.

그렇듯이 비구들이여, 저 마라와 마라의 하늘·인드라하늘·브라흐마하늘·네 하늘왕·사문·브라마나·사람인 듯 사람 아닌 것들로서 이 깊은 뜻을 알 수 있는 자는 없다.

여래·바르게 깨친 분과 여래의 거룩한 상가로서 나의 가르침을 받은 자는 내놓으니, 이들은 곧 논하지 않는다.

탐욕에는 어떤 맛들임이 있는가. 곧 다섯 가지 욕망[五欲]이 곧 이것이다. 어떤 것이 다섯 가지인가. 눈[眼]이 빛깔[色]을 보아 눈의 앎[眼識]을 일으키고서, 매우 사랑스럽게 생각하여 세상 사람들이 기뻐하는 것이다.

또 만약 귀가 소리를 듣고, 코가 냄새를 맡으며, 혀가 맛을 알고, 몸이 보드라움을 느끼면, 매우 사랑스럽게 생각하여 세상 사람들이 기뻐하는 것이다.

만약 다시 이 다섯 가지 욕망 가운데 괴롭다 즐겁다는 마음을 내면 이것을 곧 탐욕의 맛들임이라 한다."

탐욕이 허물의 바탕됨을 예를 들어 보이심

"'탐욕에 무슨 허물이 있는가'라고 묻는 것은 어떤 것인가.

만약 어떤 좋은 종족의 사람이 여러 기술을 배워 살아가는데 농사 짓기와 글쓰기와 품팔이·셈·속이기·금속공예와 편지 심부름꾼으로 여기저기 다니고, 임금을 받들어 섬김에 추위와 더위를 피하지 않고 부지런히 애쓴다 하자.

그러면서도 제 마음대로 하지 못하는 등 쓰라린 고통을 겪으며 재보를 얻으면, 이것이 곧 '탐욕의 허물'이다.

현세의 고뇌는 모두 이 은혜와 애욕을 말미암고 탐욕을 말미암는 것이다.

그런데 그 좋은 종족의 사람은 그렇게 고생하고도 재보를 얻지 못하면 곧 근심하고 걱정하며 괴로워함을 이루 말할 수 없다. 그는 곧 사유한다.

'나는 이렇게 괴로이 공을 들이고 널리 마땅한 방법을 베풀었지만 재화를 얻지 못했다. 이런 짓들은 버려 떠나야 한다.'

이것을 '탐욕을 버려 떠나야 함'이라 한다.

다시 그 좋은 종족의 사람은 때로는 이런 방법을 써서 재화를 얻는다. 그는 재화를 얻기 위해 널리 맞는 방법을 베풀고 늘 스스로 지켜 보살핀다.

그래서 왕이 빼앗아 가지 않을까, 도둑에게 도둑맞지나 않을까, 물에 떠내려가지나 않을까, 불에 타지는 않을까 하고 늘 걱정하다가 다시 이렇게 생각한다.

'땅에 파묻으려니 뒤에 없어져 버릴까 걱정이요, 이자로 주려니 받지 못할까 걱정이며, 집안에 못된 자식이 나면 내 재물을 다 써버릴까 걱정이다.'

이것이 '탐욕이 큰 걱정이 된다'는 것이니, 다 탐욕의 바탕 때문에 이런 재변을 이루게 되는 것이다.

다시 그 좋은 종족의 사람은 늘 이런 마음을 내서 그 재화를 지켜 보살피려 하지만, 그는 뒤에 다시 왕에게 빼앗기고 도둑에게 도둑맞으며, 물에 떠내려 보내고 불에 태워버린다. 땅에 묻은 것은 찾지 못하고 이자로 놓은 것은 받지 못하며, 집에서 못된 자식을 낳아 그 재물을 모두 써 버려 만에 하나도 얻지 못한다.

그래서 그는 근심과 걱정 괴로움을 품고 가슴을 치고 부르짖는다.

'내가 본래 얻었던 재물은 지금 다 사라져 없어졌다.'

드디어 멍하니 미혹하게 되어 마음의 뜻이 어지러워진다.

이것이 '탐욕은 큰 허물이 된다'는 것이니, 이 탐욕의 바탕 때문에

'함이 없는 곳'에 이르지 못한다.

다시 이 탐욕의 바탕 때문에 사람들은 갑옷을 입고 무기를 들고 서로 친다. 서로 침으로써 코끼리 군사 앞이나 말 군사 앞이나 걷는 군사 앞이나 수레 군사 앞에서, 말을 보면 말 군사와 싸우고 코끼리를 보면 코끼리 군사와 싸우며 수레를 보면 수레 군사와 싸우고 걷는 군사를 보면 걷는 군사와 싸우면서, 서로 베고 쏘며 창으로 서로 찌른다.

이와 같은 짓들이 '탐욕이 큰 걱정거리가 된다'는 것이니, 탐욕의 바탕 때문에 이런 재변을 이루게 하는 것이다.

다시 이 탐욕의 바탕 때문에 갑옷을 입고 무기를 들고 성문이나 성 위에서 서로 베고 쏘며 창으로 찌르고 쇠바퀴로 그 머리를 갈고 쇠를 녹여 서로 퍼붓는다. 이런 고통을 받아 죽는 사람이 매우 많다."

탐욕이 덧없어 맛들일 것이 없음을 보이심

"다시 탐욕이란 덧없는 것으로서 바뀌어 사라지고 변하고 바뀌면서 머무르지 않는다. 이 탐욕이 변하고 바뀌어 덧없는 것인 줄을 알지 못하면, 이것이 '탐욕이 큰 걱정거리가 된다'는 것이다.

어떻게 탐욕 버려 떠나는가. 만약 닦아 행해 탐욕을 없앨 수 있으면 이것을 탐욕 버리는 것이라 한다.

그런데 여러 사문이나 브라마나들은 탐욕이 큰 걱정거리 됨을 알지 못하고, 탐욕의 바탕을 버릴 줄을 모르며, 사문으로서 사문의 몸가짐[沙門威儀]을 진실 그대로 알지 못하고, 브라마나로서 브라마나의 몸가짐[婆羅門威儀]을 알지 못한다.

그들은 사문이 아니요 브라마나가 아니다. 또한 온몸으로 증득하여 스스로 노닐지 못한다.

그러나 여러 사문이나 브라마나들은 탐욕이 큰 걱정거리 됨을 자세히 알아 탐욕을 버려 떠날 수 있어서, 진실 그대로 헛되지 않게 사문으로서 사문의 몸가짐 있어야 함을 알고, 브라마나로서 브라마나의 몸가짐 있어야 함을 알며, 이미 몸으로 증득하여 스스로 노닌다. 이것이 탐욕을 버려 떠나는 것이다.

어떤 것이 물질의 맛들임인가.

만약 크샤트리아의 여자·브라마나의 여자·장자의 여자로서 나이 열넷 열다섯 열여섯쯤 되어 키는 크지도 않고 작지도 않으며 살찌지도 않고 야위지도 않으며, 희지도 않고 검지도 않아서 단정하기 짝이 없어 세상에서 드문 여자를 본다 하자.

그는 그 여자의 얼굴빛을 맨 처음 보고 기뻐하고 즐겨하는 생각을 낸다. 이것을 물질의 맛들임이라 한다.

어떤 것이 물질의 큰 걱정거리 됨인가. 그는 다시 뒤에 그 여인이 여든 아흔 나아가 백 세의 나이가 되어 얼굴빛은 변해 달라지고 젊음은 이미 가서, 이는 빠지고 머리는 희어지며 몸은 때묻고 추해지며, 살갗은 늘어져 얼굴은 주름지고 등은 굽고 숨은 가빠, 몸은 낡은 수레와 같아 몸뚱이를 벌벌 떨며 지팡이를 짚고 다니는 것을 본다.

어떤가, 비구들이여. 처음 묘한 빛깔을 보다 뒤에는 변해 바뀐 것을 보니, 이것이 과연 큰 걱정거리가 아니겠는가.”

비구들이 대답하였다.

“그렇습니다, 세존이시여.”

세존께서 여러 비구들에게 말씀하셨다.

“이것을 물질이 큰 걱정거리 됨이라고 한다. 다시 만약 그 여인이 몸에 무거운 병을 안고 병상에 누운 채 대소변을 흘려버리며 일어나 앉지 못하는 것을 본다 하자.

어떤가, 비구들이여. 본래 묘한 빛깔을 보다가 지금 그런 병을 앓고 있으니, 이것이 어찌 큰 걱정거리가 아니겠는가.”

여러 비구들이 대답하였다.

“그렇습니다, 세존이시여.”

세존께서 여러 비구들에게 말씀하셨다.

“비구들이여. 이것을 물질이 큰 걱정거리 됨이라고 한다. 다시 비구들이여, 만약 그 여인이 몸이 무너지고 목숨을 마쳐 무덤으로 가는 것을 본다 하자.

어떤가, 비구들이여. 본래 묘한 빛깔을 보다 지금 저렇게 변해 바뀌었는데, 그 가운데서 괴롭고 즐거운 생각 일으킴을 보니, 이것이 어찌 큰 걱정거리가 아니겠는가.”

여러 비구들이 대답하였다.

“그렇습니다, 세존이시여.”

세존께서 여러 비구들에게 말씀하셨다.

“이것을 물질이 큰 걱정거리 됨이라고 한다. 만약 다시 그 여인이 죽은 지 하루 · 이틀 · 사흘 · 나흘 · 닷새 나아가 이레가 되어 몸이 퉁퉁 붓고 문드러져 냄새가 나고 한곳에 흩어져 버려져 있는 것을 본다 하자.

어떤가, 비구들이여. 본래 묘한 빛깔을 보다 지금 이렇게 변했으니, 이것이 어찌 큰 걱정거리가 아니겠는가.”

여러 비구들이 대답하였다.

“그렇습니다, 세존이시여.”

세존께서 여러 비구들에게 말씀하셨다.

"이것을 물질이 큰 걱정거리 됨이라고 한다. 만약 다시 그 여인의 시체를 까마귀·까치·솔개·독수리들이 다투어 와서 쪼아 먹거나, 여우·개·이리·범들이 와서 씹어 먹거나, 또는 날아다니거나 꿈틀대는 아주 작은 벌레들이 파먹는 것을 본다 하자.

어떤가, 비구들이여. 본래 묘한 빛깔을 보다 지금 이렇게 변했는데, 그 가운데서 괴롭고 즐거운 생각을 일으키니, 이것이 어찌 큰 걱정거리가 아니겠는가."

여러 비구들이 대답하였다.

"그렇습니다, 세존이시여."

세존께서 여러 비구들에게 말씀하셨다.

"이것을 물질이 큰 걱정거리 됨이라고 한다. 만약 다시 그 여인의 몸을 벌레와 새들이 반쯤 먹고 창자와 밥통과 살덩이와 핏덩이의 더러운 것을 본다 하자.

어떤가, 비구들이여. 본래 묘한 빛깔을 보다 지금 이렇게 변했는데, 그 가운데서 괴롭고 즐거운 생각을 일으키니, 이것이 어찌 큰 걱정거리가 아니겠는가."

여러 비구들이 대답했다.

"그렇습니다, 세존이시여."

세존께서 여러 비구들에게 말씀하셨다.

"이것을 물질이 큰 걱정거리 됨이라고 한다. 만약 다시 그 여인의 몸이 피와 살은 모두 다하고 뼈만 서로 이어진 것을 본다 하자.

어떤가, 비구들이여. 본래 묘한 빛깔을 보다 지금 이렇게 변했는데, 그 가운데서 괴롭고 즐거운 생각을 일으키니, 이것이 어찌 큰 걱정거리가 아니겠는가."

여러 비구들이 대답했다.

"그렇습니다, 세존이시여."

세존께서 여러 비구들에게 말씀하셨다.

"이것을 물질이 큰 걱정거리 됨이라고 한다. 만약 다시 그 여인의 몸이 피와 살은 다 없어지고 오직 힘줄이 얽혀 나뭇단 같은 것을 본다 하자.

어떤가, 비구들이여. 본래 묘한 빛깔을 보다 지금 이렇게 변했는데, 그 가운데서 괴롭고 즐거운 생각을 일으키니, 이것이 어찌 큰 걱정거리가 아니겠는가."

여러 비구들이 대답했다.

"그렇습니다, 세존이시여."

세존께서 여러 비구들에게 말씀하셨다.

"이것을 물질이 큰 걱정거리 됨이라고 한다. 만약 다시 그 여인의 몸에서 해골이 흩어져 떨어져 각기 다른 곳에 있는데, 다리뼈가 한 곳에 있고, 장딴지뼈가 한곳에 있으며, 넓적다리뼈·허리뼈·옆구리뼈·갈비뼈·어깨뼈·팔뼈·목뼈·머리뼈가 각기 한곳에 흩어져 있는 것을 본다 하자.

어떤가, 비구들이여. 본래 묘한 빛깔을 보다 지금 이렇게 변했는데, 그 가운데서 괴롭고 즐거운 생각을 일으키니, 이것이 어찌 큰 걱정거리가 아니겠는가."

여러 비구들이 대답했다.

"그렇습니다, 세존이시여."

세존께서 여러 비구들에게 말씀하셨다.

"이것을 물질이 큰 걱정거리 됨이라고 한다. 만약 다시 그 여인의 몸에서 뼈가 흰빛이나 잿빛으로 된 것을 본다 하자.

어떤가, 비구들이여. 본래 묘한 빛깔을 보다 지금 이렇게 변했는데, 그 가운데서 괴롭고 즐거운 생각을 일으키니, 이것이 어찌 큰 걱정거리가 아니겠는가."

여러 비구들이 대답했다.

"그렇습니다, 세존이시여."

세존께서 여러 비구들에게 말씀하셨다.

"이것을 물질이 큰 걱정거리 됨이라고 한다. 만약 다시 그 여인의 해골이 셀 수 없는 해를 지내 썩고 문드러지고 무너져서 흙과 빛이 같아진 것을 본다 하자.

어떤가, 비구들이여. 본래 묘한 빛깔을 보다 지금 이렇게 변했는데, 그 가운데서 괴롭고 즐거운 생각을 일으키니, 이것이 어찌 큰 걱정거리가 아니겠는가."

여러 비구들이 대답했다.

"그렇습니다, 세존이시여."

세존께서 여러 비구들에게 말씀하셨다.

"이것을 물질이 큰 걱정거리 됨이라고 한다. 다시 이 물질은 덧없고 변해 바뀌어 오래 머무르지 못하여, 거기에는 늙음과 젊음이 없다. 이것을 '물질이 큰 걱정거리가 된다'고 하는 것이다."

바른 사문·브라마나의 물질의 걱정거리 떠남을 보이심

"어떻게 물질에서 걱정거리를 벗어나게 되는가. 만약 물질을 버려 떠나고 여러 어지러운 생각을 없애면, 이것을 물질을 버려 떠나는 것이라 한다.

그런데 여러 사문이나 브라마나들은 물질에서 물질에 집착하여 큰 걱정거리 됨을 알지 못하고, 버려 떠나지도 못하며, 또한 진실 그대로 알지 못한다.

이런 이들은 사문이 아니요 브라마나가 아니다. 사문으로서 사문의 몸가짐을 알지 못하고 브라마나로서 브라마나의 몸가짐을 알지 못하며, 자기 몸에서 증득하여 스스로 노닐지도 못한다.

그러나 여러 사문이나 브라마나들은 물질에서 물질에 집착하지 않고, 큰 걱정거리 됨을 깊이 알아 그것을 버려 떠날 줄 안다.

이런 이들을 사문으로서 사문의 몸가짐을 알고 브라마나로서 브라마나의 몸가짐을 알며, 자기 몸에서 증득하여 스스로 노닌다고 말하고, 이것을 '물질을 버려 떠난다'고 한다."

느낌이 덧없어 맛들일 것 없음을 자세히 보이심

"어떤 것이 느낌의 맛들임인가. 이에 대해서는 이렇게 말할 수 있다. 비구들이여, 즐거움을 느낄 때 곧 '나는 즐거움을 느낀다'고 알고, 괴로움을 느낄 때 곧 '나는 괴로움을 느낀다'고 알며, 괴롭지도 않고 즐겁지도 않음을 느낄 때 곧 '나는 괴롭지도 않고 즐겁지도 않음을 느낀다'고 아는 것이다.

만약 음식을 먹어 즐거움을 느낄 때에는 곧 '나는 음식을 먹어 즐거움을 느낀다'고 알고, 음식을 먹어 괴로움을 느낄 때에는 곧 '나는 음식을 먹어 괴로움을 느낀다'고 알며, 음식을 먹어 괴롭지도 않고 즐겁지도 않음을 느낄 때에는 곧 '나는 음식을 먹어 괴롭지도 않고 즐겁지도 않음을 느낀다'고 아는 것이다.

만약 음식을 먹지 못해 괴로움을 느낄 때에는 곧 '나는 음식을 먹지 못해 괴로움을 느낀다'고 알고, 음식을 먹지 않아 즐거움을 느낄 때에는 곧 '나는 음식을 먹지 않아 즐거움을 느낀다'고 알며, 만약 음식을 먹지 않아 괴롭지도 않고 즐겁지도 않음을 느낄 때에는 곧 '나는 음식을 먹지 않아 괴롭지도 않고 즐겁지도 않음을 느낀다'고 아는 것이다.

다시 비구들이여, 만약 즐거움을 느끼면 그때에는 괴로움을 느끼지 못하고 또 괴롭지도 않고 즐겁지도 않은 느낌도 없다. 그때에는 '내게는 다만 즐거운 느낌만 있다'고 안다. 만약 괴로움을 느끼면 그때에는 즐거운 느낌은 없고 또 괴롭지도 않고 즐겁지도 않은 느낌도 없고 오직 괴로운 느낌만이 있다.

만약 다시 비구들이여, 만약 괴롭지도 않고 즐겁지도 않음을 느끼면 그때에는 즐거운 느낌이나 괴로운 느낌은 없고 오직 괴롭지도 않고 즐겁지도 않은 느낌만이 있다.

다시 느낌이란 덧없어서 변하고 바뀌는 법이다. 느낌이 덧없어 변하고 바뀌는 줄을 알기 때문에 이것을 '느낌이 큰 걱정거리가 된다'고 하는 것이다.

어떻게 느낌에서 걱정거리를 벗어나게 되는가. 만약 느낌에서 느낌을 버려 떠나고 여러 어지러운 생각을 없애면 이것을 느낌을 버려 떠나는 것이라 한다."

느낌과 탐욕의 실상 알아 떠나는 자가
참된 사문 · 브라마나임을 보이심

"그런데 여러 사문이나 브라마나들은 느낌에서 느낌을 집착하여 큰 걱정거리 됨을 알지 못하고, 또한 버려 떠나지도 못하며, 진실 그대로 알지 못한다.

이런 이들은 사문이 아니요 브라마나가 아니다. 사문으로서 사문의 몸가짐을 알지 못하고 브라마나로서 브라마나의 몸가짐을 알지 못하여, 몸으로 증득하여 스스로 노닐지 못한다.

그러나 여러 사문이나 브라마나들은 느낌에서 느낌을 집착하지 않고 큰 걱정거리 됨을 깊이 알아 그것을 버려 떠날 줄 안다. 이것을 사문으로서 사문의 몸가짐을 알고 브라마나로서 브라마나의 몸가짐을 알며 몸으로 증득하여 스스로 노님이라 말하고, 이것을 느낌을 버려 떠나는 것이라 한다.

다시 비구들이여, 만약 어떤 사문이나 브라마나로서 괴로운 느낌과 즐거운 느낌과 괴롭지도 않고 즐겁지도 않은 느낌을 진실 그대로 알지 못하면서 남을 교화하여 그것을 행하게 하면, 이것은 맞는 일이 아니다.

그러나 만약 어떤 사문이나 브라마나로서 느낌을 버려 떠날 수 있어, 진실 그대로 알아 남을 권하고 가르쳐 멀리 떠나도록 하면 그것은 바로 맞는 일이니, 이것을 느낌을 버려 떠나는 것이라 한다.

나는 지금 비구들이여, 탐욕을 집착함과 탐욕에 맛들임, 탐욕이 큰 걱정거리 됨과 탐욕 버릴 수 있는 자를 말하였다. 그리고 느낌을 집착함과 느낌에 맛들임과 느낌이 큰 걱정거리 됨과 느낌을 버려 떠날 수 있는 자를 말하였다.

모든 여래 계신 곳[如來所]에서 반드시 행해야 할 것, 곧 베풀어 세워야 할 것을 나는 지금 두루 다해 마쳤다.

그러므로 너희들은 늘 나무 밑이나 비어 한가한 곳에서 좌선하고

사유하여[坐禪思惟] 게을리하지 말라. 이것을 나의 가르침[敎勅]이
라고 한다."

그때에 비구들은 붇다의 말씀을 듣고 기뻐하며 받들어 행하였다.

• 증일아함 21 삼보품(三寶品) 九

• 해설 •

자기 교파가 주장하는 교리에 충실하고 자기 교단의 종교적 의례(儀禮)
에 충실하다고 옳은 사문·브라마나, 옳은 종교인이 아니다.

옳은 사문·브라마나는 주어진 삶의 진실, 이 역사와 세계의 진실을 진실
대로 알아 스스로 자유로워지고, 그 자유로워지는 길을 널리 뭇 사람들에게
가르쳐주는 자가 옳은 사문·브라마나이다.

그리고 자기 종교의 신앙적 권위에 기대어 대중 위에 군림하려는 자는
옳은 종교인이 아니고, 세상이 요구하는 보편적 실천원리[共同善]에 충실
하고 뭇 대중의 요구에 잘 응해 그들에게 합리적 사유와 진실을 가르치는
자가 옳은 종교인이다.

그러므로 붇다는 사문·브라마나의 형식적 몸가짐을 가꾸는 자가 옳은
사문·브라마나가 아니라, 탐욕과 느낌의 진실을 알아 탐욕에서 탐욕을 벗
어나고 느낌에서 즐거움의 맛들임을 떠나 삶에 자재를 얻은 이가 사문·브
라마나의 바른 몸가짐을 갖추는 자라 말씀한다.

중생의 앎과 느낌은 아는 자와 알려지는 것의 어울림 속에서 난 것이므
로 저 알려지는 것에 실로 알려지는 것의 실체가 없는 줄 알면 앎에서 앎을
떠나 탐욕의 얽매임을 벗어난다. 또한 앎의 공성을 통달할 때 느낌의 공성
을 통달해 뜻에 맞는 느낌에 맛들여 탐착하지 않고 사물을 받아들이는 느낌
속에서 온갖 얽매임을 벗어나게 된다.

그처럼 탐욕과 느낌의 실상을 깨달아 스스로 얽매임을 벗어나고 그 해탈
의 길을 이웃에 전하는 이가 참된 사문·브라마나이다.

이것이 여래의 가르침이니, 말씀대로 행하여 아는 자와 알려지는 것, 앎

자체가 공한 줄 알아 세간 속에서 세간에 자재한 자, 그가 여래 법왕의 자식인 것이다.

세간의 탐욕에 맛들임 없이 세간의 진실 깨달아 그 진실의 법 전하는 참된 수행자의 길을, 『화엄경』(「명법품」明法品)은 이렇게 말한다.

온갖 파라미타 행하는 보디사트바는
행하는 바 청정해 원이 다 채워지고
넓고 큰 지혜의 곳간 얻으며
늘 법을 설해 중생 건네주되
마음에 의지함 없고 집착 없네.

所行淸淨願皆滿　及得廣大智慧藏
常能說法度衆生　而心無依無所著

온갖 파라미타 행하는 보디사트바는
어떻게 두려움 없음 사자와 같은가.
행하는 바 청정해 보름달 같음이네.
어떻게 붇다의 공덕 닦아 익히는가.
연꽃이 진흙탕 물에 묻지 않음 같네.

云何無畏如師子　所行淸淨如滿月
云何修習佛功德　猶如蓮華不著水

브라마나의 아내여, 저 카샤파가 참된 브라마나다

이와 같이 들었다.

한때 붇다께서는 라자그리하 성의 칼란다카 대나무동산에서 큰 비구대중 오백 사람과 함께 계셨다.

그때 세존께서는 때가 되자 가사를 입고 발우를 들고 라자그리하 성에 들어가 밥을 비시며 한 거리에 계셨다.

그때 그 거리에 한 브라마나의 아내가 있었는데, 브라마나에게 밥을 차려주려고 문을 나서다, 멀리서 세존을 보고는 곧 세존 계신 곳으로 가 세존께 여쭈었다.

"브라마나를 보셨는지요?"

그때 존자 마하카샤파가 그 거리에 먼저 와 있었다. 세존께서는 손을 들어 가리켜 보이시며 말씀하셨다.

"이 사람이 브라마나이다."

이때 그 브라마나의 아내는 여래를 그윽이 바라보고는 잠자코 말하지 않았다.

**탐냄 · 성냄 · 어리석음 없는 이가 참된 브라마나임을
계송으로 보이심**

그때 세존께서 곧 다음 계송으로 말씀하셨다.

탐욕이 없고 성냄이 없는 이가
어두움 버려 어리석음 없으면
온갖 번뇌 흐름 다한 아라한이니
이 사람을 브라마나라고 말하네.

탐욕이 없고 성냄이 없는 이가
어두움 버려 어리석음 없으면
번뇌 묶음 그 무더기 다 버렸으니
이 사람을 브라마나라고 말하네.

탐욕이 없고 성냄이 없는 이가
어두움 버려 어리석음 없으면
나에게서 나라는 교만 끊었으니
이 사람을 브라마나라고 말하네.

바르게 깨친 이가 말씀하신바
바른 법을 그대 만약 알고자 하면
저 가장 높아서 위없으신 분께
지성으로 스스로 귀의하여라.

**카샤파가 브라마나 아내의 공양을 받고
법을 설해 법의 눈을 열어줌**

그때 세존께서 마하카샤파에게 말씀하셨다.

"그대가 저 브라마나의 아내에게 가서 곧 몸을 나타내면 오랜 생의 죄를 면하게 할 수 있을 것이다."

이때 카샤파는 붇다의 가르침을 받고 그 브라마나 아내의 집으로 가서는 자리에 나아가 앉았다. 이때 그 브라마나의 아내는 갖가지 맛있는 먹을거리를 마련하여 카샤파에게 바쳤다.

그러자 카샤파는 그 음식을 받고 그 사람을 건네주려 하므로 그녀를 위해 이 게송을 말하였다.

제사 모심에는 불이 가장 위가 되고
뭇 글 가운데는 게송이 으뜸이며
임금은 사람 가운데 가장 높고
뭇 흐름에는 바다가 가장 높으며
뭇 별 가운데는 달이 우두머리요
비춤의 밝기는 해가 가장 먼저이네.

네 모서리 위아래 온갖 방위 경계
하늘이나 세간의 온갖 사람 가운데
붇다가 가장 높아 위가 되시니
만약 그 복을 구하려는 사람은
바르게 깨친 분께 귀의해야 하리.

그때 그 브라마나의 아내는 이 말을 듣고 기뻐 뛰며 스스로 이기지 못하고 마하카샤파 앞에서 말씀드렸다.

"브라마나께서는 늘 제 청을 받아 저희 집에서 공양하시길 바랍니다."

카샤파는 그 청을 받아들여 그곳에 있으면서 그 밥을 받았다. 그때 브라마나의 부인은 카샤파가 공양하신 것을 보고, 낮은 자리를 가지고 와서 카샤파 앞에 앉았다.

그러자 카샤파는 미묘한 법을 차츰 말해주었다. 그 자리에서 논한 것은 보시를 논하고[施論] 계를 논하고[戒論] 하늘에 남을 논함[生天論]이었고, 탐욕은 깨끗하지 못하며, 번뇌 흐름을 끊는 것이 으뜸이고, 집을 나옴[出家]이 닦음의 요점이 됨을 말함이었다.

존자 마하카샤파는 브라마나 아내의 마음이 열리고 뜻이 풀려 매우 기뻐함을 알고 나서, 모든 붇다께서 늘 설하시는 법인, 괴로움[苦] · 괴로움 모아냄[集] · 괴로움의 사라짐[盡, 滅] · 괴로움을 없애는 길[道]을 브라마나의 아내를 위해 설했다.

그러자 그때 브라마나의 아내는 그 자리에서 온갖 티끌과 때가 다하고 법의 눈[法眼]이 깨끗하게 되었다. 마치 새롭고 깨끗한 흰 베가 티끌과 때가 없어서 색깔이 쉽게 물이 드는 것처럼, 브라마나의 아내도 그와 같아서 그 자리에서 법의 눈이 깨끗하게 되었다.

그는 이미 법을 얻고 법을 보고, 그 법을 분별하여 여우 같은 의심이 없어졌다. 이미 두려움 없음을 얻어 붇다와 법과 상가 이 세 가지 거룩한 곳에 귀의하여 다섯 계를 받아 가졌다.

그때 존자 마하카샤파는 거듭 브라마나의 아내를 위해 미묘한 법을 설하고는 곧 자리에서 일어나 떠나갔다.

남편 브라마나에게 참된 사문과 브라마나의 뜻을 보이심

카샤파가 가고 오래되지 않아 그 남편이 집에 돌아왔다. 브라마나는 아내의 얼굴빛이 매우 기쁨에 차 보통 사람과 다른 것을 보고 그

아내에게 물었다. 아내는 이러한 인연을 그 남편에게 갖추어 말하였다.

그러자 브라마나는 이 말을 듣고 나서 곧 아내를 데리고 같이 정사(精舍, vihāra)로 가서 세존 계신 곳에 찾아갔다. 브라마나는 세존과 서로 문안 인사를 나누고 한쪽에 앉았다.

브라마나의 아내는 세존의 발에 머리를 대 절하고 나서 한쪽에 앉았다.

그때 브라마나가 세존께 여쭈었다.

"아까 어떤 브라마나가 저희 집에 오셨는데 지금 어디에 계십니까?"

그때 존자 마하카샤파는 세존께 가기 그리 멀지 않은 곳에서 두 발을 맺고 앉아 몸과 마음을 바르게 하고 묘한 법을 사유하고 있었다.

그때 세존께서 멀리서 마하카샤파를 가리키셨다.

"이 사람이 높은[尊長] 브라마나요."

브라마나가 여쭈었다.

"고타마시여, 어찌하여 사문이 곧 브라마나입니까? 사문과 브라마나가 다르지 않습니까?"

세존께서 말씀하셨다.

"사문을 말하려면 내 몸이 바로 사문이오. 왜냐하면, 나는 곧 사문으로 사문의 계율을 모두 받들어 지니어 이미 다 얻었기 때문이오.

만약 또 브라마나를 논하려고 하면 또한 내 몸이 바로 브라마나요. 왜냐하면, 나는 곧 브라마나로서 과거 브라마나들이 지녔던 법(法, dharma)과 행(行)을 이미 다 알았기 때문이오.

사문을 논하려고 하면, 마하카샤파가 사문이오. 왜냐하면, 사문의 모든 율[律, vinaya]을 카샤파 비구는 다 싸안아 거두었기 때문이오.

브라마나를 논하려고 하면 카샤파 비구가 바로 브라마나요. 왜냐
하면, 브라마나가 받들어 지녀야 하는 금한 계[禁戒, śīla]를 카샤파
비구는 다 사무쳐 알았기 때문이오."

그때 세존께서 다음 게송으로 말씀하셨다.

나는 저 주술 아는 이를
브라마나라고 말하지 않네.
브라흐마하늘에 난다 외치지만
그는 아직 묶임 벗어나지 못했네.

묶임도 없고 나는 세계도 없고
온갖 번뇌 묶음을 벗어나서
다시 하늘의 복을 일컫지 않으면
그것이 사문이요 브라마나네.

그때 브라마나가 세존께 여쭈었다.

"번뇌의 묶음[結縛]이란 어떤 것이 묶음입니까?"

세존께서 말씀하셨다.

"탐욕의 애착[欲愛]이 곧 묶음이고, 성냄[瞋恚]과 어리석음[愚癡]
이 곧 묶음이오. 여래는 이 탐욕의 애착이 길이 사라져 남음이 없고
성냄과 어리석음 또한 이와 같소.

여래는 그런 묶음이 다시는 없소."

브라마나가 말씀드렸다.

"세존께서는 깊고 묘한 법을 말씀하시어, 다시는 저희에게 그런

번뇌의 묶음과 집착이 없게 해주시길 바랍니다."

세존께서는 차츰 그 브라마나를 위해 미묘한 논을 차례로 말씀해주셨다. 여기서 논함이란 보시를 논하고 계를 논하고 하늘에 남을 논함이었고, 탐욕은 깨끗하지 못하며, 번뇌 흐름을 끊는 것이 으뜸이고, 집을 나옴이 닦음의 요점이 됨을 말함이었다.

그때 세존께서는 그 브라마나의 마음이 열리고 뜻이 풀려 매우 기뻐함을 아시고는, 옛날의 여러 붇다들께서 늘 말씀하셨던 법인, 괴로움·괴로움 모아냄·괴로움의 사라짐·괴로움을 없애는 길의 법에 대하여 설하셨다.

그때 세존께서 그 브라마나를 위해 다 설하시자, 브라마나는 곧 그 자리에서 모든 티끌과 때가 다해 법의 눈이 깨끗하게 되었다. 마치 새롭고 깨끗한 흰 베가 티끌과 때가 없어서 빛깔이 쉽게 물드는 것처럼 그 브라마나도 그와 같아서 그 자리에서 곧바로 법의 눈이 깨끗해졌다.

그는 이미 법을 얻고 법을 보고 그 법을 분별하여 여우 같은 의심이 없어졌다. 이미 두려움 없음을 얻어 붇다와 법과 상가, 이 세 가지 거룩한 곳에 귀의하고 다섯 계를 받아 지녀 여래의 참다운 제자가 되어 다시는 물러 되돌아오지 않았다.

그때 그 브라마나 부부는 붇다의 말씀을 듣고 기뻐하며 받들어 행하였다.

- 증일아함 18 참괴품(慚愧品) 四

• 해설 •

바른 삶의 길을 모르고 진리에 눈먼 채 열심히 고행한다고 사문이 아니고, 불[火]로 절대신성을 향해 제사 지내고 기도한다고 브라마나가 아니다.

사문이 고행을 통해 추구하는 맨 마지막 영적 실체가 공해 얻을 것 없음을 아는 이가 참된 사문이고, 브라마나가 추구하는 '오직 하나인 자'가 또한 얻을 것 없음을 아는 이가 참된 브라마나이다.

그러므로 여래가 사문의 사문이고 브라마나의 브라마나이며, 여래의 가장 높은 제자 아라한인 마하카샤파가 사문의 사문이고 브라마나의 브라마나이다.

이런 뜻에서 여래는 남편 브라마나를 찾는 브라마나의 아내에게 저 카샤파가 곧 브라마나라고 말씀해 그를 교화한다. 다시 자기 아내가 만났던 브라마나를 찾는 라자그리하 성의 고귀한 브라마나에게, 단정히 앉아 좌선으로 사유하고 있는 마하카샤파가 바로 브라마나 가운데 높은 분[尊長]이라 말씀하시며, 여래가 바로 브라마나 가운데 브라마나라 가르치신 것이다.

이처럼 여래는 바깥길 사문과 브라마나를 다만 꾸짖어 배척하는 분이 아니다. 여래는 사문 가운데 사문이 되어 바깥길 사문을 크고 넓은 여래의 집[如來家]에 거둔다. 또한 신을 섬기는 바깥길 브라마나를 바른 길이 아니라고 다만 내모는 것이 아니고, 스스로 브라마나 가운데 브라마나가 되어 바깥길 브라마나를 길이 다함없는 법계의 집[法界家]에 싸안는다.

저 브라마나 부부가 이미 법의 눈을 떠 여래의 집에 다시 태어나고 법계의 집에 이미 돌아왔으니, 그들 또한 브라마나 가운데 브라마나가 된 자들이고 브라마나이되 '여래의 집안 참된 법의 가족'[如來眞子]이 된 것이다.

세 가지 브라마나의 진제가 있으니

이와 같이 내가 들었다.

한때 붇다께서는 라자그리하 성 칼란다카 대나무동산에 계셨다.

때에 집을 나온 많은 브라마나 수행자들이 수마갈타 못가에 살면서 한곳에 모여 이와 같이 주장하였다.

'이와 같음이 브라마나의 진제(眞諦)이다.'

'이와 같음이 브라마나의 진제이다.'

그때에 세존께서는 많은 브라마나들의 마음의 생각을 아시고 수마갈타 못가로 가셨다.

그 브라마나들은 멀리 붇다가 오시는 것을 보자 곧 붇다를 위해 앉을 자리를 펴놓고 앉으시기를 청하였다.

붇다께서는 자리에 나아가서 여러 브라마나 집을 나온 이들에게 말씀하셨다.

"그대들은 이 수마갈타 못가에서 여럿이 한데 모여 어떤 것을 논해 말하였소."

브라마나들은 말씀드렸다.

"고타마시여, 우리들 여러 브라마나 집을 나온 이들은 이 자리에 모여 이와 같이 논의하였습니다.

'이와 같음이 브라마나의 진제다.'

'이와 같음이 브라마나의 진제다.'"

세존이 깨쳐 사람들을 위해 연설하신
브라마나의 진실을 나누어 보이심

붇다께서는 말씀하셨다.

"세 가지 브라마나의 진실(眞實)이 있으니, 나는 스스로 깨달아 바른 깨달음을 이루고, 다시 사람들을 위해 연설하오.

그대들 브라마나 집을 나온 이들은 이와 같이 말하오.

'온갖 중생을 해치지 말라.'

이것은 브라마나의 진제(眞諦)이니 허망하지 않소.

그들은 그들에 관하여 '나는 빼어나다'고 말하고, '서로 비슷하다'고 말하고, '나는 못났다'고 말하오.

만약 그런 견해에 대해 진제에 의해서 얽매어 묶이지 않고, 온갖 세간에 대해 자애로운 마음의 빛깔과 모습을 지으면, 이것을 '첫째 브라마나의 진제'라 하오.

나는 스스로 깨달아 바른 깨달음을 이루어 사람들을 위해 연설하오.

'있는바 모이는 법은 다 사라지는 법이다.'

이것은 진제이니 허망하지 않소. 나아가 그 진제에 의해서 온갖 세간에 대해 나고 사라짐을 살피면 이것을 '두 번째 브라마나의 진제'라 하오.

다시 브라마나들은 이와 같이 말하오.

'나[我]라는 곳[處]과 일[事]은 도무지 있는 바가 없다. 나라는 곳과 일은 도무지 있는 바가 없다.'

이것은 진제이니 허망하지 않소.

나아가 그 진제에 의해서 얽매어 집착함이 없이 온갖 세간에서 나라는 모습이 없으면, 이것을 '브라마나의 셋째 진제'라 이름하오.

나는 스스로 깨달아 바른 깨달음을 이루어 사람들을 위해 연설하오."

그때에 많은 브라마나들은 잠자코 있었다.

가르침을 듣고 받아들이지 않으므로 브라마나들을 떠나심

때에 세존께서는 이렇게 생각하셨다.

'지금 저들의 어둡고 어리석음을 밝혀주고 그들의 악을 마음에서 없애주지만, 지금 이 대중 가운데는 한 사람도 스스로 생각해 헤아려서 인연을 지어 사문 고타마 법 안에서 범행을 닦으려고 하는 이는 없다.'

이렇게 아시고는 자리에서 일어나 가셨다.

• 잡아함 972 삼제경(三諦經)

• 해설 •

세존은 배움을 달리하는[異學] 사문들의 말이라고 무조건 배척하지 않고 길을 달리하는[外道] 브라마나들의 말이라고 무조건 부정하지 않으신다. 배움을 달리하고 실천의 길을 달리하는 그들의 말 가운데 진실에 부합된 말은 그 대로 인정해주시고, 세간의 어리석은 이들의 말이라도 그 말이 사실에 부합되면 그 말을 또한 옳다고 긍정하시며 그들을 해탈의 길에 이끄신다.

붇다는 세간법이 원인과 조건에 의해 발생하되 그 원인과 조건도 공한 존재의 진실을 아시므로 '사문 가운데 참된 사문'이고, 하나에 하나의 자취도 없는 연기적 보편성을 아시므로 '브라마나 가운데 가장 높은 브라마나'이다.

그러므로 여래는 브라마나의 진제를 브라마나들만의 거룩한 것으로 집착하는 브라마나들 가운데서, 참된 브라마나의 진제 곧 연기법의 진실을 세 가지로 나누어 설하신다.

붇다의 길은 산목숨 해침을 넘어 크나큰 자비의 행을 보이시니, 저 브라마나들이 '중생 해치지 말라'고 하면 그것이 브라마나의 진제라 인정하신다.

연기의 세계관에서 보면 온갖 법은 인연으로 나기 때문에 항상함이 없고 항상함이 없기 때문에 공하다. 그러므로 브라마나들이 '세간법의 덧없음'을 말하면 그것을 진제로 인정한다.

그러나 연기법의 덧없음은 흘러가 사라지는 덧없음이 아니라 나되 남이 없고 사라지되 사라짐이 없다. 그러므로 브라마나들이 '세간법은 덧없는 것이고 브라흐만만이 영원하다'고 하면 세간법이 곧 나되 나지 않고 사라지되 사라지지 않는 진제를 설해 보이신다.

또 브라마나들이 세간 존재에 '나'라고 할 것이 없다 말하면, 붇다 또한 그것을 진제로 인정한다.

그러나 브라마나들이 세간법은 나 없되[無我] 저 '오직 하나이신 분'이 온갖 세간법에 존재성을 부여하므로 '하나인 자'가 참된 나이고 진제라고 말하면, 세간법에도 나가 없고 저 절대신성에도 나가 없는 참된 진제를 일러주신다.

연기법의 진제는 온갖 환상이 다한 곳에서 드러나는 진제이니, 삶 밖의 소외된 거룩함을 집착하는 이들은 여래의 말씀을 듣고도 끝내 연기법의 진제에 들어가지 못하니, 붇다는 말없이 떠남으로써 그들을 깨우치신다.

어리석은 사람들은 왜 이러한 붇다의 진제의 가르침에 눈 멀고 귀 먹는가.

'한 가림이 눈에 있으면 빈 허공꽃이 어지러이 떨어지는 것'[一翳在眼 空華亂墮]이니, 눈 속에 관념의 티끌을 없애야 할 것이다.

안도 공하고 밖도 공하며 하나도 공하고 여럿도 공한 줄 알아 그 지혜 끝없는 분이 안과 밖을 거두고 온갖 중생 거두어 해탈의 길을 열어주시니, 『화엄경』(「세주묘엄품」世主妙嚴品) 다음과 같이 말한다.

여래의 지혜는 끝이 없어서
세간 그 누구도 같이할 이 없고
세간 그 무엇에도 집착함이 없네.
자비마음 중생 응해 널리 나타나니
넓고 큰 이름의 하늘신이 이 도 깨쳤네.

如來智慧無邊際　世中無等無所著
慈心應物普現前　廣大名天悟斯道

이 세간의 크신 인도자께서는
한량없는 법문에 다 자재하사
중생을 조복하여 시방에 두루하나
그 가운데 분별을 내지 않으니
이는 넓은 빛 하늘신의 경계이네.

無量法門皆自在　調伏衆生遍十方
亦不於中起分別　此是普光之境界

2 바깥길의 실체론과 치우친 삶

• 이끄는 글 •

전변설(轉變說)과 적취설(積聚說)의 구분이 브라흐만을 섬기는 기성 지배철학과 그에 반대한 새로운 사문들의 세계관에 대한 존재론적 구분이라면, 수정주의(修定主義)와 고행주의(苦行主義)는 두 철학 사조의 실천론에 대한 구분이다.

전변이란 범어 파리나마(pariṇāma)를 옮긴 말로써, 우주의 온갖 존재가 '하나인 절대의 신성'[Tad Ekam, 彼一者]이 굴러 변한 것임을 나타내는 말이다.

그에 비해 적취설은 더 이상 나뉠 수 없는 원자적 요소가 쌓이고 모여 존재가 이루어졌음을 말하는 여러 사문들의 세계관이다.

전변설에서 절대신성은 위에서 세계를 만들고 지배하는 신이 아니라, 하나인 절대생명이 움직여 만유가 되는 신성이니, 오직 '하나인 자' 안에서 하나와 온갖 것, 나와 너, 정신과 물질의 이원성은 사라진다.

도가(道家)의 하나인 도[一]가 허무적멸(虛無寂滅)의 도로써 비인격적인 만유의 산실의 뜻에 가깝다면, 브라마나의 '하나인 자'

는 만유에 존재성을 부여하는 절대적인 존재로서 인격적 성격을 갖는다.

그래서 웃달라카 아루니(Uddālaka Āruni)는 존재의 근거인 브라흐만을 사트(sat, 有)라고 말하고 있다.

절대적인 있음[絶對有]이 만유에 존재성을 부여한 것이면 늘 '모든 너가 곧 하나인 자'이고 유한자로서 '나 또한 브라흐만인 것'이다. 그러므로 웃달라카 아루니는 '네가 그것이다'[tat tvam asi]라고 하고, '내가 브라흐만이다'[aham brahmāsmi]라고 말하여 이 언구가 우파니샤드 사상을 대표하는 말이 되었다.

적취설의 사상가들은 경전에서 바깥길 여섯 스승[六師外道]이라고 말한 사상가들로서, 기성 브라마나 지배의 사회와 브라마나들의 세계관을 비판하고, 세계는 절대생명인 브라흐만의 전변에 의해 생긴 것이 아니라 스스로 고유하게 있는 요소들의 쌓여짐에 의해 이루어졌다고 말한다.

그들 가운데 아지타 케사캄바라(Ajita-keśakambala)는 존재를 구성하는 요소를 물질적인 요소만으로 설명하고, 카쿠다 카타야나(Kakuda - kātyāyana)는 물질적인 요소에 정신적인 생명으로서 지바(jīva)를 첨가하여 일곱 요소를 주장한다.

마카리 고사리푸트라(Maskarī-gośālīputra)는 정신적이고 물질적인 요소에 요소들의 결합을 가능케 하는 보편적 원리로서 얻음·잃음·괴로움·즐거움·태어남·죽음의 추상적인 여섯 가지 요소를 더해 열두 요소를 주장한다.

산자야 바이라티푸트라(Sañjaya-vairaṭṭiputra)는 모든 인간의 사유와 판단에 대한 불가지론(不可知論)을 주장한다.

자이나교의 교주 니르그란타 즈냐타푸트라(Nirgrantha-jñātaputra)는 영혼적 요소[jīva]와 비영혼적 원리[ajīva]가 결합하여 존재가 구성된다고 주장한다.

이는 기성의 신의 철학과 신의 철학을 반대했던 기층계급의 요소적 세계관에 대해 두 철학을 절충하는 입장을 취한다. 이 사상은 브라마나 계급과 그에 저항했던 기층민중 사이의 중간계급의 철학으로, 붇다 당시에 큰 세력을 형성했던 철학이다.

절대적인 있음[絕對有]으로서 브라흐만의 신성을 믿는 브라마나 계급들은 존재의 근원인 '하나인 자'를 인식하고 하나인 자에 복귀하는 것이 해탈이 된다고 말하고, 그 하나됨의 방법론으로 기도와 제사, 선정의 법을 제시하니, 이것이 수정주의의 관점이다.

이에 비해 적취설을 주장하는 이들 가운데 정신과 물질의 요소를 함께 주장하는 자이나교에서는 온갖 고통과 속박의 근원인 몸에 대한 애착을 고행을 통해 극복하여 업의 흐름을 막아 업의 속박으로부터 지바를 풀어주는 것이 해탈이라고 한다. 이들은 고행만이 해탈의 길이라고 말하는 입장이다.

붇다의 연기론의 세계관과 실천관은 두 철학을 철저히 부정하고 지양한 곳에서 세워진 철학이니, 보디의 길에는 신적인 하나도 없고 여러 가지 실체적 존재의 요인과 조건도 없는 것이다.

신적 일원론과 실체적 다원주의를 넘어선 붇다의 보디의 길이 『화엄경』(「광명각품」光明覺品)에서는 다음과 같이 기술되어 있다.

차별된 모든 법 깨달아 알아
모든 언설에 집착하지 않으면

하나와 여럿이 있지 않으니
하나와 여럿에 집착 없음을
붇다의 가르침 따름이라 하네.

了知差別法　不著於言說
無有一與多　是名隨佛敎

여럿 가운데 하나의 성품 없고
하나에도 또한 여럿이 있지 않으니
이와 같이 둘을 모두 버리면
붇다의 공덕에 널리 들어가리라.

多中無一性　一亦無有多
如是二俱捨　普入佛功德

1) 전변설과 적취설

땅은 신의 소유인가 신의 소유가 아닌가

나는 들었다, 이와 같이.

한때 붇다께서는 슈라바스티 국에 노니시면서 제타 숲 '외로운 이 돕는 장자의 동산'에 계셨다. 그때에 세존께서는 비구들에게 말씀하셨다.

"어떤 사문이나 브라마나는 땅에 대해서 땅이라는 생각이 있어 '땅은 곧 신(神)이요 땅은 신의 소유며, 신은 땅의 소유다'라고 한다. 그는 '땅은 곧 신이다'라고 헤아리고서는 곧 땅을 바로 알지 못하게 된다.

이와 같이 물·불·바람·신·하늘·중생의 주인·브라흐마하늘·번뇌 없는 하늘[無煩天]·뜨거움 없는 하늘[無熱天]에 대해서도 그러하다.

그는 깨끗함에 대해서 깨끗하다는 생각이 있어 '깨끗함은 곧 신이요 깨끗함은 신의 소유며, 신은 깨끗함의 소유다'라고 한다. 그는 '깨끗함은 곧 신이다'라고 헤아리고서는 곧 깨끗함을 바로 알지 못하게 된다.

한량없는 허공의 처소, 한량없는 앎의 처소, 있는 바 없는 처소, 생각 있음도 아니고 생각 없음도 아닌 처소, 하나와 다름, 얼마 정도의 보고 듣고 앎[見聞識]이라고 아는 것에서, 뜻의 생각하는 것과 지어가는 것을 살펴, 이 세상에서 저 세상으로 가고 저 세상에서 이 세상으로 온다.

그는 온갖 것에 대해서 온갖 것이라는 생각이 있어, '온갖 것은 곧 신이요 온갖 것은 신의 소유며, 신은 온갖 것의 소유다'라고 한다. 그는 '온갖 것은 곧 신이다'라고 헤아리고서는 곧 온갖 것을 바로 알지 못하게 된다."

신적인 세계관에 대해 온갖 것은 온갖 것의 자기요인이 있다는 다른 입장을 보이심

"만약 어떤 사문이나 브라마나는 땅에 대해서 곧 땅을 알아 '땅은 신이 아니요 땅은 신의 소유가 아니며, 신은 땅의 소유가 아니다'라고 한다. 그는 '땅은 곧 신이 아니다'라고 헤아리고서는 곧 땅을 안다.

이렇게 하여, 이와 같이 물·불·바람·신·하늘·중생의 주인·브라흐마하늘·번뇌 없는 하늘·뜨거움 없는 하늘에 대해서도 그러하다.

그는 깨끗함에 대해서도 곧 깨끗함을 알아, '깨끗함은 신이 아니요 깨끗함은 신의 소유도 아니며, 신은 깨끗함의 소유가 아니다'라고 한다. 그는 '깨끗함은 곧 신이 아니다'라고 헤아리고서는 곧 깨끗함을 안다.

한량없는 허공의 처소, 한량없는 앎의 처소, 있는 바 없는 처소, 생각 있음도 아니고 생각 없음도 아닌 처소, 하나와 다름, 얼마 정도의 보고 듣고 앎이라고 아는 것에서, 뜻의 생각하는 것과 지어가는 것을 살펴, 이 세상에서 저 세상으로 가고 저 세상에서 이 세상으로 온다.

그는 온갖 것에 대해서 온갖 것이라는 생각이 있어, '온갖 것은 곧 신이 아니요 온갖 것은 신의 소유가 아니며, 신은 온갖 것이 아니다'라고 한다. 그는 '온갖 것은 곧 신이 아니다'라고 헤아리고서는 곧 온갖 것을 안다."

온갖 것에 나 없음[無我]을 보는 여래의 지혜를 보이심

"나는 땅에 대해서 곧 땅을 알아 '땅은 신이 아니요 땅은 신의 소유가 아니며, 신은 땅의 소유가 아니다'라고 한다. 나는 '땅은 곧 신이 아니다'라고 헤아리고서는 곧 땅을 안다.

이렇게 하여, 이와 같이 물·불·바람·신·하늘·중생의 주인·브라흐마하늘·번뇌 없는 하늘·뜨거움 없는 하늘에 대해서도 그러하다.

나는 깨끗함에 대해서도 곧 깨끗함을 알아, '깨끗함은 신이 아니요 깨끗함은 신의 소유도 아니며, 신은 깨끗함의 소유가 아니다'라고 한다. 나는 '깨끗함은 곧 신이 아니다'라고 헤아리고서는 곧 깨끗함을 안다.

한량없는 허공의 처소, 한량없는 앎의 처소, 있는 바 없는 처소, 생각 있음도 아니고 생각 없음도 아닌 처소, 하나와 다름, 얼마 정도의 보고 듣고 앎이라고 아는 것에서, 뜻의 생각하는 것과 지어가는 것을 살펴, 이 세상에서 저 세상으로 가고 저 세상에서 이 세상으로 온다.

나는 온갖 것에 대해서 온갖 것이라는 생각이 있어, '온갖 것은 곧 신이 아니요 온갖 것은 신의 소유가 아니며, 신은 온갖 것이 아니다'라고 한다. 나는 '온갖 것은 곧 신이 아니다'라고 헤아리고서는 곧 온갖 것을 안다."

붇다께서 이와 같이 말씀하시자, 여러 비구들은 붇다의 말씀을 듣고 기뻐하며 받들어 행하였다.

• 중아함 106 상경(想經)

• 해설 •

세간의 온갖 것이 하나인 절대신성의 굴러 변함이라면, 온갖 것 위에 절대신성이 있는 것이 아니라 온갖 사물이 곧 신이 되고 신이 온갖 것이 될 것이다. 그러면 저 세간의 온갖 존재는 하나인 신의 소유가 될 것이고, 하나인 절대신은 다시 만물의 소유가 될 것이다. 비유하면 바닷물의 물결이 바닷물의 소유가 되고 물이 바닷물결의 소유가 되는 것과 같다.

이와 같이 알면 본래 스스로 있는 '하나인 자'로 만물을 설명하는 것이므로 그는 지금 생성되고 있는 만물의 진실을 알지 못한다.

절대신성을 부정하는 어떤 사문이 땅과 물·불·바람·하늘 등 세간의 만물이 신이 만든 것이 아님을 말하며 만물이 신의 소유가 아니고 신이 만물의 소유가 아님을 말하면 여래 또한 그렇게 말한다.

비록 어떤 사문이 신의 존재를 부정해서 만물이 신의 소유가 아닌 줄 알지만 만물을 만물이게 하는 원자적 실체가 있다고 말하면, 여래는 그것을 부정하여 만물에는 그것을 내는 원인과 조건이 있지만 원인과 조건 또한 공하다고 말한다.

여래는 하늘을 하늘 아닌 하늘로 알고 사람을 사람 아닌 사람으로 알며 온갖 것을 온갖 것 아닌 온갖 것으로 아시는 분이니, 여래가 참으로 '세간을 아시는 분'[世間解, Loka-vid]이며 이 세상에서 저 세상으로 가되 감이 없는 줄 알아, 파리니르바나의 저 언덕으로 잘 가신 분[善逝, Sugata]이다.

취함 없고 번뇌 마쳐 다함을 이룬 자가
참된 사문·브라마나이니

이와 같이 들었다.

한때 붇다께서는 슈라바스티 국 제타 숲 '외로운 이 돕는 장자의 동산'에 계셨다.

그때에 많은 비구들은 슈라바스티 성으로 들어가다가 이렇게 생각하였다.

'우리가 밥을 빌기에는 날이 아직 이르다. 우리는 저 바깥길 배움 다른 이들의 마을에 가서 같이 서로 논의하는 것이 좋겠다.'

그때 많은 비구들은 곧 바깥길 수행자들의 마을에 가서 서로 문안하고 한쪽에 앉았다.

한쪽에 앉아 있으니 그때에 배움 다른 이들이 비구들에게 물었다.

"사문 고타마는 제자들을 위해 이 법을 말한다 하오.

'너희 비구들은 모두 이 법을 배워 깨달아 알라. 깨달아 알고는 받들어 행하라.'

우리도 제자들에게 이 법을 말하오.

'너희들은 다 이 법을 배워 깨달아 알라. 깨달아 알고는 받들어 행하라.'

그렇다면 사문 고타마와 우리들과는 무엇이 다르며 그 어떤 더하고 덜함이 있소. 곧 그가 법을 말한다고 한다면 나 또한 법을 말하며, 그가 가르쳐 깨우치면 나 또한 가르쳐 깨우치오."

**탐욕 있는 마음으로 세운 삶의 마쳐 다함[究竟]은
진실이 아니며 세존의 법이 아님을 보이심**

그때 여러 비구들은 이 말을 듣고 옳다고도 말하지 않고 그르다고도 말하지 않고 곧 자리에서 일어나 떠났다.

그때 비구들은 스스로 서로 말하였다.

"우리들은 이 뜻을 세존께 가서 여쭈어보아야 한다."

그들은 슈라바스티 성에 들어가 밥을 빌고서, 밥을 다 먹고는 가사와 발우를 두고 니시다나를 오른 어깨에 걸치고 세존께 나아가 머리를 대 발에 절하고 한쪽에 앉아 이 인연을 갖추어 세존께 말씀드렸다.

그때에 세존께서는 여러 비구들에게 말씀하셨다.

"만약 그 바깥길의 수행자들이 이렇게 묻거든 너희들은 이런 말로 그들에게 대답해야 한다.

'하나인 마침이오, 여럿의 마침이오.'

그 브라마나들로서 평등하게 말할 수 있는 이라면 이렇게 말할 것이다.

'이것은 하나의 마침이고 여럿의 마침이 아니오.'

저 마침이란 탐욕 있는 마침인가, 탐욕 없는 마침인가. 저 마침이라 하는 것은 탐욕 없는 마침을 말한다.

어떤가. 저 마침이란 성냄 있는 마침인가, 성냄 있는 마침이 아닌가. 저 마침이란 성냄 없는 마침을 말한다.

어떤가. 저 마침이란 어리석음 있는 마침인가, 어리석음이 없는 마침인가. 저 마침이란 어리석음 없는 마침을 말한다.

어떤가. 저 마침이란 애욕이 있는 마침인가, 애욕 없는 마침인가.

저 마침이란 애욕 없는 마침을 말한다.

어떤가. 저 마침이란 느낌 있는 마침인가, 느낌 없는 마침인가. 저 마침이란 느낌 없는 마침을 말한다.

어떤가. 저 마침이란 지혜로운 이의 마침인가, 지혜롭지 않은 이의 마침인가. 저 마침이란 지혜로운 이의 마침이다.

어떤가. 저 마침이란 성내는 이의 마침인가, 성내지 않는 이의 마침인가. 저 마침이란 성내지 않는 이의 마침이다.

비구들이여, 이런 두 가지 견해가 있다. 어떤 것이 두 가지인가. 곧 '있다'[有]는 견해와 '없다'[無]는 견해다.

여러 사문·브라마나들로서 이 두 가지 견해의 바탕과 끝[本末]을 알지 못하면, 그는 곧 탐욕의 마음이 있고, 성내는 마음이 있으며, 어리석은 마음이 있고, 애착의 마음·느낌의 마음이 있게 되니, 그는 곧 '바로 아는 것이 없는 사람'[無知人]이다.

그에게 성내는 마음이 있어 법다운 행과 서로 맞지 않으면, 그는 남·늙음·병·죽음과 근심과 번민을 벗어나지 못하고 쓰라린 아픔이 만 갈래로, 괴로움을 벗어나지 못할 것이다.

여러 사문이나 브라마나로서 이것을 진실 그대로 알면 그는 곧 어리석고 성내는 마음이 없고 늘 법다운 행과 서로 맞아, 남·늙음·병·죽음을 벗어날 수 있을 것이다.

지금 괴로움의 바탕을 말했다. 이와 같이 비구들이여, 이 묘한 법이 있으니 이것을 '평등한 법'이라 한다. 여러 평등한 법을 행하지 않는 이는 곧 '다섯 가지 그른 견해'[五見]에 떨어질 것이다."

배움 다른 사문·브라마나가 네 가지 취함에 대해
잘 분별하지 못함을 보이심

"지금 나는 네 가지 취함[四取]을 말하겠다.

어떤 것이 네 가지 취함인가. 곧 탐욕의 취함·견해의 취함·계율의 취함· '나'라는 취함이니, 이것을 네 가지 취함이라 한다.

만약 사문이나 브라마나가 있어서 '탐욕의 취함'이란 이름을 안다 하자. 그러나 그는 비록 탐욕의 취함이란 이름은 알지만 그것만으로는 그 행이 법에 맞는 것이 아니다.

그것은 그가 여러 취함의 이름[諸受之名]을 분별하여서, 먼저 탐욕의 취함이란 그 이름을 분별하지만 견해의 취함·계의 취함· '나'라는 취함의 이름을 분별하지 못하기 때문이다.

왜냐하면 그 사문이나 브라마나는 다른 세 가지 취함의 이름을 분별할 수 없기 때문이다.

그러므로 어떤 사문이나 브라마나는 이 여러 모든 취함을 다 분별하지만, 그는 다만 탐욕의 취함과 견해의 취함만을 분별하고 계율의 취함과 '나'라는 취함은 분별하지 못한다.

왜냐하면 그 사문이나 브라마나는 다른 두 가지 취함은 분별할 수 없기 때문이다.

또 어떤 사문이나 브라마나는 여러 취함을 분별하지만 다시 갖추지 못하는 것이 있다. 그는 다만 탐욕의 취함·견해의 취함·계율의 취함만 분별하고 '나'라는 취함은 분별하지 못한다.

왜냐하면 그 사문이나 브라마나는 '나'라는 취함은 분별하지 못하기 때문이다.

그러므로 또 어떤 사문이나 브라마나는 이 여러 취함을 다 분별하지만 다시 갖추지 못함이 있다."

네 가지 취함이 애욕으로 말미암음을 보이시고
파리니르바나를 보이심

"이것을 네 가지 취함이라 하는데 어떤 뜻이 있고 또 어떻게 분별해야 하는가. 곧 네 가지 취함이라 하는 것은 애욕으로 말미암아 생기는 것이다.

이와 같이 비구들이여, 분별해야 하는 이 묘한 법이 있는 것이다.

만약 이 모든 취함을 행하지 못하면 이는 평등이라고 할 수 없다. 왜냐하면 모든 법의 뜻은 깨닫기 어렵고 알기 어렵기 때문이다. 이와 같이 '그른 법의 뜻'이란 삼약삼붇다의 말씀이 아니다.

비구들이여, 알아야 한다. 여래는 모든 취함을 다 분별하시니, 온갖 취함을 분별하여 바른 법에 서로 응하기 때문이다.

곧 탐욕의 취함·견해의 취함·계율의 취함·'나'라는 취함을 다 분별할 수 있음이다. 그러므로 여래는 모든 취함을 분별하고 법과 서로 응하여[與法相應] 서로 어긋남이 없다[無有相違].

이 네 가지 취함은 무엇으로 말미암아 생기는가. 이 네 가지 취함은 애욕으로 말미암아 생기고, 애욕으로 말미암아 자라나[由愛而長] 이 네 취함을 이루는 것이다.

그가 곧 모든 취함을 일으키지 않을 수 있으면, 모든 취함을 일으키지 않으므로 곧 두려워하지 않을 것이요, 두려워하지 않으므로 곧 파리니르바나에 들어 '나고 죽음은 이미 다하고 범행은 이미 서고, 지을 바를 이미 지어 다시는 뒤의 있음 받지 않음'을 진실 그대로 알 것이다.

이와 같이 비구들이여, 이 묘한 법[妙法]이 있어서 진실 그대로 알면 모든 법과 법다운 행의 바탕을 갖출 것이다.

왜냐하면 이 법은 지극히 묘하기 때문이니, 모든 붇다가 말씀하신 것으로 모든 행에 빠뜨림과 샘이 없는 것이다.

여기에 대해서는 이렇게 말할 수 있으니, 비구들에게는 법을 알아듣는 첫째 사문·둘째 사문·셋째 사문·넷째 사문이 있어, 그 어떤 사문도 이 위로 벗어나는 자가 없고 이보다 빼어난 자가 없다."

이와 같이 사자의 외침[獅子之吼]을 지으시니, 여러 비구들은 붇다의 말씀을 듣고 기뻐하며 받들어 행하였다.

• 증일아함 27 등취사제품(等聚四諦品) 二

• 해설 •

여러 사문·브라마나들과 여래의 가르침에서 마쳐 다함은 어떻게 다른가. 온갖 존재가 '하나인 자'에게서 나왔다고 말하는 브라마나들은 삶의 마쳐 다함을 그 하나인 절대신성에서 찾을 것이다.

그에 비해 만유를 근거 짓는 원자적 요소를 말하는 이들은 삶의 마쳐 다함을 그 원자적 요소에서 찾고 그 가운데 영적 실체성에서 그 마쳐 다함을 찾을 것이다.

여래의 위없는 깨달음에서 그들의 마쳐 다함은 아직 마쳐 다함이 아니다. 돌아갈 하나인 자와 돌아갈 영적 실체가 있기 때문에 참된 마쳐 다함이 아니다. 여래의 마쳐 다함은 한 법도 얻을 것이 없고, 얻을 것 없음 또한 얻을 것 없는 데서 마쳐 다한다.

여래의 연기법에서는 온갖 존재의 있음이 있음 아님을 체달하므로 있음에서 있음을 벗어나고, 있음이 곧 있음 아님이므로 없음에서도 취할 없음이 없어, 없음에서 없음을 벗어난다.

그러므로 여래의 연기법에서 마쳐 다함은 '있다'는 견해와 '없다'는 견해를 떠나 있음에서 있음을 다하고 없음에서 없음을 다하는 것이 마쳐 다함이다.

있음을 취하므로 실로 있는 모습을 말하고 관념에 물들며, 없음을 취하므로 허무에 빠지는 것이지만, 있음에서 있음을 다하고 없음에서 없음을 떠나면 끝내 취하는 마음이 없다.

취하는 마음이 없으므로 탐욕의 취함·견해의 취함·계율의 취함·'나'라는 취함을 모두 떠나니, 이것이 여래의 집착 없는 평등한 법이다.

여래의 마쳐 다함은 이처럼 일원적이든 다원적이든 어떤 실체적 원인에 돌아가는 마쳐 다함이 아니라 모두 취함과 견해를 뛰어넘은 마쳐 다함이다. 여래의 마쳐 다함은 있음을 마쳐 다하므로 태어남을 다하고 뒤의 존재를 다하며 모습의 걸림을 다하지만, 여래의 마쳐 다함은 다시 마쳐 다해 없음마저 마쳐 다하므로 범행을 세우고 지을 바를 지음 없이 짓는 마쳐 다함이다.

그러므로 취할 모습과 견해가 있고 이르러 가야 할 곳이 있는 바깥길의 마쳐 다함과 여래의 지음 없고 이르러 가는 곳이 없는 마쳐 다함을 어떻게 견줄 수 있겠는가.

하나와 여럿, 있음과 없음에 취함과 분별이 있는 언어법이 다해야 참으로 마쳐 다함이 됨을 『화엄경』(「수미정상게찬품」)은 이렇게 말한다.

언어로 모든 법을 말한다 해도
모습 없는 실상을 드러낼 수 없다.
집착 떠나 평등해야 볼 수 있으니
법과 같이 붇다 또한 그러하네.

言語說諸法　不能顯實相
平等乃能見　如法佛亦然

과거세와 미래세와 현재세의
참모습을 바르게 깨달아서

분별의 뿌리 길이 끊으므로
그를 붇다라 이름하도다.

正覺過去世　未來及現在
永斷分別根　是故說名佛

야마궁중게찬품 또한 이렇게 가르친다.

모든 법은 차별 없으니
알 수 있는 이가 없네.
오직 붇다와 붇다라야
깨달아 알 수 있으니
지혜가 마쳐 다했기 때문이네.

諸法無差別　無有能知者
唯佛與佛知　智慧究竟故

신과 세간이 있다는 견해 없애고
니르바나에 나아가야 뉘우치지 않으리니

내가 들었다, 이와 같이.

한때 붇다께서는 카우삼비 국에 노니시면서 고실라라마 동산에 계셨다. 이에 존자 춘다(Cunda)는 해질녘 좌선에서 일어나, 붇다 계신 곳에 나아가 붇다의 발에 머리를 대 절하고 한쪽에 물러나 앉아 여쭈었다.

"세존이시여, 세간 가운데는 여러 견해가 나고 또 납니다.

곧 '신(神)이 있다'고 헤아리고 '중생(衆生, sattva)이 있다, 사람[人, pudgala]이 있다, 목숨[壽, jīva]이 있다, 목숨의 틀[命, ajīva]이 있다, 세간(世間, loka)이 있다'고 헤아립니다.

세존이시여, 어떻게 알고 어떻게 보아야, 이런 견해를 없애 버리고 떠날 수가 있으며, 다른 견해를 있지 않게 하고 받지 않게 하겠습니까."

세간의 갖가지 견해를 들으시고 견해와 번뇌
차츰 없앰의 선정의 길을 보이심

그때에 세존께서는 말씀하셨다.

"춘다여, 세간 가운데는 여러 견해가 나고 또 난다.

곧 '신이 있다'고 헤아리고 '중생이 있다, 사람이 있다, 목숨이 있다, 목숨의 틀이 있다, 세간이 있다'고 헤아린다.

춘다여, 만약 모든 법을 없애 다해 남음이 없게 하여 이와 같이 알고 이와 같이 보면, 이 견해를 없애 버리고 떠나 다른 견해가 있지 않도록 할 것이다.

그러니 차츰 덜기를 배워야 한다.

춘다여, 성인의 법(abhidharma, 法)과 율(vinaya, 律) 가운데서 어떤 것이 차츰 더는 것인가.

비구라면 욕심을 떠나 악하여 착하지 않은 법을 떠나, 첫째 선정에서 넷째 선정[第四禪]까지 얻어 성취하여 노닌다.

그리하여 그는 이렇게 생각한다.

'나는 차츰 덜기를 행한다.'

춘다여, 성인의 법과 율 가운데는 다만 차츰 덜어내는 법만 있지 않다. 네 가지 더욱 위로 오르는 마음으로 현재의 법에서 즐겁게 머묾이 있다.

수행자는 여기 이 마음에서 일어나 다시 이 마음으로 들어온다.

그는 이렇게 생각한다.

'나는 차츰 덜기를 행한다.'

춘다여, 성인의 법과 율 가운데는 다만 이 차츰 덜어내는 법만 있지 않다.

비구는 온갖 물질의 생각을 건너 생각 있음도 아니고 생각 없음도 아닌 곳을 얻어 성취하여 노닌다.

그는 이렇게 생각한다.

'나는 차츰 덜기를 행한다.'"

물질을 떠나고 온갖 성냄·다툼·악행을
차츰 떠나는 법을 말씀하심

"춘다여, 성인의 법과 율 가운데는 다만 이 차츰 덜어내는 법만 있지 않다. 네 가지 쉬는 해탈이 있어 물질을 떠나고 물질 없음을 얻어, 수행자는 여기에서 일어나 남을 위하여 법 설해야 한다.

그는 이렇게 생각한다.

'나는 차츰 덜기를 행한다.'

춘다여, 성인의 법과 율 가운데는 다만 이 차츰 덜어내는 법만 있지 않다.

춘다여, 남들에게는 나쁜 욕심과 생각하는 욕심이 있지만, 나는 나쁜 욕심과 생각하는 욕심이 없으니, 차츰 덜기를 배워야 한다.

춘다여, 남들에게는 해칠 뜻과 성냄이 있지만, 나는 해칠 뜻과 성냄이 없으니, 차츰 덜기를 배워야 한다.

춘다여, 남들에게는 산목숨 죽임과 주지 않는 것을 가짐과 범행이 아닌 것이 있지만, 나는 산목숨 죽임과 주지 않는 것을 가짐과 범행이 아닌 것이 없으니, 차츰 덜기를 배워야 한다.

춘다여, 남들에게는 탐욕과 다툼·졸음·얽매임·조롱·뽐냄이 있고 또 의혹이 있지만, 나는 의혹이 없으니, 차츰 덜기를 배워야 한다.

춘다여, 남들에게는 성냄의 맺음과 아첨·속임·부끄러워하지 않음이 있지만, 나는 부끄러워함이 있으니, 차츰 덜기를 배워야 한다.

춘다여, 남들에게는 거만이 있지만, 나는 거만이 없으니, 차츰 덜기를 배워야 한다.

춘다여, 남들에게는 거만 늘림이 있지만, 나는 거만 늘림이 없으니, 차츰 덜기를 배워야 한다.

춘다여, 남들은 법이 아닌 악행을 행하지만, 나는 옳은 법인 묘한 행을 행하니, 차츰 덜기를 배워야 한다.

춘다여, 남들에게는 거짓말과 두말·거친 말·꾸밈말의 나쁜 계가 있지만, 나는 나쁜 계가 없으니, 차츰 덜기를 배워야 한다.

춘다여, 남들에게는 믿지 않음·게으름·생각 없음·선정 없음이 있고 악한 지혜가 있지만, 나는 악한 지혜가 없으니, 차츰 덜기를 배워야 한다.

춘다여, 만약 다만 마음을 내어 모든 착한 법을 생각하고, 모든 착한 법을 배우기를 구하기만 하더라도 곧 요익되는 바가 많은데, 하물며 다시 몸과 입으로 착한 법을 행함이겠는가."

다시 바른 마음 냄을 보이심

"춘다여, 남들에게는 나쁜 욕심과 생각하는 욕심이 있지만, 나는 나쁜 욕심과 생각하는 욕심이 없도록 마음을 내어야 한다.

춘다여, 남들에게는 해칠 뜻과 성냄이 있지만, 나는 해칠 뜻과 성냄이 없도록 마음을 내어야 한다.

춘다여, 남들에게는 산목숨 죽이고 주지 않는 것을 가지며 범행이 아닌 것이 있지만, 나는 범행이 아닌 것이 없도록 마음을 내어야 한다.

춘다여, 남들에게는 탐욕과 다툼·졸음·들뜸과 뽐냄이 있으며 또 의혹이 있지만, 나는 의혹이 없도록 마음을 내어야 한다.

춘다여, 남들에게는 성냄의 맺음과 아첨·속임·부끄러워하지 않음이 있지만, 나는 부끄러워함이 있도록 마음을 내어야 한다.

춘다여, 남들에게는 거만이 있지만 나는 거만이 없도록 마음을 내어야 한다.

춘다여, 남들에게는 거만 늘림이 있지만 나는 거만 늘림이 없도록 마음을 내어야 한다.

춘다여, 남들에게는 많이 들음이 없지만 나는 많이 들음이 있도록 마음을 내어야 한다.

춘다여, 남들은 모든 착한 법을 살피지 못하지만, 나는 모든 착한 법을 살피도록 마음을 내어야 한다.

춘다여, 남들은 법이 아닌 것과 악한 행을 행하지만, 나는 옳은 법과 묘한 행을 행하도록 마음을 내어야 한다.

춘다여, 남들에게는 거짓말과 두말·거친 말·꾸밈말의 나쁜 계가 있지만, 나는 나쁜 계가 없도록 마음을 내어야 한다.

춘다여, 남들에게는 믿지 않음·게으름·생각 없음·선정 없음이 있으며 나쁜 지혜가 있지만, 나는 나쁜 지혜가 없도록 마음을 내어야 한다."

그른 법을 마주해 다스리는 바른 법이 있음을 보이심

"춘다여, 마치 악한 도는 바른 도와 마주하고, 마치 악한 건넘과 바른 건넘이 마주하듯, 이와 같이 춘다여, 나쁜 욕심은 나쁜 욕심 아닌 것과 마주하고, 해칠 뜻과 성냄은 해칠 뜻과 성냄 아닌 것과 마주하며, 산목숨 죽임과 주지 않는 것 가짐과 범행 아닌 것은 범행과 마주한다.

탐욕과 다툼·졸음·들뜸과 뽐냄과 의혹은 의혹 아닌 것과 마주하며, 원한과 아첨·속임과 부끄러워함이 없는 것은 부끄러워함과 마주하고, 거만은 거만이 아닌 것과 마주하며, 거만 늘림은 거만 늘림 아닌 것과 마주하고, 많이 듣지 않음은 많이 들음과 마주한다.

모든 착한 법을 살피지 않는 것은 모든 착한 법을 살피는 것과 마주하며, 그른 법과 악한 행을 행하는 것은 옳은 법과 묘한 행을 행하는 것과 마주한다.

거짓말과 두말·거친 말·꾸밈말의 나쁜 계는 좋은 계와 마주하고, 믿지 않음·게으름·생각 없음·선정 없음이 있는 나쁜 지혜는 좋은 지혜와 마주한다.

춘다여, 어떤 법이 검으면 검은 갚음이 있어 나쁜 곳으로 나아가고, 어떤 법이 희면 흰 갚음이 있어 위로 오르게 된다.

이와 같이 춘다여, 나쁜 욕심은 나쁜 욕심이 아닌 것으로써 위로 오르게 되고, 해치는 뜻과 성냄은 해치는 뜻 아님과 성냄이 아닌 것으로써 위로 오르게 된다.

산목숨 죽이고 주지 않는 것을 가짐·범행이 아닌 것은 범행으로써 위로 오르게 되고, 탐욕과 다툼·졸음·들뜸과 뽐냄과 의혹은 의혹이 아닌 것으로써 위로 오르게 된다.

원한과 아첨·속임과 부끄러워함이 없는 것은 부끄러워함으로써 위로 오르게 되고, 거만은 거만이 아닌 것으로써 위로 오르게 되며, 거만 늘림은 거만 늘림 아닌 것으로써 위로 오르게 되며, 많이 듣지 않는 것은 많이 들음으로써 위로 오르게 된다.

모든 착한 법을 살피지 않는 것은 모든 착한 법을 살피는 것으로써 위로 오르게 되고, 그른 법과 악한 행을 행하는 것은 옳은 법과 묘한 행으로써 위로 오르게 된다.

거짓말과 두말·거친 말·꾸밈말의 나쁜 계는 좋은 계로써 위로 오르게 되고, 믿지 않음·게으름·생각 없음·선정 없음이 있는 나쁜 지혜는 좋은 지혜로써 위로 오르게 된다."

여래의 가르침이 나와 남을 함께
파리니르바나에 들게 하는 법임을 보이심

"춘다여, 만약 스스로를 잘 다루지 않고, 다루어지지 않은 남을 다루려고 한다면 끝내 그럴 수가 없다. 스스로 빠져 있으면서 남의 빠져 있는 것을 건져내려 한다면 끝내 그럴 수가 없다.

스스로 파리니르바나에 들지 않고 남의 파리니르바나에 들지 못한 것을 파리니르바나에 들게 하려고 한다면 끝내 그럴 수 없다.

춘다여, 만약 스스로를 다루고 남의 다루어지지 않는 것을 다루려한다면 반드시 그럴 수 있고, 스스로 빠지지 않고 남이 빠져 있는 것을 건져내려 한다면 반드시 그럴 수 있다.

스스로 파리니르바나에 들고 남의 파리니르바나에 들지 못한 것을 파리니르바나에 들게 하려고 한다면 반드시 그럴 수가 있다.

이와 같이 춘다여, 나쁜 욕심은 나쁜 욕심이 아닌 것으로써 파리니르바나에 들게 되고, 해칠 뜻과 성냄은 해칠 뜻과 성냄이 아닌 것으로써 파리니르바나에 들게 되며, 산목숨 죽이고 주지 않는 것을 가짐과 범행이 아닌 것은 범행으로써 파리니르바나에 들게 된다.

성냄의 맺음·분노와 다툼·졸음·들뜸과 뽐냄과 의혹은 의혹이 아닌 것으로써 파리니르바나에 들게 되며, 성냄의 맺음·아첨·속임과 부끄러워함이 없는 것은 부끄러워함으로써 파리니르바나에 들게 된다.

거만은 거만이 아닌 것으로써 파리니르바나에 들게 되며, 거만 늘림은 거만 늘림이 아닌 것으로써 파리니르바나에 들게 되고, 많이 듣지 않는 것은 많이 들음으로써 파리니르바나에 들게 된다.

모든 착한 법을 살피지 못한 것은 모든 착한 법을 살피는 것으로써 파리니르바나에 들게 되고, 그른 법과 악한 행을 하는 것은 옳은 법과 묘한 행을 행하는 것으로써 파리니르바나에 들게 된다.

거짓말과 두말·거친 말·꾸밈말의 나쁜 계는 좋은 계로써 파리니르바나에 들게 되고, 믿지 않음·게으름·생각 없음·선정 없음이 있는 나쁜 지혜는 좋은 지혜로써 파리니르바나에 들게 된다."

마지막 당부를 보이심

"이것은 춘다를 위한 것이니, 나는 이미 너를 위하여 차츰 더는 법을 말하였고, 마음 내는 법을 이미 말하였으며, 마주하는 법을 이미 말하였고, 위로 오르는 법을 이미 말하였으며, 파리니르바나에 드는 법을 이미 말하였다.

높은 스승은 제자를 위해 큰 사랑과 슬픔을 일으키고 가엾이 여김·불쌍히 여김을 일으켜, 올바름과 요익됨을 구하고 안온과 즐거움 구한다. 그처럼 나는 지금 이미 그 모든 것을 다 지었다.

너희들 또한 반드시 스스로 지어, 일 없는 곳인 산숲·나무 밑·비어 고요한 곳에 이르러 좌선하고 사유하여 방일하지 말고, 부지런히 정진을 더하여 뒤에 뉘우치지 않도록 해야 한다.

이것은 내가 가르쳐 당부함이요, 나의 깨우쳐 보임이다."

붇다께서 이렇게 말씀하시니, 존자 춘다와 여러 비구들은 붇다의 말씀을 듣고 기뻐하며 받들어 행하였다.

• 중아함 91 주나문견경(周那問見經)

　오직 하나인 신의 자기운동이 있고 세간법은 따로 없다고 말하는 이들은 절대신성을 믿는 초월주의자들의 이야기일 것이고, 신은 없고 세간법이 있다고 말하는 이들은 신의 존재를 부정했던 다원적 요소주의자들의 견해일 것이다.

　그들은 모두 만유의 다양성에 다양성을 부여하는 보편자로서 절대적인 존재가 있다고 하거나, 세간의 존재 가운데 그 존재만의 자기실체[我, ātman]가 있다고 하거나, 존재를 내는 요소[dharma]가 있다고 하거나, 사람이라는 실체[pudgala], 목숨 있는 영적 실체[jīva]나 그것을 담는 목숨의 큰 틀[命, ajīva]이 있다고 말한다.

　그러나 붇다는 온갖 존재가 인연으로 나는 것이므로 존재 자체가 공함[我空]을 밝히고, 존재를 존재이게 하는 여러 요인들마저 공하고[法空] 그 공함마저 취할 공함이 없음[空亦空]을 보여 온갖 견해를 벗어나고 모습을 벗어나 파리니르바나에 드는 길을 가르친다.

　세간의 온갖 악한 행은 연기한 것이므로 착한 행으로 다스릴 수 있고, 온갖 믿음 없음·게으름·어지러움도 믿음과 정진·선정으로 다스릴 수 있다.

　그러나 병 때문에 약을 처방해 쓰는 것이니, 다스릴 법을 위해 세운 다스리는 법에도 끝내 취하는 모습이 없어야 스스로 파리니르바나에 들어 아직 파리니르바나에 들지 못한 이들을 파리니르바나에 건네줄 수 있다.

　여래의 길은 여래만이 가는 길이 아니라 뭇 삶들의 삶의 진실을 열어주는 길이므로 뭇 삶들이 함께 가야 하는 길이다.

　크신 스승이 제자를 위하는 것처럼 제자 또한 방일함이 없이 정진하여 파리니르바타를 증득해야 할 것이다.

　그리하여 크신 스승이 우리 중생을 위하시는 것처럼, 우리 또한 이 세간을 위해 큰 자비를 일으켜 올바름과 요익됨을 구해 세간을 안온케 하고 세간을 안락하게 해야 할 것이다.

2) 수정주의와 고행주의

세속의 선정 속에 노닌다 해도 해탈하지 못하리

이와 같이 들었다.

한때 붇다께서는 쿠루(Kuru) 국의 '법이 잘 행해지는 성'[法行城] 가운데서 큰 비구대중 오백 사람과 함께 계셨다.

그때에 코끼리 사리푸트라[象舍利佛]는 법복을 버리고 흰옷의 행 [白衣行]을 익히고 있었다.

한때에 아난다는 가사를 입고 발우를 가지고 성에 들어가 밥을 빌다가 차츰 코끼리 사리푸트라 집에 이르렀다. 때에 코끼리 사리푸트라는 두 여자 어깨 위에 기대어 있었다. 아난다는 멀리서 그것을 보고 걱정하여 기뻐하지 않는 생각을 품었다.

코끼리 사리푸트라는 아난다를 보고 아주 부끄러운 마음을 품어 홀로 있는 자리에 앉았다.

욕락에 빠진 코끼리 사리푸트라의 행을 세존께 말씀드림

이때 아난다는 밥 빌기를 두루 마치고 성을 나와 세존 계신 곳에 이르러 머리를 대 발에 절하고 한쪽에 앉았다.

아난다가 붇다께 말씀드렸다.

"아까 성에 들어가 밥을 빌면서 차츰 코끼리 사리푸트라 집에까지 이르렀다가, 그가 두 여자 어깨를 붙들고 있는 것을 보았습니다.

그것을 볼 때 아주 걱정스러웠습니다."

세존께서는 말씀하셨다.

"너는 그것을 보고 어떤 뜻을 내었느냐."

아난다는 말씀드렸다.

"저는 생각했습니다.

'코끼리 사리푸트라는 정진하여 많이 듣고 성품과 행실이 부드럽게 어울려서, 오래 범행인들에게 법을 설해도 싫증냄이 없었다. 그런데 어째서 지금 법복을 버리고 흰옷의 행을 익히는가.'

저는 그것을 보고 매우 걱정하였습니다. 그리고 그간 코끼리 사리푸트라는 크게 신묘한 힘과 위엄스런 덕이 한량없었습니다.

제가 스스로 이렇게 생각했습니다.

'일찍 그가 인드라하늘왕과 같이 논의하는 것을 보았는데, 어째서 지금은 애욕을 익히어 악을 행하는가.' "

세존께서는 말씀하셨다.

"그렇다, 아난다여. 네 말과 같아서, 그는 아라한이 아닐 뿐이다. 대개 아라한이란 끝내 법복을 버리고 흰옷의 행을 익히지 않는다. 다만 지금 아난다여, 걱정해 슬퍼할 일 없다.

코끼리 사리푸트라는 지금부터 이레 뒤에는 여기 와서 샘이 있음[有漏]을 다하고 샘이 없는 행[無漏行]을 이룰 것이다. 그런데 코끼리 사리푸트라는 오랜 업행에 끌려 이렇게 되었을 뿐이다. 지금은 행이 갖추어 채워졌으니 샘이 있음을 다하게 될 것이다."

코끼리 사리푸트라가 돌아와 아라한을 이루자 브라마나가 비방함

때에 코끼리 사리푸트라는 이레 뒤에 세존 계신 곳에 이르러 머리를 대 발에 절하고 한쪽에 앉았다.

잠깐 뒤에 다시 물러 앉아 세존께 말씀드렸다.

"오직 그럴 뿐입니다. 세존이시여, 끝줄에 앉아 사문의 행을 닦도록 들어주십시오."

그때에 코끼리 사리푸트라 비구는 곧 사문이 되어 그 자리에서 이내 아라한을 얻었다. 때에 코끼리 사리푸트라는 가사를 입고 발우를 가지고 성에 들어가 밥을 빌었다.

어떤 브라마나는 코끼리 사리푸트라를 보고 이렇게 생각하였다.

'이 사카족의 제자들은 있지 않은 곳이 없고 두루하지 않은 곳이 없구나. 그리고 우리들이 행하는 주술을 막아 끊으려 한다. 나는 지금 이 성안의 사람들에게 저 사문의 허물을 말하겠다.'

그리하여 그 브라마나는 성안 사람들에게 말하였다.

"너희들 여러 사람들은 코끼리 사리푸트라를 보았는가. 그는 옛날 '아라한이다'라고 스스로 일컫다가 그 가운데 법복을 버리고 흰옷의 행을 익히어 다섯 가지 욕락을 즐기더니, 이제 다시 사문이 되어 집집에서 밥을 빌며 거짓으로 맑고 깨끗함을 보이지만, 여인들만 보면 욕정의 생각을 일으킨다.

그래서 동산 가운데 돌아가서도 여인의 모습만을 사유해 마음에서 떠나보내지 못한다. 마치 약한 나귀가 짐을 질 수 없어 조용히 누워 있는 것처럼, 저 사카족의 제자도 다시 이와 같아서 거짓으로 밥 비는 것을 보이지만, 여인의 모습만 보면 이리저리 사유하여 헤아린다."

때에 코끼리 사리푸트라는 이 브라마나의 못된 소리하는 울림에 이런 생각을 냈다.

'이 사람은 매우 어둡고 어리석어 질투하는 마음을 일으킨다. 그리고 남이 이로운 공양[利養] 얻음을 보면 아까워 미워하는 마음을 내지만, 만약 자기가 이로운 공양을 얻으면 곧 기쁜 마음을 품어 흰옷의 집주인에게 가서 비방을 행한다. 나는 지금 눌러 악을 짓지 않도록 해 이 사람이 한량없는 죄를 받지 않도록 해야겠다.'

그때에 코끼리 사리푸트라는 허공 가운데 날아올라 브라마나에게 말하였다.

눈도 없고 교묘한 방편도 없이
나쁜 뜻을 내 범행을 헐뜯도다.
스스로 이익 없는 일을 지으면
오래도록 지옥의 고통 받으리.

코끼리 사리푸트라는 이 게송을 마치고 곧 물러나 있던 곳으로 돌아갔다.

그때에 성안 사람들은 그 브라마나의 헐뜯는 말을 듣고 또 코끼리 사리푸트라의 게송을 듣고는 각기 이런 생각을 냈다.

'만약 브라마나의 말과 같다면 뒤에 신통 나타내는 데까지는 미칠 수 없었을 것이다. 그러나 우리는 그가 법복을 버리고 흰옷의 행 익히는 것을 보았다.'

세속 선정의 길과 다른 아라한의 선정과 신통을 말함

때에 많은 사람들은 서로 이끌고 코끼리 사리푸트라가 있는 곳으로 가서 머리를 대 발에 절하고 한쪽에 앉아 물었다.

"아라한인데도 법복을 버리고 흰옷의 행을 익힐 수 있습니까."

코끼리 사리푸트라는 대답하였다.

"아라한에게는 법복을 버리고 흰옷의 행을 익히는 일은 없소."

뭇 사람들이 코끼리 사리푸트라에게 말했다.

"그러면 아라한은 본래 지은 인연으로 말미암아 계율을 범합니까."

코끼리 사리푸트라가 대답하였다.

"아라한을 이루었으면 끝내 계율을 범하지 않소."

여러 사람들은 다시 말씀드렸다.

"배우는 지위에 있는 사람은 본래 지은 인연으로 말미암아 계율을 범합니까."

코끼리 사리푸트라는 대답하였다.

"배우는 지위에 있는 사람이면 본래 지은 인연으로 말미암아 계율을 범할 수 있소."

여러 사람들은 다시 말했다.

"존자는 먼저 아라한이었는데, 다시 법복을 버리고 흰옷의 행을 익히며, 다섯 가지 욕락을 스스로 즐기다가 지금 다시 집을 나와 도를 배웁니까. 본래 신통이 지금 왜 그럴 수 있습니까."

그때에 코끼리 사리푸트라는 곧 이 게송을 말하였다.

세속의 선정에 노닌다 해도
마침에 이르러 해탈하지 못하고
사라져 자취 다함 얻지 못하면
다섯 가지 욕락 다시 익히게 된다.

섶이 없으면 불이 타지 않게 되고
뿌리 없으면 가지 나지 않으며
돌 여인은 아이를 밸 수 없나니
아라한은 흐름을 받지 않는다.

그때 사람들은 코끼리 사리푸트라에게 물었다.

"존자는 먼저 아라한이 아니었습니까."

코끼리 사리푸트라는 대답하였다.

"나는 먼저는 아라한이 아니었소. 여러 거사들은 알아야 하오. 다섯 가지 신통과 여섯 가지 신통은 각각 차별이 있소. 나는 이제 열한 가지 신통을 말해주겠소.

대개 다섯 가지 신통을 가진 선인(仙人)은 욕계의 애착이 이미 다해, 위의 세계에 나더라도 다시 욕계에 와 떨어지오. 그러나 여섯 가지 신통을 가진 아라한인 여래의 제자는 흐름 다한 신통을 얻어 곧 남음 없는 니르바나 세계에서 파리니르바나에 드오."

그때 여러 사람들은 말했다.

"우리들이 코끼리 사리푸트라님의 말씀을 살펴보기로는, 세간에서 법복을 버리고 흰옷의 행을 익히는 아라한은 없습니다."

코끼리 사리푸트라는 대답하였다.

"그렇소. 그대들의 말과 같아서, 법복을 버리고 흰옷의 행을 익히는 아라한은 없는 것이오.

아라한으로서 익히지 않는 열한 가지 법이 있소. 어떤 것이 열한 가지냐 하면 다음과 같소.

흐름이 다한 아라한은 끝내 법복을 버리고 흰옷의 행을 익히지 않소.

흐름이 다한 아라한은 끝내 깨끗하지 않은 행을 익히지 않소.

흐름이 다한 아라한은 끝내 산목숨 죽이지 않소.

흐름이 다한 아라한은 끝내 도둑질하지 않소.

흐름이 다한 아라한은 끝내 먹는 데 나머지를 두지 않소.

흐름이 다한 아라한은 끝내 거짓말하지 않소.

흐름이 다한 아라한은 끝내 패거리 지어 서로 돕지 않소.

흐름이 다한 아라한은 끝내 나쁜 말을 뱉지 않소.

흐름이 다한 아라한은 끝내 여우 같은 의심이 없소.

흐름이 다한 아라한은 끝내 두려워하지 않소.

흐름이 다한 아라한은 끝내 다른 스승을 받아들이지 않으며 또 다시는 태를 받지 않소.

이것을 여러 어진 이들이여, '흐름이 다한 아라한은 끝내 열한 가지 자리에는 살지 않는다'고 하는 것이오."

이때 여러 사람들이 코끼리 사리푸트라에게 말했다.

"저희들이 존자의 말씀을 듣고 또 바깥길[外道] 배움 다른 이들을 살펴보니, 아무것도 없는 빈 병을 보는 것 같으며, 또 지금 안의 법[內法]을 살펴보니 그것은 꿀병이 달고 맛있지 않은 것이 없는 것처럼, 지금 여래의 바른 법도 다시 이와 같습니다.

지금 저 브라마나는 죄 받음이 한량없을 것입니다."

그때에 코끼리 사리푸트라는 허공에 날아올라 두 발을 맺고 앉아, 곧 다음 게송으로 말하였다.

저것과 이것의 요점 모르고
바깥길의 술법을 익히면서

저것과 이것 싸워 어지러움은

지혜로운 이 행하지 않는 것이네.

거사대중이 삼보에 귀의하자 세존께서
코끼리 사리푸트라를 찬탄하심

그때에 쿠루 국 사람들은 코끼리 사리푸트라에게 말했다.

"그 말씀하신 것이 너무 많아 참으로 따르기 어렵습니다.

마치 장님이 눈을 얻고 귀먹은 이가 듣는 것처럼, 지금 존자의 말씀도 또한 다시 이와 같아서 셀 수 없는 방편으로 법을 말씀하시어 저희들이 오늘 여래와 법과 비구상가에 귀의하게 하셨습니다.

존자께서는 저희들이 우파사카가 되는 것을 들어주시길 바랍니다. 저희는 몸과 목숨이 다하도록 다시는 산목숨 죽이지 않겠습니다."

그때에 코끼리 사리푸트라는 여러 사람들에게 미묘한 법을 말하여 기쁜 마음을 내게 하였다.

그들은 각각 자리에서 일어나 발에 절하고 떠났다.

그때 존자 아난다는 브라마나들이 코끼리 사리푸트라를 비방하였으나 그리하지 못하였다는 말을 듣고 이렇게 생각했다.

'코끼리 사리푸트라를 바로 쳐다볼 수도 없는데, 하물며 함께 논의하겠는가.'

그는 곧 세존 계신 곳에 나아가 이 인연을 갖추어 말씀드렸다.

그때에 세존께서는 아난다에게 말씀하셨다.

"대개 평등한 아라한을 논하려면 코끼리 사리푸트라가 바로 그 사람이라고 말해야 한다. 왜냐하면 지금 코끼리 사리푸트라는 이미 아라한을 이루어, 옛날부터 아라한이라 이름하여 전해 오는 것을 그는 이미 다 얻었기 때문이다.

세속의 다섯 가지 신통은 진실한 행이 아니기 때문에 뒤에 반드시 도로 잃어버리지만 여섯 가지 신통은 진실한 행이다.

왜냐하면 저 코끼리 사리푸트라는 먼저는 다섯 가지 신통이 있다가 지금 여섯 신통을 얻었기 때문이다.

너 또한 코끼리 사리푸트라에 미치도록 배워야 한다. 이것이 그 뜻이니 반드시 생각해 받들어 행해야 한다."

이때 아난다는 붇다의 말씀을 듣고 기뻐하며 받들어 행하였다.

• 증일아함 49 목우품(牧牛品) 四

• 해설 •

전변설을 지지하는 수정주의자(修定主義者)의 선정은 선정의 깊이를 심화시켜 더 높은 하늘에 나려 하거나, 저 브라흐만과 하나되어 죽은 뒤에 브라흐만의 방[梵室]에 나려는 선정이다.

그 밖의 세속의 선정 또한 선정을 통해 보고 듣는 능력을 강화해서 육체의 눈으로 보지 못하는 것을 보고 육체의 귀로 듣지 못하는 것을 들으려는 선정이며 신통의 발로 날아가려는 선정이다.

보고 듣는 경험의 장을 확장해서 인식능력을 극대화하려는 바깥길의 선정을 경은 다섯 가지 신통이라 말하고, 번뇌 다한 아라한의 신통을 여섯째 신통이라 한다.

바깥길의 신통이 지금 보고 들음 가운데 보고 들음을 더욱 넓히는 신통이라면, 아라한의 신통은 보되 봄이 없으므로 보지 못함이 없는 신통이고, 듣되 들음 없으므로 듣지 못함이 없는 신통이다.

코끼리 사리푸트라는 아직 아라한을 이루기 전 세속에 돌아가 옛 익힌 업을 따라 욕락에 잠깐 빠져 살다, 본디 세운 원을 버리지 않고 다시 붇다의 상가에 돌아가 바로 아라한을 이루고 번뇌 다한 신통을 얻었다.

다섯 가지 신통 얻은 바깥길 수행자들이 세속 탐욕의 세계에 들어갔다 다시 돌아온 코끼리 사리푸트라를 비방하고 그의 신통을 의심한다. 그에 대해 코끼리 사리푸트라는 번뇌가 다하지 못한 세간의 다섯 가지 신통과 여래의 번뇌 다한 여섯 번째 신통이 같지 않음을 말해 의심하던 이들을 교화한다.

곧 세간의 구함이 있고 함이 있는 선정은 설사 선정으로 높은 곳에 올라가도 밑으로 떨어짐이 있고 뒤로 물러섬이 있다. 그러나 여래의 여섯 번째 신통은 보고 들음 가운데 번뇌가 다해 함이 없고 지음 없으므로 끝내 밑으로 떨어짐이 없고 뒤로 물러섬이 없는 것이다.

구함이 있고 얻음이 있는 다섯 가지 신통에 비해 구함이 없고 얻음이 없으며 번뇌가 없는 여섯 번째 신통은 어떤 것인가.

『선문염송집』에 여섯 번째 신통에 대한 다음 같은 이야기가 실려 있다.

어느날 다섯 가지 신통 갖춘 선인[五通仙人]이 붇다께 물었다.
"세존이시여 다섯 가지 신통 밖에 한 신통이 어떤 것입니까."
세존께서 '선인아' 부르셨다.
그 선인이 '예' 대답하니, 붇다께서 말씀했다.
"그대가 이 한 신통을 물었는가."

다섯 가지 신통을 얻어 신통의 발로 하늘을 날고 보배연꽃을 밟아도 함이 있으면 하지 못함이 있으니, 실상에 하나된 지혜의 신통으로 보면 기특한 일이 아니다.

여섯 번째 지혜의 신통은 그 어떤 신비한 일이 아니라, 모습에서 모습 떠나되 모습 없음에 빠짐없이 발밑에 진흙탕과 가시밭길 잘 가려 밟아 가는 것을 말하는가.

천복일(薦福逸)선사는 이렇게 노래한다.

이 한 신통을 내게 묻는가 함이여.

사람들이 사카무니께 부끄럽도록 하네.
걸음걸음 황금연꽃 밟을 줄만 알고
아득히 거친 풀속 드는 줄 몰랐네.
거친 풀속 구렁텅이 들어감이여,
얽힌 넝쿨 길을 막아 거꾸러지네.

那一通你問我　令人慚愧釋迦老

只知步步踏金蓮　不覺茫茫入荒草

入荒草　葛藤欄路和身倒

신통의 일이여, 발밑을 돌이켜보면 생각에서 생각 떠난 그곳에 다함없는
묘용의 문이 열림인가.

장산전(蔣山泉)선사는 이렇게 노래한다.

이 한 신통 나에게 묻느냐 함이여
우레의 수레 구름 속 불을 솟구쳐 내
하늘위와 사람 사이 비를 쏟아부으니
검은 용이 황금열쇠를 잡아 끊네.
다섯 신통 선인이 신령함 뻐기지만
발밑에 눈썹털 돋는 줄 몰랐네.

那一通你問我　雷車迸出雲中火

天上人間雨似傾　驪龍掣斷黃金鏁

五通神變謾誇靈　不覺眉毛脚下生

벗은 몸으로 털을 뽑고 흙 속에 누워 있는 것은
바른 법이라 말할 수 없으니

이와 같이 내가 들었다.

한때 붇다께서는 암라 숲 가운데 계셨다.

때에 아지비카라는 바깥길 수행자가 있었는데, 칫타 장자의 어릴 때 가까운 벗이었다. 그는 칫타 장자 있는 곳으로 와서 서로 문안하고 위로한 뒤에 한쪽에 서 있었다.

칫타 장자는 아지비카 바깥길 수행자에게 물었다.

"당신은 집을 나온 지 얼마나 되었소?"

"장자여, 나는 집을 나온 지 이십여 년이 되었소."

칫타 장자가 물었다.

"당신은 집을 나온 지 이십 년이 지났으면, 남보다 뛰어난 법인 마쳐 다한 지견을 얻어 안락하게 지내시오?"

대답했다.

"장자여, 나는 비록 집을 나온 지 이십 년이 지났지만, 남보다 뛰어난 법인 마쳐 다한 지견을 얻어 안락하게 지내지 못하오.

오직 벗은 몸으로, 털을 뽑고 밥을 빌고 사람 사이에 노닐어 다니며 흙 속에 누워 있을 뿐이오."

**칫타 장자가 고행하는 벗에게 벌거벗은 몸으로
고행하는 것이 바른 법이 아님을 깨우쳐줌**

칫타 장자가 말했다.

"이것은 바른 법과 율이라 말할 수 없으며, 나쁜 지견이라 벗어남의 길이 아니고 평등한 깨달음이 아니며, 기릴 곳이 아니고 의지할 곳이 아니오. 집을 나온 지 이십 년이 지났다고 함부로 말하지만, 벌거벗은 몸에 털을 뽑고 밥을 빌어 사람 사이에 노닐어 다니며 흙 속에 누워 있는 것이오."

아지비카가 물었다.

"그대는 사문 고타마의 제자가 된 지 얼마나 되오?"

답했다.

"나는 세존의 제자가 된 지 이십 년이 넘었소."

아지비카가 물었다.

"칫타 장자여, 그대는 사문 고타마 제자가 된 지 이십 년이 넘었으면, 남보다 뛰어난 법에서 빼어나 마쳐 다한 지견을 얻으셨소?"

칫타 장자가 답했다.

"당신은 이제 알아야 하오. 칫타 장자는 결코 다시는 어머니 태로 말미암아 남을 받지 않을 것이요, 다시 무덤을 늘게 하지 않을 것이며, 다시는 혈기를 일으키지 않을 것이오.

세존께서 말씀하신 다섯 가지 낮은 곳의 묶음[五下分結]에서 한 가지 묶음이라도 끊지 못한 것이 없소. 만약 한 가지 묶음이라도 끊지 못한 것이 있다면, 다시 이 세상에 돌아와 태어날 것이오."

칫타 장자의 법을 듣고 뉘우쳐 집을 나와 도를 배움

이와 같이 말할 때에 아지비카는 슬피 눈물을 흘리고 옷으로 얼굴을 닦으면서 칫타 장자에게 말하였다.

"나는 이제 어떻게 해야 할까요."

칫타 장자가 답했다.

"만약 당신이 우리 바른 법과 율에 의해 집을 나오면, 나는 당신께 가사와 발우같이 몸에 지닐 도구들[供身之具]을 대드리겠소."

아지비카는 잠깐 생각한 뒤에 칫타 장자에게 말하였다.

"나는 이제 따라 기뻐하겠으니 내게 할 일을 가르쳐주시오."

때에 칫타 장자는 아지비카를 데리고 여러 윗자리 비구들 계신 곳으로 갔다.

윗자리 비구들 발에 절하고 한쪽에 물러나 여러 윗자리 비구들에게 말씀드렸다.

"존자들이시여, 이 아지비카는 내 어린 때의 가까운 벗입니다. 이제 집을 나와 비구가 되고자 합니다.

윗자리 비구들께서 저 사람이 집을 나오도록 건네주시길 바랍니다. 저는 옷과 발우 여러 도구들을 대겠습니다."

여러 윗자리 비구들은 곧 집을 나오도록 해 수염과 머리를 깎이고 가사를 입히었다. 그는 집을 나오고서 이렇게 사유하였다.

'잘 행하는 이가 수염과 머리를 깎고 가사를 입고 집을 나온 것은 부지런히 도를 배우는 데 있다.'

그리하여 깨끗이 범행을 닦아 아라한을 얻었다.

• 잡아함 573 아기비가경(阿耆毘迦經)

수정주의자들이 선정의 심화를 통해 더 높은 세계로 비상하려는 자들이라면, 고행주의자들은 고통의 근원인 몸에 고통을 가함으로써 물질의 힘, 업의 힘에서 영혼의 순수를 지켜내고 물질의 구속에서 영혼의 자유를 얻으려는 자들이다.

그러나 몸에 가하는 자책적 고통으로써 얻을 영혼의 자유가 있는가.

연기법에서 괴로움의 해탈은 정신의 순결을 위해 몸에 고통을 가함으로써 얻어지는 것이 아니라, 고통을 고통이게 하는 삶의 조건들을 해소하는 실천을 통해서 얻어진다.

고통은 여기 육체의 성안에 있는 내면의 고통이 아니다. 괴로운 느낌·즐거운 느낌들은 주체가 대상을 경험함으로써 일어나는 것이니, 주체가 대상을 경험할 때 일어나는 괴로운 느낌·즐거운 느낌·괴롭지도 않고 즐겁지도 않은 느낌이 모두 공한 줄 알아, 주체가 세계를 받아들일 때 실로 받아들임이 없는 자가 괴로움과 즐거움의 악순환, 기나긴 밤 윤회의 굴레에서 해탈할 것이다.

저 고행주의자 아지비카가 옛 벗 칫타 장자의 교화로 출가하여 아라한을 이루니, 그는 바로 세간의 쾌락을 버리되 고행주의자의 고행까지 다시 버리어 길이 괴로움과 즐거움의 쳇바퀴를 끊고, 여래 집안[如來家]의 두타행자가 되어 니르바나의 참된 안락을 얻은 것이다.

3 쾌락주의와 고행주의

· 이끄는 글 ·

앞의 수정주의에 대한 고행주의는 선정을 통해 절대신성과 합일함으로써 보다 높은 세계로 향상하려는 초월주의적 수행관에 대해 몸에 고통을 가함으로써 영적 자아의 빛을 드러내려는 '영혼주의자의 내면주의적 실천관'을 말하고 있다.

이 장에서 쾌락주의에 대한 고행주의는 몸과 모습의 세계를 탐착하는 세속주의에 대해 몸과 모습의 세계에 대한 탐착과 쾌락의 삶을 버리고 현실 밖의 또 다른 현실을 지향하는 삶을 나타낸다.

앞의 구분이 종교계급 내부의 실천관의 차이를 나타낸다면, 본 장에서 쾌락주의와 고행주의의 구분은 세속적 삶과 초월주의적 삶의 차이를 나타낸다. 그러므로 뒤의 고행주의에서 보면 수정주의의 실천 또한 넓은 의미의 고행주의에 포함될 수 있다.

연기법에서 몸과 모습의 세계는 연기되어 일어난 것이므로 있되 공하고 공하되 있음 아닌 있음으로 있다.

연기법의 실천관에서 보면 몸과 모습에 대한 탐착의 삶은 옳은 길이 아니지만, 몸과 모습을 버리고 새로운 현실을 추구하는 것도 올

바른 삶의 길이 아니다.

중도의 길은 세간 있음이 있되 공하므로 세간의 있음을 취하지 않고, 세간의 있음이 있음 아닌 있음이므로 세간의 있음을 버리지 않는 삶이다. 인간의 몸도 탐욕과 집착을 떠나면 몸이 그대로 지혜의 몸이 되고 법신의 몸이 되는 것이다.

그러므로 모습 취함이 없고 버림이 없는 지혜의 삶 속에서 온갖 모습은 모습 없는 참모습을 실현하게 되고, 주체의 마음은 마음에 마음 없는 해탈의 마음이 되어 지금 현재의 법 가운데서 있음과 없음을 떠난 니르바나의 삶을 이루게 될 것이다.

몸과 세속에 대한 애착의 삶도 몸을 가학적 고통 속에 몰아넣는 삶도 해탈의 길이 아니니, 『화엄경』(「수미정상게찬품」)은 이렇게 깨우친다.

만약 헛된 분별에 머물면
곧 청정한 눈을 깨뜨려서
어리석음과 삿된 견해 늘어나
길이 모든 붇다 볼 수 없으리.

若住於分別　則壞淸淨眼
愚癡邪見增　永不見諸佛

1) 범부중생의 욕탐의 삶

———

중생의 네 가지 먹음에 탐욕이 있으면

이와 같이 내가 들었다.

한때 붇다께서는 슈라바스티 국 제타 숲 '외로운 이 돕는 장자의 동산'에 계셨다.

그때 세존께서 여러 비구들에게 말씀하셨다.

"네 가지 먹음[四食]이 있어서 중생을 도와 이익되게 하여, 그들로 하여금 세상에 머물며, 거두어 받아, 길러 자랄 수 있게 한다.

어떤 것이 그 네 가지인가? 첫째는 덩이로 먹음[搏食]이요, 둘째는 닿아 먹음[觸食]이며, 셋째는 하고자 함의 먹음[意思食]이요, 넷째는 앎의 먹음[識食]이다.

만약 비구가 이 네 가지 먹음에 대하여 기뻐함이 있고 탐욕이 있으면 앎[識]이 머물러 늘어나 자라게 된다.

앎이 머물러 늘어나 자라기 때문에 마음·물질[名色, nāma-rūpa]에 들어가고, 마음·물질에 들어가기 때문에 모든 지어감[行]이 늘어나 자라며, 지어감이 늘어나 자라기 때문에 미래의 존재가 늘어나 자란다.

미래의 존재가 늘어나 자라기 때문에 태어남·늙음·병듦·죽음과 근심·슬픔·번민·괴로움이 모여 나며, 이와 같이 순전한 괴로움뿐인 큰 무더기가 모여난다.

만약 이 네 가지 먹음에 대하여 탐욕이 없고 기뻐함이 없으면, 탐욕이 없고 기뻐함이 없기 때문에 앎이 머물지도 않고 늘어나 자라지도 않으며, 앎이 머물지도 않고 늘어나 자라지도 않기 때문에 마음ㆍ물질에 들어가지 않는다.

마음ㆍ물질에 들어가지 않기 때문에 지어감이 늘어나 자라지 않으며, 지어감이 늘어나 자라지 않기 때문에 미래의 존재가 생겨 자라지 않는다.

미래의 존재가 생겨 자라지 않기 때문에 미래세상의 태어남ㆍ늙음ㆍ병듦ㆍ죽음과 근심ㆍ슬픔ㆍ번민ㆍ괴로움이 일어나지 않으며, 이와 같이 순전한 괴로움뿐인 큰 무더기가 사라진다."

붇다께서 이 경을 말씀하시자, 여러 비구들은 붇다의 말씀을 듣고 기뻐하며 받들어 행하였다.

• 잡아함 374 유탐경(有貪經)①

• 해설 •

네 가지 먹음 가운데 덩이로 먹음은 밥과 같은 덩어리 있는 먹을거리를 삼켜 먹는 것이요, 닿아 먹음은 감촉으로 대상을 닿아 받아들임이다.

하고자 함의 먹음은 대상을 받아들여 그 받아들임을 욕구의 힘으로 달리 지어가는 것을 말하고, 앎의 먹음은 세계를 자기화하는 사유활동이 끝없이 이어지는 것을 말한다.

덩이의 먹을거리가 되었든 앎 속에서 끝없이 세계를 자기화하는 사유활동이 되었든, 하나의 먹음이 소화되고 다음의 먹음을 욕구해, 먹음과 먹힘이 이어져 다함없는 것이 윤회이다.

그러나 아는바 세계와 닿는바 대상에 실로 알 바가 없고 닿을 바가 없는 줄 알아 알되 앎이 없이 알면 욕구의 끝없는 이어감은 쉰다.

곧 마음·물질에서 아는 마음과 알려지는바 물질이 모두 공해지면 마음·물질에 들어감이 쉬고, 지어감이 쉬면 미래의 존재가 쉬게 되는 것이다.

이와 같이 존재가 공하여 마음·물질이 쉬게 되면[空無相] 주체의 욕구와 바람은 바람 없는[無願] 바람이 되니, 탐욕스런 지어감의 먹음과 앎의 먹음은 이제 지음 없는 크나큰 원[無作大願]이 된다.

중생의 탐욕의 바다 먹을거리를 찾아 헤매는 윤회의 삶은 곧 있음의 바다[有海]이다. 여래의 가르침은 이 있음의 바다를 건너는 큰 법의 배[大法船]이니, 이 배를 타는 자 중생의 이름을 버리고 보디사트바의 이름을 얻게 될 것이다.

『화엄경』(「광명각품」)은 이렇게 가르친다.

중생은 모든 있음의 바다 빠져 떠도니
걱정과 어려움 끝이 없어 머물 곳 없네.
고통바다 건네주는 인도자께서
중생 위해 큰 법의 배를 만들어내어
있음의 바다 건너게 함 보디의 행이네.

衆生漂溺諸有海　憂難無涯不可處
爲彼興造大法船　皆令得度是其行

탐욕으로 중생은 다섯 쌓임의 덧없음을 알지 못하니

이와 같이 내가 들었다.

한때 붇다께서는 슈라바스티 국 제타 숲 '외로운 이 돕는 장자의 동산'에 계시면서 여러 비구들에게 말씀하셨다.

"한 법을 성취함으로써 물질의 덧없음을 알지 못하고, 느낌·모습 취함·지어감·앎의 덧없음을 알지 못한다. 어떤 것이 한 법을 성취함인가. 곧 탐욕의 한 법을 성취함으로써 물질의 덧없음을 알지 못하고, 느낌·모습 취함·지어감·앎의 덧없음을 알지 못한다.

다시 어떤 것이 물질의 덧없음을 알게 하는 한 법의 성취인가.

곧 탐욕 없음[無貪]을 성취하는 것이니 탐욕의 법이 없는 사람은 물질의 덧없음을 알 수 있고, 느낌·모습 취함·지어감·앎의 덧없음을 알 수 있다."

붇다께서 이 경을 말씀하시자 여러 비구들은 듣고 기뻐하며 받들어 행하였다.

괴로움의 한 법이 진실을 가림을 보임

"어떤 것을 깨달음을 얻지 못하게 하는 한 법이라 하는가.

곧 괴로움이다. 괴로움이 가리기 때문에 물질을 다 없애 깨달음을 얻지 못하고, 느낌·모습 취함·지어감·앎을 다 없애 깨달음을 얻지 못하게 된다. 한 법이 가리지 않으므로 물질을 다 없애 깨달음을 얻게 되고, 느낌·모습 취함·지어감·앎을 다 없애 깨달음을 얻게 된다.

그 한 법이 가리지 않으면 깨달음을 얻게 되는 한 법이란 어떤 것인가. 곧 괴로움이다. 이 한 법이 가리지 않으면 물질을 없애 깨달음을 얻게 되고, 느낌·모습 취함·지어감·앎을 다 없애 깨달음을 얻을 수 있다."

붇다께서 이 경을 말씀하시자 여러 비구들은 붇다의 말씀을 듣고 기뻐하며 받들어 행하였다.

• 잡아함 187 탐욕경(貪欲經)

• 해설 •

다섯 쌓임의 덧없음을 알지 못하게 하는 한 법이란 사제법에서 괴로움 모아냄의 법이니 탐욕이 그 한 법이다. 탐욕과 같이 성냄·어리석음 등 갖가지 악하여 착하지 않은 법들이 그 법들이다.

탐욕의 한 법을 성취하면 다섯 쌓임의 실상을 모름과 같이, 성냄·의심·뉘우침의 법에 대해 알지 못하고 밝지 못하고 가리지 못해 그 한 법이 성취되면 탐욕과 같이 또한 그러해 다섯 쌓임의 실상을 모르게 한다.

앞의 한 법이라 말하는 여러 법들이 사제법의 집제라면, 뒤의 깨달음을 얻지 못하게 하는 한 법이란 사제법에서 탐욕과 무명에 의해 모여 나는 괴로움이니 사제법의 고제이다.

고제와 집제 때문에 중생을 중생이라 이름하는 것이니, 중생은 탐욕과 성냄과 어리석음이라는 괴로움 모아내는 원인들 때문에 다섯 쌓임의 공한 진실을 보지 못하고, 괴로움이 쌓이고 모여 니르바나의 해탈에 이르지 못하는 것이다. 그러므로 탐욕을 돌려 바른 원이 되게 하고 성냄을 돌려 자비의 마음이 되게 하고 어리석음을 돌려 지혜가 되게 하는 곳에, 중생의 탐욕과 번뇌의 삶을 니르바나의 삶이 되게 하는 길이 있는 것이다.

청정한 계 지니고 해탈의 못에 몸을 씻어야

이와 같이 내가 들었다.

한때 붇다께서는 슈라바스티 국 제타 숲 '외로운 이 돕는 장자의 동산'에 계셨다.

때에 어떤 비구는 코살라 국 사람 사이에 있으면서 어떤 강가 한 숲의 나무 사이에 머물렀다.

때에 어떤 사내가 그 아내와 서로 따르며 강을 건너 언덕에 머물며 거문고를 타고 즐기어 놀면서 게송으로 말하였다.

> 사랑하는 생각으로 놓아 지내며
> 푸른 나무 사이에 노닐어 다니네.
> 흐르는 물은 맑게 흘러가는데
> 거문고 소리 아름답게 울리네.
> 봄기운이 알맞아 노니나니
> 그 무엇이 이 즐거움을 지나리.

때에 그 비구는 이렇게 생각하였다.

'저 사내도 오히려 게송을 말하는데 내 어찌 게송을 말해 답하지 못하랴.'

깨끗하고 맑은 계를 받아 지니고
바르게 깨치신 분 우러러 생각해
세 가지 해탈의 못에 목욕하며
착함으로 아주 맑고 시원케 하면
도에 들어가 공덕을 장엄하나니
어떤 즐거움이 이 공덕을 지나리.

때에 그 비구는 이 게송을 외우고는 잠자코 있었다.

• 잡아함 1361 탄금경(彈琴經)

• 해설 •

앞의 노래가 '다섯 가지 욕망의 즐거움'[五欲樂]을 찬탄하는 게송이라
면 뒤의 노래는 계·정·혜 삼학(三學)을 닦는 '법의 즐거움'[法樂]을 찬탄
한 게송이다.

세 가지 해탈은 공(空)과 모습 없음[無相]과 바람 없음[無願]이니, 보여
지는바 세계의 모습이 공하여 모습이 곧 모습인 줄 알아, 세계를 향해 나아
가되 세계를 향한 탐욕스런 욕구가 쉬면, 다섯 가지 욕망의 즐거움을 돌이
켜 바로 법의 즐거움을 누리게 되는 것이다.

번뇌의 경계가 취할 것이 없는 줄 알면 번뇌를 끊지 않고 보디의 집[菩提
家] 가족과 제자 삼으며, 탐욕을 돌이켜 법의 기쁨[法喜]의 아내로 삼으며,
탐욕과 성냄을 보디사트바의 서원과 파라미타의 행으로 돌이킬 수 있다.

늘 중생과 함께 하되 애착 떠나며 삼계 탐욕의 세간에서 법을 행하는 보
디사트바의 행을 『비말라키르티수트라』는 이렇게 말한다.

"비록 온갖 중생 거두지만 애착하지 않음이 보디사트바의 행이고,
비록 멀리 떠남을 즐기나 몸과 마음 다함을 의지하지 않는 것이 보디

사트바의 행이며, 비록 삼계에 다니나 법의 성품 무너뜨리지 않는 것이 보디사트바의 행입니다.

　또한 비록 공함을 행하나 뭇 덕의 근본을 심는 것이 보디사트바의 행입니다."

『화엄경』(「범행품」梵行品) 또한 중생의 탐착의 삶을 광대한 행원의 삶으로 돌이키는 보디사트바의 길을 다음과 같이 말한다.

　　중생을 자비로 생각해 잠깐도 버림 없이
　　모든 번뇌의 해침 떠나 널리 요익케 하며
　　밝은 지혜의 빛으로 세간을 비추어
　　세간의 중생이 돌아가는 곳이 되면
　　열 가지 힘 갖추신 이 보살펴 생각해줌
　　이루 생각하고 말할 수 없게 되리라.

　　慈念衆生無暫捨　離諸惱害普饒益
　　光明照世爲所歸　十力護念難思議

　　다섯 길 고통받는 모든 중생 슬피 여겨
　　더러운 때 없애주어 널리 깨끗이 하며
　　보디의 씨앗 잇고 넓혀 끊이지 않게 하며
　　마라 궁전 깨뜨려 나머지 없게 하도다.

　　哀愍五趣諸群生　令除垢穢普淸淨
　　紹隆佛種不斷絶　摧滅魔宮無有餘

2) 고행주의자의 치우친 삶

여래만이 세 가지 불타는 법 떠나는
일승의 길 보여주시니

이와 같이 내가 들었다.

한때 붇다께서는 바이샬리 국 '원숭이 못가'에 있는 이층강당[重閣講堂]에 계셨는데, 존자 아난다도 그곳에 머물고 있었다.

그때 아바야 리차비(Abhaya Licchavi, 無畏)는 니르그란타 즈냐타푸트라(Nirgrantha-jñātaputra)의 제자이고, 총명한 어린이 리차비는 아지비카(ajīvika)파의 제자인데, 존자 아난다가 있는 곳으로 같이 가서 서로 문안 인사하고 위로한 뒤에 한쪽에 앉았다. 그때 아바야 리차비가 존자 아난다에게 말했다.

"우리 스승 니르그란타는 불타는 법[熾然法]을 끄고 청정하고 뛰어나시어, 여러 제자들을 위해 이와 같은 도를 설하셨습니다.

'오랜 생[宿命]의 업은 고행을 행함으로써 그것을 다 뱉어낼 수 있고, 몸의 업[身業]을 짓지 않음으로써 잇는 다리[橋梁]를 끊게 된다.

그리하여 미래세상에서는 다시 모든 흐름이 없게 되고 모든 법이 길이 다하며, 업이 길이 다하기 때문에 뭇 괴로움이 길이 다하고, 뭇 괴로움이 길이 다하기 때문에 괴로움의 끝을 마쳐 다한다.'

존자 아난다여, 이 뜻은 무엇입니까?"

고행으로 오랜 생의 업을 끊는다는 주장을 깨고
바른 계와 선정·지혜의 바른 행으로 불타는 법 떠남을 보임

존자 아난다가 리차비에게 말했다.

"여래·공양해야 할 분·바르게 깨친 분께서는 스스로 아시고 보시는 바로 세 가지 불타오름을 떠나 청정하게 벗어나는 도를 말씀하오. 이것은 일승의 도(ekayāna-marga, 一乘道)로써 중생을 청정케 하여 근심과 슬픔을 여의며, 고통과 번민을 벗어나 진여법(眞如法)을 얻는 것이오.

어떤 것이 세 가지냐 하면 이와 같소. 거룩한 제자는 깨끗한 계에 머물러 프라티목샤(prātimokṣa, 戒本)를 받고 바른 몸가짐을 갖추며, 모든 죄의 허물됨을 믿어 두려워하는 생각을 내오.

이렇게 받아 지니고서 깨끗한 계를 갖추면 오랜 생의 업[宿業]을 차츰 뱉어내 현재의 법에서 불타오름을 여읠 수 있으며, 때를 기다리지 않고도 바른 법을 얻게 되어, 통달하여 밝게 보고 살피어 지혜로 스스로 깨닫게 되오.

리차비여, 이것을 여래·공양해야 할 분·바르게 깨친 분께서 아시고 보시는 바로 불타오름을 떠나 청정하게 벗어남을 말씀하시는 것이라 하오.

이는 일승의 도로써 중생을 청정케 하여 고통과 번민을 없애며, 근심과 슬픔을 벗어나 진여법을 얻게 하는 것이오.

다시 리차비여, 이와 같이 깨끗한 계를 갖추고 탐욕과 악하여 착하지 않은 법을 떠나면, 첫째 선정 나아가 넷째 선정을 갖추어 머물게 되오.

이것을 여래·공양해야 할 분·바르게 깨친 분께서 아시고 보시는 바로 불타오름을 떠나 청정하게 벗어남을 말씀하시는 것이라 하오. 이는 일승의 도로써 중생을 청정케 하여 고통과 번민을 없애며, 근심과 슬픔을 벗어나 진여법을 얻게 하는 것이오.

다시 바른 사마디(samādhi, 正受)가 있어, 이 괴로움의 거룩한 진리[苦聖諦]를 진실 그대로 알고, 이 괴로움 모아냄의 거룩한 진리[苦集聖諦]·괴로움이 사라짐의 거룩한 진리[苦滅聖諦]·괴로움을 없애는 길의 거룩한 진리[苦滅道跡聖諦]를 진실 그대로 아오.

이와 같은 지혜의 마음을 갖추어 업을 다시 짓지 않으면, 오랜 생의 업은 차츰 끊어져 현세에서 바른 법을 얻어 모든 불타오름을 여읠 수 있으며, 때를 기다리지 않고서도 통달하여 밝게 보아 스스로 깨닫는 지혜를 내게 되오.

리차비여, 이것을 여래·공양해야 할 분·바르게 깨친 분께서 아시고 보시는 바로, 불타오름을 떠나 청정하게 벗어남을 세 번째 말씀하시는 것이라 하오.

이는 일승의 도로써 중생을 청정케 하여 고통과 번민을 없애며, 근심과 슬픔을 벗어나 진여법을 얻게 하는 것이오."

두 리차비 수행자가 여래의 해탈의 도를 따라 기뻐함

그때 니르그란타의 제자 아바야 리차비는 잠자코 있었다.

그때 아지비카파의 제자 총명한 어린이 리차비는 아바야 리차비에게 거듭 말했다.

"이상하십니다, 아바야여. 왜 잠자코 계십니까? 여래·공양해야 할 분·바르게 깨친 분께서 말씀하시고, 아시고 보시는 바에 의해 잘 법 설하심을 듣고도 왜 기뻐하지 않으십니까?"

아바야 리차비가 대답하였다.

"나는 그 뜻을 사유하느라고 잠자코 있었을 뿐이다. 세존이신 사문 고타마께서 설한 법을 듣고 누군들 따라 기뻐하지 않겠느냐?

만약 누군가 고타마의 법 설하심을 듣고도 따라 기뻐하지 않는 사람이 있다면 그는 곧 어리석은 사람이다.

그러니 기나긴 밤에 옳지 못하고 이익됨이 없는 괴로움을 받을 것이다."

그때 니르그란타의 제자 아바야 리차비와 아지비카파의 제자 총명한 어린이 리차비는 붇다가 설하신 법과 존자 아난다가 설해준 것을 거듭 듣고 기뻐하면서 자리에서 일어나 떠나갔다.

• 잡아함 563 니건경(尼犍經)

• 해설 •

리차비족의 한 수행자는 자이나교도이고, 나이 어린 이는 마카리 고사리 푸트라의 아지비카교의 교도이다. 아지비카는 결정론이라는 뜻으로 '생활에 관한 율법을 엄밀히 지키도록 하는 가르침'으로 정의되지만, 붇다의 상가에서는 그들을 '그릇된 수단으로 생활하는 외도'라는 뜻으로 사명외도(邪命外道)라 한다.

아지비카교에서는 땅·물·불·바람·허공의 물질적 요소에 얻음·잃음·괴로움·즐거움·남·죽음·영혼의 원리를 덧붙여 열두 요소를 존재의 근거로 말한다.

얻는 것도 얻을 수 있게 하는 원리에 의해서 얻는 것이고, 잃는 것도 잃게 하는 원리에 의해서 잃는 것이므로, 행위의 원인과 조건에 의해 일어나는 결과마저 그 주체적 생성을 부정하므로, '원인과 조건 없음[無因無緣]의 가르침'으로 정의된다.

자이나교의 스승 니르그란타 즈냐타푸트라에 의하면 몸과 입과 뜻으로 지은 업의 흐름이 추상적인 원리로서 아지바(ajīva)인 푸드갈라에 흘러들어가[āśrava, 流入], 업에 의해 닫힌 아지바가 지바를 얽어맴[bandha]으로 윤회하는 것이다.

그러므로 고행으로 업의 흐름을 억누름[saṃvara, 制御]으로써 지바를 업의 속박에서 벗어나게 하는 것이 해탈이다.

그러므로 니르그란타는 몸에 고행을 가함으로써 지바의 해탈을 주장하는 대표적인 고행주의자이다.

아바야 리차비는 바로 자이나교의 가르침을 따라 고행하는 수행자인데 고행으로써 뭇 괴로움이 다할 수 있다 믿고 고행으로 미래세 생존의 다리를 끊으려 했다.

존자 아난다는 그들에게 고행으로써 괴로움의 끝은 다할 수 없고 오직 지혜로써 집착하는바 온갖 것에 실로 집착할 것 없음을 알 때 번뇌의 타는 불이 꺼지게 됨을 가르친다.

그리하여 아난다 존자는 바른 계행으로 오랜 생 묵은 낡은 업을 깨끗이 하고 지금 현재의 삶 속에서 보여지고 들려지는 세계의 진실을 살펴 지혜로 탐욕의 대상이 본래 공함을 깨달으면 진여법 그대로의 선정 속에서 번뇌의 불이 꺼지고, 번뇌의 불이 꺼지면 다시 선정 그대로의 지혜가 늘 밝아진다고 말한다.

이처럼 세계의 실상 그대로의 윤리적 행과 지혜에 의지할 때만 현재법에서 불타오름을 떠나 때를 기다리지 않고 통달할 수 있음을 가르치니, 이것이 일승[ekayāna, 一乘]인 진리의 수레이다.

일승의 수레는 믿는 그 자리에서 낮은 근기를 건네주고 바깥길을 이끌어 거두어주니, 원래 중생의 묵은 나쁜 업과 타오르는 번뇌와 괴로움도 실로 있는 법이 아니기 때문이다.

진여법은 가르치는 분 붓다의 진실일 뿐 아니라 가르침 받는 온갖 중생의 진실이다. 그러므로 아난다 존자의 말을 듣고 따라 믿고 따라 기뻐하지 않음은 곧 스스로 삶의 진실을 등지는 것이니, 그는 기나긴 밤에 이익됨이 없는 괴로움에 허덕일 것이다.

아지비카교를 따르는 나이 어린 리차비와 자이나교를 따르는 아바야 리차비가 아난다의 가르침을 듣고 여래의 법에 큰 기쁨을 내니, 그들은 사명(邪命)과 고행의 가르침이 그릇된 줄 아는 그 자리에서 스스로 자기진실에 복귀하였을 따름이다.

의심을 다한 그 자리에서 바로 삶의 진실에 복귀한 두 사람을 어떻다고 말해야 하는가. 『화엄경』(「범행품」)은 다음과 같이 보인다.

삼세 의심의 그물 모두 이미 없애고
여래 계신 곳에 깨끗한 믿음 일으켰네.
믿음으로 움직임 없는 지혜 이루게 되니
지혜가 깨끗하므로 법의 진실 알았네.

三世疑網悉已除 於如來所起淨信
以信得成不動智 智淸淨故解眞實

대왕이여, 몸을 벗고 고행한다고 아라한이 아니오

이와 같이 들었다.

한때 붇다께서는 슈라바스티 국 제타 숲 '외로운 이 돕는 장자의 동산'에 계시면서 비구들에게 말씀하셨다.

그때에 프라세나짓 왕은 신하들에게 명령하였다.

"빨리 보배깃털 수레를 꾸며 마련하라. 나는 세존 계신 곳에 가서 절하고 문안 드려야겠다."

이때 왕은 곧 성을 나가 세존 계신 곳에 이르러 머리를 대 발에 절하고 한쪽에 앉았다.

그때에 여래께서는 셀 수 없는 대중에게 둘러싸여 설법하고 계셨다. 때에 니르그란타 일곱 명과 일곱 헐벗은 사람과 일곱 검은 브라마나와 일곱 헐벗은 브라마나가 세존께 가기 멀지 않은 곳을 지나가고 있었다.

고행의 법을 찬탄하는 왕에게 고행이
해탈의 참된 원인이 아님을 보이심

이때 프라세나짓 왕은 이 여러 사람들이 세존께 가기 멀지 않은 곳을 지나가는 것을 보고 붇다께 말씀드렸다.

"지금 저 여러 사람들이 지나가며 머무르지 않는 것을 보니, 모두 욕심을 줄이고 만족할 줄을 알아 집안 살림이 없는 사람들입니다.

지금 세간의 아라한으로는 이 사람들이 가장 윗머리가 됩니다.

왜냐하면 저들은 뭇 사람들 가운데서 매우 괴로운 행을 닦으면서 이익됨을 탐내지 않기 때문입니다."

세존께서는 말씀하셨다.

"대왕은 아직 참 아라한을 분별하지 못하오. 벌거벗어 몸을 드러내낸다고 아라한이라 할 수 없소.

대왕은 알아야 하오. 이것은 다 진실한 행이 아니오. 오래고 먼 옛날로부터 변해감을 생각해 살피고, 다시 친할 수 있는 이는 친할 줄 알고 가까이할 수 있는 이는 가까이할 줄을 생각해 살펴야 하오."

과거 하늘신과 일곱 브라마나의 이야기를 들어 고행의 허물을 보이심

"그 까닭은 다음과 같소.

지나간 오래고 먼 때에 일곱 브라마나가 한곳에 있으면서 배웠는데, 그들은 나이가 아주 늙고 시들었소.

풀로 옷을 만들어 입고 나무 열매를 먹으면서 여러 삿된 견해를 내어 제각기 이렇게 생각하였소.

'우리는 이 고행의 법을 지니어 뒤에 큰 나라 왕이 되게 하고, 인드라하늘이나 브라흐마하늘이나 네 하늘왕을 구하자.'

그때에 하늘스승 아시타는 그 브라마나들의 조부였소. 그는 브라마나들의 마음속 생각을 알고 곧 브라흐마하늘에서 사라져 그 브라마나들에게 왔소.

그는 하늘 옷차림을 버리고 브라마나 모습을 지어 한데에 있으면서 거닐었소. 이때 그 일곱 명 브라마나들은 멀리서 아시타가 거니는 것을 보고 제각기 성냄을 품고 이렇게 말하였소.

'어떤 탐욕 많은 사람이기에 우리 범행인들 앞에서 거니는가. 지금 주문을 외워 재로 만들어 버리겠다.'

이 일곱 브라마나들은 곧 손으로 물을 움켜 그에게 뿌리면서 주문을 외웠소.

'너는 지금 곧 빨리 재가 되라.'

그렇게 브라마나들은 성냄을 품었지만 그 하늘스승의 얼굴빛은 곱절이나 더욱 단정하였소. 왜냐하면 사랑은 성내는 마음을 없애기 때문이오. 그때에 그들은 생각하였소.

'우리는 계율에서 물러나 뒤바뀌게 되지나 않을까, 우리는 바로 성냄을 일으키는데, 저 사람은 저처럼 스스로 단정하다니.'

그때에 일곱 명 브라마나들은 다음 게송을 말했소.

하늘인가 또는 간다르바인가
라크샤인가 또는 귀신인가
지금 그대 이름은 무엇인가
우리들은 그것을 알고 싶도다.

그때에 아시타 하늘스승도 게송으로 대답하였소.

하늘이나 간다르바도 아니고
귀신이나 또 라크샤도 아니다.
저 하늘의 스승인 아시타
지금 내 몸이 바로 그로다.

'나는 지금 너희들의 그 마음속 생각을 알고 저 브라흐마하늘 위에서 내려 왔을 뿐이다. 브라흐마하늘에서 여기로 가기는 아득히 멀다. 저 인드라하늘의 몸도 또한 다시 이와 같다. 고행으로는 전륜왕 또한 얻을 수 없다.

이런 고행으로는 인드라하늘도 브라흐마하늘도 네 하늘왕도 될 수 없다."

그리고 그 하늘스승 아시타는 곧 다음 게송을 말하였소.

마음 안에는 여러 생각이 있고
바깥 옷차림은 거칠고 모질도다.
다만 바른 견해 부지런히 닦아
그 나쁜 길을 멀리 떠나 여의라.

마음으로 청정한 행의 계 지니고
입의 행 또한 다시 그러며
나쁜 생각 멀리 떠나 여의게 되면
반드시 하늘위에 태어나리라.

그때에 일곱 명 브라마나들은 하늘의 스승에게 말했소.
"참으로 하늘스승입니까."
그는 대답하였소.
"그렇다. 다만 지금의 브라마나는 그 몸을 벗어서 하늘위에 날 수 없고, 이런 고행을 닦는다 해서 반드시 브라흐마하늘에 나는 것은 아니다. 또 몸을 헐벗어서 여러 고행을 짓는다고 저곳에 나는 것이 아니다.

다만 마음의 뜻을 잘 거두어[能攝心意] 움직이게 하지 않아야 곧 하늘위에 날 것이다.

그대들이 익힌 것으로는 하늘위에 날 수 없다."

바른 지혜가 아니면 참된 사람인 아라한이
될 수 없음을 다시 왕에게 보이심

"대왕이여, 이런 뜻을 살피더라도, 몸을 벗었다 하여 아라한이라 할 수 없소. 범부의 사람으로서는 참된 사람을 알려고 해도 이 일은 그럴 수 없소.

그러나 참된 사람[眞人]은 익히고 있는 범부의 행을 잘 아오. 다시 범부로서는 범부의 행을 알지 못하오. 참된 사람이라야 범부의 행을 알 수 있는 것이오.

다만 대왕은 알아야 하오. 부디 방편으로 오래고 먼 옛날부터 내려오는 것이 지금에 맞지 않음을 알아야 하오.

반드시 이를 살펴야 하오. 대왕이여, 방편으로써 이를 배워야 하오."

이때 프라세나짓 왕은 세존께 말씀드렸다.

"여래의 말씀은 매우 시원스러워 세상 사람이 깨달아 알 수 없습니다. 저는 나라일이 너무 많아 이만 머물던 곳으로 돌아가려 합니다."

"대왕은 때를 알아 하십시오."

그때 왕은 곧 자리에서 일어나 세존의 발에 절하고 물러나 갔다.

그때에 프라세나짓 왕은 붇다의 말씀을 듣고 기뻐하며 받들어 행하였다.

• 증일아함 40 칠일품(七日品) 九

해탈과 니르바나는 본래 니르바나되어 있는 세계의 진실[實相]에서 연기한 행이 아니면 니르바나의 과덕을 다시 이루어낼 수 없으니, 고행 자체가 해탈의 씨앗이 될 수 없다.

곧 닿아들이는 바[所觸入] 경계에 실로 맛들일 것이 없음을 알 때 경계에 대한 애착이 사라지고 취함이 사라지는 것이며, 취함이 사라질 때 존재[有]에서 존재를 벗어나 나고 죽음에서 해탈할 수 있는 것이다.

그러므로 고행한다고 탐욕이 정화되지 않으며 고행한다고 존재의 사슬에서 해방되지도 않는다.

오히려 남이 하기 어려운 고행을 하는 모습으로 남의 위에 서려고 하면 그 집착의 마음이 또 다른 삶의 굴레가 될 것이다.

실오라기 하나 없이 온몸을 벗고 다닌다고 무소유의 뜻을 아는 자도 아니다. 나[我]에 나 없음[無我]을 알고 온갖 것에 내 것이라 할 것이 없음을 아는 자가 나와 내 것이 공한 곳에서 공에 빠짐이 없이 다함없는 공덕을 쓸 수 있는 자이다.

모습에 갇혀 관념의 집에 사는 중생은 스스로의 관념의 틀을 벗어나지 못하므로 아라한을 알 수 없고 중생의 마음을 참으로 알 수 없다.

오직 앎에서 앎을 떠나 아는 바에 갇히지 않는[無知亦無所知] 지혜의 사람 참된 사람이, 알지 못하는 바가 없이[無所不知] 사물을 잘 분별할 수 있고 사람을 잘 판단할 수 있는 것이다.

아직 겉모습에 미혹됨이 다하지 않은 저 프라세나짓 왕이 어찌 참사람 지극한 사람을 알아볼 수 있겠는가. 여래 같은 분이라야 참사람을 알아볼 수 있고 아라한을 아라한이라 인가할 수 있는 것이다.

내 법은 깊고 기이하여 저 바깥길
고행하는 이들의 갖가지 고행과 다르다

나는 들었다, 이와 같이.

한때 붇다께서는 라자그리하 성을 노닐어 다니실 적에 대숲[竹林] 칼란다카 동산에 머무셨다.

그때 한 거사가 있었는데 이름을 '진실한 뜻'[實意]이라고 하였다. 이른 아침에 라자그리하 성에서 나와, 붇다께 가서 공양하고 모셔 섬기려고 하다가 '진실한 뜻' 거사는 이렇게 생각하였다.

'붇다께 가는 것을 두어두자. 세존께서 좌선하고 계실지 모르고, 여러 존자 비구들도 그럴지 모른다. 나는 차라리 우둠바라 숲 (udumbarikā)에 있는 배움 다른 이[異學]들의 동산으로 가자.'

'진실한 뜻' 거사가 다른 교단의 대중이 모인 곳에 찾아감

이에 '진실한 뜻' 거사는 곧 우둠바라 숲에 있는 배움 다른 이들의 동산으로 갔다. 그때 우둠바라 숲에 있는 배움 다른 이들의 동산에는 '성냄 없음'[無恚]이라 이름하는 한 배움 다른 이가 있었는데, 그는 그들 가운데 존경을 받아 배움 다른 이들의 스승이 되었다.

그 스승은 대중들의 존경을 받고 여러 사람들을 항복받아 오백 명 배움 다른 이들의 따름과 우러름을 받았다.

그는 대중 가운데서 어지럽게 높고 큰 음성으로 다음과 같은 갖가지를 논하였다.

새[鳥]를 논하고, 언어를 논하고, 왕을 논하고, 도적을 논하고, 옷을 논하고, 부녀를 논하고, 어린 여자를 논하고, 음란한 여인을 논하고, 세속을 논하고, 그른 도를 논하고, 바다를 논하고, 나라를 논하였다. 이와 같이 새를 논하는[鳥論] 등 갖가지를 견주어 논하며 모두 그곳에 모여 앉아 있었다.

그때 배움 다른 이의 스승 '성냄 없는 이'는 멀리서 '진실한 뜻' 거사가 오는 것을 보고 곧 대중들에게 분부하여 조용하게 하였다.

"여러 어진 이들이여, 그대들은 말하지 말고 잠자코 있으라. 잠자코 있기를 즐기며 각기 스스로 뜻을 거두라. 왜냐하면 '진실한 뜻' 거사가 오기 때문이다. 그는 사문 고타마의 제자다.

만약 사문 고타마의 제자로서 이름과 덕이 높아 멀리 들리며 존중할 만한 사람이 있다면, 집에 머무는 이로서 라자그리하 성에 살고 있는 사람으로는 그가 으뜸일 것이다.

그는 말하지 않고 잠자코 있기를 즐기며 스스로 거두는 사람이다. 만약 그가 이 대중이 잠자코 있는 줄을 알면 그가 기꺼이 여기로 올 것이다."

이에 배움 다른 이의 스승 '성냄 없는 이'는 대중을 잠자코 있게 하고 스스로도 잠자코 있었다.

여래의 '스스로 고요하심'과 '꾸며 짓는 말 없음'을 가려 보이자 세존을 비방함

그때 '진실한 뜻' 거사는 배움 다른 이의 스승 '성냄 없는 이'가 있는 곳으로 가서 서로 문안하고 물러나 한쪽에 앉았다. '진실한 뜻' 거사는 말하였다.

" '성냄 없는 이'여, 우리 붇다 세존께서는 일 없는 곳인 숲이나 나무 밑에 계시고, 또는 높은 바위에 계시면서 고요하여 소리가 없고, 멀리 떠나 악이 없으며, 또한 사람도 없는 데서 편히 따라 좌선하십니다.

이런 붇다 세존은 이와 같은 분이시니, 곧 일 없는 곳인 숲이나 나무 밑에 계시고, 높은 바위에 계시면서 고요하여 소리가 없고, 멀리 떠나 악이 없으며, 사람이 없는 데서 편히 따라 좌선하시고, 멀리 떠난 곳에 계시면서 늘 좌선하기를 즐기어 안온하고 즐거우십니다.

붇다 세존께서 하루 낮 하룻밤 동안 같이 모아 함께 모인다 해도, 그대의 오늘 일과 그대의 권속들과는 처음부터 같지 않소."

이에 배움 다른 이의 스승 '성냄 없는 이'가 말하였다.

"거사여, 그만두시오. 그대가 무엇으로 알 수 있겠소? 사문 고타마의 빈 지혜[空慧]의 해탈이라면 말할 것도 없소. 어쩌다 서로 맞기도 하고[相應] 서로 맞지 않기도 하고, 따르기도 하고 따르지 않기도 하오.

저 사문 고타마는 가장자리[邊]로 가서 가장자리에 이르고, 가장자리를 즐겨하여 가장자리에 이르며, 가장자리에 머무르고 가장자리에 이르오. 마치 애꾸눈 소가 가장자리 땅에서 먹이를 먹을 때 가장자리로 가서 가장자리에 이르고, 가장자리를 즐겨하여 가장자리에 이르며, 가장자리에 머무르고 가장자리에 이르는 것과 같이 저 사문 고타마도 다시 이와 같소.

거사여, 만약 저 사문 고타마가 이 대중에게 온다면 나는 한바탕 논의로 그를 깔아 없애 마치 빈 병을 놀리듯 할 것이오. 그리고 그에게 '애꾸눈 소의 비유'를 말해주겠소."

이에 배움 다른 이의 스승 '성냄 없는 이'는 자기 대중들에게 말하였다.

"여러 어진 이들이여, 사문 고타마가 이 대중 가운데 오게 되어, 만약 반드시 오더라도 그대들은 공경하여 자리에서 일어나 그를 향해 두 손 맞잡지 말고 앉기를 청하지도 말라.

미리 한 자리를 남겨두었다가 그가 여기에 오거든 이렇게 말하라. '고타마시여, 자리가 있으니 앉고 싶으면 마음대로 하시오.' "

그때 세존께서는 좌선하고 계시다가 사람 귀보다 빼어난 깨끗한 하늘귀[天耳]로써 '진실한 뜻' 거사가 배움 다른 이의 스승 '성냄 없는 이'와 이와 같이 같이 논의함을 들으시고 해질녘 곧 좌선에서 일어나 우둠바라 숲에 있는 배움 다른 이들의 동산으로 가셨다.

싫어하는 행 떠나는 고행에 대해 낱낱이 분별해 보이심

배움 다른 이의 스승 '성냄 없는 이'는 멀리서 세존께서 오시는 것을 보고 곧 자리에서 일어나, 옷 한 자락을 벗어 메고 두 손 맞잡고 붇다를 향해 찬탄하여 말하였다.

"잘 오셨습니다. 사문 고타마시여, 오랫동안 여기 오시지 않으셨습니다. 이 자리에 앉으시길 바랍니다."

그때 세존께서는 이렇게 생각하셨다.

'이 어리석은 사람은 스스로 그 다짐을 어기는구나.'

세존께서는 그런 줄 아시고도 곧 그 자리에 앉으셨다. 배움 다른 이의 스승 '성냄 없는 이'는 곧 세존과 서로 문안한 뒤에 물러나 한쪽에 앉았다. 세존께서 물으셨다.

" '성냄 없는 이'여, 앞에 거사와 무슨 일을 의논하였으며, 무엇 때문에 여기 모여 앉았소?"

배움 다른 이의 스승 '성냄 없는 이'는 대답하였다.

"고타마시여, 저희들은 이렇게 생각하였습니다.

'사문 고타마는 어떤 법이 있어 제자를 가르치고, 제자가 가르침을 받은 뒤에는 안온을 얻게 하며, 그 몸과 목숨이 다하도록 범행을 깨끗이 닦게 하고, 또 남을 위하여 말해주는가?'

고타마시여, 앞에 '진실한 뜻' 거사와 이와 같음을 의논하였고 이것 때문에 여기 모여 앉았습니다."

'진실한 뜻' 거사는 그의 말을 듣고는 곧 이렇게 생각하였다.

'이 배움 다른 이의 스승 '성냄 없는 이'는 이상하다, 거짓말까지 하다니. 왜 그런가? 붇다의 얼굴 앞에서 세존을 속이고 있다.'

세존께서는 그것을 이미 아시고서 곧 말씀하셨다.

"'성냄 없는 이'여, 내 법은 깊고 깊어서[我法甚深] 아주 기이하고 아주 빼어나, 깨닫기도 어렵고 알기도 어려우며, 보기도 어렵고 얻기도 어렵소.

곧 내 제자를 가르치면 제자는 가르침을 받은 뒤에는 몸과 목숨이 다하도록 범행을 깨끗이 닦고, 또한 남을 위하여 말하오.

'성냄 없는 이'여, 만약 그대 스승의 가르침에서 알 수 없는 미워할 악한 행을 그대는 내게 물으시오. 내 반드시 잘 대답하여 그대의 뜻에 들도록 하겠소."

이에 어지럽던 배움 다른 무리들이 소리를 같이하여 함께 크고 높은 소리를 외쳤다.

"사문 고타마께서는 매우 기이하고 매우 빼어나시며, 크고 자재한 신통[大如意足]이 있고 큰 위덕[大威德]이 있으며, 큰 복[大福]

이 있고 큰 위신[大威神]이 있다. 왜냐하면 자기의 주장을 버리고 남의 주장으로 사람들의 물음에 따라 대답하기 때문이다."

이에 배움 다른 이의 스승 '성냄 없는 이'는 자기 대중들을 조용히 하도록 분부한 뒤에 물었다.

"고타마시여, 알 수 없는 미워할 행은 어떻게 하면 갖출 수 있고, 어떻게 하면 갖출 수 없습니까?"

세존께서 대답하셨다.

" '성냄 없는 이'여, 어떤 사문·브라마나는 알몸으로 옷이 없이 손으로 옷을 삼거나, 나뭇잎으로 옷을 삼거나, 구슬로 옷을 삼소.

또는 병으로 물을 뜨지 않거나, 바가지로 물을 뜨지 않기도 하며, 칼과 몽둥이로 뺏은 먹을거리를 먹지 않고, 속여서 얻은 먹을거리를 먹지 않으며, 청하지 않는 데는 스스로 가지 않고 소식을 보내지도 않소. 와서 존중함을 구하지 않고 존중함을 좋아하지 않으며, 존중함에 머물지도 않소.

만약 두 사람이 먹으면 그 가운데서 먹지 않고, 아기 밴 집에서 먹지 않으며, 개를 기르는 집에서 먹지 않소.

만약 집에 똥파리가 날아오면 곧 먹지 않소. 물고기를 먹지 않고 짐승고기를 먹지 않으며, 술을 마시지 않고 나쁜 물을 마시지 않으며, 도무지 마실 것이 없으면 마심이 없는 행을 배우오.

때로 한 입을 먹고는 한 입으로 만족하고, 둘 셋 넷 내지 일곱 입을 먹고는 일곱 입으로 만족하며, 한 번 얻어먹고는 한 번 먹음으로 만족하고, 둘 셋 넷 나아가 일곱 번 얻어먹고는 일곱 번 먹음으로 만족하오.

때로 하루에 한 번 먹고는 한 번으로 만족하고, 이틀 사흘 나흘 닷새 엿새 이레나 보름, 한 달에 한 번 먹고는 한 번 먹음으로 만족하오.

채소를 먹거나 피[稗子]를 먹으며, 기장을 먹거나 잡보리를 먹으며, 두두라(duddula, 頭頭邏) 쌀로 지은 밥을 먹고 거친 밥을 먹소.

때로 일 없는 곳으로 가서 일 없이 지내며, 뿌리를 먹거나 열매를 먹되 저절로 떨어진 열매를 먹소.

이어 붙인 옷을 입고 털옷을 입으며, 두사 옷[頭舍衣]을 입고 털두사 옷[毛頭舍衣]을 입으며, 통가죽 옷[全皮]을 입거나 뚫은 가죽 옷[穿皮]을 입으며, 통으로 된 뚫은 가죽 옷[全穿皮]을 입소.

머리를 흩트리거나 머리를 땋기도 하고 흩트리고 땋기도 하오. 머리를 깎거나 수염을 깎고 수염과 머리를 모두 깎기도 하오.

머리를 뽑거나 수염을 뽑고 머리와 수염을 모두 뽑기도 하오.

또는 꼿꼿이 서서 앉음을 끊고 앉은 걸음을 닦으며, 가시 위에 누워 가시로 자리를 삼고, 열매에 누워 열매로 자리를 삼소.

또는 물을 섬겨 밤낮으로 손으로 긷고, 불을 섬겨 저녁이 다하도록 불을 태우며, 또는 해와 달의 높은 신[尊祐大德]을 섬겨 손을 마주잡고 해와 달을 향하오.

그는 이와 같은 행으로 한량없는 고통을 받으면서 번거롭고 뜨거운 행을 배우오..

'성냄 없는 이'여, 어떻게 생각하오? 알 수 없는 미워할 행이 이와 같으니, 이는 갖춤이 되오 갖추지 못한 것이오?"

배움 다른 이의 스승 '성냄 없는 이'가 대답하였다.

"고타마시여, 이와 같음이 알 수 없는 미워할 행이니, 갖춘 것이고 갖추지 못한 것이 아닙니다."

고행을 갖춘 자도 한량없는 더러움에 물듦을 보이심

세존께서 다시 말씀하셨다.

"'성냄 없는 이'여, 나는 그대를 위하여, 이 알 수 없는 미워할 행을 갖춘 자도 한량없는 더러움에 물듦을 말해주겠소."

배움 다른 이의 스승 '성냄 없는 이'가 여쭈었다.

"고타마시여, 어떻게 저를 위해 이 알 수 없는 미워할 행을 갖춘 자도 한량없는 더러움에 물듦을 말씀하시렵니까?"

세존께서는 말씀하셨다.

"'성냄 없는 이'여, 어떤 깨끗한 고행자[淸苦行者]가 고행하는데, 이 깨끗한 고행자는 고행으로 말미암아 나쁜 욕심이 있고 욕심을 생각하오.

'성냄 없는 이'여, 만약 어떤 깨끗한 고행자가 고행하고, 이 고행으로 말미암아 나쁜 욕심이 있고 욕심을 생각한다면, 이것을 '성냄 없는 이'여, 고행을 행하는 자의 더러움이라 하오.

다시 '성냄 없는 이'여, 어떤 깨끗한 고행자가 고행하는데, 이 깨끗한 고행자는 고행으로 말미암아 햇빛을 우러러보고 해의 기운을 빨아먹소.

'성냄 없는 이'여, 만약 어떤 깨끗한 고행자가 고행하고, 이 깨끗한 고행자가 고행으로 말미암아 햇빛을 우러러보고 해의 기운을 빨아먹으면, 이것을 고행을 행하는 자의 더러움이라 하오.

다시 '성냄 없는 이'여, 어떤 깨끗한 고행자가 고행하는데, 이 깨끗한 고행자는 고행으로 말미암아 스스로 높은 체하며, 깨끗한 고행자가 고행을 마친 뒤에는 마음이 곧 얽매여 집착하오.

'성냄 없는 이'여, 만약 어떤 깨끗한 고행자가 고행하고, 이 깨끗한 고행자가 고행으로 말미암아 스스로 높은 체하며, 깨끗한 고행자가 고행을 마친 뒤에는 마음이 곧 얽매여 집착한다면, 이것을 '성냄 없는 이'여, 고행을 행하는 자의 더러움이라 하오.

다시 '성냄 없는 이'여, 어떤 깨끗한 고행자가 고행하는데, 이 깨끗한 고행자는 고행으로 말미암아 스스로를 귀하게 여기고 남은 천하게 여기오.

'성냄 없는 이'여, 만약 어떤 깨끗한 고행자가 고행하고, 이 깨끗한 고행자가 고행으로 말미암아 스스로는 귀하게 여기고 남은 천하게 여긴다면, 이것을 고행하는 자의 더러움이라 하오.

또 '성냄 없는 이'여, 어떤 깨끗한 고행자가 고행하는데, 이 깨끗한 고행자는 고행으로 말미암아 집집마다 다니면서 스스로를 일컬어 '나는 맑은 괴로움을 행하며 나의 행은 매우 어렵다'고 말하오.

'성냄 없는 이'여, 만약 어떤 깨끗한 고행자가 고행하고, 이 깨끗한 고행자가 고행으로 말미암아 집집마다 다니면서 스스로를 일컬어 '나는 맑은 괴로움을 행하며 나의 행은 매우 어렵다'고 말한다면, 이것을 고행을 행하는 자의 더러움이라 하오.

다시 '성냄 없는 이'여, 어떤 깨끗한 고행자가 고행하는데, 이 깨끗한 고행자는 고행으로 말미암아 만약 어떤 사문·브라마나가 남의 존경과 공양과 받들어 섬김을 받는 것을 보면, 곧 질투를 일으켜 이렇게 말하오.

'무엇 때문에 저 사문·브라마나를 존경하고 공양하며 받들어 섬기는가? 반드시 나를 존경하고 공양하며 받들어 섬겨야 할 것이다. 왜냐하면 나는 고행을 행하기 때문이다.'

'성냄 없는 이'여, 만약 어떤 깨끗한 고행자가 고행을 행하고, 이 깨끗한 고행자가 고행으로 말미암아 만약 어떤 사문·브라마나가 남의 존경과 공양과 받들어 섬김을 받는 것을 보면, 곧 질투를 일으켜 이렇게 말한다고 합시다.

'무엇 때문에 저 사문·브라마나를 존경하고 공양하며 받들어 섬기는가? 반드시 나를 존경하고 공양하며 받들어 섬겨야 할 것이다. 왜냐하면 나는 고행을 행하기 때문이다.'

그러면 '성냄 없는 이'여, 이것을 고행을 행하는 자의 더러움이라 하오.

또 '성냄 없는 이'여, 어떤 깨끗한 고행자가 고행하는데, 이 깨끗한 고행자는 고행으로 말미암아 만약 어떤 사문·브라마나가 남의 존경과 공양과 받들어 섬김을 받는 것을 보면, 곧 이 사문·브라마나를 얼굴 맞대 꾸짖어 말하오.

'무엇 때문에 존경과 공양과 받들어 섬김을 받는가? 너는 욕심이 많고 구함이 많으며 늘 뿌리씨앗·줄기씨앗·열매씨앗·마디씨앗·씨씨앗의 다섯 가지를 먹는다. 마치 퍼붓는 비가 오곡 씨앗을 많이 해치고 짐승과 사람들을 흔들어 어지럽게 하는 것과 같다. 이와 같이 너희 사문·브라마나들이 남의 집에 자주 들어가는 것 또한 이와 같다.'

'성냄 없는 이'여, 어떤 깨끗한 고행자가 고행을 행하는데, 이 고행자는 고행으로 말미암아 만약 어떤 사문·브라마나가 남의 존경과 공양과 받들어 섬김을 받는 것을 보고 곧 이 사문·브라마나를 얼굴 맞대 꾸짖어 이렇게 말한다 합시다.

'무엇 때문에 존경과 공양과 받들어 섬김을 받는가? 너는 욕심이 많고 구함이 많으며 늘 뿌리씨앗·줄기씨앗·열매씨앗·마디씨앗·

씨씨앗의 다섯 가지를 먹는다. 마치 퍼붓는 비가 오곡 씨앗을 많이 해치고 짐승과 사람들을 흔들어 어지럽게 하는 것과 같다. 이와 같이 너희 사문·브라마나들이 남의 집에 자주 들어가는 것 또한 이와 같다.'

그러면 '성냄 없는 이'여, 이것을 고행을 행하는 자의 더러움이라 하오.

또 '성냄 없는 이'여, 어떤 깨끗한 고행자가 고행하는데, 이 깨끗한 고행자는 고행으로 말미암아 시름과 어리석음, 두려움과 무서움, 몰래하는 행과 의심, 좋은 이름을 잃어버림, 탐욕함, 방일함이 있소.

'성냄 없는 이'여, 만약 어떤 깨끗한 고행자가 고행하는데, 이 깨끗한 고행자는 고행으로 말미암아 시름과 어리석음, 두려움과 무서움, 몰래하는 행과 의심, 좋은 이름을 잃어버림, 탐욕함, 방일함이 있으면, 이것을 '성냄 없는 이'여, 고행을 행하는 자의 더러움이라 하오.

또 '성냄 없는 이'여, 어떤 깨끗한 고행자가 고행하는데, 이 깨끗한 고행자가 고행으로 말미암아 몸이라는 견해[身見]·치우친 견해[邊見]·삿된 견해[邪見]·견해를 취함[見取]·하기 어렵다 함[難爲]을 내어 뜻에 절도와 한계가 없으면, 모든 사문·브라마나들에게 통할 법도 통하지 못하게 되오.

'성냄 없는 이'여, 만약 어떤 깨끗한 고행자가 고행하는데, 이 깨끗한 고행자가 고행으로 말미암아 몸이라는 견해·치우친 견해·삿된 견해·견해를 취함·하기 어렵다 함을 내어 뜻에 절도와 한계가 없으면, 모든 사문·브라마나들에게 통할 법도 통하지 못하게 되니, 이것을 '성냄 없는 이'여, 고행을 행하는 자의 더러움이라고 하오.

또 '성냄 없는 이'여, 어떤 깨끗한 고행자가 고행하는데, 이 깨끗한 고행자는 고행으로 말미암아 성냄과 얽맴·말하지 않는 맺음·아낌·질투·아첨·속임이 있고, 스스로 부끄러워함과 남에 대한 부끄러움이 없소.

'성냄 없는 이'여, 만약 어떤 깨끗한 고행자가 고행하는데, 이 깨끗한 고행자는 고행으로 말미암아 성냄과 얽맴·말하지 않는 맺음·아낌·질투·아첨·속임이 있고, 스스로 부끄러워함과 남에 대한 부끄러움이 없으면, 이것을 '성냄 없는 이'여, 고행을 행하는 자의 더러움이라 하오.

다시 '성냄 없는 이'여, 어떤 깨끗한 고행자가 고행하는데, 이 깨끗한 고행자는 고행으로 말미암아 거짓말과 두말·거친 말·꾸밈말을 하여 나쁜 계를 갖추오.

'성냄 없는 이'여, 만약 어떤 깨끗한 고행자가 고행하는데, 이 깨끗한 고행자는 고행으로 말미암아 거짓말과 두말·거친 말·꾸밈말을 하여 나쁜 계를 갖추면, 이것을 고행을 행하는 자의 더러움이라 하오.

또 '성냄 없는 이'여, 어떤 깨끗한 고행자가 고행하는데, 이 깨끗한 고행자는 고행으로 말미암아 믿지 않고 게으르며, 바른 생각[正念]과 바른 지혜[正智]가 없고 나쁜 지혜[惡慧]가 있소.

'성냄 없는 이'여, 만약 어떤 깨끗한 고행자가 고행을 행하는데, 이 깨끗한 고행자는 고행으로 말미암아 믿지 않고 게으르며, 바른 생각과 바른 지혜가 없고 나쁜 지혜가 있으면, 이것을 '성냄 없는 이'여, 고행을 행하는 자의 더러움이라 하오.

'성냄 없는 이'여, 내가 그대를 위하여 이 알 수 없는 미워할 행을 갖춘 자도 한량없는 더러움에 물듦을 말한 것이 아니오?"

배움 다른 이의 스승 '성냄 없는 이'가 대답하였다.

"그렇습니다, 고타마시여. 저를 위하여 이 알 수 없는 미워할 행을 갖춘 자도 한량없는 더러움에 물듦을 말씀하셨습니다."

고행 가운데 더러움에 물들지 않음을 보이심

"'성냄 없는 이'여, 나는 다시 그대를 위하여 이 알 수 없는 미워할 행을 갖춘 자가 한량없는 더러움에 물들지 않는 것도 말하겠소."

배움 다른 이의 스승 '성냄 없는 이'가 다시 여쭈었다.

"어떻게 고타마께서는 저를 위하여 이 알 수 없는 미워할 행을 갖춘 자라도 한량없는 더러움에 물들지 않음을 말씀하시겠습니까?"

세존께서 대답하셨다.

"'성냄 없는 이'여, 어떤 깨끗한 고행자가 고행하는데, 이 깨끗한 고행자는 고행으로 말미암아 나쁜 욕심이 없고 욕심을 생각하지 않소.

'성냄 없는 이'여, 만약 어떤 깨끗한 고행자가 고행을 행하고, 이 깨끗한 고행자가 고행으로 말미암아 나쁜 욕심이 없고 욕심을 생각하지 않으면, 이것을 '성냄 없는 이'여, 고행을 행하는 자의 더러움 없음이라 하오.

또 '성냄 없는 이'여, 어떤 깨끗한 고행자가 고행하는데, 이 깨끗한 고행자는 고행으로 말미암아 햇빛을 우러러보지 않고 해의 기운을 먹지 않소.

'성냄 없는 이'여, 만약 어떤 깨끗한 고행자가 고행하고, 이 깨끗한 고행자가 고행으로 말미암아 햇빛을 우러러보지 않고 해의 기운을 먹지 않으면, 이것을 '성냄 없는 이'여, 고행을 행하는 자의 더러움 없음이라 하오.

또 '성냄 없는 이'여, 어떤 깨끗한 고행자가 고행하는데, 이 깨끗한 고행자는 고행으로 말미암아 높은 체하지 않으며, 이 깨끗한 고행자는 고행을 마친 뒤에도 마음이 얽매이지 않소.

'성냄 없는 이'여, 만약 어떤 깨끗한 고행자가 고행하고, 이 깨끗한 고행자가 고행으로 말미암아 높은 체하지 않으며, 깨끗한 고행자가 고행을 마친 뒤에도 마음이 얽매이지 않으면, 이것을 '성냄 없는 이'여, 고행을 행하는 자의 더러움 없음이라 하오.

또 '성냄 없는 이'여, 어떤 깨끗한 고행자가 고행하는데, 이 깨끗한 고행자는 고행으로 말미암아 스스로를 귀하게 여기지도 않고 남을 천하게 여기지도 않소.

'성냄 없는 이'여, 만약 어떤 깨끗한 고행자가 고행하고, 이 깨끗한 고행자가 고행으로 말미암아 스스로를 귀하게 여기지도 않고 남을 천하게 여기지도 않으면, 이것을 '성냄 없는 이'여, 고행을 행하는 자의 더러움 없음이라 하오.

또 '성냄 없는 이'여, 어떤 깨끗한 고행자가 고행하는데, 이 깨끗한 고행자는 고행으로 말미암아 집집마다 다니면서 스스로를 일컬어 '나는 맑은 괴로움을 행한다. 나의 행은 매우 어렵다'고 말하지 않소.

'성냄 없는 이'여, 만약 어떤 깨끗한 고행자가 고행하고, 이 깨끗한 고행자가 고행으로 말미암아 집집마다 다니면서 스스로를 일컬어 '나는 맑은 괴로움을 행한다. 나의 행은 매우 어렵다'고 말하지 않는다면, '성냄 없는 이'여, 이것을 고행을 행하는 자의 더러움 없음이라 하오.

또 '성냄 없는 이'여, 어떤 깨끗한 고행자가 고행하는데, 이 깨끗한 고행자는 고행으로 말미암아 만약 어떤 사문·브라마나가 남의 존경과 공양과 받들어 섬김을 받는 것을 보고도 질투를 일으켜 이렇게 말하지 않소.

'무엇 때문에 저 사문·브라마나를 존경하고 공양하며 받들어 섬기는가? 반드시 나를 존경하고 공양하며 받들어 섬겨야 할 것이다. 왜냐하면 나는 고행을 행하기 때문이다.'

'성냄 없는 이'여, 만약 어떤 깨끗한 고행자가 고행하고, 이 깨끗한 고행자가 고행으로 말미암아 만약 어떤 사문·브라마나가 남의 존경과 받들어 섬김을 받는 것을 보고도 질투를 일으켜 다음과 같이 말하지 않는다 합시다.

'무엇 때문에 저 사문·브라마나를 존경하고 공양하며 받들어 섬기는가? 반드시 나를 존경하고 공양하며 받들어 섬겨야 할 것이다. 왜냐하면 나는 고행을 행하기 때문이다.'

그러면 이것을 '성냄 없는 이'여, 고행을 행하는 자의 더러움 없음이라 하오.

또 '성냄 없는 이'여, 어떤 깨끗한 고행자가 고행하는데, 이 깨끗한 고행자는 고행으로 말미암아 만약 어떤 사문·브라마나가 남의 존경과 공양과 받들어 섬김을 받는 것을 보면, 이 사문·브라마나를 얼굴 맞대 이렇게 꾸짖어 말하지 않소.

'무엇 때문에 존경과 공양과 받들어 섬김을 받는가? 너는 욕심이 많고 구하는 것도 많아 늘 뿌리씨앗·줄기씨앗·열매씨앗·마디씨앗·씨씨앗 따위의 다섯 가지를 먹는다.

마치 퍼붓는 비가 오곡 씨앗을 많이 해치고 짐승과 사람들을 흔들어 어지럽게 하는 것과 같다. 이와 같이 너희 사문·브라마나들이 남의 집에 자주 들어가는 것도 또한 이와 같다.'

'성냄 없는 이'여, 만약 어떤 깨끗한 고행자가 고행하고, 이 깨끗한 고행자가 고행으로 말미암아 어떤 사문·브라마나가 남의 존경과 공양과 받들어 섬김을 받는 것을 보고도 이 사문·브라마나를 얼굴 맞대 다음처럼 꾸짖어 말하지 않는다 합시다.

'무엇 때문에 존경과 공양과 받들어 섬김을 받는가? 너는 욕심이 많고 구하는 것도 많아 늘 뿌리씨앗·줄기씨앗·열매씨앗·마디씨앗·씨씨앗 따위의 다섯 가지를 먹는다.

마치 퍼붓는 비가 오곡 씨앗을 많이 해치고 짐승과 사람들을 흔들어 어지럽게 하는 것과 같다. 이와 같이 너희 사문·브라마나들이 남의 집에 자주 들어가는 것 또한 이와 같다.'

그러면 이것을 '성냄 없는 이'여, 고행을 행하는 자의 더러움 없음이라 하오.

또 '성냄 없는 이'여, 어떤 깨끗한 고행자가 고행하는데, 이 깨끗한 고행자는 고행으로 말미암아 시름과 어리석음, 두려움과 무서움, 몰래하는 행과 의심, 좋은 이름을 잃어버림, 탐욕함, 방일함이 없소.

'성냄 없는 이'여, 만약 어떤 깨끗한 고행자가 고행하고, 이 깨끗한 고행자가 고행으로 말미암아 시름과 어리석음, 두려움과 무서움,

몰래하는 행과 의심, 좋은 이름을 잃어버림, 탐욕함, 방일함이 없으면, 이것을 '성냄 없는 이'여, 고행을 행하는 자의 더러움 없음이라 하오.

또 '성냄 없는 이'여, 어떤 깨끗한 고행자가 고행하는데, 이 깨끗한 고행자는 고행으로 말미암아 몸이라는 견해·치우친 견해[邊見]·삿된 견해[邪見]·견해를 취함[見取]을 내지 않고 하기 어렵다[難爲] 하지 않고, 뜻에 절도와 한계가 있어 모든 사문·브라마나들에게 통할 수 있는 법으로 통하게 되오.

'성냄 없는 이'여, 만약 어떤 깨끗한 고행자가 고행하는데, 이 깨끗한 고행자가 고행으로 말미암아 몸이라는 견해·치우친 견해·삿된 견해·견해를 취함을 내지 않고 하기 어렵다 하지 않고 뜻에 절도와 한계가 있어, 모든 사문·브라마나들에게 통할 수 있는 법으로 통하게 된다면, 이것을 '성냄 없는 이'여, 고행을 행하는 자의 더러움 없음이라 하오.

또 '성냄 없는 이'여, 어떤 깨끗한 고행자가 고행하는데, 이 깨끗한 고행자는 고행으로 말미암아 성냄과 얽맴·말하지 않는 맺음·아낌·질투·아첨·속임이 없고, 스스로 부끄러워함과 남에 대한 부끄러움이 있소.

'성냄 없는 이'여, 만약 어떤 깨끗한 고행자가 고행하는데, 이 깨끗한 고행자는 고행으로 말미암아 성냄과 얽맴·말하지 않는 맺음·아낌·질투·아첨·속임이 없고, 스스로 부끄러워함과 남에 대한 부끄러움이 있으면, 이것을 '성냄 없는 이'여, 고행을 행하는 자의 더러움 없음이라 하오.

또 '성냄 없는 이'여, 어떤 깨끗한 고행자가 고행하는데, 이 깨끗한 고행자는 고행으로 말미암아 거짓말과 두말·거친 말·꾸밈말을 하지 않고 나쁜 계를 갖추지 않소.

'성냄 없는 이'여, 만약 어떤 깨끗한 고행자가 고행하는데, 이 깨끗한 고행자는 고행으로 말미암아 거짓말과 두말·거친 말·꾸밈말을 하지 않고 나쁜 계를 갖추지 않으면, 이것을 '성냄 없는 이'여, 고행을 행하는 자의 더러움 없음이라 하오.

또 '성냄 없는 이'여, 어떤 깨끗한 고행자가 고행하는데, 이 깨끗한 고행자는 고행으로 말미암아 믿고 게으르지 않으며, 바른 생각과 바른 지혜가 있고 나쁜 지혜가 없소.

'성냄 없는 이'여, 만약 어떤 깨끗한 고행자가 고행을 행하는데 이 깨끗한 고행자는 고행으로 말미암아 믿고 게으르지 않으며, 바른 생각과 바른 지혜가 있고 나쁜 지혜가 없으면, 이것을 '성냄 없는 이'여, 고행을 행하는 자의 더러움 없음이라 하오.

'성냄 없는 이'여, 내가 그대를 위하여, 이 알 수 없는 미워할 행을 갖춘 자라도 한량없는 더러움에 물들지 않음을 말한 것이 아니오?"

배움 다른 이의 스승 '성냄 없는 이'가 대답하였다.

"그렇습니다, 고타마시여. 저를 위하여, 이 알 수 없는 미워할 행을 갖춘 자라도 한량없는 더러움에 물들지 않음을 말씀하셨습니다."

치우친 고행이 진실이 될 수 없고
껍질과 마디만 얻을 수 있음을 보이심

배움 다른 이의 스승 '성냄 없는 이'가 물었다.

"고타마시여, 이 알 수 없는 미워할 행도 으뜸이 되고 진실이 될 수 있습니까?"

세존께서 대답하셨다.

"'성냄 없는 이'여, 이 알 수 없는 미워할 행은 으뜸이 될 수 없고 진실이 될 수 없소. 그러나 두 가지를 얻을 수 있으니, 그것은 껍질[皮]을 얻고, 마디[節]를 얻는 것이오."

배움 다른 이의 스승 '성냄 없는 이'가 다시 물었다.

"고타마시여, 어떻게 이 알 수 없는 미워할 행이 겉껍질[表皮]을 얻습니까?"

세존께서는 대답하셨다.

"'성냄 없는 이'여, 여기 어떤 사문·브라마나는 네 가지 행[四行]을 행하오. 곧 산목숨을 죽이지 않고, 산목숨을 죽이게 하지 않으며, 산목숨을 죽이는 데 함께하지 않는 것이오.

도둑질하지 않고, 도둑질하게 하지 않으며, 도둑질하는 데 함께하지 않는 것이오.

남의 여자를 취하지 않고, 남의 여자를 취하게 하지 않으며, 남의 여자를 취하는 데 함께하지 않는 것이오.

거짓말하지 않고, 거짓말을 하게 하지 않으며, 거짓말하는 데 함께하지 않는 것이오.

그는 이 네 가지 행을 행하여 즐거워하면서도 더 나아가지 못해도 사랑[慈]과 함께하여 일방을 두루 채워 성취하여 노니오.

이와 같이 이·삼·사방과 네 모서리·위아래를 다 가득 채우고, 널리 온갖 곳에 두루하오. 사랑과 함께하여 맺음도 없고 원한도 없으며, 성냄도 없고 다툼도 없이 지극히 넓고 매우 크고 한량없이 잘 닦아, 온갖 세간을 두루 채워 성취하여 노니오.

이와 같이 슬피 여김[悲]과 기뻐함[喜] 또한 그러하오.

다시 마음이 평정함[捨]과 함께하여 맺음도 없고 원한도 없으며, 성냄도 없고 다툼도 없이 지극히 넓고 매우 크고 한량없이 잘 닦아, 온갖 세간을 두루 채워 성취하여 노니오.

'성냄 없는 이'여, 어떻게 생각하오? 이렇게 하면 이 알 수 없는 미워할 행이 겉껍질[表皮]을 얻을 수 있겠소?"

'성냄 없는 이'가 대답하였다.

"고타마시여, 이렇게 하면 이 알 수 없는 미워할 행이 겉껍질을 얻을 수 있을 것입니다. 고타마시여, 어떻게 해야 이 알 수 없는 미워할 행이 마디를 얻겠습니까?"

세존께서 대답하셨다.

"'성냄 없는 이'여, 어떤 사문·브라마나는 네 가지 행을 행하오. 곧 산목숨을 죽이지 않고, 산목숨을 죽이게 하지 않으며, 산목숨을 죽이는 데 함께하지 않는 것이오.

도둑질하지 않고, 도둑질하게 하지 않으며, 도둑질하는 데 함께하지 않는 것이오.

남의 여자를 취하지 않고, 남의 여자를 취하게 하지 않으며, 남의 여자를 취하는 데 함께하지 않는 것이오.

거짓말하지 않고, 거짓말을 하게 하지 않으며, 거짓말하는 데 함께하지 않는 것이오.

그는 이 네 가지 행을 행하여 즐거워하면서도 더 나아가지 못해도, 그는 지어감[行]이 있고 모습[相貌]이 있어 한량없는 옛날 본디 지내옴[經歷]을 기억하오. 그리하여 다음 같은 일을 기억하오.

'한 생·두 생·백 생·천 생과 이루는 겁[成劫] 사라지는 겁[敗劫]

과 한량없는 이루고 사라지는 겁 동안 그 중생의 이름은 누구였고, 그가 다시 이와 같이 지냈으며, 나는 일찍이 거기서 나서 이와 같은 성과 이와 같은 이름으로써 이와 같이 태어나고 이와 같이 먹었다.

이와 같이 괴로움과 즐거움을 받고 이와 같이 오래 살았으며, 이와 같이 오래 머물렀고, 이와 같이 목숨을 마쳤으며, 여기서 죽어 저기 태어나고, 저기서 죽어 여기 태어났다.'

다시 또 이렇게 기억하오.

'나는 거기에 태어나서도 이와 같은 성과 이와 같은 이름으로써 이와 같이 태어나고 이와 같이 먹었으며, 이와 같이 괴로움과 즐거움을 받고 이와 같이 오래 살았으며, 이와 같이 오래 머물렀고 이와 같이 목숨을 마쳤다.'

'성냄 없는 이'여, 어떻게 생각하오? 이렇게 하면 이 알 수 없는 미워할 행이 마디를 얻겠소?"

'성냄 없는 이'가 대답하였다.

"고타마시여, 이렇게 하면 알 수 없는 미워할 행도 마디를 얻을 수 있을 것입니다."

고행하는 이가 하늘눈을 얻으면 진실에 나아갈 수 있음을 보이심

"고타마시여, 어떻게 해야 이 알 수 없는 미워할 행이 으뜸이 되고 진실이 될 수 있겠습니까?"

세존께서 대답하셨다.

"'성냄 없는 이'여, 어떤 사문·브라마나는 네 가지 행을 행하오. 곧 산목숨을 죽이지 않고, 산목숨을 죽이게 하지 않으며, 산목숨을 죽이는 데 함께하지 않는 것이오.

도둑질하지 않고, 도둑질하게 하지 않으며, 도둑질하는 데 함께하지 않는 것이오.

남의 여자를 취하지 않고, 남의 여자를 취하게 하지 않으며, 남의 여자를 취하는 데 함께하지 않는 것이오.

거짓말하지 않고, 거짓말하게 하지 않으며, 거짓말하는 데 함께하지 않는 것이오.

그는 이 네 가지 행을 행하여 즐거워하면서 더 나아가지 못해도 그는 사람보다 뛰어난 청정한 하늘눈으로 이 중생들의 죽는 때와 나는 때, 좋은 빛깔과 나쁜 빛깔, 묘하고 묘하지 않은 것과 좋은 곳과 좋지 않은 곳으로 가고 오는 것을 보고, 이 중생들이 그 지은 업을 따른다는 것을 이렇게 진실 그대로 보오.

'만약 이 중생들이 몸의 악행과 입과 뜻의 악행을 성취하여, 성인을 헐뜯고 삿된 견해로써 삿된 견해의 업을 성취하면, 그는 이것의 인연으로 몸이 무너지고 목숨을 마친 뒤에는 반드시 나쁜 곳에 가서 지옥 가운데 태어날 것이다.

만약 이 중생이 몸의 묘한 행과 입과 뜻의 묘한 행을 성취하여, 성인을 헐뜯지 않고 바른 견해로써 바른 견해의 업을 성취하면, 그는 이것의 인연으로 몸이 무너지고 목숨을 마친 뒤에는 반드시 좋은 곳으로 올라가 하늘위에 태어날 것이다.'

'성냄 없는 이'여, 어떻게 생각하오? 이렇게 하면 이 알 수 없는 미워할 행도 으뜸이 되고 진실이 될 수 있겠소?"

'성냄 없는 이'가 대답하였다.

"고타마시여, 그렇습니다. 이 알 수 없는 미워할 행도 으뜸이 되고 진실이 될 수 있습니다."

세존의 제자들이 여래께 배우는 범행과 해탈의 행을 보이심

"고타마시여, 어떻게 이 알 수 없는 미워할 행으로 증득하여서 얻기 때문에 사문 고타마의 제자들이 사문 고타마를 의지해 범행을 행하는 것입니까?"

세존께서는 대답하셨다.

"'성냄 없는 이'여, 이 알 수 없는 미워할 행으로 말미암아 증득하기 때문에 나의 제자들이 나를 의지해 범행을 행하는 것은 아니오.

'성냄 없는 이'여, 다시 그것과는 다른 가장 높고 가장 묘하고 가장 빼어남이 있어, 그것으로 증득하기 때문에 나의 제자들은 나를 의지해 범행을 행하오."

이에 들떠 어지럽던 배움 다른 무리들이 높고 큰 소리를 내 말했다.

"그렇습니다, 그렇습니다. 그것으로 증득하기 때문에 사문 고타마의 제자들은 사문 고타마를 의지해 범행을 행하는 것입니다."

이때 배움 다른 이의 스승 '성냄 없는 이'는 스스로 자신의 대중들에게 잠자코 있도록 당부한 다음 붓다께 여쭈었다.

"고타마시여, 다시 다른 가장 높고 가장 묘하고 가장 빼어남이 있어서 그것으로 증득하기 때문에 사문 고타마의 제자는 사문 고타마를 의지해 범행을 행합니까?"

이에 세존께서는 대답하셨다.

"'성냄 없는 이'여, 만약 여래·집착이 없는 이·바르게 깨친 분·지혜와 행을 갖추신 분·잘 가신 이·세간을 잘 아시는 분·위없는 스승·법에 잘 이끄는 이·하늘과 사람의 스승으로, 붓다 세존이라 부르는 분이 세상에 나온다 합시다.

그러면 그는 다섯 덮음의 마음 그 더러움[五蓋心穢]과 지혜의 쇠

약함을 버리고, 탐욕을 여의며 악하여 착하지 않은 법을 여의고, 첫째 선정 나아가 넷째 선정을 성취하여 노니오.

그는 이미 이렇게 선정의 마음[定心]이 청정하여 더러움이 없고 번뇌가 없으며, 부드럽게 잘 머물러 움직이지 않는 마음[不動心]을 증득하고, 흐름 다한 지혜[漏盡智]의 신통에 나아가 증득하오.

그는 이 괴로움을 진실 그대로 알고, 이 괴로움 모아냄을 알며, 이 괴로움의 사라짐을 알고, 이 괴로움 없애는 길을 진실 그대로 아오.

또한 이 번뇌 흐름[漏]을 진실 그대로 알고, 이 번뇌 흐름의 모아냄을 알며, 이 번뇌 흐름의 사라짐을 알고, 이 번뇌 흐름 없애는 길을 진실 그대로 아오.

그는 이와 같이 알고 이와 같이 보아, 탐욕의 흐름[欲漏]에서 마음이 해탈하고, 존재의 흐름[有漏]과 무명의 흐름[無漏]에서 마음이 해탈하며, 해탈한 뒤에는 곧 해탈한 줄을 알아 태어남은 이미 다하고 범행은 이미 서고, 지을 바를 이미 지어 다시는 뒤의 있음을 받지 않음을 진실 그대로 아오.

'성냄 없는 이'여, 이것이 '다시 다른 것이 있어, 가장 높고 가장 묘하며 가장 빼어나 이것으로 증득하기 때문에 나의 제자들은 나를 의지해 범행을 행한다'는 것이오."

바깥길 수행자들의 스승을 꾸짖으시며 바른 지혜의 길에 이끄심

이에 '진실한 뜻' 거사는 말하였다.

"'성냄 없는 이'여, 세존께서 여기 계십니다. 그대는 이제 한바탕 논의로 쳐 없애 빈 병을 놀리듯 할 수 있으며, 애꾸눈 소가 가장자리에서 먹이를 먹는 것과 같다고 말해보시오."

세존께서는 들으시고 배움 다른 이의 스승 '성냄 없는 이'에게 말씀하셨다.

"그대는 참으로 이와 같이 말하였소?"

배움 다른 이의 스승 '성냄 없는 이'가 대답하였다.

"진실로 그렇게 했습니다, 고타마시여."

붇다께서 다시 물으셨다.

"'성냄 없는 이'여, 그대는 일찍이 장로 오래 배운 이들[舊學] 있는 곳에서 이와 같은 말을 들어보았소?

'과거의 여래·집착이 없는 이·바르게 깨친 분께서는 일 없는 곳인 숲이나 나무 밑, 높은 바위에 계시면서 고요하여 소리가 없고, 멀리 떠나 악이 없으며, 사람이 없는 곳에서 편히 떠나 좌선하셨다.

또 모든 붇다 세존께서도 일 없는 곳인 숲이나 나무 밑, 높은 바위에 계시면서 고요하여 소리가 없고, 멀리 떠나 악이 없으며, 사람이 없는 곳에서 편히 떠나 좌선하신다.'

그분들은 멀리 떠난 곳에 계시면서 늘 좌선하기를 즐기고 안온하고 즐거우며, 그분들은 처음부터 하루낮 하룻밤 함께 모아 같이 모이더라도 그대의 오늘 일이나 권속들과 같지 않소."

배움 다른 이의 스승 '성냄 없는 이'가 대답하였다.

"고타마시여, 저는 일찍이 장로 오래 배운 이들이 있는 곳에서 다음과 같이 들었습니다.

'과거의 여래·집착이 없는 이·바르게 깨친 분께서는 일 없는 곳인 숲이나 나무 밑, 높은 바위에 계시면서 고요하여 소리가 없고, 멀리 떠나 악이 없으며, 사람이 없는 곳에서 편히 떠나 좌선하셨다.

또 모든 붇다 세존께서도 일 없는 곳인 숲이나 나무 밑, 높은 바위

에 계시면서 고요하여 소리가 없고, 멀리 떠나 악이 없으며, 사람이 없는 곳에서 편히 떠나 좌선하신다.'

그분들은 멀리 떠난 곳에 계시면서 늘 좌선하기를 즐기고 안온하고 즐거우며, 그분들은 처음부터 하루낮 하룻밤 함께 모아 같이 모이더라도 저의 오늘 일이나 저의 권속들과 같지 않습니다."

" '성냄 없는 이'여, 그대는 이렇게 생각하지 않소?

'저 세존처럼 일 없는 곳인 숲이나 나무 밑, 높은 바위에 있으면서 고요하여 소리가 없고, 멀리 떠나 악이 없으며, 사람이 없는 데서 편히 떠나 좌선하자.

그는 멀리 떠난 곳에 있으면서 늘 좌선하기를 즐기며 안온하고 즐거우시다. 저 사문 고타마에게서 바른 깨달음[正覺]의 도를 배우자.'"

배움 다른 이의 스승 '성냄 없는 이'가 대답하였다.

"고타마시여, 제가 만약 알았다면 무엇 때문에 이와 같이 말했겠습니까.

'한바탕 논의로써 쳐 없애 빈 병을 놀리듯 할 것이고, 그에게 애꾸눈 소가 가장자리에서 먹이를 먹는 것과 같다고 말할 것이다.' "

세존께서 말씀하셨다.

" '성냄 없는 이'여, 나에게는 지금 법이 있어 착함과 착함에 서로 맞소. 그것은 저 해탈의 구절이니, 이로써 증득할 수 있소. 여래는 이로써 스스로 두려움이 없음을 말하오.

여러 비구들은 내 제자가 된 뒤로는 아첨이 없고 속이지 않으며, 순박하고 곧아 거짓이 없고, 내 가르침을 받은 뒤에는 반드시 마쳐 다한 지혜[究意智]를 얻소."

해탈을 위한 여래의 설법에 구함이 없고
탐함이 없음을 다시 보이심

" '성냄 없는 이'여, 만약 그대가 '사문 고타마는 스승이 되기를 탐하기 때문에 설법한다'고 이렇게 생각한다면, 그대는 그렇게 보지 마오.

그런 스승을 그대에게 돌리리니, 나는 그저 그대를 위하여 법을 말해주는 것이오.

'성냄 없는 이'여, 만약 그대가 '사문 고타마는 제자를 탐하기 때문에 설법한다'고 이렇게 생각한다면, 그대는 그렇게 보지 마오.

그런 제자를 그대에게 돌리리니, 나는 그저 그대를 위하여 법을 말해주는 것이오.

'성냄 없는 이'여, 만약 그대가 '사문 고타마는 공양을 탐하기 때문에 설법한다'고 이렇게 생각한다면, 그대는 그렇게 보지 마오.

그런 공양을 그대에게 돌리리니, 나는 그저 그대를 위하여 법을 말해주는 것이오.

'성냄 없는 이'여, 만약 그대가 '사문 고타마는 칭찬해 기림을 탐하기 때문에 설법한다'고 이렇게 생각한다면, 그대는 그렇게 보지 마오. 그러한 칭찬해 기림을 그대에게 돌리리니, 나는 그저 그대를 위하여 법을 말해주는 것이오.

'성냄 없는 이'여, 만약 그대가 이렇게 생각한다 합시다.

'만약 나에게 법이 있어 착함과 착함에 서로 응해 그것을 해탈의 글귀라 그것으로 증득할 수 있는데, 저 사문 고타마는 나를 침탈하고 나를 없애는 자이다.'

그렇다면 그대는 그렇게 보지 마오. 그 법을 그대에게 돌리리니,

나는 그저 그대를 위하여 법을 말해주는 것이오."

이에 대중들은 잠자코 있었다. 왜냐하면 그들은 마라의 왕에게 눌려 있기 때문이다.

그때 세존께서는 '진실한 뜻' 거사에게 말씀하셨다.

"너는 이 대중들이 잠자코 있는 것을 보아라. 무슨 까닭인가? 그들은 마라의 왕에게 눌려 있기 때문이다. 마라의 왕은 저 배움 다른 대중들로 하여금 한 사람이라도 먼저 이렇게 생각하는 사람이 없도록 하고 있다.

'나는 사문 고타마가 닦아 행한 범행을 시험해보리라.'"

세존께서는 이미 아시고 나서 '진실한 뜻' 거사를 위하여 설법하시어 간절히 우러르는 마음을 내게 하고 기쁨을 성취하게 하셨다.

한량없는 방편으로써 그를 위해 설법하시어, 간절히 우러르는 마음을 내게 하고 기쁨을 성취하게 한 뒤에, 곧 자리에서 일어나 '진실한 뜻 거사'의 팔을 잡고 신통의 발[神足]로 날아 허공을 타고 가셨다.

붇다께서 이렇게 말씀하시자, '진실한 뜻 거사'는 붇다의 말씀을 듣고 기뻐하며 받들어 행하였다.

• 중아함 104 우담바라경(優曇婆邏經)

• 해설 •

'진실한 뜻'이란 이름을 가진 여래의 재가제자가 홀로 저 오백 명 고행파의 수행자들이 모인 곳에서 그 스승과 문답하러 찾아가니, 그는 얼마나 용기 있는 자인가.

그들의 여래 비방하는 소리를 들으시고 세존 또한 홀로 그 바깥길 교단의 대중 가운데 찾아가, 고행만을 진실한 진리 추구라 믿는 이들에게 고행의 무익함과 그릇됨을 설파하신다.

고행주의자들은 자기들이 영혼을 정화할 수 있다고 믿는 특정 고행의 행태를 내놓고 그 밖의 다른 갖가지 인간의 행위양식을 무가치하게 보고 그 모든 행위를 극단적으로 미워한다.

세간 사람들이 '알 수 없는 미워할 행'을 그는 도리어 깨끗한 행이라 하고, 그 밖의 행을 싫어하고 미워한다. 누가 고행파들이 미워하는 행위를 다 말로 다할 수 있겠는가.

옷을 벗고 지내는 것으로 삶을 정화할 수 있다고 믿는 자들은 옷을 벗는 것 말고는, 온갖 옷, 온갖 가림, 몸에 걸치는 것을 싫어하고 입고 덮는 행위를 부정한다. 물을 섬기는 이들은 밤낮으로 손으로 물을 길어 몸에 뿌리는 행위 말고는, 물을 통한 온갖 인간행위에 가치를 부여하지 않는다. 불을 섬기는 이들은 밤이 다하도록 불을 태워 제사만 하지, 그 밖의 모든 불의 행위에 뜻을 두지 않는다.

이와 같은 극단의 행위들이 어찌 탐욕을 정화하고 번뇌의 불을 끌 수 있을 것인가. 오히려 고행을 통해 고통스런 삶에 고통의 짐을 더할 뿐이고 고행을 통해 죄업의 때를 더 묻힐 뿐이다.

그러나 고행의 행위를 통해 자기 삶의 넘치는 것을 누르고 모자란 것을 채우려 할 뿐, 고행으로 진리의 교사가 되어 남을 속이거나 고행으로 교만을 늘리지 않으면, 그는 고행으로 자유롭게 되지는 못하지만 고행으로 죄업의 때를 늘리지는 않는다.

그러므로 설사 탐욕을 누르기 위한 방편으로 고행을 행하더라도 그것은 다만 겉껍질과 마디를 얻을 고행이다. 그러한 고행을 통해 사랑의 마음, 슬피 여기는 마음을 이웃에 넓히고 세상에 넓히며 과거를 살피고 미래를 살펴, 옳은 행을 내일로 이어가면 겉껍질과 마디를 얻을 수 있다.

겉껍질과 마디를 얻은 이가 선과 악의 인과를 알고 지금 짓는 바른 업에 바른 갚음이 있음을 알아 실천하면 차츰 진실에 나아갈 수 있다.

그러나 삶의 진실은 특정 고행을 신비화하고 다른 행위를 꺼려 가리는

데 있는 것이 아니다.

바른 삶의 길은 온갖 법의 연기적 진실을 통찰하여 탐욕 떠나 늘 선정의 마음을 지키며 번뇌 흐름이 다한 지혜로 생겨남[生]에 남이 없고 죽음에 죽음 없음을 아는 데 있다.

이와 같이 존재의 진실 그대로 바른 길을 가는 자는 존재의 진실에 부합된 해탈의 길에 들어서게 되고, 온갖 행위의 지음에 지음 없음을 알아 범행을 완성하고 지음 없이 삶의 윤리적 실천행을 잘 지어갈 수 있는 자이다.

여래의 말씀은 삶에 어떤 환상적 전제를 세우지 않고, 있는 그대로의 진실을 깨달아 연기의 실상 그대로의 삶 속에 해탈하는 길을 보인다. 여래가 보이신 그 길은 크신 스승의 말씀 듣고 잘 받아 행하는 자 스스로 깨달아 그 진리를 자기 삶 속에 증험해갈 수 있는 길이다.

그러므로 그 길은 가장자리에서 가장자리로 가는 길이 아니라 이쪽도 아니고 저쪽도 아니며 가운데도 아니되, 이쪽과 저쪽을 모두 아우르는 크나큰 길, 곧은 길이다. 여래의 크고 곧은 이 길[大直道]은 넓고 넓어 싸안지 않음이 없으니, 누가 그 길을 가장자리의 길이라 할 것인가.

여래의 길이 이와 같이 넓고 크고 곧지만 누가 그 길을 잘 따라 행할 수 있는 자인가. 두려움 없이 세간의 모든 길에 들어가 해탈의 길 열어 보이는 크나큰 장부[mahā-sattva]가 바로 그 사람이니, 『화엄경』(「야마궁중게찬품」)은 다음과 같이 말한다.

> 시방 한량없고 끝없는 세계에
> 살고 있는 온갖 모든 중생을
> 내가 모두다 건져 보살펴
> 버리지 않으리라 생각하나니
> 두려움 없는 자가 이 길을 가네.
>
> 十方無量無邊界 所有一切諸衆生
> 我皆救護而不捨 彼無畏者行斯道

중생의 근기가 각기 같지 않고
하고자 함과 앎이 한량없어서
각기 차별됨도 밝게 깨달아 알며
갖가지 모든 법의 영역 밝게 통달하니
널리 들어가는 자가 이 길을 가네.

了知衆生根不同　欲解無量各差別
種種諸界皆明達　此普入者行斯道

낱낱 붇다의 땅에 모두 다 가서
한량없고 끝없는 겁이 다하도록
살피는 사유 잠시도 그침 없나니
게으르지 않은 이가 행하는 도네.

一一佛土皆往詣　盡於無量無邊劫
觀察思惟靡暫停　此匪懈者所行道

3) 중도 해탈의 삶

바른 견해와 행을 갖추어야 사문·브라마나의 행이니

이와 같이 들었다.

한때 붇다께서는 슈라바스티 국 제타 숲 '외로운 이 돕는 장자의 동산'에 계셨다.

그때에 자눗소니 브라마나는 세존 계신 곳에 가서 서로 문안하고 한쪽에 앉았다. 그때 브라마나는 세존께 말씀드렸다.

"굴속에 한가하게 지내는 것은 매우 괴로울 것입니다. 홀로 지내며 외로이 거니는 것은 마음 쓰기가 아주 어려울 것입니다."

세존께서는 말씀하셨다.

"그렇소, 브라마나여. 그대 말과 같소. 굴속에서 한가하게 지내는 것은 매우 괴롭고, 홀로 지내며 외로이 거니는 것은 마음 쓰기가 아주 어렵소.

왜냐하면, 내가 오랜 옛날 아직 깨달음의 도를 이루기 전 보디사트바의 행을 닦을 때에는 늘 이렇게 생각하였소.

'굴속에서 한가하게 지내는 것은 매우 괴롭고, 홀로 지내며 외로이 거니는 것은 마음 쓰기가 아주 어렵다.'"

브라마나는 붇다께 말씀드렸다.

"좋은 종족의 사람이 믿음이 굳세어 집을 나와 도를 배우면 지금 사문 고타마께서 가장 윗머리가 되어 많은 요익 주시고, 그 함께하는 무리들을 위해 길잡이가 되십니다."

여래의 고행은 다른 사문 · 브라마나의
삿된 견해의 고행과 다름을 보이심

세존께서는 말씀하셨다.

"그렇소, 브라마나여. 그대 말과 같소. 여러 좋은 종족의 사람들이 믿음이 굳세어 집을 나와 도를 배우면, 내가 윗머리가 되어 많이 요익되게 하고, 그 무리들에게 이끄는 길잡이가 되오.

만약 그들이 나를 보고 다 부끄러워하여 산이나 늪이나 고요한 굴 속으로 가면 그때에 나는 생각하오.

'저 사문이나 브라마나는 몸의 행이 깨끗하지 못하면서 사람이 없는 곳에 한가하게 머묾을 가까이해도, 몸의 행이 깨끗하지 못하면서 부질없이 그 공(功)에 힘쓸 뿐이다. 이는 참된 행[眞行]이 아니니 악하여 착하지 않은 법을 두려워하는 것이다.'

그러나 나는 지금 몸의 행이 깨끗하지 않기 때문에, 한가하고 고요한 곳을 가까이하는 것이 아니오. 몸의 행이 깨끗하지 못하면서 고요한 곳을 가까이하는 것은 내게 있는 것이 아니오.

왜냐하면, 나는 지금 몸의 행이 깨끗하여, 여러 아라한으로서 몸의 행이 깨끗한 이가 굴속에서 한가하게 살기를 즐기는 이들 가운데 내가 가장 윗머리가 되기 때문이오.

이와 같이 브라마나여, 나는 스스로 내 몸을 살펴 그 행이 깨끗하기 때문에 한가하게 머무는 곳을 즐겨 그 기쁨함을 곱절이나 더하오.

그때에 나는 다시 생각하였소.

'여러 사문이나 브라마나들은 뜻의 행이 깨끗하지 못하고, 목숨이 깨끗하지 못하면서 사람이 없는 곳에 한가하게 머묾을 가까이한다. 그들이 아무리 그것을 가까이하더라도 그것은 참되고 바르지 않아, 악하여 착하지 않은 법을 모두 두루 갖추었다.'

그러나 그것은 나에게 있는 것이 아니오. 왜냐하면 내가 지금 행한 몸·입·뜻·목숨의 행은 깨끗하기 때문이오."

깨끗하여 두려움 없고 구함이 없으며
어지러움 없고 지혜로움이 여래의 머묾임을 보이심

"만약 어떤 사문이나 브라마나로서 몸·입·뜻·목숨이 깨끗하면서, 깨끗한 곳에 한가하게 머물기를 즐긴다면 그것은 내게 있는 것이오.

왜냐하면, 내가 지금 행한 몸·입·뜻·목숨의 행은 깨끗하기 때문이며, 몸·입·뜻·목숨이 깨끗한 모든 아라한으로서 한가하고 고요한 곳에 있기를 즐기는 이들 가운데 내가 가장 윗머리가 되기 때문이오.

이와 같이 브라마나여, 나는 몸·입·뜻·목숨이 깨끗하기 때문에 한가하고 고요한 곳에 있을 때에는 그 기쁨을 곱절이나 더하오.

그때에 나는 또 이렇게 생각하였소.

'저 사문이나 브라마나들은 두려움이 많아 한가하고 고요한 곳에 있다. 그때에 그들은 악하여 착하지 않은 법을 두려워한다.'

그러나 나는 지금 길이 두려워함이 없이 사람이 없는 한가하고 고요한 곳에 사오. 저 사문이나 브라마나들이 두려워하는 마음을 가지고 한가하고 고요한 곳에 사는 것은 내게 있는 것이 아니오.

왜냐하면 나는 지금 길이 두려워함이 없이 사람이 없는 한가하고 고요한 곳에 살면서 스스로 즐거이 놀기 때문이오.

여러 두려워하는 마음을 가지고 한가하고 고요한 곳에 사는 것은 내게 있는 것이 아니오. 왜냐하면 나는 이런 괴로움의 걱정거리를 떠나 이런 걱정거리와 함께 하지 않기 때문이오.

이와 같이 브라마나여, 나는 이 뜻을 살피고는 두려움이 없어 그 기뻐함을 더 늘리오.

저 여러 사문이나 브라마나들은 남을 헐고 스스로를 기리오. 그러므로 그들은 한가하고 고요한 곳에 있더라도 오히려 깨끗하지 못한 생각이 있소. 그러나 브라마나여, 나는 남을 헐지도 않고 스스로를 기리지도 않소.

스스로를 기리고 남을 허는 것은 내게 있는 것이 아니오. 왜냐하면 나는 지금 교만이 없기 때문이오. 그러므로 여러 현성에는 교만이 없는데, 그 가운데 내가 가장 윗머리가 되오. 나는 이 뜻을 살피고서는 기뻐함을 곱절이나 더하오.

저 여러 사문들은 이익됨[利養]을 위해 쉴 줄을 모르오. 그러나 나는 오늘 이익됨을 구하는 일이 없소. 왜냐하면 나는 지금 남에게 구하는 것이 없고 스스로 만족할[知足] 줄을 알기 때문이오.

그러므로 나는 만족할 줄 앎 가운데서 가장 윗머리가 되오. 나는 이 뜻을 살피고서는 기뻐함을 곱절이나 더하오.

저 여러 사문이나 브라마나들은 마음에 게으름을 품고, 게으른 생각을 가져 부지런히 정진하지 않고, 한가하고 고요한 곳을 가까이하오. 그러나 그것은 나에게 있는 것이 아니오. 왜냐하면 나는 지금 용맹스런 마음이 있어 그 가운데 게으름이 없기 때문이오.

여러 용맹스런 마음을 가진 성현들 가운데 내가 가장 윗머리가 되오. 나는 이 뜻을 살피고서는 기뻐함을 곱절이나 더하오.

그때에 나는 다시 이렇게 생각하오.

'저 사문이나 브라마나들은 잊어버리기[忘失]를 잘하면서 한가하고 고요한 곳에 산다. 비록 이런 행이 있어도 아직 악하여 착하지 않은 법이 있다.'

그러나 나는 오늘 잊어버리는 일이 없소. 설사 다시 브라마나여, 저 잊고 잃어버리는 사람이 있어도 그것은 나에게 있는 것이 아니오. 그러므로 잊고 잃어버리지 않는[不忘失] 여러 성현들 가운데 내가 가장 윗머리가 되오. 나는 이 뜻을 살피고서는 한가하고 고요한 곳에 사는 기쁨을 곱절이나 더하오.

나는 그때에 다시 이렇게 생각하오.

'저 여러 사문이나 브라마나들은 뜻이 어지러워 고요하지 못하다. 그들은 악하여 착하지 않은 법이 있어 악행과 같이한다.'

그러나 나는 오늘 뜻이 끝내 어지럽지 않고[不亂] 마음이 늘 한결 같소. 그러므로 저 뜻이 어지럽고 뜻이 고요하지 않은 것은 내게 있는 것이 아니오. 왜냐하면 나는 늘 마음이 한결같기 때문이오.

만약 성현들로서 마음이 한결같이 안정된[心一定] 이가 있다면 내가 가장 윗머리가 될 것이오. 나는 이 뜻을 살피고서는 비록 한가하고 고요한 곳에 살지만 그 기뻐함을 곱절이나 더하오.

나는 그때에 또 이렇게 생각했소.

'저 사문이나 브라마나들은 어리석고 어둡기 양 떼와 같아서 악하고 착하지 않은 법이 있다.'

그러나 그것은 나에게 있는 것이 아니오. 왜냐하면 나는 오늘 늘 지혜(智慧)가 있어 어리석지 않으면서 한가하고 고요한 곳에 살기 때문이오. 만약 이런 행이 있다 하더라도 그것은 나에게 있는 것이오.

나는 오늘 지혜를 성취하여, 여러 지혜를 성취한 사람 가운데 내가 가장 윗머리가 되오. 나는 이 뜻을 살피고서는 비록 한가한 곳에 살지만 그 기뻐함을 곱절이나 더하오.

내가 한가하고 고요하게 살 때, 만약 때로 나무가 부러지고 짐승들이 내달리는 일이 있으면, 그때에 나는 이렇게 생각하오.

'이것은 크게 두려운 숲이다.'

그때 나는 다시 이렇게 생각하오.

'만약 두려움이 생기면 방편을 구해 두려움이 생기지 않게 해야 한다.'

만약 내가 거닐 때에 두려움이 생기면 그때 나는 앉지도 않고 눕지도 않고 반드시 그 두려운 생각을 없앤 뒤에야 앉소.

만약 내가 섰을 때에 두려움이 생기면 그때 나는 거닐지도 않고 앉지도 않고 반드시 두려움[畏怖]을 없앤 뒤에야 앉소.

만약 내가 앉았을 때에 두려움이 생기면 그때 나는 거닐지 않고 반드시 그 두려움을 없앤 뒤에야 앉소.

만약 내가 누웠을 때에 두려움이 생기면 그때 나는 거닐지도 않고 앉지도 않고 반드시 그 두려움을 없앤 뒤에야 앉소."

여래의 고행에는 도법(道法)에 대한 바른 지혜
네 가지 선정, 세 가지 밝음이 함께함을 보이심

"브라마나여, 알아야 하오. 여러 사문이나 브라마나들은 밤낮 가운데 도법을 알지 못하오. 나는 오늘 저들을 어리석다고 말하오. 그러나 브라마나여, 나는 밤낮 가운데 도법을 아오. 그래서 더욱 용맹한 마음을 내어 허망하지 않고 뜻이 어지럽지 않으며 늘 한마음 그대로이오[恒若一心].

탐욕의 생각이 없이 느낌과 살핌이 있으며, 기쁨과 즐거움을 생각해 지니니, 첫째 선정[初禪]에서 노니오. 브라마나여, 이것을 '내가 첫째 마음으로 현재법에서 스스로 즐긴다'고 함이오.

만약 느낌과 살핌 있음을 없애고, 안으로 기쁨과 한마음은 있으나 느낌이 없고 살핌이 없으면, 선정의 생각에서 기쁨이 생겨 둘째 선정[第二禪]에서 노니오. 브라마나여, 이것을 둘째 마음으로 현재의 법에서 즐거움을 얻는다고 하는 것이오.

나는 스스로 안에 생각과 욕망이 없음을 알고 몸의 즐거움을 깨달으니, 모든 현성이 바라는 바인 보살피는 생각의 즐거움으로 셋째 선정[第三禪]에 노니오. 이것을 브라마나여, 셋째 마음이라 하오.

만약 다시 괴로움과 즐거움이 없어지고 근심과 기쁨도 없으면, 괴로움도 없고 즐거움도 없는 보살피는 생각[護念]이 청정하여 넷째 선정[第四禪]에서 노니오.

브라마나여, 이것을 넷째의 더욱 위로 오르는 마음으로 스스로 깨달아 알아 마음의 뜻에 노닌다고 하는 것이오.

나는 한가하고 고요한 곳에 있을 때에는 이 '네 가지 더욱 위로 오르는 마음'[四增上心]이 있소. 나는 이 사마디의 마음[三昧之心]으로 청정하여 더러움이 없고, 또한 번뇌의 묶음이 없으며 두려움이 없음을 얻어, 스스로 지난 오랜 셀 수 없는 겁의 일을 아오.

그때에 나는 한 생ㆍ두 생ㆍ세 생ㆍ네 생ㆍ다섯 생ㆍ열 생ㆍ스무 생ㆍ서른 생ㆍ마흔 생ㆍ쉰 생ㆍ백 생ㆍ천 생과, 이루어지고 무너지는 겁의 일을 모두다 알았소.

곧 나는 어디서 나서 성씨는 무엇이며 이름은 무엇이었던가, 이와 같은 음식을 먹고 이와 같은 괴로움과 즐거움을 받았으며, 저기서 죽어 여기서 나고 여기서 죽어 저기서 난 인연의 바탕과 끝을 모두 밝게 알았소.

브라마나여, 알아야 하오. 나는 초저녁에 첫 밝음[初明]을 얻으면 무명을 없애어 다시는 어두움이 없고, 마음은 한가하고 고요한 삶을 즐기어 스스로 깨달아 아오.

다시 사마디의 마음[三昧之心]으로 티나 더러움이 없고 또 번뇌의 묶음이 없으며, 마음의 뜻이 선정에 있어 두려움이 없게 되고 다시 중생의 나는 이와 죽는 이를 알게 되오.

나는 다시 하늘눈으로 중생들의 나는 이와 죽는 이, 좋은 몸과 나쁜 몸, 좋은 길과 나쁜 길, 곱고 못난 것이 다 그 행의 착함과 악함 따른다는 것을 모두 분별하오.

곧 어떤 중생은 몸으로 악을 행하고 입과 뜻으로 악을 행하여, 성현을 헐뜯고 늘 삿된 견해를 품어 삿된 견해와 서로 응하면, 몸이 무너지고 목숨을 마친 뒤에는 지옥 가운데 나오.

또 어떤 중생은 몸으로 착함을 행하고 입과 뜻으로 착함을 닦아 성현을 헐뜯지 않고 늘 바른 견해를 닦아 바른 견해와 서로 응하면, 몸이 무너지고 목숨을 마친 뒤에는 하늘위의 좋은 곳에 나오.

나는 다시 깨끗하여 더러움이 없는 하늘눈으로 중생들의 나는 이와 죽는 이, 좋은 몸과 나쁜 몸, 좋은 길과 나쁜 길, 곱고 못난 것이 그 본래 지은 행을 따른다는 것을 다 아오.

브라마나여, 알아야 하오. 밤중에 둘째 밝음[第二明, 天眼明]을 얻으면 다시는 어두움이 없어 스스로 깨달아 알고 한가하고 고요한 곳에 머묾을 즐기오.

나는 다시 사마디의 마음으로 청정하여 티나 더러움이 없고 또 번뇌도 없으며, 마음의 뜻은 선정을 얻어 두려움 없음을 얻고 흐름 다한 마음을 얻어, '이것은 괴로움이고 괴로움의 모아냄, 괴로움의 사라짐, 괴로움 없애는 길이다'라고 알아 진실하여 허망하지 않소.

내가 이 마음을 얻을 때에는 탐욕의 흐름[欲流]과 존재의 흐름[有流]과 무명의 흐름[無明流]에서 마음이 해탈하고, 해탈하고서는 해탈의 지혜가 생겼소.

그래서 나고 죽음은 이미 다하고 범행은 이미 서고 할 일은 이미 마쳐, 다시는 뒤의 몸을 받지 않을 줄을 진실 그대로 아오.

브라마나여, 이것을 곧 '내가 새벽에 셋째 밝음[第三明, 漏盡明]을 얻어 다시는 어두움이 없다'고 하는 것이오.

어떻소, 브라마나여. 브라마나에게는 자못 이런 마음이 있는 것이오?

'여래는 탐냄의 마음과 성냄의 마음과 어리석은 마음이 다하지 못했으면서 한가하고 고요한 곳에 산다.'

브라마나여, 이렇게 보지 말아야 하오.

왜냐하면 여래는 오늘 모든 흐름이 길이 다하고[諸漏永除], 늘 한가하고 고요한 곳을 즐겨[恒樂閑居] 사람들 사이에 있지 않기 때문이오.

나는 오늘 이 뜻을 보고 나서 한가하고 고요한 곳에 살기를 즐기오."

여래의 고행에 스스로의 자재함과 세간 중생 건짐의
두 뜻이 있음을 보이자 브라마나가 귀의함

"거기에는 두 가지 뜻이 있소. 어떤 것이 둘이냐 하면 스스로 한가
하고 고요한 곳에 노니는 것과 중생 건네줌[兼度衆生]이니 그것은
이루 헤아릴 수 없는 것이오."

이때 자눗소니 브라마나는 붙다께 말씀드렸다.

"여래의 한가히 머무심은 중생을 위하고 온갖 삶들을 가엾이 여
기기 때문입니다."

브라마나는 다시 말씀드렸다.

"그만 말씀하십시오, 그만하십시오. 세존이시여, 말씀해주신 것이
너무 많습니다.

저는 마치 등 굽은 이가 등이 펴지고 헤매는 이가 길을 얻고 장님
이 눈을 얻고 어두운 데서 등불을 본 것 같습니다.

이와 같이 사문 고타마께서는 셀 수 없는 방편으로 저를 위해 설
법하셨습니다.

저는 지금 붙다와 법과 상가에 귀의합니다.

지금부터 다섯 가지 계율을 받들어 지녀 다시는 산목숨 죽이지 않
고 우파사카가 되겠습니다".

그때에 자눗소니 브라마나는 붙다의 말씀을 듣고 기뻐하며 받들
어 행하였다.

• 증일아함 31 증상품(增上品) ―

• **해설** •

중도는 이것도 아니고 저것도 아닌 제삼의 어떤 길이 아니라, 삶의 연기

적 실상 그대로의 치우침 없는 실천이다.

여래의 중도의 실천에서 범부의 탐욕의 삶을 비판하는 것은, 범부가 실로 있는 것으로 탐착하는 몸과 세계의 모습이 실은 있되 공하여 맛들여 집착할 법이 없기 때문이다.

다시 중도의 실천에서 고행주의와 부질없는 고행을 비판하는 것은 이 몸과 현실세계의 존재가 있음 아닌 있음이고, 거짓 있음[假有]으로 있는 것이어서 쓸어 없애버리거나 무너뜨려 공하도록 할 것이 없기 때문이다.

몸과 세계의 모습은 있되 있지 않으므로 취할 것이 없고, 없되 없지 않으므로 버릴 것이 없다.

세간의 참모습을 알아[Loka-vid, 世間解] 취함이 없고 버림이 없이 세간을 살아가는 여래는, 뭇 삶들 속에 함께하되 물들어 섞이지 않고 홀로 굴속이나 넓은 들판에 머물되 세간을 버리지 않는다.

그러므로 여래의 홀로 머무심은 세간이 두렵거나 세간에서 숨기 위해 깨끗하지 못한 뜻으로, 숲속이나 굴에 머무는 다른 사문이나 브라마나의 머묾과 같지 않다. 여래는 가고 오되 가고 옴이 없고 머물되 머묾이 없다.

또한 여래는 고요하게 홀로 머물되 고요함에 빠지지 않고 시끄러움 속에서 시끄럽지 않으며, 안의 마음에 얻을 것 없고 밖의 모습에 구할 것 없으므로 두려움이 없고 어두움이 없다.

그러니 여래의 머묾은 구하는 마음으로 세간에 나가거나 두려운 마음으로 세간에서 물러서는 다른 사문·브라마나와는 다르다.

여래는 과거·현재·미래의 온갖 것에 얻을 것 없음을 알아 알되 앎이 없으므로[知而無知] 과거·현재·미래로 이어지는 인과의 모습과 세간의 모습 아닌 모습을 알지 못함이 없다[無知而無所不知].

여래의 홀로 있음은 저 세계와 뭇 삶들과 더불어 있는 홀로 있음이므로 늘 고요히 머물되 온갖 삶들을 가엾이 여기며 사랑의 마음이 시방 온갖 곳에 두루하다.

여래는 또한 말과 말 없음을 뛰어넘어 법을 이루 설할 것이 없는 곳에서

[無有能說可說處] 설함 없이 법을 설해[無說而說] 중생을 니르바나의 저 언덕에 건네준다.

그러므로 여래가 곧 '사문 가운데 사문'이고 '브라마나 가운데 브라마나'이니, 세간에서 가장 높은 브라마나의 설법을 듣고 자릿소니 브라마나가 어찌 큰 브라마나의 법인 붇다의 법에 귀의하지 않겠는가.

<u>스스로 니르바나의 땅에 한가히 머묾</u>과 온갖 중생 거두어주고 건네줌이 둘이 없는 여래의 삶을, 『화엄경』(「여래출현품」如來出現品)은 다음과 같이 찬탄한다.

　　허공 법계는 성품이 평등하니
　　삼계의 위없는 인도자께선
　　이미 이처럼 편히 머물 수 있네.
　　온갖 중생 헤아려 셀 수 없으나
　　중생의 악과 때를 다 없애게 하네.

　　虛空法界性平等　已能如是而安住
　　一切含生無數量　咸令滅惡除衆垢

　　법의 성품 지음 없고 변함없어서
　　허공이 본래 청정함과 같아라.
　　모든 붇다 그 성품이 깨끗한 것도
　　또한 저 허공이 청정함과 같지만
　　붇다의 본 성품은 성품 아니라
　　실로 있음과 없음을 모두 떠났네.

　　法性無作無變易　猶如虛空本淸淨
　　諸佛性淨亦如是　本性非性離有無

현성의 여덟 가지 바른 길로만
니르바나의 저 언덕에 이르리니

이와 같이 들었다.

한때 붇다께서는 마가다 국의 '신을 섬기는 사당'[神祇]이 있는 강가아 강 물가에서 큰 비구대중 오백 사람과 함께 계셨다.

그때 세존께서 여러 비구들에게 말씀하셨다.

"마치 마가다 국의 어떤 소 치는 사람이 어리석고 미혹하여 지혜가 적으면서, 소를 강가아 강 이쪽 언덕에서 저쪽 언덕으로 건네 보내려 하는 것과 같다. 그는 양쪽 기슭의 깊고 얕은 곳도 살펴보지 않고 곧 소를 몰아 물에 넣었다.

마른 소와 어린 송아지가 오히려 작은데도 먼저 건너게 하였는데, 그들은 물 복판에서 아주 지치고 약해져서 저쪽 언덕에 이르지 못하였다.

다음에는 그리 살찌지도 않고 마르지도 않은 가운데 소들을 건너게 하였으나, 강 가운데서 괴로움을 받았다.

다음에는 다시 아주 힘센 소들을 건너게 하였으나, 그들도 물 복판에서 어려움을 받았다.

지금 나의 대중 가운데 비구 또한 이와 같다. 마음의 뜻이 어둡고 무디어 지혜의 밝음이 없고, 나고 죽음의 모습[生死之位]을 분별하지 못하며, 마라의 다리나 배[橋船]를 분별하지 못하면서 나고 죽음의 흐름을 건너려 하지만, 금한 계법[禁戒之法] 익히지 못하였기 때문에 곧 파피야스가 그 틈을 보게 된다.

삿된 길[邪道]을 좇아 니르바나를 구해 얻으려 하지만 끝내 그 결과를 얻지 못한다. 그래서 스스로 죄업을 짓고 또 다른 사람을 떨어뜨려 죄에 빠지게 한다."

지혜롭게 소 치는 이가 소 건네주는 비유를 들어 보이심

"또 마치 마가다 국의 어떤 소 치는 사람이 슬기롭고 밝으며 살피는 지혜가 많아, 소를 이쪽 언덕에서 저쪽 언덕으로 건너보내려 하는 것과 같다. 그는 먼저 깊고 얕은 곳을 살펴보고 먼저 아주 힘센 소를 건너게 하여 저쪽 언덕에 이르게 한다.

다음에는 살찌지도 않고 마르지도 않은 소들을 건너게 하여 저쪽 언덕에 이르게 한다.

다음에는 아주 마른 소들을 건너게 하고, 딸린 것이 없는 소들을 건네주니, 작은 송아지들은 그 뒤를 따라 함이 없는 곳에 건너게 되었다.

비구들이여, 여래 또한 다시 이와 같아, 지금 세상·뒷세상을 잘 살펴보고, 나고 죽음의 바다와 마라의 지름길을 살피고, 스스로 여덟 가지 바른 길로 나고 죽음의 어려움을 건너고, 다시 이 길로써 건너지 못한 이들을 건네준다.

이는 마치 저 소를 이끎이 올발라 하나가 바르면 다른 소들이 다 그를 따르는 것과 같다.

나의 제자들 또한 다시 이와 같아, 샘 있음을 다하고 샘 없는 마음의 해탈을 이루고, 지혜의 해탈을 이루면, 현재의 법 가운데서 몸으로 증득하여 스스로 노닐어 교화하여 마라의 경계를 건너 '함이 없는 곳'[無爲處]에 이른다.

또한 저 힘센 소가 강가아 강을 건너 저쪽 언덕에 이르는 것처럼, 나의 제자들 또한 다시 이와 같아 '다섯 낮은 곳의 묶음'[五下結]을 끊어 아나가민(anāgāmin)을 이루고, 저 파리니르바나에서 다시 이 세간에 돌아오지 않고 마라의 경계를 지나 '함이 없는 곳'에 이른다.

저 가운데 소들, 살찌지도 않고 마르지도 않은 소들이 강가아 강을 의심과 어려움 없이 건너는 것처럼, 나의 제자 또한 다시 이와 같아 세 가지 묶음을 끊고 음욕과 성냄과 어리석음이 엷어져 사크리다가민(sakṛdāgāmin)을 이루고, 저 파리니르바나에서 다시 이 세간에 돌아오지 않고 마라의 경계를 지나 '함이 없는 곳'에 이른다.

저 마른 소가 여러 작은 송아지를 이끌고 강가아 강을 건너는 것처럼, 나의 제자 또한 다시 이와 같아 번뇌 묶음[結使]을 끊고 스로타판나(srotāpanna)를 이루어 반드시 건너게 되어 마라의 경계를 건너 나고 죽음의 어려움을 건넌다.

마치 작은 송아지가 어미 소를 따라 건너듯, 나의 제자 또한 다시 이와 같아, 믿음을 지니고 법을 받들어 마라의 모든 묶음을 끊고 '함이 없는 곳'에 이른다."

게송으로 나고 죽음의 진실 아는 것이
참된 건네줌의 길임을 보이심

그때에 세존께서는 곧 다음 게송으로 말씀하셨다.

마라의 왕에게 붙들려 잡히게 되면

나고 죽음의 끝 마쳐 다하지 못하나
여래는 이제 모두 마쳐 다하여
세간에 지혜의 밝음을 나타내네.

모든 붇다 밝게 깨달아 아셨지만
브라마나들은 밝게 알지 못하고도
나고 죽음의 언덕 건너려 하고
건너지 못한 이를 건네주려 하네.

이제 이 다섯 가지 사람들과
나머지 사람 헤아릴 수 없으니
그들을 나고 죽음의 어려움에서
모두 건져 건네주려 한다면
붇다의 위신력을 다해야 하리.

"그러므로 비구들이여, 그 마음을 오롯이 하여 방일한 행이 없게
하고, 또한 방편을 구해 성현의 여덟 가지 길을 성취해야 한다.
성현의 길을 의지하면 곧 나고 죽음의 바다를 건널 수 있다. 왜 그
런가.
저 어리석은 소 치는 사람은 바로 바깥길 브라마나들로서 스스로
나고 죽음의 흐름에 빠지고 또 남을 죄 가운데 떨어뜨려 빠지게 하
기 때문이다.
저 강가아 강은 곧 나고 죽음의 바다요, 저 슬기롭고 밝은 소 치는
사람은 바로 이 여래이니, 나고 죽음의 어려움을 건너는 것은 성현

의 여덟 가지 길을 말미암는 것이다. 그러므로 비구들이여, 방편을 구해 여덟 가지 성현의 길을 이루어야 한다.

이와 같이 여러 비구들이여, 이렇게 배워야 한다."

그때에 비구들은 붓다의 말씀을 듣고 기뻐하며 받들어 행하였다.

• 증일아함 43 마혈천자문팔정품(馬血天子問八政品) 六

• 해설 •

여래의 지혜는 차별된 세간의 온갖 법에서 차별이 공함을 체달하여 차별 아닌 차별을 잘 가리어 보므로 그 지혜는 방편을 갖춘 지혜이다.

방편을 갖춘 지혜는 마치 마가다 국의 소 치는 사람이 소 떼를 강가아 강이 언덕에서 저 언덕에 건네주려고 할 때, 소 가운데 마른 소, 어린 송아지, 힘센 소, 힘 약한 소를 잘 분별하고 강물의 깊고 낮은 곳, 물살이 세고 느림을 잘 가리어 소 떼를 안온하고 편안하게 저 언덕에 이끄는 것과 같다.

그와 같이 여래는 중생의 근기와 중생의 병통을 알아 뒤처짐 없고 물러섬이 없고 뒤바뀜이 없이 중생을 여덟 가지 바른 길로 이끌어 해탈의 저 언덕 파리니르바나의 땅에 이끌어 다시 번뇌의 땅에 돌아오지 않게 한다.

세간의 탐욕에 빠져 사는 범부는 강가아 강 거친 물살에 휩쓸려 가는 소 떼와 같고, 삿된 도에서 헤매는 사문이나 브라마나들은 길을 잘못 들어 스스로 강물에 휩쓸리고 소 떼를 강물에 빠뜨려 죽게 하는 소 치는 이와 같다.

여래는 슬기롭게 소를 먹이고 소를 저 언덕의 함이 없는 곳에 잘 이끄는 '소 치는 이'요, 여래를 따라 저 언덕에 잘 건너는 힘센 소는 아나가민을 이룬 제자요, 가운데 소는 사크리다가민을 이루고서 파리니르바나에 나아가는 제자이다. 맨 뒤에 건너는 마른 소와 작은 송아지는 지혜의 흐름에 들어 진리의 길을 잘 따라 행하는 스로타판나의 제자들이다.

그렇다면 왜 여래의 여덟 가지 바른 길은 이처럼 여래의 제자들을 거센 번뇌의 흐름에 휩쓸려감이 없이 안온하고 편안히 저 언덕의 '함이 없는 곳'

에 잘 이끌어줄 수 있는 것인가.

여래의 길은 여래만의 길이 아니라 세계와 중생의 진실처, 그 있음과 없음을 떠난 니르바나의 땅에서 일어나 니르바나에 이끄는 일승의 수레이기 때문이고, 나고 죽음의 바다에 감이 없이 가는 밑 없는 해탈의 배[無底船]이기 때문이다.

스스로 걸림 없이 해탈의 땅에 잘 나아가 중생의 갖가지 근기를 따라 세찬 윤회의 강물 건너게 하는 여래의 교화를, 『화엄경』(「도솔궁중게찬품」)은 이렇게 말한다.

여래는 온갖 곳 가는 길을
지혜로 잘 통달하시사
법계 여러 국토 가는 곳에
모두다 걸림이 없으시도다.

如來善通達　一切處行道
法界衆國土　所往皆無礙

큰 인도자 중생을 위해
연설해야 할 법이 있으면
교화해야 할 곳을 따라서
널리 빼어난 몸 나타내시네.

導師爲衆生　如應演說法
隨於可化處　普現最勝身

고행으로 사문·브라마나가 되는 것이 아니니

이와 같이 내가 들었다.

한때 붇다께서는 우주냐아야(巴 Ujuñña) 국의 카나카탈레(巴 Kaṇṇakatthale)의 사슴숲속에 계시면서 큰 비구 무리 천이백오십 사람과 함께하셨다.

때에 벌거벗은 브라마나가 있어 성은 카샤파였다. 그는 세존 계신 곳에 와서 문안 인사 드리고 한쪽에 앉았다. 벌거벗은 카샤파는 붇다께 여쭈었다.

"저는 이렇게 들었습니다.

'사문 고타마는 온갖 여러 제사하는 법[祭祀法]을 꾸짖고, 여러 고행하는 사람을 더럽다고 욕하신다.'

고타마시여, 만약 어떤 사람이 '사문 고타마는 온갖 여러 제사하는 법을 꾸짖고, 여러 고행하는 사람을 더럽다고 욕한다'고 하면, 이렇게 말하는 것은 법다운 말이고, 법과 법을 성취한 것이며, 사문 고타마를 헐뜯지 않는 것입니까."

고행 그 자체가 해탈의 원인이 아니므로 비판함을 보이심

붇다께서 말씀하셨다.

"카샤파여, 그가 만약 '사문 고타마는 온갖 여러 제사하는 법을 꾸짖고, 여러 고행하는 사람을 더럽다고 욕한다'고 한다면, 그것은 법다운 말도 아니고 법과 법을 성취한 것도 아니다. 그것은 나를 비방하기 위한 것으로서 성실한 말이 아니다.

왜 그런가. 카샤파여, 내가 저들 고행하는 사람을 보니, 몸이 무너지고 목숨을 마쳐 지옥 가운데 떨어지는 자도 있고, 또 몸이 무너지고 목숨을 마쳐 하늘의 좋은 곳에 나는 자도 본다. 때로 고행하는 사람이 즐거이 고행하다가 몸이 무너지고 목숨을 마쳐 지옥 가운데 나는 자도 보고, 고행하는 사람이 즐거이 고행하다가 몸이 무너지고 목숨을 마쳐 하늘의 좋은 곳에 나는 자도 본다.

카샤파여, 나는 이 두 세계에서 갚음 받는 곳을 다 알고 다 본다. 그런데 내 어찌 모든 고행자를 꾸짖어 더럽다고 하겠는가. 내가 바로 옳다[是] 말하면 그는 곧 그르다[非] 말할 것이고, 내가 바로 그르다[非] 말하면 그는 곧 옳다[是] 말할 것이다.

카샤파여, 어떤 법은 사문과 브라마나가 같이함이 있고, 어떤 법은 사문과 브라마나가 같이하지 않는 법도 있다.

카샤파여, 저 같이하지 않는 것은 나는 곧 버려둔다. 이 법은 사문과 브라마나와 같이하지 않기 때문이다."

여래의 지혜의 길과 배움 다른 사문·브라마나의 차별을 보이심

"카샤파여, 저 지혜 있는 사람은 이와 같이 살핀다.

'사문 고타마가 착하지 않은 법, 아주 흐리어 검고 어두우며 현성의 법이 아닌 것을 없앰과, 저 다른 무리의 스승이 착하지 않은 법, 아주 흐리어 검고 어두우며 현성의 법이 아닌 것을 없앰에서, 누가 이 법을 없앨 수 있을까.'

카샤파여, 저 지혜 있는 자라면 이렇게 살필 때에 이와 같이 알고 볼 것이다.

'오직 사문 고타마만이 이 법을 없앨 수 있을 것이다.'

카샤파여, 저 지혜 있는 자가 이와 같이 살피고 이와 같이 미루어 구하고 이와 같이 의논할 때에, 나는 이 법 가운데 있어서 곧 좋은 이름이 있게 될 것이다.

다시 카샤파여, 저 지혜 있는 자는 이와 같이 살필 것이다.

'사문 고타마의 제자가 착하지 않은 법, 아주 흐리어 검고 어두우며 현성의 법이 아닌 것을 없앰에서, 누가 이 법을 없앨 수 있을까.'

카샤파여, 저 지혜 있는 자라면 이와 같이 살피고 이와 같이 알고 볼 것이다.

'오직 사문 고타마의 제자만이 이 법을 없앨 수 있을 것이다.'

카샤파여, 저 지혜 있는 자가 이와 같이 살피고 이와 같이 미루어 구하고 이와 같이 의논할 때에, 내 제자는 곧 좋은 이름을 얻을 것이다.

다시 카샤파여, 저 지혜 있는 자는 이와 같이 살필 것이다.

'사문 고타마가 모든 착한 법, 맑고 깨끗하고 미묘한 현성의 법을 닦아 행함과 다른 무리 다른 스승이 모든 착한 법, 맑고 깨끗하고 미묘한 현성의 법을 닦아 행함에서, 누가 늘려 넓히고 닦아 행할 수 있을까.'

카샤파여, 저 지혜 있는 자는 이와 같이 살피고 이와 같이 알고 볼 것이다.

'오직 사문 고타마만이 이 법을 넓혀 늘리고 닦아 행할 수 있을 것이다.'

카샤파여, 저 지혜 있는 자가 이와 같이 살피고 이와 같이 미루어 구하고 이와 같이 의논할 때에는 나는 거기서 좋은 이름이 있을 것이다.

카샤파여, 저 지혜 있는 사람은 이와 같이 살필 것이다.

'사문 고타마의 제자가 모든 착한 법, 맑고 깨끗하고 미묘한 현성의 법을 닦아 행함과 다른 무리 다른 스승이 모든 착한 법, 맑고 깨끗하고 미묘한 현성의 법을 닦아 행함에서, 누가 늘려 넓히고 닦아 행할 수 있을까.'

카샤파여, 저 지혜 있는 사람은 이와 같이 살피고 이와 같이 알고 볼 것이다.

'오직 사문 고타마의 제자만이 법을 넓혀 늘리고 닦아 행할 수 있을 것이다.'

카샤파여, 저 지혜 있는 자가 이와 같이 살피고 이와 같이 미루어 구하고 이와 같이 의논할 때에는 나는 거기서 좋은 이름이 있을 것이다.

카샤파여, 도(道)가 있으면 실천의 자취[迹]가 있는 것이어서 비구가 그 가운데서 닦아 행하면, 곧 이렇게 스스로 알고 스스로 볼 것이다.

'사문 고타마는 때를 맞춰 말하고 진실을 말하고 옳은 뜻을 말하고 법(法)대로 말하고 율(律)대로 말한다.'

카샤파여, 어떤 것이 도며 어떤 것이 자취인가. 비구는 그 가운데서 닦아 행하여 이렇게 스스로 알고 스스로 본다.

'사문 고타마는 때를 맞춰 말하고 진실을 말하고 옳은 뜻을 말하

고 법대로 말하고 율대로 말한다.'

카샤파여, 이에 비구는 생각의 깨달음 법을 닦아 '그쳐 쉼'[止息]을 의지하고, 탐욕 없음[無欲]을 의지하고, '벗어남'[出要]을 의지한다. 법 가림의 깨달음 법·정진의 깨달음 법·기뻐함의 깨달음 법·쉼의 깨달음 법·선정의 깨달음 법·버림의 깨달음 법을 닦을 때에도 '그쳐 쉼'을 의지하고, 탐욕 없음을 의지하고, 벗어남을 의지한다.

카샤파여, 이것이 도이고 이것이 자취이다. 비구가 그 가운데서 닦아 행하면 이렇게 스스로 알고 스스로 본다.

'사문 고타마는 때를 맞춰 말하고 진실을 말하고 옳은 뜻을 말하고 법대로 말하고 율대로 말한다.'

고행의 더러움으로 사문·브라마나 이름 얻는 것을 깨우치심

카샤파는 말했다.

"고타마시여, 오직 이 도와 이 자취만 있어 비구는 그 가운데서 닦아 행해 이렇게 스스로 알고 스스로 봅니다.

'사문 고타마는 때를 맞춰 말하고 진실을 말하고 옳은 뜻을 말하고 법대로 말하고 율대로 말하는 사람이다.'

다만 고행의 더러움으로써 브라마나의 이름을 얻는 자도 있고 사문의 이름을 얻는 자도 있습니다. 어떤 것들이 고행의 더러움으로써 브라마나의 이름을 얻는 것이고, 사문의 이름을 얻는 것이냐 하면 다음과 같습니다.

고타마시여, 옷을 여윈 헐벗은 몸을 손으로써 가리고, 밤의 밥은 받지 않고 썩은 밥은 받지 않으며, 두 벽 가운데 밥은 받지 않고 두 사람 가운데 밥은 받지 않습니다. 두 칼 가운데 밥은 받지 않고 두 절

구공이 가운데 밥은 받지 않으며, 함께 먹는 집의 밥은 받지 않고 아이 밴 집의 밥은 받지 않습니다.

개가 문 앞에 있으면 그 밥은 받지 않고, 파리가 있는 집의 밥은 받지 않으며, 청한 밥은 받지 않고 내 말보다 남의 말을 먼저 알면[他言先識] 그 밥은 받지 않습니다.

생선을 먹지 않고 고기를 먹지 않으며, 술을 마시지 않고 두 그릇으로써 먹지 않으며, 한 숟갈로 한번 삼켜 일곱 숟갈에 이르러 그칩니다.

어떤 이는 남이 더해주는 밥을 받되 일곱 번 더해줌을 넘기지 않고, 하루에 한 번 먹고 또는 이틀·사흘·나흘·닷새·엿새·이레에 한 번 먹습니다.

또는 과실을 먹고 또 음식 쓰레기를 먹으며, 밥물을 먹고 깨를 먹으며, 쭉벼를 먹고 쇠똥을 먹으며, 사슴똥을 먹고 나무뿌리·나뭇가지·나뭇잎·꽃·열매를 먹으며, 저절로 떨어진 과실을 먹습니다.

옷을 걸치되 잔디옷을 입고 나무껍질을 입으며, 풀을 몸에 두르고 사슴가죽옷을 입습니다. 머리를 기르고 털을 엮어 쓰며 무덤에 버린 옷을 입습니다.

어떤 이는 손을 늘 들고 있는 자도 있고, 늘 자리에 앉지 않으며 늘 쪼그리고 앉는 자도 있습니다.

머리는 깎고 수염을 남겨둔 자도 있습니다. 가시덤불 위에 누운 자도 있고 풀열매 위에 누운 자도 있으며, 알몸으로 쇠똥 위에 누운 자도 있습니다.

어떤 이는 하루에 세 번 목욕하고 또는 하룻밤에 세 번 목욕합니다.

이렇게 셀 수 없는 고통으로 이 몸을 괴롭게 부립니다.

고타마시여, 이것이 고행의 더러움으로 사문의 이름을 얻거나 브라마나의 이름을 얻는 것입니다."

바른 계와 견해 갖춰야 사문·브라마나의 바른 행이 됨을 보이심

붇다께서 말씀하셨다.

"카샤파여, 옷을 여읜 헐벗은 몸의 고행자는 셀 수 없는 방편으로써 이 몸을 괴롭게 부린다. 그러나 그는 계를 갖추지 못하고 견해를 갖추지 못하여, 부지런히 닦을 수도 없고 또한 널리 펴지도 못하는 것이다."

카샤파는 붇다께 여쭈었다.

"어떤 것이 계를 갖춤이고, 어떤 것이 견해를 갖춤이어서, 모든 고행을 뛰어나 미묘하여 으뜸이 됩니까."

붇다께서 카샤파에게 말씀하셨다.

"자세히 듣고 사유하여 생각하라. 너를 위하여 말해주겠다."

카샤파는 대답했다.

"그렇게 하겠습니다. 고타마시여, 즐거이 듣고자 합니다."

붇다께서 카샤파에게 말씀하셨다.

"만약 여래·지극히 참된 이가 세상에 나오면, 그는 첫째 선정 나아가 넷째 선정으로 현재의 법에서 즐거움을 얻을 것이다. 왜 그런가. 그것은 부지런히 힘쓰고 생각을 오롯이 하고 마음을 하나 되게 하여 고요함을 즐기고 방일하지 않기 때문이다.

카샤파여, 이것이 계를 갖추고 견해를 갖추어, 모든 고행보다 빼어나 미묘하여 으뜸인 것이다."

카샤파는 말씀드렸다.

"고타마시여, 비록 계를 갖추고 견해를 갖추어, 모든 고행보다 빼어나 미묘하여 으뜸이라 하더라도 다만 사문의 법은 어렵고, 브라마나의 법은 어렵습니다."

붇다께서 말씀하셨다.

"카샤파여, 이것은 세간이 함께하지 않는 법[世間不共法]이니, 곧 사문의 법과 브라마나 법의 어려움을 말한다.

카샤파여, 그러나 우파시카라 할지라도 또한 이 법을 알 수 있다.

옷을 여읜 헐벗은 몸과 나아가 셀 수 없는 방편으로 그 몸을 괴롭게 부리더라도 다만 그 마음이 성냄이 있는 마음인가 성냄이 없는 마음인가, 원한이 있는 마음인가 원한이 없는 마음인가, 해침이 있는 마음인가 해침이 없는 마음인가를 모른다.

만약 이 마음을 아는 자는 사문·브라마나를 어렵다고 이름하지 않을 것이다. 이미 알지 못하므로(참된 사문·브라마나의 뜻을 모르므로) 그 때문에 사문·브라마나는 어렵다고 하는 것이다."

그때에 카샤파는 붇다께 여쭈었다.

"어떤 것이 사문이며 어떤 것이 브라마나로서, 계를 갖추고 견해를 갖추어 높음이 되고 빼어남이 되어 미묘하여 으뜸입니까."

붇다께서 카샤파에게 말씀하셨다.

"자세히 듣고 자세히 들어 그것을 잘 사유해 생각하라. 너를 위해 말해주겠다."

카샤파는 대답했다.

"그렇게 하겠습니다. 고타마시여, 즐거이 듣고자 합니다."

붇다께서 말씀하셨다.

"카샤파여, 저 비구는 사마디의 마음으로 닦아 행하고 나아가 세 가지 밝음[三明]을 얻는다. 모든 어리석음과 어두움을 없애고 지혜의 밝음을 내면, 곧 흐름이 다한 지혜가 나는 것이다.

왜 그런가. 이는 부지런히 힘써 생각을 오롯이 하고, 마음을 하나되게 하여 고요함을 즐기고 방일하지 않기 때문이다.

카샤파여, 이것을 사문·브라마나가 계를 갖추고 견해를 갖추어, 가장 높이 미묘하여 으뜸이 된다고 하는 것이다."

카샤파는 말씀드렸다.

"고타마시여, 비록 이것을 사문·브라마나가 계를 갖추고 견해를 갖추어, 높음이 되고 빼어난 이 되어 미묘하여 으뜸이 된다고 하지만, 다만 사문·브라마나의 법은 매우 어렵고 매우 어렵습니다.

사문도 알기 어렵고 브라마나 또한 알기 어렵습니다."

붇다께서 카샤파에게 말씀하셨다.

"우파사카라도 또한 이 법을 닦아 행할 수 있다.

그런데도 스스로 말한다.

'나는 오늘부터 옷을 여읜 헐벗은 몸과 나아가 셀 수 없는 방편으로써 이 몸을 괴롭게 부리리라.'

그러나 이 행으로써 사문·브라마나라 이름할 수 없다. 만약 이런 행으로써 사문·브라마나라 이름할 수 있다면 (고행으로 사문·브라마나라 한다면 사문·브라마나는 이미 어려운 고행을 일삼는 자이므로) 사문은 매우 어렵고 브라마나는 매우 어렵다고 말할 수 없을 것이다.

이런 행으로써 사문·브라마나라고 하지 않기 때문에 (여래께서 가르치는 참된 지혜의 길이 사문·브라마나의 길이므로) 사문은 매우 어렵고 브라마나는 매우 어렵다고 말하는 것이다."

여래의 계와 견해 사마디의 길은 끝내 뭇 사람이 함께 해탈하는 길임을 보이시고, 여래의 사자와 같은 외침의 설법을 보이심

붇다께서 카샤파에게 말씀하셨다.

"나는 옛날 한때 라자그리하 성에 있으면서 높은 산의 '핍팔라(pippala) 굴'[七葉窟] 속에서 니구타 브라마나를 위하여 청정한 고행을 설명하였다.

때에 브라마나는 기쁜 마음을 내고 청정한 믿음을 얻어 내게 공양하고 내가 으뜸이라고 칭찬하고, 나에게 공양하고 칭찬하였다."

카샤파는 말씀드렸다.

"고타마시여, 누가 고타마께 으뜸가는 기쁨을 내 깨끗한 믿음으로 공양하고 칭찬하지 않겠습니까. 저도 이제 고타마께 으뜸가는 기쁨을 내고 깨끗한 믿음을 얻어 공양하고 칭찬하며 고타마께 귀의합니다."

붇다께서 카샤파에게 말씀하셨다.

"여러 세간에 있는 모든 계도, 이 더욱 위에 오르는 계[增上戒]와 같은 것은 없을 것이다. 하물며 그 위에 뛰어나고자 하겠는가.

세간에 있는 모든 사마디·지혜·해탈·해탈지견도 이 더욱 위로 오르는 사마디·지혜·해탈·해탈지견과 같은 것은 없을 것이다. 하물며 그 위에 뛰어나고자 하겠는가.

카샤파여, 사자(師子, siṃha)라고 함은 이 여래·지극히 참된 이·바르게 깨친 분을 말한다.

여래는 대중 가운데서 널리 법을 말할 때에 자재하여 두려움이 없기 때문에 사자라고 부른다.

어떤가. 카샤파여, 너는 여래가 사자처럼 외칠 때 용맹하지 않다고 생각하는가. 그렇게 보지 말라. 여래의 사자의 외침은 용맹하여 두려움이 없다.

카샤파여, 너는 여래가 용맹하게 사자처럼 외칠 때 대중 가운데 있지 않다고 생각하는가. 그렇게 보지 말라. 여래는 대중 가운데 있어서 용맹하게 사자처럼 외친다.

카샤파여, 너는 여래가 대중 가운데 있으면서 사자처럼 외쳐 설법하지 못한다고 생각하는가.

그렇게 보지 말라. 왜 그런가. 여래는 대중 가운데 있어 용맹하고 두려움이 없어 사자처럼 외쳐 잘 설법하기 때문이다.

어떤가. 카샤파여, 너는 여래가 대중 가운데서 용맹하게 두려움이 없이 사자처럼 외쳐 잘 설법할 때에 모인 대중들이 한마음으로 듣지 않는다고 생각하는가.

그렇게 보지 말라. 왜 그런가. 여래가 대중 가운데서 용맹하게 두려움이 없이 사자처럼 외쳐 잘 설법할 때 모든 모여온 대중은 한마음으로 듣기 때문이다.

어떤가. 카샤파여, 너는 여래가 대중 가운데서 용맹하게 두려움이 없이 사자처럼 외쳐 잘 설법할 때 모여온 모든 대중들은 한마음으로 듣기는 하나 기꺼이 믿어 받아 행하지 않는다고 생각하는가.

그렇게 보지 말라. 왜 그런가. 여래가 대중 가운데서 용맹하게 힘이 많아 사자처럼 외쳐 잘 설법할 때 모여온 모든 대중은 한마음으로 듣고 기꺼이 믿어 받아 행하기 때문이다.

카샤파여, 너는 여래가 대중 가운데서 용맹하게 두려움이 없이 사자처럼 외쳐 잘 설법할 때 모여온 모든 대중이 한마음으로 듣고 기꺼이 믿어 받아 행하나 공양하지 않는다고 생각하는가.

그렇게 보지 말라. 왜 그런가. 여래가 대중 가운데서 용맹하게 사자처럼 외쳐 잘 설법할 때 모여 온 모든 대중은 한마음으로 듣고 기꺼이 믿어 받아 행하고 공양을 베풀기 때문이다.

카샤파여, 너는 여래가 대중 가운데서 용맹하게 두려움이 없이 사자처럼 외칠 때 모인 대중이 믿어 공경하고 공양하면서도 수염과 머리를 깎고 세 가지 법의(法衣)를 입고 집을 나와 도를 닦지 않는다고 생각하는가.

그렇게 보지 말라. 왜 그런가. 여래가 대중 가운데서 용맹하고 두려움이 없이 외칠 때 모인 대중이 믿어 공경하고 공양하며 나아가 수염과 머리를 깎고 세 가지 법의를 입고 집을 나와 도를 닦기 때문이다.

카샤파여, 여래가 대중 가운데서 용맹하고 두려움이 없이 사자처럼 외칠 때, 그 대중이 듣고서 나아가 집을 나와 도를 닦으면서도 마쳐 다한 범행으로 안온한 곳인 남음 없는 니르바나에 이르지 못한다고 생각하는가.

그렇게 보지 말라. 왜 그런가. 여래가 대중 가운데서 용맹하고 두려움이 없어 사자처럼 외칠 때, 모인 대중이 듣고서 나아가 집을 나와 도를 닦아 마쳐 다한 범행으로 안온한 곳인 남음 없는 니르바나에 이르기 때문이다."

바깥길 수행자 카샤파가 사문이 되어 아라한을 이룸

때에 카샤파는 붇다께 여쭈었다.

"어떻습니까. 고타마시여, 저도 이 법 가운데서 집을 나와 구족계를 받을 수 있습니까."

붇다께서 카샤파에게 말씀하셨다.

"만약 배움 다른 이라도 우리 법 가운데 들어와서 집을 나와 도를 닦고자 한다면, 넉 달 동안 머무르면서 살펴어 여러 대중의 뜻에 맞은 뒤에야 집을 나와 계를 받을 수 있다.

카샤파여, 비록 이런 법이 있기는 하지만 또한 그 사람을 보아서 할 뿐이다."

카샤파는 말씀드렸다.

"만약 배움 다른 이가 붇다의 법 가운데 들어와 범행을 닦으려고 한다면, 넉 달 동안 머무르면서 살펴어 여러 대중의 뜻에 맞은 뒤에라야 집을 나와 계를 받을 수 있다고 하셨습니다. 저는 이제 붇다의 법 가운데서 사 년 동안 살펴 여러 대중의 뜻에 맞은 뒤에야 집을 나와 계를 받겠습니다."

붇다께서 카샤파에게 말씀하셨다.

"나는 이미 말했다. 다만 그 사람을 볼 뿐이라고."

그때에 카샤파는 곧 붇다의 법 가운데서 집을 나와 구족계를 받았다. 때에 카샤파는 계를 받은 지 오래지 않아 깨끗한 믿음의 마음으로 위없는 범행을 닦았다.

그리하여 현재의 법에서 스스로 몸으로 증득하여 나고 죽음은 이미 다하고 범행은 이미 서고, 지을 바를 이미 지어 뒤의 있음 받지 않고 곧 아라한을 이루었다.

그때에 카샤파는 붇다의 말씀을 듣고 기뻐하며 받들어 행했다.

• 장아함 25 나형바라문경(裸形婆羅門經)

• 해설 •

붇다 당시는 인도사회가 사회경제적·사상적으로 큰 변화·변동의 소용 돌이에 처했던 시대였다.

기성 사회의 틀이 무너지고 새로운 틀이 형성되어가면서 많은 사문·브 라마나들이 다양한 사회계층의 이해관계와 사조를 반영해 제각기 자기주 장을 펴며, 세상 사람들이 흉내낼 수도 없고 따라 행할 수도 없는 고행과 신 비선정을 펴며 교단을 꾸려가고 있었다.

붇다 또한 이러한 변혁의 시대 속에 사문·브라마나들의 온갖 어지러운 주장 가운데서 연기법을 설하시고 연기법의 실천관을 따르는 상가의 사문 집단을 이끌었던 분이다.

붇다는 그 가운데서 부질없는 고행을 일삼는 사문들을 꾸짖고, 초월주의 적 신성과의 합일을 위해 신비선정을 추구하는 이들의 삿된 선정을 깨뜨려, 세계의 진실을 진실 그대로 깨치는 지혜와 지혜와 하나된 선정과 선정에서 일어나는 바른 윤리적 행위를 가르치셨다.

탐욕에 젖은 세간 사람들은 육체의 탐욕을 끊고 세간의 보통 사람들이 차마 하기 어려운 갖가지 고행을 일삼으며 그것으로 사문의 행을 삼는 사문 들을 우러르며 '사문의 행은 어렵다'고 말한다.

또 세간 사람들은 남이 알기 어려운 신비선정과 신통을 추구하는 선정주 의자들을 보고 그들을 우러르며 '브라마나의 행은 어렵다'고 말한다.

그러나 붇다가 가르치신 사문의 행과 브라마나의 행은 세간 사람들과 다 른 특별한 능력 기이한 행을 보이는 것이 아니라 보고 듣는 앎에서 탐냄· 성냄·어리석음이 없는 행이 바로 사문의 행이고 브라마나의 행이다.

붇다가 보인 사문 가운데 사문의 뜻을 알고 브라마나 가운데 브라마나의 뜻을 알면 결코 사문은 어렵고 브라마나는 어렵다고 말하지 않는다. 여래에 게 사문·브라마나의 행은 집에 사는 우파시카도 할 수 있고 흰옷 입은 우 파사카도 할 수 있다.

그러나 어려운 고행을 일삼는 사문이나 신비선정을 추구하는 브라마나라 해도 그릇된 세계관에 갇혀 있는 한 알기 어렵고 행하기 어렵다.

여래에게 진리의 길은 감추어둠이 있는 신비의 길이 아니고 세계과 뭇 삶들의 진실을 밝히는 행이라 뭇 삶들과 함께하는 길이고 뭇 삶들의 일상 속에 온전히 드러나있는 길이다.

현실 속에 온전히 드러나 있는 이 참된 사문의 행은 부질없는 고행의 길이 아니라 누구나 할 수 있는 일상의 길이므로 '참으로 쉽고 쉬운 길'이다. 그러나 일상의 길 속에서 온전히 드러나 있는 이 진리의 길은 고행을 일삼아 그것으로 도를 삼는 자에게는 '어렵고 어려운 길'이다.

현재법 속에 온전히 드러나 있는 이 길을 여래는 사자처럼 외쳐 누구나 그 법을 듣도록 하고 누구나 그 법을 듣고 해탈의 길에 나아가도록 하고 니르바나의 땅에 이르도록 한다. 보디의 길에 안과 밖이 없지만 집착으로 안과 밖을 두는 것이니, 누가 여래의 보디의 길 밖에 있는 자인가.

바른 도와 사문의 행을 자신의 삶 밖에 따로 구하는 자가 그 사람이고, 도를 특별한 사람의 기이하고 신비한 행위 속에서 찾는 자가 그 사람이다.

제2장

실체론적 세계관의 여러 모습과 여래의 깨우침

"가미니여, 너는 의혹을 내지 말라.
왜 그런가. 의혹이 있기 때문에 곧 망설임을 내는 것이다.
가미니여, 너는 스스로 깨끗한 지혜가 없으면서
뒷세상이 있다고 하고 뒷세상이 없다고 한다.
가미니여, 너는 또 깨끗한 지혜가 없으면서 지은 바를
악이라 하고 지은 바를 착함이라 한다.
가미니여, 법으로 안정함[法之定]이 있으니,
멀리 떠남[遠離]이라 이름한다. 너는 이 선정으로 말미암아
바른 생각을 얻을 수 있고, 한마음을 얻을 수 있다.
이와 같이 하면 너는 현재의 법에서 곧 의혹을 끊고,
위로 오를 수 있다."

온갖 존재가 일어남에 실체적 자기원인을 인정하지 않는 연기론에서는 '존재가 어떻게 일어났는가'를 살피는 생기론(生起論)과 '존재가 어떻게 있는가'를 살피는 존재론(存在論) 사이에 구분을 두지 않는다.

그러나 중생의 사유와 세간의 풍조에 따라 일어남의 문제와 있음의 문제를 나누어 '일어남의 차원'에서 사인론(邪因論)·무인론(無因論)·연기론(緣起論)의 차이를 살피고, '있음의 차원'에서 실재론(實在論)·허무론(虛無論)·연기론을 살핀다.

연기적 일어남의 뜻이 나가르주나 존자의 게송에서 '일어나지 않고 사라지지 않는다'[不生不滅]고 말하는 뜻이라면, 있음과 없음의 문제는 게송에서 '항상하지 않고 끊어지지 않음'[不常不斷]으로 표현된다.

존재론에서 늘 있음[常]과 끊어져 없어짐[斷]의 문제는 실천론에서 결정론과 허무적 도덕부정론과 깊이 연결된다. 실천론에서 해탈의 문제 또한 존재론과 깊이 연관된다. 존재의 근거를 신적 초월성에서 찾는 이들은 존재의 출발처인 신성에 복귀함으로써 윤회의 문제에 응답하려 하고, 스스로 고유한 영적 실체를 인정하는 유파는 육체의 사멸에도 불구하고 죽지 않는 영혼의 빛을 드러냄으로써 윤회의 끝에 이르려 한다.

붇다의 연기론은 스스로 있는 실체적 요인을 밝혀 존재와 실천의 문제에 응답하지 않는다. 연기론은 연기이므로 존재의 있음[有]이 있음 아님[非有]과 존재의 남[生]에 곧 남이 없음[無生]을 밝혀, 존재의 질곡과 윤회의 굴레에서 해탈하는 길을 제시한다.

있음이 곧 있음 아님을 가르치는 여래의 법에서 해탈은, 중생이 질곡이라 생각하는 존재의 한복판, 벗어날 수 없는 필연의 굴레라 생각하는 윤회의 한복판에 있다.

법의 실체와 견해에 대해 말할 것이 있는 세간 여러 스승들의 길에 비해 법에 법 없음을 통달해 온갖 모습과 견해 떠난 여래의 길은 사유할 수 없고 말할 수 없으니, 『화엄경』(「야마궁중게찬품」)은 이렇게 말한다.

세간과 국토의 성품을
진실 그대로 살펴어서
만약 이에 대해 알 수 있으면
온갖 뜻을 잘 말할 수 있으리.

世間國土性　觀察悉如實
若能於此知　善說一切義

온갖 알고 봄이 있는 사람들은
이와 같이 말한다 스스로 말하지만
알고 보되 실로 알고 봄이 없어
여래는 알지 못함이 없으시네.
그러므로 여래께서 알고 보시는 것은
이루 사유하고 말할 수 없네.

一切知見人　自說如是言
如來無不知　是故難思議

1 사인론과 무인론, 그리고 연기론

• 이끄는 글 •

붇다 밖의 다른 사문과 브라마나들은 어떤 실체적 출발점을 설정해놓고 모든 존재 온갖 것이 하나인 출발점에서 파생되어 나왔거나 여러 가지 실체적 요소들의 쌓여짐으로 일어났다고 말한다.

그러나 붇다는 어떤 출발점을 전제하지 않고 주어진 경험현실을 있는 그대로 반성하여, 아는 자와 알려지는 것, 앎 자체에 어떤 선험적 뿌리가 있지 않고, 원인과 조건이 어울려 존재가 일어나되 결과를 내는 원인과 조건 또한 공함을 밝히셨다.

여래의 보디의 길에서 세계를 전변하는 제일원인도 없고, 다원적 요인도 없으며, 주체의 삶은 세계인 삶으로 주어지나 세계 또한 있되 공하여 세계는 늘 삶인 세계로 주어진다.

그래서 붇다의 연기론은 절대적 요인을 말하거나 원자적 요인을 말하거나 실체적 출발점을 말하는 이들을 삿된 원인[邪因]을 주장하는 자들이라 비판하고, 원인 없이 생겨나 허무로 돌아간다 말하는 이들을 원인 없음[無因]을 말하는 자들이라 비판한다.

붇다 당시 브라흐만에 의한 세계의 전변을 말하는 브라마나들 밖에 원자적 요인을 말하는 대표적 사상가들을 바깥길의 여섯 스승이라 한다. 이 여섯 스승들은 기성 브라마나 지배의 사회와 기성의 지배이념을 비판하는 신흥 사문들로서 바이샤 수드라의 이해관계를 대변한다.

그 가운데 첫째 아지타 케사캄바라는 땅·물·불·바람의 네 원소와 네 원소를 담는 허공이 존재의 근원이라 그밖에 존재하는 것은 없다고 주장하며 선악의 업이 없다고 말한다.

속류 유물론의 입장을 취하는 극단적 허무주의 사상이라 말할 수 있다. 로카야타(Lokāyata, 順世)파의 선구가 된다.

둘째 푸라나 카샤파는 선악의 행위에 관한 모든 업보를 부정하고 온갖 선행·보시·제사 같은 기성 도덕에 대한 부정적 입장을 설하는 사상가이다.

셋째 카쿠다 카타야나는 땅·물·불·바람의 네 원소와 괴로움·즐거움·아지바의 일곱 가지 요소로 존재가 구성되었다고 주장한다. 이 사람은 괴로움·즐거움·아지바까지도 물질의 파생이라 말하므로 물질주의적 다원론자라 말할 수 있다.

넷째 마카리 고사리푸트라는 땅·물·불·바람과 허공에 얻음과 잃음, 괴로움과 즐거움, 태어남과 죽음의 열두 가지 요인을 말하면서 행위에 관해서는 숙명론과 자연론을 주장한다.

다섯째 산자야 바이라티푸트라는 회의론자로서 인식에서 보편적 확실성을 부정하면서 불가지론(不可知論)을 주장한다.

도는 닦을 것이 없고 팔만 겁이 지나면 저절로 얻는다고 말한다.

사리푸트라와 목갈라야나 두 존자가 출가 전 바로 산자야의 제자였다.

여섯째 니르그란타 즈냐타푸트라는 땅·물·불·바람, 동물·식물에 고유한 영적 실체로서 지바가 있고, 운동·정지·허공·시간·물질의 무규정적 틀인 푸드갈라와 같은 지바를 담아주는 보편적 형식인 아지바가 있어서, 지바와 아지바가 결합하여 존재가 구성된다고 말한다.

지금 받는 괴로움과 즐거움, 죄와 복은 전세의 과보이고, 그 과보는 반드시 받아 금생의 어떤 행위로도 끊을 수 없다고 주장한다.

이 교파는 지금까지 그 교도가 살아 있는 유파로서 무소유를 주장하고 옷을 벗고 지내므로 경에서 '벌거숭이 외도'[裸形外道]라고 말하기도 한다.

붇다는 이 온갖 실체적 요인을 말하는 사상가들의 주장을 '온갖 것은 인연으로 나므로 공하고, 원인과 조건 결과가 모두 공하므로 연기한다'는 한 마디로 깨뜨린다. 연기법에서는 존재도 공하고[我空] 존재를 이루어주는 법도 공한 것이다[法空].

온갖 있는 것은 연기한 것이므로 있되 있음 아닌 있음이 되고, 현재 있음이 있음 아님이므로 없음 또한 없음 아닌 없음이 되는 것이다.

존재구성의 요인을 일원적이냐 다원적이냐로 살폈던 존재론의 문제를 원인과 결과의 관계로 살펴보자.

브라흐만이라는 절대생명이 만유를 전개했다는 브라마나들의 관점은 절대적인 있음인 제일원인 가운데 모든 결과가 이미 있는 것[因中有果]이라면, 다원적인 요인을 설정하는 사문들의 관점은 원인 속에 결과가 없는 것[因中無果]이다.

일원론과 다원론의 중간철학인 자이나교에서는 지바의 실체적인 요인이 아지바의 원리적인 틀에 담겨 존재가 이루어지므로 지바에서 보면 원인 속에 결과가 없는 것이 아니지만, 지바는 아지바의 틀에 담김으로써 존재성을 갖게 되므로 원인 속에 결과가 있는 것이 아니다.

청량징관법사(淸凉澄觀法師)의 『화엄경소』(華嚴經疏)에서는 붇다 당시부터 붇다 니르바나 이후 인도사상 여러 유파들의 주장을 다음 네 가지 견해[四見]로 정리한다.

근원적 자아인 푸르샤(puruṣa)와 그 질료로서 운동하는 프라크리티(prakṛti)의 전변을 말하는 상키야(sāṃkhya, 數論) 학파나, 절대신에 의한 온갖 존재의 전변을 말하는 베단타(vedānta) 철학은 원인과 결과가 하나라고 주장하는 세계관[計一]이다.

다원주의 철학을 계승하면서 일원론의 영향을 받은 바이세시카(Vaiśeṣika, 勝論) 학파는 실체적 요소의 존재구성을 주장하므로 원인과 결과가 다르다고 주장하는 세계관[計異]이다.

르샤바(Ṛṣabha) 논사는 일원론과 다원론을 융합한 세계관이므로 원인 속에 결과가 있기도 하고 없기도 함을 주장하는 세계관[計亦一亦異]이다.

자이나의 교설은 원인 속에 결과가 있는 것도 아니고 없는 것도 아님을 말하므로 원인과 결과가 같음도 아니고 다름도 아님을 말하는 세계관[計非一非異]이다.

붇다의 연기론에서는 원인과 조건과 결과가 모두 공한 원인과 조건 결과라 원인과 결과가 같다거나 다르다고 함이 모두 허튼 논란이 된다. 원인과 조건의 결합에 의한 결과가 나온다고 해도 맞지 않고 원인 없이 나온다고 해도 맞지 않으니, 존재는 나되 남이 없는 것[生

而無生]이다.

붇다의 연기론에서 원인과 결과는 이처럼 공한 인과라 그 연기의 진실은 이루 말할 수 없고 사유할 수 없는 것[不思議緣起]이다. 이루 말로 할 수 없는 진실을 중생의 해탈과 구제의 인연으로 갖가지 언어의 방편으로 말을 세워 보인 것이니, 연기법은 말하되 실로 말함이 없는 것이다.

『화엄경』(「수미정상게찬품」)은 이렇게 보인다.

세간의 모든 언어의 법들은
중생의 망령된 분별이네.
세간이 다 남이 없음을 알아야
이것이 세간을 바로 봄이네.

世間言語法　衆生妄分別
知世皆無生　乃是見世間

원인도 없고 조건도 없다 하거나 절대신이 짓는다고 함이 모두 바른 삶의 길이 아니니

나는 들었다, 이와 같이.

한때 붇다께서는 슈라바스티 국에 노니시면서 제타 숲 '외로운 이 돕는 장자의 동산'에 계셨다. 그때에 세존께서는 여러 비구들에게 말씀하셨다.

"세 가지 건네주는 곳[度處]이 있어서, 성(姓)을 달리하고 이름[名]을 달리하며, 주장하는 내용[宗]을 달리하고 말[說]을 달리한다.

곧 지혜 있다고 하는 자가 잘 받아 아주 잘 지녀 남을 위해 설명하지만 이익을 얻지 못하는 것이다. 어떤 것이 셋인가?

어떤 사문 · 브라마나는 이와 같이 보고 이와 같이 말한다.

'사람이 하는 일은 온갖 것이다〈오랜 생의 목숨[宿命]〉으로 인해 지어졌다.'

다시 어떤 사문 · 브라마나는 이와 같이 보고 이와 같이 말한다.

'사람이 하는 일은 온갖 것이 다〈높은 존재[尊祐]〉가 지은 바이다.'

다시 어떤 사문 · 브라마나는 이와 같이 보고 이와 같이 말한다.

'사람이 하는 일은 온갖 것이 다 원인[因]도 없고 조건[緣]도 없다.'"

숙명론과 절대신의 창조, 무인론을 논박하심

"그 가운데서 만약 어떤 사문이나 브라마나가 '사람이 하는 일은 온갖 것이 다 오랜 생의 목숨으로 인해 지어졌다'고 하여, 이와 같이 말한다면 나는 곧 그들에게 가서 묻겠다.

'여러분, 참으로 사람이 하는 일은 온갖 것이 다 오랜 생의 목숨으로 인해 지어졌다고 이와 같이 보고 이와 같이 말하오?'

그들이 '그렇다'고 대답한다면, 나는 다시 그들에게 말하겠다.

'만약 이와 같다면 여러분은 모두 산목숨을 죽이는 사람이오.

왜냐하면 그 온갖 것은 다 오랜 생의 목숨으로 지어진 것이라 죽여도 되기 때문이오.

이와 같이 여러분은 모두 주지 않는 것을 가지며 삿된 음행을 하며 거짓말하고 나아가서는 삿된 견해를 가진 사람이오. 왜냐하면 그 온갖 것은 다 오랜 생의 목숨으로 지어진 것이기 때문이오.

그리고 여러분이 온갖 것은 다 오랜 생의 목숨으로 인해 지어진 것이라고 함을 진실이라 본다면, '안의 자기요인 속'[內因內]에는 해야 할 일과 하지 않아야 할 일에 대해서 도무지 하고자 함도 없고 방편도 없을 것이오.

여러분이 만약 해야 할 일과 하지 않아야 할 일에 대해서 진실 그대로 알지 못하면[如實知] 곧 바른 생각을 잃게 되어 바른 지혜가 없으니 가르칠 수 없을 것이오.'

만약 사문의 법으로 이와 같이 말한다면 곧 바른 뜻으로 그 사문이나 브라마나를 항복받을 수 있을 것이다.

그 가운데서 만약 어떤 사문이나 브라마나가 '사람이 하는 일은 온갖 것이 다 높은 존재가 지은 것이다'라고 이와 같이 보고 이와 같이 말한다면, 나는 곧 그들에게 가서 묻겠다.

'여러분, 사람이 하는 일은 온갖 것이 다 높은 존재가 짓는 것이라

고 참으로 이와 같이 보고 이와 같이 말하오?'

그들이 '그렇다'고 대답한다면, 나는 다시 그들에게 말하겠다.

'만약 이와 같다면 여러분은 모두 산목숨을 죽이는 사람이오.

왜냐하면, 온갖 것은 다 높은 존재가 짓는 것이기 때문이오.

이와 같이 여러분은 모두 주지 않는 것을 가지며 삿된 음행을 하며 거짓말하고 나아가 삿된 견해를 가진 사람이오.

왜냐하면 그 온갖 것은 다 높은 존재가 짓는 것이기 때문이오.

이와 같이 여러분이 온갖 것은 다 높은 존재가 짓는 것이라는 것을 진실이라 본다면, '안의 자기요인 속'에는 해야 할 일과 하지 않아야 할 일에 대해서 도무지 하고자 함도 없고 방편도 없을 것이오.

여러분이 만약 해야 할 일과 하지 않아야 할 일에 대해서 진실 그대로 알지 못하면 곧 바른 생각을 잃게 되어 바른 지혜가 없으니 가르칠 수 없을 것이오.'

만약 사문의 법으로 이와 같이 말한다면 곧 바른 뜻으로 그 사문이나 브라마나를 항복받을 수 있을 것이다.

그 가운데서 만약 어떤 사문이나 브라마나가 '사람이 하는 일은 온갖 것이 다 원인도 없고 조건도 없다'고 이와 같이 보고 이와 같이 말한다면, 나는 곧 그들에게 가서 묻겠다.

'여러분, 참으로 사람이 하는 일은 온갖 것이 다 원인도 없고 조건도 없다고 이와 같이 보고 이와 같이 말하오?'

그들이 '그렇다'고 대답한다면, 나는 다시 그들에게 말하겠다.

'만약 그렇다면 여러분은 모두 산목숨을 죽이는 사람이오.

왜냐하면 온갖 것은 다 원인도 없고 조건도 없기 때문이오.

이와 같이 여러분은 모두 주지 않는 것을 가지며 삿된 음행하며 거짓말하고 나아가 삿된 견해를 가진 사람이오.

왜냐하면 그 온갖 것은 다 원인도 없고 조건도 없기 때문이오.

이와 같이 여러분이 만약 온갖 것은 다 원인도 없고 조건도 없음을 진실이라 본다면, '안의 자기요인 속'에는 해야 할 일과 하지 않아야 할 일에 대해서 도무지 하고자 함도 없고 방편도 없을 것이오.

여러분이 만약 해야 할 일과 하지 않아야 할 일에 대해서 진실 그대로 알지 못하면 곧 바른 생각을 잃게 되어 바른 지혜가 없으니 가르칠 수 없을 것이오.'

만약 사문의 법으로 이와 같이 말한다면 곧 바른 뜻으로 그 사문이나 브라마나를 항복받을 수 있을 것이다."

여섯 곳, 여섯 법의 영역이 서로 의지해
자아와 온갖 법이 연기함을 보이심

"내가 스스로 알고 스스로 깨달은 법을 너희를 위해 말한다면, 사문과 브라마나, 하늘과 마라, 브라흐만과 다른 모든 세간은 아무도 너희를 항복케 할 수 없고, 더럽힐 수 없으며, 누를 수 없을 것이다.

내가 스스로 알고 스스로 깨달은 법을 너희를 위해 말한다면, 사문과 브라마나, 하늘과 마라, 브라흐만과 다른 모든 세간은 아무도 너희를 항복케 할 수 없고, 더럽힐 수 없으며, 누를 수 없다는 것은 무엇을 말함인가?

곧 여섯 곳[六處]의 법이 있다고 함이다. 이것이 바로 내가 스스로 알고 스스로 깨달은 것을 너희를 위해 말하면, 사문과 브라마나, 하늘과 마라, 브라흐만과 다른 모든 세간은 아무도 너희를 항복케 할 수 없고, 더럽힐 수 없으며, 누를 수 없다는 것이다.

다시 여섯 영역[六界]의 법이 있다고 함이다. 이것이 바로 내가 스스로 깨달은 것을 너희를 위해 말하면, 사문과 브라마나, 하늘과 마라, 브라흐만과 다른 모든 세간은 아무도 너희를 항복케 할 수 없고, 더럽힐 수 없으며, 누를 수 없다는 것이다.

어떤 여섯 곳의 법을 내가 스스로 알고 스스로 깨달아 너희를 위해 말하는 것인가?

곧 눈[眼]·귀[耳]·코[鼻]·혀[舌]·몸[身]·뜻[意]의 여섯 곳[處]이 그것이다. 이것을 여섯 곳의 법이라 하며, 내가 스스로 알고 스스로 깨달아 너희를 위해 말하는 것이다.

어떤 여섯 영역의 법을 내가 스스로 알고 스스로 깨달아 너희를 위해 말하는 것인가? 곧 땅[地]·물[水]·불[火]·바람[風]·허공[空]·앎[識]의 영역[界]이 그것이다. 이것을 여섯 법의 영역이라 하며, 내가 스스로 알고 스스로 깨달아 너희를 위해 말하는 것이다.

여섯 법의 영역이 합함으로써 문득 어머니 태에 나고, 여섯 법의 영역으로 인하여 문득 여섯 곳[六處]이 있으며, 여섯 곳으로 인하여 문득 닿음[更樂]이 있고, 닿음으로 인하여 문득 느낌[受]이 있다."

해탈에 이르는 네 가지 진리를 보이심

"비구가 만약 느낌이 있으면, 문득 괴로움을 진실 그대로 알고 괴로움 모아냄, 괴로움의 사라짐, 괴로움을 없애는 길을 진실 그대로 안다.

어떻게 괴로움을 진실 그대로 아는가? 곧 태어남의 괴로움·늙음의 괴로움·병듦의 괴로움·죽음의 괴로움·원수를 만나는 괴로움

·사랑하는 이와 헤어지는 괴로움·구하되 얻지 못하는 괴로움·다섯 쌓임 자체의 괴로움이다.

이것을 괴로움을 진실 그대로 아는 것이라 한다.

어떻게 괴로움 모아냄을 진실 그대로 아는가? 곧 이 애착의 느낌[愛受]과 미래의 존재에 대한 즐거움과 욕망이 같이 있어, 이런저런 존재를 구하는 것이다.

이것을 괴로움 모아냄을 진실 그대로 아는 것이라 한다.

어떻게 괴로움이 사라짐을 진실 그대로 아는가? 곧 이 애착의 느낌과 미래의 존재에 대한 즐거움과 욕망이 같이 있어[共俱] 이런저런 존재를 구하는 것이 끊어져 남음이 없고[斷無餘], 버리고[捨] 뱉어 다하며[吐盡], 탐욕 없이 사라져 그치고 없어짐이다.

이것을 괴로움이 사라짐을 진실 그대로 아는 것이라 한다.

어떻게 괴로움 없애는 길을 진실 그대로 아는가? 곧 여덟 가지 바른 길[八支聖道]로서 바른 견해와 나아가서는 바른 선정이니 이것이 여덟이다.

이것을 괴로움을 없애는 길을 진실 그대로 아는 것이라 한다.

비구는 반드시 괴로움을 진실 그대로 알아야 하고, 괴로움 모아냄을 끊어야 하며, 괴로움이 사라짐을 증득하여야 하고, 괴로움을 없애는 길을 닦아야 한다.

만약 비구가 괴로움을 진실 그대로 알고 괴로움 모아냄을 끊으며, 괴로움이 사라짐을 증득하고 괴로움을 없애는 길을 닦으면, 이것을 비구가 온갖 흐름을 다하고 모든 맺음이 이미 풀려 바른 지혜로써 괴로움의 끝을 얻는 것이라 한다."

붓다께서 이렇게 말씀하시자, 여러 비구들은 붓다의 말씀을 듣고 기뻐하며 받들어 행하였다.

• 중아함 13 도경(度經)

• 해설 •

과거 숙명에 의해 현재가 결정되어 있다면 그것은 지금 현재 행위의 인과를 깨뜨림이니, 지금 사람을 죽이고 남의 것을 훔쳐 가져도 그것은 이미 그렇게 결정되어 있는 것이기 때문이다.

절대신이 지었다고 말하면 그것도 창조적 인과를 깨뜨리는 것이니, 신이 지었기 때문에 주체의 결정과 행위에는 아무 책임이 따르지 않기 때문이다.

원인 없고 조건 없이 지었다고 하면 그것도 인과를 깨뜨리는 것이니, 지금 어떤 행위를 해도 거기에 원인도 없고 조건도 없으므로 행위에 따른 결과도 없기 때문이다.

이 세 가지 주장에 대해 붇다의 연기법은 안으로 눈·귀·코·혀·몸과 뜻의 여섯 곳이 있다고 하고, 땅·물·불·바람·허공·앎의 여섯 법의 영역이 있다고 말한다.

연기법에서 있다고 함은 스스로 있는 것이거나 신이 낸 것이거나 닫힌 원자가 모여 낸 것이 아니라, 원인 아닌 원인과 조건 아닌 조건에 의해 남이 없이 난 것이니 있음을 말하면 곧 있되 공함을 말한 것이다.

여기 주체의 여섯 곳이 실로 있다면 어찌 저 사물을 보고 듣고 느낄 수 있겠는가. 저기 객관의 사물들이 실로 있다면 어찌 저 사물들이 나에게 알려지겠는가.

물질[地水火風]과 허공[空]이 저기 있다면 여기 나의 앎[識]에 어찌 물질과 허공이 알려질 수 있으며, 여기 주체의 앎이 세계과 무관하게 있다면 어찌 저 세계가 나의 것으로 파악될 수 있겠는가.

허공이 허공이 아니고 물질이 물질이 아니므로 허공과 물질이 서로 교환되며 저 밖의 다섯 법의 영역이 있되 공하고 앎이 앎 아닌 앎이므로 세계와 허공이 앎인 세계와 허공으로 드러나는 것이다.

그러므로 연기의 뜻을 알아듣는 이라면 앎이 여기 있고 세계가 저기 있다 해도 안 되며, 여기 앎이 작고 저기 끝없는 허공이 크다 해서는 안 된다.

연기의 진실대로 살피면 주체와 객체가 모두 있되 있음 아니므로 서로 원인이 되고 조건이 되어 새로운 삶 현실과 새로운 세계가 남이 없이 나는 것이며, 무명과 집착으로 인해 괴로움이 나고, 바른 삶의 길을 행해 괴로움은 사라지고 해탈현실이 구현되는 것이다.

연기법에서는 본래 없던 괴로움이 연기된 것이라, 괴로움 속에 이미 괴로움의 끝이 있다. 그러므로 괴로움의 끝을 다한 니르바나가 고통의 현실에서 구현될 수 있는 것이니, 연기법이야말로 참된 희망의 철학이고 해탈의 철학이다.

나되 남이 없는 연기의 진실밖에는 모두 헛된 분별인 것이니, 『화엄경』(「야마궁중게찬품」)은 말한다.

모든 법은 남이 없으므로
스스로의 성품이 있는바 없네.
이와 같이 분별해 알면
이 사람이 뜻을 깊이 통달함이네.

諸法無生故　自性無所有
如是分別知　此人深達義

푸라나 카샤파의 가르침처럼 원인도 없고
조건도 없이 맑고 깨끗해짐이 아니니

이와 같이 내가 들었다.

한때 붇다께서는 바이샬리 국의 원숭이 못가에 있는 이층강당에 계셨다. 그때 마하나마(Mahānāma)라 하는 리차비 종족 사람이 날마다 노닐어 걸어 붇다 계신 곳으로 찾아왔다.

그때 그 리차비 종족 사람은 이렇게 생각했다.

'만약 내가 세존 계신 곳에 일찍 찾아간다면 세존과 내가 아는 비구들은 모두 선정 속에서 사유하고 계실 것이다.

나는 이제 일곱 암라 나무가 있는 아지타 바깥길 수행자들이 있는 곳으로 가야겠다.'

그리고 곧 푸라나 카샤파가 머무는 곳으로 갔다. 이때 푸라나 카샤파는 바깥길 닦는 무리들의 스승으로 오백 바깥길 수행자들에게 앞뒤로 둘러싸여 소리를 높여 떠들어 놀면서 세속일을 논해 말하고 있었다.

마하나마가 푸라나 카샤파를 찾아가 무인론에 대해 들음

그때 푸라나 카샤파는 멀리서 리차비 종족 마하나마가 오는 것을 보고 그 권속들에게 분부하여 고요하게 머물러 있도록 하였다.

"너희들은 잠자코 있으라. 이 사람은 사문 고타마의 제자 리차비 종족 마하나마이다.

저 자는 사문 고타마의 흰옷 제자 가운데 이 바이살리 국에서 맨
윗머리가 되는 자이다.

그는 늘 고요함을 즐거워하고 고요함을 찬탄한다. 그가 가는 곳은
고요한 대중이 있다. 그러므로 너희들은 고요하게 있어야 한다."

이때 마하나마는 그 대중들 가운데 푸라나 있는 곳에 가서 푸라나
와 서로 문안 인사하고 서로 위로한 뒤에 물러나 한쪽에 앉았다.

그때 마하나마가 푸라나에게 말하였다.

"제가 듣기에, 푸라나께서는 여러 제자들에게 이와 같이 설법하
신다고 합니다.

'원인[因]도 없고 조건[緣]도 없이 중생들에게 때[垢]가 생긴다.
원인도 없고 조건도 없이 중생들은 맑고 깨끗해진다.'

세간에 이런 주장이 있으니 그대는 이런 말이 있음을 살펴야 합니
다. 이것은 바깥 사람들이 당신을 헐뜯으려고 하는 말입니까? 세상
사람들이 하는 이 말은 옳은 법입니까, 그른 법입니까?

어느 때 세상 사람들이 찾아와 같이 논의하고 따져 묻고 싶어해
꾸짖지는 않았습니까?"

푸라나 카샤파는 대답하였다.

"실로 이런 주장이 있소. 그것은 세상에서 함부로 퍼뜨리는 말이
아니오. 내가 세운 이 논의는 법다운 논의이오.

내가 이 법을 말했는데 다 법에 따른 것이오. 세상 사람으로서 내
게 찾아와 같이 따져 묻고 꾸짖은 이는 없었소.

왜냐하면 마하나마여, 나는 '원인도 없고 조건도 없이 중생들에
게 때가 생기고, 원인도 없고 조건도 없이 중생들은 맑고 깨끗해진
다'고 이와 같이 보고 이와 같이 말하기 때문이오."

이때 마하나마는 푸라나가 말한 것을 듣고 마음이 기쁘고 즐겁지 않아 그를 꾸짖은 뒤에 곧 자리에서 일어나 떠나갔다.

그는 붇다 계신 곳으로 나아가 머리를 대 발에 절하고는 물러나 한쪽에 앉았다. 그리고 조금 전 푸라나와 논의했던 일을 붇다께 자세히 말씀드렸다.

여래께서 다섯 쌓임이 인연 따라 물듦을 보이시어 무인론을 깨뜨림

붇다께서는 리차비 사람 마하나마에게 말씀하셨다.

"저 푸라나가 자기 뜻대로 한 말[出意語]은 말할 것이 못 된다.

이와 같이 푸라나는 어둡고 어리석어, 잘 가리지 못하고 착하지 못해 옳은 근거가 없이 이렇게 말한다.

'원인도 없고 조건도 없이 중생들에게 때가 생긴다. 원인도 없고 조건도 없이 중생들은 맑고 깨끗해진다.'

왜 그런가. 원인이 있고 조건이 있어서 중생들에게 때가 생기고, 원인이 있고 조건이 있어서 중생들은 맑고 깨끗해지기 때문이다.

마하나마여, 어떤 원인과 조건이 있어서 중생들에게 때가 생기고, 어떤 원인과 어떤 조건이 있어서 중생들이 맑고 깨끗해지는가?

마하나마여, 만약 물질[色]이 한결같이 괴로운 것이 아니며, 즐거운 것도 아니지만, 즐거움을 따르지 않고, 즐거움이 키워 기르지 않으며, 즐거움을 떠난 것이라면, 중생들은 이 물질 때문에 즐겨 집착함을 내지는 않을 것이다.

마하나마여, 물질은 한결같이 괴로운 것이 아니며, 즐거움이 아니지만, 즐거움을 따르고 즐거움이 키워 기르게 하며, 즐거움을 떠나지 않는다. 그러므로 중생들은 물질에 물들어 집착하고, 물들어 집착하기 때문에 얽매이며, 얽매이기 때문에 번뇌가 있다.

마하나마여, 느낌·모습 취함·지어감·앎 등이 한결같이 괴로운 것이 아니며, 즐거운 것도 아니지만, 즐거움을 따르지 않고, 즐거움이 키워 기르지 않으며, 즐거움을 떠난 것이라면, 중생들은 이 앎 등 때문에 즐겨 집착함을 내지는 않을 것이다.

마하나마여, 느낌·모습 취함·지어감·앎 등은 한결같이 괴로운 것이 아니며, 즐거움이 아니지만, 즐거움을 따르고 즐거움이 키워 기르며, 즐거움을 떠나지 않는다.

그러므로 중생들은 앎 등에 물들어 집착하고, 물들어 집착하기 때문에 얽매이며, 얽매이기 때문에 번뇌가 있다.

마하나마여, 이것을 '원인이 있고 조건이 있어서 중생들에게 때가 생긴다'고 하는 것이다."

다섯 쌓임이 인연 따라 깨끗해짐을 보여 무인론을 깨뜨림

"마하나마여, 어떤 원인과 어떤 조건으로 중생들이 맑고 깨끗해지는가?

마하나마여, 만약 물질이 한결같이 즐거운 것이 아니고, 괴로운 것이 아니지만, 괴로움을 따르지 않고, 근심과 괴로움이 키워 기르지 않으며, 괴로움을 떠난 것이라면, 중생들은 물질 때문에 싫어해 떠나는 마음을 내지 않을 것이다.

마하나마여, 물질은 한결같이 즐거운 것이 아니고, 괴로운 것이 아니지만, 괴로움을 따르며, 근심과 괴로움이 키워 기르며, 괴로움을 떠나지 않는 것이다.

그러므로 중생들은 물질을 탐착하지 않고[厭] 떠나며, 탐착하지 않기 때문에 즐기지 않으며, 즐기지 않기 때문에 해탈한다.

마하나마여, 만약 느낌·모습 취함·지어감·앎 등이 한결같이 즐거운 것이 아니고, 괴로운 것이 아니지만, 괴로움을 따르지 않고, 근심과 괴로움이 키워 기르지 않으며, 괴로움을 떠난 것이라면, 중생들은 앎 등을 인해 싫어해 떠나는 마음[厭離]을 내지 않을 것이다.

마하나마여, 느낌·모습 취함·지어감·앎 등은 한결같이 즐거운 것이 아니고, 괴로운 것이 아니지만, 괴로움을 따르며, 근심과 괴로움이 키워 기르며, 괴로움을 떠나지 않는 것이다.

그러므로 중생들은 앎 등을 탐착하지 않고 떠나며, 탐착하지 않기 때문에 즐기지 않으며, 즐기지 않기 때문에 해탈한다.

마하나마여, 이것을 '원인도 있고 조건도 있어서 중생들은 맑고 깨끗해진다'고 하는 것이다."

이때 마하나마는 붇다의 말씀을 듣고 기뻐하고 서로 따라 기뻐하면서 붇다께 절하고 물러갔다.

• 잡아함 81 부란나경(富蘭那經)

• 해설 •

푸라나 카샤파는 노예계급 출신으로 브라흐만의 존재에 대한 극단의 혐오감을 표방하며 도덕 부정, 인과 부정의 입장을 가졌다.

그러므로 그는 아무런 원인이 없이 삶 속에 물듦과 얽매임이 생겨나고 아무런 원인과 조건이 없이 삶의 청정과 자유가 구현된다고 말한다.

그의 말처럼 아무런 원인이 없이 삶의 청정이 이루어진다면, 주체의 실천적 행위와 어떤 일의 성취를 위한 노력이 무슨 필요가 있겠는가.

붇다의 다섯 쌓임의 가르침은 저 물질이 마음 활동을 떠나지 않고 마음

활동이 물질인 마음 활동임을 가르치는 교설이므로, 이는 저 물질도 끝없이 원인과 조건으로 생성되고 변화되는 물질이며 마음도 세계를 토대로 세계를 안고 일어나는 마음임을 보인다.

저 물질이 여러 요인들에 의해 일어난 물질이라 물질 안에는 실로 그렇다고 집착할 실체가 없다. 그런데도 물질을 실로 있는 것으로 받아들여 물질에 물든 앎이 날 때 그 물질이 나에게 즐거움을 주면 그것을 취하려 하고 나에게 괴로움을 주면 그것을 떠나려 한다.

주체의 즐거움과 괴로움도 저 경계를 떠나 즐거움과 괴로움이 없고, 저 경계도 경계를 느끼는 주체의 감성 밖의 실로 있는 대상이 아니다.

주체의 경계에 대한 즐거움과 괴로움의 느낌밖에 경계가 없고, 경계를 떠나 주체의 감성적 느낌이 없으므로 주체와 경계 느낌이 모두 공한 것이다.

물질이 온전히 괴로움이 아니고 즐거움이 아니지만 중생은 집착 따라 즐거움의 물질이 되면 취하고, 괴로움의 물질이 되면 버린다. 그러나 즐거운 느낌 괴로운 느낌이 실체화되면 즐거움과 괴로움이 모두 괴로운 느낌이 되니, 그 모두에 집착을 떠나야 한다.

붇다의 가르침처럼 알려지는 물질과 물질을 아는 앎에 모두 취할 것이 없음을 깨달아 탐착해 붙들지 않고 맛들여 즐기지 않으면, 마음에서 마음을 벗어나고 물질에서 물질을 벗어나 해탈한다.

마음에 마음 없고 물질에 물질 없는 실상이 깨달음의 바른 원인[正因]이 되고, 다섯 쌓임의 참모습을 살피는 지혜가 깨달아 아는 원인[了因]이 되며, 선정과 갖가지 집착 떠나게 하는 행이 깨닫도록 돕는 조건[緣因]이 된다.

갖가지 실천의 조건으로 다섯 쌓임의 실상을 깨달아 알면 얽매임에서 벗어나 삶의 청정과 자유가 구현되니, 어찌 원인 없이 해탈의 결과가 있다고 말할 것인가.

세존이시여, 괴로움과 즐거움은
스스로 짓는 것입니까 남이 짓는 것입니까

이와 같이 내가 들었다.

한때 붇다께서는 라자그리하 성 그리드라쿠타 산에 계셨다.

그때 세존께서 이른 아침에 가사를 입고 발우를 가지고 라자그리하 성에 들어가 밥을 비시려다 바깥길 집을 나온 수행자인 팀바루카(巴 Timbaruka)를 길에서 보셨다.

그는 작은 볼일이 있어 그리드라쿠타 산에 와 노닐어 다니다 멀리서 세존을 뵙고는 세존 계신 곳에 갔다.

그는 세존과 서로 반가이 위로하였고, 서로 같이 반가이 위로한 뒤에 한쪽에 서서 붇다께 말씀드렸다.

"고타마시여, 여쭙고 싶은 것이 있는데 한가하시면 풀이해 말씀해주시겠습니까?"

붇다께서 바깥길 집을 나온 수행자 팀바루카에게 말씀하셨다.

"지금은 이야기할 때가 아니오. 성에 들어가 밥을 빌어야 하니 돌아와서 그대를 위해 말해주겠소."

두 번째 말씀 또한 이와 같았다. 그는 세 번째로 다시 청하였다.

"사문 고타마시여, 왜 저에게 말미를 두시려 합니까? 묻고 싶은 것이 있으니 저를 위해 말씀해주십시오."

붇다께서 바깥길 집을 나온 이 팀바루카에게 말씀하셨다.

"그대 마음대로 물으시오. 그대를 위해 말해주겠소."

길에서 만난 팀바루카와 느낌의 발생이
주관적 요인인가 객관 여건인가 원인 없음인가 묻고 답함

바깥길 집을 나온 이 팀바루카가 곧 여쭈었다.

"사문 고타마시여, 괴로움과 즐거움은 스스로 짓는 것[自作]입니까?"

붇다께서 바깥길 집을 나온 이 팀바루카에게 말씀하셨다.

"괴로움과 즐거움은 스스로 짓는 것이라고 말한다면 그것은 곧 말할 것 없음[無記]이오."

"사문 고타마시여, 괴로움과 즐거움은 남이 짓는 것[他作]입니까?"

붇다께서 바깥길 집을 나온 이 팀바루카에게 말씀하셨다.

"괴로움과 즐거움은 남이 짓는 것이라고 말한다면 그것은 곧 말할 것 없음이오."

또 물었다.

"고타마시여, 괴로움과 즐거움은 스스로와 남이 같이 짓는 것[自他作]입니까?"

붇다께서 바깥길 집을 나온 이 팀바루카에게 말씀하셨다.

"괴로움과 즐거움은 스스로와 남이 같이 짓는 것이라고 말한다면 그것은 곧 말할 것 없음이오."

또 물었다.

"괴로움과 즐거움은 스스로도 아니요, 남도 아니라면, 원인이 없이 짓는 것[無因作]입니까?"

붇다께서 바깥길 집을 나온 이 팀바루카에게 말씀하셨다.

"괴로움과 즐거움은 스스로도 아니요, 남도 아니라, 원인이 없이 짓는 것이라고 말한다면 그것은 곧 말할 것 없음이오."

중도의 가르침을 보이심

바깥길 집을 나온 이 팀바루카는 다시 말씀드렸다.

"어떻습니까? 고타마시여, '괴로움은 스스로 지은 것인가?'라고 물어도 말할 것 없음이라고 대답하시고, '남이 지은 것인가, 스스로와 남이 지은 것인가, 스스로도 아니요 남도 아니며 원인이 없이 지어진 것인가?'라고 물어도 말할 것 없음이라고 대답하셨습니다.

그러면 이제 이 괴로움은 없는 것입니까?"

붇다께서는 바깥길 집을 나온 이 팀바루카에게 말씀하셨다.

"이 괴로움은 없는 것이 아니오. 그렇듯이 괴로움은 있는 것이오."

바깥길 집을 나온 이 팀바루카는 붇다께 말씀드렸다.

"잘 말씀해주셨습니다. 고타마시여, 이 괴로움은 있다고 하셨습니다. 저를 위해 설법하시어 저로 하여금 괴로움을 알고 괴로움을 보게 해주십시오."

붇다께서는 바깥길 집을 나온 이 팀바루카에게 말씀하셨다.

"만일 느낌이 곧 자기의 느낌이라면, 괴로움은 '스스로 짓는 것'이라고 나는 말해야 할 것이오. 만약 남의 느낌이라면 남이 곧 받는 자이므로 그것은 곧 '남이 짓는 것'이오. 만약 느낌이 자기의 느낌이자 남의 느낌으로서 다시 괴로움을 준다면, 이러한 것은 '스스로와 남이 같이 지은 것'이오.

그러나 나는 그 모든 것을 말하지 않으며, 다시 나와 남을 원인하지 않고 '원인이 없이 괴로움이 생긴다'[無因作]고도 나는 또한 말하지 않소. 이 모든 치우친 가를 떠나[離此諸邊] 그 중도를 말하여 [說其中道] 여래는 이렇게 설법하오.

'이것이 있기 때문에 저것이 있고, 이것이 일어나기 때문에 저것이 일어난다. 곧 무명(無明) 때문에 지어감[行]이 있고, 지어감 때문에 앎[識]이 있으며, 앎 때문에 마음과 물질[名色]이 있고, 마음과 물질 때문에 여섯 들임[六入]이 있다.

여섯 들임 때문에 닿음[觸]이 있고, 닿음 때문에 느낌[受]이 있고, 느낌 때문에 애착[愛]이 있고, 애착 때문에 취함[取]이 있고, 취함 때문에 존재[有]가 있고, 존재 때문에 죽음·근심과 괴로움의 큰 무더기가 모인다.

다시 무명이 사라지므로 지어감이 사라지고, 지어감이 사라지므로 앎이 사라지며, 앎이 사라지므로 마음과 물질이 사라지고, 마음과 물질이 사라지므로 여섯 들임이 사라진다.

여섯 들임이 사라지므로 닿음이 사라지고, 닿음이 사라지므로 느낌이 사라지며, 느낌이 사라지므로 애착이 사라지고, 애착이 사라지므로 취함이 사라지며, 취함이 사라지므로 존재가 사라지고, 존재가 사라지므로 죽음·근심과 괴로움의 큰 무더기가 사라진다.'"

세존의 가르침을 듣고 법의 눈이 깨끗해진
팀바루카에게 해탈의 언약을 주심

붇다께서 이 경을 말씀하시자 바깥길 집을 나온 이 팀바루카는 티끌을 멀리하고 때를 여의어 법의 눈이 깨끗해짐을 얻었다.

때에 바깥길 집을 나온 이 팀바루카는 법을 보아 법을 얻고 법을 알아 법에 들어가 모든 여우 같은 의심을 건너, 남을 말미암지 않고 알고 남을 의지하지 않고 건너, 바른 법과 율에서 두려움이 없게 되었다.

그는 합장하고 붇다께 말씀드렸다.

"세존이시여, 저는 이제 이미 건넜습니다. 저는 오늘부터 붇다께 귀의하고 법에 귀의하고 상가에 귀의하여 목숨을 다하도록 우파사카가 되겠습니다. 저를 증명하여 알아주소서."

바깥길 집을 나온 이 팀바루카는 붇다의 말씀을 듣고 그 말씀을 따라 기뻐하면서 절하고 물러갔다.

때에 바깥길 집을 나온 이 팀바루카는 세존께 하직하고 떠난 지 오래지 않아 송아지를 살피는 암소한테 떠받쳐 죽었는데, 목숨을 마칠 때에는 몸의 모든 아는 뿌리가 청정하고 얼굴빛은 맑고 깨끗하였다.

그때에 세존께서는 성에 들어가 밥을 빌고 계셨다. 많은 비구들도 또한 라자그리하 성에 들어가 밥을 빌다가 이런 소문을 들었다.

'바깥길 집을 나온 이 팀바루카는 세존께 법을 듣고 하직하고 돌아간 지 오래지 않아 소한테 떠받쳐 죽었는데, 목숨을 마칠 때에는 몸의 모든 아는 뿌리가 청정하고 얼굴빛은 맑고 깨끗하였다.'

모든 비구들은 밥 빌기를 마치고 성을 도로 나와 가사와 발우를 거두고 발을 씻은 뒤에 세존 계신 곳에 나아가 붇다의 발에 머리를 대 절하고 한쪽에 물러 앉아 붇다께 말씀드렸다.

"세존이시여, 저희 많은 비구들은 오늘 이른 아침에 성에 들어가 밥을 빌다가 이런 소문을 들었습니다.

'바깥길 집을 나온 이 팀바루카는 붇다께 법과 율을 듣고 하직하고 돌아간 지 오래지 않아 소한테 떠받쳐 죽었는데, 목숨을 마칠 때에는 몸의 모든 아는 뿌리가 청정하고 얼굴빛은 맑고 깨끗하였다.'

세존이시여, 그는 어떤 곳으로 가며 어느 곳에서 태어남을 받고 무엇을 얻겠습니까?"

붇다께서는 여러 비구들에게 말씀하셨다.

"그는 이미 법을 보고 법을 알고 법에 머물러 법을 받지 않고 이미 온전한 니르바나에 들었다.

너희들은 가서 그 몸에 공양하여야 한다."

그때에 세존께서는 바깥길 집을 나온 이 팀바루카를 위하여 으뜸가는 해탈의 언약[記別]을 주셨다.

• 잡아함 303 점모류경(玷牟留經)

• **해설** •

여기 아는 마음은 스스로 있는 마음이 아니고 알려지는 것을 의지해 일어나는 마음이다. 마음이 이미 마음이 아닌데 앎을 따라 일어나는 괴로움과 즐거움이 주체의 내면에 있는 것이라 할까, 그것도 말할 것이 못 된다. 그렇다면 오직 바깥 사물 바깥 조건에 의해 일어났다 말할까, 그것도 말할 것이 못 된다.

안과 밖이 기계적으로 합해서 났다 말할까, 그것도 말할 것이 못 된다.

원인 없이 있다 말할까, 그것도 말할 것이 못 된다.

여래는 오직 두 치우침을 떠나 중도에 서서 있음 아닌 있음을 말씀하고 남이 없는 남을 말씀하신다. 연기의 가르침으로 보면 괴로움과 즐거움도 원인 아닌 원인과 조건 아닌 조건의 어울림 속에서 일어났으므로 결과로서의 괴로움 안에도 실체로서의 괴로움이 없다.

괴로움이 본래 공한 삶의 청정을 여래께서 보이시자 팀바루카는 바로 법의 눈을 떠 여래의 제자가 되었다.

파리니르바나를 성취한 팀바루카가 지금 몸을 버려도 그에게 이미 나고 죽음의 자취가 사라졌으니, 그가 다시 뒤의 실체적 존재를 받지 않는 자이며 이미 저 언덕에 건너가 다시 모습에 갇힌 질곡의 땅[欲界]에 돌아오지 않는 자이다.

그러므로 여래는 그를 존재가 공함을 알아, 참된 법 자리에 머물러 다시는 생존의 법을 받지 않을 해탈의 사람이라 언약하신다.

바깥길 집을 나온 이 팀바루카가 '이 괴로움이 어디서 오는가'를 늘 스스로 묻고 살피나, 여래로부터 이 괴로움이 인연으로 일어나 괴로움의 뿌리가 안에도 없고 밖에도 없고 안과 밖의 모음에도 없다는 말씀 듣는 그 자리에서 삶의 본래 청정을 바로 깨달으니, 그는 채찍 그림자만 보아도 달리는 좋은 말과 같고 말귀 떨어진 곳에서 바로 깨달아 여래의 땅에 들어간 사람이다.

여래의 연기의 가르침 밖에 본래 깨침[本覺]의 법이 따로 있다 말하거나 단박 깨침[頓悟]의 법이 따로 있다고 생각하는 이들은 깊이 살펴볼 일이다.

2 실재론과 허무론, 그리고 연기론

• 이끄는 글 •

지금의 존재가 절대신성에 의해 부여되었다고 사유하는 사람들은 생명을 부여하는 절대신성이 영원하므로 다음의 존재 또한 신성에 의해 지속되리라 믿는다. 그러나 원자적 요소가 모여 존재가 이루어졌다 말하는 이들은, 그 원자적 요소가 모이면 '있다'가 원자적 요소가 흩어지면 '사라져 없어진다'고 말할 것이다.

원자적 요소를 물질적 요인과 정신적 요인으로 설정하고, 그 원자적 요소를 묶어주는 허공과 시간, 존재의 원형과 같은 틀이 있다고 말하는 이들은 지바와 아지바의 결합이 사라질 때 지금의 존재 가운데 사라지는 것도 있고 사라지지 않고 지속되는 것도 있다고 말할 것이다.

연기법에서는 존재[有, 果]를 내는 원인[因]이 원인 아닌 원인이고 조건[緣]이 조건 아닌 조건이므로 원인과 조건에 의하여 존재가 생겨나도 실로 생겨남이 없다[生而無生]. 또한 지금 인연으로 일어난 존재가 있되 있음 아니므로, 지금 있던 존재가 사라져도 실로 사라짐이 없는 것이다[滅而無滅].

그러므로 붇다는 스스로 깨친 연기적 진실에 의거해 지금 있는 것이 그대로 사라지지 않는다고 말하는 자들을 늘 있음의 견해[常見]에 떨어져 진리의 길 바깥에 맴도는 자들이라 비판하신다.

또한 지금 있다가 사라져 없어진다고 말하는 자들을 끊어져 없어짐의 견해[斷見]에 빠져 삿된 길에 헤매는 자들이라 하신다.

다시 현재 있는 것이 항상하기도 하고 끊어져 없기도 하다는 견해[亦常亦斷]에 빠진 이들은 그 둘의 허물을 모두 짊어진 자들이라 할 것이다. 여래는 이 모든 치우친 가를 떠나[離此諸邊] 중도의 법을 설하며[說於中道] 중도에 서서 해탈의 길을 밝힌다.

그러므로 여래의 연기의 법을 듣는 자도 있음과 없음 같음과 다름의 치우침을 떠날 때 붇다의 법의 뜻을 안다고 할 수 있으니, 『화엄경』(「광명각품」)은 말한다.

중생과 국토의 모습에
같음과 다름 얻을 수 없으니
이와 같이 잘 살필 수 있으면
붇다의 법의 뜻을 안다고 하리.

衆生及國土 一異不可得
如是善觀察 名知佛法義

여래 · 바르게 깨친 이는 여섯 스승과는 달리
단견과 상견을 뛰어넘어 니르바나의 길을 보이니

이와 같이 내가 들었다.

한때 붇다께서는 라자그리하 성 칼란다카 대나무동산에 계셨다.

그때 집을 나온 바깥길 수행자 세니카(巴 Senika)가 붇다 계신 곳으로 찾아와 공손히 인사드리고 한쪽에 앉아 붇다께 말씀드렸다.

"세존이시여, 옛날 언젠가 사문 · 브라마나, 그리고 차라카(Caraka)와 집을 나온 이들이 '잘 지어진 강당'[希有講堂]에 모여 이와 같은 뜻을 이야기하였습니다.

'푸라나 카샤파는 대중의 주인이 되어 오백 제자들에게 앞뒤로 둘러싸여 있었다. 그 제자들 가운데는 아주 지혜가 밝은 사람도 있었고 아주 근기가 무딘 사람도 있었다. 그러나 그들이 목숨 마침에 다다라 그 스승은 그들이 가서 나는 곳을 말해주지 않았다.

또 마카리 고사리푸트라도 대중의 주인이 되어 오백 제자들에게 앞뒤로 둘러싸여 있었다. 그 제자들 가운데는 아주 지혜가 밝은 사람도 있었고 아주 근기가 무딘 사람도 있었다. 그러나 그들이 목숨 마침에 다다라 그 스승은 그들이 가서 나는 곳을 말해주지 않았다.

이와 같이 산자야 바이라티푸트라 · 아지타 케사캄바라 · 카쿠다 카타야나 · 니르그란타 즈냐타푸트라 등도 각기 오백 제자들에게 앞뒤로 둘러싸여 있었지만 그들 또한 앞의 사람들과 같았다.'

사문 고타마시여, 그때 그렇게 말하는 사람들 가운데 누가 이런 말을 했습니다.

'사문 고타마는 대중의 주인이 되어 그의 여러 제자들 가운데 목숨을 마치는 사람이 있으면 곧 아무개는 저기에 태어나고 아무개는 여기에 태어난다고 말해준다.'

저는 앞서 이렇게 의심을 냈습니다.

'어떻게 사문 고타마께서는 이 같은 법을 얻으셨을까?'"

끊어져 없어짐과 늘 있음의 두 치우친 견해와
여래의 치우침 없는 견해를 분별해 보임

붇다께서 세니카에게 말씀하셨다.

"너는 의심내지 말라. 미혹이 있으면 그는 곧 의심을 일으키게 된다. 세니카여, 알아야 한다. 세 가지 스승이 있다. 어떤 것이 세 가지인가?

어떤 스승은 '현재의 세상이 진실로 바로 나[我]다'라고 보고, 아는 대로 말하지만 목숨을 마친 뒤의 일은 알지 못한다.

이런 이를 세간에 출현한 첫 번째 스승이라 한다.

다시 세니카여, 어떤 스승은 '현재의 세상이 진실로 바로 나다'라고 보고, '목숨을 마친 뒤에도 또 이것이 나다'라고 보아 아는 대로 말한다.

다시 세니카여, 어떤 스승은 '현재의 세상이 진실로 나다'라고 보지도 않고, 또한 '목숨을 마친 뒤에 진실로 이것이 나다'라고 보지도 않는다.

세니카여, 첫째 스승이 '현재의 세상이 진실로 나다'라고 하며 아는 대로 말하는 것은 '끊어져 없어짐의 견해'[斷見]라 한다.

저 두 번째 스승이 '현재의 세상이나 뒷세상이 진실로 나다'라고 하며 아는 대로 말하는 것은 '늘 있음의 견해'[常見]라 한다.

저 세 번째 스승이 '현재의 세상이 진실로 나라고 보지 않고, 목숨을 마친 뒤에도 또한 나를 보지 않는다'는 것은 곧 여래·마땅히 공양해야 할 분·바르게 깨친 이의 말이다.

그는 '현재의 법에서 애욕을 끊고 탐욕을 떠나 사라져 다하면 니르바나이다'라고 말한다."

세니카는 붇다께 말씀드렸다.

"세존이시여, 저는 세존의 말씀을 듣고 의심만 더욱 더할 뿐입니다."

붇다께서는 세니카에게 말씀하셨다.

"바로 의심을 더해야 할 것이다. 왜냐하면 이 깊고 깊은 곳[此甚深處]은 보기도 어렵고 알기도 어려워, 반드시 미묘함을 깊고 깊이 비추어야 이를 수 있으며, 밝은 지혜라야 깨달아 알고[聰慧所了] 중생의 무리들은 가려 알 수 없기 때문이다.

무슨 까닭인가? 중생들은 기나긴 밤 동안, 달리 보고 달리 견디어 오며, 달리 찾고 달리하고자 했기 때문이다."

다섯 쌓임의 연기적 실상을 보이심

세니카는 붇다께 말씀드렸다.

"세존이시여, 저는 세존 계신 곳에서 마음에 깨끗한 믿음을 얻었습니다. 세존께서는 저를 위해 설법하시어 저로 하여금 이 자리에서 지혜의 눈[慧眼]이 청정토록 하여주시길 바랍니다."

붇다께서는 세니카에게 말씀하셨다.

"이제 너를 위해 좋아하는 대로 말해주겠다.

세니카여, 물질[色]은 항상한가, 덧없는가?"

"덧없습니다."

"만약 덧없다면 그것의 집착은 괴로운 것인가?"

"그것은 괴로운 것입니다."

"만약 덧없고 괴로운 것이라면 그것은 변하고 바뀌는 법이다. 많이 들은 거룩한 제자들이 과연 그 가운데서 '나[我]와 나와 다름[異我], 나와 나와 다름이 서로 같이 있음'[相在]을 보겠는가?"

"아닙니다, 세존이시여."

"느낌·모습 취함·지어감·앎에 있어서 또한 이와 같다."

**다섯 쌓임 속에 여래가 있다 해도 다섯 쌓임 떠나
여래가 있다 해도 맞지 않음을 보이심**

세존께서는 다시 물으셨다.

"어떠냐 세니카여, 물질이 여래인가?"

"아닙니다, 세존이시여."

"느낌·모습 취함·지어감·앎이 여래인가?"

"아닙니다, 세존이시여."

다시 물으셨다.

"세니카여, 물질을 떠나서 여래가 있는가? 느낌·모습 취함·지어감·앎을 떠나서 여래가 있는가?"

"아닙니다, 세존이시여."

여래는 다시 물으셨다.

"세니카여, 물질 안에 여래가 있는가?"

"아닙니다, 세존이시여."

"세니카여, 여래 안에 물질이 있는가? 여래 안에 느낌 · 모습 취함 · 지어감 · 앎이 있는가?"

"아닙니다, 세존이시여."

"세니카여, 물질도 아니고 느낌 · 모습 취함 · 지어감 · 앎도 아님에 여래가 있는가?"

"아닙니다, 세존이시여."

**중생의 집착 따라 때로 태어남이 있다 말해주고
없다고도 말해줌을 보이심**

붇다께서는 세니카에게 말씀하셨다.

"나의 여러 제자들은 내 말을 듣고도 그 뜻을 다 알지 못해 사이가 없는 평등한 살핌에서 교만을 일으키고, 사이가 없이 평등하지 못하기 때문에 곧 교만이 끊어지지 않고, 교만이 끊어지지 않기 때문에 이 다섯 쌓임을 버린 뒤에도 다른 쌓임이 서로 이어서 태어난다.

그러므로 세니카여, 나는 이런 제자들에겐 이렇게 말해준다.

'몸이 무너지고 목숨을 마친 뒤에 이러저러한 곳에 태어난다.'

왜냐하면 그들에게는 남은 교만이 있기 때문이다.

그러나 세니카여, 나의 제자로서 내가 말한 바에서 뜻을 알 수 있는 제자는 모든 교만에서 사이가 없는 평등한 살핌을 얻는다.

사이가 없는 평등한 살핌을 얻기 때문에 모든 교만이 끊어지고, 모든 교만이 끊어지기 때문에 몸이 무너지고 목숨을 마친 뒤에 다시 서로 이어 나지 않는다.

세니카여, 나는 이와 같은 제자들에겐 '이 다섯 쌓임을 버린 뒤에 이러저러한 곳에 다시 태어난다'고 말하지 않는다. 왜냐하면 말해줄 만한 인연이 없기 때문이다. 나로 하여금 말하도록 한다면 다음과 같이 말해줄 것이다.

'그들은 모든 애욕을 끊고 존재의 묶음[有結]을 길이 떠나 바른 뜻으로 해탈하여 괴로움의 끝을 마쳐 다할 것이다.'

나는 옛날부터 지금 현재까지 늘 교만의 허물[慢過]과 교만의 모아냄[慢集]과 교만의 생겨남[慢生]과 교만의 일어남[慢起]에 대하여 말하였다.

만약 그 교만에 대해서, 사이가 없이 평등하게 살핀다면 갖가지 괴로움은 생기지 않을 것이다."

세니카가 법의 의혹을 건너 출가하여 해탈의 길에 들어섬

붇다께서 이 법을 말씀하시자, 집을 나온 수행자 세니카는 티끌을 멀리 해 때를 여의고 법의 눈이 깨끗해졌다.

그때 집을 나온 수행자 세니카는 법을 보고 법을 얻어 모든 의혹을 끊었다. 그래서 남을 말미암지 않고 알고 남을 말미암지 않고 건너 바른 법 안에서 마음에 두려움이 없게 되었다.

그는 곧 자리에서 일어나 합장하고 붇다께 여쭈었다.

"세존이시여, 저도 바른 법 안에서 집을 나와 범행을 닦을 수 있겠습니까?"

붇다께서 세니카에게 말씀하셨다.

"너는 바른 법 안에서 집을 나와 구족계를 얻을 수 있고 비구의 신분을 얻을 수 있다."

그때 세니카는 집을 나와 홀로 고요한 곳에서 방일하지 않음을 닦으며 이와 같이 사유했다.

'좋은 종족의 사람들이 집을 나와 수염과 머리를 깎고 가사를 걸치고서 바른 믿음으로 집 아닌 데로 집을 나와 도를 배우고 범행을 닦는 것은, 현재의 법에서 스스로 알아 깨닫는 데 있다.'

그리하여 그는 '나의 태어남은 이미 다하고 범행은 이미 서고, 지을 바를 이미 지어 다시는 뒤의 있음을 받지 않는다'고 스스로 알아 아라한이 되었다.

세니카는 붓다의 말씀을 듣고 기뻐하며 받들어 행하였다.

• 잡아함 105 선니경(仙尼經)

• 해설 •

두 스승이 있다. 한 스승은 지금 존재에 존재라 할 자기실체[我]가 있고 죽은 뒤에는 그 실체가 사라진다고 말한다. 또 한 스승은 지금 존재에 존재라 할 실체가 있고 죽은 뒤에도 존재라 할 자기실체가 지속된다고 말한다.

붓다는 이 두 치우친 스승의 길에 머물지 않고[不住二邊] 오직 중도에 서서[處於中道] 이렇게 가르친다.

지금 존재[我]는 원인과 조건에 의해 났고 그 원인과 조건도 공하므로[法空] 존재에는 존재라 할 자기실체가 없다[無我].

지금 존재에 실로 존재라 할 실체가 없으므로 죽은 뒤에도 끊어져 없어짐이 없고, 존재가 곧 존재 아니므로[我卽無我故] 존재 없음[無我]에도 존재 없다고 할 것이 없다[無無我].

다섯 쌓임이 모두 있되 공하므로[色卽是空故] 존재에는 항상함이 없고, 공함이 곧 다섯 쌓임이므로[空卽是色故] 존재에는 끊어져 사라짐이 없다.

남[生]에 남이 없고[無生] 사라짐[滅]에 사라짐 없음[無滅]을 가르치는 위없는 스승이 어찌 뒤에 어떤 존재의 몸을 받는다고 말할 것이 있겠는가. 다만 여래도 끊어져 없어질 것을 두려워하고 허무에 집착하는 이들을 위해 때로 방편을 세워 하늘에 남과 세 갈래 악한 길에 떨어짐을 말하기도 한다.

그러나 과보의 몸을 내는 인연이 공한 줄 알아, 태어남에 실로 남이 없음[實無生]을 아는 이에게는 다시 뒤에 이러저러한 곳에 태어남을 말해줄 것이 없으니, 태어남을 태어남이게 하는 인연이 공해 실체가 없기 때문이다.

태어남에 남이 없음[無生]을 바로 보는 그곳이 진리 밖에 헤매던 나그네의 고달픈 길을 쉬고 고향집에 돌아가는 소식이다.

또한 남에 남 없음[於生無生]을 보는 그곳이 해탈의 처소이고, 남이 없음을 보는 그때가 여래로부터 파리니르바나의 언약을 받는 그때이다.

『화엄경』(「입법계품」)은 이렇게 가르친다.

보디는 이루 말할 수 없어서
언어의 길을 뛰어넘었네.
모든 붇다 이를 좇아 나시니
이 법은 사의할 수 없어라.

菩提不可說　超過語言路
諸佛從此生　是法難思議

여래는 모든 존재에 나가 없다고 가르치실 뿐이니

이와 같이 내가 들었다.

한때 붇다께서는 라자그리하 성 칼란다카 대나무동산에 계셨다.

그때 존자 푼니야는 라자그리하 성 그리드라쿠타 산에 머물고 있었다.

그때 집을 나온 많은 바깥길 수행자들이 존자 푼니야를 찾아가 서로 문안 인사를 하고 위로한 뒤에 한쪽에 물러나 앉아서 존자 푼니야에게 물었다.

"우리가 들으니 사문 고타마는 '모든 있음을 끊어 없애고 깨뜨려 무너뜨리라'고 가르친다고 합니다. 지금 존자 푼니야께 묻습니다. 참으로 그렇습니까?"

푼니야가 집을 나온 모든 바깥길 수행자들에게 말했다.

"나는 이와 같이 알고 있지 않소. 세존께서 중생에게 '모든 있음을 끊어 없애 무너뜨려 있는 바가 없게 하라'고 가르쳐 말씀하신다는 것은 그럴 수가 없소.

나는 이와 같이 세존의 말씀을 알고 있소.

'모든 중생들이 있게 된 것은, 나[我]가 있다고 헤아려 말하고 나라는 교만, 삿된 교만이 있기 때문이다.'

그래서 세존께서는 그들을 위해 그 집착을 끊어 없애버리도록 말씀하신 것이오."

그때 바깥길 수행자들은 푼니야의 말을 듣고, 마음이 기쁘고 즐겁지 않아 꾸짖으면서 떠나갔다.

여래의 교설이 존재를 깨뜨림이 아니라는 푼니야의 말을 여래께서 인정하심

그때 존자 푼니야는 바깥길 수행자들이 떠난 뒤에 붇다께서 계신 곳으로 찾아가서 머리를 대 발에 절하고 한쪽에 물러앉아, 조금 전에 바깥길 수행자들이 말했던 것을 세존께 갖추어 말씀드렸다.

"세존이시여, 제가 아까 바깥길 수행자들에게 대답한 말이 세존을 헐뜯고 허물지나 않았습니까. 이렇게 법을 말한 것이 붇다의 말씀하신 것과 같아 법다운 말이며, 법을 따르는 말로서, 여러 논사들의 꾸지람을 받지 않겠습니까?"

붇다께서 푼니야에게 말씀하셨다.

"네가 말한 대로라면 그것은 여래를 헐뜯지도 않고 차례를 잃지 않았으며, 내가 보여 말했던 것과 같아 법다운 말이며 법을 따른 말이니, 여러 논사들의 꾸지람을 받지 않을 것이다."

다시 중생의 나고 죽음의 실상을 보이시고 해탈하도록 당부하심

"왜 그런가. 푼니야여, 먼저 저 모든 중생들은 나라고 하는 교만과 삿된 교만이 있고, 삿된 교만에 내몰려 삿된 교만이 쌓이고, 삿된 교만으로 사이 없는 평등함이 되지 못한다.

어지럽기는 개 창자 같고 쇠사슬 같으며, 또한 어지럽게 뒤엉킨 풀과 같아서, 가고 되돌아오며 치달려, 이 세상에서 저 세상으로 가고와, 멀리 여의지 못하고 있는 자들이다.

푼니야여, 온갖 중생들이 저 모든 삿된 교만을 남음 없이 길이 없애면 저 온갖 중생들은 기나긴 밤 동안 안온하게 기쁘고 즐거울 것이다."

붇다께서 이 경을 말씀하시자, 푼니야 비구는 붇다의 말씀을 듣고 기뻐하면서 받들어 행하였다.

• 잡아함 966 부린니경(富隣尼經)

• 해설 •

여래의 연기법에서 온갖 존재는 연기한 것이므로 그 있음이 있음이 아니다. 그러므로 여래는 있음을 무너뜨리고 있음을 떠나라 가르치지 않으시고, 있음이 스스로 있음 아님을 깨달아 온갖 어지러움을 쉬고 온갖 모습의 뒤얽힘에서 벗어나며 온갖 사유의 소용돌이에서 벗어나라 가르친다.

그러므로 『비말라키르티수트라』에서 '기쁘게 보는 보디사트바'[喜見菩薩]는 '모든 존재의 있음'과 '존재가 공함'이 둘 아니라고 한 붇다의 뜻을 다음과 같이 말한다.

"물질과 물질의 공함이 둘이 되나, 물질이 곧 공함은 물질을 없애고 공함이 아니고 물질의 성품이 스스로 공한 것입니다.

이와 같이 느낌·모습 취함·지어감·앎과 앎 등의 공함이 둘이 되나, 앎 등이 곧 공하여 앎 등을 없애고 공함이 아니고 앎 등의 성품이 스스로 공한 것입니다.

이 가운데서 통달한 사람이 곧 둘이 아닌 법문[不二法門]에 들어갑니다."

위 다섯 쌓임이 모두 공한 뜻을 실천관에서 다시 살펴보면, 선(禪)의 생각 없음[無念]은 생각[念]을 없애고 생각 없음이 아니고 생각에서 생각 없음[於念無念]이다. 그러므로 무념의 뜻을 아는 자, 그가 연기의 뜻을 알고 돈오(頓悟)의 뜻을 바로 알아 첫마음에서 여래의 보디의 집에 들어선다. 곧 생각 없음과 남이 없음[無生]을 바로 본 자, 그가 보디사트바이고 아라한이며 이 세간에서 세간 벗어난 크나큰 장부[出世大丈夫]인 것이다.

나[我]를 무너뜨리고 나 없음[無我]이 아니고, 생각을 깨뜨리고 생각 없음이 아니니, 나가 연기이므로 공함을 통달한 곳에 해탈의 길이 있다.

아는 바에 실로 알 것이 없으므로 앎에 앎이 없는 것이니, 『화엄경』(「야마궁중게찬품」)은 말한다.

> 법에 자기성품이 없으므로
> 깨달아 알 수 있는 것이 없네.
> 이와 같이 법의 실상 알면
> 마쳐 다해 아는 바가 없어라.
>
> 以法無性故　無有能了知
> 如是解於法　究竟無所解

3 행위에 관한 결정론과 도덕부정론, 그리고 연기론

• 이끄는 글 •

연기법에서 주체의 행위는 업(業, karma)을 뜻한다. 업은 자아와 세계에서 일어나지만 업 밖에 물러서 있는 업의 주체가 업을 짓는 것이 아니고, 업 밖의 세계가 업의 토대가 되고 업의 대상이 되는 것이 아니다.

자아는 업인 자아로 주어지고, 세계는 업의 토대이자 업 자체로 주어지는 세계이다. 자아와 세계가 업을 규정하지만 업이 자아와 세계를 새롭게 지어가며, 자아와 세계는 업인 자아와 세계로 주어진다. 그러므로 자아와 세계 업은 모두 공하니, 업은 실로 짓는 자[作者]와 받는 자[受者]가 없고, 실로 지음이 없고 실로 받음이 없다.

그러나 실로 짓는 자, 받는 자, 지음이 공하므로 업을 지음 없이 지어 새롭게 업의 결과를 받음 없이 받으니, 과거의 업으로 지금의 업이 있고 지금의 업으로 미래의 업이 있다.

지금의 업이 실로 있지 않으므로 지금의 업이 사라지고 미래의 업이 나며, 지금의 업이 실로 없지 않으므로 지금의 업을 토대로 미래의 업이 나는 것이다. 지금 짓는 업이 그대로 미래로 이어진다 말하는 결정론자나 지금의 업이 끊어져 없어진다고 말하는 허무론자들이 모두 연기론의 창조적 행위의 뜻을 알지 못하는 자들이다.

결정적 인과론으로 업을 말하는 자들에서는 한 번 지은 업의 굴레를 길이 벗어날 해탈의 통로란 찾을 수 없을 것이고, 업의 끊어져 없음을 말하는 자에게서는 행위의 도덕적 책임을 물을 수 없고 행위를 통해 새로운 미래의 창조를 말할 수 없을 것이다.

오직 업에서 실로 짓는 모습[作相]이 없고 업의 모습 자체가 본래 공한 줄 아는 자가 결정론적 인과의 사슬을 벗어나 지금 창조적 행위로 새로운 미래를 건설할 수 있을 것이다. 선과 악, 죄와 복이 모두 공한 줄 아는 자가 업을 지어 업을 받는 그 자리에서 선악의 굴레를 벗어나 이 세간을 지혜와 자비의 업으로 장엄해갈 수 있을 것이다.

『비말라키르티수트라』는 다음과 같이 보인다.

'높은 선행의 보디사트바'[上善菩薩]가 말했다.

"몸과 입과 뜻의 업이 둘이지만, 이 세 업이 다 짓는 모습이 없어서 몸에 짓는 모습 없음이 곧 입에 짓는 모습 없음이고, 입에 짓는 모습 없음이 곧 뜻에 짓는 모습 없음이니, 이 세 업의 짓는 모습 없음이 곧 온갖 법의 짓는 모습 없음입니다.

이와 같이 지음 없는 지혜[無作慧]를 따를 수 있으면 이것이 둘이 아닌 법문[不二法門]에 들어감입니다."

업의 인과가 공하므로 지금 지음이 결정된 결과를 내는 것이 아니지만, 인과가 없지 않으므로 지금 지음을 떠나 뒤의 결과가 없는 것도 아니다.

그렇다면 삶의 인과는 정해진 것인가 정해지지 않은 것인가.

실로 정해진 것이라고 하면 행위의 창조적 전변이 있을 수 없고, 아주 정해져 있지 않다고 하면 지금 행위에 의한 미래의 결과를 말할 수 없으며, 인간이 짓는 행위에 대한 도덕적 책임을 말할 수 없을 것이다.

『선문염송집』(禪門拈頌集)에 다음과 같은 문답이 실려 있다.

세존께 어떤 바깥길 수행자가 물었다.
"어제는 무슨 법을 설하셨습니까."
"정해진 법[定法]을 설했다."
그 수행자가 물었다.
"오늘은 무슨 법을 설하십니까."
"정해지지 않은 법[不定法]을 설한다."
바깥길 수행자가 말했다.
"어제는 정해진 법을 설하시고, 오늘은 왜 정해지지 않은 법을 설하십니까."
세존께서 말씀했다.
"어제는 정해지고 오늘은 정해지지 않았다."

이 공안에 대해 옛 선사[薦福逸]는 이렇게 노래한다.

영산회상에서 보인 여래의 선이여.
문답에 어찌 다른 현묘함 있으리.

오늘은 정해지지 않은 법 설하고
어제는 정해진 법 설했다 하시니
할머니의 저고리 빌려서 입고
할머니께 새해 절을 올림이네.

靈山會上如來禪　問答何曾別有玄
今日不定昨日定　借婆裙子拜婆年

절하는 자와 절 받는 자가 실로 꼭 정해지지 않아서 옛 선사는 절하는 손자가 절 받는 할머니 옷을 빌려 입고 할머니께 절한다고 말하여, 정한 법과 정해지지 않음이 둘 아닌 뜻 보임인가.
　옛 선사는 또 이렇게 보인다.

없던 구름이 고개 위에 생겨나고
있는 달은 물결 가운데 떨어지네.

無雲生嶺上　有月落波心

네 가지 한량없는 마음 성취할 때
선악의 대립 뛰어넘을 수 있으니

나는 들었다, 이와 같이.

한때 붇다께서는 코올리예수(Koliyesu, 拘麗瘦) 국에 노니시면서 큰 비구대중과 함께 북쪽 마을에 가시어, 북쪽에 있는 심사파(Siṃsapā) 숲 가운데 계셨다.

그때에 파탈리야 가미니는 이렇게 들었다.

'사문 고타마라는 사카족의 아들은 사카족을 버리고 집을 나와 도를 배우고, 코올리예수 국에 노니시면서 큰 비구대중과 함께 이 북쪽마을에 이르러, 북쪽마을의 북쪽에 있는 심사파 숲 가운데 계신다.

그 사문 고타마는 큰 이름이 있어 시방(十方)에 두루 들린다. 사문 고타마는 여래 · 공양해야 할 분 · 집착이 없는 이 · 바르고 두루 아시는 분 · 지혜와 행을 갖추신 분 · 잘 가신 이 · 세간을 잘 아시는 분 · 위없는 스승 · 잘 다루는 장부 · 하늘과 사람의 스승으로 붇다 세존이라 이름한다.

그는 이 세상에서 하늘 · 마라, 브라흐마하늘, 사문 · 브라마나 등 사람 사이에서 하늘에 이르기까지 온갖 법을 스스로 알고 스스로 깨닫고 스스로 증득하여 성취하여 노닌다.

그가 만약 설법하면 그 법은 처음도 좋고 가운데도 좋으며 마지막 또한 좋아, 뜻도 있고 문채도 있으며, 청정을 갖추어 범행을 드러낸다. 만약 여래·집착이 없는 이·바르게 깨친 분을 뵈옵고 존중하여 절하고 공양하여 받들어 섬기는 이는 시원스럽게 좋은 이익을 얻는다.'

파탈리야 가미니가 세존께 찾아와 허깨비를 허깨비로 안다는 세존의 뜻을 물음

그는 이렇게 생각했다.

'나도 가서 사문 고타마를 뵙고 모셔 섬기고 공양해야겠다.'

파탈리야 가미니는 듣고서는 북쪽 마을에서 나와 북쪽으로 가서 심사파 숲에 이르러 세존을 뵈옵고 모셔 섬기고 공양하고자 했다.

파탈리야 가미니가 멀리서 숲속 나무 사이에 계시는 세존을 보니 단정하고 아름다워 마치 별 가운데 달과 같고, 빛이 밝게 비치어 환함이 황금산과 같았다. 좋은 모습[相好]이 갖춰지고 위신(威神)이 우뚝하시어, 모든 아는 뿌리[根]는 고요히 안정되어 막아 가림이 없고, 잘 다룸을 이루어 마음 쉬어 말없이 고요하였다.

파탈리야 가미니는 멀리서 붇다를 바라본 뒤에 붇다 계신 곳에 나아가 서로 문안 인사한 뒤에 물러나 한쪽에 앉아 세존께 여쭈었다.

"저는 '사문 고타마께서는 허깨비를 허깨비로 아신다[知幻是幻]'고 들었습니다.

사문 고타마시여, 만약 이와 같이 '사문 고타마는 허깨비를 허깨비로 아신다'고 말한다면, 그는 사문 고타마를 헐뜯는 것이 아닙니까. 그가 말한 법에 허물이 없고 따져 꾸짖음이 없습니까?"

세존께서는 말씀하셨다.

"가미니여, 만약 그와 같이 '사문 고타마는 허깨비를 허깨비로 아신다'고 말한다면, 그는 사문 고타마를 헐뜯는 것이 아니다. 그는 진실을 말했고, 옳은 법을 말했으며, 법다운 법을 말했다.

그가 말한 법에 허물도 없고, 또한 따져 꾸짖을 것도 없다. 왜 그런가. 가미니여, 나는 그것이 허깨비임을 알지만 나는 스스로 허깨비는 아니다."

파탈리야는 말했다.

"저 사문·브라마나들의 말한 바가 진실이라 해도 저는 그들이 '사문 고타마는 허깨비를 허깨비로 아신다'고 말함을 믿지 않습니다."

세존께서 말씀하셨다.

"가미니여, 만약 허깨비인 줄 아는 자는 곧 허깨비인가."

"그렇습니다, 세존이시여. 그렇습니다, 잘 가신 이여."

세존께서 말씀하셨다.

"가미니여, 너는 스스로 그릇되어 나를 헐뜯지 말라.

만약 나를 헐뜯는 자는 곧 스스로 잃고 다칠 것이다. 다툼이 있고 범함이 있으니, 성현들이 싫어하여 큰 죄를 얻게 되는 것이다.

왜 그런가. 이는 실로 너의 말한 바와 같지 않기 때문이다."

허깨비인 줄 안다고 아는 자가 허깨비 아님을 비유로 보이심

"가미니여, 너는 코올리예수 국에 군사가 있다는 말을 들었느냐."

"있다고 들었습니다."

"가미니여, 어떻게 생각하느냐. 코올리예수 국은 이 군사들로 무엇을 하는가."

"고타마시여, 군대 부리는 이를 통해 도적을 죽입니다. 이 일 때문에 코올리예수 국은 군사를 기르는 것입니다."

"가미니여, 어떻게 생각하느냐. 코올리예수 국의 군인은 계(戒)가 있는가 계가 없는가."

"고타마시여, 만약 세상에 계덕(戒德)이 없는 사람이 있다면 코올리예수 국의 군사를 지나는 자는 없을 것입니다. 왜냐하면 코올리예수 국의 군사는 아주 금한 계를 범하고 오직 악한 법만 행합니다."

"가미니여, 네가 이와 같이 보고 이와 같이 안다면 나는 너에게 묻지 않겠다. 만약 다른 사람이 너 가미니에게 '코올리예수 국의 군인은 아주 금한 계를 범하고 오직 악한 법 행한 것을 아느냐'고 묻고서는 이 일 때문에 '파탈리야 가미니는 아주 금한 계를 범하고 오직 악한 법만 행한다'고 이와 같이 말한다면, 참된 말이 되겠느냐."

대답했다.

"아닙니다, 고타마시여. 왜냐하면 코올리예수 국의 군인은 견해가 다르고 욕심도 다르며 바라는 것 또한 다릅니다.

코올리예수 국의 군사들은 아주 금한 계를 범하고 오직 악한 법만을 행하지만, 저는 아주 계를 잘 가지고 악한 법을 행하지 않습니다."

다시 물으셨다.

"가미니여, 너는 '코올리예수 국의 군인은 아주 금한 계를 범하고 오직 악한 법만을 행한다'고 안다. 그러나 이 일 때문에 너는 금한 계를 범하고 오직 악한 법만을 행하는 것은 되지 않는다.

그러니 여래가 어찌 허깨비인 줄 알지만 허깨비 아님이 되지 않겠는가. 왜 그런가.

나는 허깨비를 알고 허깨비의 사람을 알며, 허깨비의 갚음을 알고 허깨비를 끊을 줄 안다.

가미니여, 나는 또 산목숨 죽임을 알고, 산목숨 죽이는 사람을 알며, 산목숨 죽이는 갚음을 알고, 산목숨 죽이는 것을 끊을 줄 안다.

가미니여, 나는 또 주지 않는 것 가지는 것을 알고, 주지 않는 것 가지는 사람을 알며, 주지 않는 것 가지는 갚음을 알고, 주지 않는 것 가지는 것을 끊을 줄 안다.

가미니여, 나는 또 거짓말을 알고 거짓말을 하는 사람을 알며, 거짓말의 갚음을 알고 거짓말을 끊을 줄 안다.

가미니여, 나는 이와 같이 알고 이와 같이 본다.

만약, '사문 고타마는 허깨비를 아니 그가 곧 허깨비인 자이다'라고 말하는 사람이 있다 하자. 그러면 그가 아직 이 말을 채 끝내기 전에 그의 마음, 그의 하고자 함, 그의 바람, 그의 들음, 그의 생각, 그의 살핌으로 마치 팔 굽혔다 펴는 무렵에, 그가 바로 목숨 마쳐 지옥 가운데 나는 것을 듣게 될 것이다."

가미니가 '온갖 법이 허깨비이다'라고 말했으므로
'세존이 허깨비이다'라고 말한 죄를 뉘우침

파탈리야 가미니는 이 말을 듣자, 두려워 떨면서 몸의 털이 다 곤두섰다.

곧 자리에서 일어나 머리를 대 붇다의 발에 절한 뒤 길게 꿇어앉아 두 손 맞잡고 세존께 말씀드렸다.

"허물을 뉘우칩니다, 고타마시여. 잘 가신 이여, 옛날부터 저는 바보 같고, 어리석은 이 같고, 안정되지 못하고, 착하지 못했습니다.

왜냐하면 저는 망령되게 사문 고타마는 허깨비라고 말했기 때문입니다. 고타마시여, 저의 허물 뉘우침을 받아주시고, 죄를 알아 드러내는 것을 받아주시길 바랍니다. 저는 허물을 뉘우치고는 잘 보살펴 다시는 짓지 않겠습니다."

세존께서 말씀하셨다.

"그렇다, 가미니여. 너는 실로 바보 같고 어리석은 이 같으며, 안
정되지 못하고 착하지 못했다. 왜 그런가. 너는 여래·집착이 없는
이·바르게 깨친 분에게 망령되게 허깨비라고 말했기 때문이다.

그러나 너는 허물을 뉘우치고, 죄를 알아 드러내며, 잘 보살펴 다
시는 짓지 않겠다고 하였다.

이와 같이 가미니여, 만약 허물을 뉘우치고, 죄를 알아 드러내며,
잘 보살펴 다시 짓지 않는다면 곧 성인의 법을 키워 길러 잃음이 없
을 것이다."

지은 행위의 씨앗이 씨앗 그대로 열매 맺지 않음을 보이심

이에 파탈리야 가미니는 두 손 맞잡고 붇다께 여쭈었다.

"고타마시여, 어떤 사문·브라마나는 이와 같이 보고 이와 같이
말합니다.

'만약 산목숨을 죽이면 그 온갖 것은 현재의 법에서 갚음을 받고,
그것 때문에 걱정과 괴로움을 낸다.

만약 주지 않는 것을 취하고 거짓말을 하면 그 온갖 것은 곧 현재
의 법에서 갚음을 받고, 그것 때문에 걱정과 괴로움을 낸다.'

사문 고타마시여, 어떻게 생각하십니까."

"가미니여, 나는 이제 너에게 묻겠다. 아는 대로 대답해보라.

가미니여, 어떻게 생각하느냐. 만약 마을이나 성읍 가운데 어떤
사람이 있어, 머리에는 꽃다발을 쓰고 여러 가지 향을 몸에 바르고,
그리고 음악을 연주하고 노래하고 춤추어 스스로 즐기며, 기녀들을

데리고 즐겨하는 것만은 왕과 같다고 하자.

만약 사람이 이렇게 묻는다 하자.

'이 사람은 본래 어떤 일을 하였기에 이제 머리에 꽃다발을 쓰고 여러 가지 향을 몸에 바르고 그리고 재주를 부리며 노래하고 춤추어 스스로 즐기며 기녀들을 데리고 놀며 즐겨하는 것이 왕과 같은가.'

어떤 사람이 이렇게 대답한다.

'이 사람은 왕을 위하여 원수를 죽였다. 왕은 기뻐하여 곧 그에게 상을 주었다. 그래서 이 사람은 머리에 꽃다발을 쓰고 여러 가지 향을 몸에 바르고, 그리고 재주를 부리며 노래하고 춤추어 스스로 즐기고, 기녀들을 데리고 놀며 즐겨하는 것이 왕과 같다.'

가미니여, 너는 이와 같이 보고 이와 같이 들은 적이 없는가."

대답했다.

"보았습니다, 고타마시여. 이미 들었고 듣게 될 것입니다."

"가미니여, 또 왕이 죄인을 잡는 것을 보면 두 손을 거꾸로 묶고 북을 치고 영(令)을 외치면서 남쪽 성문을 나가, 높은 나무 밑에 앉히고 그 머리를 베어 나무에 단다.

만약 어떤 사람이 '이 사람은 무슨 죄로 왕의 죽임을 받는가'라고 물으면, 어떤 사람은 대답한다.

'이 사람은 왕가의 허물없는 사람을 함부로 죽였다. 이 때문에 왕은 이와 같이 사형을 행하게 한 것이다.'

가미니여, 너는 이와 같이 보고 이와 같이 들은 적이 없는가."

"보았습니다, 고타마시여. 이미 들었고 듣게 될 것입니다."

"가미니여, 만약 어떤 사문·브라마나가 이와 같이 보고 이와 같이 말한다 하자.

'만약 산목숨을 죽이면 그는 곧 현재의 법에서 갚음을 받고, 그것 때문에 걱정과 괴로움이 생긴다.'

그는 진실을 말한 것인가. 거짓말을 한 것인가."

"거짓말입니다, 고타마시여."

"만약 그가 거짓을 말했다면 너는 그것을 믿겠는가."

"믿지 않겠습니다, 고타마시여."

세존께서는 찬탄해 말씀하셨다.

"잘 말하고 잘 말했다, 가미니여."

하나의 행위가 상이 되기도 하고 죄가 되기도 함을 여러 가지 예로 다시 보이심

그리고 다시 가미니에게 물으셨다.

"너는 어떻게 생각하느냐. 만약 마을과 성읍 가운데 어떤 사람이 머리에 꽃다발을 쓰고 여러 가지 향을 몸에 바르고 그리고 재주를 부리며 노래하고 춤추어 스스로 즐기며 기녀들을 데리고 놀며 즐겨 하는 것만은 왕과 같다고 하자.

그리고 어떤 사람이 이렇게 묻는다 하자.

'이 사람은 본래 어떤 일을 하였기에 이제 머리에 꽃다발을 쓰고 여러 가지 향을 몸에 바르고 그리고 재주를 부리며 노래하고 춤추어 스스로 즐기며 기녀들을 데리고 놀며 즐겨하는 것이 왕과 같은가.'

어떤 사람이 이렇게 대답한다.

'이 사람은 다른 나라 가운데서 주지 않는 것을 가져왔다. 이 때문에 이 사람은 머리에 꽃다발을 쓰고 여러 가지 향을 몸에 바르고 그리고 재주를 부리며 노래하고 춤추어 스스로 즐기며 기녀들을 데리

고 놀며 즐겨하는 것이 왕과 같다.'

가미니여, 너는 이와 같이 보고 이와 같이 들은 적이 있는가."

"보았습니다, 고타마시여. 이미 들었고 듣게 될 것입니다."

"가미니여, 또 왕이 죄인을 잡는 것을 보면 두 손을 거꾸로 묶고 북을 치고 영을 외치면서 남쪽 성문을 나가, 높은 나무 밑에 앉히고 그 머리를 베어 나무에 단다.

만약 어떤 사람이 '이 사람은 무슨 죄로 왕의 죽임을 받는가'라고 물으면, 어떤 사람은 대답한다.

'이 사람은 왕의 나라에서 주지 않는 것을 가졌다. 이 때문에 왕은 이와 같이 사형을 행하게 한 것이다.'

가미니여, 너는 이와 같이 보고 이와 같이 들은 적이 있는가."

"보았습니다, 고타마시여. 이미 들었고 듣게 될 것입니다."

"가미니여, 어떤 사문·브라마나는 이렇게 보고 이렇게 말한다.

'만약 주지 않는 것을 가지면 그는 현재의 법에서 갚음을 받고, 그 것 때문에 걱정과 괴로움을 낸다.'

그는 진실을 말한 것인가 거짓말을 한 것인가."

"거짓말입니다, 고타마시여."

"만약 그가 거짓말을 했다면 너는 그것을 믿겠는가."

"믿지 않겠습니다, 고타마시여."

세존께서는 찬탄해 말씀하셨다.

"잘 말하고 잘 말했다, 가미니여."

다시 가미니에게 물으셨다.

"어떻게 생각하느냐. 만약 마을에 사는 어떤 사람이 머리에 꽂다

발을 쓰고 여러 가지 향을 몸에 바르고 그리고 재주를 부리며 노래하고 춤추어 스스로 즐기며 기녀들을 데리고 놀며 즐겨하는 것만은 왕과 같다고 하자.

또 어떤 사람이 이렇게 물었다 하자.

'이 사람은 본래 어떤 일을 하였기에 이제 머리에 꽃다발을 쓰고 여러 가지 향을 몸에 바르고 그리고 재주를 부리며 노래하고 춤추어 스스로 즐기며 기녀들을 데리고 놀며 즐겨하는 것이 왕과 같은가.'

어떤 사람이 이렇게 대답한다.

'이 사람은 기녀들을 데리고 잘 놀며 웃음짓게 한다. 그가 거짓말로 왕을 기쁘게 하니, 왕은 기뻐한 뒤에 곧 그에게 상을 주었다. 이 때문에 이 사람은 머리에 꽃다발을 쓰고 여러 가지 향을 몸에 바르고 그리고 재주를 부리며 노래하고 춤추어 스스로 즐기며 기녀들을 데리고 놀며 즐겨하는 것이 왕과 같다.'

가미니여, 너는 이와 같이 보고 이와 같이 들은 적이 있는가.”

“보았습니다, 고타마시여. 이미 들었고 듣게 될 것입니다.”

“가미니여, 또 왕이 죄인을 잡는 것을 보면 두 손을 거꾸로 묶고 북을 치고 영을 외치면서 남쪽 성문을 나가, 높은 나무 밑에 앉히고 그 머리를 베어 나무에 단다.

만약 어떤 사람이 '이 사람은 무슨 죄로 왕의 죽임을 받는가'라고 물으면, 어떤 사람은 대답한다.

'이 사람은 왕의 앞에서 거짓으로 증거를 댔다. 그는 거짓말로 왕을 속였다. 이 때문에 왕은 이와 같이 사형을 행하게 한 것이다.'

가미니여, 너는 이와 같이 보고 이와 같이 들은 적이 있는가.”

“보았습니다, 고타마시여. 이미 들었고 듣게 될 것입니다.”

"가미니여, 어떻게 생각하느냐. 어떤 사문·브라마나는 이렇게 보고 이렇게 말한다.

'만약 거짓말을 하면 그는 곧 현재의 법에서 갚음을 받고, 그것 때문에 걱정과 괴로움을 낸다.'

그는 진실을 말한 것인가 거짓말을 한 것인가."

"거짓말입니다, 고타마시여."

"만약 그가 거짓말을 했다면 너는 그것을 믿겠는가."

"믿지 않겠습니다, 고타마시여."

세존께서는 찬탄해 말씀하셨다.

"잘 말하고 잘 말했다, 가미니여."

선악업의 인과가 있다고 하고 없다고 하는 네 논사의 주장을 물음

이에 파탈리야 가미니는 곧 자리에서 일어나 입은 옷 한 자락을 벗어 메어 두 손을 맞잡고, 붇다를 향해 말씀드렸다.

"참으로 기이하십니다, 고타마시여. 말씀하신 바는 아주 묘하여 잘 비유하시고 잘 증명하십니다. 고타마시여, 저는 북쪽마을 가운데 높은 집을 짓고 평상과 자리를 펴고 물그릇을 두고, 크고 밝은 등을 켰습니다.

만약 정진하는 사문이나 브라마나가 와서 높은 집에서 자게 되면, 저는 제 힘을 따라 그의 필요한 것을 대주었습니다.

네 논사[四論土]가 있었습니다. 그들은 견해가 각기 다르고, 또한 서로 뜻이 어긋났어도 제 높은 집으로 와 모였습니다.

그 중의 한 논사는 이와 같이 보고 이와 같이 말했습니다.

'보시도 없고 재도 없으며 주를 말함[呪說]도 없다. 선과 악의 업도 없고, 선악업의 갚음도 없다. 이 세상도 저 세상도 없고, 아비도 어미도 없다. 세상에는 참된 사람이 좋은 곳으로 가고 이 세상 저 세상으로 잘 가고 잘 향하며, 스스로 알고 스스로 깨닫고 스스로 증득하여 성취하여 노니는 것도 없다.'

둘째 논사는 바른 견해가 있어 첫째 논사의 보는 바와 아는 바와는 반대로 이와 같이 보고 이와 같이 말했습니다.

'보시도 있고 재도 있으며 또한 주를 말함도 있다. 선악의 업도 있고 선악업의 갚음도 있다. 이 세상도 저 세상도 있고, 아비도 있고 어미도 있다. 세상에는 참된 사람이 좋은 곳으로 가고 이 세상 저 세상으로 잘 가고 잘 향하며, 스스로 알고 스스로 깨닫고 스스로 증득하며 성취하여 노니는 것도 있다.'

셋째 논사는 이와 같이 보고 이와 같이 말했습니다.
'어떤 사람이 다음처럼 한다고 하자. 스스로 짓고 남이 짓게 하고, 스스로 끊고 남이 끊게 하며, 스스로 삶고 남이 삶게 하여, 시름하고 번민 내며, 근심하고, 슬퍼하며, 가슴을 치고 괴로워하며, 소리내어 운다.

다시 어둡고 어리석어 산목숨을 죽이고, 주지 않는 것을 가지며, 삿된 음행하고 거짓말하며 술을 마시거나, 담을 뚫고 곳간을 열며, 남의 거리에 가서 빼앗는다. 마을을 해치고 고을을 부수며 성을 깨뜨리고 나라를 없앤다.

이와 같이 하는 자라도 악을 지음이 되지 않는다.

또 그가 설사 머리를 깎는 칼 같은 쇠바퀴의 날카로움으로, 이 땅의 온갖 중생을 하루 동안에 쪼개고 끊고 베고 토막 내며 벗기고 찢고 자르고 썰어 한 살덩이를 만들고 한 가름·한 무더기를 만들더라도, 이로 말미암은 악한 업도 없고 또 악업의 갚음도 없다.

강가아 강의 남쪽 언덕에서 죽이고 끊고 삶아서 버리고 강가아 강의 북쪽 언덕에서 보시하고 재를 지내며 주를 말해오더라도, 이것으로 말미암은 죄도 없고 복도 없으며, 이것으로 말미암은 죄와 복의 갚음도 없다.

물건을 보시하고, 잘 다루고 지켜 보살피고 거두어 지니며, 칭찬해 기리고 이익되게 하며, 은혜롭게 주고 사랑스런 말을 하며, 이익 주어 고루 이익주더라도, 이것으로 말미암아 복도 없고, 이것으로 말미암아 복의 갚음도 없다.'

넷째 논사는 바른 견해가 있어, 셋째 논사의 아는 바와 보는 바와는 반대로 그는 이와 같이 보고 이와 같이 말했습니다.

'어떤 사람이 다음처럼 한다고 하자. 스스로 짓고 남이 짓게 하고, 스스로 끊고 남이 끊게 하며, 스스로 삶고 남이 삶게 하여, 시름하고 번민 내며, 근심하고, 슬퍼하며, 가슴을 치고 괴로워하며, 소리내어 운다.

다시 어둡고 어리석어 산목숨을 죽이고, 주지 않는 것을 가지며, 삿된 음행하고 거짓말하며 술을 마시거나, 담을 뚫고 곳간을 열며, 남의 거리에 가서 빼앗는다. 마을을 해치고 고을을 부수며 성을 깨뜨리고 나라를 없앤다.

만약 이와 같이 하는 자라면 실로 악을 짓는 것이다.

또 그가 머리를 깎는 칼 같은 쇠바퀴의 날카로움으로 이 땅의 온 갖 중생을 하루 동안에 쪼개고 끊고 베고 토막내며 벗기고 찢고 자르고 썰어 한 살덩이를 만들고 한 가름·한 무더기를 만든다면, 이로 말미암은 악한 업이 있고 또 악업의 갚음도 있다.

강가아 강의 남쪽 언덕에서 죽이고 끊고 삶아서 버리고 강가아 강의 북쪽 언덕에서 보시하고 재를 지내며 주를 말하면, 이것으로 말미암은 죄도 있고 복도 있으며, 이것으로 말미암은 죄와 복의 갚음이 있다.

물건을 보시하고, 잘 다루고 지켜 보살피고 거두어 지니며, 칭찬해 기리고 이익되게 하며, 은혜롭게 주고 사랑스런 말을 하며, 이익주어 고루 이익주면, 이것으로 말미암은 복도 있고, 이것으로 말미암은 복의 갚음도 있다.' "

멀리 떠남으로 네 가지 한량없는 마음을 성취하여, 삶의 안정 이룰 수 있음을 보이심

"고타마시여, 저는 이 말을 듣고 문득 의혹을 내었습니다.

'이 사문이나 브라마나들은 누가 진실을 말하고 누가 거짓을 말하는가.' "

세존께서는 가미니에게 말씀하셨다.

"가미니여, 너는 의혹을 내지 말라. 왜 그런가. 의혹이 있기 때문에 곧 망설임을 내는 것이다. 가미니여, 너는 스스로 깨끗한 지혜가 없으면서 뒷세상이 있다고 하고 뒷세상이 없다고 한다.

가미니여, 너는 또 깨끗한 지혜가 없으면서 지은 바를 악이라 하고 지은 바를 착함이라 한다.

가미니여, 법으로 안정함[法之定]이 있으니, 멀리 떠남[遠離]이라 이름한다. 너는 이 선정으로 말미암아 바른 생각을 얻을 수 있고, 한마음을 얻을 수 있다. 이와 같이 하면 너는 현재의 법에서 곧 의혹을 끊고, 위로 오를 수 있다."

이에 파탈리야 가미니는 다시 자리에서 일어나 입은 옷 한 자락을 벗어 메어 두 손을 맞잡고 붇다께 말씀드렸다.

"고타마시여, '어떤 법으로 안정함'을 '멀리 떠남'이라 이름하며, 저로 하여금 이로 말미암아 바른 생각을 얻게 하고 한마음을 얻게 하며, 이와 같이 저를 현재의 법에서 곧 의혹을 끊고 자꾸 위로 오를 수 있게 합니까."

사랑의 마음[慈心]으로 멀리 떠나 안정함을 보이심

"가미니여, 많이 들은 거룩한 제자는 산목숨 죽이는 것을 떠나고 산목숨 죽이는 것을 끊으며, 주지 않는 것을 가지는 것과 삿된 음행과 거짓말을 끊고, 삿된 견해를 끊어 바른 견해를 얻는 데 이른다.

그는 낮에는 농부에게 밭갈이하도록 하고, 날이 저물면 놓아 쉬며 방에 들어가 좌선하다가, 밤을 지내고 새벽이 되면 이렇게 생각한다.

'나는 산목숨 죽이는 것을 떠났고 산목숨 죽이는 것을 끊었으며, 주지 않는 것을 가지는 것과 삿된 음행과 거짓말을 끊었고, 삿된 견해를 끊어 바른 견해를 얻는 데 이르렀다.'

그는 곧 스스로 이렇게 본다.

'나는 열 가지 악한 업의 길을 끊고 열 가지 착한 업의 길을 생각한다.'

그는 열 가지 악한 업의 길을 끊고 열 가지 착한 업의 길을 생각함을 스스로 본 뒤에는 곧 즐거운 마음을 낸다. 즐거운 마음을 낸 뒤에는 곧 기쁨을 내고, 기쁨을 낸 뒤에는 곧 몸을 쉬며, 몸을 쉰 뒤에는 곧 몸이 즐거움을 깨달으며, 몸이 즐거움을 깨달은 뒤에는 곧 한마음을 얻게 된다.

가미니여, 많이 들은 거룩한 제자는 한마음을 얻은 뒤에 곧 그 마음이 사랑과 함께하여 일 방(方)에 두루 가득하여 성취하여 노닌다. 이와 같이 이·삼·사방, 네 모서리·위아래 온갖 곳에 두루한다.

마음은 사랑과 함께하므로 맺음도 없고 원한도 없으며, 성냄도 없고 다툼도 없으며 아주 넓고 매우 크고 한량이 없이 잘 닦아, 온갖 세간에 두루 가득하여 성취하여 노닌다.

그는 이렇게 생각한다.

'만약 어떤 사문이나 브라마나는 이렇게 보고 이렇게 말한다.

곧 〈보시도 없고 재도 없으며 주를 말함도 없다. 선악의 업도 없고, 선악업의 갚음도 없다. 이 세상도 저 세상도 없고, 아비도 없고 어미도 없다. 세상에 참된 사람이 좋은 곳으로 가고 이 세상과 저 세상으로 잘 가고 잘 향하며, 스스로 알고 스스로 깨닫고 스스로 증득하여 성취하여 노니는 것도 없다.

만약 그 사문이나 브라마나의 말한 바가 진실이라 하더라도, 나는 세간의 두려운 일과 두렵지 않은 그른 일을 범하지 않고, 늘 온갖 세간을 사랑하고 가엾이 여겨야 한다.

그렇게 해야 내 마음은 중생과 더불어 다투지 않고 흐림이 없어 기뻐 즐거울 것이다. 나는 이제 위없는 사람의 높은 법을 얻어 자꾸 위로 올라 안락하게 살 수 있을 것이다.〉

이것이 멀리 떠나 법으로 안정함이다.

그 사문과 브라마나의 말한 것이 옳지도 않고 그르지도 않으면, 〈옳지도 않고 그르지도 않다〉고 하고 나서는 안의 마음의 쉼을 얻게 된다.'

가미니여, 이것을 법으로 안정함이라 하고 멀리 떠남이라 한다.

너는 이 선정으로 바른 생각을 얻을 수 있고 한마음을 얻을 수 있다. 이와 같이 너는 현재의 법에서 곧 의혹을 끊고 자꾸 위로 오르게 될 것이다."

슬피 여김의 마음[悲心]으로 멀리 떠남을 보이심

"다시 가미니여, 많이 들은 거룩한 제자는 산목숨 죽이는 것을 떠나고 산목숨 죽이는 것을 끊으며, 주지 않는 것을 가지는 것과 삿된 음행과 거짓말을 끊고, 삿된 견해를 끊어 바른 견해를 얻는 데 이른다.

그는 낮에는 농부에게 밭갈이하도록 하고, 날이 저물면 놓아 쉬며 방에 들어가 좌선하다가, 밤을 지내고 새벽이 되면 이렇게 생각한다.

'나는 산목숨 죽이는 것을 떠났고 산목숨 죽이는 것을 끊었으며, 주지 않는 것을 가지는 것과 삿된 음행과 거짓말을 끊었고, 삿된 견해를 끊어 바른 견해를 얻는 데 이르렀다.'

그는 곧 스스로 이렇게 본다.

'나는 열 가지 악한 업의 길을 끊고 열 가지 착한 업의 길을 생각한다.'

그는 열 가지 악한 업의 길을 끊고 열 가지 착한 업의 길을 생각함을 스스로 본 뒤에는 곧 즐거운 마음을 낸다. 즐거운 마음을 낸 뒤에는 곧 기쁨을 내고, 기쁨을 낸 뒤에는 곧 몸을 쉬며, 몸을 쉰 뒤에는 곧 몸이 즐거움을 깨달으며, 몸이 즐거움을 깨달은 뒤에는 곧 한마음을 얻게 된다.

가미니여, 많이 들은 거룩한 제자는 한마음을 얻은 뒤에 곧 그 마음이 슬피 여김과 함께하여 일방에 두루 가득하여 성취하여 노닌다. 이와 같이 이·삼·사방, 네 모서리·위아래 온갖 곳에 두루한다.

마음은 슬피 여김과 함께하므로 맺음도 없고 원한도 없으며, 성냄도 없고 다툼도 없으며 아주 넓고 매우 크고 한량이 없이 잘 닦아, 온갖 세간에 두루 가득하여 성취하여 노닌다.

그는 이렇게 생각한다.

'만약 어떤 사문이나 브라마나는 이렇게 보고 이렇게 말한다.

곧 〈보시도 있고 재도 있으며 주를 말함도 있다. 선악의 업도 있고, 선악업의 갚음도 있다. 이 세상도 저 세상도 있고, 아비도 있고 어미도 있다. 세상에 참된 사람이 좋은 곳으로 가고 이 세상과 저 세상으로 잘 가고 잘 향하며, 스스로 알고 스스로 깨닫고 스스로 증득하여 성취하여 노니는 것도 있다.

만약 그 사문이나 브라마나의 말한 바가 진실이라 하더라도 나는 세간의 두려운 일과 두렵지 않은 그른 일을 범하지 않고, 늘 온갖 세간을 사랑하고 가엾이 여겨야 한다.

그렇게 해야 내 마음은 중생과 더불어 다투지 않고 흐림이 없어 기뻐 즐거울 것이다. 나는 이제 위없는 사람의 높은 법을 얻어 자꾸 위로 올라 안락하게 살 수 있을 것이다.〉

이것이 멀리 떠나 법으로 안정함이다.

그 사문과 브라마나의 말한 것이 옳지도 않고 그르지도 않으면, 〈옳지도 않고 그르지도 않다〉고 하고 나서는 안의 마음의 쉼을 얻게

된다.'

가미니여, 이것을 법으로 안정함이라 하고 멀리 떠남이라 한다.

너는 이 선정으로 바른 생각을 얻을 수 있고 한마음을 얻을 수 있다. 이와 같이 너는 현재의 법에서 곧 의혹을 끊고 자꾸 위로 오르게 될 것이다."

따라 기뻐하는 마음[喜心]으로 멀리 떠나 안정함을 보이심

"다시 가미니여, 많이 들은 거룩한 제자는 산목숨 죽이는 것을 떠나고 산목숨 죽이는 것을 끊으며, 주지 않는 것을 가지는 것과 삿된 음행과 거짓말을 끊고, 삿된 견해를 끊어 바른 견해를 얻는 데 이른다.

그는 낮에는 농부에게 밭갈이하도록 하고, 날이 저물면 놓아 쉬며 방에 들어가 좌선하다가, 밤을 지내고 새벽이 되면 이렇게 생각한다.

'나는 산목숨 죽이는 것을 떠났고 산목숨 죽이는 것을 끊었으며, 주지 않는 것을 가지는 것과 삿된 음행과 거짓말을 끊었고, 삿된 견해를 끊어 바른 견해를 얻는 데 이르렀다.'

그는 곧 스스로 이렇게 본다.

'나는 열 가지 악한 업의 길을 끊고 열 가지 착한 업의 길을 생각한다.'

그는 열 가지 악한 업의 길을 끊고 열 가지 착한 업의 길을 생각함을 스스로 본 뒤에는 곧 즐거운 마음을 낸다. 즐거운 마음을 낸 뒤에는 곧 기뻐함을 내고, 기뻐함을 낸 뒤에는 곧 몸을 쉬며, 몸을 쉰 뒤에는 곧 몸이 즐거움을 깨달으며, 몸이 즐거움을 깨달은 뒤에는 곧 한마음을 얻게 된다.

가미니여, 많이 들은 거룩한 제자는 한마음을 얻은 뒤에 곧 그 마음이 기뻐함과 함께하여 일방에 두루 가득하여 성취하여 노닌다. 이와 같이 이·삼·사방, 네 모서리·위아래 온갖 곳에 두루한다.

마음은 기뻐함과 함께하므로 맺음도 없고 원한도 없으며, 성냄도 없고 다툼도 없으며 아주 넓고 매우 크고 한량이 없이 잘 닦아, 온갖 세간에 두루 가득하여 성취하여 노닌다.

그는 이렇게 생각한다.

'어떤 사문이나 브라마나는 이와 같이 보고 이와 같이 말한다.

〈어떤 사람이 다음처럼 한다고 하자. 스스로 짓고 남이 짓게 하고, 스스로 끊고 남이 끊게 하며, 스스로 삶고 남이 삶게 하여, 시름하고 번민 내며, 근심하고, 슬퍼하며, 가슴을 치고 괴로워하며, 소리내어 운다.

다시 어둡고 어리석어 산목숨을 죽이고, 주지 않는 것을 가지며, 삿된 음행하고 거짓말하며 술을 마시거나, 담을 뚫고 곳간을 열며, 남의 거리에 가서 빼앗는다. 마을을 해치고 고을을 부수며 성을 깨뜨리고 나라를 없앤다.

이와 같이 하는 자라도 악을 지음이 되지 않는다.

또 설사 그가 머리를 깎는 칼 같은 쇠바퀴의 날카로움으로 이 땅의 온갖 중생을 하루 동안에 쪼개고 끊고 베고 토막내며 벗기고 찢고 자르고 썰어 한 살덩이를 만들고 한 가름·한 무더기를 만들더라도, 이로 말미암은 악한 업도 없고 또 악업의 갚음도 없다.

강가아 강의 남쪽 언덕에서 죽이고 끊고 삶아서 버리고 강가아 강의 북쪽 언덕에서 보시하고 재를 지내며 주를 말하더라도, 이것으로 말미암은 죄도 없고 복도 없으며, 이것으로 말미암은 죄와 복의 갚음도 없다.

물건을 보시하고, 잘 다루고 지켜 보살피고 거두어 지니며, 칭찬해 기리고 이익되게 하며, 은혜롭게 주고 사랑스런 말을 하며, 이익주어 고루 이익주더라도, 이것으로 말미암아 복도 없고, 이것으로 말미암아 복의 갚음도 없다.〉

만약 사문이나 브라마나의 말한 바가 진실하다 하더라도 나는 세상의 두려운 일과 두렵지 않은 그른 일을 범하지 않고, 늘 온갖 세간을 사랑하고 가엾이 여겨야 한다.

그렇게 해야 내 마음은 중생과 더불어 다투지 않고 흐림이 없어 즐거울 것이다. 나는 이제 위없는 사람의 높은 도를 얻어 자꾸 위로 올라가 안락하게 살 수 있다.

이것이 멀리 떠나 법으로 안정함이다.

그 사문과 브라마나의 말한 것이 옳지도 않고 그르지도 않으면, 〈옳지도 않고 그르지도 않다〉 하고 나서는 안의 마음의 쉼을 얻게 된다.'

가미니여, 이것을 법으로 안정함이라 하고 멀리 떠남이라 한다.

너는 이 선정으로 바른 생각을 얻을 수 있고 한마음을 얻을 수 있다. 이와 같이 너는 현재의 법에서 곧 의혹을 끊고 자꾸 위로 오르게 될 것이다."

평등한 마음[捨心]으로 멀리 떠나 안정함을 보이심

"다시 가미니여, 많이 들은 거룩한 제자는 산목숨 죽이는 것을 떠나고 산목숨 죽이는 것을 끊으며, 주지 않는 것을 가지는 것과 삿된 음행과 거짓말을 끊고, 삿된 견해를 끊어 바른 견해를 얻는 데 이른다.

그는 낮에는 농부에게 밭갈이하도록 하고, 날이 저물면 놓아 쉬며 방에 들어가 좌선하다가, 밤을 지내고 새벽이 되면 이렇게 생각한다.

'나는 산목숨 죽이는 것을 떠났고 산목숨 죽이는 것을 끊었으며, 주지 않는 것을 가지는 것과 삿된 음행과 거짓말을 끊었고, 삿된 견해를 끊어 바른 견해를 얻는 데 이르렀다.'

그는 곧 스스로 이렇게 본다.

'나는 열 가지 악한 업의 길을 끊고 열 가지 착한 업의 길을 생각한다.'

그는 열 가지 악한 업의 길을 끊고 열 가지 착한 업의 길을 생각함을 스스로 본 뒤에는 곧 즐거운 마음을 낸다. 즐거운 마음을 낸 뒤에는 곧 기쁨을 내고, 기쁨을 낸 뒤에는 곧 몸을 쉬며, 몸을 쉰 뒤에는 곧 몸이 즐거움을 깨달으며, 몸이 즐거움을 깨달은 뒤에는 곧 한마음을 얻게 된다.

가미니여, 많이 들은 거룩한 제자는 한마음을 얻은 뒤에 곧 그 마음이 버림[捨]과 함께하여 일방에 두루 가득하여 성취하여 노닌다. 이와 같이 이·삼·사방, 네 모서리·위아래 온갖 곳에 두루한다.

마음은 버림과 함께하므로 맺음도 없고 원한도 없으며, 성냄도 없고 다툼도 없으며 아주 넓고 매우 크고 한량이 없이 잘 닦아, 온갖 세간에 두루 가득하여 성취하여 노닌다.

그는 이렇게 생각한다.

'어떤 사문이나 브라마나는 이와 같이 보고 이와 같이 말한다. 〈어떤 사람이 다음처럼 한다고 하자. 스스로 짓고 남이 짓게 하고,

스스로 끊고 남이 끊게 하며, 스스로 삶고 남이 삶게 하여, 시름하고 번민 내며, 근심하고, 슬퍼하며, 가슴을 치고 괴로워하며, 소리내어 운다.

다시 어둡고 어리석어 산목숨을 죽이고, 주지 않는 것을 가지며, 삿된 음행하고 거짓말하며 술을 마시거나, 담을 뚫고 곳간을 열며, 남의 거리에 가서 빼앗는다. 마을을 해치고 고을을 부수며 성을 깨뜨리고 나라를 없앤다.

만약 이와 같이 하는 자라면 실로 악을 짓는 것이다.

또 그가 머리를 깎는 칼 같은 쇠바퀴의 날카로움으로 이 땅의 온갖 중생을 하루 동안에 쪼개고 끊고 베고 토막내며 벗기고 찢고 자르고 썰어 한 살덩이를 만들고 한 가름·한 무더기를 만들면, 이로 말미암은 악한 업도 있고 또 악업의 갚음도 있다.

강가아 강의 남쪽 언덕에서 죽이고 끊고 삶아서 버리고 강가아 강의 북쪽 언덕에서 보시하고 재를 지내며 주를 말하더라도 이것으로 말미암은 죄도 있고 복도 있으며, 이것으로 말미암은 죄와 복의 갚음도 있다.

물건을 보시하고, 잘 다루고 지켜 보살피고 거두어 지니며, 칭찬해 기리고 이익되게 하며, 은혜롭게 주고 사랑스런 말을 하며, 이익 주어 고루 이익주면, 이것으로 말미암아 복도 있고, 이것으로 말미암아 복의 갚음도 있다.

만약 사문이나 브라마나의 말한 바가 진실하다 하더라도 나는 세상의 두려운 일과 두렵지 않은 그른 일을 범하지 않고, 늘 온갖 세간을 사랑하고 가엾이 여겨야 한다.

그렇게 해야 내 마음은 중생과 더불어 다투지 않고 흐림이 없어

즐거울 것이다. 나는 이제 위없는 사람의 높은 도를 얻어 자꾸 위로 올라가 안락하게 살 수 있다.〉

이것이 멀리 떠나 법으로 안정함이다.

그 사문과 브라마나의 말한 것이 옳지도 않고 그르지도 않으면, 〈옳지도 않고 그르지도 않다〉 하고 나서는 안의 마음의 쉼을 얻게 된다.'

가미니여, 이것을 법으로 안정함이라 하고 멀리 떠남이라 한다.

너는 이 선정으로 바른 생각을 얻을 수 있고 한마음을 얻을 수 있다. 이와 같이 너는 현재의 법에서 곧 의혹을 끊고 자꾸 위로 오르게 될 것이다."

네 가지 한량없는 마음으로 해탈의 업 이룸을 듣고 법의 눈을 얻어 삼보에 귀의함

이 법을 말씀하셨을 때 파탈리야 가미니는 티끌을 멀리하여 때를 여의고, 모든 법에 대한 깨끗한 눈[淨眼]이 생겼다. 이에 가미니는 법을 보고 법을 얻고 희고 깨끗한 법[白淨法]을 깨달았다.

의심을 끊고 미혹을 건너 다시는 다른 이 높임이 없었으며, 다시는 남을 따르지 않고 망설임이 없이 이미 해탈의 공덕[果證]에 머물러, 세존의 법에 의해 두려움 없음을 얻게 되었다.

파탈리야 가미니는 곧 자리에서 일어나 붇다의 발에 머리를 대 절하고 말씀드렸다.

"세존이시여, 저는 이제 스스로 붇다와 법과 비구상가에 귀의합니다. 세존께서는 제가 우파사카가 되도록 받아주시길 바랍니다.

오늘부터 몸을 마치도록 스스로 귀의하여 목숨이 다하도록 이르겠습니다."

붇다께서 이와 같이 말씀하시니, 파탈리야 가미니와 여러 비구들은 붇다의 말씀을 듣고 기뻐하며 받들어 행하였다.

• 중아함 20 파라뢰경(波羅牢經)

• **해설** •

중생의 온갖 번뇌와 무명 온갖 법이 허깨비 같아 실체 없는 줄 알면 허깨비인 줄 아는 곳에서 온갖 묶임과 모습의 막힘과 가림에서 벗어나며, 허깨비라 다시 없앨 것도 없는 곳에서 온갖 허깨비의 작용을 해탈의 활동으로 돌이켜 쓸 수 있다.

허깨비인 줄 아는 여래의 지혜는 비추되 고요하여 그 지혜가 곧 허깨비를 벗어나 허깨비를 쓰는 해탈과 자재의 활동인데 누가 여래를 허깨비 같다 비방할 수 있겠는가.

업의 과보는 지금 지은 업의 원인이 그대로 결과로 가는 것이 아니라 업의 원인 아닌 원인이 조건을 만나 새롭게 업의 다른 물결을 일으켜내는 것이니, 같은 업의 원인도 결과를 내는 조건이 다르면 그 결과가 달라진다.

또한 업의 원인과 조건이 공한 원인과 조건이므로 업이 공한 곳에서 창조적인 업의 원인과 조건을 일으키면 악업은 늘 선업으로 바뀌고 악업의 원인을 돌이켜 해탈의 업으로 나아갈 수 있다.

실체 없는 온갖 법이 허깨비 같다는 여래의 비유처럼 중생의 업은 허깨비 같다. 허깨비 같으므로 지금의 업이 실체로 남아 뒤에 반드시 그 업의 갚음을 일으켜 그 갚음을 받는다 해도 옳지 않다.

허깨비의 변화가 앞을 토대로 뒤의 변화가 일어나나 그 변화에 변화의 뿌리를 붙잡을 수 없듯, 업은 공하나 공하므로 앞의 업을 토대로 앞이 사라지고 뒤의 업이 일어날 수 있는 것이다. 그러므로 선악의 업에 업의 갚음이 아주 없다 말하고 인과를 뽑아 없애버린 채 중생으로 하여금 죄업을 짓게 해서는 안 된다.

업의 필연이 자유인 필연인 줄 알아 업이 공하되 업 아닌 업의 인과가 없지 않으므로 참된 자유인은 업의 닫힌 필연성을 벗어나고 선업과 악업, 죄와 복의 실체성을 넘어 시방에 두루한 사랑의 마음과 슬피 여기는 마음을 성취한다.

그리고 현실세간 선과 악의 대립 속에서 선악에 물들지 않는 선정을 성취하고 평정을 이루되, 악은 끊음 없이 끊고 선은 닦음 없이 닦아 세간을 선업과 복된 업으로 장엄하되 또한 장엄한다는 분별도 내지 않는다.

이처럼 업의 공성을 깨달아 나의 닫힌 업을 한량없는 자비의 업으로 돌이켜 쓰지 못하는 것은, 나의 업에서 짓는 나와 짓는 업의 모습을 벗어나지 못하기 때문이고, 업과 업과보의 필연적 굴레를 벗어나지 못하기 때문이다.

선과 악의 업을 네 가지 한량없는 마음으로 돌이키는 사람은 업의 인과가 있다는 견해와 없다는 견해, 있기도 하고 없기도 하다는 견해를 떠나 업의 있되 공한 진실[業眞實]을 실현한다.

업의 실상을 사는 것에 업의 굴레에서 벗어나는 길은 없다.

『선문염송집』에는 업에 대한 결정론적 사유를 깨기 위한 다음 공안이 실려 있다.

영산회상에 오백 비구가 지난 목숨을 아는 신통[宿命通]을 일으켜 각기 과거에 부모 죽인 죄를 보고 의심을 품어 깊고 깊은 여래의 법에 깨달아 들어갈 수 없었다.

그때 만주쓰리 보디사트바가 붇다의 위신의 힘을 받아 칼을 쥐고 붇다를 내모니, 붇다께서 만주쓰리에게 말씀했다.

"멈추어라 멈추어라. 오역죄를 지어서는 안 된다. 나를 해치지 마라. 나는 반드시 해를 받으리니 이것이 해를 잘 받아 입는 것이다.

만주쓰리여, 그대는 본래부터 나와 남이 없는데 다만 안의 마음에 나와 남이 있음을 보는 것이다.

안의 마음이 날 때[內心起時]에 나는 반드시 해를 입으리니, 이것을 해침이라 한다."

이미 오백 비구가 스스로 본 마음을 깨달아, 꿈과 같고 허깨비 같음[如夢如幻]을 알고 소리를 같이해 이렇게 찬탄했다.

크신 지혜 만주쓰리 보디사트바
법의 근원을 깊이 통달하고서
스스로 손에 날카로운 칼을 들고
여래의 몸을 칼로써 내몰았도다.

칼과 같이 붇다 또한 그리하여서
한 모습이라 둘이 있지 않도다.
모습이 없고 나는 것도 없으니
이 가운데 무엇을 죽인다 하리.

文殊大智士　深達法源底
自手握利劍　持逼如來身
如劍佛亦爾　一相無有二
無相無所生　是中云何殺

오백 비구가 과거에 부모 죽인 죄를 보고 죄의 과보가 두려워 앞으로 나아가지 못하므로 세존과 만주쓰리 보디사트바가 연극을 꾸며 만주쓰리가 칼로 여래를 내쫓는 모습을 보인 것이다.

이는 업의 실상 바로 보는 곳이 보디인데 끊어야 할 과거의 죄업장을 보고 보디와 붇다를 따로 구하므로 만주쓰리가 칼을 들어 붇다를 내모는 모습 보여 끊을 업의 모습과 구해야 할 보디와 붇다의 모습 모두 깨뜨림을 짐짓 지은 것인가.

안과 밖이 공한 곳에서 안과 밖을 둠으로 죄업이 나고, 안과 밖이 공한 안과 밖인 줄 깨달으면 선과 악의 업이 보디의 업이 되므로, 여래는 안의 마음 내지 말라 말씀하신 것이리라.

붇다의 보디가 중생의 업밖에 따로 있는 것이 아니라 업장이 공한 업의 실상이 보디라 구할 보디가 없음을 깨달으면, 만주쓰리의 칼이 칼이 아니고 여래의 보디가 보디가 아님이리라.

법진일(法眞一) 선사는 이렇게 노래한다.

> 만주쓰리가 그날에 여래를 내모니
> 오백 성문 눈이 활짝 열렸도다.
> 칼처럼 붇다도 그러함 알려는가.
> 아주 잘 드는 푸른 뱀 칼집 속에
> 울부짖는 우레소리 바람소리네.
>
> 文殊當日逼如來　五百聲聞眼割開
> 欲會如劍佛亦爾　靑蛇匣裡吼風雷

불인청(佛印靑) 선사는 이렇게 노래한다.

> 만주쓰리 칼을 잡고 여래를 내모니
> 오백 성문이 붇다의 눈을 떴도다.
> 일곱 별빛 환한 칼의 불꽃 위에서
> 열 몸 갖추어 세간 중생 잘 이끄시는
> 세존께서 연꽃 대에 곧장 앉게 되었네.
>
> 文殊仗劍逼如來　五百聲聞佛眼開
> 直得七星光燄上　十身調御坐蓮臺

착한 행의 자취마저 잊고
해탈의 업을 이루어야 하나니

나는 들었다, 이와 같이.

한때 붇다께서 슈라바스티 국을 노닐어 다니실 적에 제타 숲 '외로운 이 돕는 장자의 동산'에 계셨다.

그때에 '다섯 가지 물건의 장인(匠人)'이 이른 아침에 슈라바스티 성을 나가 붇다 계신 곳으로 가서 붇다를 뵈옵고 공양하고 받들어 섬기려 하였다. 그러다가 그 장인은 곧 이렇게 생각하였다.

'고요히 앉아 좌선하실지 모르는데 붇다를 뵈옵거나 여러 높은 비구를 뵈옵는 것은 우선 제쳐두자.

나는 이제 차라리 사라 나무가 있는 배움 다른 이 말리카(巴 Malikā)의 동산에 가는 것이 좋겠다.'

장인 우파사카가 만디카푸트라의 교단을 찾아가
그가 말하는 위없는 착함의 뜻을 들음

이에 그 장인은 이 길에 가서 노닐어 즐기며, 틴두카(巴 Tinduka) 숲 가까이 사라 나무가 있는 '배움 다른 이' 말리카의 동산으로 나아갔다.

그때 사라 나무가 있는 '배움 다른 이' 말리카의 동산에는 만디카푸트라(Maṇḍikāputra)라는 어떤 배움 다른 사문이 그곳의 큰 종주가 되어 여러 사람의 스승으로서 대중의 존경을 받으면서, 오백 명 배움 다른 수행자들을 거느리고 있었다.

그는 그 시끄러운 무리 가운데서 크고 높은 소리를 내어 몇 가지 축생 같은 논들을 말하고 있었으니, 다음과 같다. 곧 왕을 논하고, 도적·투쟁·음식·옷·부인·어린 여자·음탕한 여인·세간·삿된 도·바다 등을 논하였다.

이와 같이 그는 여러 사람을 모아놓고 여러 가지 축생 같은 논들을 말하고 있었다.

배움 다른 사문 만디카푸트라는 멀리서 그 장인이 오는 것을 보고 곧 대중들에게 분부하여 잠자코 있도록 하였다.

"너희들은 잠자코 있으라. 다시 말하지 말고 스스로 거두어 들여야 한다. 저기 사문 고타마의 제자 '다섯 가지 물건의 장인'이 온다.

이 슈라바스티 국에 살고 있는 사문 고타마의 재가제자 가운데 저 '다섯 가지 물건의 장인'보다 나은 사람은 없다. 왜 그런가.

저 사람은 잠자코 있는 것을 좋아하고 잠자코 있는 것을 기리어 말하기 때문이다. 만약 그가 이 대중들의 잠자코 있는 모습을 본다면 아마 앞에 올 것이다."

그때 배움 다른 사문 만디카푸트라는 대중들이 떠드는 것을 그만두게 하고서는, 스스로도 잠자코 앉아 있었다.

이에 '다섯 가지 물건의 장인'은 배움 다른 사문 만디카푸트라에게로 가서 서로 안부를 묻고 나서 물러나 한쪽에 앉았다.

배움 다른 사문 만디카푸트라가 말하였다.

"장인이여, 만약 네 가지 일이 있으면, 나는 그가 착함 가운데 으뜸가는 착함을 성취한 위없는 스승으로 으뜸가는 뜻 얻은 곧은 사문이라 베풀어 보일 것이오.

어떤 것이 넷이오? 몸으로 나쁜 업을 짓지 않고, 입으로 나쁜 말을 하지 않으며, 삿된 생활을 하지 않고, 나쁜 생각하지 않는 것이오.

장인이여, 만약 누군가 이 네 가지를 갖추었다면, 나는 그를 착함 가운데 으뜸가는 착함을 성취한 위없는 스승으로 으뜸가는 뜻 얻은 곧은 사문이라 베풀어 보일 것이오."

'다섯 가지 물건의 장인'은 배움 다른 사문 만디카푸트라의 말을 듣고 옳다고도 하지 않고 그르다고도 하지 않은 채, 곧 자리에서 일어나 떠났다. 그는 생각했다.

'나는 이제 붇다께 나아가 이와 같이 한 말을 말씀드리고 그 뜻을 여쭈어보겠다.'

그러고는 곧 붇다 계신 곳에 가서 머리를 숙여 그 발에 절하고 물러나 한쪽에 앉아, 배움 다른 사문 만디카푸트라와 나눈 이야기를 모두 붇다께 말씀드렸다.

악의 적극적인 의지가 없는 행위 자체를 착한 행위의 완성이라 말하는 만디카푸트라를 비판하심

세존께서는 그 말을 들으시고 나서 곧 말씀하셨다.

"장인이여, 배움 다른 사문 만디카푸트라가 말한 바와 같이 만약 그렇다면, 어린아이가 네 활개의 마디가 부드러워 위를 보고 누워 자도 또한 착함 가운데 으뜸가는 착함을 성취한 위없는 스승으로서, 으뜸가는 진리의 뜻을 얻은 곧은 사문이라 할 것이다.

장인이여, 어린아이는 오히려 몸이라는 생각도 없는 자인데 하물며 몸으로 나쁜 업을 짓겠느냐? 아이는 그저 몸을 움직일 뿐이다.

장인이여, 어린아이는 오히려 입이라는 생각이 없는데 하물며 나쁜 말을 하겠느냐? 오직 울 수 있을 뿐이다.

장인이여, 어린아이는 오히려 살아 있다는 생각[命想]이 없는데 하물며 삿된 생활을 하겠느냐? 오직 웅얼거릴 뿐이다.

장인이여, 어린아이는 오히려 기억하는 생각이 없는데 하물며 나쁜 생각이 있겠느냐? 오직 어머니의 젖만 생각할 뿐이다.

장인이여, 배움 다른 사문 만디카푸트라의 말한 바와 같이 만약 그렇다면, 이러한 어린아이도 착함 가운데 으뜸가는 착함을 성취한 위없는 스승으로서 으뜸가는 진리의 뜻을 얻은 곧은 사문이라고 해야 할 것이다.

장인이여, 만약 네 가지 일이 있다면 나는 그가 착함 가운데 으뜸가는 착함을 성취하였다고 베풀어 보일 것이다. 그러나 위없는 스승은 아니요, 으뜸가는 진리의 뜻을 얻은 것도 아니며, 또한 곧은 사문도 아니라고 말할 것이다. 어떤 것이 넷인가?

몸으로 나쁜 업을 짓지 않고, 입으로 나쁜 말을 하지 않으며, 삿된 생활을 짓지 않으며, 나쁜 생각을 하지 않는 것이다.

장인이여, 만약 이 네 가지 일이 있으면 나는 그를 착함 가운데 으뜸가는 착함을 성취하였다고 베풀어 보일 것이다.

그러나 위없는 스승은 아니요, 으뜸가는 진리의 뜻을 얻은 것도 아니며, 또한 곧은 사문도 아니라고 베풀어 말한다.

장인이여, 몸의 업[身業]과 입의 업[口業]을 나는 계(戒)라고 말한다. 그리고 장인이여, 나는 기억함[念]은 마음에 있는 작용[心所]으로 마음과 서로 따름[與心相隨]이라고 베풀어 말한다."

**착한 계와 착하지 않은 계의 일어난 곳을 살펴,
착함의 자취가 없는 착한 행의 완성을 보이심**

"장인이여, 나는 다음을 알아야 한다고 말한다.

곧 착하지 않은 계[不善戒]를 알아야 하고, 착하지 않은 계가 어디서 생기는 것인지 알아야 한다.

착하지 않은 계가 어디에서 남음 없이 사라지고 어디에서 남음 없이 무너지는지 알아야 하며, 성현의 제자들이 어떻게 착하지 않은 계를 없애는지를 알아야 한다.

장인이여, 나는 다음을 알아야 한다고 말한다.

곧 착한 계[善戒]를 알아야 하고, 착한 계가 어디서 생기는지 알아야 한다. 착한 계가 어디에서 남음 없이 사라지게 되고 어디에서 남음 없이 무너지는지 알아야 하며, 성현의 제자들이 어떻게 착한 계를 없애는지를 알아야 한다.

장인이여, 나는 다음을 알아야 한다고 말한다.

곧 착하지 않은 기억[不善念]을 알아야 하고, 착하지 않은 기억이 어디서 생기는지 알아야 한다. 착하지 않은 기억이 어디에서 남음 없이 사라지게 되고 어디에서 남음 없이 무너지는지 알아야 하며, 성현의 제자들이 어떻게 착하지 않은 기억을 없애는지를 알아야 한다."

장인이여, 나는 다음을 알아야 한다고 말한다.

곧 착한 기억[善念]을 알아야 하고, 착한 기억이 어디서 생기는지 알아야 한다. 착한 기억이 어디에서 남음 없이 사라지고 어디에서 남음 없이 무너지는지 알아야 하며, 성현의 제자들이 어떻게 착한 기억을 없애는지를 알아야 한다."

네 곳 살핌[四念處]으로 착함과 착하지 않은 계 모두 없앰을 보이심

"장인이여, 어떤 것이 착하지 않은 계인가?

착하지 않은 몸의 행과 착하지 않은 입과 뜻의 행이니, 이것을 착하지 않은 계라고 한다.

장인이여, 이 착하지 않은 계는 어디서 생기는가? 내가 그것이 생기는 곳을 말해 주겠다.

그것은 마음에서 생기는 줄을 알아야 한다. 왜 마음에서 생긴다고 하는가? 만약 마음에 탐욕이 있고, 성냄이 있으며, 어리석음이 있으면, 마음을 좇아 그 착하지 않은 계가 생긴다는 것을 알아야 한다.

장인이여, 착하지 않은 계는 어디에서 남음 없이 사라지고, 어디에서 남음 없이 무너지는가? 많이 들은 거룩한 제자들은 몸의 착하지 않은 업을 버리고 몸의 착한 업을 닦으며, 입과 뜻의 착하지 않은 업을 버리고 입과 뜻의 착한 업을 닦는다. 이것이 착하지 않은 계가 사라져 남음 없고 무너져 남음 없는 것이다.

장인이여, 현성의 제자들은 어떻게 착하지 않은 계를 없애는가? 많이 들은 거룩한 제자들은 안의 몸[內身]을 몸 그대로[如身] 살피고 나아가 느낌[覺]과 마음[心]과 법(法)을 느낌과 마음과 법 그대로 살핀다.

현성의 제자로서 이와 같이 행하는 자는 착하지 않은 계를 없앤다.

장인이여, 어떤 것이 착한 계인가?

착한 몸의 업과 착한 입과 뜻의 업이니, 이것을 착한 계라고 한다.

장인이여, 이 착한 계는 어디서 생기는가?

내가 그것이 생기는 곳을 말해주겠다. 그것은 마음에서 생기는 줄을 알아야 한다. 왜 마음 때문이라 하는가? 만약 마음에 탐욕이 없고 성냄이 없고 어리석음이 없으면, 착한 계가 마음에서 생기는 줄을 알아야 한다.

장인이여, 착한 계는 어디에서 남음 없이 사라지고 어디에서 남음 없이 무너지는가? 만약 많이 들은 거룩한 제자들이 계를 행하되 계에 집착하지 않으면, 이 착한 계는 사라져 남음 없고 무너져 남음 없다.

장인이여, 현성의 제자들은 어떻게 착한 계를 없애는가?

많이 들은 거룩한 제자들은 안의 몸을 몸 그대로 살피고, 나아가 느낌과 마음과 법을 느낌과 마음과 법 그대로 살핀다.

현성의 제자들은 이렇게 행하여 착한 계를 없앤다."

네 가지 선정으로, 착한 기억의 자취마저 없는 착한 행의 완성에 나아감을 보이심

"장인이여, 어떤 것이 착하지 않은 기억인가? 탐욕의 기억[欲念] 과 성냄의 기억[恚念]과 해침의 기억[害念]이니, 이것을 착하지 않은 기억이라 한다.

장인이여, 착하지 않은 기억은 어디에서 생기는가?

내가 그것이 생기는 곳을 말해주겠다. 그것은 모습 취함[想]에서 생기는 줄을 알아야 한다.

왜 모습 취함 때문이라고 하는가?

나는 모습 취함에 많은 종류가 있어 한량없는 종류 갖가지 종류가 있다고 말하는데, 거기에는 탐욕의 모습 취함, 성냄의 모습 취함, 해침의 모습 취함이 있다.

장인이여, 중생은 탐욕세계의 모습 취함 때문에 착하지 않은 기억을 일으켜 탐욕의 세계[欲界]와 서로 응한다. 만약 이러한 모습 취함이 있으면 그 모습 취함 때문에 착하지 않은 기억을 일으켜 탐욕 세계와 서로 응한다.

장인이여, 중생은 성냄과 해침의 세계의 모습 취함 때문에 착하지 않은 기억을 내어 성냄과 해침의 세계와 서로 응한다. 만약 이런 모습 취함이 있으면 그 모습 취함 때문에 착하지 않은 기억을 일으켜 성냄과 해침의 세계와 서로 응하는 것이니, 이 착하지 않은 기억은 이런 모습 취함 때문에 생긴다.

장인이여, 착하지 않은 기억은 어디에서 사라져 남음 없고 어디에서 무너져 남음 없는가?

많이 들은 거룩한 제자들은 욕심을 여의고, 악하여 착하지 않은 법을 여의어 느낌[覺]도 있고 살핌[觀]도 있으며, 여의는 데서 생기는 기쁨과 즐거움이 있는 첫째 선정을 얻어 성취하여 노닌다. 여기에서 착하지 않은 기억은 사라져 남음 없고 무너져 남음 없게 된다.

장인이여, 현성의 제자들은 어떻게 착하지 않은 기억을 없애는가? 많이 들은 거룩한 제자들은 안의 몸을 몸 그대로 살피고, 느낌과 마음과 법을 느낌과 마음과 법 그대로 살핀다.

현성의 제자들은 이렇게 행하여 착하지 않은 기억을 없앤다.

장인이여, 어떤 것이 착한 기억인가? 탐욕이 없는 기억[無欲念], 성냄이 없는 기억[無恚念], 해침이 없는 기억[無害念]이니, 이것을 착한 기억이라고 한다.

장인이여, 착한 기억은 어디에서 생기는가?

내가 그것이 생기는 곳을 말해주겠다. 그것은 모습 취함에서 생기는 줄을 알아야 한다. 왜 모습 취함 때문이라고 하는가?

나는 모습 취함에 많은 종류가 있어 한량없는 종류 갖가지 종류가 있다고 말하는데, 거기에는 탐욕이 없는 모습 취함[無欲想], 성냄이 없는 모습 취함[無恚想], 해침이 없는 모습 취함[無害想]이 있다.

장인이여, 중생은 탐욕 세계의 모습 취함이 없음으로 말미암아 착한 생각을 내어 탐욕이 없는 세계와 서로 응한다. 만약 모습 취함이 있으면 그런 모습 취함으로 말미암아 착한 기억을 일으켜 탐욕이 없는 세계와 서로 응한다.

장인이여, 중생은 성냄과 해침이 없는 세계를 말미암아 착한 기억을 일으켜 성냄과 해침이 없는 세계와 서로 응한다.

만약 모습 취함이 있으면 이런 모습 취함으로 말미암아 착한 기억을 일으켜 성냄과 해침이 없는 세계와 서로 응하니, 이런 착한 기억은 성냄과 해침 없는 이런 모습 취함으로 말미암아 생긴다.

장인이여, 착한 기억은 어디에서 사라져 남음 없고 무너져 남음 없게 되는가?

만약 많이 들은 거룩한 제자들은 즐거움이 사라지고 괴로움도 사라지면, 기쁨과 걱정이 본디 이미 사라져서, 괴로움도 없고 즐거움도 없는[不苦不樂] 평정함[捨]과 밝은 생각[念] 청정함[淸淨]이 있는 넷째 선정을 성취하여 노닌다.

여기에서 착한 기억은 사라져 남음 없고 무너져 남음 없게 된다.

장인이여, 현성의 제자들은 어떻게 착한 기억을 없애는가?

많이 들은 거룩한 제자들은 안의 몸을 몸 그대로 살피고, 나아가 느낌[覺, 受]과 마음[心]과 법(法)을 느낌과 마음과 법 그대로 살핀다.

현성의 제자로서 이와 같이 행하는 자는 착한 기억을 없앤다."

지혜로써 착함과 악함 두 가지 계와 행위의 실상을 살펴
해탈에 이를 때 위없는 스승이며 아라한임을 보이심

"장인이여, 만약 많이 들은 거룩한 제자라면 지혜로써 착하지 않은 계를 살펴 진실 그대로 알고, 착하지 않은 계가 어디서 생기는지 진실 그대로 알며, 지혜로써 살펴 착하지 않은 계가 사라져 남음 없고 무너져 남음 없음을 진실 그대로 안다.

현성의 제자로서 이와 같이 행하는 자는, 착하지 않은 계를 없앤다는 것을 진실 그대로 안다.

또 지혜로써 착한 계를 살펴 진실 그대로 알고, 착한 계가 생기는 곳을 진실 그대로 알며, 지혜로써 살펴 착한 계가 사라져 남음 없고 무너져 남음 없음을 진실 그대로 안다.

현성의 제자로서 이와 같이 행하는 자는, 착한 계를 없앤다는 것을 진실 그대로 안다.

또 지혜로써 착하지 않은 기억을 살펴 진실 그대로 알고, 착하지 않은 기억이 생기는 곳을 진실 그대로 알며, 지혜로써 살펴 착하지 않은 기억이 사라져 남음 없고 무너져 남음 없음을 진실 그대로 안다.

현성의 제자로서 이와 같이 행하는 자는, 착하지 않은 기억 없앤다는 것을 진실 그대로 안다.

또 지혜로써 착한 기억을 살펴 진실 그대로 알고, 착한 기억이 생기는 곳을 진실 그대로 알며, 지혜로써 살펴 착한 기억이 사라져 남음 없고 무너져 남음 없음을 진실 그대로 안다.

현성의 제자로서 이와 같이 행하는 자는, 착한 기억을 없앴다는 것을 진실 그대로 안다.

왜 그런가. 바른 견해[正見] 때문에 바른 뜻[正志]을 내고, 바른 뜻 때문에 바른 말[正語]을 내며, 바른 말 때문에 바른 행위[正業]를 내고, 바른 행위 때문에 바른 생활[正命]을 내며, 바른 생활 때문에 바른 방편[正方便]을 내고, 바른 방편 때문에 바른 생각[正念]을 내며, 바른 생각 때문에 바른 선정[正定]을 낸다.

현성의 제자로서 마음이 이와 같이 바른 선정이 되면 곧 온갖 음욕과 성냄과 어리석음에서 해탈하게 된다.

장인이여, 현성의 제자들이 이렇게 바로 마음이 해탈하면, 곧 '태어남은 이미 다하고 범행은 이미 서고, 지을 바를 이미 지어 다시는 뒤의 있음을 받지 않는다'는 것을 진실 그대로 안다.

이것을 배움 있는 이[有學]가 바른 길의 자취를 보아 여덟 가지 바른 길을 이루고, 흐름이 다한 아라한이 열 가지 바른 길[十支]을 이룸이라고 한다.

장인이여, 무엇을 배움 있는 이가 바른 길의 자취를 보아 여덟 가지 바른 길 이룸이라 하는가?

곧 배움 있는 이의 바른 견해와 나아가 배움 있는 이의 바른 선정이니, 이것을 배움 있는 이가 바른 길의 자취 보아 여덟 가지 바른 길을 이룸이라 한다.

장인이여, 무엇을 흐름이 다한 아라한이 열 가지 바른 길 이룸이라고 하는가?

곧 배울 것 없는 이[無學]의 바른 견해와 나아가 배울 것 없는 이의 바른 지혜이니, 이것을 흐름이 다한 아라한이 열 가지 바른 길 이룸이라고 한다.

장인이여, 만약 누군가 이 열 가지 바른 길을 갖추었다면 나는 그를 '착함 가운데 으뜸가는 착함'을 이루고, '위없는 스승'[無上師]으로서 '으뜸가는 진리의 뜻 얻은 곧은 사문'[得第一義質直沙門]이라 베풀어 말한다."

붇다께서 이렇게 말씀하시자, '다섯 가지 물건의 장인'과 여러 비구들은 붇다의 말씀을 듣고 기뻐하며 받들어 행하였다.

· 중아함 179 오지물주경(五支物主經)

· 해설 ·

어떤 것이 으뜸가는 착함인가. 다만 악한 뜻, 악한 업, 삿된 생활이 없으면 착함을 완성한 자이고 이 세간의 스승될 만한 자인가.

붇다는 악한 업 없음으로 착함이 완성될 수 없음을 가르치기 위해, 누워서 악한 행과 악한 뜻이 없이 웅얼거릴 줄만 아는 어린이로 비유해서 만디 카푸트라의 주장을 깨뜨린다.

늘 악한 뜻 악한 행을 끊어 없애고 착한 뜻 착한 행을 지어가야 으뜸가는 착함에 나아갈 수 있다.

그러나 수적으로 착한 행 좋은 일을 많이 짓는다고 착함의 완성 으뜸가는 착함을 이룰 수 없으니, 그는 악함을 끊고서는 착함의 때[垢]에 그 마음이 물든 자이니, 착함을 짓고 착함을 짓는다는 분별과 집착이 남아 있기 때문이다.

행위하는 몸과 뜻을 돌이켜 착함이 일어나고 악함이 일어나는 뿌리를 돌이켜보면, 몸의 업[身業]에 몸[身]도 그 뿌리가 없고 업(業)도 남이 없으며[無生] 입과 뜻의 업 또한 그러하다. 착한 업을 짓고 착하다는 자취를 지으면 업 지음 속에 짓는 자도 없고 실로 업을 지음 없는 삶의 실상을 등지는 것이다. 그러므로 붇다께서는 몸과 느낌, 마음과 법[身·受·心·法] 네 곳의 진실을 진실 그대로 살펴[四念處] 업의 뿌리가 공함을 알아 착함과 악함의 실체를 모두 떠날 때 착함의 완성에 이를 수 있다 가르치신다.

선과 악의 인과는 없지 않으니, 착함의 완성에 나아가는 바른 수행자는 악한 계를 끊고 착한 계를 갖추어야 한다. 그러나 착한 업과 악한 업은 있되 공하고 공하되 인연으로 있으니, 착함에서 착함의 자취마저 떠난 수행자는 착함을 짓되 지음이 없고[無作], 함이 없이 착함을 지으며, 베풀되 모습에 머묾 없이 보시를 행하는 자이다.

『비말라키르티수트라』는 이런 뜻으로 으뜸가는 착함의 행을 '함이 있음을 다하지 않고 함이 없음에 머물지 않는 행'[不盡有位 不住無爲]이라 말하고, 『금강경』은 '소리와 빛깔 온갖 모습에 머묾 없이 갖가지 파라미타행을 행하는 자[無所住而行布施者]가 보디사트바'라고 가르친다.

머무는 바 없이 바른 삶의 길을 행하고 지음 없이 착함을 짓는 자, 그가 으뜸가는 진리의 뜻 얻고 으뜸가는 착함을 이룬다.

선업과 악업이 공한 줄 알아 선과 악에 모습 취함이 없되 지음 없이 선업을 잘 짓는 자가 선악이 굽이치는 중생 세간에서 걸음걸음 삼계를 벗어나리라.

온갖 법에 자기성품이 없으므로 짓는 업에도 취할 모습이 없으니, 악한 업을 끊되 끊음 없고 착한 업을 짓되 지음 없이 짓는 자가 업의 바다에서 모든 집착 벗어난 사람이다.

『화엄경』(「십회향품」十迴向品)은 이렇게 깨우친다.

보디사트바는 온갖 법 무너뜨리지 않고
또한 모든 법의 성품 없애지 않나니
모든 법이 메아리와 같음 밝게 알아
온갖 것에 모두 집착하는 바가 없도다.

菩薩不壞一切法　亦不滅壞諸法性
解了諸法猶如響　悉於一切無所著

마음으로 온갖 업을 분별하지 않고
또한 업의 과보에 물들지 않으며
보디성품 연을 따라 일어남 알아
깊고 깊은 법계에 들어가서
법계를 어기어 거스름 없네.

心不分別一切業　亦不染著於業果

如菩提性從緣起　入深法界無違逆

　경의 가르침처럼 온갖 것에 집착 떠난 사람이 삼계를 걸어가되 삼계에
삶의 자취 남기지 않는 사람이니, 옛 선사(丹霞淳)의 다음 노래가 친절하다.

　별 뜨기 전 나선 사람 천 봉우리 방에 누웠으니
　붇다와 조사도 그 사람을 알 수가 없어라.

星前人臥千峯室　佛祖無因識得渠

제3장

잘못된 종교집회와
그 의례 비판

"브라마나는 불에 제사 지내려
마른 풀과 나무 모아 태우는구나. 불에 제사하는 것이
깨끗한 도라 여러 재난 없앤다 말하지 말라.
불의 공양, 이는 나쁜 공양인데도 그것을 지혜로움이라 말하며
이와 같은 인연을 짓는 것으로
바깥길의 무리 깨끗함 닦는다 하네.
그대는 지금 섶의 불을 버리고 안의 불을
불타오르듯 일으켜서 언제나 방일하지 않음을 닦아
늘 참된 공양을 넉넉히 하고 곳곳마다 깨끗한 믿음 일으켜
큰 모임을 열어 널리 보시하여라."

각 종교집단은 대중의 반복적인 모임과 집단적인 신앙의례의 실천을 통해 자기 종파의 교의를 생활 속에 뿌리내리려 한다. 교파의 신앙의례는 교파의 세계관을 반영하고 신앙의례 자체가 교의(敎義)의 생활화, 자기주체화를 위한 중요한 방편이 된다.

절대신성을 믿는 브라마나들은 신 앞에 희생의 공양을 바치기도 하고 찬탄의 노래를 바치기도 하며, 신과의 합일을 위해 명상의 의례를 행할 것이다.

물[水]과 불[火]을 만유의 근거로 생각하는 적취론자들은 물과 불로 죄업을 정화하려 하거나, 고행의 의례를 통해 영혼의 빛을 드러내려 할 것이다.

붇다의 제자들 또한 역사 속에 상가가 형성된 뒤에는 함께 모여 프라티목샤(prātimokṣa, 解脫戒)를 외우고 수트라(sūtra, 經)를 외우며 삼보에 예경하는 의례를 행한다.

연기법의 세계관에 서 있는 이들은 신앙의례 속에서도 연기적 세계관에 기초해서 예경하고 찬탄하며 공양의 의례를 행해야 한다.

연기의 세계관에서는 주체와 객체 행위가 서로 의지해 일어나 공하므로 절하는 자와 절 받는 이가 공한 곳에서 절함 없이 절하고 바침 없이 공양을 바치며, 중생에 대한 실천적 원(願)과 행(行)을 일으켜야 한다.

연기법에서는 어떤 실체적 공간 속에서 절하고 절 받는 객체가 담겨 있는 것이 아니라, 절하는 주체의 실천적 행위 안에 절하고[能禮] 절 받는[所禮] 공간이 절함의 행위 자체로 떠오른다.

붇다 또한 지혜로운 이들의 지혜로운 기도와 공양의 모임을 반대하지 않는다. 그러나 절대신성에 기도하고 제사하고 공양한다는 명목으로 산목숨을 죽이고 대중에게 가혹한 노동을 부과하고 쓸데없이 재물을 낭비하는 기도를 비판하고, 기도의 이름으로 죄업 짓는 이들을 아프게 꾸짖으신다.

기도의 공간이 기도하는 자의 행위의 공간이듯 기도의 응답 또한 기도하는 자의 행위를 떠난 초월적 신성의 응답이 아니다.

'내'가 거룩한 이의 이름을 부를 때 '나'의 이름 부름 밖에 실체로서의 거룩한 이가 신비한 힘을 부르는 자에게 내려주는 것이 아니다. '내'가 거룩한 이의 이름을 부를 때 거룩한 이는 이미 내 마음의 거룩한 이이고, 이름 부름 속의 거룩한 이이다.

그러므로 이름 불리는 거룩한 이는 부르는 '나'의 마음인 거룩한 자요, '내' 마음이 짓는 거룩한 이이다. 곧 이름 부르는 '나'와 이름 불리는 거룩한 이가 둘이되 하나일 때 거룩함의 공덕이 '나'의 삶의 공덕이 되는 것이다.

절할 때도 마찬가지다. 절하는 자가 절하고 절 받는 자가 절 받는 행위의 장이 법계 진리의 장이니, 절하는 자는 절함 없이 절하고 절 받는 이는 절 받음 없이 절 받는다.

그러므로 기도의 응답은 부르고 불리는 행위의 장 속에서 불리는 자를 안고 일어나는 부르는 자의 바람[願]이, 부르는 자와 불리는 것이 둘이 없는 법계 자체의 새로운 생명력으로 되돌아오는 것이다.

그러므로 죄업의 소멸을 위해 신 앞에 산목숨 죽여 바치는 자는 제사로 인해 죄업이 소멸되는 것이 아니라 죽임의 죄업을 도로 받을 뿐이다.

천태가(天台家)의 법화삼매예참법(法華三昧禮懺法)에서는 삼보

에 절하고 공양 올리는 의례를 통해, 절하는 나와 절 받는 거룩한 이
가 둘이 없는 법계의 진리에 돌아가도록 다음과 같은 마음가짐으로
공양의 의례를 행하도록 한다.

절함과 절하는 바 모습 공적해
부르고 응하는 길 서로 어울려
생각할 수 없고 말할 수 없도다.
나의 도량 인드라 그물 구슬과 같아
사카무니 모습을 나타냄 속에
내 몸 모습 여래 앞에 나타나나니
머리 숙여 붇다의 발에 대고서
목숨 다해 붇다께 절하옵니다.

能禮所禮性空寂　感應道交難思議
我此道場如帝珠　釋迦牟尼影現中
我身影現如來前　頭面接足歸命禮

절함과 절하는 바 모습 공적해
부르고 응하는 길 서로 어울려
생각할 수 없고 말할 수 없도다.
참으로 공한 법계 허공 같으며
늘 머물러 계시는 법보께선
생각할 수 없고 말할 수가 없나니
내가 모두 법보 앞에 모습 나투어
목숨 다해 절하지 않음 없도다.

能禮所禮性空寂 感應道交難思議
眞空法界如虛空 常住法寶難思議
我皆影現法寶前 莫不皆悉歸命禮

절함과 절하는 바 모두 공적해
부르고 응하는 길 서로 어울려
생각할 수 없고 말할 수 없도다.
나의 도량 인드라 그물 구슬과 같아
보디사트바 모든 모습 나타냄 속에
내 몸 모습 보디사트바 앞에 나타나니
머리 숙여 보디사트바의 발에 대고서
목숨 다해 보디사트바께 절하옵니다.

能禮所禮性空寂 感應道交難思議
我此道場如帝珠 諸大菩薩影現中
我身影現菩薩前 頭面接足歸命禮

1 신 앞에 희생을 바치는 종교집회 비판

브라흐만의 절대신성을 섬기는 베다의 철학은 우주 만유를 일원적 보편운동자의 자기전변으로 가르치는 교의를 담고 있다. 그러면서 그 철학의 보편주의는 브라마나 지배의 계급사회에서 인종주의적 지배와 계급적 지배의 성격을 띤다.

브라마나들은 브라흐만의 신성의 이름으로 '브라마나는 브라흐만의 정수리로 태어난 선택받은 종족'이라고 말한다. 그들은 스스로 인도사회의 사성계급 질서 맨 위에 속한다고 주장하며, 베다를 암송하고 가르칠 수 있는 자는 오직 브라마나 계급뿐이라고 말한다.

곧 인도의 서북부로 내려온 아리안 계열의 인종인 브라마나들은 브라흐만에 대한 베다의 찬송문학을 통해 브라흐만을 보편 신으로 내세우며 원주민에 대한 브라마나의 지배를 정당화한 것이다.

붇다 출세 무렵 브라흐만의 존재를 부정하는 사문들의 출현은 브라마나 지배의 기성 사회질서의 균열과 재편을 반영한 것이며, 크샤트리아와 바이샤 계급의 사회경제적 부상을 나타낸다.

붇다 출세 이후 붇다의 가르침에 영향받아 브라흐만의 신성에 보편적 사랑의 뜻이 더해지고, 브라흐만과의 합일을 통한 신비선정의 해탈을 강조했던 기성 철학에 윤리적 행을 강조하는 내용이 첨가되었다. 그러나 붇다 출현 무렵 신흥 사문들의 사상적 도전이 있기 전에는 베다의 강한 지배철학적 성격 때문에 브라마나들의 신앙집회는 신성의 이름 아래 브라마나들의 사회적 지배권을 강화하는 데 동원되었다.

셀 수 없는 산목숨을 죽여 신 앞에 제사 지내고 신앙의례의 집행을 위해 노예계급을 괴롭히고 매를 때리는 모임이 신의 이름으로 자행되었다. 그 같은 모임이 어찌 거룩한 법의 모임이라 할 수 있겠는가. 경전에서 그러한 모임을 '삿된 뜻이 넘치는 대중의 큰 모임'[邪盛大會]이라 규정하는 것은 그런 종교집회에 대한 붇다 상가의 강한 부정의 입장을 나타낸 것이다.

붇다께서는 보편 신의 이름으로 계급의 차별을 정당화했던 브라마나들의 그릇된 세계관을 비판하고, 신에 봉사하기 위해 하층민과 일반 대중을 괴롭히고 생명을 해치는 삿된 제사 모임을 통렬히 비판하시며, 계급 차별이 사라진 평등한 사람들의 모임, 새로운 구도의 공동체를 상가(saṃgha)의 이름으로 천명하신다.

여래의 상가는 높고 낮은 계급의 차별이 없이 함께 모여 스스로의 허물을 같이 반성하고, 여래의 진리를 함께 토론하고 올바른 지혜와 세간을 번영에 이끌 좋은 지식을 세상과 공유하기 위해 가르치고 가르침 받는 자유로운 공동체이다.

여래의 상가는 평등과 자발성의 원칙으로 서로 모여 진리를 추구하고 서로 자비로 이끌고 보살피는 아름다운 법의 모임이며, 세간의 이익과 안락을 위해 수행하고 전법하는 해탈의 공동체이다.

이러한 초기 상가의 이상은, 닦아 행한 모든 선행의 공덕을 취하지 않고 중생과 세계를 보디로 성취시키는 데 회향하는 보디사트바의 크나큰 원(願)과 행(行)으로 발현된다.

『화엄경』(「명법품」)은 이렇게 말한다.

　　보디사트바는 닦은바 뭇 착한 행으로
　　널리 모든 중생 성취키 위해
　　중생이 번뇌를 없애고 어두움 깨뜨려
　　마라의 군대 항복받도록 하여
　　바른 보디 모두다 이루게 하네.

　　菩薩所修衆善行　普爲成就諸群生
　　令其破闇滅煩惱　降伏魔軍成正覺

짐승들을 바치고 아랫사람들 괴롭히는
삿된 모임 칭찬하지 않는다

이와 같이 내가 들었다.

한때 붇다께서는 슈라바스티 국 제타 숲 '외로운 이 돕는 장자의 동산'에 계셨다.

그때 나이 젊은 브라마나가 있었는데 우자야(巴 Ujjāya)라고 하였다. 그는 붇다 계신 곳으로 찾아와 세존을 마주하여 서로 문안하고 위로한 뒤에 물러나 한쪽에 앉아 붇다께 말씀드렸다.

"고타마시여, 여러 브라마나들은 늘 제사하는 큰 모임[邪盛大會]을 칭찬합니다. 사문 고타마께서도 제사하는 모임을 칭찬하십니까?"

붇다께서 우자야에게 말씀하셨다.

"나는 한결같이 칭찬하지는 않는다. 칭찬할 만한 제사 모임도 있고, 칭찬하지 못할 제사 모임도 있다."

우자야는 붇다께 말씀드렸다.

"어떤 제사 모임이 칭찬할 만하며, 어떤 제사 모임이 칭찬할 만하지 않습니까?"

"만약 제사 모임에서 여러 마리 송아지와 숫 물소, 암 물소 및 많은 염소 새끼와 작은 짐승들을 잡아매어 모두 다쳐 죽이거나 내몰아 괴롭힌다 하자.

그리고 하인이나 머슴들을 채찍질이나 매질로 두렵게 하고 슬피 울어 부르짖게 하며, 기쁘지 않고 즐겁지도 않은 뭇 괴로움을 지어

부린다 하자. 그러면 나는 이와 같은 제사 모임을 칭찬하지 않는다.

이는 산목숨에 큰 어려움을 짓기 때문이다.

또 만약 제사 모임에서 여러 마리 소들을 잡아서 죽이지 않고 내몰아 괴롭히지 않고 매지 않고, 나아가 뭇 괴로움을 지어 부리지 않는다 하자. 그러면 이와 같은 제사 모임은 내가 칭찬하는 바이다.

이는 큰 어려움을 짓지 않기 때문이다."

그릇된 제사 모임과 베풂과 나눔의 좋은 모임을 가려 보이심

그때 세존께서 곧 게송으로 말씀하셨다.

제사하는 등 큰 모임에서
크게 어려운 일을 짓나니
이와 같은 죄 짓는 제사 모임을
큰 선인은 기리어 말하지 않네.

여러 짐승 산목숨 얽어 묶으며
아주 작은 벌레까지 해쳐 죽이면
이런 제사 바른 모임이 되지 못하니
큰 선인은 이런 모임 따르지 않네.

만약 여러 짐승들을 죽이지 않고
갖가지 어려움을 짓지 않는다면
이런 제사 바른 모임이라고 하니
큰 선인도 따라서 칭찬하네.

이 공양을 닦고 은혜로이 베풀어
법에 맞게 함께 모임을 행한다면
베푸는 이는 마음을 깨끗이 하고
범행을 닦아 좋은 복밭이 되네.

이와 같은 깨끗한 보시 모임은
곧바로 아라한의 모임이 되니
이런 모임은 큰 공덕 과보를 얻고
여러 하늘들도 다 기뻐한다네.

공경히 여러 사람 청해 모시고
모인 이들에게 손수 고루 베풀면
저와 내가 모두다 깨끗하여서
이런 베풂 좋은 공덕 과보 얻으리.

지혜로운 사람 이와 같이 베풀면
믿는 마음으로 반드시 해탈하여
죄 없이 이 세간을 즐겁게 살다
지혜로운 이 좋은 곳에 가서 나리라.

붇다께서 이 경을 말씀하시자, 우자야 브라마나는 붇다의 말씀을
듣고 기뻐하면서 절하고 물러갔다.

• 잡아함 89 우파가경(優波迦經) ①

함이 없이 보시 닦고 중생에게
어려운 일 짓지 않아야 공덕의 모임 되리니

이와 같이 내가 들었다.

한때 붇다께서는 슈라바스티 국 제타 숲 '외로운 이 돕는 장자의 동산'에 계셨다.

그때 나이 젊은 브라마나가 있었는데 우자야라고 하였다. 그는 붇다 계신 곳으로 찾아와 세존을 마주하여 서로 문안하고 위로한 뒤에 물러나 한쪽에 앉아 붇다께 말씀드렸다.

"고타마시여, 여러 브라마나들은 늘 제사하는 큰 모임을 칭찬합니다. 사문 고타마께서도 제사하는 모임을 칭찬하십니까?"

그릇된 제사 모임이 공덕이 되지 못함을 보이심

붇다께서 우자야에게 말씀하셨다.

"나는 한결같이 칭찬하지는 않는다. 칭찬할 만한 제사 모임도 있고, 칭찬하지 못할 제사 모임도 있다."

우자야는 붇다께 말씀드렸다.

"어떤 제사 모임이 칭찬할 만하며, 어떤 제사 모임이 칭찬할 만하지 않습니까?"

"만약 제사 모임에서 여러 마리 송아지와 숫 물소, 암 물소 및 많은 염소 새끼와 작은 짐승들을 잡아매어 모두다 죽이거나 내몰아 괴롭힌다 하자.

그리고 하인이나 머슴들을 채찍질이나 매질로 두렵게 하고 슬피울어 부르짖게 하며, 기쁘지 않고 즐겁지도 않은 뭇 괴로움을 지어부린다 하자. 그러면 나는 이와 같은 제사 모임을 칭찬하지 않는다.

이는 산목숨에 큰 어려움을 짓기 때문이다.

또 만약 제사 모임에서 여러 마리 소들을 잡아서 죽이지 않고 내몰아 괴롭히지 않고 매지 않고, 나아가 뭇 괴로움을 지어 부리지 않는다면, 이와 같은 제사 모임은 내가 칭찬하는 바이다.

이는 큰 어려움을 짓지 않기 때문이다."

함이 없이 보시 닦는 아라한의 모임을 찬탄하심

그때 세존께서 곧 게송으로 말씀하셨다.

> 함이 없고 여러 어려운 일 없으면
> 제사 모임 할 때에 청정하리라.
> 법답게 그대로 따라 행하고
> 모든 범행 거두어 보살펴주면
> 돌아가는 꽃다운 향내의 세계
> 모든 더러운 범부세계 뛰어넘나니
> 붇다는 그런 제사 모임 좋다 하고
> 이러한 제사 모임 칭찬하도다.

> 은혜로이 베풀어 공양을 닦고
> 제사 모임에 맞는 것을 따라서
> 맑은 믿음으로 평등하게 베풀면

범행 닦는 이들의 좋은 복밭 되네.

그들이 이와 같은 보시 지으면
이런 보시 아라한의 밭이 되니
이와 같은 넓고 큰 바른 보시는
모든 하늘들이 다 칭찬하는 바이네.

스스로 공경하게 청해 모시고
내 손수 범행 닦는 이들 공양하면
스스로와 남을 평등히 거두므로
이런 제사 모임 큰 공덕 얻으리.

지혜로운 이 이와 같이 보시하고
맑은 믿음으로 마음이 해탈하여
이 세간에서 죄 없이 살아가다
지혜로운 이 좋은 곳 가서 나리라.

　붓다께서 이 경을 말씀해 마치시자 우자야 브라마나는 붓다의 말
씀을 듣고 기뻐하면서 절하고 물러갔다.
　• 잡아함 90 우파가경 ②

　• 해설 •
　두 경에서 붓다는 기도와 제사의 이름으로 죄업 짓는 삿된 모임을 크게
꾸중하고 계신다.

자기가 믿는 절대신 앞에 제사하고 공양거리를 바치기 위해 산목숨을 죽이고 가난한 심부름꾼을 때리고 괴롭히면, 이것을 어찌 좋은 법의 모임이라 할 수 있으며 법으로 공양함이라 할 수 있겠는가.

정성들여 먹을거리 장만해 주변의 어른들과 범행자, 가난한 이들을 초청해 함께 나눠먹고, 함께 어려운 일들을 논의해 풀어가며 웃어른의 지혜를 빌리고 젊은이들의 힘을 비는 모임이라면 그런 모임을 여래는 칭찬하신다.

설사 그 모임이 배움 다른 이들의 모임이라도 여래는 그 모임을 법다운 모임이고 법으로 공양함이라 높이 일컬어주신다.

병자와 가난한 이에게 보시하고 공양하며 죽어가는 짐승의 목숨을 살려도 크게 복이 되는데, 어찌 범행 닦는 분들과 지혜로운 아라한에게 공양함이겠는가.

한 걸음 나아가 아라한에게 공양하고 그분들에게 해탈의 법을 들어 받는다면 공양을 드리는 자와 받는 자, 법을 말하는 자와 듣는 자가 법의 모임으로 인해 큰 해탈의 공덕을 받을 것이다.

그러한 법의 모임은 모든 하늘들과 지혜로운 이들, 뜻이 착한 이들이 함께 찬탄하고 함께 힘을 모으며 그 모임에 힘을 더해줄 것이다.

그러므로 『화엄경』(「보현행원품」普賢行願品)은 공양 가운데 법의 공양[法供養]이 으뜸이라 가르치며, 법공양이란 진실한 가르침대로 닦아 행하는 공양[如說修行供養]·보디의 마음을 떠나지 않는 공양[不離菩提心供養]·중생의 고통을 대신 받는 공양[代衆生苦供養]·중생을 거두어 받는 공양[攝受衆生供養]·중생을 이익되게 하는 공양[利益衆生供養]이 법으로 공양함이라고 가르친다.

화엄의 말씀대로 법으로 이 세간에 공양하는 이, 그가 바로 공양함으로 공양받는 아라한이고 마음이 큰 중생 곧 보디사트바이다.

잘못된 제사 모임의 공양 때문에 도리어
죄를 지어 세 가지 칼에 베이게 되나니

이와 같이 내가 들었다.

한때 붇다께서는 코살라 국 사람 사이를 노닐어 다니시다가 슈라바스티 국 제타 숲 '외로운 이 돕는 장자의 동산'으로 가셨다.

그때 '큰 키[長身] 브라마나'가 이와 같은 큰 제사 모임을 갖고 있었다. 곧 칠백 마리 황소를 줄지어 기둥에 매고, 숫 물소와 암 물소 및 여러 염소 새끼와 갖가지 검은 짐승들을 모두 매어놓고는 여러 먹을거리를 마련하여 널리 보시를 행하였다.

그러자 여러 나라에서 온 갖가지 바깥길 수행자들이 '제사 드리는 곳'에 모여들었다.

큰 키 브라마나가 제사 모임과 공양의 법을 묻기 위해 세존을 찾아감

그때 큰 키 브라마나는 사문 고타마께서 코살라 국 사람 사이에 노닐어 다니시다가 슈라바스티 국 제타 숲 '외로운 이 돕는 장자의 동산'에 오셨다는 소식을 듣고 이렇게 생각하였다.

'나는 지금 큰 제사 모임을 마련하였다. 그래서 칠백 마리 황소를 줄지어 기둥에 매고 숫 물소와 암 물소 나아가 온갖 작은 짐승들까지 다 매어 묶었다. 이 큰 제사 모임을 위해 여러 길을 달리하는 수행자들이 여러 나라에서 이 큰 모임에 참석하였다.

나는 이제 사문 고타마 계신 곳으로 찾아가 큰 제사 모임의 법을

물어야겠다. 그래서 내가 이 큰 제사 모임의 차림새와 절차에 모자
람이 없게 하겠다.'

이렇게 생각하고서는 흰말수레를 타고 여러 젊은 브라마나들이
앞뒤로 이끌고 따르며 황금자루 일산을 들고 황금물병을 지니고는,
슈라바스티 성을 나와 세존 계신 곳으로 나아가 공경히 받들어 섬기
고자 하였다.

그는 정사(精舍) 문에 이르자 수레에서 내려 걸었고, 붇다 앞에 나
아가 서로 문안 인사하고 위로한 뒤에 물러나 한쪽에 앉았다.

그리고 붇다께 말씀드렸다.

"고타마시여, 저는 지금 큰 제사 모임을 치르려고 칠백 마리 황소
를 줄지어 기둥에 매어놓았고 숫 물소와 암 물소 나아가 온갖 작은
짐승들까지 다 매어 묶었습니다.

이 큰 제사 모임을 위해 여러 길을 달리하는 수행자들이 여러 나
라에서 이 모임의 처소에 모두 왔습니다.

또 고타마께서 코살라 국 사람 사이에 노닐어 다니시다가 슈라바
스티 국 제타 숲 '외로운 이 돕는 장자의 동산'으로 오셨다는 소식을
듣고, 저는 이제 일부러 고타마 계신 곳에 찾아와 큰 제사 모임의 법
과 온갖 물건의 차림새를 여쭙니다.

제가 마련하는 이 큰 제사 모임이 모든 차림과 절차에 모자람이
없게 해주십시오."

삿된 제사 모임은 산목숨 죽여 세 가지 칼에 베이게 됨을 깨우치심

붇다께서는 브라마나에게 말씀하셨다.

"어떤 큰 제사 모임 주관자는 보시를 행하여 복을 지으려다가 도

리어 죄를 지어 세 가지 칼에 베이고 좋지 못한 과보를 받소.

어떤 것이 세 가지냐 하면 몸의 칼과 입의 칼과 뜻의 칼이오.

어떤 것이 뜻의 칼이 온갖 괴로움의 과보를 내는 것이오? 곧 어떤 모임 주관자가 모임을 마련하고는 이렇게 사유함과 같소.

'나는 이 큰 제사 모임을 마련하여 그곳에서 어린 황소와 숫 물소와 암 물소, 염소 새끼와 또 여러 가지 작은 짐승들을 죽이리라.'

이것을 뜻의 칼이 온갖 괴로움의 과보를 내는 것이라 하오. 이와 같은 시주는 비록 여러 가지 보시와 여러 가지 공양을 베푼다고 생각하지만 실은 죄를 짓는 것이오.

어떤 것이 입의 칼이 온갖 괴로움의 과보를 내는 것이오? 곧 어떤 모임 주관자가 모임을 마련하고 이렇게 시키는 것과 같소.

'나는 지금 큰 제사 모임을 마련한다. 너희들은 그곳에서 어린 황소를 죽이고 숫 물소와 암 물소 나아가 작은 짐승들까지 죽여라.'

이것을 입의 칼이 온갖 괴로움의 과보를 내는 것이라 하오. 큰 모임의 주관자는 비록 그러한 보시와 공양을 짓는다 해도 실은 죄를 짓는 것이오.

어떤 것이 몸의 칼이 온갖 괴로움의 과보를 내는 것이오? 곧 어떤 모임 주관자가 모임을 마련하고 자기 손으로 그곳에서 황소를 죽이고 숫 물소와 암 물소 나아가 온갖 작은 짐승들까지 죽이오.

이것을 몸의 칼이 온갖 괴로움의 과보를 내는 것이라 하오. 그 큰 모임의 주관자는 비록 여러 가지 보시와 여러 가지 공양을 생각하지만 실은 죄를 짓는 것이오."

세 가지 불에 공양하도록 하심

"그러므로 브라마나여, 반드시 세 가지 불[三火]을 부지런히 공양하고 때를 따라 공경하며 절하고 받들어 섬겨 그들에게 안락을 주어야 하오. 어떤 것이 세 가지냐 하면, 첫째 근본의 불[根本火], 둘째 가정의 불[居家火], 셋째 복밭의 불[福田火]이오.

어떤 것이 근본의 불로서 때를 따라 공경하고 받들어 섬기며 공양하여 그에게 안락을 주어야 하는 것이오? 곧 바르게 행하는 이[善男子]는 방편으로 재물을 얻고 손발을 부지런히 써서 법답게 얻은 것으로 부모를 공양하여 안락을 얻게 하니, 이것을 근본의 불이라고 하오.

무슨 까닭으로 근본이라 하오? 바르게 행하는 이가 그들로부터 태어났고 그들은 곧 부모이므로 근본이라고 하오. 바르게 행하는 이는 근본을 높이기 때문에 때를 따라 공경하고 받들어 섬기며 공양하여 안락을 드려야 하오.

어떤 것이 가정의 불로서 바르게 행하는 이가 때를 따라 키워 길러주고 안락을 주어야 하는 것이오? 곧 바르게 행하는 이는 방편으로 재물을 얻고 손발을 부지런히 써서 법답게 얻은 것으로써, 처자·친척·집안붙이·심부름꾼·품꾼들에게 대주고 때를 따라 공급하며 공경하여 안락을 베풀어주니, 이것을 가정의 불이라고 하오.

무슨 까닭으로 가정이라 하오? 바르게 행하는 이는 집에 살면서 즐거우면 즐거움을 같이하고, 괴로우면 괴로움을 같이하며, 있는 곳마다 다 서로 따르므로 가정이라 하오. 그러므로 바르게 행하는 이는 때를 따라 대주고 안락을 베풀어야 하오.

어떤 것이 복밭의 불로서 바르게 행하는 이가 때를 따라 공경하고 존중하며 공양하여 그에게 안락을 주어야 하는 것이오? 곧 바르게 행하는 이는 방편으로 재물을 얻고 손과 발을 부지런히 써서 법답게 얻은 것으로써, 탐욕과 성냄과 어리석음을 눌러 다스릴 수 있는 여러 사문·브라마나를 받들어 섬기고 공양해야 하오.

이와 같은 사문·브라마나는 복밭을 이루어 위를 향해 더욱 나아가게 하고, 자기 분수를 즐기고 그 갚음을 즐기다가 미래에는 하늘에 태어나게 하니, 이것을 복밭의 불이라고 하오.

무슨 까닭으로 밭이라 하오? 세상의 복밭이 되는 이를 공양해야 할 분이라 하니, 그를 복밭이라고 하오. 그러므로 이 바르게 행하는 이는 때를 따라 공경하고 받들어 섬기며 공양하여 그에게 안락을 베풀어주어야 하오."

그때 세존께서는 다시 게송으로 말씀하셨다.

근본과 가정 공양할 복밭의 불
이 세 불에 공양함을 더 늘리고
안온한 즐거움을 채워드리면
죄없이 이 세간 즐겁게 사니
지혜로운 사람 하늘에 태어나리.

법다운 재물로 다시 큰 모임을 열어
공양해야 할 이에게 공양한다면
공양해야 할 이를 공양하므로
하늘에 태어나 좋은 이름 얻으리.

세 가지 불 끄도록 깨우치시자 기둥에 묶은 여러 짐승들을 풀어줌

"그런데 브라마나여, 이제 잘 행하는 이는 공양하는 것에 앞서 세 가지 불을 끊어 없애야 하오. 어떤 것이 세 가지냐 하면, 탐욕의 불과 성냄의 불과 어리석음의 불이오.

왜 그렇겠소? 만약 탐욕의 불을 끊어 없애지 않으면 스스로를 해치고 남을 해치며, 스스로와 남을 함께 해치고, 현재 법에서 죄를 짓고 뒷세상에서 죄를 지으며, 현재 법과 뒷세상에서 다 죄를 지어 그 때문에 마음의 근심과 괴로움을 내기 때문이오.

성냄의 불과 어리석음의 불에 있어서 또한 이와 같소.

브라마나여, 만약 잘 행하는 이가 섶을 쌓아 피운 불을 섬겨, 때맞추어 애쓰고 고생하며 때맞추어 불태우고 때맞추어 불을 끈다면 그 인연으로 괴로움을 받을 것이오."

그때 큰 키 브라마나는 잠자코 있었다.

이때 브라마나의 아들이 모임 가운데 있었다. 큰 키 브라마나는 잠깐 잠자코 사유한 뒤에 웃타라(Uttara)에게 말하였다.

"네가 저 큰 제사 모임 장소로 가서 기둥에 매어두었던 황소와 묶여 있는 모든 짐승들을 모두 놓아줄 수 있겠느냐? 그리고 또 그들에게 전해주라.

'큰 키 브라마나는 너희들에게 말한다. 마음대로 자유로이 산이나 늪이나 넓은 들에서 긴 풀을 뜯고 깨끗이 흐르는 물을 마시며 사방의 바람 가운데서 온갖 즐거움을 누리라.'"

웃타라는 말했다.

"큰 스승의 가르침대로 하겠습니다."

그는 곧 큰 제사 모임 장소로 가서 모든 중생들을 놓아주면서 말하였다.

"큰 키 브라마나께서 너희들에게 말씀하셨다.

'좋아하는 대로 산이나 늪이나 넓은 들로 가서 물 마시고 풀 뜯으며 사방의 바람 속에서 스스로 노닐라.'"

큰 키 브라마나가 참된 공양의 법을 듣고 삼보에 귀의함

이때 세존께서는 웃타라가 그렇게 한 것을 아시고 큰 키 브라마나를 위해 갖가지로 법을 설해 가르침을 보여 기쁘게 하셨다.

율(律, vinaya) 그대로 세존께서는 법(法, dharma)의 앞뒤를 말씀하시고, 계(戒, śīla)를 말씀하시고, 보시, 하늘에 태어나는 공덕, 애욕에 맛들임과 걱정거리, 벗어나는 길의 청정함, 번뇌 청정하게 함을 말씀하시어 열어 보이고 나타내셨다.

비유하면, 마치 깨끗하고 흰 베가 물감을 쉽게 받아들이듯이, 큰 키 브라마나 또한 다시 이와 같아, 곧 그 자리에서 네 가지 진리를 보고, 사이 없는 평등함[無間等]을 얻게 되었다.

이때 큰 키 브라마나는 법을 보고 법을 얻고 법을 알고 법에 들어가, 여러 의혹을 건너 남을 말미암지 않고 건너서 바른 법 안에서 두려움 없음을 얻었다. 그는 곧 자리에서 일어나 옷을 여미고 오른쪽 어깨를 드러내고 합장하고 붇다께 말씀드렸다.

"저는 이미 건넜습니다. 세존이시여, 저는 오늘부터 목숨을 다하도록 붇다와 법과 비구상가에 귀의하여 우파사카가 되겠습니다.

저를 증명해 알아주십시오. 그리고 세존이시여, 여러 대중들과 함께 저의 공양 받아주시길 바랍니다."

그때 세존께서는 잠자코 허락하셨다. 그러자 큰 키 브라마나는 붇다께서 자기 청을 받아주신 것을 알고는 붇다께 절하고 오른쪽으로 세 번 돌고 물러갔다.

큰 키 브라마나는 큰 제사 모임 장소로 돌아가, 마련한 깨끗하고 맛있는 여러 가지 음식을 상에 펴 차리고는 심부름꾼을 보내 붇다께 말씀드렸다.

"때가 되었습니다. 거룩하신 분께서는 때를 아소서."

그때 세존께서는 가사를 입고 발우를 들고 대중들에게 둘러싸여 큰 키 브라마나의 모임 장소로 가 대중 앞에 앉으셨다.

큰 키 브라마나는 세존께서 자리에 앉으시자 손수 갖가지 음식을 올려드렸다. 밥을 다 드시고 양치하고 발우를 다 씻은 뒤에 따로 낮은 자리를 펴 대중 앞에 단정히 앉아 법을 들었다.

그때 세존께서는 큰 키 브라마나를 위해 갖가지 법을 말씀해 가르침을 보여 기쁘게 하신 뒤에 자리에서 일어나 떠나셨다.

• 잡아함 93 장신경(長身經)

• 해설 •

브라마나가 그릇된 뜻으로 성대한 제사를 치르기 위해 칠백 마리 황소를 기둥에 매어놓고 뭇 대중을 초청하니, 스스로 공덕 짓는 거룩한 모임이라 생각하는 집회로 말미암아 몸과 입과 뜻으로 큰 죄업을 짓는다.

붇다는 보이지 않는 관념의 신 앞에 산목숨 잡아 바쳐 죄업 짓는 것을 보시고, 죄업의 공양을 돌이켜 눈에 보이는 세간의 공양해야 할 세 곳에 공양하도록 하신다. 짐승을 죽이고, 집안의 부리는 이·심부름꾼·여러 붙이들을 괴롭혀 브라흐만에 섬김의 불을 바치는 이에게, 세간의 세 가지 불[三火]에 공양토록 하니 부모와 가정, 복밭이 되는 지혜로운 이들이 공양해야 할 세간의 불이다.

관념의 신에 대한 희생의 제사는 산목숨에 죽임을 안기고 가정을 괴롭히고 이웃을 괴롭히며 초청받은 이들까지 그 죄업에 함께하도록 한다. 그에 비해 세 가지 불에 대한 공양은 목숨을 살리고 가정과 이웃, 심부름꾼, 부리는 이들까지 편안케 하며, 복밭에 공양하여 주는 자와 받는 자가 함께 복덕을 갖추며 끝내 탐냄·성냄·어리석음의 불을 끈다.

제사의 불은 죽임의 불이고 삿됨과 어지러움의 불 죄업의 불이다. 여래가 가르치신 참된 공양의 불은 살림의 불이고 보살핌과 고요함의 불이며, 복덕의 불이고 세 가지 독의 불[三毒火]을 끄는 지혜의 불[智火]이다.

큰 키 브라마나가 가르침 듣고 저 죽임의 불 죄업의 불을 끄고 삼보에 귀의하니, 이제 탐욕의 불은 다시 좋은 바람의 불[願火]이 되고, 성냄과 해침의 불은 따뜻한 사랑의 불[慈火]이 되고, 어리석음의 불은 지혜의 불[智火]이 되었다.

『화엄경』(「십지품」十地品)은 타오르는 중생의 번뇌의 불을 꺼서 지혜의 불을 피워 지혜의 빛을 드러내는 곳[發光處]에 해탈의 삶이 있고 중생을 위한 자비의 삶이 있음을 이렇게 보인다.

> 해탈의 길에 나아가는 보디사트바
> 지혜의 빛을 내는 지위 머물러
> 모든 지어가는 법이 괴롭고 덧없으며
> 깨끗하지 않고 무너져 없어지고
> 빨리 사라짐에 돌아감을 살피며
> 그 가운데 굳셈과 머묾이 없고
> 가고 오는 것 없음을 바로 살피네.
>
> 菩薩住此發光地　觀諸行法苦無常
> 不淨敗壞速歸滅　無堅無住無來往

또한 다시 함이 있는 모든 법들은

앓고 있는 무거운 병과 같으며
여러 가지 걱정들과 괴로움들
미혹에 얽혀 있는 것을 살피고
세 가지 독의 거센 불 늘 타올라서
비롯없는 때부터 쉼 없음 살피네.

觀諸有爲如重病　憂悲苦惱惑所纏
三毒猛火恒熾然　無始時來不休息

지혜 구해 중생을 이익케 하려
무슨 방편으로 타는 불속 중생들
해탈케 할 수 있을까 생각해
여래의 위없고 걸림 없는 지혜를
보디사트바는 늘 떠나지 않으니
보디사트바의 그 방편의 지혜는
남이 없는 지혜가 일으킴이네.

將求智慧益衆生　思何方便令解脫
不離如來無礙智　彼復無生慧所起

처음 보디의 마음 냄으로부터
보디의 과덕 모두 이루기까지
그 사이에 있는 아비지옥의 괴로움
법을 들으려 하므로 모두 받는데
하물며 사람 가운데 괴로운 일이랴.

從初發意至得佛　其間所有阿鼻苦
爲聞法故皆能受　何況人中諸苦事

2 하늘이나 불을 섬기는 종교집회 비판

• 이끄는 글 •

희생의 공양물을 바치는 삿된 모임을 붇다께서 비판하는 것은 스스로 섬기는 눈에 보이지 않는 '거룩한 신성' 때문에 도리어 눈에 보이는 산목숨을 죽이고 죄업 짓는 이들을 꾸짖는 가르침이다.

붇다는 이런 꾸짖음을 통해 죄업의 공양·세 가지 독의 불을 늘리는 공양을 버리고, 참으로 섬겨야 할 세간의 복밭을 섬기고 도와야 할 세간의 어려운 곳에 공양하도록 하신다.

붇다의 연기법에서 해탈의 행이란 니르바나의 진실처에서 일어나 다시 니르바나의 저 언덕에 이끄는 것을 말한다.

그러므로 다시 붇다는 해탈의 바른 원인이 되지 못하는 그릇된 섬김 그릇된 행위로 해탈의 공덕 구하는 이들을 꾸짖어, 참으로 해탈에 이르게 하는 바른 삶의 길을 행하도록 이끄신다.

속마음에 어리석음의 불을 지피면서 불에 제사해 저 높은 하늘에 나려 하거나 몸으로 온갖 죄업을 지으면서 강물로 몸을 씻어 죄업을 정화하려 한다거나 고행으로 안락을 구하려 하는 것은 결코 죄업을 없애 안락을 얻는 바른 길이 아니다.

그 행위의 원인이 삿되는데 어찌 삿된 원인으로 바른 해탈의 결과
가 이루어지겠는가.

안의 마음에 어리석음의 불을 끄고 몸으로 공덕의 업을 지으며 스
스로와 남을 이익되게 하고 안락케 하는 바른 행으로만 해탈의 결과
가 이루어지는 것이다.

바른 결과에 이끄는 바른 원인으로만 원인에 맞는 결과가 따라오
는 것이니, 그 해탈의 땅에 발을 대고 실천의 첫걸음을 뗄 때만 존재
의 진실에 맞는 원만한 원인[因圓]은 진실 그대로의 원만한 해탈의
과덕[果滿]을 삶 속에 안겨주기 때문이다.

중생을 해탈의 바다에 들게 하는 법의 모임만이 어진 이들의 참된
모임이 되니, 화엄회상(「입법계품」)에서 만주쓰리 보디사트바는 법
을 구해 찾아온 선재에게 다음같이 가르친다.

그대는 끝없는 곳 시방 온갖 붇다를 뵙고
모두 법을 들어서 받아 지녀 잊지 말아라.
방편의 바다에 들면 보디에 편히 머물고
세간의 크신 인도자 따라 배우면
온갖 것 아는 지혜 이루게 되리.

汝見無邊際　十方一切佛
皆悉聽聞法　受持不忘失
若入方便海　安住佛菩提
能隨導師學　當成一切智

여자 브라마나여, 불에 제사함이
하늘에 이르는 길이 아니니

이와 같이 내가 들었다.

한때 붇다께서는 라자그리하 성에 계셨다. 때에 '깨끗한 하늘' [淨天, Vimaladeva]이라는 존자는 비데하(Videha) 국에 있으면서 사람 사이에 노닐어 다니다가 미틸라(Mithilā) 성의 암라 동산 가운데 이르렀다.

때에 존자 '깨끗한 하늘'은 이른 아침에 가사를 입고 발우를 가지고 미틸라 성에 들어가 차례로 밥을 빌다가 자기 집에 이르렀다.

때에 존자 '깨끗한 하늘'의 어머니는 나이 많아 '가운데 집'[中堂]에 있으면서 밥을 가지고 불에 제사 지내어 브라흐마하늘에 나기를 구하다가 존자 '깨끗한 하늘'이 문밖에 서 있는 것을 알지 못하였다.

그때에 바이쓰라바나(Vaiśravaṇa)하늘왕은 존자 '깨끗한 하늘'에게 아주 공경한 믿음을 내었다.

바이쓰라바나하늘왕은 여러 야크샤들을 앞과 뒤에 데리고 허공을 타고 가다가 존자 '깨끗한 하늘'이 문밖에 서 있는 것을 보았다.

또 그 어머니가 밥을 들고 가운데 집에서 불에 제사를 지내면서 그 아들이 문밖에 서 있는 줄 보지 못하는 것을 보았다.

아들이 곧 응공자임을 말해 참된 복밭에 복을 짓도록 깨우쳐줌

그는 보고서는 허공 가운데서 내려와 '깨끗한 하늘'의 어머니 앞에 와서 게송으로 말하였다.

지금 여기 브라마나 여인이여
브라흐마하늘은 아주 아득히 멀다.
그런데도 그 하늘에 남을 구하려
여기에서 불에 제사 지내는구나.
이는 브라흐마하늘의 길이 아닌데
어찌 부질없이 불에 제사 지내리.

그대 브라마나 여자 사제여
존자 '깨끗한 하늘'이 문밖에 있는데
더러운 때 다해 길이 남음이 없어
그는 하늘 가운데 하늘이로다.

고요하여 아무것도 가짐이 없고
오직 홀로 지내어 돕는 이 없어
밥을 빌러 그대 집에 들어왔으니
그가 바로 공양해야 할 분이네.

존자 '깨끗한 하늘'은 몸을 잘 닦아
사람과 하늘의 좋은 복밭이 되어
온갖 악을 모두다 멀리 여의어

더러운 물들임에 물듦 없어라.

그 몸은 사람 사이 머물고 있으나
그 덕은 브라흐마하늘과 같네.
온갖 법에 전혀 집착하지 않음이
부드러이 무르익은 저 용과 같네.

비구는 바른 생각으로 잘 머물러
그 마음이 번뇌를 잘 해탈했으니
마땅히 붇다 되실 분을 받들면
이것이 가장 높은 복밭이 되네.

그러므로 깨끗한 믿음의 마음으로
어서 빨리 때맞춰 베풀어드려
안온하게 피할 섬을 미리 세워서
오는 세상 편안하고 즐겁게 하라.

그대는 이 무늬를 살펴보아라.
그는 이미 괴로움 바다 흐름 건넜네.
그러므로 깨끗이 믿는 마음으로
어서 빨리 때맞춰 베풀어드려
안온하게 피할 섬을 미리 세워서
오는 세상 편안하고 즐겁게 하라.

바이쓰라바나하늘왕이 그의 마음을 열어주어 그릇된 뜻을 버리게 하자, 그때 존자 '깨끗한 하늘'은 그 어머니를 위해 갖가지로 법을 설해 가르침을 보여 기뻐하게 한 뒤에 오던 길로 다시 떠나갔다.

• 잡아함 99 정천경(淨天經)

• 해설 •

이 경은 높은 관념의 하늘세계에 나기 위해 불에 제사 지내다가 참으로 섬겨야 할 응공자를 눈앞에 두고도 알지 못하는 여인에 대한 깨우치심을 보이고 있다.

높은 곳 하늘신을 섬기려다 낮은 곳 참된 복밭을 돌아보지 못하니, 도리어 사람들의 섬김 받는 바이쓰라바나하늘신[毗沙門天]이 눈에 보이는 저 분이 곧 섬겨야 할 분이라 가르쳐준다.

관념 속에 있는 높은 하늘신이 설사 큰 위신력을 가졌다 해도 그는 아직 번뇌를 다하지 못하였고, 설사 높은 하늘세계에 산다 해도 그는 아직 모습을 뛰어넘지 못하고 나고 죽음을 벗어나지 못하였다.

그러나 눈에 보이는 저 아라한은 눈에 보이지만 모습에서 모습을 벗어났으므로 그가 가장 높은 분이고, 떨어진 옷 초라한 행색이지만 그는 함이 없고 지음 없으므로 짓지 않음이 없는 분이다.

모습에서 모습 떠나 모습 아닌 모습을 잘 쓰는 이, 그가 가장 큰 위신력이 있고 가장 아름답게 세간을 장엄한다.

바이쓰라바나하늘왕이 참된 복밭에 공양하라 깨우치니, 아라한의 모습 없는 사마디[無相三昧] 지음 없는 사마디[無作三昧]의 마음을 따라 배우면 그도 또한 무너짐이 없는 공덕의 세계에 나아가기 때문이다.

그대 브라마나여, 불에 제사하면서
깨끗한 도라 부르지 마오

이와 같이 내가 들었다.

한때 붇다께서는 코살라 국 사람 사이에서 노닐어 다니시다가 손다라(Saundara) 강가에서 밤을 지내셨다.

그때 세존께서는 머리를 깎으신 지 오래되지 않았다.

새벽에 두 발을 맺고 앉아 몸을 바로하여 사유하시며, 생각을 매어 앞에 두고 가사로 머리를 덮으셨다.

그때 손다라 강가에 어떤 브라마나가 살고 있었는데, 그는 밤에 일어나 제사를 지내고 남은 음식이 다하지 않자 손다라 강가에 이르러 대덕 브라마나에게 그 음식을 바치려고 하였다.

그때 세존께서는 강가에서 나는 브라마나의 소리를 들으시고 일부러 기침해 소리를 내시고 머리에 썼던 가사를 벗어 머리를 드러내셨다.

그때 손다라 강가에 있던 브라마나는 붇다를 보고 이렇게 생각하였다.

'이 사람은 머리를 깎은 사문이구나. 브라마나가 아니다. 이 음식을 그냥 가지고 돌아가리라.'

그 브라마나는 다시 이렇게 생각하였다.

'오직 사문만이 머리를 깎는 것은 아니다. 브라마나 가운데도 머리를 깎은 이가 있다.

저 사람에게 가서 그 태어남을 물어보아야겠다.'

태어난 곳을 따라 공양하려는 브라마나의 집착을 깨뜨려주심

그렇게 생각하고는 손다라 강가에 사는 브라마나는 세존 계신 곳
으로 찾아가 물었다.

"무슨 족성[姓]으로 태어나셨소?"

세존께서 곧 게송으로 대답하셨다.

그대는 태어난 바를 묻지 말고
다만 행하는 바를 물어야 하리.
나무 깎아 송곳으로 자꾸 비비면
또한 거기에서 불을 낼 수 있나니
낮고 천한 종족 그 가운데서도
뜻이 굳센 무니를 낼 수 있도다.

지혜롭고 부끄러워함이 있으면
정진하여 번뇌 잘 조복하여서
크나큰 밝음의 바탕 마쳐 다하고
청정하게 범행을 닦아가리라.
지금이 복 지을 바로 그때이니
남은 음식 받들어 베풀지니라.

그러자 그 브라마나도 게송으로 말하였다.

나는 오늘 상서롭고 좋은 이 날에
복을 구해 제사하고 공양했더니
크신 무니 마침 만나 뵙게 되었네.
세 때에 가장 빼어나 높으신 분
붇다를 만약 뵙지 못하였다면
다른 사람에게 보시하였으리라.

그때 손다라 강가에 사는 브라마나는 더욱 믿음의 마음을 내어 곧 남은 음식을 세존께 다 바쳤다. 그러나 세존께서는 받지 않으셨으니 게송을 말해 얻은 것이기 때문이었다.

손다라 강가에 사는 브라마나가 붇다께 여쭈었다.

"세존이시여, 이 베푸는 밥[施食]은 어디에 두어야 합니까?"

붇다께서 브라마나에게 말씀하셨다.

"나는 어떤 하늘과 마라, 브라흐만, 사문과 브라마나 등 하늘신과 세상 사람들 가운데 이 음식을 먹고 몸이 안락해질 수 있는 이를 보지 못했다. 그대는 그 음식을 가져다 벌레가 없는 물속이나 아니면 풀이 적게 난 땅에 버리라."

그러자 브라마나는 곧 그 음식을 가져다가 벌레가 없는 물속에 버렸다. 그랬더니 물은 곧 연기를 내고 끓어오르면서 픽픽 소리를 내었다.

마치 달군 쇠구슬을 찬물에 던지면 연기가 나고 끓어오르면서 픽픽 소리를 내는 것처럼, 이와 같이 그 음식을 벌레가 없는 물속에 던지자 연기가 일고 끓으면서 픽픽 소리를 내었다.

손다라 강가의 브라마나는 마음이 두려워져 온몸의 털이 다 곤두섰다. 그는 큰 재변이라 생각하고 내달려 언덕으로 올라갔다.

마른 나무를 모아 불을 피워 불에 공양하고 제사하여, 그 재변을 그치게 하려고 하였다.

불에 제사하는 행을 끊고 지혜의 행에 나아가도록 깨우치심

세존께서는 그가 마른 나무를 모아 불을 놓고 불에 공양하고 제사하여 그 재변을 그치게 하려는 모습을 바라보시고 곧 게송으로 말씀하셨다.

> 브라마나는 불에 제사 지내려
> 마른 풀과 나무 모아 태우는구나.
> 불에 제사하는 것이 깨끗한 도라
> 여러 재난 없앤다 말하지 말라.

> 불의 공양 이는 나쁜 공양인데도
> 그것을 지혜로움이라 말하며
> 이와 같은 인연을 짓는 것으로
> 바깥길의 무리 깨끗함 닦는다 하네.

> 그대는 지금 섶의 불을 버리고
> 안의 불을 불타오르듯 일으켜서
> 언제나 방일하지 않음을 닦아
> 늘 참된 공양을 넉넉히 하고
> 곳곳마다 깨끗한 믿음 일으켜

큰 모임을 열어 널리 보시하여라.

마음과 뜻 섶나무의 묶음이 되어
성냄의 검은 연기 일어나도다.
거짓말은 티끌의 거친 맛이 되고
입의 혀는 나무 표주박 되며
가슴은 불타오르는 곳이 되어
탐욕의 불 언제나 타오르나니
반드시 스스로 잘 조복하여서
어리석은 사람의 불을 꺼버리라.

바른 믿음으로 큰 강을 삼고서
깨끗한 계율로 그 강을 건너면
맑고 맑아 깨끗이 흐르는 물은
지혜로운 이가 칭찬하는 것이네.

사람 가운데 깨끗한 하늘의 덕
그 하늘의 덕 가운데 목욕한다면
물을 건너도 물이 몸에 젖지 않고
안락하게 저 언덕에 건너가리라.

바른 법의 깊고 깊은 못 가운데
복과 덕으로 맨 아래 건넘 삼으면
맑고 맑아 깨끗한 물 가득해지니

지혜로운 이가 칭찬하는 것이네.

사람 가운데 하늘인 분 깨끗한 덕
그 하늘의 덕 가운데 목욕한다면
물을 건너도 물이 몸에 젖지 않고
안락하게 저 언덕에 건너가리라.

진제로써 마음을 잘 길들이고
거두어 보살펴서 범행 닦으며
중생 위한 자비가 고행이 되면
진실한 마음 맑고 깨끗해지니
바른 법으로써 목욕하는 것은
지혜로운 이가 칭찬하는 것이네.

그때 손다라 강가의 브라마나는 붇다의 말씀을 듣고 따라 기뻐하
면서 왔던 길을 따라 떠나갔다.

• 잡아함 1184 손타리경(孫陀利經) ①

• 해설 •

손다라 강가의 브라마나에 관한 이 경의 이야기는, 브라흐만을 섬기는
이들이 종파주의와 신분주의에 가려 세간의 위없는 복밭인 세존을 몰라보
므로 그 브라마나에 대한 세존의 깨우치심을 보이고 있다.

붇다는 먼저 출신을 묻는 브라마나에게 사람의 고귀함과 거룩함이 그 태
어남 때문이 아니고 그 행함 때문임을 보이신다.

그리고 불에 제사해 재앙을 없애고 복덕 갖추려는 브라마나에게 밖의 불

에 제사함보다 먼저 안의 탐욕의 불을 끄고 성냄의 연기를 없애고 거짓말의 날리는 먼지를 없애도록 하신다.

다시 붇다는 그 브라마나에게 손다라 강을 거룩한 곳으로 삼지 말고, 바른 믿음으로 거룩한 강을 삼아 깨끗한 계율과 하늘의 덕에 목욕하고, 바른 법의 못 물에서 복덕으로 가장 낮은 이들까지 건네주고, 진제(眞諦)로써 그 마음을 밝히고 자비행(慈悲行)으로 고행(苦行) 삼기를 당부하신다.

그릇된 원인으로 바른 결과를 얻을 수 없기 때문이니, 불에 제사함으로 재앙을 없앨 수 없고 물에 몸을 씻음으로 물든 업 물든 생각을 정화할 수 없으며, 모습과 헛것에 가린 물든 생각으로 거룩한 과덕 해탈의 지혜가 나올 수 없는 것이다.

그러므로 붇다는 법의 물에 목욕하고 선정과 계행으로 안의 탐욕과 어리석음의 불 끄도록 당부하신다.

붇다가 보인 계행과 지혜의 바른 원인이란 이미 성취된 니르바나의 덕 가운데 행이고 보디에 의해 비춰진 연기의 실상에서 일어난 행이다. 그러므로 여래가 보인 과덕 그대로의 바른 행 곧 계율과 하늘의 덕·진제와 지혜인 자비행이 다시 고통의 이 언덕에 있는 중생을 물에 젖음이 없이 안온하게 해탈의 저 언덕에 건네줄 수 있는 것이다.

물과 불, 해와 달을 섬기고 고행 닦는 것은
참된 안락의 길이 아니니

나는 들었다, 이와 같이.

한때 붇다께서 슈라바스티 국을 노닐어 다니실 적에 제타 숲 '외로운 이 돕는 장자의 동산'에 계셨다. 그때에 세존께서는 모든 비구들에게 말씀하셨다.

"세간에는 진실로 네 가지 느낌의 법[受法]이 있다. 어떤 것이 네 가지인가?

어떤 느낌의 법은 현재는 즐겁지만 미래에는 괴로운 갚음[苦報]을 받고, 어떤 느낌의 법은 현재는 괴롭지만 미래에는 즐거운 갚음[樂報]을 받는다.

어떤 느낌의 법은 현재도 괴롭고 미래에도 또한 괴로운 갚음을 받고, 어떤 느낌의 법은 현재도 즐겁고 미래에도 또한 즐거운 갚음을 받는다."

현재는 즐거우나 미래는 괴로운 느낌의 법을 보이심

"어떤 것이 현재는 즐겁지만 미래에는 괴로운 갚음을 받는 느낌의 법인가? 그것은 다음과 같다. 어떤 사문·브라마나는 아름답게 꾸민 여인과 서로 즐기면서 이렇게 말한다.

'이 사문과 브라마나는 탐욕에서 미래의 어떤 두려움과 어떤 재난과 걱정거리가 있는 것을 보았기에 탐욕을 끊고 탐욕 끊도록 베풀

어 말하는가?'

그러면서 아름답게 꾸민 여인의 몸에서 즐거운 닿음을 느끼며 서로 놀고 즐긴다. 그 가운데서 노닐어 즐기며 그는 이 법을 받아 갖춤을 이루고는 몸이 무너지고 목숨을 마친 뒤에는 나쁜 곳으로 가서 지옥 가운데 태어난다.

그때 바야흐로 이렇게 생각한다.

'이 사문·브라마나는 탐욕에서 이 미래의 두려움을 보고 재난과 걱정거리를 보았으므로 탐욕을 끊고 탐욕을 끊도록 베풀어 말하였구나. 우리는 탐욕을 인해 탐욕을 다투고, 탐욕 때문에 이와 같은 극심한 고통과 매우 무거운 괴로움을 받는 것이다.'"

현재의 탐욕의 씨앗을 나무를 괴롭히는 칡과 등나무 열매로 비유하심

"마치 여름날에 이르러 몹시 뜨거운 한낮에 칡과 등나무 열매가 햇볕에 바짝 말라 씨가 퉁겨져 한 사라 나무 밑에 떨어지는 것과 같다.

그때 그 사라 나무의 신이 그 때문에(칡과 등나무 열매 때문에) 두려움을 내면, 그 나무신이나 곁에 있는 씨앗마을의 신, 마을의 온갖 곡식 약초 나무와 그들과 가까운 친척과 벗 되는 나무신들은 그 씨앗에서 미래의 두려움과 재난과 걱정거리가 있을 것을 보고, 곧 그 나무신 있는 곳으로 찾아가 위로하여 말한다.

'나무신이여, 두려워하지 말라. 나무신이여, 두려워하지 말라.

지금 이 씨앗은 사슴에게 먹히기도 하고, 공작에게 먹히기도 하며, 바람에 날려가기도 하고, 마을의 불에 타기도 하며, 들불에 타기도 하고, 부서져서 씨앗 구실을 못하게 되기도 한다. 이와 같이 나무신이여, 너는 안온함을 얻을 것이다.

그러나 만약 이 씨앗이 사슴에게 먹히지도 않고, 공작에게 먹히지도 않으며, 바람에 날려가지도 않고, 마을의 불에 타지도 않으며, 들불에 타지도 않고, 또 부서져서 씨앗 구실을 못하지도 않는다고 하자. 그러면 이 씨앗은 깨지지도 않았고, 뚫리지도 않았으며, 쪼개지지도 않았고, 바람이나 비나 햇볕에 상하지도 않았으므로 큰비가 적셔주면 곧 빨리 자라게 된다.'

그 나무신은 이렇게 생각한다.

'무엇 때문에 곁에 있는 씨앗 마을의 신이나 마을의 온갖 곡식과 약초와 나무 그와 가까운 친척과 벗이 되는 나무신들이 그 씨앗에서 미래의 어떤 두려움과 재난과 걱정거리가 있을 것을 보았기에 내게 와서 이렇게 말했을까?

〈나무신이여, 두려워하지 말라. 나무신이여, 두려워하지 말라.

지금 이 씨앗은 사슴에게 먹히기도 하고, 공작에게 먹히기도 하며, 바람에 날려가기도 하고, 마을의 불에 타기도 하며, 들불에 타기도 하고, 부서져서 씨앗 구실을 못하게 되기도 한다. 이와 같이 나무신이여, 너는 안온함을 얻을 것이다.

그러나 만약 이 씨앗이 사슴에게 먹히지도 않고, 공작에게 먹히지도 않으며, 바람에 날려가지도 않고, 마을의 불에 타지도 않으며, 들불에 타지도 않고, 또 부서져서 씨앗 구실을 못하지도 않는다고 하자.

그러면 이 씨앗은 깨지지도 않았고, 뚫리지도 않았으며, 쪼개지지도 않았고, 바람이나 비나 햇볕에 상하지도 않았으므로 큰비가 적셔주면 곧 빨리 자라게 된다.〉'

그 씨앗에서 싹이 터 줄기와 가지와 잎을 이루고 부드럽게 마디를 이루어 몸에 부딪치면 사라 나무는 기뻐한다. 이 줄기와 가지와 잎이 부드럽게 마디를 이루어 몸에 부딪치면 사라 나무는 기뻐하며 즐거운 느낌을 즐긴다.

그러나 이 칡과 등나무 덩굴이 나무에 의지하여 큰 가지와 마디와 잎사귀를 이루면 그 나무를 싸 덮어서 나무를 온통 덮어 그 위에 있게 된다. 나무를 덮어 위에 있게 되면 그때야 그 나무신은 이렇게 생각한다.

'저 곁에 있는 씨앗 마을의 신이나 마을의 온갖 곡식 약초 나무와 그들과 가까운 친척과 벗 되는 나무신들은 그 씨앗에서 미래의 두려움과 재난과 걱정거리가 있을 것을 보았기 때문에 나를 찾아와 위로하며 이렇게 말했었구나.

〈나무신이여, 두려워하지 말라. 나무신이여, 두려워하지 말라.

지금 이 씨앗은 사슴에게 먹히기도 하고, 공작에게 먹히기도 하며, 바람에 날려가기도 하고, 마을의 불에 타기도 하며, 들불에 타기도 하고, 부서져서 씨앗 구실을 못하게 되기도 한다. 이와 같이 나무신이여, 너는 안온함을 얻을 것이다.

그러나 만약 이 씨앗이 사슴에게 먹히지도 않고, 공작에게 먹히지도 않으며, 바람에 날려가지도 않고, 마을의 불에 타지도 않으며, 들불에 타지도 않고, 또 부서져서 씨앗 구실을 못하지도 않는다고 하자.

그러면 이 씨앗은 깨지지도 않았고, 뚫리지도 않았으며, 쪼개지지도 않았고, 바람이나 비나 햇볕에 상하지도 않았으므로 큰비가 적셔주면 곧 빨리 자라게 된다.〉

나는 이 씨앗으로 인해 그리고 이 씨앗 때문에 이 극심한 괴로움과 매우 무거운 괴로움을 받는구나.'

이와 같이 어떤 사문·브라마나는 아름답게 꾸민 여인과 서로 즐기면서 이렇게 말한다.

'이 사문·브라마나들은 탐욕에서 미래의 어떤 두려움과 어떤 재난과 걱정거리가 있는 것을 보았기에 탐욕을 끊고, 탐욕을 끊으라고 베풀어 말하는가?'

이 아름답게 꾸민 여인의 몸에서 즐거운 닿음을 즐기며 느껴 서로 같이 즐기고 논다. 그 가운데서 노닐어 즐기며, 그는 이 법을 받아 갖춤을 이루고는 몸이 무너지고 목숨을 마친 뒤에 나쁜 곳으로 가서 지옥 가운데 태어난다.

그때 바야흐로 이렇게 생각한다.

'이 사문·브라마나들은 탐욕에서 미래의 어떤 두려움과 어떤 재난과 걱정거리가 있는 것을 보았기에 탐욕을 끊고, 탐욕을 끊으라고 베풀어 말했구나.

우리는 탐욕을 인해 탐욕을 다투고, 탐욕 때문에 이와 같은 극심한 고통과 매우 무거운 괴로움을 받는 것이다.'

이것을 현재는 즐겁지만 미래에는 괴로움의 갚음을 받는 느낌의 법이라 한다."

현재는 괴롭지만 미래는 즐거운 느낌을 보이심

"어떤 것이 현재는 괴롭지만 미래에는 즐거운 갚음을 받는 느낌의 법인가? 어떤 사람에게는 저절로 타고난 무겁고 흐린 탐욕, 무겁고 흐린 성냄, 무겁고 흐린 어리석음이 있다.

그는 자주 탐욕을 따라 괴로움을 받고 걱정하고 슬퍼하며, 자주 성내는 마음과 어리석은 마음을 따라 괴로움을 받고 걱정하고 슬퍼한다.

그는 괴롭고 걱정스럽기 때문에 몸과 목숨이 다하도록 범행을 닦아 행하고 나아가 눈물을 흘리면서 울기까지 한다.

그는 이 법을 받아 갖춤을 이루고서는 몸이 무너지고 목숨을 마친 뒤에 반드시 좋은 곳으로 올라가 하늘 가운데 태어난다. 이것을 현재는 괴롭지만 미래에는 즐거운 갚음을 받는 느낌의 법이라 한다.”

현재도 괴롭고 미래도 괴로운 느낌을 보이심

“어떤 것이 현재도 괴롭고 미래에도 또한 괴로운 갚음을 받는 느낌의 법인가? 어떤 사문·브라마나는 헐벗은 몸에 옷이 없이 손으로 옷을 삼기도 하고, 나뭇잎으로 옷을 삼기도 하며, 구슬로 옷을 삼기도 한다.

병으로 물을 뜨지 않기도 하고, 두레박으로 물을 뜨지 않기도 한다. 칼이나 몽둥이로 빼앗은 음식은 먹지 않고, 남을 속여서 얻은 음식도 먹지 않는다. 스스로 찾아가지도 않고, 소식을 보내지도 않는다.

존자를 오게 하지도 않고, 존자를 좋게 여기지도 않으며, 존자를 머물게 하지도 않는다.

만약 두 사람이 음식을 먹으면 그 가운데 끼어서 먹지 않고, 아이 밴 여자가 있는 집 음식은 먹지 않으며, 개를 기르는 집 음식은 먹지 않고, 똥파리가 날아다니는 집 음식은 먹지 않는다.

물고기를 먹지 않고, 고기도 먹지 않으며, 술을 마시지 않고, 더러운 물도 마시지 않으며, 물을 전혀 마시지 않거나 마시지 않는 행을 배운다.

한 입만 먹고 그 한 입으로 만족하기도 하고, 둘 셋 넷 나아가 일곱 입을 먹고 일곱 입으로 만족하기도 한다. 한 집에서 얻은 음식을 먹고 한 번 얻은 것으로 만족하기도 하며, 둘 셋 넷 나아가 일곱 집에서 음식을 얻고, 일곱 집에서 얻은 음식으로 만족하기도 한다.

하루에 한 끼를 먹고 한 끼 먹는 것으로 만족하기도 하며, 이틀 사흘 나흘 닷새 엿새 이레나 보름, 한 달에 한 끼를 먹고 그 한 끼로 만족하기도 한다.

들판의 채소를 먹기도 하고, 피[稗子]를 먹기도 하며, 메기장을 먹기도 하고, 보리 기울을 먹기도 하며, 두두라(duddula, 頭頭邏) 쌀로 지은 밥을 먹기도 하고, 거친 밥을 먹기도 한다.

일 없는 곳으로 가서 일 없이 지내기도 하며, 나무뿌리를 먹기도 하고, 나무열매를 먹기도 하며, 저절로 떨어진 과일을 먹기도 한다.

이어 붙인 옷을 입기도 하고, 털옷을 입기도 하며, 두사(頭舍)옷을 입기도 하고, 털두사옷을 입기도 하며, 통가죽옷을 입기도 하고, 구멍난 가죽옷을 입기도 하며, 통가죽에 뚫은 옷을 입기도 한다.

머리를 흩트리기도 하고, 머리를 땋기도 하며, 머리를 흐트러지게 땋기도 하며, 머리를 깎기도 하고, 수염을 깎기도 하고, 수염과 머리를 깎기도 하며, 머리를 뽑기도 하고, 수염을 뽑기도 하며, 수염과 머리를 뽑기도 한다.

섰기만 하여 앉음을 끊기도 하고, 앉은걸음 닦기도 한다. 가시덤불에 누워 가시덤불로 자리를 삼기도 하고, 풀 위에 누워 풀로 자리를 삼기도 한다.

물을 섬겨 밤낮 손으로 물을 긷기도 하고, 불을 섬겨 밤이 새도록 불을 피우기도 하며, 해와 달을 섬겨 '높고 큰 신'[尊祐大德]이라 하며 손을 맞잡고 해·달을 향하기도 한다.

이와 같은 무리들은 한량없는 괴로움을 받고 번거롭고 뜨거운 행을 배운다. 그들은 이 법을 받아 갖춤을 이루고서는 몸이 무너지고 목숨을 마친 뒤에 반드시 나쁜 곳으로 가서 지옥 가운데 태어난다. 이것을 현재도 괴롭고 미래에도 또한 괴로움의 갚음을 받는 느낌의 법이라 한다.”

현재도 즐겁고 미래도 즐거운 느낌의 법을 보이심

“어떤 것이 현재도 즐겁고 미래에도 또한 즐거운 갚음을 받는 느낌의 법인가? 어떤 사람은 저절로 타고난 무겁고 흐린 탐욕, 무겁고 흐린 성냄, 무겁고 흐린 어리석음이 없다.

그는 자주 탐욕을 따르지 않아 괴로움과 걱정과 슬픔을 받지 않으며, 자주 성내는 마음과 어리석은 마음을 따르지 않아 괴로움과 걱정과 슬픔을 받지 않는다.

그는 기쁘고 즐겁기 때문에 몸과 목숨이 다하도록 범행을 닦아 행하여 그 마음이 즐겁고 기쁘다.

그는 이 법을 받아 갖춤을 이룬 뒤에 ‘다섯 가지 낮은 곳의 묶음[五下分結]이 다하여, 저곳에 변화해 나서 파리니르바나에 들어 물러나지 않는 법을 얻고 이 세간에 돌아오지 않는다.

이것을 현재도 즐겁고 미래에도 즐거운 갚음을 받는 느낌의 법이라 한다.

세간에는 진실로 이 네 가지 느낌의 법이 있는 것이니, 이 때문에 일부러 말해주는 것이다.”

붇다께서 이와 같이 말씀하시자, 여러 비구들은 붇다의 말씀을 듣고 기뻐하며 받들어 행하였다.

• 중아함 174 수법경(受法經)

네 가지 느낌 가운데 첫째의 느낌은 현재는 즐거우나 미래에 괴로움 받는 느낌이다. 탐욕의 불에 몸과 마음을 내맡겨 마음껏 욕정을 즐기는 생활은 지금은 즐거우나 몸과 마음이 탐욕의 불에 타 미래에 괴로운 갚음을 받기 때문이다.

둘째의 느낌은 현재는 괴롭지만 미래는 즐거운 느낌이다. 지금 탐냄·성냄·어리석음으로 괴로움이 일어나므로 그 괴로움을 끊기 위해 힘써 고행하고 범행 닦아 미래에 괴로움 받지 않고 즐거운 과보를 받음이다.

셋째의 느낌은 현재도 괴롭고 미래도 괴로움이다. 지금 해탈의 원인이 아닌 부질없는 고행으로 몸을 괴롭히고 마음을 괴롭히며 물과 불로 하늘신을 섬기는 생활은 지금도 괴롭고 해탈의 즐거움을 얻지 못하므로 미래에도 괴로움 받음이다.

넷째 느낌은 현재도 즐겁고 미래도 즐거움이다. 이는 지혜로운 이, 범행 닦는 이의 삶이니, 그는 괴로운 느낌이 나고 즐거운 느낌이 나면 그 느낌을 살펴 느낌에 실로 괴로움도 없고 즐거움도 없음을 알아 괴롭고 즐거운 느낌의 물결에 휩쓸리지 않는다.

그는 괴로움 가운데서 괴로움을 떠나 현재도 즐겁고, 느낌과 마음의 남이 없는 실상[無生實相]을 알아 길이 나고 죽음을 벗어나 파리니르바나에 들어가니 미래도 즐거운 것이다.

이 네 가지 느낌의 법 가운데 어느 길을 갈 것인가.

세간 미혹의 중생이 추구하는 쾌락의 세계와 고행으로 해탈하려는 이들의 고행이 끝내 모두 사라져 다함을 살펴 남이 없는 지혜[無生智]에 들어가야 참된 해탈 이루게 되는 것이니, 『화엄경』(「십지품」)은 이렇게 보인다.

세간에는 이뤄지고 무너짐 있으며
중생의 업에는 남이 있음 살피고
나고 죽음 니르바나와 저 세계도

중생업과 서로 평등함을 살피어
앞과 뒤때 살피고 다함 살피어
보디사트바가 이같이 닦아 행하면
붇다의 진리의 집에 태어나리.

　觀世成壞業有生　生死涅槃利等業

　觀前後際亦觀盡　如是修行生佛家

이 법을 얻고서는 자비 늘리어
네 곳 살핌 더욱더 닦고 닦아서
몸과 느낌 마음과 법의 네 곳을
안과 밖으로 자세히 살피어
세간의 탐착을 모두 버리네.

　得是法已增慈愍　轉更勤修四念處

　身受心法內外觀　世間貪愛皆除遣

　경의 가르침처럼 네 곳 살핌을 부지런히 닦아 이 몸과 세계의 있음과 공함에 머물 것이 없고, 괴로움에 버릴 것이 없고 즐거움에 취할 것이 없음을 알면, 그가 여래의 사마디에 함께하는 자이다. 「범행품」은 말한다.

이미 여래의 빼어난 사마디 얻으면
모든 법에 잘 들어가 지혜가 늘어나고
믿음의 마음 움직임 없음 수메루 산 같아
뭇 삶들의 공덕의 곳간 널리 지으리.

　已獲如來勝三昧　善入諸法智增長

　信心不動如須彌　普作群生功德藏

자비의 마음 넓고 커 중생에게 두루해

온갖 것 아는 지혜 빨리 이루기를 바라지만
언제나 집착 없고 의지하는 곳 없으니
모든 번뇌 떠나서 자재함을 얻으리.

慈心廣大遍衆生　悉願疾成一切智
而恒無著無依處　離諸煩惱得自在

중생의 마음 알아 난다는 생각 없고
모든 법을 깨쳐 알아 법이라는 생각 없네.
비록 널리 분별하나 분별함이 없이
끝없는 세계에 모두 나아가도다.

知衆生心無生想　了達諸法無法想
雖普分別無分別　億那由刹皆往詣

3 형식주의적 종교의례와
삿된 율법주의 비판

• **이끄는 글** •

극단의 고행을 강요하지 않더라도 전혀 해탈의 원인이 될 수 없는 특정 집단만의 율법을 정해놓고 그 율법을 지켜야 해탈한다 말하는 것은 곧고 바른 삶의 길이 아니다.

또한 거룩함의 진실한 내용이 없이 특정 신조를 가진 사람들만이 갈 수 있는 거룩한 곳이 있다고 믿게 하거나 거룩한 물에 들어가야 몸과 마음을 정화할 수 있다고 말하는 것 모두 바른 길이 아니다.

바깥길 여섯 스승[六師外道]의 가르침 가운데 마카리 고사리푸트라의 아지비카(Ajīvika)교는 바로 자신의 교파가 정한 율법에 의거한 생활로만 해탈한다고 말하고 가르친다.

아지비카교뿐 아니라 다른 여러 사문·브라마나들이 객관적 세계의 진실과 맞지 않는 율법을 제정하고서 그것을 따르라고 가르치고 있으니, 붇다는 그런 주장을 '그릇된 계를 집착하는 견해'[戒禁取見]라고 비판하신다.

그릇된 계에 집착하고 얽매이면 답답하고 부자유하고 융통성 없는 형식주의적인 삶만을 남겨놓을 뿐, 존재의 진실에 맞는 해탈과 안락을 주지 못할 것이다.

바른 계란 생활의 안정과 평화, 지혜의 바탕이 되는 건강한 생활 질서를 뜻한다. 그러나 세계의 실상에 맞는 지혜와 선정에서 우러나는 윤리적 실천만이 그 계를 바르게 만들 수 있다.

바른 계가 선정과 지혜의 그릇이 되고 바탕이 되지만, 선정과 지혜를 갖춘 이의 생활이 바른 계가 되는 것이고, 실상 그대로의 바른 행[如實行]에 계율의 이름을 붙이기 때문이다.

모습에 모습 없는 세계의 진실 그대로 이미 모습에서 모습을 건너 중생을 다시 해탈의 저 언덕에 이끌지 못하는 법은 바른 법이 아니고 바른 계행이 아니니, 화엄경(「여래출현품」)은 여래의 법을 다음 같이 말한다.

> 삼계 중생의 위없는 인도자께서는
> 이미 모습 없는 경계의 언덕에 올라
> 묘한 모습으로 장엄된 몸을 나타내
> 때를 떠난 천 줄기 밝은 빛을 놓아
> 마라 군대 깨뜨려 모두 다하게 하네.
>
> 已昇無相境界岸 而現妙相莊嚴身
> 放於離垢千光明 破魔軍衆咸令盡

저 브라마나들은 거짓된 길을 말해
끝내 니르바나로 향하지 않나니

이와 같이 내가 들었다.

한때 붇다께서 슈라바스티 국 제타 숲 '외로운 이 돕는 장자의 동산'에 계시면서 여러 비구들에게 말씀하셨다.

"브라마나들은 거짓 길을 말하고, 어리석고 악하고 삿되어 바르게 나아가지 않고, 지혜의 바른 깨달음으로 니르바나로 향하지 않는다. 이와 같이 그들은 제자들을 교화한다.

보름날에 깻가루와 암라마라 가루로 몸을 씻고 새 무명옷을 입고, 머리에는 긴 실가닥을 드리우고, 소똥을 땅에 바르고 그 위에 누워 말한다.

'잘 행하는 이들이여, 새벽에 일찍 일어나 옷을 벗어 한곳에 두고, 몸을 헐벗고서 동방을 향해 달려가라. 바로 길에서 사나운 코끼리나 모진 말·미친 소·미친 개·가시밭·덤불숲·구덩이·깊은 물을 만나더라도 곧장 앞으로 나가 피하지 말라.

그것으로 해를 입어 죽는 자는 반드시 브라흐마하늘에 날 것이다.'

이는 바로 바깥길 가는 이들의 어리석고 삿된 견해로서, 지혜의 바른 깨달음으로 니르바나로 향하지 않음이라 한다.

나는 제자들을 위해 편편하고 바른 길을 설하니, 어리석지 않아 지혜의 바른 깨달음에 향하고 니르바나로 향한다. 이는 여덟 가지 거룩한 길이니, 바른 견해 나아가 바른 선정이다."

붇다께서 이 경을 말씀하시자, 여러 비구들은 그 말씀을 듣고 기뻐하며 받들어 행하였다.

• 잡아함 842 바라문경(婆羅門經)

• 해설 •

삶 속에 있는 일면적 가치를 보편적이라고 말하거나, 아주 특수한 사람의 특수한 경우를 모든 이들의 생활윤리에 같이 적용하거나, 부분적인 것을 부풀려 전체라 말하는 것은 연기적인 세계의 진실에 어긋난다.

이는 결코 모든 사람이 함께 갈 수 있는 크고 곧은 길[大直道]이 아니다.

바르고 큰길은 모든 연기된 것이 연기되었으므로 공한 줄 알아 취하지 않되 연기된 것의 상대적인 가치를 바르게 읽어 그것을 무너뜨리지 않을 때 실현될 수 있다.

있되 공한 줄 알아 연기된 것에 머물지 않음이 근본지(根本智)이고, 공하므로 연기된 현실의 차별상을 읽어 방편을 잘 세울 줄 아는 것이 차별지(差別智)이다. 근본지를 통달해 모습에 빠지지 않고 인과의 실체성에 떨어지지 않는 이[不落因果]가 잘 모습 아닌 모습을 쓰고 인과에 어둡지 않으니[不昧因果] 근본지가 곧 차별지이다.

근본지와 차별지가 둘이 아닌 바른 길이 여래의 여덟 가지 바른 해탈의 길[八正道]이니, 그 밖의 자기 관념을 보편화하는 뒤틀린 행위양식, 그릇된 계의 집착은 통달한 길이 될 수 없고 해탈의 길이 아니다.

새벽에 옷을 벗고 해 뜨는 곳을 향해 달려야 브라흐마하늘에 난다고 하는 것이 어찌 옳은 원인과 결과를 말함이겠는가.

오직 주어진 것의 진실을 살펴 모든 거짓과 헛것을 넘어서는 곳에 걸림없고 막힘없는 해탈의 길이 열리는 것이다.

손다라 강에 목욕해서 어디에 쓰겠소

이와 같이 내가 들었다.

한때 붇다께서는 코살라 국의 사람 사이를 노닐어 다니시다가 손다라 강 옆의 덤풀숲 가운데 계셨다.

그때 손다라 강 옆에 머물러 살던 브라마나가 붇다 계신 곳으로 찾아와서 서로 문안하고 위로한 다음 한쪽에 물러나 앉아 붇다께 여쭈었다.

"고타마시여, 손다라 강에 가셔서 목욕하지 않으시겠습니까?"

붇다께서 브라마나에게 말씀하셨다.

"손다라 강에 가서 목욕해서 어디에 쓰겠소?"

브라마나가 붇다께 말씀드렸다.

"고타마시여, 손다라 강은 바로 건네주는 강의 수요, 상서로운 강의 수이며, 청정한 강의 수입니다.

만약 그 가운데서 목욕하는 사람은 모두 온갖 악을 없앨 수 있습니다."

강물에 목욕하는 것이 참된 청정의 성취가 아님을 노래로 보이심

그때 세존께서 곧 게송을 설하셨다.

    손다라 강이나 바휴다 강이나
    가야 강이나 살라 강과 같은

이와 같은 강들에서 목욕한다고
모든 악하여 착하지 않음 짓고서
그것들 깨끗하게 할 수는 없다.

저 강가아 강이나 바휴다 강이나
손다라 강 이와 같은 강들은
어리석은 이들 늘 거기 살아도
여러 가지 악들은 없앨 수 없네.

그가 실로 청정한 사람이라면
강에 목욕한들 무엇할 것이며
그가 실로 청정한 사람이라면
어찌 꼭 우파바사타 해야 할 건가.

깨끗한 업으로 스스로 깨끗이 함은
산목숨 죽이지 않고 훔치지 않고
삿된 음행 거짓말하지 않음 등
이 같은 행 받아 지녀 사는 것이니
믿음의 보시로 아낌의 때를 없애고
이와 같은 행으로 몸을 씻으며
함께 사는 온갖 여러 중생들에게
자비한 마음을 언제나 일으키면
우물물로 몸을 씻어도 되거니
가야 등의 강물 써서 무엇하리.

안의 마음 스스로 청정케 하면
바깥을 씻을 것 기다리지 않나니
낮은 계층 밭일하는 시골 아이들
그 몸에 더러운 때가 많이 끼어서
물로써 티끌과 때 씻어내지만
그 안까지 깨끗하게 할 수 없다네.

그때 손다라 강 옆에 사는 브라마나는 붇다의 말씀을 듣고 기뻐하면서 자리에서 일어나 떠나갔다.

• 잡아함 1185 손타리경 ②

• 해설 •

중생은 업(業)으로 주어진 존재이니, 그 업이 바르면 삶이 바르고 그 업이 흐리면 견해와 목숨 생활의 터전이 흐려진다. 죄업에 물든 삶을 깨끗이 하는 데 업 자체를 반성하지 않고 강물에 몸을 씻는다고 그 업이 청정해질 수 있겠는가.

몸에 묵은 때를 벗기고 흐르는 땀을 씻기 위해 손다라 강에 들어가 목욕하는 것은 좋으나, 상서로운 강에 목욕한다고 죄업의 묵은 때를 씻고 온갖 악을 없앨 수는 없다.

오직 지혜의 눈[慧眼]을 떠서 모습에 물든 관념의 때와 뒤바뀐 환상의 꿈을 떠나 마음의 해탈을 얻은 이가 삶의 청정을 지키며 스스로를 건지고 남도 건져주게 되는 것이니, 『화엄경』(「수미정상게찬품」)은 참된 청정의 구현자 여래에 대한 찬탄을 이렇게 보인다.

큰 용맹 갖추시사 세간에 드무신 이
한량없이 많은 여러 여래들께선

모든 때를 떠나 마음이 해탈하여서
스스로 건너고 남 건네줄 수 있네.

希有大勇健　無量諸如來
離垢心解脫　自度能度彼

내가 이제 세간의 등불 여래를 뵈니
진실하여 뒤바뀌어 넘어짐 없네.
한량없이 기나긴 겁 지혜를 쌓은
그 사람만 여래를 볼 수 있으리.

我見世間燈　如實不顚倒
如於無量劫　積智者所見

「광명각품」 또한 이렇게 말한다.

붇다는 법이 허깨비 같음 밝게 알아
통달하여 막혀 걸림이 없으시네.
마음 깨끗해 뭇 집착 떠나시사
모든 중생을 조복하여 주시네.

佛了法如幻　通達無障礙
心淨離衆著　調伏諸群生

안의 마음 번뇌의 상투 어찌하면 풀 수 있습니까

이와 같이 내가 들었다.

한때 붇다께서는 카필라바스투 국 니그로다 동산에 계셨다.

그때에 상투를 튼 바라드바자 브라마나는 본래 세속 사람이었을
때 붇다의 잘 아는 벗이었다.

그는 붇다 계신 곳에 와서 서로 문안하고 위로한 뒤에 한쪽에 물
러앉아 게송으로 말하였다.

　　바깥 몸에다 상투를 트는 이
　　이 사람은 다만 상투 틂이라 하고
　　안의 마음에다 상투를 트는 이
　　이 사람은 얽매어 묶인 중생이네.
　　이제 고타마께 청해 묻노니
　　어찌해야 그 상투 풀 수 있으리.

그때에 세존께서는 게송으로 말씀하셨다.

　　깨끗한 계율을 받아 지니고
　　안의 마음에서 바른 깨달음 닦아
　　오롯이 바른 방편 정진해가면

이것이 곧 상투를 푸는 것이네.

때에 상투 튼 브라마나는 붇다의 말씀을 듣고 기뻐하면서 자리에서 일어나 떠나갔다.

모든 물든 앎들 길이 사라지면 상투 튼 것 끊어 없앰을 보이심
이와 같이 내가 들었다.
한때 붇다께서는 카필라바스투 국 니그로다 동산에 계셨다.
때에 상투를 튼 바라드바자 브라마나는 붇다 계신 곳에 와 문안하고 서로 위로한 뒤에 한쪽에 물러 앉아 게송으로 말하였다.

바깥 몸에다 상투를 트는 이
이 사람은 다만 상투 틂이라 하고
안의 마음에다 상투를 트는 이
이 사람은 얽매어 묶인 중생이네.

내 이제 고타마께 묻나니
이와 같이 상투를 튼 사람이
어떻게 올바른 방편을 지어가
무엇으로 상투 튼 것 끊게 됩니까.

그때에 세존께서는 게송으로 대답하셨다.

눈 귀 코 혀 몸과 뜻의 들이는 곳

그곳에서 마음·물질 없애 다하여

그 모든 것 남음 없도록 하여서

모든 앎 길이 사라지게 하면

거기에서 상투 튼 것 끊게 되리라.

붇다께서 이 경을 말씀하시자, 상투 튼 바라드바자 브라마나는 붇다의 말씀을 듣고 기뻐하면서 자리에서 일어나 떠나갔다.

• 잡아함 1186·1187 계발경(髻髮經)

• 해설 •

머리에 상투를 틀고서 몸을 구속하는 것으로 수행을 삼아서는 안의 마음 속 번뇌의 상투를 잘라 끊을 수 없다.

번뇌의 상투는 바른 계행으로 갖가지 해탈의 방편을 부지런히 행해 지혜를 성취해야 끊을 수 있다.

지혜로 저 물질에 취할 물질의 주인이 없는 줄 알면[空無主] 여섯 아는 뿌리[六根]가 사물을 받아들이되 실로 받아들임 없어서 마음에 물든 앎의 자취가 사라지게 된다.

물질의 모습에서 모습 떠나 마음에서 마음 떠나면, 여섯 들임에 앎과 알려지는 것[名色, nāma-rūpa]의 실체적인 모습이 모두 사라져 알되 앎이 없게 되니, 이것이 앎이 사라져 번뇌의 상투 끊어져 없어짐이다.

번뇌의 상투 끊어 다한 이, 그가 무명의 세간을 밝힐 세간의 등불[世間燈]이고, 탐욕의 불을 꺼서 다하되 게으름의 잠에 빠짐없이 세간을 아름답게 가꾸어가는 자, 크게 정진하는 이[大精進]이다.

안의 아는 마음과 밖의 모든 경계에 얻을 것이 없어야 여래의 집에 태어날 태[生藏]를 받는 것이니, 『화엄경』(「입법계품」入法界品)은 이렇게 말한다.

법의 성품 밝게 통달하여서
마음에 모든 걸림이 없어야
삼세 모든 붇다의 집에 태어나서
널리 시방법계 바다에 들어가니
이는 밝은 지혜의 사람들이
남 없이 태어나는 태 받는 모습이네.

了達法性心無礙 生於三世諸佛家
普入十方法界海 此明智者受生藏

여래의 길 잘 따라 행하는 보디사트바
오래도록 이미 온갖 것 아는 지혜 닦아 행해
빨리 여래의 지위에 나아가 들 수 있네.
법계가 다 걸림 없음 깨쳐 아니
이는 모든 붇다의 법의 자식들이
남 없이 태어나는 태 받는 모습이네.

久已修行薩婆若 疾能趣入如來位
了知法界皆無礙 此諸佛子受生藏

제4장

바깥길 걷는 다른 브라마나와 사문을 교화함

"우다인이여, 비구란 즐거움이 사라지고
괴로움도 사라지며, 기쁨과 걱정의 뿌리가 이미 사라져,
괴로움도 없고 즐거움도 없는[不苦不樂] 평정함[捨]·바른 생각[念]·
청정(淸淨)이 있는 넷째 선정을 얻어 성취하여 노니오.
우다인이여, 이것을 가장 높고 가장 묘하며
가장 빼어남이라 하니, 이것을 증득하려 하기 때문에
내 제자들이 나를 따라 범행을 배우는 것이오."

여래는 사람에 대해서도 꺾어 누를 자[折伏者]는 꺾어 누르고, 거두어들일 자[攝受者]는 거두어들이며, 사람의 행위에 대해서도 꺾어 누를 것은 꺾어 누르고 거두어 살릴 것은 거두어 살린다.

그러나 꺾어 누르는 자도 크게 거두어들임을 위해 꺾어 누르며, 거두어들이는 자도 꺾어 누름을 통해 거두어들인다.

깨뜨릴 때에도 살리기 위해 깨뜨림 없이 깨뜨리고[破而不破], 살릴 때에도 깨뜨림 없이 깨뜨려 보다 넓은 긍정의 땅에 크게 살린다[立而不立].

브라마나를 비판하되 그의 옳은 것은 인정하며 비판하고, 사문을 인정하되 그의 그른 것을 깨뜨리며 인정한다.

브라마나의 신분적 우월주의와 지배철학의 허구성을 부정하고 무차별적 보편자의 관념적 환상을 비판하되, 브라마나 철학의 보편주의를 현실법의 개방적 보편주의로 살려낸다.

사문의 현실주의를 인정하고 그들이 주로 속했던 계층의 가난하고 억압받는 삶과 함께하되 그들의 자학적 고행과 극단의 패쇄주의, 닫혀진 원자적 세계관을 비판한다.

붇다의 연기법은 기성의 신분과 계급 철학의 갖는 한계를 넘어서 중생과 세계의 진실상을 한 점 가림이 없이 열어냄으로써, 모든 이들이 함께 타고 갈 크나큰 진리의 수레를 제시하고, 모든 이가 함께 해탈할 수 있는 보편철학의 길을 제시한다.

역사적으로 브라마나의 사상이 지배계급으로서 브라마나 종족의 지배철학이라면, 사문들의 세계관은 하층 천민계급들의 자기방어의 철학이다.

자이나교는 새롭게 물적 기반을 확장하며 사회경제적 힘의 조류를 형성해가고 있던 바이샤 계급의 자기확장과 자기 기득권 방어의 철학이다.

이에 비해 붇다의 가르침은 인종적 계급적 차별과 한계를 타파하고, 그 누구나 연기의 진리를 받아들이고 삼보에 귀의하면 모두를 보디의 주체로 인정해 출가상가의 일원으로 받아들이며, 집에 머물며 수행자는 흰옷 입은 여래의 우파사카·우파시카로 거두어들인다.

저 브라흐만의 신성을 섬기는 브라마나도 인종적 차별주의와 관념적 초월주의를 부정하고 연기의 진리를 받아들이면 붇다의 제자가 되고 상가의 한 구성원이 된다.

저 하층계급 출신의 사문이나 낮은 계급의 사람들이 자학적 고행주의와 방어적이고 패쇄적인 삶의 방식을 버리고 연기론의 개방적 세계관에 합류하면, 그도 거룩한 지혜의 흐름에 들어선 이[入流], 스로타판나(srotāpanna)로 안아 들인다.

붇다의 연기법은 가진 자에게는 가진 것이 실로 가짐이 아님을 보여 중도에 서게 하고, 못 가진 자에게는 못 가짐에 실로 못 가짐이 없음을 보여 못 가짐의 절망과 좌절을 깨고 희망의 길을 보여준다.

붇다의 자비는 아무도 배척하지 않고 아무도 내버려두지 않으니, 붇다가 깨친 연기의 진리가 바로 온갖 중생과 세계의 참모습이기 때문이다.

여래의 빼어난 지혜를 따라 배워 세간의 온갖 삿된 견해 삿된 길을 깨뜨리되 그들을 차별없이 니르바나의 저 언덕에 이끄는 보디사트바의 행과 붇다의 지혜를 『화엄경』(「보현행품」普賢行品)은 다음과 같이 찬탄한다.

바르게 나아가는 보디사트바의
가장 빼어나 걸림 없는 마음은
넓고 커서 널리 깨끗하도다.
그 지혜는 널리 두루 가득하여서
삼세의 모든 법을 밝게 알도다.

最勝無礙心　廣大普淸淨
智慧遍充滿　悉知三世法

온갖 삶들 교화함을 잘 배우니
세계를 교화하고 중생을 교화함
세간의 교화와 중생 조복하는 교화
저 언덕에 중생을 이끌어주는
마쳐 다한 교화를 잘 배우네.

善學一切化　利化衆生化
世化調伏化　究竟化彼岸

모든 붇다의 깊고 깊은 지혜는
밝은 해가 세간에 나옴과 같이
온갖 국토 가운데 널리 나타나
그 비춤 쉬어 그침이 없으시네.

諸佛甚深智　如日出世間
一切國土中　普現無休息

여래는 브라마나를 만나면 '브라마나 가운데 브라마나의 법'으로 그들을 교화하고, 바깥길 사문을 만나면 '사문 가운데 사문의 법'으로 그들을 교화하신다. 이처럼 가장 빼어난 해탈의 경계에 들게 하는 여래의 방편 따라 보디의 길에 나아가는 보디사트바의 행을 「입법계품」은 다시 다음과 같이 찬탄한다.

　　사유할 수 없는 큰 법의 바다
　　용맹하고 부지런히 닦아 익혀
　　그 마음은 막혀 걸림 없어서
　　이 방편의 문에 들어가네.

　　勇猛勤修習　難思大法海
　　其心無障礙　入此方便門

　　마음과 뜻 이미 조복하고
　　뜻과 원 또한 넓고 넓으니
　　가장 빼어나 높은 경계인
　　큰 보디 반드시 얻으리.

　　心意已調伏　志願亦寬廣
　　當獲大菩提　最勝之境界

1 브라마나의 교화

브라마나는 브라흐만에 제사하고 공양하며 베다를 가르치는 사제 제사장의 뜻이지만, 또한 인종적 성격을 가지고 있다.

브라마나 종족은 브라흐만의 정수리로 난 뛰어난 종족이고 다른 종족은 브라흐만의 옆구리·무릎·발로 난 종족이라고 한 것이 바로 인종주의적 성격을 지닌 브라마나의 생각이다.

브라흐만의 신을 섬기던 아리안 계열의 민족은 인도 대륙의 서북쪽으로 들어와 원주민을 지배하면서 자기들의 언어와 종족이 모두 브라흐만에게서 신성성을 부여받은 거룩한 언어, 거룩한 종족이라 말한다.

이렇게 브라마나들은 베다를 앞세워 기성 사회를 지배하는 네 가지 족성[四姓]의 신분질서를 만들어냈다.

브라흐만의 절대신성은 온갖 존재운동을 포괄하는 보편자의 거룩한 모습이면서, 브라마나 종족의 다른 종족에 대한 지배권을 보장하는 지배자의 얼굴이기도 하다.

그러면서 붇다 당시 브라마나들에게는 인도사회의 주도적 세력으로 떠오르고 있던 크샤트리아와 바이샤 계급의 사회적 성장에 대한 불안감과 거부감이 있었던 것 같다.

붇다는 브라마나 계급의 인종주의적 우월감을 끝없이 비판하며, 종족에 종족의 신성을 말할 수 있는 바탕과 실체가 없음을 깨우치며 브라마나·크샤트리아·바이샤·수드라 네 계급의 평등을 가르치신다.

그리고 지배계급으로서 제사계급의 오만을 비판하며 절대신성의 허구성을 깨뜨린다.

그러나 붇다는 붇다와 아라한이야말로 '브라마나의 브라마나'라고 말하며, 브라마나도 지혜롭게 브라마나의 길을 가면 여래의 길과 다르지 않음을 말씀한다.

브라마나가 사악한 제사와 주술을 버리고 그의 나날의 삶 속에서 깨끗한 보시와 지혜의 행을 향한다면, 그가 바로 브라마나이되 '여래의 행'을 따르는 자가 되는 것이다.

중생의 마음 따라 갖가지 방편문으로 중생을 깨닫게 하고 조복하는 붇다의 자비를 『화엄경』(「여래출현품」如來出現品)은 이렇게 말한다.

> 붇다께선 중생의 마음을 따라
> 크나큰 법의 구름 일으키시어
> 갖가지 방편문으로 깨우침 보여
> 중생의 마음을 조복하여 주시네.
>
> 佛隨衆生心　爲興大法雲
> 種種方便門　示悟而調伏

그대 브라마나여, 뜻을 어기어 여래를 방해하는구나

이와 같이 내가 들었다.

한때 붇다께서는 코살라 국 사람 사이를 노닐어 다니시다가 슈라바스티 국 제타 숲 '외로운 이 돕는 장자의 동산'에 이르셨다.

그때 브라마나가 있었는데, '뜻을 어기는[違義] 이'라고 이름하였다. 사문 고타마께서 코살라 국 사람 사이를 노닐어 다니시다가 슈라바스티 국 제타 숲 '외로운 이 돕는 장자의 동산'에 오셨다는 말을 듣고 이렇게 생각하였다.

'내가 사문 고타마 있는 곳에 찾아가 설하는 법을 듣고 그의 뜻을 반대해야겠다.'

이렇게 생각하고, 정사에 찾아가 세존 계신 곳에 이르렀다.

그때 세존께서 한량없이 많은 권속들에게 둘러싸여 설법하고 계셨다. 세존께서는 멀리서 '뜻을 어기는 이' 브라마나가 오는 것을 보고는 아무 말씀이 없이 잠자코 계셨다. '뜻을 어기는 이' 브라마나가 붇다께 말씀드렸다.

"고타마의 설법을 듣고 싶습니다."

그때 세존께서 곧 게송을 설하셨다.

　　뜻을 어기는 브라마나여
　　깊은 뜻을 알지 못하고

안에 질투하는 마음 품어

법에 어려움 끼치려 하네.

어기어 반대하는 마음과

믿어 즐기지 않는 여러 뜻을

스스로 잘 다스려서 누르고

모든 장애와 더러운 때 쉬면

깊고 묘한 말 알게 되리.

그때 '뜻을 어기는 이' 브라마나는 생각하였다.

'사문 고타마께서 이미 내 마음을 다 알았구나.'

그는 붇다의 말씀을 듣고 기뻐하고 또 따라 기뻐하면서 자리에서 일어나 떠나갔다.

• 잡아함 1155 위의경(違義經)

• 해설 •

브라마나가 신분적 교만함과 자기견해가 꼭 옳다는 생각을 가지니, 그는 늘 남의 뜻을 어기는 자가 된다. 여래는 견해에서 견해를 떠나 다툼 없는 사마디[無諍三昧]에 계시니, 여래는 늘 남의 뜻을 거두어 편안케 하신다.

다툼 있는 뜻으로 남을 거스르는 이가 어찌 다툼 없는 사마디에 계시는 여래와 맞설 수 있겠는가.

'그렇다 함'[然]에 '꼭 그렇다 함'[必然]이 있다고 말하는 이가 어찌 '그렇다 함이 없는 크게 그러함'[不然之大然]에 서 계신 붇다의 지혜 앞에, 실로 그렇다 하는 뜻으로 붇다의 '뜻 없는 뜻'을 거스를 수 있겠는가.

'그렇다 함'에 '실로 그렇다 할 것이 없음'을 알 때 그도 여래의 다툼 없는 사마디의 바다에 들어 '여래의 행'을 따르게 될 것이다.

신통과 논의로 브라마나를 눌러 법의 눈을 뜨게 하니

이와 같이 들었다.

한때 붇다께서는 사카족의 니그로다 동산에 계셨다.

그때에 나라 안의 부유하고 귀한 큰 사카족 오백 남짓 되는 사람들이 의논할 일이 있어 '널리 의논하는 강당'[普議講堂]에 모여 있었다.

그때에 세간 전적[世典]에 밝은 브라마나는 그 사카족들 있는 곳으로 가서 그 사카족들에게 말하였다.

"어떻소, 여러분. 이 가운데 어떤 사문이나 브라마나나 세속 사람으로서 나와 같이 논의할 사람이 있소?"

그때에 여러 사카족들은 세간 전적에 밝은 브라마나에게 말하였다.

"이 가운데 지금 두 사람이 있어서, 재능이 높고 배움이 넓은데 카필라바스투 국에 살고 있소. 그 두 사람이 어떤 사람이냐 하면, 한 사람은 추다판타카요 한 사람은 고타마이니, 사카족의 여래·아라한·바르게 깨친 분이시오.

그런데 비방하고 모함하는 이들이 말하오.

'이 대중 가운데서 아는 것이 적고 들은 것이 없으며, 또 지혜가 없고 말은 더럽고, 나아가고 물러나는 분별이 없는 이는 저 추다판타카 같은 사람이다. 또 이 카필라바스투 국에서 아는 것도 없고, 사람됨이 더러운 이는 저 고타마 같은 사람이다.'

그대는 지금 저들과 논의해보시오. 두 사람과 논의하여 이기면 오백 사람은 때를 따라 필요한 것을 그대에게 공양하고 또 천 냥 어치의 순금을 드리겠소."

그때에 브라마나는 이렇게 생각하였다.

'이 카필라바스투 국의 사카족들은 모두 총명하고 여러 기술이 많으며 간사하고 거짓이 많아 바른 행동이 없다. 비록 내가 저들과 논의해 이긴다 하더라도 무슨 기특할 것이 있겠는가.

만약 저들이 내게 이기면 나는 저 어리석은 자들에게 눌리는 것이 될 것이다. 이 두 가지 뜻을 생각해보니, 나는 저들과 논의할 수 없다.'

이렇게 생각하고는 곧 물러나 떠났다.

논의로 남 이기려는 브라마나를 추다판타카 존자가 찾아감

그때에 추다판타카는 때가 되어 발우를 가지고 카필라바스투 국에 가서 밥을 빌었다.

때에 세간 전적에 밝은 브라마나는 멀리서 추다판타카가 오는 것을 보고 생각하였다.

'나는 저 사람에게 가서 뜻을 물어보아야겠다.'

그는 곧 추다판타카 비구 있는 곳으로 가서 물었다.

"사문이여, 이름은 무엇이오?"

추다판타카는 대답하였다.

"그만두오, 브라마나여. 이름은 무엇 하러 묻소. 어떤 뜻을 물으러 왔으면 곧 그것을 물을 때요."

브라마나가 물었다.

"사문이여, 나와 논의할 수 있소?"

추다판타카가 대답하였다.

"나는 지금 오히려 저 브라흐마하늘과도 논의할 수 있는데, 하물며 그대 장님[盲]으로 눈 없는 사람[無目人]이겠소."

"장님이면 곧 눈 없는 사람이 아니겠소? 그리고 눈이 없으면 곧 장님이 아니오? 이것은 한뜻인데 이렇게 말함이 어찌 번거로이 겹치게 함이 아니겠소?"

이때에 추다판타카는 곧 허공 가운데 솟아올라 열여덟 가지로 변화를 지었다. 브라마나는 생각하였다.

'이 사문에게는 신통은 있지만 논의할 줄은 모른다. 만약 나에게 이 뜻을 풀이해준다면, 나는 그 제자가 되겠다.'

브라마나와 추다판타카의 대화를 듣고
사리푸트라 존자가 신통으로 몸을 바꾸어 브라마나를 교화함

이때에 존자 사리푸트라는 하늘귀로 추다판타카와 세간 전적에 밝은 브라마나가 이와 같이 논의하는 것을 들었다.

이때 존자 사리푸트라는 곧 몸을 변해 추다판타카의 모습을 짓고 추다판타카의 몸은 숨겨 나타나지 못하게 하였다. 그리고 브라마나에게 말하였다.

"그대 브라마나여, 만약 '이 사문은 신통만 있고 논의할 수는 없다'고 생각한다면 그대는 이제 자세히 들으시오. 그대가 아까 물은 뜻을 내가 말해주겠소.

그리고 이 논의의 근본에 의지해 비유를 이끌어 보이겠소.

브라마나여, 지금 그대 이름은 무엇이오?."

브라마나는 대답하였다.

"내 이름은 브라흐마하늘이오."

"그대는 장부요?"

"나는 장부요."

다시 물었다.

"사람인 것이오?"

브라마나가 대답했다.

"사람이오."

"어떻소, 브라마나여. 장부 또한 사람이요, 사람 또한 장부요. 이것은 또한 한뜻이니 어찌 번거롭게 겹친 것이 아니겠소. 그러나 브라마나여, 장님과 눈 없다는 것은 그 뜻이 같지 않소."

브라마나는 물었다.

"사문이여, 어떤 것을 장님이라 하오?"

추다판타카는 말하였다.

"마치 지금 생과 다음 생의 나는 것과 죽는 것, 좋은 몸과 나쁜 몸, 고움과 미움, 중생의 짓는 선악의 업을 보지 못하고 진실 그대로 알지 못하여, 길이 보는 것이 없으면 장님이라 하오."

브라마나가 물었다.

"어떤 것이 눈이 없는 것이오?"

"눈이란 '위없는 지혜의 눈'[無上智慧眼]이오. 그 사람은 이 지혜의 눈이 없기 때문에 눈이 없다[無目]고 하는 것이오."

브라마나는 말하였다.

"그만두시오, 그만두시오. 사문이여, 나는 이제 그런 쓸데없는 논의는 버려두고 깊은 뜻을 물어보겠소.

어떻소, 사문이여. 법을 의지하지 않아야 니르바나를 얻소?"

추다판타카가 대답하였다.

"다섯 가지 치성한 쌓임[五盛陰]을 의지하지 않아야 니르바나를 얻소."

"어떻소, 사문이여. 그 다섯 가지 쌓임은 어떤 인연이 있어야만 생기오, 인연이 없어도 생기는 것이오?"

"그 다섯 가지 쌓임은 인연이 있어서 생기는 것이요, 인연이 없는 것이 아니오."

브라마나가 물었다.

"어떤 것이 그 다섯 가지 쌓임의 인연이오?"

"애착이 그 인연이오."

"어떤 것이 애착이오?"

"남[生]이 곧 애착이오."

"어떤 것을 남이라 하오?"

브라마나가 말했다.

"애착이오."

"애착을 다스림에는 어떤 길이 있소?"

사문이 말했다.

"현성의 여덟 가지 바른 길이 이것이오. 곧 바른 견해[正見], 바른 말[正語], 바른 생각[正念], 바른 생활[正命], 바른 선정[正定], 바른 뜻[正思惟], 바른 행위[正業], 바른 정진[正精進]이오. 이것을 성인의 여덟 가지 바른 길이라 하오."

그때에 추다판타카는 이렇게 널리 그를 위해 설법하였다.

다섯 쌓임과 여덟 가지 바른 길의 설법을 듣고 브라마나가
법의 눈을 뜨고 목숨 마치자 그를 다비해 스투파를 세움

브라마나는 비구에게서 이와 같은 가르침을 듣고, 모든 티끌과 때가 다해 법의 눈이 깨끗하게 되었다. 그리고 그곳에서 몸 가운데서 칼바람[刀風]이 일어나 목숨을 마쳤다.

그때에 존자 사리푸트라는 본래 모습을 회복해 허공을 날아 그 머물던 곳으로 돌아갔다.

그때에 존자 추다판타카는 많은 사카족들이 널리 모인 강당으로 가서 사카족들에게 말하였다.

"그대들은 빨리 씨기름[蘇油]과 섶나무를 마련해 세간 전적에 밝은 브라마나에게 가서 다비해주시오."

사카족들은 곧 씨기름과 섶나무를 가지고 가서 세간 전적에 밝은 브라마나를 다비한 뒤 네 거리 길목에 스투파(stūpa, 塔)를 세웠다.

그리고 존자 추다판타카 있는 곳에 가서 머리를 대 발에 절하고 한쪽에 앉았다.

그때 여러 사카족들은 이 게송을 추다판타카를 향해 말했다.

다비하고 스투파 세웠으니
존자의 분부 어기지 않았네.
우리들은 크나큰 이익 얻어
이런 복된 도움 만났도다.

사카족들의 찬탄을 듣고 추다판타카 존자가
사리푸트라 존자를 찬탄함

이때에 존자 추다판타카도 게송으로 사카족들에게 대답하였다.

　높은 법바퀴 지금 굴리어
　바깥길 무리 항복받으니
　지혜는 큰 바다 같은 분
　지금 이곳으로 오시어
　브라마나 항복케 하였네.

　과거와 미래와 또 현재에서
　지은 바 갖가지 선악의 행은
　억 겁이라도 없어지지 않나니
　그러므로 마땅히 복을 지으라.

그때에 존자 추다판타카는 여러 사카족들에게 널리 설법하였다. 여러 사카족들은 추다판타카에게 말씀드렸다.

"만약 존자께서 입을 옷·먹을거리·자리끼·의약품이 필요하시다면 우리는 필요한 것마다 다 대어 드리겠습니다. 이 작은 뜻을 물리치지 마시고 청을 받아주시길 바랍니다."

존자 추다판타카는 잠자코 허락하였다.

그때에 여러 사카족들은 존자 추다판타카가 말한 법을 듣고 기뻐하며 받들어 행하였다.

　• 증일아함 17 안반품(安般品) +

추다판다카 존자는 처음 출가해서 세존이 게송을 일러주실 때, 앞구절을 들은 뒤 뒷구절을 말하면 그 앞구절은 잊어먹고, 뒷구절을 듣고서는 뒷구절을 기억 못하던 어둡고 근기 무딘 사람이었다.

'빗자루로 먼지를 털라'는 여래의 말씀을 듣고 부지런히 정진해 지혜를 얻은 뒤엔 깊은 선정과 신통까지 갖추었다. 그래서 사카족 사람들도 저 세간 전적에 밝은 브라마나와 논쟁하는 데 세존 다음으로 빼어난 이로 그를 추천한 것이리라.

그러나 그는 말재간보다는 신통의 힘이 더 빼어난 분이므로 사리푸트라의 도움이 없었으면 저 교만하고 세간 전적에 통달한 브라마나를 건네주지는 못했으리라.

문답 가운데 다섯 쌓임이 애착의 인연으로 있고 그 애착은 곧 남[生]이라 한 뜻이 무엇인가. 다섯 쌓임은 인연으로 난 것이라 실로 남이 아닌데[實非生], 남을 실로 남으로 보아 애착이 생기고, 그 애착 때문에 다섯 쌓임이 실로 있음으로 굳어진 것임을 말한 것이다.

그러므로 애착을 내지 않으면 다섯 쌓임의 있음에서 있음을 벗어나 다섯 쌓임의 있는 모습을 의지하지 않고 니르바나에 나아가는 것이다.

애착에서 애착 벗어나는 길이 여덟 가지 현성의 길이니, 브라마나 또한 이 현성의 길을 듣자 바로 애착을 놓고 파리니르바나에 들어갔다.

저 교만한 브라마나가 교만을 내려놓고 애착의 한 생각을 쉬는 그때, 그는 교만한 브라마나가 아니라 여래의 집 법왕의 아들이 된 것이다.

비록 그 몸이 브라마나이지만 이미 여래의 지혜의 바다에 들어선 현성이므로 그를 다비하여 그 사리로 스투파를 세워 모시니, 그는 '브라마나 가운데 브라마나'이고 여래의 사방상가의 수를 채운 현성인 것이다.

여래께서는 해치는 독이 없으니
모든 세간의 독을 없앤다

이와 같이 들었다.

한때 붇다께서는 라자그리하 성의 칼란다카 대나무동산에서 큰 비구대중 천이백오십 사람과 함께 계셨다.

그때에 라자그리하 성 가운데 장자가 있었는데, 시리쿨[尸利堀]이라고 하였다. 그는 넉넉한 재물과 많은 보배, 금과 은, 보배인 자거·마노 등이 이루 헤아릴 수 없었다. 또 그는 붇다의 법을 가볍게 여기고 다만 바깥길 니르그란타만을 섬기며 국왕·대신들과 모두 잘 알고 지내는 사이였다.

이때에 바깥길 브라마나들과 니르그란타의 집에 있는 제자들과 집을 나온 제자들이 스스로 비방하면서 '내가 있고 내 몸이 있다'고 말하였다.

그 여섯 스승[六師]의 무리들은 모두 함께 모여 이렇게 의논하였다.

"지금 사문 고타마는 알지 못하는 일이 없이 온갖 지혜[一切智]가 있다. 그리고 우리는 이익된 공양[利養]을 얻지 못하는데 저 사문은 많이 이익됨을 얻는다. 어떤 방법을 써서 이익됨을 얻지 못하게 하자. 우리는 저 시리쿨에게 가서 그 장자를 시켜 방편을 짓게 하자."

시리쿨 장자가 세존을 독으로 시험하려는
바깥길 사문들의 부추김을 따름

때에 바깥길 브라마나와 니르그란타 등 그 여섯 스승의 무리들은 시리쿨 장자 집으로 가서 장자에게 말하였다.

"큰 족성의 장자는 아셔야 하오. 당신은 브라흐마하늘이 낸 바로, 브라흐마하늘의 아들이라 세상에 많은 이익을 주었소. 당신은 우리를 가엾이 여겨 저 사문 고타마 있는 곳에 가서 그 사문과 비구들을 집에 오도록 청해 제사[祠]를 지내시오.

그리고 또 집 안에 큰 불구덩이를 만들도록 분부해 활활 타도록 불을 붙여 두고 음식에는 독을 넣고서는, 와서 공양하도록 청하시오.

만약 사문 고타마가 온갖 지혜가 있어 삼세의 일을 안다면 그 청을 받지 않을 것이요, 만약 온갖 지혜가 없으면 곧 청을 받고 제자들을 데리고 왔다가 모두 불에 타게 될 것이오. 만약 하늘사람이라면 안온을 얻어 불의 해침이 없을 것이오."

때에 시리쿨은 잠자코 여섯 스승 무리들의 말을 따랐다.

그는 곧 성을 나가 세존 계신 곳에 나아가 머리를 대 발에 절하고 독이 어린 마음을 가지고 여래께 말씀드렸다.

"세존과 비구대중들은 저의 청을 받아주시길 바랍니다."

그때 세존께서는 그 마음속 생각하는 바를 아시고 잠자코 청을 받아주셨다. 때에 시리쿨은 여래께서 잠자코 청을 받으시는 것을 보고 곧 자리에서 일어나 머리를 대 발에 절하고 이내 물러갔다.

그는 길 가운데서 이렇게 생각하였다.

'우리 여섯 스승이 말한 것을 자세히 살피면, 사문은 내 마음속 생각을 알지 못하니 반드시 큰 불에 사루어질 것이다.'

이때에 시리쿨은 집에 돌아와 큰 불구덩이를 만들도록 분부하여 활활 불을 피워놓고, 또 갖가지 음식을 장만하도록 단단히 분부하여 모두 독을 넣어두었다.

또 문밖에는 큰 불구덩이를 만들어 큰 불을 피우고, 그 불 위에는 자리를 깔았다. 음식에는 나쁜 독을 넣어두고 세존께 때가 되었음을 말씀드렸다.

독을 넣어 해치려는 뜻을 아시고
공양 받는 비구대중에게 주의를 주심

그때에 세존께서는 때가 된 줄을 아시고 가사를 입고 발우를 가지고 비구들에게 앞뒤로 둘러싸이어 그의 집으로 가셨다.

그리고 비구대중에게 말씀하셨다.

"여러 사람들은 나보다 먼저 앞서 가지 말고, 또 나보다 먼저 앞에 앉지 말며, 또 나보다 먼저 앞에 먹지 말라."

때에 라자그리하 성안의 사람들은 시리쿨이 큰 불구덩이를 만들고 독이 든 음식을 만들어 붇다와 비구대중을 청한다는 말을 들었다.

이에 사부대중은 다 슬피 울며 걱정했다.

'여래와 비구대중을 해치지 않을 것인가.'

또 어떤 이는 세존 계신 곳에 와서 머리를 대 발 아래 절하고 말씀드렸다.

"세존께서는 그 장자 집에 가시지 마시길 바랍니다. 그는 큰 불구덩이를 만들고 독이 든 음식을 만들었습니다."

세존께서는 말씀하셨다.

"여러 사람들은 두려워하지 말라. 여래는 끝내 남의 해침을 받지 않을 것이다. 이 잠부드비파의 불이 브라흐마하늘에까지 이르게 해도 오히려 나를 태울 수 없는데, 어찌 하물며 이 작은 불로 여래를 태우려 함이겠는가.

끝내 그럴 수 없다. 우파사카들이여, 알라. 내게는 다시 해치는 마음이 없다."

그때에 세존께서는 비구들에게 앞뒤로 둘러싸이어 라자그리하성으로 들어가 장자의 집에 이르렀다.

세존께서는 여러 비구들에게 말씀하셨다.

"너희들은 장자 집에 먼저 들어가지 말고 또 먼저 먹지 말라."

신통으로 불구덩이에서 연꽃이 돋게 하고
독이 든 밥의 독을 없애심

그때에 세존께서 마침 발을 들어 문지방 위에 놓자 그때 불구덩이는 저절로 목욕못으로 변해 아주 맑고 시원하며 못 꽃이 그 가운데 가득했고, 또 연꽃이 피어 크기는 수레바퀴 같은데 일곱 가지 보배로 줄기가 되었다.

또 다른 연꽃이 피어 꿀벌들이 그 가운데서 놀고 있었다.

그때에 인드라하늘왕과 브라흐마하늘왕, 네 하늘왕, 간다르바, 아수라 및 여러 라크샤 귀신들은 불구덩이 속에서 연꽃이 피는 것을 보고 제각기 기쁜 일이라 일컬으며, 각기 같은 소리로 말했다.

'여래께서는 빼어난 이 가운데서도 으뜸이시다.'

그때에 그 장자 집에는 갖가지 바깥길 배움 다른 이들이 모여 있었다. 그리고 우파사카와 우파시카들은 여래의 신통을 보고 기뻐 뛰면서 스스로 이기지 못했다.

바깥길 배움 다른 이들은 여래의 신통을 보고는 모두 깊이 슬픔과 걱정을 품고, 위 허공 가운데 여러 높은 하늘신들은 갖가지 이름난 꽃을 여래의 몸 위에 뿌렸다.

그때에 세존께서는 땅에서 네 치쯤 떠서 허공을 밟고 장자 집에 이르셨다.

여래께서 발을 드는 곳에는 곧 연꽃이 돋아 크기는 수레바퀴 같았다.

그때에 세존께서는 오른쪽으로 돌아 비구들에게 말씀하셨다.

"너희들은 모두 이 연꽃을 밟고 오라."

때에 여러 성문들은 모두 연꽃 위를 따라 장자 집에 이르렀다.

그때에 세존께서 곧 옛날의 깨우침을 말씀하셨다.

"나는 옛날부터 지금까지 강가아 강의 모래알 수 같은 여러 붇다들을 공양하고 받들어 섬기며 절하고 공경하며 그 거룩한 뜻을 잃지 않았다. 이런 지성스러운 서원으로 이 여러 앉는 자리들[諸坐]이 다 굳세어지도록 하겠다."

세존께서는 여러 비구들에게 다시 말씀하셨다.

"나는 지금 여러 비구들이 먼저 손으로 자리를 집고 그 다음에 앉는 것을 들어주겠다. 이것이 내 분부다."

그때에 세존과 비구들이 모두 자리에 나아가니, 이 자리 밑에서는 모두 연꽃이 피어 아주 향기로웠다.

시리쿨 장자의 참회와 귀의

때에 시리쿨은 여래의 이러한 신통을 보고 생각하였다.

'나는 저 바깥길 배움 다른 이들의 그르침을 받았다. 나는 사람 가운데 행을 잃었고, 또 길이 하늘의 길을 잃었다.

내 마음은 어지러워 독약을 마신 것 같다. 반드시 세 갈래 나쁜 길에 떨어질 것이다. 진실로 이 여래께서 세상에 나오심은 만나기 어렵다.'

이렇게 깨닫자 그는 눈물을 떨구면서 머리를 대 발에 절하고 붙다께 말씀드렸다.

"세존께서는 저의 허물 뉘우침 들어주시길 바랍니다. 지난 잘못 고쳐 앞을 닦겠습니다. 스스로 죄 되는 줄 알면서 여래를 어지럽혔습니다. 세존께서는 저의 허물 뉘우침 들어주시길 바랍니다. 다시는 범하지 않겠습니다."

세존께서는 말씀하셨다.

"장자여, 허물을 고치고 본래 뜻을 버려 스스로 여래를 힘들게 한 줄 알게 되었구나. 현성의 법 그 가운데는 아주 넓고 크다[曠大].

네가 허물 뉘우쳐 법을 따라 그 허물 버림을 들어주겠다. 나는 지금 너의 고쳐 뉘우침을 받아준다. 뒤에 다시는 범하지 말라."

이와 같이 두 번 세 번 되풀이하셨다.

여래의 신통에 대한 아자타사트루 왕의 찬탄

그때에 아자타사트루(Ajātaśatru) 왕은 시리쿨 장자가 큰 불구덩이와 독이 든 음식을 마련하여 여래를 해치려 한다는 말을 듣고 불꽃처럼 화를 내어 신하들에게 말하였다.

"이 잠부드비파 땅과 이 사람 가운데 시리쿨이라는 이름을 같이 하는 자들을 반드시 없애버리겠다."

다시 아자타사트루 왕은 또 여래의 공덕을 생각하고는 슬피 울며 눈물을 떨구고, 왕관을 벗고 여러 신하들에게 말하였다.

"내가 지금 살아서 무엇을 하겠는가. 여래를 불에 타게 하고 또 비구대중들을 모두 불에 태웠다. 너희들은 빨리 장자 집에 가서 여래를 살펴보라."

그때에 지바카 왕자는 아자타사트루 왕에게 말씀드렸다.

"대왕이시여, 슬퍼해 근심하지 마시고, 또 그런 나쁜 생각을 내지 마십시오. 왜냐하면 여래는 끝내 남의 해침을 받지 않으시기 때문입니다. 오늘 시리쿨 장자는 여래의 제자가 될 것입니다.

대왕께서는 가시어 그 신통을 보시길 바랍니다."

때에 아자타사트루 왕은 지바카의 깨우침을 받고는 설산의 큰 코끼리를 타고, 잠깐 동안에 시리쿨 장자 집에 이르러 코끼리에서 내려 바로 시리쿨의 집 안으로 들어갔다.

그때에 그 집 문밖에는 팔만 사천 뭇 사람들이 모여 있었다. 그때 아자타사트루 왕은 크기가 수레바퀴만한 연꽃을 보고 기뻐 뛰면서 스스로 이길 수 없었다. 아울러 이렇게 말하였다.

"여래께서 뭇 마라를 늘 이기실 것이다."

왕은 지바카 왕자에게 말하였다.

"장하다, 지바카야. 너는 여래의 이러한 힘을 믿었구나."

때에 왕은 세존 계신 곳에 나아가 머리를 대 발에 절하고 한쪽에 앉았다.

그때에 왕은 여래 입에서 밝은 빛이 나오는 것을 보고 또 여래의 얼굴빛이 빼어나심을 두루 살펴보고 아주 기뻐해 그 기쁨을 이기지 못했다.

때에 시리쿨 장자는 세존께 말씀드렸다.

"제가 차린 음식에는 모두 독이 있습니다. 세존께서는 잠깐 기다리시길 바랍니다. 지금 곧 다시 음식을 마련하겠습니다. 왜냐하면 여래의 몸에 늘고 줄어듦이 없도록 하려 하기 때문입니다."

세존께서는 장자에게 말씀하셨다.

"여래와 그 제자들은 끝내 남의 해침을 받지 않는다. 장자가 이미 마련한 음식을 때를 따라 차려내라."

때에 장자는 손수 가늠하여 갖가지 먹을거리를 올려드렸다.

삼보의 진리가 세간의 독 없앰을 게송으로 보이시고, 독이 든 음식을 드심

그때에 세존께서는 곧 이 게송을 말씀하셨다.

지성스러운 붇다와 법과 상가
해치는 독 남음이 없게 하도다.
모든 붇다들은 해치는 독이 없으니
지성스러운 붇다가 독을 없애네.

지성스러운 붇다와 법과 상가
해치는 독 남음이 없게 하도다.
모든 붇다들은 해치는 독이 없으니
지성스러운 바른 법이 독을 없애네.

지성스러운 붇다와 법과 상가
해치는 독 남음이 없게 하도다.

모든 붇다들은 해치는 독이 없으니
지성스러운 상가가 독을 없애네.

탐냄과 성냄과 화를 내는 독
세간에는 이 세 가지 독이 있도다.
여래께는 길이 이런 독이 없으니
지성스러운 붇다가 독을 없애네.

탐냄과 성냄과 화를 내는 독
이 세 가지가 세간의 독이네.
여래의 법에는 독이 없으니
지성스러운 법이 독을 없애네.

탐냄과 성냄과 화를 내는 독
세간에는 이 세 가지 독이 있도다.
여래의 상가에는 독이 없나니
지성스러운 상가가 독을 없애네.

세존께서는 이 게송을 마치시고 곧 독이 섞인 음식을 공양하셨다.
그때에 세존께서는 비구들에게 말씀하셨다.
"너희들은 모두 먼저 먹지 말라. 반드시 여래가 먹은 뒤에 먹어야
한다."
때에 장자는 손수 가늠하여 갖가지 먹을거리를 올려 붇다와 비구
대중들을 공양하였다.

그때에 시리쿨 장자는 여래께서 다 잡수신 것을 보고는 발우를 치우고 다시 작은 자리를 가지고 와서 여래 앞에 앉았다.

설법하시어 장자가 법의 눈을 얻게 하시고
세존을 죽이려 했던 바깥길 사문들에게도 보시하도록 당부하심

그때에 세존께서는 장자와 팔만 사천 사람들을 위해 미묘한 논을 말씀하셨다. 곧 논해주심은 보시를 논하고 계를 논하고, 하늘에 남을 논하고, 탐욕은 깨끗하지 않음을 논하고, 음욕은 큰 걱정거리 됨을 논하고, 벗어남이 즐거움이 됨을 논하셨다.

여래께서는 그 장자와 팔만 사천 사람들의 마음이 열리고 뜻이 풀리어 다시는 티끌과 때가 없게 된 것을 보시고, 모든 붇다 세존이 늘 말씀하는 법인, 괴로움과 괴로움의 모아냄과 괴로움 사라짐과 괴로움을 없애는 길의 진리를 모두 말씀하시고 그 행을 널리 분별하셨다.

그때 대중들은 곧 그 자리에서 모든 티끌과 때가 다하고 법의 눈이 깨끗하게 되었으니, 마치 새 옷이 쉽게 빛깔을 물들일 수 있는 것과 같았다.

그 모인 사람들도 이와 같아서 각기 그 자리에서 도의 자취를 보았다. 법을 보아 법을 얻어서 온갖 법을 분별하고 여우 같은 여러 의심을 건너 두려움 없음을 얻었다.

그래서 다시는 다른 스승을 섬기지 않고 붇다와 법과 상가에 스스로 귀의하여 다섯 가지 계를 받았다.

그때에 시리쿨 장자는 스스로 도의 자취 얻은 줄을 알고 세존께 나아가 말씀드렸다.

"차라리 여래께 독을 베풀어 큰 과보를 얻을지언정 다른 바깥길 배움 다른 이들에게 단이슬을 주어 다시 그 죄를 받지 않겠습니다. 왜냐하면 저는 지금 독이 든 음식으로 붓다와 비구상가를 청함으로써 현재의 법 가운데 이런 증험을 얻었기 때문입니다.

저는 기나긴 밤에 저 바깥길에 미혹되어 여래 계신 곳에 이런 마음을 일으켰습니다. 바깥길 배움 다른 이들을 섬기게 되면 모두 치우친 길에 떨어질 것입니다."

세존께서는 장자에게 말씀하셨다.

"네 말과 같아서 다름이 없다. 모두 남의 속임을 받은 것이다."

그때에 시리쿨은 다시 붓다께 말씀드렸다.

"지금부터는 저 바깥길 배움 다른 이들을 믿지 않고 또 여러 사부 대중도 집에서 공양하는 것을 들어주지 않겠습니다."

세존께서는 말씀하셨다.

"이렇게 말하지 말라. 왜냐하면 너는 지금 늘 저 바깥길 수행자들에게 공양해야 하기 때문이다. 저 축생들에게 보시해도 그 복은 헤아리기 어렵거늘 하물며 사람이겠느냐.

만약 어떤 바깥길 배움 다른 이들이 '시리쿨은 누구 제자냐'고 묻는다면 너는 어떻게 대답하겠느냐."

그때에 시리쿨은 곧 자리에서 일어나 길게 꿇어 두 손을 맞잡고 세존께 말씀드렸다.

"용맹하여 해탈하시고 이제 사람의 몸을 받으사 저 일곱째 세상에 오신 크신 선인[大仙, mahārṣi] 사카무니의 제자입니다."

세존께서는 말씀하셨다.

"잘 말했다, 장자여. 이렇게 미묘한 찬탄을 말할 수 있다니."

붇다가 이 세간의 으뜸가는 복밭임을 노래하심

그때에 세존께서는 거듭 장자에게 아주 깊은 법을 말씀해주시고, 곧 다음 보시의 게송을 말씀하셨다.

제사에는 불이 가장 위가 되고
시와 글에는 게송이 빼어나며
사람 가운데는 임금이 가장 높고
뭇 흐름은 바다가 바탕이 되네.
별 가운데는 달이 가장 밝으며
밝은 빛은 해가 가장 위가 되네.

위와 아래 사방 온갖 무리들
여러 하늘들과 이 세간 가운데
붇다가 가장 으뜸이 되시니
그 참된 복을 구하려 하는 이는
바르게 깨친 분께 공양하여라.

세존께서는 이 게송을 마치시고 곧 자리에서 일어나셨다.

그때에 시리쿨과 모임에 온 여러 사람들은 붇다의 말씀을 듣고 기뻐하며 받들어 행하였다.

• 증일아함 45 마왕품(馬王品) 七

• **해설** •

'불꽃에서 연꽃이 피고'[火裏生蓮] '가시덤불숲에서 우트팔라 꽃이 핀다'[荊棘林生優鉢華]는 말은 이 경 가운데 붇다가 보이신 교화의 일과 꼭 맞으리라.

아자타사트루와 그의 아들 지바카가 등장한 것으로 보아 시리쿨 장자와 만난 것은 아자타사트루와 데바닫타가 공모하여 붇다를 시해하려 했던 광란의 시기가 한참 지난 붇다 만년의 때로 볼 수 있다.

인도 천하가 마가다 국의 힘에 복속되어갈 무렵 그 악독했던 아자타사트루 왕마저 붇다께 귀의하자, 바깥길 배움 다른 사문·브라마나들의 세존과 세존의 상가에 대한 질투와 모함이 더욱 심해진 듯하다.

바깥길 수행자들의 사주를 받아 시리쿨 장자가 죽음의 불구덩이에 불을 지피고 음식에 독을 넣어 세존과 상가대중을 공양 청했다. 하지만 세존은 그 의도를 다 간파하시고도 비구대중을 이끌고 공양을 받으러 시리쿨의 집에 들어가신다.

세존의 발이 닿자 불구덩이가 연못으로 변해 시원한 물이 넘치고 수레바퀴 같은 연꽃이 가득해지니, 미움과 성냄의 불이 공한 곳에 자비의 생명수가 공하지 않아 공덕의 꽃을 피워내는 소식인가.

독이 든 음식을 드시고도 독이 그 몸을 해치지 않으니, 그 또한 물질의 독이 공한 곳에 니르바나의 단이슬의 맛이 공하지 않은 소식이다.

이처럼 여래의 모습에서 모습 떠난 법의 몸[法身]·지혜의 목숨[慧命]·법의 재물[法財]은 삼독의 불이 태울 수 없고 죽임의 칼이 닿을 수 없으니, 여래는 '금강처럼 무너지지 않는 몸'[金剛不壞身]을 지녔다고 한 것은 빈말이 아님을 알 수 있다.

붇다께 귀의한 시리쿨 장자가 여래를 죽이도록 부추긴 바깥길 수행자들과 그들의 사부대중에게 공양하지 않겠다고 말하자, 여래를 죽이려 했던 사문·브라마나에게도 보시의 공덕을 짓도록 가르치시니, 여래의 자비에는 맞섬이 없고 따짐이 없다.

그러나 보시의 복밭에는 여래의 복밭이 가장 뛰어나다 깨우쳐주니, 여래의 길은 바름과 삿됨이 공함을 보이되 바름과 삿됨을 분명히 가려 삿됨을 깨뜨려 바름을 드러내기 때문이다.

여래의 여덟 가지 바른 삶의 길, 그것은 삿됨을 깨뜨리되 그 삿됨마저 거두어 치우침 없는 보디의 길에 이끄는 크나큰 싸안음이니, 세간의 복밭인 세존께 공양하는 자, 그도 세존의 복밭에 함께 들어가 다함없는 법의 재물을 함께 쓸 것이다.

세존으로부터 신통의 교화를 받고 법의 눈을 뜬 장자가 '차라리 여래에게 독을 드려 해탈의 과보를 얻을지언정 사악한 스승에게 단이슬을 올려 그 죄를 받지 않겠다'고 함과 같이, 『화엄경』(「수미정상게찬품」)에는 다음과 같이 여래에 대한 찬탄이 나온다.

> 차라리 지옥의 고통을 받고서
> 모든 붇다의 이름 들을지언정
> 한량없는 즐거움을 받고서
> 붇다의 이름 듣지 못한다면
> 그와 같이 되지 않으리.
>
> 寧受地獄苦　得聞諸佛名
> 不受無量樂　而不聞佛名

별점을 치고 사당에 제사하고 공양해도
덧없음의 재난은 여읠 수 없으니

이와 같이 들었다.

한때 존자 나가파라는 사슴동산 성 가운데 있었다.

그때에 어떤 브라마나가 있었는데, 나이 들어 몸이 무너져가고 있었다. 그는 나가파라 있는 곳에 가서 서로 같이 문안하고 한쪽에 앉았다. 그때 브라마나는 나가파라에게 말하였다.

"그대는 지금 즐거운 사람 가운데 가장 즐거운 사람이오."

나가파라는 물었다.

"그대는 무슨 뜻으로 '즐거운 사람 가운데 가장 즐거운 사람이다'라고 말하오?"

브라마나가 스스로에게 닥친 갖가지 재난을 이야기함

브라마나가 대답했다.

"나는 이레 동안에 아들 일곱을 잃었소. 그들은 모두 용맹스럽고 재주가 뛰어났으며, 지혜는 아무도 미칠 수가 없었소.

엿새 동안에 일꾼 열둘을 잃었소. 그들은 맡은 일을 잘해 게으르지 않았소.

닷새 동안에 네 형제가 덧없게 세상을 하직했소. 그들은 여러 기술이 있어 익히지 않은 일이 없었소.

나흘 동안에 부모가 목숨을 마쳤소. 백 세가 다 되셨는데, 나를 버리고 세상을 떠나셨소.

사흘 동안에 두 아내가 죽었소. 그들은 얼굴이 단정하여 세상에 아주 드물었소. 또 집안에 보배 묻은 움[窖]이 여덟 곳이 있었는데, 어제 찾아보았지만 그곳을 알 수 없었소. 내가 이제 만난 이런 고뇌는 이루 다 헤아릴 수 없소.

그러나 존자는 지금 그런 걱정거리를 길이 떠나 다시 근심걱정이 없어 오직 도법으로 스스로 즐기고 있소. 나는 이런 뜻을 살피므로 '즐거운 사람 가운데 가장 즐겁다'고 말한 것이오."

존자 나가파라는 말하였다.

"그대는 왜 어떤 방편을 써서 그만한 사람들을 죽지 않도록 하지 않았소?"

"나도 여러 방편을 써서 그들을 죽지 않게 하고, 또 재물을 잃지 않도록 했었소. 그래서 때를 따라 보시해 온갖 공덕을 지었고, 여러 하늘에 제사도 지내고 장로(長老) 브라마나를 공양하였소.

온갖 귀신을 보살폈으며 여러 주술도 외웠소. 또 별자리를 보고 점도 쳤으며, 온갖 약도 만들었소.

또 맛있는 음식으로 가난하고 어려운 이들에게 베푸는 등 이와 같은 것들은 이루 다 말할 수 없었소. 그러나 그들 목숨뿌리는 건질 수 없었소."

**지혜롭지 못한 보시와 신에 대한 제사로 죽음과
상실의 고난 피할 수 없음을 보임**

이때에 존자 나가파라는 이 게송으로 말하였다.

약풀과 여러 가지 주술과
입을 옷 먹을거리 갖추어
비록 보시해도 이익이 없고
오히려 몸만 괴롭히도다.

바로 사당에 제사 드리며
좋은 향과 꽃으로 바쳐 올리고
이 몸을 깨끗이 씻는다 해도
이 죽음의 바탕 헤아려보면
그 병 다스려 나을 수 없네.

가령 여러 물건을 베풀어주고
정진하여 범행을 지닌다 해도
이 죽음의 바탕 헤아려보면
그 병 다스려 나을 수 없네.

이때 그 브라마나가 물었다.
"어떤 법을 행해야 이런 고뇌의 걱정거리를 없게 할 수 있습니까."

해탈의 법을 말해주고 비구가 되게 하여 바른 살핌의 법을 가르침
존자 나가파라는 곧 다음 게송으로 말하였다.

은혜와 사랑은 무명의 근본
여러 고뇌 걱정거리 일으키나니

그것이 사라져 남음 없으면
다시는 괴로움이 있지 않으리.

그 브라마나는 이 말을 듣고 곧 게송으로 말하였다.

비록 늙다 하나 아주 늙지 않으니
행하는 바 제자와 같으오리라.
집을 나와 배우는 것 들어주시사
이 재난 떠날 수 있게 하여주소서.

그때에 존자 나가파라는 곧 그에게 세 가지 가사[三衣]를 주어 집을 나와 도를 배우게 하고 또 말하였다.
"그대 비구여, 지금 이 몸의 머리에서 발까지 살펴보오.
'이 머리털과 손톱과 이는 어디서 왔는가, 또 몸뚱이와 살갗·골수·창자·밥통은 어디서 왔는가.
만약 여기서 떠나면 어느 곳으로 가는가.'
그러므로 비구여, 세상의 고뇌를 너무 근심하지 마오. 또 낱낱의 털구멍을 살피고 방편을 구해 네 가지 진리[四諦]를 이루시오."
존자 나가파라는 곧 이 게송을 말하였다.

생각 없애 너무 근심하지 마오.
오래지 않아 법의 눈을 이루리.
덧없는 행은 번갯불과 같나니
이렇게 큰 다행함 못 만나리라.

낱낱이 털구멍을 살펴본다면
나는 것은 사라짐의 바탕이 되네.
덧없는 행은 번갯불과 같나니
마음 옮겨 니르바나 향해 가소서.

출가한 브라마나가 아라한을 이루자 하늘신이 증명해 찬탄함

그때에 그 장로비구는 이 가르침[言敎]을 받고 한가하고 고요한 곳에서 이 업(業)을 사유하였다.

'좋은 종족의 사람이 수염과 머리를 깎고 믿음이 굳세어 집을 나와 도를 배우는 것은 위없는 범행을 닦아, 나고 죽음은 이미 다하고 범행은 이미 서고 할 일을 이미 마쳐 다시는 뒤의 몸 받지 않을 줄 진실 그대로 알려고 함이다.'

그때에 그 비구는 곧 아라한이 되었다.

그때에 그 비구의 옛날 알던 벗인 어떤 하늘은 그 비구가 아라한을 이룬 것을 보고는, 나가파라 존자가 있는 곳에 가 허공에서 게송을 말했다.

비구의 구족계를 받아 지니고
고요하고 한가한 곳에 있으며
도를 얻어 마음에 집착이 없이
모든 악의 바탕을 없애버렸네.

그 하늘은 다시 하늘꽃을 존자 위에 뿌리고 허공 가운데서 사라져 나타나지 않았다.

그때에 그 비구와 하늘은 존자 나가파라의 말을 듣고 기뻐하며 받들어 행하였다.

• 증일아함 41 막외품(莫畏品) 二

• 해설 •

브라흐만에 제사 지내고 장로 브라마나에게 공양하며 온갖 귀신을 섬기고 주술을 외운다 해도 죽음의 재난과 덧없음의 재난을 피해갈 수 없으며 상실과 소멸의 두려움을 벗어날 수 없다.

온갖 법은 남이 있기 때문에 사라짐이 있는 것이니, 이 몸을 되살펴 실로 옴이 없는 줄 알면 우주 만 가지 존재가 남이 없는 줄 알아 죽음의 재난을 피할 수 있다. 또 온갖 법의 있음을 있음으로 붙잡으므로 상실과 소멸의 두려움에 떠는 것이니, 있음에서 있음을 떠나면 다시 상실의 두려움을 느끼지 않게 될 것이다.

나이든 장로 브라마나가 젊은 나가파라 비구의 설법에 곧 마음을 돌이켜 비구가 되었으니, 너무 늦었다고 망설이거나 나이 들어서 닦을 수 없다고 머뭇거릴 것이 없다.

한 생각 바른 마음 내는 그 자리가 나이를 넘어 성인의 지혜의 흐름에 들어간 때이고, 한 생각 바른 믿음을 일으켜 믿음의 땅에 발을 댄 순간이 죽음이 없는 아라한의 공덕과 함께하고, 물듦 없는 범행을 갖추는 때이다.

장로 브라마나와 나가파라 존자의 경우에서 알 수 있듯, 바르게 지혜의 눈을 뜬 이가 일러주지 않으면 설사 오랜 고행과 기도의 경력을 쌓았다 해도 해탈의 보배를 만나기란 참으로 어려운 것이다.

『화엄경』(「수미정상게찬품」) 또한 바른 선지식으로부터 법을 들어 눈의 가림을 없애지 못하면, 붇다의 법 그 값할 길 없는 보배를 분별할 수 없음을 다음과 같이 보인다.

비유하면 어두움 가운데 보배가
등불이 없으면 볼 수 없듯이
붇다의 법도 말해주는 사람 없으면
비록 지혜 있어도 알지 못하네.

譬如闇中寶　無燈不可見
佛法無人說　雖慧莫能了

마치 눈에 가림이 있으면
맑고 묘한 빛깔 볼 수 없듯이
이와 같이 깨끗하지 못한 마음은
여러 붇다의 법을 볼 수 없도다.

亦如目有翳　不見淨妙色
如是不淨心　不見諸佛法

이런 사람은 지혜의 눈 없어
붇다를 만나 뵙지 못하고
한량없이 오랜 겁 가운데
나고 죽음의 바다 흘러 구르리.

此人無慧眼　不能得見佛
於無量劫中　流轉生死海

그러나 막힘이 없고 가림이 없는 붇다의 법은 중생 스스로 등을 돌리고 있을 뿐 중생의 삶 속에 현전해 있는 것이니, 「광명각품」(光明覺品)은 다음과 같이 말한다.

비유하면 큰 브라흐마 하늘왕이
몸을 응해 나눠 삼천계를 채우되

그 몸의 다름이 없는 것과 같이
모든 붇다의 법도 이와 같도다.

譬如大梵王　應現滿三千
其身無別異　諸佛法如是

또한 큰 구름과 우레가
온갖 땅에 널리 비를 내리되
빗방울에 차별이 없듯이
모든 붇다의 법도 이와 같도다.

亦如大雲雷　普雨一切地
雨滴無差別　諸佛法如是

마치 저 하늘의 밝은 달이
세간에서 보지 못함 없지만
달이 그곳에 가지 않음과 같이
모든 붇다의 법도 이와 같도다.

亦如空中月　世間靡不見
非月往其處　諸佛法如是

2 사문의 교화

• 이끄는 글 •

붇다 당시는 사회경제적으로나 정치적으로 기성의 것과 새로운 것이 대립하고, 브라마나의 기성 철학과 신흥 사문들의 철학이 그 사상적 견해의 차이로 격돌하던 시기였다. 그리하여 붇다 교단의 출현뿐 아니라 그밖에도 사회 여러 유파와 계층을 대변하던 여러 갈래 사상가들이 등장하여 자기 주장과 견해를 세상에 피력하며 자기 교단을 꾸려가던 시기였다.

경전에서 사문들에 여섯 바깥길 스승이 있었다고 말하고, 바깥길의 예순두 가지 견해(六十二見)라고 표현하고 있는 것이 당대 다양한 사상가들의 주장이 있었음을 나타낸다.

붇다 당시는 여러 사문·브라마나들이 어떤 실체적이고 초월적인 요인이 만유의 근거라는 신조를 보편적인 진리로 대중에 설파하거나 자기가 경험하고 사유한 것을 일반화해서 그 주장이 진리라고 말하던 시기였다.

붇다만이 온갖 견해와 주장의 길 가운데서 견해에서 견해를 뛰어나, 존재의 있되 공한 진실을 온전히 깨달아 사는 해탈의 길을 보이셨다.

견해의 길이란 보고 듣고 앎에서 실로 보고 들을 것이 있다는 사고로 자신이 보고 아는 것을 일반화해서 변치 않는 진리로 주장하고 내세우는 입장이다.

붇다는 보고 듣고 앎에 실로 볼 것이 없고 들을 것이 없음을 깨달아 인간의 보고 듣고 앎이 '앎 아닌 앎'임을 밝힌 분이다. 앎이 앎 아닌 앎이 되는 길이 지혜의 길이고, 보고 듣고 앎과 사유된 것을 실체화하는 길이 견해의 길이다.

자기가 이성적으로 사고하고 감각적으로 확신한 것을 일반화된 주장으로 확정해서 그것이 진리라고 가르치는 여러 사문들에게 붇다는 보는 것에 실로 볼 것이 없고 원자적 요인이라고 하는 것에 변치 않는 바탕이 원래 없다고 가르친다.

이런 가르침을 듣고 어떤 사문은 마음을 돌이켜 견해가 견해 아닌 진여의 넓고 큰 바다에 나아간 이도 있고, 어떤 이는 자기 견해를 붙잡고 저항하고 끝까지 대결하려는 이들도 있었다.

저 사물에 대해 그렇다고 말할 때 저 사물에 그렇다고 할 확정된 기반이 없어서 '그렇다 함'에 '실로 그렇다 할 것이 없음'을 알아 그렇다는 주장을 놓아버리면, 그렇다고 한 모습을 넘어서서 모습이 모습 아닌 실상[無相實相]의 다함없는 법의 재물[法財]에 나아갈 것이다.

이처럼 '그렇다는 나의 견해'에 '실로 그렇다고 세울 견해가 없음'을 알면, 견해와 사고를 떠나 앎에 앎 없는 보디의 세계 해탈의 세계에 나아갈 수 있다.

그러나 자기 견해와 주장의 꼭 그러함을 붙들어쥐고 견해가 견해 아닌 드넓은 진리의 세계를 외면하고 지나쳐버리면 그를 어찌할 것인가. 오직 생각에서 생각 떠나고 모습에서 모습 떠나, 견해의 어지러움을 버리고 존재의 무거운 짐[重擔]을 바로 부려버린 자, 그가 붇다의 진리의 땅[眞實地]에 들어가고 여래의 진리의 집[法界家]에 다시 난다.

얻을 것이 있는 삶의 길은 얻는 것이 있으므로 얻지 못함이 있지만, 여래의 보디의 길은 실로 얻을 것이 없으므로 얻지 못할 것이 없는 풍요의 길이다.

『화엄경』(「수미정상게찬품」)은 이렇게 말한다.

모든 붇다께서 얻으신 곳은
지음이 없고 분별이 없네.
거친 것도 있음이 없고
미세함 또한 다시 그러네.

諸佛所得處　無作無分別
麤者無所有　微細亦復然

고타마시여, 배운다는 것은 어떻게 배우는 것입니까

이와 같이 내가 들었다.

한때 붇다께서는 라자그리하 성 칼란다카 대나무동산에 계셨다.

그때 바깥길의 집을 나온 수행자가 있었는데 시바카라고 하였다. 그가 붇다 계신 곳에 찾아와서 세존과 얼굴을 마주보고 서로 문안 인사하고 위로한 뒤에 한쪽에 물러나 앉아서 붇다께 여쭈었다.

"고타마시여, 무엇을 배움이라 하고, 또 그 배운다는 것은 어떻게 배우는 것입니까?"

붇다께서 시바카에게 말씀하셨다.

"배워야 할 것을 배우므로 배움이라고 하오."

시바카가 붇다께 말씀드렸다.

"어떤 것을 배웁니까?"

해탈에 이르는 수행자의 배움이란 바른 계와 선정·지혜임을 보이심

붇다께서 시바카에게 대답하셨다.

"때를 따라 더욱 위로 오르는 계[增上戒]를 배우고, 더욱 위로 오르는 뜻[增上意]과 더욱 위로 오르는 지혜[增上慧]를 배워야 하오."

시바카가 붇다께 말씀드렸다.

"만약 아라한 비구로서 모든 흐름이 이미 다하고 지을 바를 이미 짓고, 여러 무거운 짐을 다 벗어버려 스스로의 이익을 얻고, 모든 존재의 묶임을 다해 바른 지혜로 잘 해탈하면, 그때에는 다시 어느 것을 배워야 합니까?"

붇다께서 시바카에게 말씀하셨다.

"만약 아라한 비구가 모든 흐름이 이미 다하고 지을 바를 이미 짓고, 여러 무거운 짐을 다 벗어버려 스스로의 이익을 얻고, 모든 존재의 묶임을 다해 바른 지혜로 잘 해탈한다 합시다.

그때에는 탐욕이 길이 다해 남음이 없게 됨을 깨달아 알게 되고, 성냄과 어리석음이 길이 다해 남음이 없게 됨을 깨달아 알게 되오.

그러므로 다시는 여러 악을 짓지 않고 늘 여러 착함을 행해야 되오.

시바카여, 이것을 배워야 할 것을 배우는 것이라 하오."

그때 시바카라는 집을 나온 바깥길 수행자는 붇다의 말씀을 듣고, 기뻐하면서 자리에서 일어나 떠나갔다.

• 잡아함 976 시바경(尸婆經) ①

• 해설 •

시바카는 바깥길을 따라 행하는 사문이었지만 계·정·혜 삼학(三學)을 배워 모든 있음의 묶임[諸有結]을 다하고 무거운 짐[重擔]으로 벗어버리는 것이 배움의 길이라는 여래의 가르침을 듣고 큰 기쁨을 일으켰으니, 그도 믿음의 땅에 서고 배움의 자리에 함께한 사람이다.

존재의 묶임을 다한 자는 존재가 존재 아님을 살피는 지혜로 탐내는 것에 탐낼 것이 없음을 알아 탐냄을 떠나고 성냄을 떠나니, 그와 같이 잘 살펴 그 뜻을 보살펴 가면 탐냄·성냄·어리석음이 길이 다해 남음이 없을 것이다.

번뇌와 탐욕이 다해 남음 없음을 아는 자리가 번뇌가 온전히 보디가 되는 자리이고 탐욕이 크나큰 자비와 크나큰 원이 되는 자리이며, 앎에 앎이 없으므로 배움이 다하되, 앎 없음에 앎 없음도 없으므로 배우지 않음도 없는 자리이다.

그러므로 붇다께 바른 배움을 물어 삶의 모든 무거운 짐을 버린 자, 그는 비좁고 뒤틀리고 위험이 가득 찬 작은 길을 버리고, 크고 곧고 넓은 해탈의 길에 바로 들어선 것이다.

크고 곧고 넓은 길은 안과 밖이 없고 잃음이 없고 얻음이 없는 길이니, 그 길에 들어선 사람 그는 이미 여래를 따라 여래의 길을 가는 사람이다.

여래의 길은 마음에 마음이 없어 마음으로 아는 경계 아니지만 마음 없음에 마음 없음도 없어 온갖 해탈의 행을 나타내는 길이니, 『화엄경』(「광명각품」)은 이렇게 말한다.

앎으로 알 수 있는 바가 아니며
또한 마음의 경계가 아니네.
그 성품이 본래 청정하지만
여러 중생에게 열어 보이네.

非識所能識　亦非心境界
其性本淸淨　開示諸群生

스승께선 두 뿔 잘린 소가 빈 외양간에서 외치듯, 그렇게 외치시는구려

이와 같이 내가 들었다.

한때 붇다께서는 라자그리하 성 칼란다카 대나무동산에 계셨다.

그때 라자그리하 성에 한 바깥길 집을 나온 수행자가 있었는데, 사라바(Sarabha)라고 하였고, 수마갈타 못가에 살고 있었다.

그는 자기 대중들 앞에서 이렇게 외쳐 말하였다.

"사문 사카족 아들의 법을 나는 이미 다 알고 있다. 나는 앞서 이미 그 법과 율을 알았지만 그 뒤에 다 버렸다."

그때 많은 비구들이 이른 아침에 가사를 입고 발우를 들고 라자그리하 성으로 들어가 밥을 빌었다. 그때 '사라바'라고 하는 집을 나온 바깥길 수행자가 라자그리하 성 수마갈타 못가에 살고 있는데, 그는 자기 제자들 앞에서 이렇게 외쳐 말한다고 들었다.

"사문 사카족 아들의 법과 율을 나는 이미 다 알고 있다. 나는 앞서 이미 그 법과 율을 알았지만 그 뒤에 다 버렸다."

세존을 비방한다는 사라바를 몸소 찾아가 타이르심

이 말을 들고서 그들은 밥 빌기를 마치고 정사로 돌아와 가사와 발우를 챙겨두고 발을 씻은 뒤에, 붇다 계신 곳으로 나아가 머리를 대 발에 절하고는 한쪽에 물러나 앉아서 붇다께 말씀드렸다.

"세존이시여, 저희들은 이른 아침에 가사를 입고 발우를 들고서 라자그리하 성으로 들어가 밥을 빌었습니다.

그때 거기에서 사라바라는 집을 나온 바깥길 수행자가 라자그리하 성 수마갈타 못가에 살고 있는데, 그는 자기 대중들 앞에서 이렇게 외쳐 말한다고 들었습니다.

'사문 사카족 아들의 법을 나는 이미 다 알고 있다. 나는 앞서 이미 그 법과 율을 알았지만 그 뒤에 다 버렸다.'

거룩하신 세존이시여, 그를 가엾이 여기시어 저 수마갈타 못가로 몸소 찾아가주시는 것이 좋겠습니다."

그때 세존께서는 잠자코 허락하시고 해질 무렵에 선정에서 깨어나 바깥길 수행자 사라바가 살고 있는 수마갈타 못가로 가셨다.

그때 바깥길 수행자 사라바는 멀리 세존께서 오시는 것을 보고 곧 앉을 자리를 펴놓고 앉으시기를 청하였다.

붇다께서 곧 자리에 가시어 사라바에게 말씀하셨다.

"그대는 참으로 이렇게 말했소?"

'사문 사카족 아들의 법을 나는 이미 다 알고 있다. 나는 앞서 이미 그 법과 율을 알았지만 그 뒤에 다 버렸다.'"

그러자 사라바는 잠자코 아무 대답이 없었다.

붇다께서 사라바에게 말씀하셨다.

"그대는 지금 말해야 하오. 왜 잠자코 있소? 그대가 알고 있는 것이 만족스러운 것이라면 나는 곧 따라 기뻐할 것이요, 만족스럽지 못하다면 내가 그대를 만족시켜 줄 것이오."

사라바는 그래도 여전히 잠자코 있었다. 이렇게 두 번 세 번 말씀하셨으나 그는 두 번 세 번 잠자코 있었다.

그때 사라바에게는 한 범행을 닦는 제자가 있었는데, 그가 사라바에게 말하였다.

"스승께서 사문 고타마에게 가서서 알고 보시는 것을 말해야 하는데, 지금 사문 고타마께서 스스로 여기까지 오셨습니다.

그런데 왜 아무 말씀도 하시지 않습니까?

더구나 사문 고타마는 스승님께 이렇게 말씀하셨습니다.

'만약 만족스러우면 나는 곧 따라 기뻐할 것이요, 만족스럽지 못하면 내가 그대를 만족시켜주겠소.'

그런데 왜 잠자코 말씀하시지 않습니까?"

이렇게 사라바의 범행 닦는 제자가 권하였으나, 그는 다시 잠자코 있었다.

그때 세존께서 사라바에게 말씀하셨다.

"만약 어떤 이가 '사문 고타마는 여래·공양해야 할 분·바르게 깨친 분이 아니다'라고 말한다면, 나는 그에게 좋은 말로 타이르고 좋은 말로 물을 것이오.

내가 좋은 말로 타이르고 좋은 말로 물을 때에 그는 아주 동떨어지게 여러 바깥일을 얘기하거나, 성냄과 교만에 덮이어 차마 마주하지 못하여 어떻게 나타내지 못할 것이오.

그리고 잠자코 부끄러워 머리를 숙이고 가만히 스스로 살펴 생각할 것이오. 마치 지금 그대 사라바와 같소.

또 누가 '사문 고타마에게는 바른 법과 율이 없다'고 그렇게 말할 때에 내가 좋게 타이르고 좋게 물으면, 그도 지금의 그대처럼 잠자코 있을 것이오.

또 누가 '사문 고타마의 성문들은 바른 길로 나아가지 않는다'고 말할 때에 내가 좋게 타이르고 좋게 물으면 그 또한 지금의 그대처럼 잠자코 있을 것이오."

그때 세존께서는 수마갈타 못가에서 사자처럼 외치시고 나서 자리에서 일어나 떠나셨다.

사라바의 범행 제자가 자기 스승의 떳떳치 못함을 꾸짖음

그때 사라바의 범행을 닦는 제자가 사라바에게 말했다.

"비유하면 어떤 소가 두 뿔을 잘린 채 빈 외양간에 들어가 땅에 꿇어 앉아 크게 외치는 것처럼, 스승께서 또한 그와 같아서 사문 고타마의 제자들이 없는 데서만 사자처럼 외치십니다.

비유하면 여인이 사내 소리를 흉내내려 하지만 소리를 내게 되면 곧 여자 소리를 내는 것처럼, 스승께서 또한 그와 같아서 사문 고타마의 제자들이 없는 데서만 사자처럼 외치십니다.

비유하면 승냥이[野干]가 여우 소리를 흉내내려 하지만 정작 소리를 내면 도로 승냥이 소리를 내는 것처럼, 스승께서 또한 그와 같아서 사문 고타마의 제자들이 아닌 데서만 사자처럼 외치려고 하십니다."

그때 사라바의 범행을 닦는 제자는 사라바의 얼굴 앞에서 꾸짖고 헐뜯은 뒤에 자리에서 일어나 떠나갔다.

• 잡아함 970 사라보경(舍羅步經)

• 해설 •

마치 들여우가 짐승의 왕 사자가 없을 때 소리를 지르다 사자가 나타나면 놀라 달아나듯, 자기를 따르는 제자들 앞에서 큰소리로 세존을 비방하던 사라바가 세존이 나타나자 입을 열어 한 마디도 하지 못한다.

그는 말한다.

"나는 사카족의 아들의 법을 다 알고 있다. 나는 앞서 그의 법과 율을 이미 알고 지금 그 법과 율을 버리고 떠났다."

그러나 여래의 법은 여래의 법이 아니라 지금 주어진 존재의 진실이고 삶의 진실이라 안다고 말해도 실로 붙잡아 알 것이 없고, 모른다고 해도 사라져 없어지지 않으며, 나되 남이 없고 사라지되 사라짐 없는 연기의 진실이므로 알았다고 해도 늘어나지 않고, 안 뒤에 버렸다고 해도 줄어들지 않는다. 그가 이미 알고서 버렸다고 떠들어댐이 여래의 법과 율을 참으로 알지 못한 것이니, 그가 어찌 여래의 물음에 두려움 없이 답할 수 있겠는가.

또한 보고 들음에 보고 듣는 견해의 가림이 있고, 이기고 지는 부질없는 따짐으로 마음이 시끄러운 이가 어찌 두렷하기 허공 같은[圓同太虛] 여래 사마디에 맞설 수 있겠는가.

손에 횃불을 잡고 저 하늘을 태우려는 이가 하늘은 태우지 못하고 제 손을 태우는 꼴이라 할 것이다.

『화엄경』(「입법계품」入法界品) 또한 여래의 깊은 지혜의 경계는 세간의 미혹에 빠진 이들이 알 수 없음을, 다음과 같이 노래한다.

잘 가신 이 위신의 힘이
나타내는바 셀 수 없나니
온갖 모든 세간 사람들은
미혹하여 알 수 없어라.

善逝威神力　所現無央數
一切諸世間　迷惑不能了

법왕의 깊고 묘한 법은
한량없고 사의할 수 없나니
나타내는 모든 신통은

온 세상이 헤아릴 수 없어라.

法王深妙法　無量難思議
所現諸神通　擧世莫能測

이처럼 미혹의 중생이 여래의 지혜를 알 수 없지만 세간의 온갖 법 크고 작은 지혜가 여래의 지혜를 떠나지 않고, 법계의 실상인 여래의 지혜는 늘어나고 줄어듦이 없어서 그 지혜의 바다에 들어가면 그 또한 보디인 사트바가 될 수 있으니, 「입법계품」은 다시 이렇게 노래한다.

늘고 줄이 없는 여래의 지혜는
마치 바다에 네 보배가 있어
온갖 물을 다 마실 수 있어서
바닷물이 흘러넘치지 않게 하고
또한 늘고 줄어듦이 없게 함과 같네.

如海有四寶　能飲一切水
令海不流溢　亦復無增減

여래의 지혜 또한 그러하여서
물결을 쉬고 법의 애착을 없애
넓고 커서 끝이 없으니
모든 붇다와 보디사트바를
이 지혜가 낼 수 있도다.

如來智亦爾　息浪除法愛
廣大無有邊　能生佛菩薩

존자께서는 스승이 될 때인데
사문 고타마의 제자가 되어서는 안 됩니다

나는 들었다, 이와 같이.

한때 붓다께서는 라자그리하 성을 노닐어 다니실 적에 칼란다카 대나무동산에 계셨다.

그때 세존께서는 밤이 지나고 이른 아침이 되자 가사를 입고 발우를 가지고 라자그리하 성에 들어가 밥을 비셨다. 밥 빌기를 마치고 나서 가사와 발우를 거두어 들고, 손과 발을 씻으시고, 니시다나를 어깨에 걸치고 공작숲[孔雀林]이라는 배움 다른 이들의 동산으로 가셨다.

그때 그 공작숲 배움 다른 이들의 동산 가운데는 한 배움 다른 이가 있었는데 화살틸[箭毛]이라고 이름하였다. 그는 이름과 덕이 있는 종주(宗主)로서 여러 사람의 스승이었고 또 큰 명예가 있어 대중들이 공경하고 존중하였다.

그는 큰 무리를 거느리고 있었으니, 오백 배움 다른 무리들이 높이 받들고 있었다.

그는 대중 속에서 시끄럽게 떠들고 어지럽게 크고 높은 음성을 놓아 여러 가지 축생 같은 논들을 말하고 있었다. 곧 왕을 논하고, 도적을 논하고, 싸움·음식·옷·부인·어린 여인·음탕한 여인·세간·빈 들판·바닷속·나라의 사람들을 논함이었다.

그는 같이 모여 앉아 이와 같은 축생 같은 논들을 말하고 있었다.

공작숲 배움 다른 대중 속에 세존이 찾아가시어
다른 스승들에 대해 문답하심

배움 다른 이 화살털은 멀리서 붇다께서 오시는 것을 보고 그 대중들에게 당부하였다.

"너희들은 잠자코 있으라. 저기 사문 고타마가 오신다. 저 대중들은 침묵하는 대중들로서 늘 잠자코 있음을 좋아하고 잠자코 있음을 기리어 말한다. 그가 만약 이 대중이 잠자코 있음을 보면, 여기 와서 서로 볼지도 모른다."

배움 다른 이 화살털은 대중에게 잠자코 있도록 하고 스스로도 잠자코 있었다.

세존께서 배움 다른 이 화살털이 있는 곳으로 가시자, 화살털은 곧 자리에서 일어나 가사 한 자락을 벗어 메고 두 손을 맞잡고 붇다를 향해 말씀드렸다.

"잘 오셨습니다. 사문 고타마시여, 사문 고타마께서는 오랜만에 여기 오셨습니다. 이 자리에 앉으십시오."

세존께서 곧 배움 다른 이 화살털이 펴놓은 자리에 앉으시자 배움 다른 이 화살털은 곧 세존과 서로 같이 문안하고 물러나 한쪽에 앉았다.

세존께서 물으셨다.

"우다인(Udāyin)이여, 아까는 무슨 일을 이야기하였으며, 무슨 일로 여기 이렇게 같이 모여 있소?"

배움 다른 이 화살털이 말씀드렸다.

"고타마시여, 이 논함에 대해서는 두어둡시다. 우리가 논한 것은 묘함이 아닙니다. 사문 고타마시여, 이 논함을 듣고자 한다면 나중에 들으셔도 어렵지 않을 것입니다."

세존께서 거듭 물으셨다.

"우다인이여, 아까는 무슨 일을 논하였으며, 무슨 일로 여기 같이 모여 있소?"

배움 다른 이 화살털 또한 똑같이 말씀드렸다.

"고타마시여, 이 논함에 대해서는 두어둡시다. 우리가 논한 것은 묘함이 아닙니다. 사문 고타마시여, 이 논함을 듣고자 한다면 나중에 들으셔도 어렵지 않을 것입니다."

그러다가 다시 말하였다.

"사문 고타마께서 두 번 세 번이나 말씀하니 굳이 듣고자 하신다면 지금 곧 말씀드리겠습니다.

고타마시여, 저는 묘한 생각이 있고, 깊은 사유가 있으며, 묘한 생각의 자리에 머무르고 깊은 사유의 자리에 머물며, 지혜가 있고 말재간이 있습니다.

그래서 만약 누가 '나는 진실로 온갖 것을 아는 지혜가 있어서 온갖 것을 알고, 온갖 것을 보아 모르는 것이 없고, 못 보는 것이 없다'고 말하면, 나는 그에게 가서 그 일을 물었습니다. 그러나 그는 알지 못했습니다. 고타마시여, 그러면 나는 이렇게 생각했습니다.

'이들은 도대체 어떤 사람인가.'"

세존께서는 물으셨다.

"우다인이여, 그대는 묘한 생각이 있고, 깊은 사유가 있으며, 묘한 생각의 자리에 머무르고 깊은 사유의 자리에 머물며, 지혜가 있고 말재간이 있다고 하였소.

그래서 누군가 '나는 진실로 온갖 것을 아는 지혜가 있어서 온갖 것을 알고, 온갖 것을 보아 모르는 것이 없고, 못 보는 것이 없다'고 말할 때, 그대가 가서 그 일을 물었지만 그는 알지 못했다고 하였는데, 누구를 말하는 것이오?"

우다인이 여섯 바깥길 스승인 사문들에 대해 말함

배움 다른 이 화살털이 대답했다.

"고타마시여, 그는 곧 푸라나 카샤파입니다. 왜냐하면 고타마시여, 푸라나 카샤파는 '나는 진실로 온갖 것을 아는 지혜가 있어, 온갖 것을 알고 온갖 것을 보므로 모르는 것이 없고 못 보는 것이 없다'고 스스로 말하였습니다.

그러나 저는 묘한 생각이 있고, 깊은 사유가 있으며, 묘한 생각의 자리에 머무르고 깊은 사유의 자리에 머물며, 지혜가 있고 말재간이 있습니다. 그래서 저는 그에게 가서 그 일을 물었습니다. 그러나 그는 알지 못하였습니다.

고타마시여, 그래서 저는 '이들은 도대체 어떤 사람인가'라고 생각하였습니다.

이와 같이 마카리 고사리푸트라, 산자야 바이라티푸트라, 아지타 케사캄바라, 카쿠다 카타야나, 니르그란타 즈냐타푸트라 또한 이와 같았습니다.

고타마시여, 아지타 케사캄바라는 스스로 이렇게 말했습니다.

'나는 온갖 것을 아는 지혜가 있어 온갖 것을 알고 온갖 것을 보므로, 모르는 것이 없고 못 보는 것이 없다.'

그러나 저는 묘한 생각이 있고, 깊은 사유가 있으며, 묘한 생각의 자리에 머무르고 깊은 사유의 자리에 머물며, 지혜가 있고 말재간이 있습니다. 그래서 저는 그에게 가서 그 일을 물었습니다. 그러나 그는 알지 못하였습니다.

고타마시여, 그래서 저는 '이들은 도대체 어떤 사람인가'라고 생각하였습니다."

여래의 지혜를 답하시는데, 먼저 제자의
오랜 목숨 아는 지혜를 보이심

"고타마시여, 저는 다시 이렇게 생각했습니다.

'만약 내가 사문 고타마 있는 곳에 찾아가 내 과거의 일을 물으면 사문 고타마는 반드시 내 과거의 일을 대답해주실 수 있을 것이다.

만약 내가 사문 고타마를 찾아가 내 미래의 일을 물으면 사문 고타마는 반드시 내 미래의 일을 대답해주실 수 있을 것이다.

다시 만약 내가 사문 고타마에게 묻고 싶은 것을 다 물어도 사문 고타마는 또한 반드시 내가 물은 대로 대답해주실 것이다.'"

세존께서 말씀하셨다.

"우다인이여, 그만두오, 그만두오. 그대는 기나긴 밤 동안 견해를 달리하고, 참음을 달리하고, 즐거움을 달리하고, 욕망을 달리하고, 뜻을 달리하였으므로, 내가 말하는 뜻을 다 알지 못하오.

우다인이여, 나에게 어떤 제자가 있는데 원인이 있고 조건이 있어서 한량없는 본래 옛날 살아온 것을 다 기억하오.

곧 한 생이나 두 생·백 생·천 생 동안과 이루는 겁[成劫]·사라지는 겁[敗劫]과 한량없는 이루고 사라지는 겁에, 중생들의 이름은 무엇이었으며, 나는 일찍이 저곳에 태어나 이 같은 성 이 같은 이름 이 같은 신분으로서, 이와 같이 음식을 먹고 이와 같이 괴로움과 즐거움을 받았으며, 이렇게 오래 살고 이렇게 오래 머물다가, 이와 같이 목숨 마쳤음을 다 기억하오.

또 여기에서 죽어 저기에 나고, 저기에서 죽어 여기에 난 것과 내가 여기에 태어나서는 이 같은 성 이 같은 이름 이 같은 신분으로서, 이와 같이 음식을 먹고 이와 같이 괴로움과 즐거움을 받았으며, 이렇게 오래 살고 이렇게 오래 머물다가, 이와 같이 목숨 마쳤음을 다 기억하오.

그가 내게 와서 과거의 일을 물으면 나는 그에게 과거의 일을 대답해주고, 나 또한 그에게 가서 과거의 일을 물으면 그 또한 내게 과거의 일을 대답해주오.

내가 그에게 물은 바를 따라서, 그 또한 내가 물은 일을 따라 나에게 대답해주오."

제자의 하늘눈을 보이시니, 우다인이 하늘눈 얻는 법을 물음

"다시 우다인이여, 나아가 어떤 제자가 있어 청정한 하늘눈이 사람보다 뛰어난데, 그는 이 중생들의 죽는 때와 나는 때, 좋은 빛깔과 나쁜 빛깔, 묘하고 묘하지 않은 것을 보며, 그 중생들이 지은 바 업에 따라 좋은 곳과 좋지 않은 곳으로 오고 가는 것을 진실 그대로 보오.

곧 그는 다음과 같이 보오.

'만약 그 중생들이 몸으로 짓는 나쁜 행을 성취하고, 입과 뜻으로 짓는 나쁜 행을 성취하여 성인을 모함해 비방하고, 삿된 견해로 삿된 견해의 업을 성취한다 하자. 그는 이 인연으로 그 몸이 무너지고 목숨을 마친 뒤에는 반드시 나쁜 곳으로 가서 지옥에 날 것이다.

만약 그 중생들이 몸으로 짓는 묘한 행을 성취하고, 입과 뜻으로 짓는 묘한 행을 성취하여 성인을 모함해 비방하지 않고, 바른 견해로 바른 견해의 업을 성취한다 하자. 그는 이 인연으로 그 몸이 무너지고 목숨을 마친 뒤에는, 반드시 좋은 곳으로 올라가서 하늘에 나게 될 것이다.'

그가 내게 와서 미래의 일을 물으면 나는 그에게 미래의 일을 대답해주고, 나 또한 그에게 가서 미래의 일을 물으면 그 또한 내게 미래의 일을 대답해주오.

내가 묻는 그 일을 따라 그 또한 내가 물은 일을 따라 나에게 대답해주오."

배움 다른 이 화살털이 말씀드렸다.

"고타마시여, 만약 사문 고타마께서 이와 같으시다면 저는 더욱 알지 못하고, 저는 더욱 보지 못하며, 더욱 어리석어져 어리석음에 떨어지게 됩니다.

사문 고타마께서는 이렇게 말씀하셨습니다.

'우다인이여, 그만두오, 그만두오. 그대는 기나긴 밤 동안 견해를 달리하고, 참음을 달리하고, 즐거움을 달리하고, 욕망을 달리하고, 뜻을 달리하였으므로, 내가 말하는 뜻을 다 알지 못하오.

우다인이여, 나에게 어떤 제자가 있는데 원인이 있고 조건이 있어서 한량없는 옛날 본래 살아온 것을 다 기억하오.

곧 한 생이나 두 생·백 생·천 생 동안과 이루는 겁·사라지는 겁과 한량없는 이루고 사라지는 겁에, 중생들의 이름은 무엇이었으며, 나는 일찍이 저곳에 태어나 이 같은 성 이 같은 이름 이 같은 신분으로서, 이와 같이 음식을 먹고 이와 같이 괴로움과 즐거움을 받았으며, 이렇게 오래 살고 이렇게 오래 머물다가, 이와 같이 목숨 마쳤음을 다 기억하오.

또 여기에서 죽어 저기에 나고, 저기에서 죽어 여기에 난 것과 내가 여기에 태어나서는 이 같은 성 이 같은 이름 이 같은 신분으로서, 이와 같이 음식을 먹고 이와 같이 괴로움과 즐거움을 받았으며, 이렇게 오래 살고 이렇게 오래 머물다가, 이와 같이 목숨 마쳤음을 다 기억하오.

그가 내게 와서 과거의 일을 물으면 나는 그에게 과거의 일을 대답해주고, 나 또한 그에게 가서 과거의 일을 물으면 그 또한 내게 과거의 일을 대답해주오. 내가 그에게 물은 바를 따라서, 그 또한 내가 물은 일을 따라 나에게 대답해주오.

다시 우다인이여, 나아가 어떤 제자가 있어 청정한 하늘눈이 사람보다 뛰어난데, 그는 이 중생들의 죽는 때와 나는 때, 좋은 빛깔과 나쁜 빛깔, 묘하고 묘하지 않은 것을 보며, 그 중생들이 지은 바 업에 따라 좋은 곳과 좋지 않은 곳으로 오고 가는 것을 진실 그대로 보오.

곧 그는 다음과 같이 보오.

〈만약 그 중생들이 몸으로 짓는 나쁜 행을 성취하고, 입과 뜻으로 짓는 나쁜 행을 성취하여 성인을 모함해 비방하고, 삿된 견해로 삿된 견해의 업을 성취한다 하자. 그는 이 인연으로 그 몸이 무너지고 목숨을 마친 뒤에는 반드시 나쁜 곳으로 가서 지옥에 날 것이다.

만약 그 중생들이 몸으로 짓는 묘한 행을 성취하고, 입과 뜻으로 짓는 묘한 행을 성취하여 성인을 모함해 비방하지 않고, 바른 견해로 바른 견해의 업을 성취한다 하자. 그는 이 인연으로 그 몸이 무너지고 목숨을 마친 뒤에는 반드시 좋은 곳으로 올라가서 하늘에 나게

될 것이다.〉

그가 내게 와서 미래의 일을 물으면 나는 그에게 미래의 일을 대답해주고, 나 또한 그에게 가서 미래의 일을 물으면 그 또한 내게 미래의 일을 대답해주오.

내가 묻는 그 일을 따라 그 또한 내가 물은 일을 따라 나에게 대답해 주오.'

고타마시여, 저는 이 생에서 본디 지은 것과 본디 얻은 것도 오히려 기억하지 못하는데, 하물며 어떻게 원인[因]과 조건[緣]이 있어서 한량없는 옛날 본디 살았던 일을 다 기억할 수 있겠습니까?

고타마시여, 저는 오히려 회오리바람을 일으키는 귀신도 보지 못합니다. 그런데 어떻게 사람 눈보다 뛰어난 청정한 하늘눈으로써 이 중생들의 죽는 때와 나는 때, 좋은 빛깔과 나쁜 빛깔, 묘하고 묘하지 않은 것을 보며, 그 중생들이 지은 바 업에 따라 좋은 곳과 좋지 않은 곳으로 오고 가는 것을 진실 그대로 볼 수 있겠습니까?"

인연이 있고 상대가 있는 어떤 것을
그것 자체로 절대화하는 사고의 잘못을 비판하심

"고타마시여, 저는 이렇게 생각했습니다.

'만약 사문 고타마께서 나에게 스승에게서 배운 법을 물으신다면 나는 그에게 마음에 드는 대답을 할 수도 있을 텐데.'"

세존께서 물으셨다.

"우다인이여, 그대는 스승에게서 어떤 법을 배웠소?"

"고타마시여, 빛깔[色]은 다른 어떤 빛깔보다 낫습니다. 그러므로 그 빛깔은 가장 빼어나며 그 빛깔이 가장 높습니다."

"우다인이여, 어떤 빛깔이오?"

배움 다른 이 화살털이 대답했다.

"고타마시여, 빛깔이라면 다시 이 빛깔보다 높고 묘한 빛깔은 없어서, 그 빛깔은 가장 빼어나고 가장 빼어납니다."

"우다인이여, 그대는 다음과 같이 말한 어떤 사람과 같소.

'만약 이 나라에서 가장 아름다운 여자가 있다면 나는 그녀를 얻고 싶다.'

그럴 때에 어떤 사람이 그에게 이와 같이 묻는다 합시다.

'그대는 이 나라에서 가장 아름다운 여자가 이와 같은 성 이와 같은 이름 이와 같은 신분인 줄 아는가?

또 키는 큰가, 작은가? 살결은 거친가, 고운가? 살갗은 흰가 검은가? 희지도 않고 검지도 않은가? 크샤트리아의 여자인가? 브라마나·거사·기술자족[工師]의 여자인가? 또 동방·남방·서방·북방의 어느 곳에 있는지 아는가?'

그 사람은 대답할 것이오.

'나는 알지 못한다.'

다시 그에게 물을 것이오.

'그대는 이 나라에서 가장 아름다운 여자가 이와 같은 성 이와 같은 이름 이와 같은 신분이고, 키는 큰지 작은지, 살결은 거친지 고운지, 살갗은 흰지 검은지, 희지도 않고 검지도 않은지 알지 못한다. 또한 크샤트리아의 여자인지, 브라마나·거사·기술자족의 여자인지, 또 동방·남방·서방·북방의 어느 곳에 있는 여자인지 알지도 못하고 보지도 못한다. 그러면서 〈나는 그 여자를 얻고 싶다〉고 말하는가?'

이와 같이 우다인이여, 그대는 '그가 말한 그 빛깔은 다른 빛깔보다 낫다. 그러므로 그 빛깔은 가장 훌륭하고 그 빛깔은 최상이다'라고 말하였소. 그러나 그대에게 그 빛깔에 대해 물으면 그대는 그 빛깔을 모르고 있소."

배움 다른 이 화살털이 말씀드렸다.

"고타마시여, 마치 아주 묘한 자마빛의 원금[金精]을 금 다루는 기술자가 잘 갈고 닦아 깨끗이 해, 흰 비단을 깔고 햇볕에 놓아두면 그 빛이 아주 아름답고 그 밝은 빛이 환히 빛나는 것과 같습니다.

이와 같이 고타마시여, 저는 '그 빛깔은 다른 빛깔보다 낫습니다. 그 빛깔은 가장 빼어나고 그 빛깔은 가장 높습니다'라고 말한 것입니다."

세존께서 말씀하셨다.

"우다인이여, 나는 이제 그대에게 묻겠소. 아는 대로 대답하시오. 우다인이여, 어떻게 생각하오?

자마빛의 원금을 흰 비단을 깔고 햇볕에 놓아두었을 때 아주 아름답고 환히 빛나는 밝은 빛과 반딧불이 캄캄한 밤에 밝고 환히 빛나면 그 밝은 빛 가운데 어느 빛이 더 높고 더 빼어나오?"

배움 다른 화살털이 대답했다.

"고타마시여, 반딧불의 밝은 빛이 자마 원금의 밝은 빛보다 더 높고 더 빼어납니다."

"우다인이여, 어떻게 생각하오? 캄캄한 밤에 빛나는 반딧불의 밝은 빛과 캄캄한 밤에 빛나는 기름 등불의 밝은 빛 가운데 어느 빛이 더 높고 더 빼어나오?"

"고타마시여, 기름 등불의 밝은 빛이 반딧불의 밝은 빛보다 더 높고 더 빼어납니다.”

　“우다인이여, 어떻게 생각하오? 캄캄한 밤에 빛나는 기름 등불의 밝은 빛과 캄캄한 밤에 큰 장작더미를 쌓고 태웠을 때 빛나는 밝은 빛 가운데 어느 빛이 더 높고 더 빼어나오?”

　“고타마시여, 큰 장작더미를 태우는 그 밝은 빛이 기름 등불의 밝은 빛보다 더 낫고 더 훌륭하다고 하겠습니다.”

　“우다인이여, 어떻게 생각하오? 캄캄한 밤에 큰 장작더미를 쌓고 태웠을 때 환히 빛나는 밝은 빛과 맑게 갠 이른 아침 환히 빛나는 샛별[太白星]의 밝은 빛 가운데 어느 빛이 더 높고 더 빼어나오?”

　“고타마시여, 샛별의 밝은 빛이 큰 장작더미를 태우는 밝은 빛보다 더 높고 더 빼어납니다.”

　“우다인이여, 어떻게 생각하오? 맑게 갠 이른 아침 환히 빛나는 샛별의 밝은 빛과 맑게 갠 한밤중 환히 빛나는 달의 밝은 빛 가운데 어느 빛이 더 높고 더 빼어나오?”

　“고타마시여, 달의 밝은 빛이 샛별의 밝은 빛보다 더 높고 더 빼어납니다.”

　“우다인이여, 어떻게 생각하오? 맑게 갠 한밤중 환히 빛나는 달의 밝은 빛과 하늘에 구름 한 점 없이 맑은 가을날 한낮에 빛나는 해의 밝은 빛 가운데 어느 빛이 더 높고 더 빼어나오?”

　“고타마시여, 햇빛의 밝은 빛이 달의 밝은 빛보다 더 낫고 빼어나다고 하겠습니다.”

　“우다인이여, 다시 많은 하늘이 있소. 지금 이 해와 달이 비록 큰 여의족(如意足)이 있고, 큰 위덕이 있으며, 큰 복의 도움이 있고, 큰 위신력이 있다고 하지만, 그 밝은 빛은 원래 저 모든 하늘의 밝은 빛에는 미치지 못하오. 나는 옛날 저 여러 하늘과 함께 모여 저들과 의논하였는데 내 말이 저 하늘들의 마음에 들었소.

그러나 나는 이렇게 말하지 않았소.

'그 빛깔은 다른 빛깔보다 낫다. 그 빛깔은 가장 빼어나고, 가장 높다.'

우다인이여, 그런데 그대는 반딧불의 밝은 빛보다도 더 더럽고 더 못난 것으로써 그 빛깔이 다른 빛깔보다 낫다고 하고, 그 빛깔이 가장 빼어나고 가장 높다고 말하오. 그러나 물으면 알지 못하오."

사유의 잘못을 인정하고 세존의 말씀을 받아들임

배움 다른 이 화살털이 말씀드렸다.

"세존이시여, 저는 이 말을 뉘우칩니다. 잘 가신 이여, 저는 이 말을 뉘우칩니다."

"우다인이여, 그대는 무슨 뜻으로 이같이 말하오?

'세존이시여, 저는 이 말을 뉘우칩니다. 잘 가신 이여, 저는 이 말을 뉘우칩니다.'"

"고타마시여, 저는 이렇게 말합니다.

'그 빛깔은 다른 빛깔보다 낫다. 그 빛깔은 가장 빼어나고, 가장 높다.'

그런데 사문 고타마께서는 저를 잘 살피시고, 잘 가르치고, 잘 꾸짖으시어, 제가 그 허망함을 없애도록 하셨습니다.

고타마시여, 그래서 저는 '세존이시여, 저는 이 말을 뉘우칩니다. 잘 가신 이여, 저는 이 말을 뉘우칩니다'라고 말씀드린 것입니다."

세간의 모습 있는 착함과 즐거움에 대해
선정의 한결같은 즐거움을 보이심

배움 다른 이 화살털이 다시 말씀드렸다.

"고타마시여, 뒷세상의 한결같은 즐거움에 한 길의 자취가 있어서 한결같이 증득할 수 있습니다."

세존께서 물으셨다.

"우다인이여, 무엇이 뒷세상의 한결같은 즐거움이고, 무엇이 한 길의 자취가 있어서 한결같이 증득할 수 있는 것이오?"

배움 다른 이 화살털이 대답했다.

"고타마시여, 어떤 사람은 산목숨 죽임을 여의고 산목숨 죽임을 끊으며, 도둑질·삿된 음행·거짓말 나아가 삿된 견해를 여의고 바른 견해들을 얻습니다.

고타마시여, 이것을 뒷세상의 한결같은 즐거움이라 하고, 이것을 한 길의 자취가 있어서 한결같이 증득함이라고 합니다."

세존께서 말씀하셨다.

"우다인이여, 내가 이제 그대에게 묻겠소. 아는 대로 대답하시오. 우다인이여, 어떻게 생각하오? 만약 어떤 사람이 산목숨 죽임을 여의고 산목숨 죽임을 끊으면 그는 한결같이 즐겁기만 하겠소? 괴로움이 섞이겠소?"

"고타마시여, 거기에는 괴로움이 섞일 것입니다."

"우다인이여, 만약 어떤 사람이 도둑질과 삿된 음행·거짓말 나아가 삿된 견해를 여의고 바른 견해를 얻으면, 그는 한결같이 즐겁기만 하겠소? 괴로움이 섞이겠소?"

"고타마시여, 괴로움이 섞일 것입니다."

"우다인이여, 이와 같다면 그것은 괴로움과 즐거움이 섞인 길의 자취를 증득하는 것이 아니겠소?"

"고타마시여, 이와 같다면 그것은 괴로움과 즐거움이 섞인 길의 자취를 증득하는 것입니다."

배움 다른 이 화살털이 다시 말씀드렸다.

"세존이시여, 저는 이 말을 뉘우칩니다. 잘 가신 이여, 저는 이 말을 뉘우칩니다."

"우다인이여, 그대는 무슨 뜻으로 '세존이시여, 저는 이 말을 뉘우칩니다. 잘 가신 이여, 저는 이 말을 뉘우칩니다'라고 말하오?"

"고타마시여, 저는 아까 '뒷세상의 한결같은 즐거움에 한 길의 자취가 있어서 한결같이 증득할 수 있다'고 말씀드렸습니다.

그런데 사문 고타마께서는 저를 잘 살피시고, 잘 가르치고, 잘 꾸짖으시어, 제가 허망함을 없애도록 하셨습니다.

고타마시여, 그래서 저는 '세존이시여, 저는 이 말을 뉘우칩니다. 잘 가신 이여, 저는 이 말을 뉘우칩니다'라고 말씀드린 것입니다."

세존께서 물으셨다.

"우다인이여, 세상에는 한결같은 즐거움이 있고, 한 길의 자취가 있어 한결같이 증득할 수 있소?"

배움 다른 이 화살털이 여쭈었다.

"고타마시여, 무엇이 세상의 한결같은 즐거움입니까? 그리고 무엇이 한 길의 자취가 있어 한결같이 증득할 수 있는 것입니까?"

"우다인이여, 만약 때로 여래가 세상에 나오면 집착 없는 이·바르게 깨친 분·지혜와 행을 갖춘 분·잘 가신 이·세간을 잘 아시는 분 · 위없는 스승 · 법에 이끄는 이 · 하늘과 사람의 스승으로서, 붇다 세존이라 부르오.

위없는 보디를 이루기 전에 그는 다섯 덮음[五蓋]과 마음의 더러움과 지혜의 시들어 약함을 끊고, 욕심을 끊고, 착하지 않은 나쁜 법을 떠나, 느낌[覺]과 살핌[觀]이 있고, 여의는 데서 생기는 기쁨과 즐거움이 있는 첫째 선정[初禪]을 얻어 성취하여 노니오. 그러나 저 하늘의 계와 마음과 견해는 함께하지 못하오.

다시 그는 느낌과 살핌을 이미 그치고 안으로 고요히 한 마음이 되어 느낌도 없고 살핌도 없으며 선정에서 생기는 기쁨과 즐거움이 있는 둘째 선정을 얻어 성취하여 노니오. 그러나 저 하늘의 계와 마음과 견해는 함께하지 못하오.

다시 그는 기쁨의 탐욕을 여의어, 평정하게 구함 없이 노닐며, 바른 생각과 바른 지혜로써 몸에 즐거움을 깨달으니, 곧 성인의 기뻐하심[聖所樂]과 성인의 버리심[聖所捨], 바른 생각 · 즐거움에 머묾 · 공함이 있는 셋째 선정을 얻어 성취하여 노니오.

그러나 저 하늘의 계와 마음과 견해는 함께하지 못하오.

우다인이여, 이것을 세상의 한결같은 즐거움이라 하오."

닦음 있는 선정의 즐거움에 대해 닦음 없이 닦아 올라가는 지혜와 하나된 선정의 길을 보이심

"고타마시여, 세상의 한결같은 즐거움은 오직 맨 끝이 됩니까?"

"세상의 한결같은 즐거움은 다만 맨 끝이 되는 것이 아니오. 우다인이여, 다시 한 길의 자취가 있어 증득할 수 있소."

배움 다른 이 화살털이 여쭈었다.

"고타마시여, 어떤 것이 다시 한 길의 자취가 있어서 증득할 수 있는 것입니까?"

세존께서 대답하셨다.

"우다인이여, 비구는 욕심을 여의고, 악하여 착하지 않은 법을 떠나, 느낌과 살핌이 있고, 여의는 데서 생기는 기쁨과 즐거움이 있는 첫째 선정을 얻어 성취하여 노니오. 그리고 저 하늘의 계와 마음과 견해와 함께하오.

그는 다시 느낌과 살핌을 이미 그치고 안으로 고요히 한마음이 되어 느낌과 살핌이 없고, 선정에서 생기는 기쁨과 즐거움이 있는 둘째 선정을 얻어 성취하여 노니오. 그리고 저 하늘의 계와 마음과 견해와 함께하오.

그는 다시 기쁨의 탐욕을 여의어, 평정하게 구함 없이 노닐며, 바른 생각과 바른 지혜로 몸에 즐거움을 깨달으니, 곧 성인의 기뻐하심과 성인의 버리심, 바른 생각·즐거움에 머묾·공함이 있는 셋째 선정을 얻어 성취하여 노니오. 그리고 저 하늘의 계와 마음과 견해와 함께하오.

우다인이여, 이것을 한 길의 자취로 한결같이 증득함이라고 하오."

닦음 없이 닦아 배울 것 없는 지위에 이르름을 보이심

배움 다른 이 화살털이 여쭈었다.

"고타마시여, 사문 고타마의 제자들은 이 세상의 한결같은 즐거움과 한 길의 자취로 한결같이 증득하기 위해 사문 고타마를 따라 범행을 배우는 것입니까?"

"우다인이여, 내 제자들은 이 세상의 한결같은 즐거움과 또한 한 길의 자취로 한결같이 증득하기 위해 나를 따라 범행을 배우는 것이 아니오.

우다인이여, 다시 가장 높고 가장 묘하며 가장 빼어남이 있어, 그것을 증득하려 하기 때문에 내 제자들은 나를 따라 범행을 배우는 것이오."

이때 그 대중들은 높고 큰 소리로 외쳤다.

'저 가장 높고 가장 묘하며 가장 빼어남이 있어, 그것을 증득하려 하기 때문에 사문 고타마의 제자들은 사문 고타마를 따라 범행을 배운다.'

이에 배움 다른 이 화살털은 대중들에게 분부하여 잠자코 있도록 한 뒤에 말씀드렸다.

"고타마시여, 어떤 것이 가장 높고 가장 묘하며 가장 빼어나, 그것을 증득하려 하기 때문에 사문 고타마의 제자들은 사문 고타마를 따라 범행을 배웁니까?"

세존께서 대답하셨다.

"우다인이여, 비구란 즐거움이 사라지고 괴로움도 사라지며, 기쁨과 걱정의 뿌리가 이미 사라져, 괴로움도 없고 즐거움도 없는[不苦不樂] 평정함[捨] · 바른 생각[念] · 청정(淸淨)이 있는 넷째 선정을 얻어 성취하여 노니오.

우다인이여, 이것을 가장 높고 가장 묘하며 가장 빼어남이라 하니, 이것을 증득하려 하기 때문에 내 제자들이 나를 따라 범행을 배우는 것이오."

화살털 수행자가 제자들의 만류를 뿌리치고 세존께 귀의함

이에 배움 다른 이 화살털은 곧 자리에서 일어나 붇다의 발에 머리를 대 절하려 하였다.

이때 배움을 달리해 범행을 닦는 화살털의 모든 제자들이 화살털에게 말씀드렸다.

"존자시여, 지금 반드시 스승이 되어야 할 때인데 사문 고타마의 제자가 되려 하십니까?

존자께서는 스승이 될 때인데 사문 고타마의 제자가 되어서는 안 됩니다."

이렇게 배움 다른 이 화살털의 제자로서 배움을 달리해 범행을 배우던 제자들이 배움 다른 이 화살털을 막았지만 화살털은 세존을 따라 범행을 배웠다.

붇다께서 이렇게 말씀하시자, 배움 다른 이 화살털은 붇다의 말씀을 듣고 기뻐하며 받들어 행하였다.

• 중아함 208 전모경(箭毛經)

• 해설 •

이 경은 오백 명의 제자를 둔 한 교파의 종주가 세존과 문답한 뒤 스승의 자리를 버리고 세존의 제자가 된 이야기를 다루고 있다.

오백 수행자의 스승이었던 우다인은 스스로 묘한 지혜가 있다고 생각하고서 온갖 것 아는 지혜의 사람을 찾으며 지혜롭다 말하는 이들이 있으면 찾아가 그들을 시험해보고 세간에는 온갖 것 아는 지혜 갖춘 이가 없다고 생각하게 된다.

그가 붇다를 만났다. 붇다는 온갖 것 아는 지혜란 아는 능력을 확장해서 뛰어나게 알고 보는 지혜를 갖추는 것이 아니라, 오히려 온갖 것에 실로 알 것이 없음을 알아 앎에서 앎을 벗어난 자가 온갖 것 아는 지혜임을 둘러서 말씀한다.

세상은 모두 서로 상대적인 온갖 법이다. 상대적인 한 법이 있되 공함을 알면 한 법을 알되 앎에 앎이 없게 되니, 한 법을 알 때 온갖 법이 있되 공함을 다 보므로 그 지혜가 온갖 것 아는 지혜이다.

온갖 것은 있되 공하므로 서로 의지해 공간적 차별상을 이루고, 과거 · 현재 · 미래의 시간적 차제를 이룬다.

온갖 것이 있되 공한 줄 아는 지혜의 눈으로 과거로 인해 현재가 있고 현재로 인해 미래가 있는 줄 알면, 이것이 공한 지혜로 목숨의 연기적 생성과 역사의 과정 없는 과정을 잘 분별하는 것이니, 이것이 오랜 목숨 아는 지혜[宿命智]이다.

다시 이것이 사라져 저것이 생기되 사라지되 사라짐 없고 생기되 생김 없음을 잘 알면 평등 속에서 만법이 차별됨을 보게 된다. 이것이 공간적 차별상을 잘 이해함이니 하늘눈의 지혜[天眼智]이다.

곧 온갖 법이 있되 공함을 통달하여 주체가 세계를 알되 앎 없음이 지혜의 눈[慧眼]이고 온갖 것 아는 지혜[一切智]라면, 주체의 지혜가 앎 없되 앎 없음도 없어서 온갖 법의 차별된 모습을 잘 분별하는 것이 법의 눈[法眼]이다.

경에서 온갖 것 아는 지혜와 하나된 오랜 목숨 아는 지혜와 하늘눈이란 과거 · 현재 · 미래의 있는 모습에 머묾 없이 오랜 목숨을 알고, 보되 실로 봄이 없이 세간의 차별된 모습 한량없는 세계를 살필 수 있는 눈이다.

그러므로 여래의 가르침으로 보면 아무리 빼어난 것이라도 상대적인 어떤 것을 실로 있다고 생각하면, 봄이 없이 사물을 보는 지혜의 눈을 가리고 법의 눈을 가리게 된다.

선정의 즐거움 또한 마찬가지다. 모습에 물든 탐욕의 마음이 가라앉아 첫째 선정 · 둘째 선정 · 셋째 선정으로 심화되어도 선정의 완성은 아니다.

모습이 원래 공하여 중생의 탐냄에 실로 탐낼 것이 없음을 알며 괴로움과 즐거움에 모두 일어난 바가 없음을 알면, 괴로움과 즐거움에 모두 머물지 않는 삶의 평정[不苦不樂捨]을 이루게 된다. 이때 그 평정에도 머묾 없이 공하되 공하지 않은 지혜로 사물의 변화를 잘 기릴 수 있으면[念] 그것이 늘 청정함[淸淨]이고 늘 밝음[慧]이니, 늘 청정함과 밝은 지혜의 생각과 하나된 평정[捨 · 念 · 淸淨]이 선정의 완성이 된다.

아는 것 있는 것으로 높은 지혜를 삼던 우다인이 앎에 앎 없는 지혜와 지혜와 하나된 선정의 길을 듣고 스승의 자리를 내던지고 붇다의 제자가 되니, 그는 작은 스승의 자리를 스스로 내버리고 비로소 여래를 따라 '하늘과 사람의 참된 스승'[天人師] 되는 길에 들어선 것이다.

화엄회상(「광명각품」)에서도 보디사트바 선지식은 다음과 같이 배우는 이에게 당부한다.

> 만약 한량없는 모든 허물과 악
> 없애 사라지게 하려 하면
> 반드시 붇다의 법 가운데서
> 용맹하게 늘 정진하도록 하라.
>
> 若欲求除滅　無量諸過惡
> 當於佛法中　勇猛常精進

여래께서 교화하신 살차카 니르그란타가
그 제자들에게 죽었습니다

이와 같이 들었다.

한때 붇다께서는 바이샬리 성 밖의 숲에서 큰 비구대중 오백 사람과 함께 계셨다.

그때 존자 아쓰바짓(Aśvajit)은 때가 되어 가사를 입고 발우를 가지고 성에 들어가 밥을 빌었다.

그때 살차카 니르그란타는 멀리서 아쓰바짓이 오는 것을 보고 곧 아쓰바짓에게 가서 물었다.

"그대의 스승은 무슨 뜻을 말하고, 어떤 가르침으로 제자들에게 깨우쳐 설법하오?"

아쓰바짓은 대답하였다.

"니르그란타여, 물질[色]은 덧없는 것이오. 덧없는 것은 괴로운 것이고, 괴로운 것은 나[我]가 없으며, 나가 없는 것은 곧 공(空)한 것이오. 공하다면 그것은 내 것도 아니고 나도 그의 것이 아니니, 이와 같음이 지혜로운 자들이 배우는 것이오.

느낌[痛, 受] · 모습 취함[想] · 지어감[行] · 앎[識]도 덧없는 것이니, 이 다섯 가지 치성한 쌓임[五盛陰]은 덧없는 것이오. 덧없는 것은 괴로운 것이고, 괴로운 것은 나가 없으며, 나가 없는 것[無我者]은 곧 공하오[空]. 공하다면 그[彼]는 나에게 있는 것이 아니고[不我有] 나도 그의 것이 아니오[非彼有].

그대가 알고 싶어하는 우리 스승의 가르침[敎]과 깨우침[誡]은 그 뜻이 이와 같으니, 제자들에게 이와 같은 뜻을 말씀해주시오."

그때 살차카 니르그란타는 두 손으로 귀를 막으면서 말하였다.

"그만하시오, 그만하시오. 아쓰바짓이여, 나는 그런 소리 듣고 싶지 않소. 왜냐하면 아무리 사문 고타마에게 이와 같은 가르침이 있다 해도 나는 참으로 듣고 싶지 않소.

왜냐하면 내가 말한 뜻대로라면 물질이란 항상한 것인데, 그 사문의 뜻은 덧없다고 하기 때문이오.

언제고 사문 고타마를 만나 함께 논의해서 사문 고타마의 뒤바뀐 마음을 없애주겠소."

아쓰바짓에게 세존의 가르침을 전해 듣고, 니르그란타는
오백 어린이에게 세존을 논의로써 항복하리라 다짐함

그때 바이살리 성에 살던 오백 어린이들이 의논하고 싶은 것이 있어서 한곳에 모여 있었다.

그때 살차카 니르그란타가 오백 어린이들 있는 곳에 가서 어린이들에게 말하였다.

"너희들은 모두 오라. 우리 함께 사문 고타마 있는 곳에 가자. 왜냐하면 저 사문 고타마와 같이 논의해서 저 사문이 바른 진리의 길을 볼 수 있도록 해주고 싶기 때문이다.

저 사문은 물질을 덧없는 것이라고 말하지만 내 뜻대로라면 물질은 항상한 것이다.

마치 힘센 장사가 털이 긴 양을 손으로 잡고 뜻대로 동서 어디로든 끌고 가되 아무 의심이나 어려움이 없는 것처럼, 지금 나 또한 다시 이와 같아 저 사문 고타마와 논의하여 마음대로 그를 잡았다 놓았다 하기에 아무 의심이나 어려움이 없을 것이다.

또 용맹한 코끼리가 아주 사나워 여섯 이를 가지고 깊은 산속에서 노닐어도 어려워함이 없는 것처럼, 지금 나 또한 다시 이와 같아 그와 논의하기에 아무 의심이나 어려움이 없을 것이다.

또 건장한 두 사내가 한 약한 사람을 붙잡아 불에 지지며 뜻을 따라 뒤집어 아무 의심이나 어려움이 없는 것처럼, 지금 나 또한 다시 이와 같아 그와 논의하기에 아무 의심이나 어려움이 없을 것이다.

나는 논의하는 가운데 코끼리도 죽일 수 있는데 하물며 사람이겠는가? 또 코끼리도 동·서·남·북으로 마음대로 부리는데 어찌 사람만 그렇게 못하겠느냐?

마음이 없는 물건인 이 강당의 들보나 기둥도 오히려 옮길 수 있는데 하물며 사람과 논의해서 이김이 있겠는가? 나는 그가 얼굴의 구멍에서 피를 흘리며 목숨 마치게 할 것이다."

그 모임에 있던 어떤 어린이가 말하였다.

"살차카 니르그란타는 끝내 저 사문과 논의하지 못할 것이다. 다만 사문 고타마가 살차카 니르그란타를 논의해 맞설까 걱정된다."

또 어떤 어린이는 이렇게 말하였다.

"사문 고타마는 살차카 니르그란타와 논의하지 못할 것이다. 그러나 살차카 니르그란타는 저 사문과 논의할 수 있을 것이다."

그때 살차카 니르그란타는 이렇게 생각하였다.

'만약 저 사문 고타마가 말한 바가 저 아쓰바짓 비구의 말과 같다면 서로 같이할 수 있겠지만, 만약 다른 뜻이 있더라도 들어보면 알 것이다.'

살차카 니르그란타가 세존을 꺾어 부수러 세존 계신 곳을 찾아감

그때 살차카 니르그란타는 오백 어린이에게 앞뒤로 둘러싸여 세존 계신 곳으로 나아가 서로 문안하고 한쪽에 앉았다.

이때 살차카 니르그란타가 세존께 말했다.

"어떻소? 고타마시여, 무슨 가르침이 있고, 어떤 가르침으로 여러 제자들을 깨우치오?"

붇다께서 살차카 니르그란타에게 말씀하셨다.

"내가 말한 것은 이렇소.

'물질은 덧없는 것이다. 덧없는 것은 곧 괴로운 것이요, 괴로운 것은 나가 없으며, 나가 없는 것은 곧 공한 것이다. 공하다면 그것은 내 것이 아니고 나도 그의 것이 아니다.

느낌 · 모습 취함 · 지어감 · 앎도 그러하니, 이 다섯 가지 치성한 쌓임은 다 덧없는 것이다. 덧없는 것은 곧 괴로운 것이요, 괴로운 것은 나가 없으며, 나가 없는 것은 곧 공한 것이다. 공하다면 그것은 내 것도 아니고 나도 그의 것이 아니다.'

내가 가르치는 그 뜻은 이와 같소."

살차카 니르그란타는 대답하였다.

"나는 이런 뜻 듣고 싶어하지 않소. 왜냐하면 내가 아는 뜻으로는 물질은 항상하기 때문이오."

"그대는 이제 마음의 뜻을 오롯이 해 묘한 이치를 사유해보오. 그런 뒤에 말해보오."

니르그란타가 말했다.

"내가 지금 말한 '물질은 항상하다'는 것은 이 오백 어린이들도 그 뜻이 또한 그러하오."

세존께서 말씀하셨다.

"그대가 지금 말한 '물질은 항상하다'는 것은 이 오백 어린이들도 그 뜻이 또한 그러하다고 말하오?"

세존께서 말씀하셨다.

"그대는 지금 자기 뜻으로 말하면서 왜 저 오백 어린이들을 끌어들이오?"

니르그란타가 대답하였다.

"나는 '물질은 항상하다'고 말하오. 사문께선 어떤 주장을 하고 싶소?"

전륜왕의 몸도 덧없음을 비유로 들어
살차카의 항상하다는 견해[常見]를 깨뜨리심

세존께서 말씀하셨다.

"나는 '물질은 덧없고 또한 나가 없다'고 말하오. 방편과 거짓으로 수를 합해 이 물질이 있는 것이라, 진실이 없고 굳셈이 없고, 단단함이 없어서 눈덩이와 같은 것이니, 이것은 닳아 없어지는 법이고 변해 바뀌는 법이오.

그대는 지금 '물질은 항상하다'고 말하였소. 내가 이제 그대에게 묻겠소. 뜻대로 내게 답하시오.

어떻소? 니르그란타여, 전륜왕은 자기 나라에서 자재로울 수 있소? 또 그 대왕은 풀어주지 않을 자도 풀어주고 묶지 않을 자도 묶을 수 있소?"

니르그란타가 대답하였다.

"이 전륜왕이라면 이런 자재한 힘이 있어 죽이지 않을 자도 죽일 수 있고, 묶지 않을 자도 묶을 수 있소."

세존께서 말씀했다.

"어떻소? 니르그란타여, 그런 전륜왕도 늙겠소? 머리가 하얗게 세고 얼굴이 쭈그러지고 옷에는 때가 끼겠소?"

이때 살차카 니르그란타는 잠자코 대답하지 않았다. 세존께서 두 번 세 번 물었으나 그는 또한 두 번 세 번 잠자코 대답하지 않았다.

그때 비밀한 발자취 금강역사[密跡金剛力士]가 손에 금강공이[金剛杵]를 들고 허공에서 말하였다.

"만약 네가 여래의 물음에 대답해 논하지 않는다면 네 머리를 부수어 일곱 조각을 내겠다."

그때 세존께서는 살차카 니르그란타에게 말씀하셨다.

"그대는 지금 허공을 살펴보오."

살차카 니르그란타는 허공 가운데를 우러러 살펴 비밀한 발자취 금강역사를 보고 또 허공 가운데서 이렇게 말하는 것을 들었다.

"만약 네가 여래의 물음에 대답해 논하지 않는다면 네 머리를 부수어 일곱 조각을 내겠다."

그는 그것을 보고서는 놀랍고 두려워 옷의 털마저 곤두섰다.

그는 세존께 말씀드렸다.

"고타마께서 저를 건져내주시길 바랍니다. 이제 다시 물으면 제가 대답하겠습니다."

세존께서 말씀하셨다.

"어떻소, 살차카 니르그란타여. 전륜왕도 늙겠소? 그 또한 머리가 하얗게 세고 이가 빠지며 살갗이 늘어지고 얼굴이 쭈그러지겠소?"

살차카 니르그란타는 대답하였다.

"사문 고타마에게 비록 이런 말이 있어도, 나의 뜻대로라면 물질은 항상한 것이오."

세존께서 말씀하셨다.

"그대는 잘 사유해본 뒤에 대답하시오. 앞뒤의 뜻이 서로 맞지 않소. 전륜왕도 늙는지, 또 머리가 하얗게 세고 이가 빠지며 살갗이 늘어지고 얼굴이 쭈그러지는지 그것만 논하시오."

니르그란타가 대답하였다.

"전륜왕도 늙게 될 것이오."

세존께서 말씀했다.

"전륜왕은 자기 나라에서는 늘 자재로울 수 있는데, 왜 늙음과 병듦과 죽음은 물리치지 못하오? 만약 '내게는 늙음과 병듦과 죽음이 쓸 것이 없다. 나는 항상하다'고 해서 그러도록 하려고 한다 한들 그 뜻이 그럴 수 있겠소?"

그때 살차카 니르그란타는 잠자코 대꾸하지 못하고, 근심과 걱정으로 즐겁지 못해 잠자코 아무 말도 하지 않았다.

살차카 니르그란타는 온몸에서 땀을 흘렸고 그 땀이 옷을 적시고 또 앉은자리와 땅까지 적셨다.

세존께서 말씀하셨다.

"살차카 니르그란타여, 그대는 대중들이 있는 자리에서 이렇게 사자처럼 외쳤었소.

'너희 어린이들은 나와 함께 저 고타마 있는 곳에 가서 그와 논의하자. 그리하여, 마치 털이 긴 양을 손으로 잡고 뜻대로 동서 어디로든 끌고 가되 아무 의심이나 어려움이 없는 것처럼 하고, 또 용맹한 코끼리가 아주 사나워 여섯 이를 가지고 깊은 산속에서 노닐어도 어려워함이 없는 것처럼 하겠다.

또 건장한 두 사내가 한 약한 사람을 붙잡아 불에 지지며 뜻을 따라 뒤집어 아무 의심이나 어려움이 없는 것처럼 하여 그를 항복케 할 것이다.'

그대는 또 이렇게 말했소.

'나는 늘 논의해서 코끼리도 죽일 수 있다. 이런 들보나 기둥, 풀과 나무들은 다 마음이 없는 것이지만, 같이 논의해서 굽히고 펴고 숙이고 쳐들게 할 수 있고 또 겨드랑 밑으로 땀을 흘리게 할 수도 있다.'"

그때 세존께서 세 가지 가사를 들추어 살차카 니르그란타에게 보이면서 말씀하셨다.

"그대는 여래의 겨드랑이에 흐른 땀이 없는 것을 살펴보도록 하오. 그런데 지금 그대는 땀을 흘려 땅까지 적시고 있소."

살차카 니르그란타는 또 잠자코 대답하지 않았다.

그때 모여 있던 대중들 가운데에 두무카라는 어린이가 있었는데, 두무카 어린이가 세존께 말씀드렸다.

"저는 지금 베풀어 보이신 행을 감당할 수 있고, 또 말씀드리고 싶은 것이 있습니다."

세존께서는 말씀하셨다.

"마음대로 말해보라."

두무카 어린이가 붇다께 말씀드렸다.

"마치 마을로 가기 멀지 않은 곳에 좋은 목욕못이 있는데, 그 목욕못에 다리가 많은 벌레가 있는 것과 같습니다.

그러면 그 마을 사람들이 남녀노소 할 것 없이 그 목욕못 있는 곳에 가서 그 벌레들을 잡아내고 제각기 기왓장이나 돌로 그 팔과 다리를 때려 잘라버립니다. 그 벌레들은 물로 도로 들어가려고 해도 끝내 그럴 수 없습니다.

이 살차카 니르그란타 또한 이와 같습니다. 그는 처음에는 뜻이 매섭게 타올라 여래와 같이 논의하려 하며, 마음에 질투의 뜻을 품고 교만을 안고 있었는데, 이제 여래께서 다 그것을 없애 길이 남음이 없게 하셨습니다.

이 살차카 니르그란타는 끝내 거듭 여래 계신 곳에 찾아와 논의하지 못할 것입니다."

그때 살차카 니르그란타가 두무카 어린이에게 말하였다.

"너는 지금 어둡고 어리석어 참과 거짓도 가리지 못하는구나. 또 나는 너하고 논의하는 것이 아니라 사문 고타마와 같이 논의하고 있는 것이다."

살차카 니르그란타가 붇다께 말했다.

"뜻과 이치를 물어주십시오. 내가 다시 말하겠습니다."

세존께서는 말씀하셨다.

"어떻소? 살차카 니르그란타여, 전륜왕이 늙음·병듦·죽음이 닥치지 않게 하려 한다면, 그럴 수 있겠소? 그 거룩한 대왕은 그 소원을 이룰 수 있겠소?"

"그 소원은 이룰 수 없습니다."

"이 물질은 있게 하고 이 물질은 없게 하려고 한다면 될 수 있겠소?"

"될 수 없습니다, 고타마시여."

세존께서 말씀하셨다.

"어떻소? 살차카 니르그란타여, 이 물질은 항상하오, 덧없소?"

니르그란타가 대답했다.

"물질은 덧없는 것입니다."

"만약 덧없다면 그것은 바뀌고 변하는 법이오. 그대는 그래도 '이 것은 나다'라거나 '나는 저의 것이다'라고 보겠소?"

"아닙니다, 고타마시여."

"그러면 느낌 · 모습 취함 · 지어감 · 앎은 항상하오, 덧없소?"

"덧없습니다."

"만약 덧없다면 그것은 변하고 바뀌는 법이오. 그런데도 그대는 과연 그것을 있다고 보오?"

"그것은 없는 것입니다."

"이 다섯 가지 치성한 쌓임[五盛陰]은 항상하오, 덧없소?"

"덧없습니다."

"만약 덧없다면 그것은 변하고 바뀌는 법이오. 그런데도 그대는 과연 그것을 있다고 보오?"

"그것은 없는 것입니다."

"어떻소, 살차카 니르그란타여. 그대는 '항상하다'고 말했었는데, 그 이치는 바른 뜻과 어긋나지 않소?"

세존의 설법을 듣고 살차카 니르그란타가
삼보에 귀의하고 공양한 뒤 법의 눈이 열림

이때 살차카 니르그란타는 세존께 말씀드렸다.

"제가 지금 어둡고 어리석어 진제(眞諦)를 고타마와 같이 논의할 뜻을 품어 '물질은 항상하다'고 이렇게 말했습니다.

마치 용맹한 짐승인 사자가 멀리서 사람이 오는 것을 보는 것과 같아 사자에게 무슨 두려움이 있겠습니까? 끝내 그럴 일은 없습니다. 지금 여래께서도 이와 같이 털끝만큼의 두려움이 없으십니다.

제가 지금 미치고 어리석어 깊은 뜻을 밝히지 못하고서 감히 사문 고타마를 힘들게 어지럽혔습니다.

사문 고타마께서 해주신 말씀이 이제 너무 많습니다.

마치 장님이 눈을 뜨고 귀머거리가 소리를 듣게 되며, 헤매던 이가 길을 보게 되고, 눈 없던 자가 빛깔을 보게 된 것과 같습니다.

사문 고타마께서도 그처럼 셀 수 없는 방편으로 저를 위해 설법해 주셨습니다.

저는 이제 사문 고타마와 법과 비구상가에 귀의합니다. 제가 우파 사카가 되도록 들어주십시오. 지금부터 이 뒤로 몸과 목숨을 다하도록 산목숨 죽이지 않겠습니다.

고타마와 비구스님들께선 제 청을 받아주시길 바랍니다. 저는 붇다와 비구스님들께 공양을 올리고 싶습니다."

세존께서는 잠자코 그 청을 받아주셨다. 살차카 니르그란타는 세존께서 잠자코 청을 받으신 것을 보고 곧 자리에서 일어나 붇다 둘레를 세 번 돈 뒤에 그 발에 머리를 대 절하고 떠났다.

그는 바이살리 성의 어린이들이 있는 곳으로 가 어린이들에게 말하였다.

"너희들은 내게 공양할 거리를 지금 곧 내게 가져오고 때를 어기지 말라. 나는 지금 사문 고타마와 그 비구스님들을 초청하였다. 내일 공양할 것이다."

이때 여러 어린이들은 각기 공양거리를 마련해가지고 와서 그에게 주었다. 살차카 니르그란타는 그날 밤으로 갖가지 맛있는 음식을 장만하고 좋은 앉을 자리를 펴고 세존께 말씀드렸다.

"이제 바로 오실 때입니다. 세존께서는 움직이십시오."

세존께서는 때가 되자 가사를 입고 발우를 가지고 비구스님들을 데리고 바이살리 성으로 가시어 살차카 니르그란타의 집에 이르러 자리에 앉으셨다. 비구들도 차례로 앉았다.

이때 살차카 니르그란타는 붇다와 비구들이 자리에 다 앉으신 것을 보고 갖가지 음식을 돌렸다.

그리고 붇다와 비구들이 공양을 마치자 그는 깨끗한 물을 돌리고, 곧 작은 자리를 가지고 와서 여래 앞에 앉아 설법을 듣고자 하였다.

그때 세존께서는 차츰 그를 위해 미묘한 논을 말씀하셨다. 이 논 해주심은 곧 보시를 논하고, 계를 논하고, 하늘에 남을 논하고, 탐욕은 더러움이고, 음욕은 깨끗하지 않은 행이며, 벗어남이 즐거움이 됨을 논하심이었다.

세존께서는 살차카 니르그란타의 마음이 열리고 뜻이 풀린 것을 보시고는, 모든 붇다께서 늘 말씀하시는 법인 괴로움과 괴로움 모아 냄과 괴로움의 사라짐과 괴로움 없애는 길을 살차카 니르그란타에게 모두 말씀하셨다.

이때 살차카 니르그란타는 곧 그 자리에서 온갖 티끌과 때가 없어지고 법의 눈이 깨끗해졌다.

그때 세존께서는 곧 이런 게송을 말씀하셨다.

제사에선 불이 가장 높음이 되고

시와 글에서는 게송이 으뜸이며
사람 가운데선 임금이 으뜸이고
뭇 흐름은 바다가 근원이 되며
별 가운데에선 달이 가장 밝고
밝은 빛에는 해가 가장 빼어나네.

위아래 사방 땅에서 나는 모든 것
하늘과 여러 사람 무리 가운데
붇다가 곧 위없이 높은 분이니
만약 그 덕을 구하고자 한다면
바르게 깨친 분이 가장 높도다.

세존께서는 이 게송을 마치시고 곧 자리에서 일어나 떠나셨다.

제자들에게 맞아죽은 살차카 니르그란타에게 해탈의 언약을 주심
이때 살차카 니르그란타의 오백 제자는 자신들의 스승이 붇다의
교화를 받았다는 말을 듣고 각기 스스로 서로 말하였다.
"우리의 큰 스승이 어째서 고타마를 스승으로 섬기게 되었을까?"
이때 그 제자들은 바이살리 성을 나서 길 가운데 서서 기다렸다.
그때 살차카 니르그란타는 붇다 계신 곳에 이르러 법을 듣고자 하
였고, 세존께서는 그를 위해 설법하시어 기뻐하도록 도우셨다.
살차카 니르그란타는 설법을 듣고 곧 자리에서 일어나 세존의 발
에 머리를 대 절하고 물러나 떠났다.
살차카 니르그란타의 제자들은 멀리서 그들의 스승이 오는 것을

보고 각기 서로 말하였다.

"이 사문 고타마의 제자가 지금 길에 오고 있다."

제각기 기왓장과 돌을 들고 그를 때려 죽였다.

그때 여러 어린이들은 살차카 니르그란타가 그 제자들에게 맞아 죽었다는 소식을 듣고 세존 계신 곳에 나아가 세존의 발에 머리를 대 절하고 한쪽에 앉았다.

그때 어린이들이 세존께 말씀드렸다.

"여래께서 교화하신 살차카 니르그란타가 지금 제자들에게 죽임을 당하였습니다. 그는 지금 목숨을 마치고 어디에 태어나겠습니까?"

세존께서 말씀하셨다.

"그는 덕이 있는 사람으로서 네 가지 진리를 갖추고 세 가지 묶음을 없애 스로타판나를 이루었으니 반드시 괴로움의 바탕을 다할 것이다.

오늘 그는 목숨을 마치고 서른세하늘에 태어났다. 그는 마이트레야 붇다를 뵙고는 괴로움의 바탕을 다할 것이니, 이것이 곧 그 뜻이다. 생각해 닦아 행해야 한다."

그때 어린이들은 세존께 말씀드렸다.

"참으로 기이하고 참으로 빼어납니다. 그 살차카 니르그란타는 세존 계신 곳에 논의를 겨루다가 도리어 자기 주장에 스스로 묶여 여래의 교화를 받았습니다. 여래를 뵙는 일은 끝내 허망하지 않습니다.

마치 사람들이 바다에 들어가 보배를 구하면 반드시 그것을 얻고 끝내 헛되이 돌아오지 않는 것처럼, 이 또한 이와 같아서 어떤 사람이 여래 계신 곳에 찾아온다면 그는 반드시 법의 보배를 얻고 끝내 헛되이 돌아가지 않습니다."

그때 세존께서는 어린이들을 위해 미묘한 법을 말씀하시어 그들을 기쁘게 하셨다.

그때 어린이들은 붇다로부터 설법을 듣고 자리에서 일어나 붇다 둘레를 세 번 돈 뒤에 붇다의 발에 머리를 대 절하고 곧 물러나 떠났다.

그때 여러 어린이들은 붇다의 말씀을 듣고 기뻐하며 받들어 행하였다.

· 증일아함 37 육중품(六重品) +

· 해설 ·

지혜의 법문을 듣고 참으로 육신의 몸이 한 번 죽어 진리의 집에서 크게 살아난 장엄한 기록이다.

살차카 니르그란타는 물질이 항상하다는 견해를 지닌 바깥길 수행자였으니, 지금 물질의 꼴과 빛깔이 비록 사라지더라도 물질의 꼴과 빛깔을 이루어주는 변치 않는 물질의 원자[aṇu]인 지바(jīva)가 있고, 존재를 구체적 존재로 있게 해주는 아지바(ajīva)로서 물질의 원형인 푸드갈라(pudgala)와 시간[kāla]·공간[ākāśa]의 틀이 있다고 믿었기 때문이리라.

그는 오백 어린이 앞에서 세존을 혼내주리라 호언장담했지만, '물질이 덧없으므로 끝내 물질에 물질이라 할 자기실체가 없다'는 가르침에 그릇된 상견(常見)을 버리고 다섯 쌓임의 공성(空性)을 통달하고 항상함도 없고 덧없음도 없는 물질의 실상에 들어갔다.

삼보에 귀의하고 그를 따르던 제자들에게 배신자로 몰려 맞아죽었으나, 물질이 물질 아닌 물질인 줄 이미 깨달았으므로 그의 죽음에는 죽음이 없다.

세존께서 그를 지혜의 흐름에 들어 다시는 번뇌의 바다에 빠지지 않을 스로타판나로 인정하시고, 뒷세상 마이트레야 붇다를 뵙게 되리라 언약하신다.

지금 붇다의 가르침에서 이미 진리의 흐름에 들어갔는데 어찌 뒷세상 붇다가 그를 보디의 사람으로 증명해주지 않겠는가.

세존을 따르는 어린이들의 말처럼, 보배를 구하는 이들이 바다에 들어가면 헛되이 돌아오지 않듯이 여래의 법바다에 몸을 적시면 반드시 해탈의 법재(法財)를 안고 돌아올 것이니, 그는 참으로 죽어서 다시 산 자이고 삿된 견해의 몸을 버리고 보디의 몸을 얻은 자이다.

『화엄경』(「입법계품」) 또한 여래의 공덕의 땅에 머물면 여래의 지혜바다에 들어갈 수 있음을 다음과 같이 노래한다.

　　붇다를 따라 배우는 이가
　　이 공덕의 땅에 머물러서
　　모든 붇다의 법의 바닷물 마시고
　　지혜의 바다에 깊이 들어가면
　　공덕의 바다 모두 갖추게 되리.

　　佛子住於此　飮諸佛法海
　　深入智慧海　具足功德海

화엄회상(「입법계품」) 선지식은 다시 여래의 법바다에 들어간 구도자에게 다음과 같이 해탈의 언약을 준다.

　　거룩하다 붇다의 참된 법의 아들이여
　　그대는 온갖 붇다를 공경하니
　　오래지 않아 모든 행을 갖추어
　　붇다의 공덕의 언덕에 이르게 되리.

　　善哉眞佛子　恭敬一切佛
　　不久具諸行　到佛功德岸

연기법의 진리

연기의 진실과 진실 그대로의 해탈의 삶

• 해제

1. 가르침과 법

붇다의 연기론이 중생에게 열어 보이는 가르침의 내용은 무엇인가. 그것은 중생의 고통스런 삶에 어떤 실천적인 의미를 갖는가.

이는 붇다의 가르침을 따르는 이들이 자신의 신념체계에 던져야할 물음일 뿐 아니라, 스스로 해탈의 스승이라고 말하는 이들이 자신들이 내세운 교설의 실천적인 의미에 대해 제기해야 할 물음이기도 하다.

해탈의 스승을 자처하는 많은 이들의 교설은 스스로 인간의 고통문제와 존재에 대한 근원적 물음과 관심에 대한 나름의 응답을 보여주고 있다. 경전에서 브라마나와 사문들로 표현된 여러 유파의 사상가들은 각기 주장에 따라 존재[我]를 해명하고 고통으로부터 해탈하는 길을 제시한다.

붇다의 연기론과 니르바나(nirvāṇa)의 교설 또한 인도사상사에서 붇다 이전부터 오래도록 제기되어왔던 존재와 해탈에 대한 여러 가지 응답 가운데 하나이다.

인도사상에서 주제로 삼았던 존재론적·실천적 물음은 네 가지로 요약될 수 있다.

첫째 아트만(ātman, 我)이니, 개아(個我)의 존재의 뿌리가 무엇인가에 대한 물음이다.

둘째 두카(duḥkha, 苦)이니, 삶의 번뇌와 고통의 문제이다.

셋째 삼사라(saṃsāra, 輪廻)이니, 고통스런 삶의 끊임없는 순환의 문제이다.

넷째 모크샤(mokṣa, 解脫)이니, 고통과 윤회로부터의 해탈의 문제이다.

연기법에서 무아(無我, anātman)의 교설은 기성 브라마나와 사문들의 유아론(有我論)에 대한 불교적 응답이다.

사제(四諦)의 교설은 고통의 발생[流轉緣起]과 고통의 소멸을 통한 해탈의 성취[還滅緣起]를 밝히고 있다. 사제의 교설은 연기법의 실천론적인 전개이나, 붇다의 교설에서 실천의 문제는 존재의 실상에 대한 존재론적 응답과 다르지 않다.

사제의 교설은 위 네 가지 물음에 대한 연기법의 응답으로, 붇다께서 맨 처음 대중에게 보이신 기본 교설이다. 이제 사제법을 통해 연기법의 기본 방향을 논의하기 전에 먼저 연기의 진리를 나타내는 언어와 진리 자체의 관계를 살펴보기로 하자.

앞 장에서 '연기법의 언어'라고 말한 것이 여래의 진리를 나타내는 언어적 표현 곧 가르침[敎]이라면, 가르침이 드러내는 삶의 실상은 연기의 법(法) 자체이다. 곧 진리를 표현하는 언어의 그릇[能詮法]을 가르침이라 한다면, 가르침이 드러내는 진리[所詮法] 자체는 법이라 할 수 있다.

초기 경전에 셀 수 없이 등장하는 표현으로 보면, 연기의 진실 곧 인연으로 생성하는 존재의 진실은 주체적 요인에 의해 지어진 것도 아니고[非自作] 객관 여건에 의해 지어진 것도 아니며[非他作], 주체적 요인과 객관 여건이 기계적으로 합해서[共] 지어진 것도 아니며, 그 둘을 떠나 지어진 것도 아니다[非無因作].

그러므로 존재는 나되 남이 없고[生而無生] 있되 공한 것[有而空]이니, 법은 언어적 규정과 관념의 틀에서 벗어난다[不思議].

법은 이루 말로 말할 수 없고 사유로 사유할 수 없으나[不可思議], 법은 지금 말하고 말해지는 현실의 진실인 것이므로 언어를 떠난 것도 아니다.

그러므로 여래는 언어적 규정과 관념의 틀을 벗어난 연기의 진실을 중생의 사고의 방향과 중생의 집착에 따라 다시 그 집착을 깨는 언어를 세워 연기의 진실을 열어내주는 것이다.

지금 존재가 고정된 형태로 머물러 있다고 생각하는 사람이 있으면, 여래는 그 사람을 위해 존재가 원인과 조건에 의해 나고 사라진다고[因緣生滅] 가르친다.

스스로 나지 않고[非自生] 다른 조건을 의지해서 나는 것[所生法]은, 스스로 다시 다른 것의 결과를 내는 요인[能生法]이 되어, 냄[能生]과 남[所生]이 서로 의지해[生生] 끊임없이 나고 사라진다.

그러나 그 말을 듣고 존재가 머물러 있다 사라져 없어진다는 집착을 내면, 여래는 다시 그 남[生]이 인연으로 나므로 남에 실로 남이 없다[於生無生]고 가르친다.

다시 남이 없다는 말을 듣고 공함[空]을 집착하면, 여래는 공하므로 연기하고 실로 남이 없으므로[實無生] 나지 않음이 없어서[實無

不生] 남이 없이 남[不生生]을 가르친다.

인연으로 난다[因緣生]는 말과 실로 남이 없다는 말이 중생의 집착에 따라 세워진 말이므로, 본다는 나되 남이 없다[生不生]는 언어의 자취와 남이 없이 난다[不生生]는 언어의 자취를 모두 없애는 중도의 가르침[不生生法]을 열어 보인다.

연기법의 진실은 언어적 규정과 관념의 틀로 한정할 수 없지만, 말과 사유를 떠나 말할 수 없는 진실이 따로 없으므로, 여래는 번뇌의 병을 다스리는 치료의 인연을 따라 갖가지 교설을 말씀하신 것이다. 이런 관점에서 보면 상대하는 중생의 병통에 따라 언어의 방향이 다르더라도 아함의 인연법과 반야의 공한 법이 둘이 아니고, 화엄(華嚴)·법화(法華)의 중도교설이 아함의 인연법과 다르지 않다.

이루 설할 수 없는 법을, 중생을 보디로 성취하기 위한 싣단타(siddhānta, 悉壇)의 인연으로 여러 교설로 설하는 것이니, 진관(陳瓘)의 『삼천유문송』(三千有門頌)에 대한 명말 진각존자(眞覺尊者)의 풀이는 다음과 같이 시작한다.

"『대열반경』에 이렇게 말씀했다.

'내고 남[生生]도 이루 말할 수 없고, 나되 남이 없음[生不生]도 이루 말할 수 없다. 남이 없이 남[不生生]도 말할 수 없고, 남이 아니고 나지 않음도 아님[不生不生]도 이루 말할 수 없다.'

이렇게 말씀하셨는데, 어찌 있음의 문[有門]에 관한 삼천의 노래[三千之頌]가 있겠는가.

그러나 또한 인연이 있으므로 또한 말할 수 있다.

만약 그것을 말하지 않는다면 무엇으로 말할 수 없음을 알겠는가. 말함과 말할 수 없음 이 둘이 다 신단타인 것이다."

존재의 진실은 말로 말할 수 없고 사유로 사유할 수 없지만, 이루 사유할 수 없는 진실은 또한 중생의 집착 따라 내고 남을 보이는 있음의 문[有門], 나되 남이 없음을 보이는 공의 문[空門], 남이 없이 남을 보이는 거짓 있음의 문[假門], 나되 남 없음과 남 없이 남이 둘 없는 중도의 문[中門]을 세워 그 실상의 문에 들게 한다.

그러므로 있음의 문이 다만 나고 사라짐을 보이는 것이 아니라, 그 있음의 문이 곧 삼천계의 중도실상이므로 그 뜻 밝히는 노래를 지은 것이다. 이러한 진각의 풀이로 보면 아함의 나고 사라짐으로 연기를 보이는 초기 교설의 있음의 문이 실은 곧 중도의 문이 되는 것이고, 나고 사라짐의 언어를 통해 실로 남이 없고 사라짐 없는 실상을 보이고 있는 것이다.

2. 사제의 교설과 중도

인간의 고통은 존재의 근거인 절대신성으로부터 분리됨으로 인해서이거나 절대신의 명령을 등짐으로써 생겨난 것이 아니다.

몸에 대한 탐착이 고통[苦]의 한 요인이 되기는 하지만, 몸을 괴롭혀 물질에 갇힌 정신을 해방시킴으로써 고통에서 벗어날 수 있는 것도 아니다. 사제설에 의하면 고통도 연기한 것이고 해탈·니르바나도 연기한 것이다. 연기법에서 해탈은 고통의 과정을 되돌이키는 실천 속에서 성취되는 것이니 고통의 현장과 해탈의 현장은 둘이 아니다.

고통은 연기한 것이므로 소멸될 수 있다. 고통은 존재의 진실을 바로 보지 못한 미혹[惑]이 토대가 되어 중생의 미혹에 물든 업[業], 닫힌 업이 일으킨 것이므로 본래 공하고, 본래 공하므로 고통을 돌이켜 해탈에 나아갈 수 있다.

고통의 원인이 된 물든 업의 바탕을 경전은 중생을 '탐욕의 세계[欲界]에 가두는 번뇌의 묶음'이라는 뜻으로 '다섯 가지 낮은 곳의 묶음'[五下分結]이라 한다. 곧 탐욕[貪]·성냄[瞋]·몸이 있다는 견해[身見]·그릇된 계를 집착하는 견해[戒禁取見]·의심[疑]이다.

탐욕과 성냄은 존재가 연기이므로 공하고 그 공도 공한 중도의 진실을 보지 못한 미혹이 바탕이 되어 일어난다. 여기 나의 몸이 있고 몸으로 탐착할 내 것[我所]이 있다는 견해로 탐욕을 내고, 탐욕의 좌절로 분노가 일어난다.

존재의 진실에 대해 미혹하여 그릇된 율법을 해탈의 원인이라 탐착하는 것이 '그릇된 계를 집착하는 견해'[戒禁取見]이고, 의심이란 바른 법에 의혹을 일으킴이다.

이 '다섯 가지 낮은 곳의 묶음'이 다해도 아직 물질과 존재의 실체에 대한 집착[色愛]이 다하지 않으면, 탐욕의 세계를 벗어나되 존재의 질곡[色界]을 온전히 벗어나지 못하니, 그 번뇌를 경전은 '다섯 가지 높은 곳의 묶음'[五上分結]이라 한다.

욕계의 애착보다 더 높은 곳의 묶음은 물질의 탐착[色貪]·물질 없음에 대한 탐착[無色貪]·들뜸[掉擧]·교만[慢]·무명(無明)이다. 이 높은 곳의 묶음은 탐욕의 흐름이 다해도 존재의 실체에 대한 번뇌의 흐름[有漏]을 아직 끊지 못하고 무명의 흐름[無明漏]이 다하지 못해 존재의 중도실상을 온전히 실현하지 못한 번뇌의 세계이다.

사제의 교설로 보면 고통은 스스로 있는 것이 아니라 이 번뇌의 묶음에 물든 업이 일으킨 것이니, 고통은 고통 아닌 고통이다.

그러므로 저 집착하는바 탐욕의 경계와 존재의 모습이 있되 공한 줄 알면, 다섯 가지 낮은 곳과 높은 곳의 묶음은 바탕이 되는 경계가 사라지므로 번뇌에 물든 업은 바른 견해의 업이 되고 바른 말 바른 몸짓의 업이 된다.

탐욕에 묶인 물든 업을 돌이켜 지혜의 업 선정의 업으로 돌이키면 취할바 탐욕의 경계를 보지 않으므로, 지금 현재의 삶 현재의 존재[現法]에서 보고 들음을 떠나지 않고 즐겁게 머묾[現法樂居]이 이루어지고, 해탈의 삶 니르바나의 삶이 이루어진다.

이처럼 붇다는 개아가 자기근거인 절대신성에서 이탈함으로써 고통과 윤회가 시작되었다고 말하는 기성 브라마나와, 업에 물든 물질의 힘에 의해 영적 자아가 갇혀 있음으로 고통을 설명하는 사문들의 입장을 반대하고, 고통을 고통이게 하는 원인과 조건의 소멸을 통해 해탈이 구현됨을 보이신다.

이것이 맨 처음 바라나시 국의 카시에서 다섯 수행자에게 보인 사제의 법바퀴 굴림[初轉法輪]이다.

사제법은 고통이 연기한 것이므로 공하여 고통이 고통 아님을 보여 인간이 본래 니르바나되어 있음[本寂滅]을 가르치며, 고통이 고통 아니되 고통 아님도 아님을 보여 번뇌와 물든 업을 돌이켜, 바른 계행과 선정·지혜에 나아가야 하는 실천의 당위성을 가르친다.

사제설은 육체를 탐착하는 범부의 쾌락적 삶과, 육체를 증오하는 사문들의 고행주의적 삶을 넘어 탐욕과 번뇌에 물든 육체의 몸을 돌이켜 '법의 몸'[法身]을 이루게 한다.

사제설은 사물을 마음 밖에 실로 있는 대상으로 취하는 범부의 미혹된 앎과, 보는 나와 보여지는 사물을 하나인 절대신성의 보편운동으로 보는 신비주의자의 명상을 넘어서, 중생의 물든 앎을 알되 앎 없는 지혜의 목숨[慧命]이 되게 한다.

사제설은 나 밖에 있는 사물을 내 것으로 취해 자기 것을 늘려가려는 범부의 삶과, 온갖 존재의 전변자인 '하나인 자'[Tad Ekam]에 복귀함으로써 모든 공덕의 완성을 말하는 종교 신비주의를 넘어서게 한다. 그리하여 모습에서 모습을 벗어나되 모습 없음에서 모습 없음마저 벗어나 여래장(如來藏) 그 공덕의 곳간 다함없는 법의 재물[法財]을 얻게 한다.

육체적 자아의 탐착을 떠나 법의 몸을 이루고, 모습에 물든 앎을 돌이켜 지혜의 목숨을 이루며, 모습에 갇힌 오욕의 공덕[五欲功德]을 돌이켜 모습에서 모습 벗어나 다함없는 법의 공덕[無量功德藏]을 이루는 것이 해탈이고 니르바나이다.

그러므로 니르바나는 모습을 없애고 사라져 다한 곳에 머무는 것이 아니라, 지금 불꽃처럼 나고 사라짐[熾燃生滅] 가운데 온전히 고요함이 현전하는[寂滅現前] 그 자리이다.

연기법에서는 중생의 지금 한 생각[現前一念]밖에 세계도 없고 보디와 니르바나도 없다. 지금 보여지는바 세계와 중생을 떠난 나의 한 생각 삶의 활동이 없지만, 나의 앎을 떠난 세계와 중생도 없다. 그러므로 보디와 니르바나에 나아가는 이는 온갖 공덕 온갖 법의 재물을 나와 중생이 하나도 아니고 둘도 아닌[不一不異] 실상에 회향하는 사람[法界廻向]이고, 나 아니되 나 아님도 아닌 중생에 온갖 공덕을 회향하는 사람[衆生廻向]이다.

3. 나가르주나 존자의 『중론』으로 본 연기중도의 뜻

1) 진제와 속제 두 가지 진리[二諦]의 뜻

보통 연기(緣起)라는 말은 중도(中道)라는 말과 함께하여 쓰인다.

연기가 곧 중도라고 할 때 이것은 연기법이 존재의 어떤 측면을 부풀리거나 한 면에 치우치지 않고 진실을 진실 그대로 밝힌 법이라는 뜻과 함께, 연기법은 존재의 진실을 진실대로 사는[如實行] 치우침 없는 삶의 길이라는 뜻이 있다.

존재는 연기되어 있는 것인데[緣起有] 그 있음을 실로 있음으로 취하면 존재의 진실을 보지 못하므로 있되 있지 않음을 '진제'(眞諦)라고 세워 보인다. 진제가 연기되는 세속법의 자기진실이므로 세속법 밖에 진리가 없다는 뜻을 '속제'(俗諦)라는 말로 표현하니, 속제는 없되 없지 않다.

곧 진제는 경험되는 속제 밖에 경험될 수 있는 진리의 뜻이 아니라, 속제의 있되 공함이 진제이고 진제의 공함도 공하여 연기되는 현실법이 속제이다.

속제의 있음[世俗有]을 실로 있음으로 집착하는 허물을 깨뜨리기 위한 진제를 말하고, 진제의 공함이 현실 밖에 따로 있다는 집착을 없애기 위해 속제라는 말을 세웠으므로, 하나인 존재의 진실[一實諦] 안에 속제와 진제의 두 영역이 있다고 말하면 안 된다.

아함경에서는 늘 나 없음[無我]과 덧없음[無常]을 말하니, 나 없고 덧없음은 스스로 주어가 되는 말이 아니고 존재에 대한 서술어이다. 나에 취할 나의 정해진 모습이 없음을 '나 없다'고 하고, 존재가 머물러 있는 실체가 아니라 늘 나고 사라지며 사라지고 나는 과정으로 주어지므로 '덧없다'고 한다.

연기법에서 존재[我]는 곧 과정이고 끊임없는 지어감[行]이다.

존재의 나 없음과 덧없음은 서로 이루어주는 뜻이니, 존재에 존재라 할 자기모습이 없으므로[無我故] 존재는 자기부정을 통한 자기긍정을 이어갈 수 있다.

존재는 늘 하나의 연기적 성취가 사라지고 새로운 성취가 이루어지되 그 이루어짐에 이루어짐의 뿌리가 없고 사라짐에 사라짐의 뿌리가 없다.

나에 나 없음이 진제의 뜻이 되고, 덧없음이 속제의 뜻이 되니, 속제로 인해 진제를 말하고 진제로 인해 속제의 이름을 세운다.

중국불교사에서도 남북조 시기 양나라 무제[梁武帝] 때 진제와 속제의 같음과 다름에 대한 논쟁이 일어났을 때, 고구려 승랑법사(僧朗法師)는 진제와 속제가 객관적으로 실재하는 경계[理境二諦]를 뜻함이 아니라, 중생의 집착을 없애기 위해 세운 언어적 가르침이 두 가지 진리임을 말해 그 논쟁을 종식시켰다. 곧 진제와 속제를 세운 것은 연기된 존재의 진실을 밝히기 위해 언교로 세운 두 진리[言敎二諦]이지, 하나인 존재 속에 진제와 속제의 두 진리가 실로 있는 것[理境二諦]이 아니다.

승랑법사가 바로 나가르주나(Nāgārjuna, 龍樹) 존자의 중도의 뜻을 바르게 천명하여 중국불교사에 삼론 해석의 새 역사[新三論]를 열어낸 뒤, 두 진리에 대한 이러한 해석이 중국 삼론종(三論宗)의 핵심 교의로 자리 잡게 되었다.

삼론종의 『이제소』(二諦疏)는 이렇게 말한다.

"이제(二諦)란 중도를 나타내는 묘한 가르침이고 글과 말을 다한 지극한 말이다. 도는 있음과 없음이 아니지만 있음과 없음에 붙이어 도를 드러내고, 진리는 하나와 둘이 아니지만 하나와 둘을 인하여 진리를 밝히는 것이니, 이제가 곧 가르침[二諦是敎]인 줄 알아야 한다."

곧 존재의 실상은 있음이 아니고 없음이 아니지만, 속제의 있음을 세워 없음의 집착을 깨고, 진제의 없음을 세워 있음의 집착을 깨는 것이다. 그러므로 진제와 속제는 중도의 실상을 밝히기 위한 언교의 두 진리인 것이다.

또한 속제가 속제 아닌 곳에 진제의 이름을 세우고, 진제가 진제 아닌 곳에 속제의 이름을 세워 진제와 속제가 하나도 아니고 다름도 아닌 존재의 진실을 밝힌 것이니, 진제와 속제가 하나니 둘이니 하는 논쟁 자체가 진제와 속제의 뜻을 등진 허튼 논란이 되는 것이다.

2) 『중론』에서 세속의 진리[俗諦]와 빼어난 뜻의 진리[勝義諦]

진제와 속제가 중생의 망집을 깨기 위해 언교로 세운 진리의 이름인 것을 『중론』 자체로 돌아가 살펴보자.

붇다께서 나 없음을 말하고 공을 말하고 진제를 말한 것은 연기된 존재의 있음을 실로 있음으로 붙잡는 망집을 깨기 위함이다. 그러므로 공 또한 실체가 아닌 것이니, 있음을 공하다고 보는 것은 있음을 깨뜨리는 것이 아니라 '있음을 있음 아닌 있음'으로 세워주는 뜻이다.

그러나 많은 이들은 공을 말하면 공이 연기를 이루어주는 줄 모르고 공함이 인과를 깨뜨리고 존재를 깨뜨리는 것이라 말한다.

『중론』은 연기에 대한 실체적 집착이 다하지 못한 논사[有部論師]를 대론의 상대로 세워, 그 물음에『중론』의 논사가 노래로 대답하는 형식을 취한다.

이제 나가르주나 존자의『중론』의 송(頌)과 그에 대한 '청목의 풀이'[青目疏]를 들어보기로 한다.

공함이 속제의 인과를 무너뜨린다고 생각하는 이가 이렇게 말한다.

"다시 이렇게 말한다.

공한 법은 인과를 무너뜨리고
또한 죄와 복을 무너뜨리며
또한 다시 온갖 세속의 법을
모두다 허물어 무너뜨리네.

空法壞因果　亦壞於罪福
亦復悉毀壞　一切世俗法

묻는 이의 게송의 뜻은 다음과 같다.

만약 공한 법을 받아들이면 죄와 복을 깨뜨리고 죄와 복의 과보를 깨뜨리며 세속법을 깨뜨리는 것이다.

이와 같은 여러 허물이 있으므로 모든 법은 공하지 않아야 한다.

이에 대해 다음과 같이 답한다.

그대는 지금 참으로 공함과
공한 인연의 법 알지 못하고
나아가 공함의 뜻 알지 못한다.
그러므로 스스로 번민을 낸다.

汝今實不能　知空空因緣
及知於空義　是故自生惱

그대는 어떤 것이 공한 모습이며 무슨 인연으로 공을 말하는지
알지 못하고 또한 공함의 뜻[空義]을 알지 못한다.
진실 그대로 알지 못하므로 이와 같은 의심과 따짐을 내는 것이다.
다시 말한다.

모든 붇다는 두 진리에 의해
중생을 위해 법을 말한다.
하나는 세속의 진리이고
둘은 으뜸가는 뜻의 진리이니
만약 사람이 두 진리에 대해
분별하여 알지 못한다면
깊고 깊은 붇다의 법에 대해
진실한 뜻을 알지 못한다.

諸佛依二諦　爲衆生說法
一以世俗諦　二第一義諦
若人不能知　分別於二諦
則於深佛法　不知眞實義

속제란 온갖 법의 성품이 공한 것인데 세간 사람들이 뒤바뀌므로 허망한 법을 내 세간에 대해 실답다고 한다.

모든 현성들은 이 뒤바뀐 성질을 참으로 안다. 그러므로 온갖 법이 공하여 남이 없음[無生]을 안다. 성인에게서는 이 법의 공함이 곧 으뜸가는 진리라 이를 진실이라 한다.

모든 붇다는 이 두 진리에 의해 중생을 위해 설법하시는데, 만약 사람들이 두 진리를 진실대로 분별하지 못하면 깊고 깊은 붇다의 법에서 진실한 뜻을 알지 못한다."

위 문답 가운데 진제와 속제를 세운 뜻[言敎二諦]이 분명히 드러나고 있다. 붇다께서 공을 말하고 진제를 세워 보인 것은 연기되어 있는 속제의 있되 있음 아닌 진실을 보이기 위함이므로, 공이 있음을 깨뜨린다고 말하거나 하나의 존재 가운데 속제와 진제의 두 영역[理境二諦]이 나뉘어 있다고 말해서는 안 된다.

두 진리 세운 뜻을 잘 분별할 수 있는 자, 그가 바로 깊고 깊은 붇다의 법에서 진실한 뜻을 안다.

위 게송에 대한 청목의 풀이와 『중론』의 송을 다시 살펴보자.

먼저 '공함이 으뜸가는 뜻이라면 왜 속제를 세우는가'라는 물음에 대해, 속제 밖에 진제가 있는 것이 아니라 세속의 법이 있되 있음 아님을 보이기 위해 진제가 세워짐으로 답변한다. 그리고 있음에서 있음을 떠나지 못하면 니르바나에 이르지 못함을, 이렇게 보인다.

"만약 온갖 법이 나지 않음이 곧 으뜸가는 뜻의 진리라 반드시 두 번째 속제를 필요치 않는다고 말한다 하자.

이 또한 그렇지 않다. 왜인가.

만약 속제를 의지하지 않으면
으뜸가는 뜻의 진리를 얻지 못하고
으뜸가는 뜻의 진리를 얻지 못하면
곧 니르바나를 얻지 못한다.

若不依俗諦　不得第一義
不得第一義　則不得涅槃

　으뜸가는 뜻은 다 언설(言說)을 인하는데 언설이 바로 속제이
다. 그러므로 만약 속제를 의지하지 않으면 으뜸가는 뜻의 진리도
말할 수 없는 것이다.
　만약 으뜸가는 뜻을 얻지 못한다면 어떻게 니르바나에 이르겠
는가. 그러므로 모든 법이 비록 남이 없지만[諸法雖無生] 두 진리
는 있는 것[有二諦]이다."

　성인은 있음이 있게 되는 연기의 뜻[緣起義]을 바로 세우기 위해
공을 말한 것이니, 공에는 취할 공이 없어서 공이기 때문에 연기의
뜻이 이루어진다. 이런 가르침을 근기 무딘 이가 알기 어려우므로
세존께서 공의 뜻[空義]을 말씀하지 않으려 한 것이다. 여래가 설한
공의 뜻은 연기를 참으로 세워주는 것이니, 공을 다시 공으로 보는
중생의 집착의 병에 허물이 있는 것이지 세존의 공이라는 진리의 약
에는 허물이 없는 것이다.

"다시 말한다.

공함을 바로 살필 수 없어서
무딘 근기 스스로를 해치니
마치 주술을 잘하지 못함 같고
독한 뱀을 잘 잡지 못함과 같네.

不能正觀空　鈍根則自害
如不善呪術　不善捉毒蛇

만약 사람이 근기가 무디어 공한 법을 잘 알지 못하면 공함에
대해 잃음이 있어서 삿된 견해를 낸다. 마치 이익을 위해 독한 뱀
을 잡다 잘 잡지 못해 도리어 해를 입는 것과 같다.
또 주술로 어떤 것을 만들려 하다가 잘 이루지 못해 도리어 스
스로를 해침과 같다.
무딘 근기가 공한 법 살피는 것 또한 이와 같다. 다시 말한다.

이 법의 깊고 깊어 미묘한 모습
무딘 근기가 미치어 알 수 없음을
세존께서는 바로 살펴 알고 계시네.
그러므로 말씀하지 않으려 하네.

世尊知是法　甚深微妙相
非鈍根所及　是故不欲說

세존께서는 법이 깊고 깊어 미묘해서 무딘 근기로 알 수 있는

것이 아니므로 말씀하지 않으려 하는 것이다. 다시 말한다.

　　그대는 내가 공을 집착하여서
　　그 때문에 허물을 낸다고 하지만
　　그대가 지금 말하고 있는 허물은
　　공하다 함에는 곧 있지 않도다.

　　汝謂我著空　而爲我生過
　　汝今所說過　於空則無有

　　그대는 내가 공에 집착하기 때문에 내가 허물을 낸다고 하지만,
내가 말한 성품이 공함[性空]은 공함 또한 다시 공하여 이와 같은
허물이 없다. 다시 말한다.

　　공한 뜻이 있기 때문에
　　온갖 법이 이루어진다.
　　만약 공한 뜻이 없다면
　　온갖 것은 이루어지지 않는다.

　　以有空義故　一切法得成
　　若無空義者　一切則不成

　　공한 뜻이 있기 때문에 온갖 세간·출세간법이 다 성취된다.
만약 공한 뜻이 없다면 곧 다 성취되지 않는다. 다시 말한다.

　　그대는 지금 스스로 허물 있는데

그것을 나에게 돌리고 있다.
마치 사람이 말을 타고서는
스스로 탄 말을 잊음과 같네.

汝今自有過　而以迴向我
如人乘馬者　自忘於所乘"

　속제란 연기되어 있는 현실의 모습을 말하는데, 그 있음이 본래 있음 아닌 있음이라 세속법 밖에 진리가 없고 진실이 없다. 다만 중생이 속제의 있는 모습을 실로 있음으로 집착하므로 공을 말하고 진제를 말한 것이니, 속제 밖에 진제가 있다고 하면 안 된다. 속제의 있음 아닌 있음에 대해 실로 있다는 견해를 깨기 위해 진제의 공함을 세웠으니, 진제의 공함은 공함 또한 공하여 진제의 공함이 세속의 있음 아닌 있음을 세워주는 것이다.

　공의 뜻이 있기 때문에 연기의 뜻이 이루어지니, 공을 공으로 집착해서는 안 된다. 연기된 존재가 있다는 허물이 있으므로 그 허물을 깨기 위해 공을 세운 것이니 공에는 허물이 없다. 오히려 공함이 연기의 뜻을 참으로 이루어주는 것인데, 공이 연기를 깨뜨린다고 말해 공을 탓하면 스스로 말을 타고서 탄 말을 잊은 자와 같다. 오히려 존재가 공하지 않다고 하면 법에 정해진 자기모습이 있어서 원인과 조건을 깨뜨리는 것이니 이것이 연기를 깨뜨리는 것이다.

　『중론』은 다시 말한다.

　"그대가 법이 있다고 하는 것 가운데 허물이 있는데 스스로 깨닫지 못한다. 그런데도 공함 가운데 허물을 보니 마치 사람이 말을 타고서 그 탄 말을 잊은 것과 같다. 왜 그런가.

만약 그대가 모든 법에서
반드시 성품이 있다고 보면
그것은 곧 모든 법 가운데
원인과 조건 없다고 봄이네.

若汝見諸法　決定有性者
即爲見諸法　無因亦無緣

그대가 모든 법에 정해진 성품이 있다고 말한다 하자. 만약 그렇다면 그것은 곧 모든 법에 원인도 없고 조건도 없다고 보는 것이다. 왜인가. 만약 법에 반드시 성품이 있다면 곧 나지 않고 사라지지 않아야 하는 것이니, 이와 같은 법이 어찌 인연을 쓸 것이 있겠는가. 만약 모든 법이 인연을 따라 생긴다면 곧 성품이 없는 것이다.

그러므로 모든 법에 반드시 성품이 있다 하면 곧 인연이 없는 것이다.

만약 모든 법이 반드시 자기성품에 머문다고 말한다면 이것은 그렇지 않다. 왜인가.

모든 법에 자기성품 있다고 하면
곧 원인과 결과를 깨뜨리고
지음과 짓는 자 짓는 법 깨뜨리며
또한 다시 온갖 모든 것들의

나고 사라짐을 깨뜨리는 것이네.

即爲破因果　作作者作法

亦復壞一切　萬物之生滅"

3) 『중론』의 송에서 공함과 거짓 있음과 중도의 삼제(三諦)

고구려 승랑법사는 속제와 진제 두 진리의 설정이 객관적 실재로서의 진리[理境二諦]를 말함이 아니라, 중생의 망념을 타파하여 실상을 열기 위한 가르침으로서의 두 진리[言敎二諦]임을 말해 삼론 해석의 새로운 지평을 열었다.

진속이제(眞俗二諦)는 객관적 실재가 아니라 가르침으로서의 두 진리라는 승랑법사의 견해가 바로 나가르주나 존자의 뜻이고 붇다께서 공을 말씀하고 연기를 말씀한 뜻이다.

속제의 연기가 있다고 말하는 것은 실로 있는 경계를 보이는 것이 아니라 존재가 실체 없되 아주 없음도 아님을 보이기 위함이고, 진제의 공을 말하는 것은 공한 진리가 있다는 뜻이 아니라 온갖 있음이 있음 아님을 보이기 위함이다.

붇다는 있음을 집착하면 없음을 말해 그 있음이 있음 아님[有而非有]을 보이고, 없음을 집착하면 있음을 말해 그 공함 또한 공함[空亦空]을 보인다.

그러므로 속제의 있음의 가르침이 진제의 없음의 가르침과 둘이 아닌 것이니, 다시 진제의 없음을 집착하면 진제의 없음이 속제를 세워내는 없음 아닌 없음이라는 가르침을 세운다.

이것이 공도 공함을 보이는 거짓 있음[假有]과 거짓 이름[假名]의 가르침이다.

이처럼 속제의 있음 아닌 있음과 진제의 공함도 공함이 둘이 아니므로 다시 붙다는 있음의 집착을 깨기 위한 공과, 공의 집착을 깨기 위한 거짓 있음의 자취를 모두 없애는 가르침을 세우니, 이것이 중도의 교설이다.

속제와 진제 이 두 진리의 가르침[二諦教說]이 이렇게 다시 공함[空]과 거짓 있음[假]과 중도[中]의 세 진리[三諦]의 가르침으로 넓혀지게 된다. 『중론』의 송과 청목의 풀이를 살펴보자.

"뭇 인연으로 생기는 법을
나는 곧 공하다고 말하네.
또한 이것이 거짓 이름이 되고
또한 이것이 중도의 뜻이네.

衆因緣生法　我說即是無
亦爲是假名　亦是中道義

일찍이 어떤 한 법이라도
인연 따라 나지 않음 없네.
그러므로 온갖 모든 법들은
공하지 않음이 없는 것이네.

未曾有一法　不從因緣生
是故一切法　無不是空者

뭇 인연으로 나는 법을 나는 이것이 공하다고 말한다. 왜인가. 뭇 조건이 갖추어져 어울려 합해 사물이 나니, 이 사물은 뭇 인연에 속하므로 자기성품이 없다. 자기성품이 없으므로 공하고 공함 또한 다시 공하다.

다만 중생을 이끌기 위하므로 거짓 이름으로 말한 것이라 있음과 없음의 두 치우침을 떠났으므로 중도라 이름한다.

이 법은 자기성품이 없으므로 있다고 말할 수 없고, 또한 공도 없으므로 없다고 말할 수 없다.

만약 법에 성품의 모습이 있다면 곧 뭇 조건[衆緣]을 기다리지 않고 있는 것이다. 그러나 만약 뭇 조건을 기다리지 않으면 법이 없는 것이다. 그러므로 공하지 않은 법이 있지 않은 것이다.

그런데도 그대가 위에서 말한바 공한 법에 허물이 있다고 하면 이 허물은 지금 도리어 그대에게 있는 것이다. 왜인가.

만약 온갖 것이 공하지 않다면
곧 나고 사라짐이 없는 것이다.
만약 이같이 공하지 않다면
네 진리의 법도 없는 것이다.

若一切不空　則無有生滅
如是則無有　四聖諦之法"

위 『중론』의 뜻으로 보면 공하기 때문에 연기의 생성이 이루어질 수 있는 것이고, 공하지 않다면 연기의 뜻이 이루어질 수 없다. 사제법에서 인과가 있다고 하는 것이 곧 공을 가르치는 것이고, 공하기 때문에 고통과 해탈의 연기가 있는 것이다.

4) 『중론』 삼제게와 천태선문의 개창

연기가 공함이고 거짓 있음이고 중도의 뜻임을 말한 위 '삼제게' (三諦偈)는 중국불교에서 천태선문(天台禪門) 개창의 토대가 된 게 송이다.

이 게송의 뜻으로 천태선사(天台禪師)는 붇다의 일대교설을 연기 ·공·가·중의 체계로 그 교상을 판별하였으니, 바로 장교(藏敎)· 통교(通敎)·별교(別敎)·원교(圓敎)라는 네 가르침[四敎]의 교판 이다. 이처럼 천태선사는 『중론』의 삼제게와 법화일승(法華一乘)의 뜻으로 중국 남북조 시기 남삼북칠(南三北七)의 분열적 교판을 회 통하였다.

천태선문에서 수행관은 천태의 스승 남악혜사선사(南嶽慧思禪 師)가 세 가지 지관[三種止觀]·네 가지 사마디[四種三昧]로 수행법 을 종합함으로써 정립되었지만, 그 연원은 바로 북제혜문선사(北齊 慧聞禪師)의 『중론』 삼제게를 통한 오도(悟道)에 있다.

삼제게에서 깨쳐 한 마음에 원융하게 갖춰진 세 살핌[一心三觀] 으로 선관(禪觀)을 세운 북제혜문선사의 오도에 관해 살펴봄으로 써 삼제의 교설이 어떻게 실천관행으로 연결되는가를 보도록 하자. 『불조통기』(佛祖統紀) 「혜문선사본기」(慧聞禪師本紀)는 말한다.

"혜문선사는 어려서 원교일승의 실천법[圓乘]을 받아 본래 타 고난 그대로 홀로 깨쳤다.

『대지도론』(大智度論, 권30)을 읽었는데 논 가운데서 『대품반 야경』(大品般若經)을 이렇게 이끌어 보였다.

'도지(道智)로써 도종지(道種智)를 갖추려면 반야를 배워야 한다. 도종지로써 일체지(一切智)를 갖추려면 반야를 배워야 한다. 일체지로써 일체종지(一切種智)를 갖추려면 반야를 배워야 한다. 일체종지로써 번뇌와 습기를 끊으려면 반야를 배워야 한다.'

그리고 논에서는 스스로 이렇게 물어 말했다.

'한 마음 가운데서 일체지·도종지·일체종지를 얻어 온갖 번뇌와 습기를 끊는데, 지금 왜 일체지로써 일체종지를 갖추고 일체종지로써 번뇌와 습기를 끊는다고 말하는가'

답해 말했다.

'실로 온갖 것을 한때에 얻는다.

이 가운데서는 사람들이 반야바라밀을 믿도록 하려고 차제로 차별되게 말하였다.

중생으로 하여금 청정한 마음을 얻도록 하려고 이렇게 말한 것이다.

다시 비록 한 마음 가운데서 얻지만 또한 처음과 가운데와 뒤의 차제가 있다. 마치 한 마음에 세 모습이 있어 나는 인연[生因緣]으로 머물고, 머무는 인연[住因緣]으로 사라짐과 같다. 또 마음[心]과 '마음 따라 나는 법'[心所法]처럼 '응해 나지 않는 모든 행'[不相應諸行]과 나아가 몸의 업, 입의 업도 그렇다.

도지로써 일체지를 갖추고, 일체지로써 일체종지를 갖추고, 일체종지로써 번뇌와 습기를 끊는 것도 이와 같다.'

혜문선사는 이 글을 의지해 마음의 살핌[心觀]을 닦았는데, 논 가운데 '세 지혜를 실로 한 마음 가운데서 얻는다'[三智實在一心

中得]고 하였다.

또 참으로 결과[果]가 이미 한 마음으로 얻는다면, '원인[因]이 어찌 앞과 뒤로 얻겠는가.' 그러므로 이 살핌이 이루어졌을 때 '한 마음의 세 지혜를 증득하는 것'[證一心三智]이다.

공함과 있음을 함께 없애고 함께 비추면[雙亡雙照], 곧 십주의 첫 머묾[初住]인 '남이 없는 법인의 자리'[無生忍位]에 들어가는 것이다.

선사는 또 『중론』을 읽다가 「사제품」(四諦品)의 다음 게송에 이르렀다.

인연으로 생겨나는 법을
나는 곧 공하다고 말한다.
또한 거짓 이름이라 말하고
또한 중도의 뜻이라 이름한다.

因緣所生法　我說卽是空
亦名爲假名　亦名中道義

여기서 선사는 아득히 크게 깨쳐[恍然大悟], 모든 법이 인연으로 나는 바 아님이 없음을 단박 알았다. 그리고 이렇듯 인연으로 있음은 꼭 있음이 아니고 공은 꼭 공함이 아니라, 공함과 있음이 둘이 아님을 중도라 한다는 것을 깨달았다.

선사는 한결같이 석론(釋論)을 의지했으니, 이로써 멀리 용수(龍樹, Nāgārjuna)를 이었음을 알 수 있다.

선사는 고제(高齊)의 때에 계셨다.

무리 천백을 모아 오로지 대승을 공부하여 하회(河淮)에 홀로 거니니, 그때 아무도 교화를 다툴 수 없었고 들어간바 법문[所入法門]은 세상에서 알 수 없었다.

배우는 이들이 선사를 우러르니 땅을 밟고 하늘을 이어도, 땅이 두텁고 하늘이 높은 줄 알지 못했다.

선사는 심관(心觀)을 입으로 남악에게 주니 남악은 남방에서 성대하게 넓혔다.

선사의 문인들로 북쪽에 있는 이들은 이름을 들을 수 없다."

위 혜문선사의 전기에서 앞의 『대지도론』의 한 마음의 세 지혜와 『중론』에서 말한 세 진리는 서로 동떨어진 법이 아니다.

한 마음의 세 지혜[一心三智]가 살피는 지혜[能觀智]라면 세 진리[圓融三諦]는 살펴지는바 경계[所觀境]이니, 지혜는 경계인 지혜이고 경계는 지혜인 경계인 것이다.

존재가 인연인 줄 알면 이것이 도를 아는 지혜 곧 도지(道智)이고, 인연이므로 공함을 알면 온갖 것을 아는 지혜 곧 일체지(一切智)이다. 공도 공해 있음 아닌 있음이 연기함을 알면 도종지(道種智)이고, 공함과 있음의 자취를 함께 넘어서면 일체종지(一切種智)이다.

살펴지는바 존재의 모습에서 연기가 곧 공이고 거짓 있음이고 중도이듯, 살피는 지혜에서도 알되 앎 없음[知而無知]이 일체지이고, 앎 없음에 머물지 않고 앎 없이 알면[無知而知] 도종지이며, 앎과 앎 없음을 한때에 넘어서면[雙遮知與無知] 일체종지이니, 세 지혜가 한 마음에 갖춰지는 것이다.

세 지혜가 분별되지만 세 지혜가 한 마음[三智一心]이고 한 마음인 세 지혜[一心三智]라는 뜻은 무엇인가.

법이 나고 사라짐을 아는 지혜가 도지이고, 있되 공하고 나되 남이 없음을 아는 지혜가 일체지이며, 남이 없이 남을 아는 지혜가 도종지이고, 남도 아니고 남이 없음도 아님을 아는 지혜가 일체종지이다.

법이 나고 사라지므로 법은 있되 공한 것이고 있되 공하므로 실로 남이 없으니 도지가 이루어지면 일체지가 있는 것이다.

남[生]에 남이 없음[無生]을 알면, 남이 남이 아니므로 남 없음도 없음을 알게 되니 일체지가 도종지가 되는 것이다.

또 일체지와 도종지에 얻을 모습이 없으므로 일체지와 도종지를 바로 알면 일체종지가 이루어지는 것이다.

또한 연기를 아는 도지밖에 도종지가 없으므로 세 지혜라 말하는 것이니, 세 지혜는 세 지혜이되 한 마음인 것이다.

다시 살펴보자. 중생의 현재 한 생각[現前一念]은 스스로 있는 생각이 아니고 아는바 경계를 의지해 나는 한 생각이다. 이처럼 인연으로 나는 중생의 생각은 자기성품이 공하기 때문에 과정적인 존재의 생성이 있는 것이니, 있되 공하고 공하되 있다.

그러나 존재의 연기적 있음을 차제적인 인과의 언어로 말하면 생각은 나는 모습이 있으므로 머묾이 있고, 머묾이 있으므로 사라짐이 있다고 말한다. 곧 나되 실로 남이 없으므로 나서 머물고, 머묾에 머묾이 없으므로 머무는 것이 달라지고 사라진다.

그러므로 세 모습이 서로 의지해 세 모습이 공한 것이니, 비록 세 모습으로 분별되나 세 모습이 있되 공해 한 바탕인 것이다. 그처럼 세 지혜를 말하나 한 마음이고, 한 마음에 세 지혜가 한때에 갖춰지는 것이다.

연기법에서 아는 지혜는 알려지는 경계를 의지해서 아는 지혜이다. 지금 공제(空諦)를 아는 일체지는 존재의 공성을 대상으로 하는 앎이 아니라 아는 바가 있되 있음 아님을 아는 지혜이니, 그 지혜는 알되 앎 없음이 되는 것이다. 거짓 있음의 진리[假諦]를 아는 도종지 또한 거짓 있는 사물을 아는 것이 아니고 존재가 공하되 공도 공함을 아는 것이다.

공제를 알 때 공함이 없고 거짓 있음을 알 때 있음이 없어서, 공제를 아는 일체지와 거짓 있음을 아는 도종지에는 아는 지혜와 아는바 진리의 자취가 없는 것이다.

그리고 아는바 경계의 있음이 있음 아님을 알아 일체지를 이루면, 있음 아닌 공도 취할 것이 없으니, 일체지를 이루는 것이 도종지를 이루는 것이고 일체지가 일체종지를 이루는 것이라 차제를 말하되 차제가 아니다.

다시 아는 마음은 알려지는 경계인 마음이라 지금 생각[念]에서 생각이 공함을 살펴 생각이 생각 없음[念而無念]을 바로 보면, 생각 없음에도 머물 것이 없다.

이렇게 보면 생각에서 생각 떠나는[於念無念] 바른 사유 바른 선정이, 천태선사의 한 마음의 세 가지 살핌[一心三觀]의 뜻이 되고 원돈선(圓頓禪)의 뜻이 되는 것이니, 삼제(三諦)와 삼관(三觀)의 말을 듣고 차제라고 해서는 안 된다.

4. 『중론』으로 본 닦을 바 없고 얻을 바 없는 보디의 길

앞에서 살핀 바처럼, 『중론』에서 거듭 강조하고 있는 것은 붇다께서 사제의 인과법을 설한 것이 공함을 밝힌 것이고, 공함이 바로 연기의 뜻을 이루어준다는 교설이다.

중생의 고통은 연기한 것이므로 본래 없고, 고통을 일으키는 무명과 번뇌와 물든 업도 나되 남이 없다. 고통과 고통을 내는 원인이 모두 공하므로 고통 속에 이미 해탈의 장이 있고, 고통이 고통이 아니므로 고통을 돌이켜 해탈을 구현할 수 있다.

그런데 끊을바 고통과 번뇌가 본래 공하면 번뇌와 물든 업을 돌이켜 해탈에 나아가는 실천행 또한 실로 닦을 것이 없고, 니르바나 또한 실로 얻을 것이 없다.

고통과 번뇌의 중생세계가 공하다는 것은 중생세계가 이미 본래 니르바나되어 있다는 것이므로 니르바나는 실로 얻을 것이 없다. 그렇지만 중생의 고통과 번뇌의 연기가 없지 않으므로 니르바나 또한 얻지 않을 것도 없다.

붇다께서 '해탈에 이르는 여덟 가지 바른 삶의 길[八正道, āryāṣṭāṅgika-mārga]이 있다'고 말하면 그 닦음의 뜻이 공한 닦음이므로 닦음 없는 닦음이고, '니르바나의 저 언덕에 이르른다'고 가르치면 그 이르름은 이르름 없는 이르름이다. 그러므로 『중론』에서는 '닦을 보디의 도가 있다'고 하고 '보디의 도로 인해 붇다가 있다'고 말하면, 그것이 보디의 도와 붇다의 참모습을 깨뜨리는 것이라고 말한다.

『중론』의 뜻으로는 보디의 도에 닦을 바가 없고 붇다의 깨달음에 얻을 것이 없어야 보디와 붇다의 뜻을 바르게 세우는 것이 된다.

『중론』의 송과 청목의 풀이를 살펴보자.

"**묻는다** 그대는 비록 모든 법을 깨뜨렸지만 마쳐 다함의 도인 아누타라삼약삼보디는 있어야 한다.

이 마쳐 다함의 도로 인하여 붇다라 이름하는 것이다.

답한다

그대가 말한 대로 보면

보디를 인하지 않고 붇다가 있고

또한 붇다를 인하지 않고서도

보디가 있게 되는 것이다.

汝說則不因　菩提而有佛

亦復不因佛　而有於菩提

그대가 모든 법에 정해진 성품이 있다고 말하면 곧 보디를 인하지 않고도 붇다가 있게 되고 붇다를 인하지 않고도 보디가 있는 것이니, 붇다와 보디 두 성품이 늘 정해져 있기 때문이다.

다시 말한다.

비록 다시 부지런히 정진하여

보디의 도를 닦아 행한다 해도

만약 먼저 붇다의 성품이 아니라면

붇다를 이룰 수 없을 것이리.

雖復勤精進　修行菩提道
若先非佛性　不應得成佛

앞에 미리 성품이 없기 때문이니 쇠에 금의 성질이 없어서 비록
갖가지로 단련한다 해도 끝내 금을 이루지 못함과 같다.
다시 말한다.

만약 모든 법이 공하지 않다면
죄와 복을 짓는 자도 없네.
공하지 않은데 무엇을 지을 것인가.
그것은 성품이 정해져 있기 때문이네.

若諸法不空　無作罪福者
不空何所作　以其性定故

만약 모든 법이 공하지 않다면 끝내 어떤 사람이 죄와 복을 지
을 수도 없는 것이다.
왜 그런가. 죄와 복의 성품이 앞에 이미 정해져 있기 때문이다.
또 지음과 짓는 자가 없기 때문이다. 다시 말한다.

그대가 죄와 복 가운데서
과보를 내지 않는다고 하면
이것은 죄와 복을 떠나서도
여러 과보가 있다고 함이네.

汝於罪福中　不生果報者

是則離罪福　而有諸果報

　　그대가 죄와 복의 인연 가운데서 다 과보가 없다고 하면 곧 죄
와 복의 인연을 떠나서도 과보가 있어야 하는 것이다. 왜 그런가.
과보가 원인을 기다리지 않고 나오기 때문이다."

　　위 여래의 교설로 보면 죄와 복의 과보가 있다고 말씀한 것이 실
로 죄와 복의 모습이 공함을 보인 것이고, 여덟 가지 바른 삶의 길을
닦아 니르바나를 얻는다고 말하는 것이 실로 닦을 것이 없고 얻을
것이 없음을 보인 것이다. 만약 닦을 보디의 도가 있다면 이미 도가
실체로 있기 때문에 붇다의 성품은 도리어 미리 없는 것이 된다. 붇
다의 성품이 미리 없는데, 어떻게 닦아서, 붇다를 이룰 수 있겠는가.
닦을 도가 있다 함이 보디와 붇다를 모두 깨뜨리는 것이다.
　　실로 닦을 것이 없어야 본래 번뇌가 공한 곳에서 공도 공한 지혜
의 공덕 그 '한량없는 보디의 식량'[菩提資糧]을 쓰는 자가 되는 것
이고, 실로 얻을 것이 없어야 '본래 니르바나되어 있는 법계진리의
땅'[本寂滅處]에 사는 자가 되는 것이다.
　　곧 닦을 것이 없이 보디의 도를 닦아야 번뇌가 본래 공하되 공함
도 공한 줄 알아 여래장의 곳간에 있는 진리의 식량을 현실역사 속
에 드러내 이르름 없이 니르바나의 성에 이르는 것이다.
　　닦음 없이 닦아갈 때 본래 갖춘 진리의 식량이 다시 지금 번뇌 속
에 있는 중생을 보디의 법으로 채워주고[能滿菩提法], 보디의 법을
지니게 하고[持菩提法] 보디의 법을 키워 길러주며[長養菩提法] 보

디의 인연을 내고 보디를 갖추게 하는 것이니, 닦음 없는 닦음이 보디사트바의 파라미타행이다.

보디사트바의 파라미타행이 곧 여래가 보이신 여덟 가지 바른 삶의 길을 닦음 없이 닦는 것이니, 보디의 도를 닦음 없이 닦는 자, 그가 지금 닦음 그대로 니르바나의 공덕을 쓰는 자[全修卽性]이고, 니르바나 그대로의 닦음 없는 닦음을 일으켜 쓰는 자[全性起修]이다. 『중론』은 이 뜻을 이렇게 말한다.

> 얻을 것이 없고 또한 이르름 없으며
> 끊는 것이 아니고 또한 항상함 아니네.
> 나지 않고 또한 사라지지 않으니
> 이것을 니르바나라고 말하네.
>
> 無得亦無至　不斷亦不常
> 不生亦不滅　是說名涅槃

위 게송의 뜻을 살펴보자. 첫 구절에 얻음이 없고 이르름이 없다는 것은 무엇인가. 닦아가는 실천과 얻을 니르바나의 과덕에 얻을 바 없으므로 얻음이 없다[無得]고 한 것이고, 니르바나는 곧 온갖 법의 공한 진실 그 자체이므로 이르러야 할 니르바나에 이르를 정해진 처소가 없으므로 이르름이 없다[無至]고 한 것이다.

'끊음 아니고 항상함도 아니다'라고 한 말은 무엇인가.

중생의 번뇌와 중생의 다섯 쌓임이 본래 공해 그 공함도 공하므로, 도에 들어가 남음 없는 니르바나에 들어가도 실로 끊는 바가 없기 때문에 끊는 것이 아니다[不斷]라고 한 것이다.

중생 속에 변하지 않는 어떤 실체로서의 법이 있어서 니르바나가 되는 것이 아니므로 '항상함이 아니다'[不常]라고 한 것이고, 또한 니르바나란 있음에서 있음을 떠나고 공함에서 공함을 떠난 법이므로 항상하지 않다[不常]고 한 것이다.

다음 '나지 않고 사라지지 않는다'라고 함은 무엇인가.

번뇌가 본래 고요하므로 번뇌가 사라짐이 아니고, 보디가 실로 새로 난 것이 아니며, 중생의 모습이 본래 공하므로 없어짐이 아니고, 보디의 모습도 얻을 모습이 아니므로 나지 않고 사라지지 않는다고 한 것이다.

『중론』의 뜻으로 보면 중생이 이미 니르바나되어 있는 자기진실을 믿고 닦음 없이 닦아감에 사제법의 뜻이 있고 연기법의 뜻이 있다. 그러므로 중생이 이미 니르바나되어 있는 진리의 땅에 서서 닦음 없이 닦아 나아가는 자, 그가 여래의 공덕의 곳간에 본래 있는 진리의 재물[法財] 보디의 식량을 이미 얻어 보디의 길에 물러섬이 없이 나아가는 자인 것이다.

사제의 가르침이 이처럼 중생의 번뇌가 본래 공해 여래의 보디의 땅에 이미 있음을 보이고 있는 것이라면, 여래의 가르침 가운데 그 누가 따돌림받는 자이고, 그 누가 죄와 절망의 구렁텅이에서 한숨짓고 눈물지을 자이며, 그 누가 헐벗어 가난하고 가진 것 없는 자인가.

중생의 번뇌가 본래 공한 곳이 화엄의 바이로차나 붇다의 경계이다. 그러므로 보디사트바는 바이로차나 붇다의 경계에 앉아 이룸 없이 보디 이루어 중생 건네주는 것이니, 화엄회상(「입법계품」) 선지식은 다음과 같이 구도자 선재에게 가르친다.

법계에 있는 가는 티끌 가운데
여래가 보디 나무에 앉아 계시사
보디 이루어 중생 교화함 다 보나니
걸림 없는 눈 보디사트바의 해탈이네.

法界所有微塵中 悉見如來坐道樹
成就菩提化群品 此無礙眼之解脫

그대는 한량없는 겁의 바다에서
선지식을 가까이 모셔 공양하고
중생을 널리 이익되게 하기 위해
여래의 바른 법을 찾아 구하니
듣고서는 기억해 빠뜨려 잊지 말라.

汝於無量大劫海 親近供養善知識
爲利群生求正法 聞已憶念無遺忘

바이로차나 붇다의 넓고 큰 경계는
한량없고 끝없어 사유할 수 없으니
나는 붇다의 힘 받아 그대 위해 말해
그대의 깊은 마음 더욱 청정케 하네.

毘盧遮那廣大境 無量無邊不可思
我承佛力爲汝說 令汝深心轉淸淨

시방 온갖 모든 붇다의 법의 아들들
이 사유할 수 없는 해탈문에 들어가

미래의 한량없는 겁이 다하도록
이 해탈의 문에 편히 머물러서
보디사트바 행을 닦아 행하네.

十方一切諸佛子　入此難思解脫門
悉盡未來無量劫　安住修行菩薩行

중생 마음의 즐김 따라 법을 설해
그들이 삿된 견해의 그물 없애게 해
하늘의 길과 성문과 연각의 길
여래의 온갖 것 아는 지혜 보이네.

隨其心樂爲說法　令彼皆除邪見網
示以天道及二乘　乃至如來一切智

제5부

연기법의 진리, 그 기본 성격

여래가 깨친 이 법은 초월자의
도가 아니라 지금 눈앞에 과정과 관계로
주어지는 현실의 법이다.
그러나 연기법의 과정운동은 있는 것이
덧없이 사라져 없어지는 것이 아니라,
움직이되 실로 옴이 없고 감이 없으며,
연기적인 관계의 마주함은 그 마주함에 실로
마주함이 없어서 온갖 존재의 마주함이 곧
막힘없고 걸림 없는 법계의 진리인 것이다.
그러므로 있음과 없음, 이것과 저것의 모순
속에서 두 치우친 가[二邊]의 실체성을
한꺼번에 넘어서되 그 가운데[中]에도
집착하지 않는 곳에 크고 넓고 막힘없는
여래의 보디의 길이 있는 것이다.

연기법의 가르침으로 열어내는 실상의 문

앞의 '연기법의 언어'를 다룬 장의 경전의 편집은 연기법을 깨친 주체의 사유와 언어[觀照般若, 文字般若]를 중심으로 연기법의 실천적 지향과 세계관을 주로 다루었다. 그에 비해 '연기법의 진리'를 말하는 이번 장의 경전 편집은 깨친바 연기의 진리[實相般若]를 중심으로 연기의 실상을 조명하고 있다.

세계의 진실은 환상이 없는 주체의 지혜가 아니면 밝혀질 수 없고, 주체의 가림 없는 지혜는 세계의 실상이 온전히 실현되지 않고서는 발휘될 수 없다.

여래가 깨친 연기의 진실에서 보면 여기 실체로서의 나가 있고 저기 실체로서의 세계가 있어 내가 세계를 붙잡는 것이 아니라, 알 때 주체의 앎은 세계인 앎이고 알려지는 세계는 앎인 세계이다.

저 보여지는 세계의 모습이 연기한 것이라 공하여 실로 알 것이 없으므로 주체의 앎은 알되 앎이 없는 것이다. 그러나 저 보여지는 세계가 실체가 없되 연기되어 거짓 있음[假有]으로 있는 것이므로, 주체의 앎은 앎 없되 앎 없음도 없는 것이다.

주체의 사유가 앎에 앎이 없고[念而無念] 앎 없음에 앎 없음도 없는[無念而無無念] 지혜일 때, 세계는 지혜인 세계로서 모습에 모습 없는 진실의 모습[無相實相]으로 현전하는 것이다.

연기의 진리를 깨친 여래의 지혜에서 보면 여래의 지혜밖에 진리가 없지만, 진리의 보편성에서 보면 깨침과 깨친 바가 공하여[能覺所覺空] 진리는 여래의 깨달음이라는 역사적 사실에 제약되지 않는다. 여래의 지혜 자체로 현전하여 여래를 통해 검증된 진리이되, 중생과 세계의 진실인 진리의 보편성을 아함경은 '다섯 가름의 법신'[五分法身]이라 하고 '법계에 늘 머무는 법'[法界常住法]이라 한다.

법계에 늘 머무는 이 법은 여래의 지혜가 아니되 지혜 아님도 아니며, 중생의 번뇌가 아니되 번뇌 아님도 아니며, 온갖 모습이 아니되 모습 아님도 아니다.

그러므로 여래 또한 진리의 온전한 실현자이지만 늘 스스로 깨친바 법계의 진리, 법의 몸[法身]을 공경하는 것이며, 늘 그 진리에 이르는 길의 인도자로서 중생의 역사 속에 한없이 낮고 겸허하며 가난하게 밥을 비는 자로 사시며, 길을 걷다 길에서 파리니르바나(Parinirvāṇa, 般涅槃)에 드신 것이다.

그리고 이 보디의 길, 연기법의 길이 곧 온갖 중생 온갖 존재의 진실이므로 여래가 간 보디의 길이 뭇 생명이 함께 가야 할 길임을 깨우치시는 것이다.

여래가 깨친 이 법은 초월자의 도가 아니라 지금 눈앞에 과정과 관계로 주어지는 현실의 법이다. 그러나 연기법의 과정운동은 있는 것이 덧없이 사라져 없어지는 것이 아니라, 움직이되 실로 옴이 없고 감이 없으며, 연기적인 관계의 마주함은 그 마주함에 실로 마주함이 없어서 온갖 존재의 마주함이 곧 막힘없고 걸림 없는 법계의 진리인 것이다.

그러므로 있음과 없음, 이것과 저것의 모순 속에서 두 치우친 가[二邊]의 실체성을 한꺼번에 넘어서되 그 가운데[中]에도 집착하지 않는 곳에 크고 넓고 막힘없는 여래의 보디의 길이 있는 것이다.

여래의 보디의 길은 온갖 중생 온갖 사물의 자기진실이지만, 그
길에 나아가 니르바나의 저 언덕에 이르는 것은 믿는 자의 몫이고
믿어 행하는 자의 길인 것이다.

『화엄경』(「야마궁중게찬품」夜摩宮中偈讚品) 또한 인연으로 오므
로 옴이 없고 인연으로 사라지므로 사라짐 없는 연기의 실상밖에 해
탈의 길이 없고 여래의 보디가 없음을 다음과 같이 보인다.

> 온갖 법은 실로 옴이 없고
> 그러므로 남이 있지 않네.
> 생겨남이 있지 않으므로
> 사라짐 또한 얻을 수 없네.
>
> 一切法無來　是故無有生
> 以生無有故　滅亦不可得
>
> 온갖 법은 남이 없으며
> 또한 다시 사라짐 없네.
> 만약 이와 같이 알 수 있으면
> 이 사람이 여래를 보게 되리.
>
> 一切法無生　亦復無有滅
> 若能如是解　斯人見如來
>
> 모든 법은 남이 없으므로
> 자기성품이 있지 않으니
> 이와 같이 분별해 알면

이 사람이 깊은 뜻 통달함이네.

諸法無生故　自性無所有
如是分別知　此人達深義

「수미정상게찬품」 또한 연기의 진실을 보지 못하고 온갖 법에 헛
된 집착을 일으키므로 여래의 참몸 보지 못함을, 이렇게 말한다.

만약 분별에 머물게 되면
청정한 눈을 무너뜨리니
어리석음과 삿된 견해 늘어나
길이 모든 붇다 보지 못하리.

若住於分別　則壞淸淨眼
愚癡邪見增　永不見諸佛

모든 붇다가 열어 보이신
중생이 분별하는 온갖 법들은
이것이 다 얻을 것 없으니
그 성품이 청정하기 때문이네.

諸佛所開示　一切分別法
是悉不可得　彼性淸淨故

제1장

여래도 깨달은 법을
존중하고 공경하나니
[尊法性]

"모든 금한 계[禁戒]는 썩지 않고
무너지지 않는 것이니 그것을 온전히 갖추어
빠뜨려 샘이 없게 하라. 이는 지혜로운 사람이
귀하게 여기는 것이다. 다시 그 계율을 널리 나누어 펴서
남과 함께 그 해탈의 맛[味]을 같이하도록 하라.
이 법은 공경할 만하고 귀하게 여길 만한 것이니
잊거나 잃지 않도록 하라."

'거룩한 법을 깨달은 붇다'라는 신비한 주체가 여기 있고, '깨친 오묘한 법'이 따로 있다고 말하면, 그 사람은 붇다를 비방하는 자이고 연기법의 진리를 등지는 자이다.

연기의 진실 가운데 자아는 자아 아닌 자아이고 세계는 세계 아닌 세계이므로 주체의 지혜 밖에 저 세계가 없다. 그러므로 여래의 위 없는 지혜에서 보면 여기 여래가 있고 저기 여래가 건질 중생이 따로 있는 것이 아니며, 여기 깨친 지혜가 있고 저기 깨친 바 진리가 따로 있는 것이 아니다.

여래는 법의 실현자이되 여래가 깨친 법은 세계의 실상이므로 여래 또한 늘 법을 공경하는 이로 서 있는 것이며, 중생을 자비로 건지되 중생을 건진다는 집착을 내지 않는 것이다.

나와 중생의 있되 공한 실상이 여래의 깨친 법이므로 실로 얻을 법이 있고 설할 법이 있다고 하는 것이 연기의 진실에 배치되는 것이다. 오히려 법을 설하는 여래와 법을 듣는 중생과 설하는 법에 얻을 바가 없다고 함이 연기법의 진실이 되고 참된 설법이 되는 것이다. 깨친 법이 중생의 진실이고 삼세 붇다의 보디이므로 법을 깨친 붇다가 삼세 붇다를 찬탄하고 시방 중생에 크나큰 자비심을 내는 것이 법의 진실을 온전히 사는 것이 된다.

이처럼 여래가 온전히 법의 실현자이되 여래의 깨침에 깨침과 깨친 바가 공하므로[能覺所覺空] 여래의 보디의 길은 법을 공경하고 법을 우러르며 중생을 자비로 거두는 길이다.

그러므로 나에 나 없는[無我] 보디의 길을 등지고 내가 법을 얻어 거룩한 자가 되었다고 하거나, 내가 어린 양 떼를 이끄는 인도자라고 하는 것은 보디를 등지는 것이다. 종파적 분별에 떨어진 악지식(惡知識)들은 얻을 법이 없는 곳에서 법을 얻었다는 집착에 떨어진 자들이니, 진리를 사적 소유의 틀에 가두려는 스스로의 헛된 뜻을 깊이 반성해야 할 것이다.

여래가 오시든 오시지 않은 법계의 성품은 늘 그러하니, 여래도 이 법을 깨쳐 여래가 되신 것이고 중생 또한 연기의 진실 깨칠 때 보디인 사트바(sattva)가 되는 것이다.

늘 그러한 법의 성품은 무엇인가. 모습에 모습 없는 연기의 진실 밖에 따로 없는 것이니, 『화엄경』(「십회향품」十迴向品)은 이렇게 말한다.

> 법의 성품은 온갖 곳에 두루 있어
> 온갖 중생과 머무는 국토의 모습
> 삼세에 모두 있어 나머지 없으나
> 또한 얻을 수 있는 형상이 없네.
>
> 法性遍在一切處　一切衆生及國土
> 三世悉在無有餘　亦無形相而可得

여래도 바른 법을 공경해 그 법에 의지해 머무시나니

이와 같이 내가 들었다.

한때 붇다께서는 우루빌라(Uruvilvā) 마을 나이란자나(Nairañjanā) 강가에 있는 보디 나무 아래에 계셨는데, 깨달음을 이룬 지 오래지 않을 때였다.

그때에 세존께서는 홀로 고요히 사유하시다 이렇게 생각하셨다.

'공경하지 않는 사람은 곧 크게 괴로워진다. 차례가 없어서 두려워할 만한 자재한 분이 없는 사람은 큰 뜻에서 물러나 줄어듦이 있게 된다.

공경할 것이 있고 차례가 있어서 우러를 수 있는 자재한 분이 있는 사람은 편안하고 즐겁게 머물 수 있다.

공경할 것이 있고 차례가 있으며 우러를 수 있는 자재한 분이 있으면 큰 뜻이 가득 채워진다.

어떤 하늘과 마라와 브라흐만, 사문과 브라마나, 하늘신이나 세상 사람 가운데서 내가 두루 갖춘 계율[戒]보다 빼어나고 사마디[定] 보다 빼어나며 지혜[慧]보다 빼어나고 해탈(解脫)보다 빼어나며 해탈지견(解脫知見)보다 빼어나서, 나로 하여금 공경하고 존중하며 받들어 섬겨 공양하게 한다면 나는 그를 의지해 머물겠다.'

깨치신 법밖에 따로 우러르고 공경할 것이 없음을 보이심

다시 이렇게 생각하셨다.

'어떤 하늘과 마라와 브라흐만, 사문과 브라마나, 하늘신이나 세상 사람 가운데서 내가 갖춘 계율보다 빼어나고 사마디보다 빼어나며 지혜보다 빼어나고 해탈보다 빼어나고 해탈지견보다 빼어나서, 나로 하여금 공경하고 존중하며 받들어 섬겨 공양하게 하여 그것을 의지해 머물 수 있는 것이 없다.

오직 바른 법이 있어서 나로 하여금 스스로 깨달아 삼약삼붇다(samyak-saṃbuddha, 正等正覺)를 이루게 하였다.

나는 그것을 공경하고 존중하며 받들어 섬겨 공양하면서 그것을 의지해 머물러야 한다.

왜 그런가. 과거의 여래·공양해야 할 분·올바로 깨달은 이도 바른 법을 공경하고 존중하며 받들어 섬겨 공양하면서 그것을 의지해 머물렀기 때문이다.

그리고 미래의 여래·공양해야 할 분·올바로 깨달은 이도 바른 법을 공경하고 존중하며 받들어 섬겨 공양하면서 그것을 의지해 머물 것이기 때문이다.'

가장 우러름 받던 최고신이 세존의 뜻을 찬탄함

그때에 사바세계의 주인 브라흐마하늘왕은 세존의 마음속 생각을 알고, 마치 힘센 장사가 팔을 굽혔다 펼 만한 짧은 순간에 브라흐마하늘에서 사라져 붇다 앞에 나타나 찬탄하면서 말하였다.

"잘 말씀하셨습니다. 그렇습니다, 세존이시여! 그렇습니다, 잘 가신 이[sugata]여!

게을러 공경하지 않는 이는 참으로 크게 괴롭습니다.

공경할 바가 있으면 큰 뜻이 가득 채워집니다. 참으로 어떤 하늘과 마라와 브라흐만, 사문과 브라마나, 하늘신이나 세상 가운데서 세존께서 갖추신 계율보다 빼어나고 사마디보다 빼어나며 지혜보다 빼어나고 해탈보다 빼어나며 해탈지견보다 빼어나서 세존으로 하여금 공경하고 존중하며 받들어 섬겨 공양하면서 그것을 의지해 머무를 것이 없습니다.

오직 바른 법이 있어서 여래께서 스스로 깨달아 바르고 평등한 깨달음을 이루었습니다.

그러므로 이것이 여래께서 공경하고 존중하며 받들어 섬겨 공양할 것으로서 그것을 의지해 머무르셔야 합니다.

왜냐하면, 과거의 모든 여래 · 공양해야 할 분 · 올바로 깨달은 이도 바른 법을 공경하고 존중하며 받들어 섬겨 공양하면서 그것을 의지해 머물렀고, 미래의 모든 여래 · 공양해야 할 분 · 올바로 깨달은 이도 바른 법을 공경하고 존중하며 받들어 섬겨 공양하면서 그것을 의지해 머물 것이기 때문입니다.

그러므로 세존께서도 그 바른 법을 공경하고 존중하며 받들어 섬겨 공양하면서 그것을 의지해 머무르셔야 합니다.”

그때에 브라흐마하늘왕은 다시 게송으로 말하였다.

과거 모든 올바로 깨달은 이와
앞으로 오실 모든 붇다들이나
현재의 모든 붇다 세존께서는
중생들의 근심을 없앨 수 있네.

온갖 분들 모두 법을 공경하여서
바른 법을 의지해 머무시나니
이와 같이 바른 법 공경하는 일
이것이 모든 붇다의 법이네.

그때에 브라흐마하늘왕은 붇다의 말씀을 듣고 기뻐하면서, 붇다
의 발에 머리를 대 절하고 이내 사라져 나타나지 않았다.

• 잡아함 1188 존중경(尊重經)

• 해설 •

여래의 위없는 보디는 연기의 진실에 의해 성취되었고 연기의 바른 법은
보디에 의해 밝혀졌으니, 실상은 보디인 실상이고 보디는 실상인 보디이다.
그 지혜의 길에서 보면 나는 내가 아니라 지혜의 목숨[慧命]인 나이고 저
세계와 중생은 세계와 중생이 아니라 법의 몸[法身]인 세계와 중생이다.

또 그 지혜의 길에서 보면 여래는 여래 아닌 여래라 온전히 지혜의 목숨
인 여래이니, 여래 또한 지혜의 목숨을 성취하고 법을 공경하여 여래가 되
신 것이다.

저 브라흐마하늘왕은 영원한 권능자로서 브라흐마하늘왕이 아니다. 그
는 가장 높은 세간 복의 성취자이되 아직 마쳐 다한 보디의 성취자는 아니
니, 그 이름이 브라흐마하늘왕인 것이다. 그러므로 세간 중생의 우러름의
처소인 브라흐마하늘왕이 도리어 온전한 법의 몸의 성취자이신 여래를 우
러르고 여래를 공경하는 것이다.

지혜의 목숨에는 나도 없고 나 아님도 없다. 그러므로 지혜의 목숨을 사
는 자는 늘 나에서 나를 떠나 나 아닌 나를 현전시키는 자이며, 모습에서 모
습 떠나 모습 아닌 모습을 굴려 법의 재물[法財]을 이루는 자이다.

지혜의 목숨에 돌아가고 법에 돌아가는 자는 늘 생각생각 나에서 나를

떠나 진여(眞如)에 돌아가고, 모습에서 모습 떠나 늘 모습 없는 실상(實相)에 돌아가는 것이니, 여래야말로 참으로 법을 공경하고 지혜의 목숨에 돌아가, 걸음걸음 선정과 지혜의 힘으로 장엄하여[定慧力莊嚴] 이 세간 중생을 선정과 지혜로 건네주는[以此度衆生] 분인 것이다.

여래가 깨치신 법계의 진리는 사카무니 붇다가 아니되 사카무니 붇다의 지혜 아님도 아니라 여래도 늘 법을 공경하는 것이며 보디사트바도 그 법을 믿고 공경해 여래의 공덕과 서로 응하는 것이니, 『화엄경』(「십지품」十地品)은 이렇게 말한다.

이 법은 처음도 아니고
가운데와 뒤도 아니라
말로써 말할 수 없네.
삼세의 때를 벗어나서
그 모습은 허공과 같네.

非初非中後　非言辭所說
出過於三世　其相如虛空

보디사트바는 이와 같이
법을 좋아하고 즐거워하여
공덕의 뜻과 서로 응함에
크나큰 원의 마음 늘 일으켜
모든 붇다 만나 뵙길 바라네.

如是好樂法　功德義相應
恒起大願心　願見於諸佛

참으로 법에 공양하는 이는
곧 여래를 공양하는 것이다

이와 같이 들었다.

한때 붓다께서는 슈라바스티 국 제타 숲 '외로운 이 돕는 장자의 동산'에 계셨다.

그때 세존께서 여러 비구들에게 말씀하셨다.

"널리 연설할 네 가지 큰 뜻이 있다. 어떤 것이 그 네 가지인가? 수트라(sūtra, 契經) · 비나야(vinaya, 律) · 아비다르마(abhidharma, 論) · 실라(śīla, 戒)이니, 이것을 네 가지 큰 뜻이라고 한다."

경 · 율 · 론과 계에 맞지 않고
법을 설하는 자를 받아들이지 말도록 하심

"비구여, 알아야 한다. 만약 어떤 비구가 동방(東方)에서 와서 경을 외우고 법을 지니며 실라를 받들어 행하면서 이렇게 말한다 하자.

'나는 경을 외우고[誦經] 법을 지니며[持法] 실라를 받들어 행할 수 있어 널리 배우고 많이 들었다[博學多聞].'

가령 저 비구가 이렇게 말을 하더라도, 그것을 그대로 받들어 받지 않아야 하고, 두텁게 믿지 않아야 하니, 반드시 그 비구를 붙들어 같이 논의하고 그 법을 같이 살펴 논해야 한다.

어떻게 법을 살펴 같이 논하는가.

법을 살펴 논한다는 것은 이 네 가지 널리 연설할 큰 법이니, 곧 수트라·비나야·아비다르마·실라이다.

먼저 반드시 그 비구를 향해 수트라를 말하고 비나야를 펴 보이며 법을 분별해야 한다.

바로 그 수트라를 말하도록 하고, 비나야를 펴 보이고 법을 분별하도록 할 때에, 만약 그가 펴 보인다면 곧 수트라와 서로 맞고[與契經相應] 비나야와 법에 서로 맞는 것[律法相應]이라 하니, 곧 이를 받아 지니라.

만약 그가 수트라·비나야·아비다르마에 서로 맞지 않거든 그 사람에게 이렇게 대답해주어야 한다.

'그대는 알아야 하오. 이것은 여래의 말씀이 아니오. 그리고 그대가 한 말은 바른 경전의 근본이 아니오.

왜냐하면 내가 지금 설명한 수트라·비나야·아비다르마를 말한 것과 서로 맞지 않기 때문이오.'

서로 맞지 않으면 계행(戒行)을 물어보아야 한다. 만약 그것이 계행과 서로 맞지 않으면 그 사람에게 말해야 한다.

'이것은 여래께서 간직한 본뜻[如來之藏]이 아니오.'

그러면 곧 떨쳐 보내버려야 한다.

이것을 처음 큰 뜻을 연설하는 바탕[演大義之本]이라 한다.

다시 비구들이여, 만약 어떤 비구가 남방(南方)에서 와서 이렇게 말한다 하자.

'나는 경을 외우고 법을 지니며 실라를 받들어 행할 수 있어 널리 배우고 많이 들었다.'

바로 저 비구가 이렇게 말을 하더라도, 그것을 그대로 받들어 받지 않아야 하고, 두텁게 믿지 않아야 하니, 반드시 그 비구를 붙들어 같이 논의하고 그 법을 같이 살펴 논해야 한다.

가령 그 비구가 말한 것이 뜻에 서로 맞지 않으면[不與義相應] 반드시 떨쳐 보내고, 만약 뜻과 서로 맞으면 그 사람에게 이렇게 대답하라.

'이것은 뜻에 맞는 말[義說]이나 바른 경의 근본은 아니오.'

그때 그 뜻은 취하고 경의 바탕[經本]은 받지 말아야 한다. 왜냐하면 뜻이란 경을 풀이하는 근원이기 때문이다.

이것을 두 번째 큰 뜻을 연설하는 바탕이라 한다.

다시 비구들이여, 만약 어떤 비구가 서방(西方)에서 와서 이렇게 말한다 하자.

'나는 경을 외우고 법을 지니며 실라를 받들어 행할 수 있어서 널리 배우고 많이 들었다.'

그러면 그 비구를 향해 수트라·비나야·아비다르마를 말해주라. 그러나 그 비구가 바로 맛만 알고[解味] 깊은 뜻을 알지 못하면[不解義], 그 비구에게 이렇게 말하라.

'우리는 이 말이 여래가 말씀하신 것인지 아닌지 밝히지 못하오.'

바로 수트라·비나야·아비다르마를 말하게 할 때 맛[味]만 알고 뜻[義]을 알지 못하면, 비록 그 비구가 말한 것을 듣더라도 좋다고 칭찬하지도 말고 나쁘다고 말하지도 말라.

다시 계행을 물어보아 서로 맞으면 받들어 받을 것을 생각하라. 왜냐하면 계행은 맛과 서로 맞지만[戒行與味相應], 뜻은 밝힐 수 없기 때문이다.

이것을 세 번째 큰 뜻을 연설하는 바탕이라 한다.

다시 비구들이여, 만약 어떤 비구가 북방(北方)에서 와서 경을 외우고 법을 지니며 실라를 받들어 행하면서 이렇게 말한다 하자.

'여러 어진 이들이여, 의심해 따질 것이 있는 사람은 곧 내게 와서 그 뜻을 물어라. 내가 너에게 말해주겠다.'

설령 그 비구가 말한 것이 있어도, 그것을 그대로 받아들이거나 읊어 외우지 말고, 그 비구에게 수트라·비나야·아비다르마·실라를 물어보아라.

그래서 서로 맞는 자에게는 곧 그 뜻을 묻고, 만약 그 뜻에 서로 맞거든[與義相應] 그 비구를 이렇게 칭찬해주어라.

'잘 말하고 잘 말했소, 어진 이여! 그것은 진실로 여래께서 말씀하신 것이라 뜻이 잘못돼 어지럽지 않아 수트라·비나야·아비다르마·실라에 서로 같이 맞소.'

그러고는 법으로 그 비구를 공양해야 한다."

법을 공경하는 자가 곧 여래에게 공양하는 자임을 보이심

"왜 그런가. 여래는 법을 공경하기 때문에 법에 공양하는 이가 있다면 곧 나를 공경하는 것이기 때문이다.

이미 법을 보는 자는 곧 나를 본 것이다.

법이 있으면 곧 내가 있는 것이고 법이 있으면 곧 비구상가가 있으며, 법이 있으면 곧 사부대중이 있고 법이 있으면 네 가지 족성[四姓]이 세상에 있는 것이다.

왜냐하면 법이 세상에 있으므로 말미암아 이 현겁(賢劫) 가운데 큰 위엄스런 왕이 세상에 나오게 되었기 때문이다.

이로부터 곧 네 족성이 이 세상에 있게 된 것이다.

법이 이 세상에 있으면 곧 네 가지 족성이 이 세상에 있게 되니, 곧 크샤트리아·브라마나·기술자[工師]·거사종족[居士種]이다.

만약 법이 세상에 있으면 곧 전륜왕(轉輪王)의 자리가 끊어지지 않고, 만약 법이 세상에 있으면 네 하늘왕[四天王]의 종족과 야마하늘[艷天]·투시타하늘[兜術天]·변화가 자재한 하늘[化自在天]·타화자재하늘[他化自在天]이 이 세상에 있게 된다.

만약 법이 세상에 있으면 욕계하늘[欲天]·색계하늘[色天]·무색계 하늘[無色天]이 이 세상에 있게 된다.

만약 법이 세상에 있으면 곧 스로타판나(srotāpanna)·사크리다가민(sakṛdāgāmin)·아나가민(anāgāmin)·아라한(arhat)·프라테카붇다(pratyekabuddha, 獨覺)와 붇다의 진리의 수레[佛乘]가 이 세상에 나타난다."

법을 공경하도록 당부하심

"그러므로 비구들이여, 법을 잘 공경해야 한다. 그 비구가 때를 따라 공양하고 필요로 하는 것을 이바지하게 되거든 그에게 이렇게 말하라.

'잘 말하고 잘 말했소. 그대 말과 같소. 오늘 말한 것은 참으로 여래가 말씀하신 것이오.'

이것을 비구들이여, 널리 연설한 네 가지 큰 뜻이 있는 것이라 한다.

그러므로 여러 비구들이여, 너희들은 마음을 붙들고 뜻을 바로잡아 이 네 가지 일을 행하되 빠뜨려 벗어남이 없도록 해야 한다.

이와 같이 여러 비구들이여, 반드시 이렇게 배워야 한다."

그때 여러 비구들은 붇다의 말씀을 듣고 기뻐하며 받들어 행하였다.

• 증일아함 28 성문품(聲聞品) 五

• 해설 •

수트라·비나야·아비다르마·실라는 문자반야(文字般若)이다. 문자반야는 여래의 계와 선정과 지혜의 실천이 언어로 발현된 것이니, 문자반야를 말하는 법사 또한 계·정·혜의 실천 내용을 안고 말해야, 말하는 자나 듣는 자가 같이 여래의 지혜를 통해 실상의 땅에 들어가는 것이다.

만약 법을 설하는 자에게 계·정·혜의 실천이 있으면 그가 법으로 공양하는 자이니, 그를 공경하면 곧 법을 공경하고 여래를 공경하는 것이다.

네 가지 법사가 분별된다.

동방에서 온 법사가 만약 네 가지 법을 잘 설해도 경과 논에 맞는 뜻이 없고 계행이 없다면 그는 참된 법사가 아니니 그를 따라서는 안 된다.

남방에서 온 법사가 경과 논의 뜻을 잘 말하나 아직 지혜에 나아가지 못했다면 그 뜻만 취하고 그가 말하는 경의 근본은 받지 말아야 한다. 뜻은 경에 나아가는 바탕이 되기 때문에 그의 바른 뜻마저 버려서는 안 된다.

셋째 서방에서 온 법사가 경·율·론의 작은 내용은 알지만 큰 뜻을 알지 못하면 그 뜻은 그대로 따르지 말고 계행의 작은 내용은 따라 받들어야 할 것이다.

넷째 북방에서 온 법사가 경·율·론을 잘 설하고 또 스스로 계·정·혜가 있다면 그가 바로 참된 법사이니 그를 공경해야 할 것이다.

여래의 법을 잘 알고 잘 실천하며 그 법을 잘 말할 수 있으면 그가 법에 공양하는 자이니, 바로 여래를 공경하는 자이다.

『화엄경』(「십회향품」) 또한 여래의 법바다에 잘 들어가 중생을 위해 해탈의 문을 열어주는 법사를, 다음과 같이 말한다.

> 잘 행하는 보디사트바 법사는
> 법에 자재한 마음 잘 닦아서
> 모든 법문 다 깨쳐 들 수 있어
> 깊고 깊은 묘한 법바다 성취하여
> 널리 중생 위해 법의 북을 치도다.

> 善修於法自在心　悉能悟入諸法門
> 成就甚深妙法海　普爲衆生擊法鼓

　법의 바다 성취해 법의 북을 치는 법사가 여래의 방에 들어 여래의 자리에 앉아 법을 잘 설하는 법사이니, 법을 듣는 대중 또한 법사를 공경하여 법사의 법 들음을 통해 계·정·혜의 법에 나아가야 할 것이다.

　그러면 법을 듣는 자 또한 늘 법에 공양하고 법의 바다에 들어가 여래께 늘 공경을 바치는 자가 되는 것이다.

법을 공경하고 법을 아낌없이 널리 나누라

이와 같이 들었다.

한때 붇다께서는 슈라바스티 국 제타 숲 '외로운 이 돕는 장자의 동산'에 계시면서 여러 비구들에게 말씀하셨다.

"너희들은 여섯 가지 존중의 법[六重法]을 잘 생각하여야 한다. 그것을 공경하고 존중하여, 마음에 늘 간직하여 잊거나 잃지 않도록 해야 한다.

어떤 것이 여섯 가지인가. 이것은 비구들이여, 몸의 행에서 자비를 생각함[身行念慈]이니 거울에 얼굴을 비춰보듯 하라. 그것은 공경할 만하고 귀히 여길 만한 것이니 잊거나 잃지 않도록 하라.

다시 입의 행에서 자비를 생각함[口行念慈]이다.

또 뜻의 행에서 자비를 생각함[意行念慈]이다. 그것은 공경할 만하고 귀히 여길 만한 것이니 잊거나 잃지 않도록 하라.

다시 법의 이익[法利] 되는 것들을 얻으면, 여러 범행을 닦는 이들과 같이하여 아끼는 생각이 없게 하라. 이 법은 공경할 만하고 귀히 여길 만한 것이니 잊거나 잃지 않도록 하라.

다시 모든 금한 계[禁戒]는 썩지 않고 무너지지 않는 것이니 그것을 온전히 갖추어 빠뜨려 샘이 없게 하라. 이는 지혜로운 사람이 귀하게 여기는 것이다. 다시 그 계율을 널리 나누어 펴서 남과 함께 그 해탈의 맛[味]을 같이하도록 하라. 이 법은 공경할 만하고 귀하게 여길 만한 것이니 잊거나 잃지 않도록 하라.

다시 현성이 벗어남[出要] 얻은 것을 바로 보아, 이와 같이 본 것을 여러 범행 닦는 이들과 이 법을 같이하도록 하라. 이는 공경할 만하고 귀하게 여길 만한 것이니 잊거나 잃지 않도록 하라."

여섯 가지 존중의 법을 보이시고 잘 지켜 행할 것을 당부하심

"이것을 비구여, 여섯 가지 존중의 법이 있어 공경할 만하고 귀하게 여길 만해 잊거나 잃지 않도록 해야 함이라 한다.

그러므로 비구들이여, 늘 몸과 입과 뜻의 행[身口意行]을 닦아 행하여, 만약 이익되는 공양거리를 얻어도 나누어줄 것을 생각하고 탐하는 마음을 일으키지 말라.

이와 같이 비구들이여, 이렇게 배워야 한다."

그때에 비구들은 붓다의 말씀을 듣고 기뻐하며 받들어 행하였다.

• 증일아함 37 육중품(六重品) 一

• 해설 •

여섯 가지 공경할 만한 존중의 법이란 무엇인가. 사람끼리 화합하고 공경하는 법[六和敬]이라, 법을 따르는 이가 높여야 할 법이므로 존중의 법이라고 한다.

몸과 입과 뜻의 업 가운데서 늘 자비를 생각함이 공경해야 할 세 가지 법이고, 법의 이익[法利] 되는 것을 범행 닦는 이들과 함께함이 네 번째 법이며, 금한 계를 스스로 지키고 계의 해탈의 법맛을 남과 함께함이 다섯 번째 법이며, 해탈의 법을 여러 수행자와 함께함이 여섯 번째 법이다.

이 여섯 법이란 바로 늘 자비를 닦아 출세간 해탈의 이익과 세간의 이익을 늘 남과 함께 나누는 생활이니, 자비의 생활 보시의 생활을 말한다.

『금강경』에서는 '나라는 모습, 사람이라는 모습에 머물지 말고 다나파라미타(dāna-pāramitā, 布施)를 닦아 행하라'고 가르쳤으니, 이 『금강경』의 가르침과 이 경의 말씀이 무엇이 다른가.

법을 공경하고 법으로 세간에 공양하는 이, 그는 이익되는 공양거리 나누는 재물의 보시와 해탈의 문을 열어주는 마음의 보시를 함께하는 자이니, 그가 여래를 공경하고 여래께 늘 공양하는 사람이다.

『화엄경』(「십회향품」)은 법을 설해 법으로 공양함으로써 세간과 출세간의 공덕 길러주는 큰 인도자의 행을 다음과 같이 말한다.

> 법의 큰 인도자인 보디사트바는
> 깊고 깊으며 드문 법을 연설하여
> 법으로써 모든 공덕 키워 길러주고
> 청정하게 법 기뻐하는 마음 갖추어
> 세간에 붇다의 법의 곳간 보여주네.
>
> 宣說甚深希有法 以法長養諸功德
> 具足淸淨法喜心 示現世間佛法藏

법을 행하지 않고 공경하지 않으면
장로라 할 수 없으니

이와 같이 들었다.

한때 붇다께서는 라자그리하 성의 칼란다카 대나무동산에서 큰 비구대중 오백 사람과 함께 계셨다.

그때에 세존께서는 셀 수 없는 대중에게 앞뒤로 둘러싸여 설법하고 계셨는데, 어떤 장로비구가 대중 가운데 있으면서 세존을 향해 발을 뻗고 졸고 있었다.

때에 수마나(Sumana) 사미(沙彌)는 나이 겨우 여덟 살인데, 세존께 가기 멀지 않은 데서 두 발을 맺고 앉아 생각을 매어 앞에 두고 있었다.

사마디에 든 어린 사미가 장로임을 보이심

세존께서는 발을 뻗고 앉아 조는 장로비구와 단정히 앉아 사유하고 있는 사미를 보시고 곧 이 게송을 말씀하셨다.

수염과 머리를 깎았다고 하여
그를 높은 장로라고 말하지 않네.
비록 다시 그의 나이 많다고 해도
어리석은 행을 벗어나지 못하네.

만약 네 가지 진리의 법을 보고
뭇 어린 싹들 해치지 않으며
여러 더럽고 나쁜 행을 버리면
이 사람을 장로라 이름하도다.

내가 지금 장로라고 말하는 것은
먼저 집 나옴을 꼭 말함 아니다.
착함의 바탕이 되는 업을 닦고서
바른 행을 잘 가리어 안다면
설사 그 나이가 아직 어리다 해도
여러 아는 뿌리 빠뜨려 샘 없어서
이 사람을 장로라 이름하나니
그는 바른 법과 행 잘 가려 아네.

삼보에 공경하는 마음을 가져야 해탈할 수 있음을 다시 보이심

그때에 세존께서는 여러 비구들에게 말씀하셨다.

"너희들은 이 장로가 발을 뻗고 조는 것을 보는가."

"그렇습니다, 세존이시여. 저희들은 다 봅니다."

"이 장로비구는 오백 생 동안 늘 용(龍, nāga)의 몸이었다. 만약 지금 목숨을 마쳐도 용 가운데 태어날 것이다. 왜냐하면 그는 붇다와 법과 상가에 공경하는 마음이 없기 때문이다.

만약 중생으로서 붇다와 법과 상가에 공경하는 마음이 없으면 그는 몸이 무너지고 목숨이 끝난 뒤에 반드시 용 가운데 태어나게 된다.

너희들은 저 수마나 사미가 나이 겨우 여덟 살인데도, 나에게 가기 멀지 않은 곳에서 단정히 앉아 사유하고 있는 것을 보는가."

여러 비구들이 대답했다.

"그렇습니다, 세존이시여."

세존께서는 말씀하셨다.

"이 사미는 앞으로 이레 뒤에는 네 가지 신통과 네 가지 진리를 얻고, 네 가지 선정에서 자재를 얻고, 네 가지 바른 끊음을 잘 닦을 것이다. 왜냐하면 이 수마나 사미는 붇다와 법과 상가를 향해 공경하는 마음을 가지기 때문이다.

이런 까닭에 비구들이여, 언제나 부지런히 붇다와 법과 상가에 공경을 더하도록 하라.

이와 같이 여러 비구들이여, 반드시 이렇게 배워야 한다."

그때에 비구들은 붇다의 말씀을 듣고 기뻐하며 받들어 행하였다.

• 증일아함 30 수타품(須陀品) 二

• 해설 •

수염과 머리 깎고 가사와 발우를 지니어 나이 늙도록 사문의 형상을 짓는다 한들 법을 공경하지 않으면 그가 어찌 장로이리.

저 사미가 비록 나이 어려도 이미 사마디가 있고 많이 들음이 있으며 법 공경함이 있으니, 그는 사미가 아니라 진리문 안의 장로이며 마하사트바인 어린이이다.

저 나이 들어 졸음에 빠진 비구는 아직 법의 눈[法眼]을 뜨지 못하고도 법을 공경치 않으니, 그가 진리의 길에 걸음마도 떼지 못하는 어린아이이고 진리의 문밖에 서성이는 나그네일 뿐이다.

제2장

서로 의지하여
모든 법은 일어나나니
[相依性]

"이 눈을 깊이 살펴보시오. 이 눈은 나가 아니고,
또 나도 저의 것이 아니요. 또 내가 눈을 만든 것이 아니요,
저 스스로 만든 것도 아니요. 그것은 있지 않음 가운데에서
생겨나 이미 있지만, 곧 무너져 없어질 것이오.
그것은 과거나 현재나 미래도 아니요,
모두 인연이 같이 모임으로 말미암은 것이오.
인연이 같이 모임이란 '이것을 인연하여 이것이 있으니,
이것이 일어나면 곧 일어나고, 이것이 없으면 곧 없으니,
이것이 사라지면 곧 사라진다'고 함이오."

붇다 당시 기성 종교의 교사나 새로운 사상가들은 우주 만 가지 존재를 신이 만들었다고 하거나 어떤 원자적 실체들의 결합에 의해서 존재가 만들어졌다고 말하였다.

붇다 또한 '오직 하나인 자'로서 절대신이 만유를 전개했다는 기성 종교의 세계관을 부정하기 위해 내적 원인[因]과 조건[緣]에 의해 결과로서의 존재가 있다고 가르쳤다.

그러나 붇다는 원자적 실체의 쌓임으로 존재를 설명하는 사문들의 주장에 대해서도, 원인과 조건이 모두 공한 원인과 조건이라 존재에는 안과 밖에 실체적 출발이 없다고 가르쳤다.

신이 냈다거나 안과 밖에 실체적 출발이 있다는 견해를 부정하기 위해 여래는 '온갖 존재가 인연으로 생긴다'[因緣生]고 가르치시지만, 실로 존재가 생겼다 사라진다[實生滅]고 생각하는 이들에게는 '인연으로 났으므로 실로 남이 없고[無生] 인연으로 사라지므로 실로 사라짐이 없다[無滅]'고 가르친다.

그러나 다시 공(空)을 집착해 '나지 않고 사라지지 않는다'고 말하는 이들을 위해서는 남이 없이 나고[無生而生] 사라짐이 없이 사라진다[無滅而滅]고 가르치니, 연기의 진실에는 실로 남도 없고 나지 않음도 없는 것이다.

마치 등불이 기름과 심지와 불씨 때문에 타고 있지만, 지금 타는 불은 기름에도 없고 심지에도 없으며 불씨에도 없으나 기름과 심지와 불씨를 떠나지 않는 것과 같다.

그러니 이 연기의 진리를 어찌 얕다고 말할 것인가.

이 법은 나[我]도 없고 나 없음[無我]도 없으므로 지금 여기 있음을 떠나지 않되 시방에 두루하며, 항상함도 없고[無常] 덧없음도 없으므로[無無常] 지금 이 찰나를 여의지 않되 기나긴 겁의 시간에 사무치는 것이다.

이 법을 어찌 말로 말하고 뜻으로 사유해 붙잡을 수 있을 것인가.

이것과 저것이 서로 의지해 법을 내지만, 어울리는 이것과 저것 어울려 나는 법에 모두 자기성품 없음을 『화엄경』(「보살문명품」菩薩問明品)은 다음과 같이 말한다.

> 또한 마치 큰 불 무더기가
> 세찬 불꽃 때를 같이해 일어나지만
> 각기 서로 알지 못함과 같이
> 모든 법도 또한 이와 같아라.

> 亦如大火聚　猛焰同時發
> 各各不相知　諸法亦如是

> 또 뭇 땅의 굳은 영역들이
> 더욱 굴러 의지해 머물고 있지만
> 각기 서로 알지 못함과 같이
> 모든 법도 또한 이와 같아라.

> 又如衆地界　展轉因依住
> 各各不相知　諸法亦如是

이것이 일어나므로 저것이 일어나고
이것이 사라지면 저것이 사라지니

이와 같이 내가 들었다.

한때 붇다께서는 슈라바스티 국 제타 숲 '외로운 이 돕는 장자의 동산'에 계시면서 비구들에게 말씀하셨다.

"늘어나는 법[增法]이 있고 줄어드는 법[滅法]이 있다. 자세히 듣고 잘 사유하라. 너희들을 위해 말해주겠다.

어떤 것이 늘어나는 법인가.

'무명(無明) 때문에 지어감[行]이 있고, 지어감 때문에 앎[識]이 있고, 앎 때문에 마음·물질[名色]이 있고, 마음·물질 때문에 여섯 들임[六入]이 있다.

여섯 들임 때문에 닿음[觸]이 있고, 닿음 때문에 느낌[受]이 있고, 느낌 때문에 애착[愛]이 있으며, 애착 때문에 취함[取]이 있고, 취함 때문에 존재[有]가 있고, 존재 때문에 태어남이 있고, 태어남 때문에 늙음·죽음·근심·슬픔·번민·괴로움이 있고, 이렇게 하여 순전한 괴로움뿐인 큰 무더기가 일어난다.'

이것을 늘어나는 법이라 한다."

늘어나는 법을 보이신 뒤 줄어드는 법을 보이심

"어떤 것이 줄어드는 법인가.

'무명이 사라지면 지어감이 사라지고, 지어감이 사라지면 앎이 사라지고, 앎이 사라지면 마음·물질이 사라지고, 마음·물질이 사라지면 여섯 들임이 사라진다.

여섯 들임이 사라지면 닿음이 사라지고, 닿음이 사라지면 느낌이 사라지고, 느낌이 사라지면 애착이 사라지고, 애착이 사라지면 취함이 사라지고, 취함이 사라지면 존재가 사라지고, 존재가 사라지면 태어남이 사라지고, 태어남이 사라지면 늙음·죽음·근심·슬픔·번민·괴로움이 사라지며, 이렇게 하여 순전한 괴로움뿐인 큰 무더기가 사라진다.'

이것을 줄어드는 법이라 한다."

붇다께서 이 경을 말씀하시자, 여러 비구들은 붇다의 말씀을 듣고 기뻐하며 받들어 행하였다.

• 잡아함 358 무명증경(無明增經)②

• 해설 •

열두 가지[十二, dvādaśāṅgika]의 연기[緣起, pratītya-samutpāda]의 법은 서로 원인이 되고 조건이 되어 함께 일어나고 함께 사라진다. 그러므로 자체로는 스스로 생기고 사라지지 않는다. 의지하는 조건의 법이 늘어나면 따라 늘어나고, 의지하는 조건의 법이 줄어들면 따라 줄어든다. 그러므로 자체로는 스스로 늘어나고 줄어들지 않는다.

서로 의지해서 생기고 사라짐을 말하는 것이 실로 생기지 않고 사라지지 않음을 보임이고, 서로 의지해서 늘어나고 줄어듦을 보이는 것이 실로 늘어남도 아니고 줄어듦도 아님을 보인 것이다.

이런 까닭에 '십이연기가 나고 사라진다'[生滅十二緣起]는 말을 듣고, 지혜로운 이는 바로 십이연기의 남이 없음[無生]을 알아듣고, 남이 없음을 듣고서는 남이 없이 남[無生而生]을 알아듣고, 남이 없이 남을 듣고서는 남도 없고 남 없음도 없음[無生無無生]을 알아듣는다.

왜인가. 십이연기의 법이 서로 의지해 있으므로 있음이 있음 아니니, 십이연기의 법이 늘어도 실로 늘어남이 아니고 줄어도 줄어듦이 아니다.

이 뜻을 『반야심경』은 '이 모든 법 공한 모습은 생겨남도 아니고 사라짐도 아니며 늘어남도 아니고 줄어듦도 아니다'라고 했으며, '공 가운데는 십이연기도 없고 십이연기가 다함도 없다'고 한 것이다.

삼세로 이어지는 인과의 고리가 실은 인연이 공함을 나타내므로 이와 같이 살피면 그가 업의 인연 떠나지 않고 깊고 깊어 모습 없는 법의 성품에 들어갈 수 있으니, 『화엄경』(「십회향품」)은 이렇게 가르친다.

> 온갖 법을 부지런히 잘 살피어서
> 있음이 있음 아님 따라서 사유해
> 이와 같이 진실한 이치에 나아가면
> 깊고 깊어 다툼 없는 곳에 들어가리.
>
> 精勤觀察一切法　隨順思惟有非有
> 如是趣於眞實理　得入甚深無諍處
>
> 이로써 굳센 도를 닦아 이루면
> 온갖 중생이 무너뜨릴 수 없으며
> 모든 법의 성품 밝게 통달하여
> 널리 삼세에 집착하는 바 없으리.
>
> 以此修成堅固道　一切衆生莫能壞
> 善能了達諸法性　普於三世無所著

이것이 일어나면 저것이 일어나니
덧없음의 생각을 닦아 널리 펴라

이와 같이 들었다.

한때 붇다께서는 바라나시 국의 사슴동산에서 큰 비구대중 오백 사람과 함께 계셨다.

그때 세존께서는 여러 비구들에게 말씀하셨다.

"덧없음의 생각을 사유하고 덧없음의 생각을 널리 펴야 한다.

덧없다는 생각을 사유하고 덧없다는 생각을 널리 펴면 곧 욕계의 애착을 끊고, 색계의 애착, 무색계의 애착을 끊고 교만과 무명을 다 끊을 것이다.

왜 그런가."

온갖 법의 나 없고 덧없음을 옛 수행자의 본사를 들어 가르치심

"먼 옛날 어떤 프라테카붇다가 있었는데 '좋은 눈'[善目]이라고 이름하였다. 그는 얼굴 모습이 단정하고 낯빛은 복사꽃빛 같았고, 바라보는 눈길이 깊고 그윽해, 입에서는 우트팔라 꽃[蓮華] 향기가 나고 몸에서는 찬다나 향 냄새가 났다.

한때 '좋은 눈' 프라테카붇다는 때가 되어 가사를 입고 발우를 가지고 바라나시 성에 들어가 밥을 빌다가, 차츰 큰 장자의 집에 이르러 문밖에서 잠자코 서 있었다.

그때에 그 장자의 딸은 어떤 수행자가 문밖에서 잠자코 서 있는데 단정하기 짝이 없고 얼굴은 빼어나 세상에 드물며 입에서는 우트팔라 꽃 향기가 나고 몸에서는 찬다나 향 냄새가 나는 것을 보고 그 비구 있는 곳을 향해 이렇게 말했다.

'당신은 지금 얼굴이 단정하고 낯빛이 복사꽃빛 같아서 세상에 드무십니다. 나는 지금 비록 여인이지만 얼굴이 단정하여 함께 짝이 될 만합니다.

그리고 우리 집에는 진기한 보배가 넉넉하고 재물이 한량없습니다. 그러니 사문이 되는 것은 매우 쉽지 않습니다.'

프라테카붇다는 물었다.

'누이여, 지금 내 어느 곳을 집착하오?'

장자의 딸이 대답했다.

'바로 지금 나는 눈 빛깔을 좋아합니다. 또 입에서 나는 우트팔라 꽃 향기와 몸에서 나는 찬다나 향 냄새를 나는 좋아합니다.'

이때에 프라테카붇다는 곧 왼손을 펴고 오른손으로 그 눈을 빼어 손바닥에 놓고 말하였다.

'그대가 사랑하는 눈이란 바로 이것을 말하오? 누이여, 지금은 어느 곳을 좋아하겠소?

이것은 마치 부스럼과 같아서 하나도 탐낼 것이 없소. 또 이 눈에서는 깨끗하지 않은 것이 새어 나오고 흘러 나오오. 누이여, 알아야 하오. 이 눈은 물거품 같아서 굳세지 않고 허깨비 같아서 거짓되어 참되지 않아 세상 사람을 속이고 홀리게 하오.

귀·코·혀·몸·뜻도 이와 같아서 굳세지 않고 거짓되어 참되지 않소.

입은 침 그릇으로서 깨끗하지 않은 것을 내고 순전히 흰 뼈를 머금어서, 몸은 괴로움의 그릇으로 닳아 없어질 법이요, 언제나 냄새 나는 것을 담는 곳으로 온갖 벌레가 득실거리며, 또 그림의 병과 같아 그 안에는 냄새나는 것으로 가득하오.

누이여, 지금은 어디에 집착하오? 그러므로 누이여, 그 마음을 오롯이 하여 이것은 허깨비 같고 거짓되어 참됨이 아니라고 생각하오.

만약 누이가 눈과 빛깔이 덧없다고 생각하면 모든 집착하는 탐욕의 뜻은 저절로 사라질 것이오. 귀 · 코 · 혀 · 몸 · 뜻도 다 덧없다고 사유하고 나면 모든 탐욕의 뜻은 저절로 사라질 것이오.

또 여섯 들임[六入, 六情]을 생각하면 곧 탐욕은 없어질 것이오.'

이때에 장자의 딸은 곧 두려운 생각이 들어 프라테카붇다 앞에 나아가 말씀드렸다.

'나는 지금부터 허물을 고치고 착함을 닦아 다시는 탐욕을 일으키지 않겠습니다. 내 허물 뉘우침을 받아주시길 바랍니다.'

이렇게 두 번 세 번 뉘우침을 행했다.

프라테카붇다는 대답하였다.

'그만하시오, 누이여. 이것은 그대 허물이 아니오. 그것은 내 오랜 생의 죄이오.

이런 모습을 받아 났기 때문에 남으로 하여금 나를 보고 욕정의 뜻을 일으키게 한 것이오. 이 눈을 깊이 살펴보시오. 이 눈은 나가 아니고, 또 나도 저의 것이 아니요. 또 내가 눈을 만든 것이 아니요, 저 스스로 만든 것도 아니요.

그것은 있지 않음 가운데에서 생겨나 이미 있지만, 곧 무너져 없어질 것이오. 그것은 과거나 현재나 미래도 아니요, 모두 인연이 같이 모임으로 말미암은 것이오.

인연이 같이 모임이란 '이것을 인연하여 이것이 있으니, 이것이 일어나면 곧 일어나고, 이것이 없으면 곧 없으니, 이것이 사라지면 곧 사라진다'고 함이오.

눈·귀·코·혀·몸·뜻도 이와 같아서 모두 비고 고요한 것이오.

그러므로 누이여, 눈과 빛깔에 집착하지 마오. 눈과 빛깔에 집착하지 않으면 곧 안온한 곳에 이르게 되어 다시는 정욕이 없게 될 것이오. 이와 같이 누이여, 이렇게 배워야 하오.'

이때 프라테카붇다는 그 여인을 위해 네 가지 덧없음의 법을 말하고 허공에 올라가 열여덟 가지 변화를 보이고는 머물던 곳으로 돌아갔다.

그때에 그 여자는 눈·귀·코·혀·몸·뜻을 살펴 있는 바 없음을 밝게 사무치고, 곧 한가한 고요한 곳에서 이 법을 깊이 사유하였다.

그리고 다시 여섯 들임에 주인 없음을 다시 사유하고, 네 가지 평등한 마음을 얻었다.

그는 몸이 무너지고 목숨 마친 뒤에는 브라흐마하늘에 났다."

다시 덧없음의 생각 사유하도록 당부하심

"비구들이여, 알아야 한다. 만약 덧없음의 생각을 사유하고, 덧없다는 사유를 널리 펴면 욕계·색계·무색계의 애착을 끊고 교만과 무명이 모두 없어질 것이다.

그러므로 비구들이여, 이와 같이 배워야 한다."

그때에 비구들은 붇다의 말씀을 듣고 기뻐하며 받들어 행하였다.

• 증일아함 38 역품(力品) 九

• 해설 •

온갖 법이 덧없다는 살핌[無常觀]의 약을 존재가 실로 있어서 '항상하다는 견해'[常見]의 병에 떨어진 이들에게 주기 위해, 옛 프라테카붇다의 본사(本事)를 들어 말씀하신다.

옛 수행자는 저 여인이 '이 몸이 아름답고 깨끗하다'는 생각을 지으므로 여인에게 몸을 깨끗하지 않다고 살피도록 하고, 이 몸이 실체로서의 몸이라고 생각하므로 신통의 힘으로 몸에서 눈을 떼어내고 몸을 나누어 몸에 몸 없음을 보인다.

몸이 공하여 몸에 실로 있는 몸이 없으므로 몸이 덧없어 찰나찰나 움직이는 것인데, 그 가운데 나와 내 것을 애착하여 중생의 탐욕과 취함이 나고, 취함[取]으로 존재[有]가 존재로 굳어지는 것이다.

그러나 덧없음의 뜻을 그릇 알지 않아야 하니, 항상함의 집착 때문에 덧없음을 말한 것이라 법은 늘 머물러 있음이 없지만[無有常住] 흘러가 사라지는 것이 아니라 실로 일어나고 사라짐이 없는 것[亦無起滅]이다.

'깨끗하지 않다는 생각'[不淨想]으로 깨끗하다는 마음의 병을 없애고, 나 없다는 생각[無我想]으로 나 있다는 병을 다스리며, 덧없다는 생각[無常想]으로 항상하다는 그릇된 견해를 없애면, 나도 없고 나 없음도 없는 실상이 현전하며, 찰나찰나 덧없이 나고 사라지되 실로 남이 없고 사라짐이 없게 된다.

그러므로 덧없음의 생각[無常想] 잘 사유하는 자, 그는 덧없음 속에서 참된 항상함[眞常]을 보게 될 것이다.

법이 생겨남은 기름과 심지 때문에
등불을 켜는 것과 같나니

이와 같이 내가 들었다.

한때 붇다께서는 슈라바스티 국 제타 숲 '외로운 이 돕는 장자의 동산'에 계셨다.

그때 세존께서 여러 비구들에게 말씀하셨다.

"비파신(Vipasyin) 붇다께서는 아직 바른 깨달음[正覺]을 이루시지 못하셨던 때에, 홀로 한 고요한 곳에서 오롯이 정진하여 선정의 사유를 행하시다 이렇게 생각하셨다.

'온갖 모든 세간은 다 나고 죽음에 들어가, 스스로 나고 스스로 익어 물러지며, 스스로 사라지고 스스로 없어진다.

그런데도 그 중생들은 늙음과 죽음 위에서 세간 벗어나는 길을 진실 그대로 알지 못한다.'

그리하여 곧 무슨 인연으로 이 늙음과 죽음이 있는지를 스스로 살펴셨다."

옛 붇다의 사유를 예로 들어
나고 죽음이 스스로 있는 것이 아님을 보이심

"이와 같이 바르게 사유하여 살피다가, 진실 그대로의 사이 없는 평등함[無間等]을 얻어 이렇게 알게 되었다.

'존재[有] 때문에 태어남이 있다.'

바로 다시 바르게 사유하셨다.

'무엇 때문에 존재가 있는가.'

바로 다시 바르게 사유하여 진실 그대로 사이 없는 평등함으로 이렇게 알게 되었다.

'취함[取]이 있기 때문에 존재가 있다.'

곧 다시 바르게 사유하셨다.

'무엇 때문에 취함이 있는가?'

곧 다시 바르게 사유하여 진실 그대로의 사이 없는 평등함으로 이렇게 알게 되었다.

'법을 취해 맛들여 집착하고 돌아보아 생각하니, 닿음[觸] 때문에 애착이 늘어나 자라는 것이다.'

그러니 알아야 한다. 애착 때문에 취함이 있고, 취함 때문에 존재가 있으며, 존재 때문에 태어남이 있고, 태어남 때문에 늙음·병듦·죽음과 근심·슬픔·번민·괴로움이 있다.

이렇게 하여 순전한 괴로움뿐인 큰 무더기가 모여 일어난다."

법이 다른 것을 의지해 일어남을 등불의 비유로 보이심

"비유하면 기름과 심지 때문에 등불을 켜는 것과 같으니, 그 켜는 사람이 때때로 기름을 더하고 심지를 갈면 그 등불은 언제나 밝게 타올라 쉬지 않는다."

붇다께서 이 경을 말씀하시자, 여러 비구들은 붇다의 말씀을 듣고 기뻐하며 받들어 행하였다.

• 잡아함 366 비바시경(毘婆尸經)

이 경은 십이연기의 교설을 갖추어지지 않은 형태로 설하고 있다. 그러나 나고 죽음의 뿌리를 거슬러 닿음에서 애착이 나고 애착으로 취함이 나서, 존재가 존재로 굳어지므로 나고 죽음이 일어남을 밝혀 무명이 애착에서 옴을 밝히고 있다.

무명은 무명이 아니라 '나'[我]가 '나 아닌 곳'[非我]에서 '나'를 애착함이 무명이고, 나고 죽음이 나고 죽음 아닌 곳에서 나고 죽음이 실로 나고 죽음으로 그릇 알아 취하는 것이 무명이다.

그러므로 연기의 모든 법은 스스로 있지 않고 다른 법을 조건으로 해서 있기 때문에 모두 있되 공하니, 있되 공한 줄 알면 나고 죽음과 애착에서 벗어나는 길이 있다.

이 연기의 법을 옛 붇다의 입을 빌려 설하고 있는 것은 이 법이 지금 사카무니 붇다의 법이지만 과거 붇다의 법이고 중생의 법이며 미래 붇다의 법임을 가르치고 있는 것이다.

법이 다른 것을 의지해서 일어나는 것을 비유하면, 지금 환하게 타는 등불이 스스로 타는 등불이 아니라 켜는 사람과 기름과 심지로 인해 타는 것과 같으니, 등불은 등불이 아니다.

그렇듯이 나고 죽음에 실로 나고 죽음이 없는데 중생의 무명이 애착과 취함을 더하므로 나고 죽음을 보는 것이니, 등불에 기름을 더하듯 애착과 취함을 더하지 않으면 남[生]은 남이 없는 남[無生之生]이 되고 죽음은 죽음 아닌 죽음이 된다.

여래의 뜻을 알면 지금 나고 죽음의 땅이 니르바나의 땅이고, 무명의 현장이 보디의 세계인 것이다.

허공에 날리는 불도 바람을 의지해
머물고 바람을 의지해 타는 것같이

이와 같이 내가 들었다.

한때 붇다께서는 라자그리하 성 칼란다카 대나무동산에 계셨다.

그때 집을 나온 어떤 브릿지(Vṛji)족 수행자가 붇다 계신 곳에 찾아와 합장하고 문안드렸다. 문안을 마치고 나서 한쪽에 물러앉아 붇다께 여쭈었다.

"고타마시여, 여쭈어보고 싶은 것이 있는데 한가하시다면 답을 들을 수 있겠습니까?"

붇다께서 집을 나온 브릿지족 수행자에게 말씀하셨다.

"네가 묻는 대로 너를 위해 말해주겠다."

인연의 남은 모습이 있으면 남이 없음에 이를 수 없음을 보이심

집을 나온 브릿지족 수행자가 붇다께 여쭈었다.

"어떻습니까? 고타마시여, 목숨[命]이 곧 몸[身]입니까?"

붇다께서 집을 나온 브릿지족 수행자에게 말씀하셨다.

"목숨이 곧 몸이라고 하는 것은 말할 것이 없음[無記]이다."

"어떻습니까? 고타마시여, 목숨도 다르고 몸도 다른 것입니까?"

붇다께서 집을 나온 브릿지족 수행자에게 말씀하셨다.

"목숨도 다르고 몸도 다르다고 하는 것도 말할 것이 없음이다."

집을 나온 브릿지족 수행자가 붇다께 여쭈었다.

"어떻습니까? 고타마시여, '목숨이 곧 몸입니까?'라고 여쭈어도 '말할 것이 없음이다'라고 대답하시고, '목숨이 다르고 몸이 다릅니까?'라고 여쭈어도 '말할 것이 없음이다'라고 대답하셨습니다.

사문 고타마께서는 어떤 기이함이 있으시기에 제자가 목숨을 마치면 곧 이렇게 언약해 말씀하십니까.

'누구는 어느 곳에 태어났고 누구는 어느 곳에 태어났다. 그 제자들은 여기서 목숨을 마치고 몸을 버리면, 곧 뜻이 낸 몸[意生身, mano-maya-kāya]을 타고 다른 곳에 태어난다.'

그때에는 목숨이 다르고 몸이 다르게 됨이 아닙니까?

붇다께서 그 브릿지족 수행자에게 말씀하셨다.

"이는 남음 있음[有餘]을 말한 것이고, 남음 없음[無餘]을 말한 것이 아니다."

브릿지족 수행자가 붇다께 말씀드렸다.

"고타마시여, 어찌하여 남음 있음을 말씀하시고 남음 없음을 말씀하지 않으셨습니까?"

**타는 불을 비유로 다른 의지할 것이 있어야
법이 이루어짐을 보이심**

붇다께서 브릿지족 사람에게 말씀하셨다.

"비유하면 불이 남음이 있어야 탈 수 있고, 남음이 없으면 타지 않는 것과 같다."

브릿지족 사람이 붇다께 말씀드렸다.

"저는 불이 남음이 없는데도 타는 것을 보았습니다."

붇다께서 브릿지족 사람에게 물었다.

"어떻게 불이 남음이 없는데도 탈 수 있는 것을 보았느냐?"

브릿지족 사람이 붇다께 말씀드렸다.

"비유하여 말씀드리면 큰 무더기 타는 불이 빠른 바람이 불어오면 그 불이 허공 가운데 날아가는 것과 같습니다. 이것이 어찌 남음이 없이도 불이 타는 것이 아니겠습니까?"

붇다께서 브릿지족 사람에게 말씀하셨다.

"바람이 불어 불을 날리는 것도 남음이 있는 것이지, 남음이 없는 것이 아니다."

브릿지족 사람이 붇다께 말씀드렸다.

"고타마시여, 허공 가운데 날리는 불을 어떻게 남음이 있다고 하십니까?"

붇다께서 브릿지족 사람에게 말씀하셨다.

"허공 가운데 날리는 불도 바람을 의지하기 때문에 머물고, 바람을 의지하기 때문에 타는 것이다. 바람을 의지하기 때문에 남음이 있음을 말하는 것이다."

브릿지족 사람이 붇다께 말씀드렸다.

"중생이 여기에서 목숨을 마치고 뜻이 낸 몸을 타고 다른 곳에 가서 태어나는데 어떻게 남음이 있습니까?"

붇다께서 브릿지족 사람에게 말씀하셨다.

"중생이 여기에서 목숨을 마치고 '뜻이 낸 몸'을 타고 다른 곳에 가서 태어나면 그때에도 애착 때문에 취하고, 또 애착 때문에 머무르는 것이다. 그러므로 남음이 있다고 말한다."

세존의 평등한 보디를 찬탄함

브릿지족 사람이 붇다께 말씀드렸다.

"중생은 애착과 즐김으로 남음이 있고, 남음 있음에 물들어 집착합니다. 그러나 오직 세존께서는 저 남음 없음을 얻으시어 평등하고 바른 깨달음[等正覺]을 이루셨습니다.

사문 고타마시여, 세간의 여러 일거리 때문에 하직하고 돌아가려고 합니다."

붇다께서 브릿지족 사람에게 말씀하셨다.

"때를 잘 알아서 하라."

집을 나온 브릿지족 수행자는 붇다의 말씀을 듣고 기뻐하고 또 따라 기뻐하면서 자리에서 일어나 물러갔다.

• 잡아함 957 신명경(身命經)

• 해설 •

중생의 몸과 목숨은 스스로 있는 것이 아니므로 그 모습을 모습으로 집착해 몸과 목숨이 같은가 다른가를 묻는 것이 모두 말할 것 없는 법이 된다. 죽은 뒤 뜻대로 되는 신묘한 몸이라 해도 인연의 힘 업의 힘으로 거짓 있는 몸이니, 업의 힘이 남아 있으므로 몸으로 남아 있는 몸이다.

비유하면 허공에 남은 불꽃과 같다. 허공의 타는 불은 스스로 있는 불이 아니라 태울 거리, 타게 하는 불씨와 바람과 허공으로 인해 그 불은 이어지고 머문다. 인연의 힘이 다하면 불 또한 다하는 불이다.

중생의 목숨은 몸[身]과 숨[息], 몸의 따뜻한 기운[煖]과 앎[識]이 함께해야 목숨[命]이라 이름한다. 몸이 목숨이 아니지만 몸을 떠나 목숨이 없으니, 몸도 공하고 목숨도 공하다.

그러므로 붇다는 몸이 목숨이라 하거나 몸이 목숨과 다르다 하거나 모두 말할 것 없는 법[無記法]이라고 하신 것이다. 몸과 목숨이 모두 공한 줄 모르면 그 어떤 신묘한 몸을 얻어 새로운 삶을 받아도 남음 없음이 되지 못한다.

그러므로 죽은 뒤에 '영혼의 몸' '뜻이 내는 몸'을 붙잡고 그것으로 해탈하였다고 말한다면 그는 참된 해탈이 아니다.

나고 죽음에서 해탈은, 인연으로 생겨나므로 남이 없고 인연으로 사라지기 때문에 사라짐 없음을 사무쳐 보아야 하는 것이다. 곧 남[生]에서 남이 사라져야 다시는 뒤의 존재를 받지 않고[不受後有] 온갖 있음의 자취를 남기지 않아 그 어떤 남음도 없는[無餘] 참된 해탈이 되고 니르바나가 된다.

영혼의 몸[jīva, 壽者]을 붙들고 진리라 말하는 자들은, 허공에 남은 불을 붙들고 그 불이 길이 사라지지 않기를 바라는 자와 같다.

뜻뿌리[意]가 공하여 연기하는 것이라면 '뜻이 내는 몸'[意生身]은 끝내 어디 있는가.

『화엄경』(「입법계품」入法界品)은 이렇게 가르친다.

> 중생의 진실한 성품 밝게 깨달아
> 모든 있음의 바다 집착치 않음이
> 마음의 물 가운데 온갖 그림자
> 널리 나타나는 것과 같으니
> 이것이 바른 길 가는 이의 해탈이네.
>
> 了達衆生眞實性　不著一切諸有海
> 如影普現心水中　此正道者之解脫

아난다여, 이 연기의 법이 얕다고 생각지 말라
연기는 깊고 깊다

나는 들었다, 이와 같이.

한때 붇다께서는 쿠루(Kuru) 국에 노니시며 도읍인 소 치는 마을[調牛聚落]에 계셨다.

그때에 존자 아난다는 홀로 있는 곳에 한가히 지내며 좌선하며 사유하다 마음으로 이렇게 생각했다.

'이 연기(緣起, pratītya-samutpāda)는 아주 기이하여 매우 깊고 깊으며 밝힘 또한 깊고 깊다 하신다. 그러나 내가 살펴보기로는 아주 얕고 얕다.'

이에 존자 아난다는 해질녘 좌선에서 일어나 붇다 계신 곳으로 가서 붇다의 발에 머리를 대 절하고 물러나 한쪽에 서서 말씀드렸다.

"세존이시여, 저는 홀로 있는 곳에 한가히 지내며 좌선하며 사유하다 마음으로 이렇게 생각했습니다.

'이 연기는 아주 기이하여 매우 깊고 깊으며 밝힘 또한 깊고 깊다 하신다. 그러나 내가 살펴보기로는 아주 얕고 얕다.'"

연기법의 깊고 깊음을 보이심

세존께서는 말씀하셨다.

"아난다여, 너는 이런 생각을 말라.

'이 연기는 아주 얕고 얕다.'

왜 그런가. 이 연기는 아주 기이하여 매우 깊고 깊으며[緣起極甚深], 밝힘 또한 깊고 깊다[明亦甚深].

아난다여, 이 연기를 진실 그대로 알지 못하고[不知如眞] 진실 그대로 보지 못하며[不知如實], 깨닫지 못하고 통달하지 못하기 때문에, 저 중생들은 베틀이 서로 묶는 것 같고 쌓인 덩쿨풀이 어지러운 것 같다. 그리하여 바쁘고 시끄럽게 이 세상에서 저 세상으로 가고, 저 세상에서 이 세상으로 와, 가고 오며 나고 죽음을 벗어나지 못하는 것이다.

아난다여, 그러므로 이 연기는 깊고 깊으며 밝힘 또한 깊고 깊다고 알아야 한다.

아난다여, 만약 어떤 이가 '늙고 죽음에 까닭[緣]이 있는가'라고 물으면 이와 같이 대답해야 한다.

'늙고 죽음에는 까닭이 있다.'

또 어떤 이가 '늙고 죽음에는 어떤 까닭이 있는가'라고 물으면, 이와 같이 대답해야 한다.

'태어남[生]이 그 까닭이다.'

아난다여, 만약 어떤 이가 '태어남에 까닭이 있는가'라고 물으면, 이와 같이 대답해야 한다.

'태어남에도 또한 까닭이 있다'.

만약 어떤 이가 '태어남에는 어떤 까닭이 있는가'라고 물으면, 이와 같이 대답해야 한다.

'존재[有, bhāva]가 그 까닭이다.'

아난다여, 만약 어떤 이가 '존재에 까닭이 있는가'라고 물으면, 이와 같이 대답해야 한다.

'존재에도 또한 까닭이 있다.'

만약 어떤 이가 '존재에는 어떤 까닭이 있는가'라고 물으면, 이와 같이 대답해야 한다.

'취함[受, 取]이 그 까닭이다.'

아난다여, 만약 어떤 이가 '취함에 까닭이 있는가'라고 물으면, 이와 같이 대답해야 한다.

'취함에도 또한 까닭이 있다.'

만약 어떤 이가 '취함에는 어떤 까닭이 있는가'라고 물으면, 이와 같이 대답해야 한다.

'애착[愛]이 그 까닭이다.'

아난다여, 이것을 다음과 같이 말할 수 있다.

'애착으로 인해 취함이 있고, 취함으로 인해 존재가 있으며, 존재로 인해 태어남이 있고, 태어남으로 인해 늙음과 죽음이 있으며, 늙음과 죽음으로 인해 걱정과 슬픔, 근심이 있으니, 괴로움·번민은 다 늙음과 죽음 때문에 있다.'

이와 같이 갖추어지면 순전히 큰 괴로움의 쌓임[苦陰]을 내게 된다."

십이연기의 각 법이 서로 인연하여 일어남을 널리 분별하심

"아난다여, 태어남으로 인해 늙음·죽음이 있으면 이것을 '태어남을 인연하여 늙음·죽음이 있다'고 말한다. 그러므로 태어남을 인연하여 늙음·죽음이 있다고 알아야 한다.

아난다여, 만약 태어남이 없다고 하자. 고기는 고기 종자, 새는 새 종자, 모기는 모기 종자, 용은 용 종자, 신은 신 종자, 귀신은 귀신 종자, 하늘은 하늘 종자, 사람은 사람 종자로, 아난다여 이러저러한 중생은 이러저러한 곳을 따르는데, 만약 태어남이 없으면 각기 남이 없게 되는 것이다.

만약 남을 떠나게 하면 늙음과 죽음이 있겠는가."

아난다가 대답했다.

"없습니다."

"아난다여, 그러므로 이 늙고 죽음의 원인, 늙고 죽음의 익히어 냄, 늙고 죽음의 근본과 늙고 죽음의 조건은 이 태어남인 것을 알아야 한다. 왜 그런가. 태어남으로 인해 곧 늙고 죽음이 있기 때문이다.

아난다여, 존재로 인해 태어남이 있으면 이것을 '존재를 인연하여 태어남이 있다'고 말한다. 그러므로 '존재를 인연하여 태어남이 있다'고 함을 알아야 한다.

아난다여, 만약 존재가 없다고 하자. 고기는 고기 종자, 새는 새 종자, 모기는 모기 종자, 용은 용 종자, 신은 신 종자, 귀신은 귀신 종자, 하늘은 하늘 종자, 사람은 사람 종자로, 아난다여 이러저러한 중생은 이러저러한 곳을 따르는데, 만약 존재가 없다면 각기 있는 것이 없게 되는 것[各各無有者]이다.

만약 존재를 떠나게 하면 태어남이 있겠는가."

아난다가 대답하였다.

"없습니다."

"아난다여, 그러므로 이 태어남의 원인, 태어남의 익히어냄, 태어남의 근본, 태어남의 조건은 곧 이 존재인 것을 알아야 한다. 왜 그런가. 존재로 인하여 곧 태어남이 있기 때문이다.

아난다여, 취함으로 인해 존재가 있으면 이것을 '취함을 인연하여 존재가 있다'고 말한다. 그러므로 '취함을 인연하여 존재가 있다'고 함을 알아야 한다.

아난다여, 만약 취함이 없으면 각기 취함이 없게 되는 것이니, 만약 취함을 떠나게 하면 존재가 있겠는가."

아난다가 대답하였다.

"없습니다."

"아난다여, 그러므로 이 존재의 원인, 존재의 익히어냄, 존재의 근본, 존재의 조건은 곧 이 취함인 것을 알아야 한다. 왜 그런가. 취함으로 인해 곧 존재가 있기 때문이다.

아난다여, 애착으로 인해 취함이 있으면 이것을 '애착을 인연하여 취함이 있다'고 말한다. 그러므로 '애착을 인연하여 취함이 있다'고 함을 알아야 한다.

아난다여, 만약 애착이 없으면 각기 취함이 없게 되는 것이다. 만약 애착을 떠나게 하면 취함이 있겠는가."

아난다가 대답하였다.

"없습니다."

"아난다여, 그러므로 이 취함의 원인, 취함의 익히어냄, 취함의 근본, 취함의 인연은 곧 이 애착인 것을 알아야 한다. 왜 그런가. 애착으로 인해 곧 취함이 있기 때문이다.

아난다여, 이것을 애착으로 인해 구함이 있고, 구함으로 인해 이익됨이 있으며, 이익됨으로 인해 분열이 있고, 분열로 인해 물든 탐욕이 있으며, 물든 탐욕으로 인해 집착이 있고, 집착으로 인해 아낌이 있으며, 아낌으로 인해 집[家]이 있고, 집으로 인해 지킴[守]이 있는 것이라 한다.

아난다여, 지킴으로 인해 곧 칼과 몽둥이 · 싸워 다툼 · 아첨 · 속임 · 거짓말 · 두말[兩舌]이 있으며, 한량이 없는 악하여 착하지 않은 법을 일으킨다.

이와 같이 갖추어지면 순전히 큰 괴로움의 쌓임을 낸다.

아난다여, 만약 지킴이 없으면 각기 지킬 것이 없게 되는 것이다 [各各無守者]. 만약 지킴을 떠나게 하면 칼과 몽둥이 · 싸워 다툼 · 아첨 · 속임 · 거짓말 · 두말이 있으며, 한량이 없는 악하여 착하지 않은 법을 일으키겠는가."

아난다가 대답했다.

"없습니다."

"아난다여, 그러므로 이 칼과 몽둥이 · 싸워 다툼 · 아첨 · 속임 · 거짓말 · 두말이 있게 하며, 한량이 없는 악하여 착하지 않은 법을 일으키는 원인과 이 익히어냄과 이 근본과 이 인연이 지킴이라고 알아야 한다.

왜 그런가. 지킴으로 인해 곧 칼과 몽둥이 · 싸워 다툼 · 아첨 · 속임 · 거짓말 · 두말이 있으며, 한량이 없는 악하여 착하지 않은 법을 일으키기 때문이다.

이와 같이 갖추어지면 순전히 큰 괴로움의 쌓임을 낸다.

아난다여, 집으로 인해 지킴이 있으면 이것을 '집으로 인해 지킴이 있다'고 말한다. 그러므로 '집으로 인해 지킴이 있다'고 알아야 한다. 아난다여, 만약 집이 없으면 각기 집이 없게 되는 것이니, 만약 집을 떠나게 하면 지킴이 있겠는가."

아난다가 대답했다.

"없습니다."

"아난다여, 그러므로 이 지킴의 원인, 지킴의 익히어냄, 지킴의 근본, 지킴의 인연은 곧 이 집인 것을 알아야 한다. 왜 그런가. 집으로 인해 곧 지킴이 있기 때문이다.

아난다여, 아낌[慳]으로 인해 집이 있으면 이것을 '아낌을 인연하여 집이 있다'고 말한다. 그러므로 '아낌을 인연하여 집이 있다'고 알아야 한다. 아난다여, 만약 아낌이 없으면 각기 아낄 것이 없게 되는 것이다. 만약 아낌을 떠나게 하면 집이 있겠는가."

아난다가 대답했다.

"없습니다."

"아난다여, 그러므로 이 집의 원인, 집의 익히어냄, 집의 근본, 집의 조건은 곧 이 아낌인 것을 알아야 한다. 왜 그런가. 아낌으로 인해 곧 집이 있기 때문이다.

아난다여, 집착으로 인해 아낌이 있으면 이것을 '집착을 인연하여 아낌이 있다'고 말한다. 그러므로 '집착을 인연하여 아낌이 있다'고 알아야 한다. 아난다여, 만약 집착이 없으면 각기 집착이 없게 되는 것이다. 만약 집착을 떠나게 하면 아낌이 있겠는가."

아난다가 대답했다.

"없습니다."

"아난다여, 그러므로 이 아낌의 원인, 아낌의 익히어냄, 아낌의 근본, 아낌의 조건은 곧 이 집착인 것을 알아야 한다. 왜 그런가. 집착[著]으로 인해 곧 아낌이 있기 때문이다.

아난다여, 탐욕[慾]으로 인해 집착이 있으면 이것을 '탐욕을 인연하여 아낌이 있다'고 말한다. 그러므로 '탐욕을 인연하여 집착이 있다'고 알아야 한다. 아난다여, 만약 탐욕이 없으면 각기 탐욕할 것이 없게 되는 것이다. 만약 탐욕을 떠나게 하면 집착이 있겠는가."

아난다가 대답했다.

"없습니다."

"아난다여, 그러므로 이 집착의 원인, 집착의 익히어냄, 집착의 근본, 집착의 조건은 곧 이 탐욕인 것을 알아야 한다. 왜 그런가. 탐욕으로 인해 곧 집착이 있기 때문이다.

아난다여, 분별[分]로 인해 탐욕이 있으면 이것을 '분별을 인연하여 탐욕이 있다'고 말한다. 그러므로 '분별을 인연하여 탐욕이 있다'고 알아야 한다. 아난다여, 만약 분별이 없으면 각기 분별할 것이 없게 되는 것이다. 만약 분별을 떠나게 하면 탐욕이 있겠는가."

아난다가 대답했다.

"없습니다."

"아난다여, 그러므로 이 탐욕의 원인, 탐욕의 익히어냄, 탐욕의 근본, 탐욕의 조건은 곧 이 분별인 것을 알아야 한다. 왜 그런가. 분별로 인해 곧 탐욕이 있기 때문이다.

아난다여, 이익됨으로 인해 분별이 있으면 이것을 '이익됨을 인연하여 분별이 있다'고 말한다. 그러므로 '이익됨을 인연하여 분별이 있다'고 알아야 한다. 아난다여, 만약 이익됨이 없으면 각기 이익되는 것이 없게 되는 것이다. 만약 이익됨을 떠나게 하면 분별이 있겠는가."

아난다가 대답했다.

"없습니다."

"아난다여, 그러므로 이 분별의 원인, 분별의 익히어냄, 분별의 근본, 분별의 조건은 곧 이 이익됨인 것을 알아야 한다. 왜 그런가. 이익됨으로 인해 곧 분별이 있기 때문이다.

아난다여, 구함[求]으로 인해 이익됨이 있으면 이것을 '구함을 인연하여 이익됨이 있다'고 말한다. 그러므로 '구함을 인연하여 이익됨이 있다'고 알아야 한다. 아난다여, 만약 구함이 없으면 각기 구할 것이 없게 되는 것이다. 만약 구함을 떠나게 하면 이익됨이 있겠는가."

아난다가 대답했다.

"없습니다."

"아난다여, 그러므로 이 이익됨의 원인, 이익됨의 익히어냄, 이익됨의 근본, 이익됨의 인연은 곧 이 구함인 것을 알아야 한다. 왜 그런가. 구함으로 인해 곧 이익됨이 있기 때문이다.

아난다여, 애착[愛]으로 인해 구함이 있으면 이것을 '애착을 인연하여 구함이 있다'고 말한다. 그러므로 '애착을 인연하여 구함이 있다'고 알아야 한다. 아난다여, 만약 애착이 없으면 각기 애착할 것이 없게 되는 것이다. 만약 애착을 떠나게 하면 구함이 있겠는가."

아난다가 대답했다.

"없습니다."

"아난다여, 그러므로 이 구함의 원인, 구함의 익히어냄, 구함의 근본, 구함의 조건은 곧 이 애착인 것을 알아야 한다. 왜 그런가. 애착으로 인해 곧 구함이 있기 때문이다."

탐욕의 애착과 존재의 애착이 느낌에 까닭을 두고 느낌은 닿음에 까닭을 둠을 보이심

"아난다여, 탐욕의 애착[欲愛]과 존재의 애착[有愛] 이 두 법은 느낌[覺]을 원인으로 하고 느낌 때문에 오게 되는 것이다.

아난다여, 만약 어떤 사람이 '느낌에 까닭이 있는가'라고 물으면, 이와 같이 대답해야 한다.

'느낌에도 또한 까닭이 있다.'

만약 어떤 사람이 '느낌에는 어떤 까닭이 있는가'라고 물으면, 이와 같이 대답해야 한다.

'닿음[更樂]이 그 까닭이 된다.'

그러므로 곧 '닿음으로 인해 느낌이 있다'고 함을 알아야 한다.

아난다여, 만약 눈의 닿음이 없으면 각기 눈의 닿는 것이 없게 되는 것이다. 만약 눈의 닿음을 떠나게 하면 눈의 닿음으로 인해 즐거운 느낌[樂覺]·괴로운 느낌[苦樂]·괴롭지도 즐겁지도 않은 느낌[不苦不樂覺]을 낼 수 있겠는가."

아난다가 대답했다.

"없습니다."

"아난다여, 만약 '귀·코·혀·몸·뜻의 닿음'이 없으면 각기 '뜻의 닿음' 등이 없게 되는 것이다. 만약 뜻의 닿음을 떠나게 하면 뜻의 닿음 등으로 인해 즐거운 느낌·괴로운 느낌·괴롭지도 즐겁지도 않은 느낌을 낼 수 있겠는가."

"없습니다."

"아난다여, 그러므로 이 느낌의 원인과 느낌의 익히어냄과 느낌의 근본과 느낌의 조건은 곧 이 닿음이라 함을 알아야 한다.

왜 그런가. '닿음'으로 인해 곧 '느낌'이 있기 때문이다.

아난다여, 만약 어떤 사람이 '닿음에도 까닭이 있는가'라고 물으면, 이와 같이 대답해야 한다.

'닿음에도 까닭이 있다.'

만약 어떤 사람이 '닿음에는 어떤 까닭이 있는가'라고 물으면, 이와 같이 대답해야 한다.

'마음·물질[名色, nāma-rūpa]이 그 까닭이 된다.'

그러므로 마음·물질로 인해 닿음이 있다고 함을 알아야 한다.

아난다여, 지어가는 바[所行]와 아는 바[所緣]에 마음의 몸[名身]이 있다. 이 마음의 지어감[行]과 이 마음의 붙잡아 앎[緣]을 떠나서 '마주해 닿음'이 있는가."

"없습니다."

"아난다여, 지어가는 바와 아는 바에 물질의 몸[色身]이 있다. 이 물질의 지어감과 이 물질의 붙잡아 앎을 떠나서 닿음이라 말할 수 있는가."

"없습니다."

"만약 마음의 몸과 물질의 몸을 떠나게 하면 닿음이 있고 닿음을 베풀어 세울 수 있겠는가."

"없습니다."

"아난다여, 그러므로 이 닿음의 원인과 닿음의 익히어냄과 닿음의 근본과 닿음의 조건은 곧 이 '마음 · 물질'이라 함을 알아야 한다. 왜 그런가. '마음 · 물질'로 인해 곧 '닿음'이 있기 때문이다."

마음 · 물질과 앎이 서로 의지함을 보이심

"아난다여, 만약 어떤 사람이 '마음 · 물질에도 까닭이 있는가'라고 물으면, 이와 같이 대답해야 한다.

'마음 · 물질에도 까닭이 있다.'

만약 어떤 사람이 '마음 · 물질에는 어떤 까닭이 있는가'라고 물으면, 이와 같이 대답해야 한다.

'앎[識, vijñāna: 제8아라야식, ālaya-vijñāna]이 그 까닭이 된다.'

그러므로 앎으로 인해 마음 · 물질이 있다고 함을 알아야 한다.

아난다여, 만약 앎이 어머니 태에 들어가지 않더라도 마음 · 물질이 있어 이 몸을 이루겠는가."

"없습니다."

"아난다여, 만약 앎이 태에 들어갔다가 곧 나오면 마음 · 물질이 아버지의 정(精)을 만나겠는가."

"만나지 못합니다."

"아난다여, 만약 어린 남자아이와 여자아이의 앎이 처음부터 끊어지고 부서져서 있지 않으면 마음 · 물질이 더욱 늘어나 자라겠는가."

"아닙니다."

"아난다여, 그러므로 이 마음·물질의 원인과 마음·물질의 근본과 마음·물질의 조건은 곧 이 앎이라고 함을 알아야 한다.

왜 그런가. 앎으로 인해 곧 마음·물질이 있기 때문이다.

아난다여, 만약 어떤 사람이 '앎에도 까닭이 있는가'라고 물으면, 이와 같이 대답해야 한다.

'앎에도 또한 까닭이 있다.'

만약 어떤 사람이 '앎에는 어떤 까닭이 있는가'라고 물으면, 이와 같이 대답해야 한다.

'마음·물질이 그 까닭이 된다.'

그러므로 마음·물질로 인해 앎이 있다고 함을 알아야 한다.

아난다여, 만약 앎이 마음·물질을 얻지 못하고, 만약 앎이 마음·물질을 세우지 않고, 마음·물질에 의지하지도 않으면, 이 어찌 남이 있고 늙음이 있으며, 병듦이 있고 죽음이 있으며, 괴로움이 있겠는가."

"없습니다."

"아난다여, 그러므로 이 앎의 원인과 앎의 익혀어냄과 앎의 근본과 앎의 조건은 곧 이 마음·물질이라고 함을 알아야 한다.

왜 그런가. 마음·물질로 인해 곧 앎이 있기 때문이다.

아난다여, 이것을 '마음·물질을 인연하여 앎이 있고, 앎을 인연하여 또한 마음·물질이 있다'고 하는 것이다.

이로 말미암아 말을 보태고 거듭 말을 보태어 말해 전하고, 전해 말하니, 곧 '앎과 마음·물질은 같이 함께한다'[識名色共俱]고 베풀어 세울 수 있는 것이다."

신묘하게 느끼는 자[神] 있다고 보는 견해를 깨뜨림

"아난다여, 어떻게 어떤 사람은 신묘하게 아는 자[神]가 있다고 보는가"

존자 아난다는 세존께 말씀드렸다.

"세존께서는 법의 근본이시고, 세존께서는 법의 주인이시니, 법은 세존에게서 나옵니다. 말씀해주시길 바랍니다. 저는 지금 듣고 나면 널리 그 뜻을 알게 될 것입니다."

붇다께서는 곧 말씀하셨다.

"아난다여, 자세히 듣고 그것을 잘 생각하라. 내가 너를 위하여 그 뜻을 분별해주겠다."

존자 아난다가 분부를 받아 들으니 세존께서 말씀하셨다.

"아난다여, 어떤 사람은 느낌[覺]을 신묘한 자[神]라 보고, 다시 어떤 사람은 느낌을 신묘한 자라 보지 않는다.

신묘한 자가 느낄 수 있다고 보고, 신묘한 법[神法]도 느낄 수 있다고 한다.

다시 어떤 사람은 느낌이 신묘한 자라 보지 않고 또한 신묘한 자가 느낄 수 있다고 보지 않으며, 신묘한 법이 느낄 수 있다고 하지 않으며, 다만 신묘한 자는 느끼는 바가 없다고 본다.

아난다여, 만약 어떤 사람이 '느낌은 신묘한 자이다'라고 보거든 반드시 그에게 물어야 한다.

'너에게 세 가지 느낌[三覺] 곧 즐거운 느낌[樂覺]·괴로운 느낌[苦覺]·괴롭지도 즐겁지도 않은 느낌[不苦不樂覺]이 있다. 너는 이

세 가지 느낌에서 어떤 느낌을 신묘한 자라고 보는가.'

아난다여, 다시 그에게 말해야 한다.

'만약 즐거운 느낌을 느끼면 그때에 그는 두 가지 느낌 곧 괴로운 느낌·괴롭지도 즐겁지도 않은 느낌은 사라지고 다만 즐거운 느낌만을 느낀다.

즐거운 느낌은 덧없는 법[無常法]이요 괴로운 법이며 사라지는 법이다. 만약 즐거운 느낌이 이미 사라져버리면, 그는 〈신묘한 자가 사라진 것이 아닌가〉 이렇게 생각하지 않겠는가.'

아난다여, 만약 다시 어떤 사람이 괴로운 느낌을 느끼면, 그는 그때에는 두 가지 느낌 곧 즐거운 느낌·괴롭지도 즐겁지도 않은 느낌은 사라지고 다만 괴로운 느낌만을 깨닫는다.

괴로운 느낌은 덧없는 법이요 괴로운 법이며 사라지는 법이다. 만약 괴로운 느낌이 이미 사라져버리면 그는 〈신묘한 자가 사라진 것이 아닌가〉라고 생각하지 않겠는가.

만약 다시 어떤 사람이 곧 괴롭지도 즐겁지도 않은 느낌을 느끼면, 그는 그때에는 두 가지 느낌 곧 즐거운 느낌·괴로운 느낌은 사라지고 다만 괴롭지도 즐겁지도 않은 느낌만을 느낀다.

괴롭지도 즐겁지도 않은 느낌은 덧없는 법이요 괴로운 법이며 사라지는 법이다. 만약 괴롭지도 즐겁지도 않은 느낌이 이미 사라져버리면 그는 〈신묘한 자가 사라진 것이 아닌가〉라고 생각하지 않겠는가.

아난다여, 그가 이와 같은 덧없는 법에서 다만 괴로움과 즐거움을 떠나고도 다시 느낌이 신묘한 자라고 볼 수 있겠는가.”

“아닙니다.”

"아난다여, 그러므로 그는 이와 같은 덧없는 법에서 다만 괴로움과 즐거움을 떠나고서 다시 느낌이 신묘한 자라고 보아서는 안 될 것이다.

아난다여, 만약 다시 어떤 사람이 느낌이 신묘한 자라고 보지 않으면서도, 신묘한 자가 느낄 수 있고 신묘한 법도 느낄 수 있다고 보면 그에게 말해야 한다.

'네가 만약 느낌이 없으면 느낌을 얻을 수 없으니, 이것이 나의 것[我所有]이라 말해서는 안 된다.'

아난다여, 그가 다시 이와 같이 느낌이 신묘한 자가 아니라고 보면서도 신묘한 자가 느낄 수 있고 신묘한 법도 느낄 수 있다고 볼 수 있겠는가."

아난다가 대답했다.

"아닙니다."

"아난다여, 그러므로 그는 이와 같이 느낌이 신묘한 자가 아니라고 보면서 신묘한 자는 느낄 수 있고 신묘한 법도 느낄 수 있다고 보아서는 안 된다.

아난다여, 만약 다시 어떤 사람이 느낌이 신묘한 자라고 보지 않고, 또한 신묘한 자는 느낄 수 있다고 보지 않고 신묘한 법도 느낄 수 있다고 보지 않으며, 다만 신묘한 자는 느끼는 바가 없다고 보거든 그에게 말해 주어야 한다.

'네가 만약 느낌이 없어 도무지 얻을 것이 없으면, 신묘한 자는 느낌을 떠난 것이니, 신묘한 자는 청정하지 못한 것이다.'

아난다여, 그런데도 그가 다시 느낌이 신묘한 자가 아니라고 보고, 또한 신묘한 자가 느낄 수 있다고 보지 않고, 신묘한 법이 느낄 수 있다고 보지 않으며, 다만 신묘한 자는 느끼는 바가 없다[無所覺]고 보겠는가."

아난다가 대답했다.

"아닙니다."

"아난다여, 그러므로 그는 '느낌이 신묘한 자가 아니다'라고 보아서도 안 되고, 또한 '신묘한 자가 느낄 수 있다거나 신묘한 법이 느낄 수 있다'고 보아서도 안 된다.

다만 '신묘한 자는 느끼는 바가 없다'[神無所覺]고 본다면, 아난다여, 이것을 '어떤 사람은 신묘한 자만이 있음을 본다'[見有神]고 함이다."

느낄 수 있는 신묘한 것이 있다는 견해를 깨뜨리면 파리니르바나에 들게 됨을 보임

"아난다여, 어떻게 어떤 사람은 신묘한 자가 있다고 보지 않는가[不見有神]."

존자 아난다는 세존께 여쭈었다.

"세존께서는 법의 근본이시고, 세존께서는 법의 주인이시니, 법은 세존에게서 나옵니다. 말씀해주시길 바랍니다. 저는 지금 듣고 나면 널리 그 뜻을 알게 될 것입니다."

붇다께서는 곧 말씀하셨다.

"아난다여, 자세히 듣고 잘 생각해라. 내가 너를 위하여 그 뜻을 분별해주겠다."

존자 아난다가 분부를 받아 들으니 붇다께서 말씀하셨다.

"어떤 사람은 느낌이 신묘한 자라고 보지 않고, 또한 신묘한 자는 깨닫거나 신묘한 법이 느낄 수 있다고 보지 않으며, 또한 신묘한 자가 느끼는 바가 없다고도 보지 않는다[不見神無所覺].

그는 이와 같이 보지 않고서는 곧 이 세간을 받아들이지 않고, 받아들이지 않고서는 곧 피로하지 않으며, 피로하지 않고서는 곧 파리니르바나에 들게 된다. 그래서 태어남은 이미 다하고 범행은 이미 서고, 지을 바를 이미 지어 다시는 뒤의 있음을 받지 않는다고 진실 그대로 안다.

아난다여, 이것을 '거듭 말을 보태고 말을 보태어 말해 전하고, 전해 말하여 베풀어 세울 수 있음'이라고 한다.

이것을 알면 곧 받아들임이 없을 것이다.

아난다여, 만약 비구가 이와 같이 바르게 해탈하면, 이 사람은 다시 여래는 마친다고 보거나 여래는 마치지 않는다고 보거나 여래는 마치기도 하고 마치지 않기도 한다고 보거나, 여래는 마침도 아니고 마치지 않음도 아니라고 보지 않는다.

이것을 어떤 사람은 '신묘한 자가 있음을 보지 않는 것'이라 한다."

• 중아함 97 대인경(大因經) 전반부

• 해설 •

아난다가 붇다가 설한 이 연기의 법이 깊지 않고 얕다고 생각하는 것은 왜인가.

연기법을 인연이 모여 존재가 나고 인연이 흩어져서 존재가 사라져서 끝없이 온갖 존재가 나고 사라진다고 이해하기 때문이다. 곧 인연으로 나기 때문에 남이 없고[生] 인연으로 사라지기 때문에 사라짐이 없어서[無滅], 연기가 곧 공하여 바닥이 없고 끝이 없는 줄 모르므로 연기법이 얕고 얕다고 말한 것이다. 또한 원인·조건·결과가 서로 얽히고 얽힘이 베틀과 같아 연기법을 관계와 관계의 무한연속으로 보니, 원인·조건·결과가 공한 원인·조건·결과인 줄 모르기 때문이다.

연기법의 관계성은 인드라그물처럼 겹치고 겹쳐 다함없이 서로가 서로에 들어가고 서로가 서로에 하나되어 막힘없고 걸림 없어서 관계에 관계의 자취가 없는 것이다.

하나가 온갖 존재에 통하고 온갖 존재가 하나에 통하는 이 깊고 깊은 연기의 법을 어찌 헤아려 알 수 있을 것인가. 그러므로 붇다는 먼저 서로 다른 것을 의지해서 있는 것은 다른 것을 의지하기 때문에 있되 공함[有而空]을 보이시어 그 연기법에 대한 의혹과 망설임을 깨뜨린다.

십이연기의 열두 법은 서로 다른 것을 의지해 있어서[依他起相] 있되 공한 법인데, 있되 공한 줄 모르고 인연의 법을 실로 있음을 탐착하여 두루 헤아림[遍計所執相]을 내는 것이다. 두루 헤아리는 모든 법은 실로 붙잡을 것 없는 곳에서 일으킨 사유의 헛된 그림자이므로 끝없이 헤아리되 그 헤아려 붙잡는 모습은 본래 없는 것[遍計所執無性]이다. 그러므로 붇다는 태어나고 죽음이 애착으로 있고 애착이 취함으로 있어서 두루 헤아리는 모습이 서로 이어 나되 그 뿌리는 바로 마음·물질과 앎이 서로 의지해 나는 모습 가운데서 헛된 분별 일으킨 것임을 해명하신다.

연기법에서 마음·물질은 여기 마음이 있고 저기 물질이 있음이 아니라, 마음일 때 그 마음은 물질인 마음이고 물질일 때 그 물질은 마음인 물질이라 마음도 공하고 물질도 공한 것이다.

여기 여섯 아는 뿌리[六根]가 저기 여섯 티끌경계[六境]를 안다고 말할 때 주체와 객체는 공한 주체와 객체이기 때문에 서로 어울려 합할 수 있어서 주체와 객체, 앎활동[根境識]의 닿음[觸, 三事和合]이 있는 것이다. 곧 마음이 마음 아닌 마음이고 물질이 물질 아닌 물질이라 아는 뿌리와 알려지는 경계가 어울려야 앎이 나고, 아는 뿌리·알려지는 경계·앎이 어울려 맞아야[觸] 비로소 느낌과 애착이 나는 것이다.

그러므로 아는 자와 앎, 아는 자와 느낌이 같다고 하거나 다르다고 함이다 망집이 되는 것이다.

아는바 세계는 물질이되 마음인 물질이고 아는 마음은 마음이되 물질인 마음이라 앎과 아는 바가 떠나지 않으므로, 앎에 물질 아닌 물질의 몸[色身]이 있고, 아는 바에 마음 아닌 마음의 몸[名身]이 있는 것이다.

예를 들어보자. 지금 이 눈[眼]으로 바깥 꽃이라는 빛깔[色]을 볼 때 안의 아는 뿌리[內根]인 눈은 눈이되 눈 아닌 눈으로 뜻뿌리[意根]와 함께하는 눈이다. 그러므로 마음이 알 때 저 빛깔은 빛깔 아닌 빛깔로써 이미 마음인 빛깔이고 마음은 저 빛깔인 마음인 것이다.

그러므로 아는 마음도 공하고 알려지는 빛깔도 공한 것인데, 공한 마음과 공한 빛깔 속에서 실로 앎과 실로 알려지는 것을 탐착하여 모든 집착된 모습이 일어나는 것이다.

마음·물질과 앎이 서로 규정한다는 여래의 가르침을 다시 살펴보자. 이 가르침은 마음·물질에서 마음은 물질인 마음으로 드러나고 물질은 마음인 물질로 드러남을 보이는 뜻이니, 앞의 여섯 앎[前六識]은 마음·물질이 서로 의지해 나는 모습이다.

십이연기에서 마음·물질의 까닭이 된 앎은 아는 뿌리와 알려지는 경계가 있되 공해 둘이 아님을 앎[識]이라 이름한 것이니, 유식불교에서 제8식(第八識, ālaya-vijñāna)의 앎인 것이다. 마음·물질은 온전히 제8식의 앎으로 인해 있고, 제8식은 온전히 마음·물질을 의지해 있다 함은 열두 들임[十二入, 十二處]과 여섯 앎[六識]이 서로 의지해 서 있는 모습을 말한다.

그러므로 아는 뿌리는 온전히 여섯 앎활동[六識]과 느낌·닿음[受·觸]으로 드러나는 뿌리이니, 앎활동 너머에 '신묘하게 아는 자'[神]가 있다고 하여 '신묘하게 아는 것[神]과 느낌과 닿음이 같다고 하거나 다르다고 하는 것은 모두 헛된 분별의 모습[遍計所執相]이라 취할 것이 없다.

곧 신묘하게 아는 자는 공한 뜻뿌리[空意根]를 실체화해서 붙인 이름이니, 아는 뿌리가 실로 있지 않으므로 경계를 닿아 괴로운 느낌[苦受]과 즐거운 느낌[樂受] 괴롭지도 않고 즐겁지도 않은 느낌[不苦不樂受]이 나는 것이다. 그러므로 세 가지 느낌도 덧없고 아는 뿌리도 공한 것이지만 아는 뿌리를 떠나 느낌이 없으니, 신묘하게 아는 자가 있다고 하거나 없다고 하거나 신묘하게 아는 자와 느낌이 같다고 하거나 다르다고 함이 파리니르바나의 장애가 된다.

아는 자와 알려지는 것이 닿아 앎이 나고 앎 따라 느낌이 나되 아는 자[內根]와 알려지는 것[外境] 그리고 앎[內外識]이 모두 공한 줄 알 때, 알되 앎이 없고 알고 느끼되 느끼는 바 없이 느끼어 보고 듣고 느끼어 앎[見聞覺知]을 떠나지 않고 파리니르바나에 들어갈 것이다.

십이연기로 주어지는 모든 있음의 바다[諸有海]에서 있음이 있음 아닌 줄 깨달으면 연기의 바다를 떠나지 않고 니르바나의 공덕을 쓰게 되니, 『화엄경』(「입법계품」)은 말한다.

온갖 법이 성품 없고 남이 없으며
의지하는 바 없음 잘 깨달아 알아
새가 허공을 날 듯 자재함을 얻으니
이는 큰 지혜의 사람이 머무는 곳이네.

善能解了一切法　無性無生無所依
如鳥飛空得自在　此大智者之住處

중생의 세 가지 독 진실한 성품이
분별의 인연으로 허망하게 일어남
밝게 깨달아 그 인연 공한 줄 알므로
그를 싫어해 벗어남을 구하지 않으니
이는 고요한 사람이 머무는 곳이네.

了知三毒眞實性　分別因緣虛妄起
亦不厭彼而求出　此寂靜人之住處

신묘하게 아는 자에 대한
갖가지 견해 없어야 해탈하나니

"아난다여, 어떻게 어떤 사람은 신묘한 자[神]가 있다고 베풀어 세우고 또 세우는가."

존자 아난다는 세존께 여쭈었다.

"세존께서는 법의 근본이시고, 세존께서는 법의 주인이시니, 법은 세존에게서 나옵니다. 말씀해주시길 바랍니다. 저는 지금 듣고서는 널리 그 뜻을 알게 될 것입니다."

붇다께서는 곧 말씀하셨다.

"아난다여, 자세히 듣고 잘 생각하라. 내가 너를 위하여 그 뜻을 분별해주겠다.

아난다여, 어떤 사람은 작은 물질[小色]이 신묘한 자라 하여, 베풀어 세우고 또 세운다.

또 어떤 사람은 작은 물질이 신묘한 자가 아니라 하여 베풀어 세우고 또 세우며, 한량없는 물질[無量色]이 신묘한 자라 하여 베풀어 세우고 또 세운다.

어떤 사람은 작은 물질이 신묘한 자가 아니라 하여 베풀어 세우고 또 세우며, 또한 한량없는 물질이 신묘한 자가 아니라 하여 베풀어 세우고 또 세우며, 작아 물질 없음[小無色]이 신묘한 자라 하여 베풀어 세우고 또 세운다.

또 어떤 사람은 작은 물질이 신묘한 자가 아니라 하여 베풀어 세우고 또 세우며, 또한 한량없는 물질이 신묘한 자가 아니라 하여 베풀어 세우고 또 세우며, 또한 작아 물질 없음이 신묘한 자가 아니라 하여 베풀어 세우고 또 세우며, 한량없고 물질 없음[無量無色]이 신묘한 자라 하여 베풀어 세우고 또 세운다.

아난다여, 만약 어떤 사람이 작은 물질이 신묘한 자라 하여 베풀어 세우고 또 세우면, 그는 지금 작은 물질이 신묘한 자라 하여 베풀어 세우고 또 세우다가, 몸이 무너지고 목숨을 마치고도 또한 이와 같이 말하고 이와 같이 본다.

신묘한 자가 있어 만약 작은 물질을 떠날 때에도 또한 이와 같고 이와 같이 생각하여 그는 늘 이렇게 생각할 것이다.

아난다여, 이와 같이 어떤 사람은 작은 물질이 신묘한 자라 하여 베풀어 세우고 또 세우며, 이와 같이 어떤 사람은 작은 물질이 신묘한 자가 아니라고 보아 집착하고 또 집착한다.

아난다여, 만약 다시 어떤 사람이 작은 물질이 아닌 것이 신묘한 자가 아니라고 하여 베풀어 세우고 또 세우며, 한량없는 물질이 신묘한 자라 하여 베풀어 세우고 또 세우면, 그는 지금 한량없는 물질이 신묘한 자라 하여 베풀어 세우고 또 세우다가, 몸이 무너지고 목숨을 마치고도 또한 이와 같이 말하고 이와 같이 본다.

신묘한 자가 있어 만약 한량없는 물질을 떠날 때에도 또한 이와 같고 이와 같이 생각하여 그는 늘 이렇게 생각할 것이다.

아난다여, 이와 같이 어떤 사람은 한량없는 물질이 신묘한 자라 하여 베풀어 세우고 또 세우며, 이와 같이 한량없는 물질이 신묘한 자라 보아 집착하고 또 집착한다.

아난다여, 만약 다시 어떤 사람은 작은 물질이 신묘한 자가 아니라 하여 베풀어 세우고 또 세우며, 또한 한량없는 물질이 신묘한 자가 아니라 하여 베풀어 세우고 또 세우며, 그는 지금 작아 물질 없음을 신묘한 자라 하여 베풀어 세우고 또 세우다가, 몸이 무너지고 목숨을 마치고도 또한 이와 같이 말하고 이와 같이 본다.

신묘한 자가 있어 만약 작아 물질 없음을 떠날 때에도 또한 이와 같고 이와 같이 생각하여 그는 늘 이렇게 생각할 것이다.

아난다여, 이와 같이 어떤 사람은 작아 물질 없음을 신묘한 자라 하여 베풀어 세우고 또 세우며, 이와 같이 어떤 사람은 작아 물질 없음을 신묘한 자라 보아 집착하고 또 집착한다.

아난다여, 만약 어떤 사람이 작은 물질이 신묘한 자가 아니라 하여 베풀어 세우고 또 세우며, 또한 한량없는 물질이 신묘한 자가 아니라 하여 베풀어 세우고 또 세우며, 또한 작아 물질 없음이 신묘한 자가 아니라 하여 베풀어 세우고 또 세운다.

또한 한량없고 물질 없음이 신묘한 자라 하여 베풀어 세우고 또 세우며, 그는 한량없고 물질 없음이 신묘한 자라 하여 베풀어 세우고 또 세우다가, 몸이 무너지고 목숨을 마치고도 또한 이와 같이 말하고 이와 같이 본다.

어떤 신묘한 자가 있어 만약 한량없고 물질 없음을 떠날 때에도 또한 이와 같고 이와 같이 생각하여 그는 늘 이렇게 생각할 것이다.

아난다여, 이와 같이 어떤 사람은 한량없고 물질 없음이 신묘한 자라 하여 베풀어 세우고 또 세우니, 이와 같이 어떤 사람은 한량없고 물질 없음이 신묘한 자라 보아 집착하고 또 집착한다.

이것을 '어떤 사람은 신묘한 자가 있다'고 베풀어 세우고 또 세운다고 한다."

**신묘한 자가 있다는 갖가지 견해를 분별하신 뒤
신묘한 자가 없다고 주장하는 견해를 보이심**

"아난다여, 어떻게 어떤 사람은 신묘한 자가 없다고 베풀어 세우고 또 세우는가."

존자 아난다는 세존께 여쭈었다.

"세존께서는 법의 근본이시고, 세존께서는 법의 주인이시니, 법은 세존에게서 나옵니다. 세존께서 말씀해주길 바랍니다. 저는 지금 듣고서는 널리 그 뜻을 알게 될 것입니다."

붓다께서는 곧 말씀하셨다.

"아난다여, 자세히 듣고 잘 생각하라. 내가 너를 위하여 그 뜻을 분별해주겠다."

존자 아난다가 분부를 받아 들으니 붓다께서 말씀하셨다.

"아난다여, 어떤 사람은 작은 물질이 신묘한 자가 아니라 하여 베풀어 세우고 또 세우며, 또한 한량없는 물질이 신묘한 자가 아니라 하여 베풀어 세우고 또 세우며, 또한 작아 물질 없음이 신묘한 자가 아니라 하여 베풀어 세우고 또 세우며, 또한 한량없고 물질 없음이 신묘한 자가 아니라 하여 베풀어 세우고 또 세운다.

아난다여, 만약 어떤 사람이 작은 물질이 신묘한 자가 아니라 하여 베풀어 세우고 또 세우며, 그는 지금 작은 물질이 신묘한 자가 아니라 하여 베풀어 세우고 또 세우다가, 몸이 무너지고 목숨을 마치고도 또한 이와 같이 말하지 않고 또한 이와 같이 보지 않을 것이다.

신묘한 자가 있어 만약 작은 물질을 떠날 때에도 또한 이와 같이 생각하지 않고 또한 이와 같이 늘 생각하지도 않는다.

아난다여, 이와 같이 어떤 사람은 작은 물질이 신묘한 자가 아니라 하여 베풀어 세우고 또 세우며, 이와 같이 어떤 사람은 작은 물질이 신묘한 자가 아니라고 보지 않아 집착하고 또 집착한다.

아난다여, 만약 다시 어떤 사람이 한량없는 물질이 신묘한 자가 아니라 하여 베풀어 세우고 또 세우며, 그는 지금 한량없는 물질이 신묘한 자가 아니라 하여 베풀어 세우고 또 세우다가 몸이 무너지고 목숨을 마치고도 또한 이와 같이 말하지 않고 또한 이와 같이 보지 않을 것이다.

신묘한 자가 있어 만약 한량없는 물질을 떠날 때에도 또한 이와 같고 이와 같이 생각하지 않고 또한 이렇게 늘 생각하지도 않을 것이다.

아난다여, 이와 같이 어떤 사람은 한량없는 물질이 신묘한 자가 아니라 하여 베풀어 세우고 또 세우며, 이와 같이 어떤 사람은 한량없는 물질이 신묘한 자가 아니라고 보지 않아 집착하고 또 집착한다.

아난다여, 만약 다시 어떤 사람이 작아 물질 없음이 신묘한 자가 아니라 하여 베풀어 세우고 또 세우며, 그는 작아 물질 없음이 신묘한 자가 아니라 하여 베풀어 세우고 또 세우다가, 몸이 무너지고 목숨을 마치고도 또한 이렇게 말하지 않고 또한 이렇게 보지 않을 것이다.

신묘한 자가 있어 만약 작아 물질 없음을 떠날 때에도 또한 이와 같이 생각하지 않고, 또한 이와 같이 늘 생각하지도 않을 것이다.

아난다여, 이와 같이 어떤 사람은 작아 물질 없음이 신묘한 자가 아니라 하여 베풀어 세우고 또 세우며, 이와 같이 어떤 사람은 작아 물질 없음이 신묘한 자가 아니라고 보지 않아 집착하고 또 집착한다.

아난다여, 만약 다시 어떤 사람이 한량없고 물질 없음이 신묘한 자가 아니라 하여 베풀어 세우고 또 세우며, 그는 지금 한량없고 물질 없음이 신묘한 자가 아니라고 하여 베풀어 세우고 또 세우다가, 몸이 무너지고 목숨을 마치고도 또한 이와 같이 말하지 않고 또한 이와 같이 보지 않을 것이다.

신묘한 자가 있어 만약 한량없고 물질 없음을 떠날 때에도 또한 이와 같고 이와 같이 생각지 않고 또한 이렇게 늘 생각하지 않을 것이다.

아난다여, 이와 같이 어떤 사람은 한량없고 물질 없음이 신묘한 자가 아니라 하여 베풀어 세우고 또 세우며, 이와 같이 어떤 사람은 한량없고 물질 없음이 신묘한 자가 아니라고 보지 않아 집착하고 또 집착한다.

아난다여, 이것을 '어떤 사람은 신묘한 자가 없다'고 베풀어 세우고 또 세우는 것이라 한다."

일곱 가지 앎의 머묾과 두 곳을 보이심

"다시 아난다여, 일곱 가지 앎의 머묾[七識住]과 두 곳[二處]이 있다.

어떤 것이 일곱 가지 앎의 머묾인가. 어떤 빛깔이 있는 중생은 얼마의 몸에 얼마의 생각이 있으니, 곧 '사람과 욕계하늘[欲天]'이다. 이것을 첫 번째 앎의 머묾이라 한다.

다시 또 아난다여, 어떤 빛깔이 있는 중생은 얼마의 몸에 한 생각이 있으니 곧 '브라흐마하늘[梵天]이 처음 나서 일찍 죽지 않음'이니, 이것을 두 번째 앎의 머묾이라 한다.

다시 아난다여, 어떤 빛깔이 있는 중생은 한 몸에 얼마의 생각이 있으니, 곧 '환히 빛나는 하늘'[晃昱天]이다. 이것을 세 번째 앎의 머묾이라 한다.

또 아난다여, 어떤 빛깔이 있는 중생은 한 몸에 한 생각이 있으니, 곧 '두루 깨끗한 하늘'[遍淨天]이다. 이것을 네 번째 앎의 머묾이라 한다.

다시 아난다여, 어떤 빛깔이 없는 중생은 온갖 빛깔이라는 생각[一切色想]을 건너고, 마주함이 있다는 생각[有對想]을 없애면 얼마의 생각도 없는 한량없는 공한 곳이 된다. 이는 공한 곳을 성취하여 노님이니, 이것을 '한량없는 공한 곳의 하늘'[無量空處天]이라 한다. 이것을 다섯 번째 앎의 머묾이라 한다.

다시 아난다여, 어떤 빛깔이 없는 중생은 온갖 한량없는 공한 곳을 건너 한량없는 앎의 곳이 된다. 이는 이 앎의 곳을 성취하여 노님이니, 이것을 '한량없는 앎의 곳인 하늘'[無量識處天]이라 한다. 이것을 여섯 번째 앎의 머묾이라 한다.

다시 아난다여, 어떤 빛깔이 없는 중생은 온갖 한량없는 앎의 곳을 건너서 있는 바 없는 곳이 된다. 이는 이 있는 바 없는 곳을 성취하여 노님이니, 곧 있는 바 없는 곳의 하늘[無所有處天]이다. 이것을 일곱 번째 앎의 머묾이라 한다.

아난다여, 어떤 것이 두 곳인가. 어떤 빛깔이 있는 중생은 생각도 없고 느낌도 없으니, 생각 없는 하늘[無想天]이다. 이것을 첫 번째 곳이라 한다.

다시 아난다여, 어떤 빛깔이 없는 중생은 온갖 있는 바 없는 곳을 건너 생각 있음도 아니고 생각 없음도 아님이 된다. 이는 생각 있음도 아니고 생각 없음도 아닌 곳을 성취하여 노님이니, 곧 생각 있음도 아니고 생각 없음도 아닌 곳의 하늘[非有想非無想處天]이다. 이 것을 두 번째 곳이라 한다."

일곱 가지 앎의 머묾과 두 곳에도 집착하지 않아야 해탈함을 보이심

"아난다여, 첫 번째 앎의 머묾이란 어떤 빛깔이 있는 중생은 얼마 의 몸에 얼마의 생각이 있으니, 곧 사람과 욕계하늘이다.

만약 어떤 비구가 그 앎의 머묾을 알고 앎의 머묾의 익혀냄을 알 고 그 사라짐을 알고 그 맛들임을 알고 그 걱정거리를 알고 벗어남 을 진실 그대로 알면, 아난다여, 이 비구는 그래도 그 앎의 머묾에 집 착하고 그 앎의 머묾에 머무르기를 즐겨하겠는가."

대답하였다.

"아닙니다."

"아난다여, 두 번째 앎의 머묾이란 어떤 빛깔이 있는 중생은 얼마 의 몸에 한 생각이 있으니, 곧 브라흐마하늘이 처음 나서 일찍 죽지 도 않는 것이다.

만약 어떤 비구가 그 앎의 머묾을 알고 앎의 머묾의 익혀냄을 알 고 그 사라짐을 알고 그 맛들임을 알고 그 걱정거리를 알고 벗어남 을 진실 그대로 안다면, 아난다여, 이 비구는 그래도 그 앎의 머묾에 집착하고 그 앎의 머묾에 머무르기를 즐겨하겠는가."

"아닙니다."

"아난다여, 세 번째 앎의 머묾이란 어떤 빛깔이 있는 중생은 한 몸 에 얼마의 생각이 있으니, 곧 환히 빛나는 하늘이다.

만약 어떤 비구가 그 앎의 머묾을 알고 앎의 머묾의 익혀냄을 알고 그 사라짐을 알고 그 맛들임을 알고 그 걱정거리를 알고 벗어남을 진실 그대로 안다면, 아난다여, 이 비구는 그래도 그 앎의 머묾에 집착하고 그 앎의 머묾에 머무르기를 즐겨하겠는가.”

“아닙니다.”

“아난다여, 네 번째 앎의 머묾이란 어떤 빛깔이 있는 중생은 한 몸에 한 생각이 있으니, 곧 두루 깨끗한 하늘이다.

만약 어떤 비구가 그 앎의 머묾을 알고 앎의 머묾의 익혀냄을 알고 그 사라짐을 알고 그 맛들임을 알고 그 걱정거리를 알고 벗어남을 진실 그대로 안다면, 아난다여, 이 비구는 그래도 그 앎의 머묾에 집착하고 그 앎의 머묾에 머무르기를 즐겨하겠는가.”

“아닙니다.”

“아난다여, 다섯 번째 앎의 머묾이란 빛깔이 없는 중생으로서 온갖 빛깔이라는 생각을 건너고 마주함이 있다는 생각을 없애고 얼마의 생각도 없으면 한량이 없는 공한 곳이 되니, 이것이 공한 곳에서 성취하여 노님으로서 곧 한량없이 공한 곳의 하늘이라 한다.

만약 어떤 비구가 그 앎의 머묾을 알고 앎의 머묾의 익혀냄을 알고 그 사라짐을 알고 그 맛들임을 알고 그 걱정거리를 알고 벗어남을 진실 그대로 안다면, 아난다여, 이 비구는 그래도 그 앎의 머묾에 집착하고 그 앎의 머묾에 머무르기를 즐겨하겠는가.”

“아닙니다.”

“아난다여, 여섯 번째 앎의 머묾이란 빛깔이 없는 중생으로서 온갖 한량이 없는 공한 곳을 건너면 한량이 없는 앎의 곳이 되니, 이것이 앎의 곳에서 성취하여 노님으로서 곧 한량없는 앎의 곳인 하늘이라 한다.

만약 어떤 비구가 그 앎의 머묾을 알고 앎의 머묾의 익혀냄을 알고 그 사라짐을 알고 그 맛들임을 알고 그 걱정거리를 알고 벗어남을 진실 그대로 안다면, 아난다여, 이 비구는 그래도 그 앎의 머묾을 집착하고 저 앎의 머묾에 머무르기를 즐겨하겠는가."

　　"아닙니다."

　　"아난다여, 일곱 번째 앎의 머묾이란 것은 빛깔이 없는 중생으로서 온갖 한량이 없는 앎의 곳을 건너면 있는 바 없는 곳이 되니, 이것이 있는 바 없는 곳을 성취하여 노님으로서 곧 있는 바 없는 곳의 하늘이라 한다.

　　만약 어떤 비구가 그 앎의 머묾을 알고 앎의 머묾의 익혀냄을 알고 그 사라짐을 알고 그 맛들임을 알고 그 걱정거리를 알고 벗어남을 진실 그대로 안다면, 아난다여, 이 비구는 그래도 그 앎의 머묾에 집착하고 그 앎의 머묾에 머무르기를 즐겨하겠는가."

　　"아닙니다."

　　"아난다여, 첫 번째 곳이란 것은 빛깔이 있는 중생으로서 모습 취함도 없고 느낌도 없음[無想無覺]이니, 곧 생각 없는 하늘이라 한다.

　　만약 어떤 비구가 그곳을 알고 그곳의 익혀냄을 알고 그 사라짐을 알고 그 맛들임을 알고 그 걱정거리를 알고 벗어남을 진실 그대로 안다면, 아난다여, 이 비구는 그래도 그곳에 집착하고 그곳에 머무르기를 즐겨하겠는가."

　　"아닙니다."

　　"아난다여, 두 번째 곳이란 것은 빛깔이 없는 중생으로서 온갖 있는 바 없는 곳을 건너면 생각 있음도 아니고 생각 없음도 아닌 곳[非

有想非無想處]이 되니, 이것이 생각 있음도 아니고 생각 없음도 아닌 곳을 성취하여 노닒으로서 곧 생각 있음도 아니고 생각 없음도 아닌 하늘이라 한다.

만약 어떤 비구가 그곳을 알고 그곳의 익혀냄을 알고 그 사라짐을 알고 그 맛들임을 알고 그 걱정거리를 알고 벗어남을 진실 그대로 안다면, 아난다여, 이 비구는 그래도 그곳에 집착하고 그곳에 머무르기를 즐겨하겠는가.”

“아닙니다.”

“아난다여, 만약 어떤 비구가 저 일곱 가지 앎의 머묾과 두 곳을 진실 그대로 알고 마음에 물들어 집착하지 않아 해탈을 얻으면, 이 사람을 비구 아라한이라 하고, ‘지혜의 해탈’[慧解脫]이라 부른다.”

여덟 해탈과 두 해탈 갖춤을 보이심

“아난다여, 여덟 가지 해탈[八解脫]이 있으니, 어떤 것이 여덟인가.

안의 물질의 생각[內色想]으로 밖의 물질을 살핌[外觀色]이니, 이것을 첫 번째 해탈이라고 한다.

다시 안의 물질의 생각[內無色想]이 없이 밖으로 물질을 살핌이니, 이것을 두 번째 해탈이라 한다.

다시 ‘깨끗한 해탈’[淨解脫]을 몸으로 증득하여 성취하여 노닒이니, 이것을 세 번째 해탈이라 한다.

다시 온갖 빛깔이라는 생각을 건너고 마주함이 있다는 생각을 없애고 얼마의 생각도 없으면, ‘한량이 없는 공한 곳’이 되니, 이것이 공한 곳을 성취하여 노닒으로서 네 번째 해탈이라 한다.

다시 ‘온갖 한량이 없는 공한 곳’을 건너면 ‘한량이 없는 앎의 곳’

이 되니, 이것이 한량없는 앎의 곳을 성취하여 노님으로서 다섯 번째 해탈이라 한다.

다시 온갖 한량없는 앎의 곳을 건너면 '있는 바 없는 곳'이 되니, 이것이 있는 바 없는 곳을 성취하여 노님으로서 여섯 번째 해탈이라 한다.

다시 온갖 있는 바 없는 곳을 건너면 '생각 있음도 아니고 생각 없음도 아닌 곳'이 되니, 이것이 생각 있음도 아니고 생각 없음도 아닌 곳을 성취하여 노님으로서 일곱 번째 해탈이라 한다.

다시 다음에는 온갖 생각 있음도 아니고 생각 없음도 아닌 곳을 건너면 '생각이 사라진 해탈'을 몸으로 증득해 성취하여 노닐고, 나아가 지혜로 살펴 모든 흐름이 다한 것을 알게 되니, 이것을 여덟 번째 해탈이라 한다.

아난다여, 만약 어떤 비구가 저 일곱 가지 앎의 머묾과 두 곳을 진실 그대로 알고[知如眞], 마음에 물들어 집착하지 않고 해탈을 얻으며, 또 이 여덟 가지 해탈을 따르고 거스름을 자재하게 몸으로 증득하여[八解脫順逆身作證] 성취하여 노닐며, 또한 지혜로 살펴 모든 흐름이 다하면, 이것을 비구 아라한이라 하고 '두 해탈을 같이 갖춘 해탈'[俱解脫]이라 한다."

붇다께서 이렇게 말씀하시니, 존자 아난다와 여러 비구들은 붇다의 말씀을 듣고 기뻐하며 받들어 행하였다.

• 중아함 97 대인경(大因經) 후반부

• 해설 •

아는 자는 알려지는 것과 어울려 앎으로 드러나고 앎으로 인해 느낌이 난다. 아는 자란 알려지는 것을 의지해 아는 자가 되므로 실로 있음도 아니고 실로 없음도 아닌데, 느낌과 앎을 일으키는 신묘한 것이 있다느니 없다느니 분별하여 해탈에 이르지 못한다.

그러므로 신묘하게 아는 자 또한 공하여 연기하는 줄 알아, 아는 자에 실로 아는 자가 없음을 깨달으면 끝내 무명이 사라져 파리니르바나에 들어가게 되는 것이다.

이 뜻을 십이연기설로 보면 무명과 무명의 움직임 때문에 아는 뿌리[意根]가 있다고 보는 것이니, 아는 뿌리가 공한 줄 알면 무명이 다하고 무명이 다하면 나고 죽음이 다하는 것이다.

또 어떤 이는 아는 뿌리를 미세한 물질 한량없는 물질로 세워 보이는 자가 있으나 이 또한 헛된 분별의 모습이다.

또 어떤 이는 아는 뿌리가 하늘의 몸을 받아 보다 높은 하늘에 머무는 것으로 해탈을 말하나, 이는 아는 뿌리와 아는 뿌리로 받는 마음·물질이 공함을 깨닫지 못한 것이므로 해탈이 아니다.

또 어떤 이는 신묘하게 아는 자가 허공과 같고 모습 없는 것이 되는 것으로 해탈을 삼지만, 이 또한 신묘한 것을 관념적 보편자로 설정한 견해로 해탈이 아니고 니르바나가 아니다.

일곱 가지 앎의 머묾과 두 곳의 머묾 또한 받는 몸이 있고 머무는 곳이 있으므로 해탈이 아니다.

여덟 가지 해탈은 안과 밖의 물질, 받아나는 마음·물질을 돌이켜 살펴 끝내 공함을 살펴 해탈함이다.

여덟 가지 해탈은 먼저 밖의 물질에 대해 깨끗하지 않음을 살펴 안의 물질에 대한 탐욕을 떠나는 해탈이 첫 번째가 되고, 두 번째는 바깥 물질의 깨끗하지 않음을 살펴서 해탈함이며, 세 번째는 안과 밖의 물질을 떠나는 해탈이다.

이와 같이 차츰 물질 떠나 공한 곳[空處]에 나아감이 네 번째 해탈이 되고, 공한 곳을 버리고 앎의 곳[識處]에 나아가고 앎의 곳을 버리고 '있는 바

없는 곳'[無所有處]에 나아감이 다섯 번째·여섯 번째 해탈이 된다.

다시 있는 바 없는 곳을 버리고 '생각 있음도 떠나고 생각 없음도 아닌 곳'[非想非非想處]에 나아가며, 끝내 '생각 있음도 아니고 생각 없음도 아님'을 건너 사라짐의 해탈 얻는 것이 일곱 번째·여덟 번째 해탈이 된다.

여덟 가지 해탈의 교설은 무엇을 가르치는가.

선정을 통해 깨끗함을 얻어서 위로 향상하더라도 머무는 곳이 있으면 해탈이 아니므로 모두 버리고 나아가[背捨], 느낌에서 느낌 떠나고 모습 취함에서 모습 취함 떠나[滅受想] 온갖 것에 머묾 없을 때 참해탈이 됨을 가르치고 있는 것이다. 곧 머물러야 할 깨끗함에 대한 집착을 버리고 떠나는 것이 해탈의 길이 됨을 차제의 방편으로 보인 것이 여덟 가지 해탈의 법문이다.

그러므로 지혜[慧]로써 갖가지 머묾 있는 번뇌의 장애[煩惱障]를 벗어나고 선정[定]으로써 해탈했다는 장애[解脫障]마저 넘어서면, 이것이 선정과 지혜가 함께해, 사라져 다한 해탈[俱解脫]이다.

『화엄경』(「십회향품」)은 언어로써 규정할 모든 관념의 자취, 관념의 처소마저 취하지 않아야 해탈이 됨을 다음과 같이 말한다.

> 온갖 중생이 말로 나타내는 곳은
> 그 가운데 마쳐 다해 얻을 것 없네.
> 이름과 모습 다 분별인 줄 깨달아 알면
> 모든 법에 나 없음 밝게 알리라.
> 一切衆生語言處 於中畢竟無所得
> 了知名相皆分別 明解諸法悉無我
>
> 중생의 성품 본래 고요함과 같이
> 이와 같이 온갖 법 깨달아 알면
> 삼세에 거둬지는 바 나머지 없이
> 세계와 모든 법이 다 평등하리라.

如衆生性本寂滅　如是了知一切法
三世所攝無有餘　利及諸業皆平等

　연기의 법 잘 살피는 수행자는 탐욕의 경계뿐 아니고 선정의 경계[禪定境] 선정의 즐거움까지 머물지 않고 모두 버려야 세간의 모습을 해탈의 경계로 쓸 수 있는 것이니, 「입법계품」은 이렇게 말한다.

　기뻐하는 마음에도 집착 없이
　온갖 것을 다 버리고
　평등하게 중생에게 베풀면
　이것이 보디사트바의 경계이네.

　歡喜心無著　一切皆能捨
　平等施衆生　是彼之境界

　마음이 깨끗해 모든 악 떠나고
　마쳐 다해 뉘우치는 바가 없이
　모든 붇다 가르침 따라 행하면
　이것이 보디사트바의 경계이네.

　心淨離諸惡　究竟無所悔
　順行諸佛教　是彼之境界

　용맹하게 부지런히 정진해
　편히 머물러 마음이 물러서지 않고
　온갖 지혜를 부지런히 닦으면
　이것이 보디사트바의 경계이네.

　勇猛勤精進　安住心不退
　勤修一切智　是彼之境界

제3장

과정으로서의 존재
[無常性]

"물질은 덧없다. 만약 원인과 조건이
모든 물질을 낸다면 그것 또한 덧없다.
덧없는 원인과 덧없는 조건이 낸 모든 물질이
어떻게 항상하겠느냐?
이와 같이 느낌·모습 취함·지어감·앎도 덧없다.
만약 원인과 조건이 여러 앎을 내는 것이라면,
그것들 또한 덧없다. 덧없는 원인과 덧없는 조건이 낸
여러 앎이 어떻게 항상하겠느냐?"

연기법에서 온갖 존재는 과정의 존재이고 자아는 행위로 주어지는 자아다. 지금 결과[果]로 주어지는 어떤 것은 원인[因]과 조건[緣]이 만나 성취된 것이라 그것의 변하지 않는 확정된 기반이 없다.

생겨난 것[所生]은 내는 것[能生]과 서로 의지해 일어난 것이며, 내는 것 또한 다른 내는 것에 의해 난 것이다. 다시 지금 생겨난 것 또한 다른 것을 내는 요인이 되어 난 것과 내는 것에 실로 그렇다 할 자기성품이 없다[無自性].

내고 남이 끝없이 이어지고 서로 원인이 되고 조건이 되며 결과가 되므로 생겨남에 남의 자취가 없되[生而無生], 생겨남에 남이 없으므로 온갖 법은 남이 없이 나는 것이다[無生而生].

그러므로 존재에는 실로 남도 없고 실로 나지 않음도 없음을 알아야 항상함과 덧없음의 치우친 견해를 넘어 여래의 바른 견해에 나아갈 수 있으니, 영가선사(永嘉禪師)의 「증도가」(證道歌)는 말한다.

누가 생각 없다 하고 누가 남이 없다는가.
만약 실로 남 없으면 나지 않음 없으리.
허수아비 나무사람 불러 물어볼지니
붇다 구해 공 베푼들 그 언제나 이루리.

誰無念 誰無生 若實無生無不生
喚取機關木人問 求佛施功早晚成

원인과 조건이 덧없으면
그 결과 또한 덧없나니

이와 같이 내가 들었다.

한때 붓다께서는 슈라바스티 국 제타 숲 '외로운 이 돕는 장자의 동산'에 계셨다.

그때 세존께서 여러 비구들에게 말씀하셨다.

"물질은 덧없다. 만약 원인과 조건이 모든 물질을 낸다면 그것 또한 덧없다. 덧없는 원인과 덧없는 조건이 낸 모든 물질이 어떻게 항상하겠느냐?

이와 같이 느낌·모습 취함·지어감·앎도 덧없다. 만약 원인과 조건이 여러 앎을 내는 것이라면, 그것들 또한 덧없다. 덧없는 원인과 덧없는 조건이 낸 여러 앎이 어떻게 항상하겠느냐?

이와 같이 여러 비구들이여, 물질은 덧없고, 느낌·모습 취함·지어감·앎도 덧없다. 덧없는 것은 곧 괴로움이요, 괴로움은 곧 나[我]가 아니며, 나가 아니면 또한 내 것[我所]도 아니다.

거룩한 제자들이 이와 같이 살피면 그는 곧 물질을 집착하지 않게 되고, 느낌·모습 취함·지어감·앎을 집착하지 않게 된다.

집착하지 않으면 즐거워하지 않게 되고, 즐거워하지 않으면 해탈하고 해탈지견이 생겨, 나의 태어남은 이미 다하고 범행은 이미 서고, 지을 바를 이미 지어 다시는 뒤의 있음 받지 않음을 스스로 알게 된다."

그때 여러 비구들은 붇다의 말씀을 듣고 기뻐하며 받들어 행하였다.

• 잡아함 11 인연경(因緣經) ①

• 해설 •

온갖 법은 원인과 조건에 의해 일어나니 원인과 조건이 일으키는 법[能起法]이라면 결과로서의 새로운 존재는 일어난 법[所起法]이다.

원인과 조건이 공한 원인과 조건이 아니라면 원인과 조건이 어울려 결과를 낼 수 없으며, 원인과 조건과 결과가 모두 공하므로 찰나찰나 원인과 조건이 어울려 결과가 나고, 결과가 다시 원인이 되고 조건이 되어 온갖 법이 남이 없이 나는 것이다.

원인과 조건과 결과가 덧없이 어울려 나되 공하고, 공하므로 찰나찰나 덧없이 나는 것이다. 그러므로 나되 남이 없음[生而無生]을 보는 자가 비파사나(vipaśyanā)인 사마타(śamatha)로 덧없음 속에서 늘 고요하고, 남이 없이 나는 것[無生而生]을 보는 자가 사마타인 비파사나로 고요하되 늘 봄이 없이 사물의 변화를 볼 수 있다.

『화엄경』(「십회향품」)은 덧없는 인연법 가운데서 늘 고요한 사람을 다음과 같이 말한다.

온갖 모든 법은 인연으로 나니
그 바탕성품은 있음이 아니고
또한 실로 없음이 아니로다.
인연과 인연으로 일어난 것에는
마쳐 다해 그 가운데 취할 것 없어라.

一切諸法因緣生　體性非有亦非無

而於因緣及所起　畢竟於中無取著

온갖 법이 남이 없이 나고 사라져
다시 나는 법임을 알아야 하니

이와 같이 내가 들었다.

한때 붇다께서는 슈라바스티 국 제타 숲 '외로운 이 돕는 장자의 동산'에 계셨다.

그때 세존께서는 여러 비구들에게 말씀하셨다.

"온갖 것은 덧없다. 어떻게 온갖 것이 덧없는가.

곧 눈은 덧없는 것이요, 빛깔과 눈의 앎, 눈의 닿음, 눈의 닿음의 인연으로 낸 느낌, 곧 괴로운 느낌·즐거운 느낌·괴롭지도 않고 즐겁지도 않은 느낌 또한 덧없는 것이다.

이와 같이 안의 아는 뿌리인 귀·코·혀·몸·뜻이 덧없고, 밖의 경계인 빛깔과 법(法) 등이 덧없으며, 가운데 앎인 눈의 앎과 뜻의 앎[意識] 등이 덧없고, 뜻의 닿음과 뜻의 닿음의 인연으로 생기는 느낌, 곧 괴로움 느낌·즐거운 느낌·괴롭지도 즐겁지도 않은 느낌 또한 덧없는 것이다."

앎활동과 대상이 모두 덧없음을 살피는 것이
해탈의 길임을 보이심

"많이 들은 거룩한 제자로서 이와 같이 살피는 사람은 눈에서 해탈하고, 빛깔과 눈의 앎과 눈의 닿음과 눈의 닿음의 인연으로 낸 느낌, 곧 괴로운 느낌·즐거운 느낌·괴롭지도 않고 즐겁지도 않은 느낌에서 해탈한다.

이와 같이 귀·코·혀·몸·뜻에서 해탈하고, 법 등과, 뜻 등의 앎과 뜻의 닿음과 뜻의 닿음의 인연으로 생기는 느낌, 곧 괴로움 느낌·즐거운 느낌·괴롭지도 즐겁지도 않은 느낌에서도 그는 해탈한다.

나는 그가 남·늙음·병듦·죽음과 근심·슬픔·번민·괴로움에서 해탈하였다고 말한다."

붇다께서 이 경을 말씀하시자 여러 비구들은 붇다의 말씀을 듣고 기뻐하며 받들어 행하였다.

법이 덧없고 공하므로 그에 대한 집착이 마라임을 보이심

'온갖 것은 덧없다고 말한 것과 같이, 온갖 것은 괴롭고 온갖 것은 공하며, 온갖 것은 나가 아니다.

온갖 것은 빈 업의 법이며, 온갖 것은 부서지는 법이요, 온갖 것은 나는 법이며, 온갖 것은 늙는 법이요, 온갖 것은 병드는 법이며, 온갖 것은 죽는 법이요, 온갖 것은 근심스러운 법이며, 온갖 것은 번뇌의 법이다.

온갖 것은 모아냄의 법이며, 온갖 것은 사라짐의 법이요, 온갖 것은 알아야 하는 법이며, 온갖 것은 가려 앎의 법이요, 온갖 것은 끊어야 하는 법이며, 온갖 것은 깨달아야 하는 법이요, 온갖 것은 증득해야 하는 것이다.

온갖 것은 마라요, 온갖 것은 마라의 힘이며, 온갖 것은 마라의 그릇이다. 온갖 것은 타고, 온갖 것은 불꽃처럼 타며, 온갖 것은 타버리는 것이 이와 같음도 다 위의 두 경에서 널리 말한 것과 같다.'

• 잡아함 196 무상경(無常經) ②

• 해설 •

연기법에서 덧없음[無常]의 법문은 참으로 알기 어렵고 깊고 깊다. 중생이 연기로 일어난 존재에서 확정된 기반을 찾으려 하고 과정 자체인 존재를 고정된 것으로 붙들어 쥐려 하므로 덧없음을 이야기하였지만, 연기법의 덧없음은 흘러가 사라지는 덧없음이 아니다.

온갖 것에 나 없으므로 덧없음을 말한 것이니, 남이 없이 나고 사라짐 없이 사라지는 덧없음이라 그 덧없음은 고요하고 고요하여, 참으로 위태롭지 않은 덧없음이다. 경의 표현대로 하면 눈·귀·코·혀·몸과 뜻 이 안의 여섯 아는 뿌리와 빛깔·소리·냄새·맛·닿음과 법 이 밖의 여섯 경계와 가운데 눈의 앎에서 뜻의 앎이 모두 덧없고, 앎의 작용인 뜻의 느낌[受]·닿음[觸] 등이 모두 덧없음을 살피면 덧없음 가운데 참으로 삶의 위태롭지 않음이 있다.

그러나 중생은 삶의 덧없음의 불안감 때문에 모습 속에서 사라지지 않는 것을 찾으려 하거나 모습 너머에 확정된 것을 찾으려 한다. 그러나 변화 너머에 변하지 않고 확정된 것이 있다고 생각한 것은, 사라짐의 두려움 때문에 세운 환상적인 확정됨이라 끝내 공함과 사라짐의 위태로움을 안고 있는 확정됨이다.

온갖 법이 찰나찰나 덧없어 붙들어 쥘 확정된 자기성품[自性]이 없는 줄 알되 찰나찰나 생김에 실로 생김이 없고 찰나찰나 사라짐에 실로 사라짐이 없는 줄 알면, 그는 참으로 삶의 위태로움과 닫힘을 한꺼번에 넘어서서 막힘이 없고 걸림이 없는 삶을 살 것이다.

그가 바로 해탈하여 해탈지견이 늘 현전하는 자이다.

그렇다면 어떤 자가 연기법의 덧없음을 참으로 아는 자인가. 모습에서 모습 취하지 않으므로 늘 한결같아 움직이지 않는[不取於相 如如不動] 사람이다.

연기법에서는 존재의 불확정성이야말로 참된 존재의 안정성이고 창조성이다. 아는 마음과 알려지는 세계가 의지해 앎이 늘 일어나므로 온갖 것은 있되 공하여 앎은 막힘이 없고 가림이 없는 것이며 앎에는 앎이 없는 것이다.

그러나 온갖 것이 다시 정해진 모습으로 멈춰 있지 않고 있되 공하므로, 존재는 늘 새롭게 현전하며 남이 없되 남 없음도 없는 것[無生而無無生]이니 그 뜻을 깨닫는 자는 늘 새로운 창조의 삶을 살 수 있다.

찰나찰나 멈추어 있지 않으므로 늘 새로운 창조의 삶을 살되 실로 생김이 없고 사라짐이 없음을 알면, 그가 늘 고요한 니르바나의 평화와 안정 속에서 영겁에 다하지 않는 창조와 생성의 길을 가는 자이다.

지금 만법은 공하여 자기실체가 없되 공도 공하여 일어남 없이 일어나고 사라짐 없이 사라지는 법이다.

그 가운데서 변치 않는 나와 내 것의 실체를 붙들어 쥐고 불안감에서 도피하려는 중생의 환상을 깨뜨리기 위해 여래는 온갖 법이 마라의 힘[魔力]이고 마라의 그릇[魔器]이라 말씀하셨다.

그러나 있음에서 있음을 벗어나 한 법도 붙들어 쥐지 않으면, 바로 마라의 그릇이 법계진리의 집[法界家]이 되고 여래의 집[如來家]이 되는 것이니, 덧없음의 법문은 참으로 깊고 깊다.

『화엄경』(「십지품」十地品)은 덧없음과 고요함이 둘 아닌 뜻을 알면 덧없음이 온전히 보디사트바의 창조적 해탈의 행이 됨을 다음과 같이 보인다.

모든 인연의 참모습을 살펴
인연이 진실한 뜻의 공인줄 알면
거짓 이름 어울림의 작용 깨지 않고
지음 없고 받음 없고 생각 없어서
지음 없는 모든 행이 구름과 같이
온갖 곳에 두루 일어나게 되리라.

觀諸因緣實義空　不壞假名和合用
無作無受無思念　諸行如雲遍興起

찰나찰나 일어나고 사라지는 다섯 쌓임 · 열두 들임 · 열여덟 법의 영역에서 붙잡아 취하지 않으면 마라의 거울이 깨지고 마라의 땅이 법계의 땅이 되는 것이니, 「십회향품」 또한 이렇게 말한다.

다섯 쌓임 열여덟 법의 영역
열두 들임과 자기 몸을 깊이 살펴
여기에서 낱낱이 보디 구하면
바탕성품 마쳐 다해 얻을 수 없네.

諦觀五蘊十八界　十二種處及己身
於此一一求菩提　體性畢竟不可得

마음이 온갖 업을 분별하지 않고
업의 과보에도 물들어 집착 않으면
보디의 성품이 인연 따라 일어남대로
깊은 법계에 들어가 거스름 없으리.

心不分別一切業　亦不染著於業果
如菩提性從緣起　入深法界無違逆

제4장

늘 머물러 있는 법계의 진리
[常住性]

"연기법은 내가 만든 것도 아니요,
또한 다른 사람이 만든 것도 아니다.
그러므로 저 여래가 세상에 나오시거나 세상에
나오시지 않거나 법의 세계는 늘 머물러 있다.
저 여래는 이 법을 스스로 깨달아
삼약삼보디를 이루시고,
여러 중생들을 위해 분별해 연설하고
열어내고 드러내 보이신다."

중생이 인연을 통해 생겨나는 온갖 법을 고정되어 있다고 보기 때문에[常顚倒] 덧없음[無常]을 말했으나, 연기법의 덧없음은 남에 남이 없고 사라짐에 사라짐 없는 것이니, 덧없이 나고 사라진다는 집착[無常顚倒] 또한 벗어나야 한다.

또 중생이 실체 없는 존재에 나 있음을 세우므로[我顚倒] 나 없음[無我]을 말했으나, 연기법의 나 없음은 아무것도 없는 허무가 아니라 나에 나 없음[於我無我]이라 실로 나 없다는 집착[無我顚倒]도 벗어나야 한다.

중생의 느낌은 괴로운 느낌[苦受] · 즐거운 느낌[樂受] · 괴롭지도 않고 즐겁지도 않은 느낌[不苦不樂受]이다.

그 가운데 중생은 닿는바 느낌 가운데 쓰라린 괴로움[苦苦]을 버리고 즐거운 느낌을 추구하거나, 괴롭지도 않고 즐겁지도 않은 느낌에 머물려 하므로 즐거운 느낌 또한 끝내 무너지는 괴로움[壞苦]이고, 괴롭지도 않고 즐겁지도 않은 느낌 또한 변해 사라지는 느낌[行苦]임을 보이기 위해 온갖 법이 괴롭다 말했다.

그러나 연기법에서 괴롭다 함은 집착할 것 없는 데서 즐겁다는 집착 일으킴[樂顚倒]을 깨기 위한 것이므로 괴로움에 실로 괴로움이 있다는 집착[苦顚倒]도 벗어나야 한다.

또 중생은 끝내 무너지고 썩어질 것에서 깨끗하다는 집착[淨顚倒]을 내므로 그 집착을 깨기 위해 몸이 깨끗하지 않다[身不淨]는 가르침을 말했다. 그러나 몸에 몸이라는 집착 떠나면 여섯 아는 뿌리[六根]가 본래 깨끗하여 더럽다 할 것이 없는 것이니, 깨끗하지 않다는 집착[不淨顚倒]도 벗어나야 한다.

그러므로 나에 나 없음을 알고, 연기법의 나고 사라짐이 남이 없이 나고 사라짐 없이 사라짐을 알면, 인연으로 나고 사라지는 법이 나고 사라짐 없이 참으로 항상한[眞我眞常] 법계의 진리가 된다.

법의 눈을 뜬 사람은 괴로움과 즐거움이 쳇바퀴 도는 중생의 삶 속에서 참된 기쁨[眞樂]을 받아쓰며, 시간과 공간의 관계 속에 갇혀 있는 몸의 필연성 속에서 물듦 없는 청정[眞淨]을 구현할 수 있다.

이 남이 없고 사라짐이 없으며 물듦 없이 청정한 법계의 진리는 여래가 오시거나 오시지 않거나 늘 그러한 진리이니, 이 법계의 진리가 중생의 실상이고 세계의 진실이다.

그러나 늘 머물러 있는 진리란 일어나고 사라지는 연기의 진실일 뿐이니, 법계의 진리가 나고 사라지는 연기의 모습 밖에 있다고 해서는 안 되니, 『화엄경』(「십회향품」)은 말한다.

연기의 법 바로 아는 보디사트바
삼세 모든 중생이 다 인연을 따라
화합하여 일어난 줄 깨달아 알고
마음의 즐김과 번뇌 익힘 살펴 알아
온갖 법을 깨뜨려 없애지 않네.

了知三世諸衆生　悉從因緣和合起
亦知心樂及習氣　未曾滅壞一切法

연기법의 진리는 늘 머물러 있다

이와 같이 내가 들었다.

한때 붇다께서는 쿠루 국의 소 치는 마을[調牛聚落]에 계셨다.

이때 어떤 비구가 붇다 계신 곳에 와서 머리를 대 발에 절하고 한쪽에 물러나 앉아 붇다께 말씀드렸다.

"세존이시여, 연기법이란 세존께서 만든 것입니까? 다른 사람이 만든 것입니까?"

붇다께서 비구에게 말씀하셨다.

"연기법은 내가 만든 것도 아니요, 또한 다른 사람이 만든 것도 아니다. 그러므로 저 여래가 세상에 나오시거나 세상에 나오시지 않거나 법의 세계[法界, dharma-dhātu]는 늘 머물러 있다.

저 여래는 이 법을 스스로 깨달아 삼약삼보디(samyak-saṃbodhi, 等正覺)를 이루시고, 여러 중생들을 위해 분별해 연설하고 열어내고 드러내 보이신다."

십이인연의 법이 늘 머무는 법임을 보이심

"그 법은 곧 '이것이 있기 때문에 저것이 있고, 이것이 일어나기 때문에 저것이 일어난다'고 하는 것이니, 다음과 같다.

'무명 때문에 지어감이 있고, 지어감 때문에 앎이 있고, 앎 때문에 마음·물질이 있고, 마음·물질 때문에 여섯 들임이 있다.

여섯 들임 때문에 닿음이 있고, 닿음 때문에 느낌이 있고, 느낌 때문에 애착이 있고, 애착 때문에 취함이 있고, 취함 때문에 존재가 있고, 존재 때문에 태어남이 있고, 태어남 때문에 늙음·죽음·근심·슬픔·번민·괴로움이 있고, 이렇게 하여 순전한 괴로움뿐인 큰 무더기가 일어난다.

무명이 사라지면 지어감이 사라지고, 지어감이 사라지면 앎이 사라지고, 앎이 사라지면 마음·물질이 사라지고, 마음·물질이 사라지면 여섯 들임이 사라진다.

여섯 들임이 사라지면 닿음이 사라지고, 닿음이 사라지면 느낌이 사라지고, 느낌이 사라지면 애착이 사라지고, 애착이 사라지면 취함이 사라지고, 취함이 사라지면 존재가 사라지고, 존재가 사라지면 태어남이 사라지고, 태어남이 사라지면 늙음·죽음·근심·슬픔·번민·괴로움이 사라지며, 이렇게 하여 순전한 괴로움뿐인 큰 무더기가 사라진다.' "

붇다께서 이 경을 말씀하시자, 그 비구는 붇다의 말씀을 듣고 기뻐하며 받들어 행하였다.

• 잡아함 299 연기법경(緣起法經)

• 해설 •

연기의 진리는 인연으로 나고 사라지는 온갖 존재 온갖 법의 진실이니, 이는 세존이 만든 것도 아니고 다른 사람이 만든 것도 아니다.

여래 또한 이 법을 깨달아 위없는 보디를 이루었으니, 연기의 진실을 깨친 여래의 지혜가 관조반야(觀照般若)라면 깨친 바는 연기법의 진실인 실상반야(實相般若)이다.

연기의 세계는 인연으로 있으므로 있되 공하여, 있음을 무너뜨리지 않고 그 있음이 곧 공하므로 공도 공한 것이다.

살피는 바 연기의 진실이 있음에 있음이 없고 공함에 공함이 없으므로, 아는 지혜 또한 알되 앎이 없고 앎 없되 앎 없음도 없다.

앎[識]은 아는바[所緣] 경계인 앎이라 연기의 진리밖에 여래의 보디가 없고 보디밖에 연기의 실상이 없으니, 연기법을 깨친 지혜의 몸이 여래의 보신(報身)이라면 지혜인 진리가 여래의 법신(法身)이다.

진리인 지혜가 고요하되 비치며 비치되 고요하므로[寂而照 照而寂] 지혜는 멈추어 있지 않고 하되 함이 없는 행으로 발현되니, 여래의 지음 없고 함이 없는 해탈의 활동이 여래의 화신(化身)이다.

다시 여래의 해탈의 활동이 또한 하되 함이 없어서 여래의 화신은 늘 법신의 고요함인 화신이다. 이처럼 연기법의 진리가 나되 남이 없고 사라지되 사라짐 없이 늘 머무는 진리이므로 진리인 지혜 또한 나되 남이 없고 사라지되 사라짐 없이 늘 법계에 머무는 것이다.

연기의 가르침에서는 이처럼 나고 사라짐밖에 항상함이 없고 인연으로 나는 세간법의 진실한 모습이 늘 머무는 법계인 것이다.

그러므로 위 경의 뜻을 그릇 알아, 붇다가 세간에 오시거나 오시지 않거나 변치 않는 진리가 있다는 뜻으로 경을 읽어서는 안 될 것이다.

내가 이 세간에 오거나 오지 않거나
법의 성품은 언제나 머물러 있다

이와 같이 내가 들었다.

한때 붇다께서는 나다칸타(Nāḍakantha) 마을 '긴자카 정사' (Giñjakānasatha)에 계셨다. 그때에 나다칸타 마을에서는 많은 사람이 죽었다.

때에 많은 비구들은 가사를 입고 발우를 가지고 나다칸타 마을에 들어가 밥을 빌다가, 그 마을의 칵카타(巴 Kakkaṭa) 우파사카(upāsaka)가 목숨을 마치고, 니카타·카알리카·카알라카타·리사바사로·우바사로·리새타·밧다·수밧다·야사야수타·야사우타라 등이 모두 목숨을 마쳤다는 말을 들었다.

듣고서는 정사에 돌아와 가사와 발우를 챙겨두고 발을 씻은 뒤, 붇다 계신 곳에 나아가 붇다의 발에 머리를 대 절하고 한쪽에 물러앉아 여쭈었다.

"세존이시여, 저희들 여러 비구들은 이른 아침에 나다칸타 마을에 들어가서 밥을 빌다, 칵카타 우파사카들이 목숨 마쳤다는 말을 들었습니다. 세존이시여, 그들은 목숨을 마치고는 어느 곳에 태어나겠습니까?"

붇다께서는 비구들에게 말씀하셨다.

"칵카타 등 여러 사람들은 이미 욕계의 다섯 가지 낮은 곳의 묶음 [五下分結]을 끊고 아나가민(anāgāmin, 不來)을 얻어 하늘위에 파리니르바나하였으니, 다시는 이 세상에 도로 태어나지 않을 것이다."

여러 비구들이 붇다께 말씀드렸다.

"세존이시여, 다시 이백오십이 넘는 우파사카가 목숨을 마치고, 또 오백 우파사카가 이 나다칸타 마을에서 목숨을 마쳤습니다.

그들도 다 욕계의 다섯 가지 묶음을 끊고 아나가민을 얻어, 하늘 위에서 파리니르바나하고는 다시는 이 세상에 도로 태어나지 않겠습니까?

또한 이백오십이 넘는 우파사카가 목숨을 마쳤습니다. 그들도 다 세 가지 묶음[三結]이 다하고 탐욕과 성냄과 어리석음이 엷어져 사크리다가민(sakṛdāgāmin, 一來)을 얻어, 한 번 태어남[生]을 받고는 괴로움의 끝을 다하겠습니까?

이 나다칸타 마을에는 다시 오백 우파사카가 목숨을 마쳤습니다. 그들도 모두 세 가지 묶임이 다하고 스로타판나(srotāpanna, 入流)가 되어, 나쁜 세계에 떨어지지 않고 반드시 바른 깨달음으로 향하여 일곱 번 하늘과 사람에 가서 났다가 끝내 괴로움을 벗어나겠습니까?"

나고 죽음이 인연이라 공함을 밝혀 해탈의 길을 보이심

붇다께서는 비구들에게 말씀하셨다.

"너희들은 그들의 목숨 마침에 맡겨 따르라. 그들의 목숨 마침 뒤의 일을 묻는 것은 부질없는 일일 뿐이니, 그것은 내가 즐겨 대답하는 것이 아니다.

무릇 태어난 자에게 죽음이 있으니 무엇이 기이할 것인가.

여래가 이 세상에 나오거나 나오지 않거나 법의 참모습[法性]은 언제나 머물러 있는 것이다. 여래는 그것을 스스로 알아 바른 깨달음[等正覺]을 이루어, 그것을 나타내 연설하고 분별하여 열어 보이는 것이니 곧 이와 같다.

'이 일이 있으므로 이 일이 있고, 그 일이 일어남으로 이 일이 일어난다.

곧 무명 때문에 지어감[行]이 있고 지어감 때문에 앎이 있으며 나아가서는 남[生] 때문에 늙음·병듦·죽음·근심·슬픔·괴로움·번민이 있어서, 이와 같이 괴로움의 무더기가 모이는 것이다.

무명이 사라지면 지어감이 사라지고 나아가서는 남이 사라지면 늙음·병듦·죽음·근심·슬픔·괴로움·번민이 사라져서 이와 같이 곧 괴로움의 무더기가 사라지는 것이다.'"

삼보의 길 따라 행함이 진리의 거울이 됨을 보임

"이제 너희들을 위해 '진리의 거울이 되는 경'[法鏡經]을 말해주겠으니 자세히 듣고 잘 생각하라.

너희들을 위해 말하겠다.

어떤 것을 '진리의 거울이 되는 경'이라 하는가.

그것은 거룩한 제자가 붇다에 대한 무너지지 않는 깨끗한 믿음과 법과 상가에 대한 무너지지 않는 깨끗한 믿음과 거룩한 계율을 성취하는 것이다."

붇다께서 이 경을 말씀하시자, 여러 비구들은 그 말씀을 듣고 기뻐하며 받들어 행하였다.

• 잡아함 854 나리가경(那梨迦經)

한 마을에서 오백 우파사카가 한꺼번에 목숨을 마친 것으로 보아 그 마을에 전염병이나 천재지변, 전쟁의 재난이 닥친 듯하다.

오래 알고 지내던 우파사카의 죽음에 대해 비구들이 죽은 뒤의 태어남을 여쭈니, 그들이 이미 믿음이 굳세어져 지혜의 흐름에 들고 번뇌가 깨끗해진 사람들이므로 하늘위에 태어나 탐욕의 세계에 돌아오지 않으리라 언약하신다.

이처럼 여래가 어떤 이가 죽은 뒤에 좋은 하늘 좋은 곳에 나리라 약속하는 것은 끊어져 없어진다는 견해를 깨기 위해 방편으로 설한 것이다. 그러면서 붇다께서 그들의 목숨 마침에 맡겨 따르고 죽은 뒤의 일을 부질없이 묻지 말라고 한 것은 연기의 진실은 사라지되 실로 사라짐 없고 나되 남이 없기 때문이다.

이 법은 여래가 세상에 오거나 오지 않거나 늘 그러한 법계의 진리이고 이 법이 곧 중생의 실상이다. 여래 또한 이 법을 깨치어 보디를 이루고, 보디의 지혜로 이 법을 설해 문자반야를 이룬 것이니, 설하신 법에도 실로 설함이 없다.

여래의 지혜와 깨친 진리와 설한 법이 관조반야 · 실상반야 · 문자반야를 이루고, 이 세 가지 반야로 이 세간에 붇다와 다르마와 상가의 진리의 깃발[法幢]이 세워지고 진리의 거울[法鏡]이 비치게 되었다.

붇다께서 '진리의 거울이 되는 경'이라 이름한 것은 이 경이 법계를 깨친 여래의 지혜 그대로의 말씀임을 뜻하니, 미망의 중생 또한 삼보의 깃발과 진리의 거울에 의지하면 그 스스로 '늘 머물러 있는 법의 세계'[常住法界]를 깨달아 위없는 보디[anuttara-bodhi, 無上覺]를 이룰 것이다.

나고 사라지는 일 버리고
늘 머무는 법계에 돌아가야 하나니

이와 같이 들었다.

한때 붇다께서는 슈라바스티 국 제타 숲 '외로운 이 돕는 장자의 동산'에 계셨다.

그때 세존께서는 여러 비구들에게 말씀하셨다.

"세간에는 다섯 가지 일이 가장 얻을 수 없는 것이다.

어떤 것이 다섯 가지인가. 없어질 물건은 없어지지 않게 하려 해도 이는 얻을 수 없다.

사라져 다할 법을 다하지 않게 하려 해도 이는 얻을 수 없다.

늙는 법은 늙지 않게 하려 해도 이는 얻을 수 없다.

병드는 법은 병들지 않게 하려 해도 이는 얻을 수 없다.

죽는 법은 죽지 않게 하려 해도 이는 얻을 수 없다.

이것을 비구들이여, '다섯 가지 일이 있어 가장 얻을 수 없다'고 하는 것이다."

세간의 다섯 가지 일을 보이시고 법계의 진리 깨닫는 길을 보이심

"여래가 세상에 나오거나 나오지 않거나 이 법계는 늘 머물러 한결같으므로[法界恒住如], 썩어 무너지지 않는다.

없어져 사라진다는 소리가 있고, 나고 늙고 병들고 죽어서, 만약 오거나 만약 간다 해도, 모두다 실로 나고 사라짐 없는 근본으로 돌아간다[皆歸於本].

이것을 비구들이여, '다섯 가지 얻기 어려운 것'이라 한다.

방편을 구해 다섯 가지 뿌리를 닦아 행해야 한다. 어떤 것이 다섯 가지인가. 믿음의 뿌리·정진의 뿌리·생각의 뿌리·선정의 뿌리·지혜의 뿌리이다.

이것을 비구들이여, 이 다섯 가지 진리의 뿌리를 닦아 행하면 곧 스로타판나를 성취하고, '하늘의 집과 사람의 집에 한 번씩 갔다 옴[家家]'에서 더욱 나아가 사크리다가민을 성취하며, 거기서 더 나아가 다섯 가지 묶음[五結使]을 없애어 아나가민을 성취하고 거기서 파리니르바나에 들어 이 세상에 오지 않는다.

거기서 더욱 나아가 샘 있음이 다하고 샘 없는 마음의 해탈[心解脫]을 이루고, 지혜의 해탈[慧解脫]을 이루며, 몸으로 증득하여 스스로 노닐어 교화한다. 그리하여 다시는 태를 받지 않을 줄을 진실 그대로 안다.

방편을 구해 앞의 다섯 가지 일을 버리고 뒤의 다섯 가지 뿌리를 닦아야 한다.

이와 같이 비구들이여, 반드시 이렇게 배워야 한다."

그때에 비구들은 붇다의 말씀을 듣고 기뻐하며 받들어 행하였다.

• 증일아함 34 등견품(等見品) 六

• 해설 •

인연으로 나고 인연으로 사라지는 세간법에서 남을 나지 않게 하고 사라짐을 사라지지 않게 할 수 없다.

인연으로 있는 법은 인연으로 생김[生]으로 머물고, 머묾[住]이 있으므로 달라지고, 달라짐[異]이 있으므로 사라진다[滅]. 인연으로 생겨남에 실로 생겨남이 없음을 알지 못하면 나서 늙고 병들어 죽는 덧없음의 바람을 이길 수 없다.

생겨남에 생겨남이 없음[於生無生]을 알 때 '법계가 늘 머물러 한결같음'[法界恒住如]을 아는 것이니, 법계의 항상함을 아는 이는 없어져 사라진다는 소리를 들어도 사라짐이 없고, 가고 온다는 말을 들어도 가고 옴이 없는 줄을 안다.

무슨 방편으로 늘 머무는 법계를 깨달아 해탈할 수 있는가.

오직 해탈은 다섯 가지 진리의 뿌리[五根]의 방편으로 인연으로 남을 살펴 남에 실로 남이 없음을 알고, 인연으로 사라짐을 살펴 사라짐에 실로 사라짐 없음을 통달하는 데 있다.

이 법계의 진리는 찰나찰나 덧없되 늘 머물러 한결같으니, 이 연기의 진실 깨친 자가 남에서 남을 떠나 나고 사라짐 가운데서 늘 고요한 마음의 해탈을 이루게 된다.

남[生]에 남 없음[無生]을 알면 무명의 흐름을 넘어서 지혜의 흐름에 드니[入流] 그를 스로타판나라 하고, 남이 없음을 알되 탐욕의 흐름에 동요가 남아 탐욕의 세계와 탐욕 떠난 세계를 오가는 이를 사람과 하늘의 집에 오가는 이[家家]라 한다.

그러나 실로는 지혜의 흐름에 들어도 들어온 바가 없고 하늘과 사람의 집에 오가되 오감이 없으니, 중생의 탐욕과 번뇌가 본래 공한 줄 알아 다시 무명의 땅에 돌아오지 않으면[不來] 그가 아나가민이다.

아나가민은 다시 무명의 바다에 빠짐이 없이 해탈의 땅에 나아가게 되니, 마음의 해탈[心解脫, citta-vimukti] 이룬 이는 나고 사라짐 가운데서 고요하되, 남 없음에서 실로 남 없음을 집착하지 않는다.

그는 세간법의 덧없음 가운데 늘 고요하되 차별법에 잘 따르는 지혜의 해탈[慧解脫, prajñā-vimukti]을 이룰 수 있다.

나고 사라지는 인연의 법이 남이 없고 사라짐 없음을 알면 곧 인연법을 떠나지 않고 늘 머무는 법의 성품[法性]에 들어갈 수 있는 것이니, 『화엄경』(「도솔궁중게찬품」)은 이렇게 말한다.

비유하면 마치 저 허공계가
나지 않고 사라지지 않듯
모든 붇다의 법 이와 같으니
마쳐 다해 나고 사라짐 없네.

譬如虛空界　不生亦不滅
諸佛法如是　畢竟無生滅

세간의 큰 인도자께선
옴이 없고 감이 없으며
또한 다시 머무는 바가 없네.
모든 뒤바뀜을 멀리 여의시니
이를 바른 깨달음이라 하네.

導師無來去　亦復無所住
遠離諸顚倒　是名等正覺

세간법의 인연 따르는 변화 속에서 경의 가르침처럼 인연으로 나므로 공한 줄 알면, 나고 사라짐 가운데서 늘 머무는 법계에 들며 온갖 업의 자취에서 삶의 청정을 성취하게 된다.
그러므로 『화엄경』(「십회향품」)은 스스로 청정을 성취하고 연기의 진실을 알아 중생으로 하여금 업에 물듦 없는 청정 이루게 하는 보디사트바의 길을, 이렇게 보인다.

보디사트바는 온갖 모든 법이
인연 따라 있음을 밝게 깨달아

온갖 행할 도를 어기지 않고
모든 업의 자취 열어 해설하여서
중생이 모두 청정하도록 하여주네.

菩薩了法從緣有 不違一切所行道
開示解說諸業跡 欲使衆生悉淸淨

보디사트바는 사마디에 편히 머물러
온갖 행할 바를 빠짐없이 다 갖추네.
그 마음이 청정하여 같이할 것 없으니
밝은 빛은 시방 세계 널리 비치네.

菩薩安住諸三昧 一切所行皆具足
其心淸淨無與等 光明普照十方界

여래의 법 잘 행하는 보디사트바의
빼어난 행은 헤아릴 수 없으며
모든 공덕의 법 또한 이와 같아라.
이미 여래의 위없는 행에 머물러
모든 붇다의 자재한 힘을 다 알도다.

菩薩勝行不可量 諸功德法亦如是
已住如來無上行 悉知諸佛自在力

제5장

스스로 만들어가는 창조의 삶
[創造性]

붇다께서 다시 라홀라에게 물으셨다.
"어떻게 생각하느냐? 사람이 거울을 왜 쓰는가?"
존자 라홀라가 대답하였다.
"세존이시여, 그 얼굴을 살펴 깨끗한지 깨끗하지 않은지를
보기 위해서입니다."
"그렇다. 라홀라여, 만약 네가 몸의 업[身業]을 짓고자 하거든
곧 그 몸의 업을 이렇게 살펴보라.
내가 몸의 업을 짓는다면 이 업이 깨끗한가, 깨끗하지 않은가,
자기도 위하고 남도 위한 일인가."

인연을 통해 존재의 이룸 없는 이룸[無成而成]을 말하는 연기법은 창조의 세계관이다. 그것은 인연으로 이루어진 법은 머물러 있는 법이 아니라 새로운 인연에 의해 늘 새로운 결과를 이루어내는 결과 아닌 결과이기 때문이다.

그러므로 연기법에서 존재는 생성의 존재, 과정의 존재로 표시되며, 인간주체가 업(業)을 일으키되 주체는 오직 업으로만 발현되는 주체 아닌 주체이다.

업은 자아와 세계 속에서 일어나되 자아와 세계는 주체의 행위 자체로 발현되고 행위에 의해 새롭게 규정되는 자아와 세계이다.

연기법에서 자아의 해탈은 행위의 해탈이니, 여덟 가지 물들고 그릇된 행위[八邪道]가 여덟 가지 바른 행위[八正道]로 돌이켜짐이 보디의 원인이고 보디의 결과이다.

행위가 보디의 원인이라고 할 때 여덟 가지 바른 길이라 말하기도 하고 대승에서는 여섯 가지 파라미타행[六波羅密]이라 말하지만, 그 행위가 온전히 진리가 되면 바로 법신인 해탈이 된다.

법신인 해탈의 행은 짓고 짓되 온전히 법신과 니르바나의 고요함 자체로서의 함이 없고 지음 없는 행[無作行]이 되는 것이다.

여덟 가지 바른 길을 행해야 법을 즐기는 자이니

이와 같이 내가 들었다.

한때 붇다께서는 슈라바스티 국 제타 숲 '외로운 이 돕는 장자의 동산'에 계셨다.

그때 세존께서 여러 비구들에게 말씀하셨다.

"만약 비구로서 마음이 삿됨[邪]에 향하는 자는, 법을 어기어 저버리며, 법을 즐기지 않는 것이다.

만약 바름[正]에 향하는 자는 마음이 법을 즐기어 법을 어기지 않는 것이다.

어떤 것이 삿됨인가? 삿된 견해[邪見]·삿된 뜻[邪思惟]·삿된 말[邪語]·삿된 행위[邪業]·삿된 생활[邪命]·삿된 방편[邪精進]·삿된 생각[邪念]·삿된 선정[邪定]이다.

어떤 것이 바름인가? 바른 견해[正見]·바른 뜻[正思惟]·바른 말[正語]·바른 행위[正業]·바른 생활[正命]·바른 방편[正精進]·바른 생각[正念]·바른 선정[正定]이다."

붇다께서 이 경을 말씀하시자, 여러 비구들은 붇다의 말씀을 듣고 기뻐하며 받들어 행하였다.

• 잡아함 786 향사경(向邪經)

스스로 짓는 업의 인연으로
스스로의 삶을 만들어가나니

이와 같이 내가 들었다.

한때 붇다께서는 슈라바스티 국 제타 숲 '외로운 이 돕는 장자의 동산'에 계셨다.

그때 어떤 하늘신이 얼굴빛이 아주 묘했는데, 새벽녘 붇다 계신 곳으로 찾아와 붇다의 발에 머리를 대 절하고 한쪽에 물러나 앉아 있었다. 그때 그 몸의 밝은 빛이 제타 숲 '외로운 이 돕는 장자의 동산'을 두루 비추었다.

그때 그 하늘신이 게송으로 붇다께 여쭈었다.

　　수레는 어디에서 일어났으며
　　누가 수레를 굴릴 수 있습니까?
　　수레는 굴러서 어느 곳에 이르며
　　왜 무너지고 닳아 없어집니까?

그때 세존께서 게송으로 대답하셨다.

　　수레는 여러 업을 따라 일어나고
　　마음의 앎이 수레를 굴리어 간다.
　　그 원인을 따라서 굴러 이르러서

원인이 무너지면 수레도 없어진다.

그때 그 하늘사람은 다시 게송으로 말하였다.

오래도록 브라마나 보아왔더니
온전한 니르바나 얻으셨어라.
온갖 두려움을 모두 이미 벗어나
길이 세간 은혜 애착 뛰어나셨네.

그때 그 하늘사람은 붇다의 말씀을 듣고 기뻐하고 또 따라 기뻐하면서 붇다의 발에 머리를 대 절하고 곧 사라지더니 나타나지 않았다.

• 잡아함 1295 차승경(車乘經)

• 해설 •

행위 밖에 자아가 없고 행위 밖에 실체로서의 세계가 없다. 몸[身]의 수레는 그대로 업(業)의 수레이고 업은 앎[識]의 수레이다.

업에 아는 자와 알려지는 것이 실로 없는데 아는 자와 알려지는 것을 실로 있는 것으로 취하면 중생의 업은 여덟 가지 삿된 업을 이루고, 업 가운데서 아는 자[能取]와 알려지는 바[所取]의 실체가 사라지면 그 업은 바르게 봄[正見]이 되고 바르게 앎[正念]이 되며, 반야[prajñā, 般若]가 되고 파라미타의 행이 된다.

그러나 이때 여덟 가지 바른 길이라는 원인으로 니르바나의 결과를 얻는다고 말해서는 안 되니, 왜 그런가.

여덟 가지 바른 길이 행함 없는 행함이 되는 곳이 니르바나이고, 행함 없되 행함 없음도 없음이 바로 니르바나가 해탈의 행으로 드러남이기 때문이다.

곧 니르바나의 고요함이 팔정도의 닦음을 빼앗고[以性奪修] 다시 니르바나의 온전한 성품이 닦음을 일으키는[全性起修] 그때가 바로 팔정도의 도제(道諦)와 니르바나의 멸제(滅諦)가 하나되는 것이다.

이처럼 팔정도의 원인과 니르바나의 결과가 서로 사무치는 줄[因果交徹] 알 때, 여래가 설한 온갖 인과법이 공한 진여(眞如) 그대로의 인과법임을 알게 될 것이다.

중생의 업이 진여 그대로의 업이 되는 것을 보디사트바의 행이라 하니, 보디사트바는 지은바 온갖 공덕에 취할 것이 없음을 알아 공덕을 중생과 세계에 회향한다.

『화엄경』(「십회향품」)은 말한다.

보디사트바가 모든 공덕 닦아 모음은
넓고 크고 빼어나 견줄 수 없네.
닦아 모은 공덕 그 바탕의 성품이
모두 실로 있지 않음 밝게 통달해
이같이 분명하게 모두 회향하도다.

菩薩修集諸功德　廣大最勝無與比
了達體性悉非有　如是決定皆迴向

업을 살피어 그 업 깨끗이 하면
가는 곳마다 즐겁고 고요하여 두려움 없으리

나는 들었다, 이와 같이.

한때 붇다께서 라자그리하 성에 노니실 적에 칼란다카 대나무동산에 계셨다.

그때 존자 라훌라 또한 라자그리하 성 온천숲[溫泉林]에서 노닐고 있었다. 이에 세존께서 밤이 지나고 이른 아침이 되자 가사를 입고 발우를 가지고 라자그리하 성에 들어가 밥을 비셨다. 밥 빌기를 마치신 다음 라훌라가 머물고 있는 온천숲으로 가셨다.

존자 라훌라는 멀리서 붇다께서 오시는 것을 보고 곧 마중 나가 붇다의 옷과 발우를 받고 깔개를 펴고 물을 길어다 발을 씻어드렸다.

붇다께서 발을 씻은 뒤 라훌라의 자리에 앉으셨다.

물그릇으로 보기를 들어 바른 행 닦도록 깨우치심

세존께서는 곧 물그릇을 잡아 물을 쏟아 조금 남기고 물으셨다.

"라훌라여, 너는 지금 내가 이 물그릇을 잡아 물을 쏟아 조금 남기는 것을 보았느냐?"

라훌라가 대답하였다.

"보았습니다, 세존이시여."

"내가 저들의 도가 하잘것없다고 말하는 것 또한 이와 같다. 곧 저들은 알고서도 거짓말하며 부끄러워하거나 뉘우치지도 않아, 스스로나 남에게 부끄러워함이 없기 때문이다.

라홀라여, 저들은 또한 짓지 않는 악이 없다. 그러므로 라홀라여, 이와 같이 배워서 허투루 웃거나 거짓말하지 말아야 한다."

세존께서 다시 조금 남은 물그릇을 잡아 다 쏟아버린 뒤에 물으셨다.

"라홀라여, 너는 또 내가 물그릇을 잡아 조금 남은 물마저 다 쏟아버리는 것을 보았느냐?"

"보았습니다, 세존이시여."

"내가 저들의 도가 다 버려졌다고 말하는 것 또한 이와 같다. 곧 알고서도 거짓말하면서 부끄러워하거나 뉘우치지도 않아, 스스로나 남에게 부끄러워함이 없기 때문이다.

라홀라여, 저들은 또한 짓지 않는 악이 없다. 그러므로 라홀라여, 이와 같이 배워서 허투루 웃거나 거짓말하지 말아야 한다."

세존께서는 다시 그 빈 물그릇을 잡아 땅에 엎어놓은 뒤에 물으셨다.

"라홀라여, 너는 또 내가 빈 물그릇을 땅에 엎어놓는 것을 보았느냐?"

"보았습니다, 세존이시여."

"내가 저들의 도가 엎어졌다고 말하는 것 또한 이와 같다. 곧 알고서도 거짓말하면서 부끄러워하거나 뉘우치지도 않아, 스스로나 남에게 부끄러워함이 없기 때문이다.

라홀라여, 저들은 또한 짓지 않는 악이 없다. 그러므로 라홀라여, 이와 같이 배워서 허투루 웃거나 거짓말하지 말아야 한다."

세존께서는 다시 그 엎어진 물그릇을 잡아 위로 향하게 해놓은 뒤에 물으셨다.

"라홀라여, 너는 다시 내가 엎어진 물그릇을 잡아 위로 향하게 한 것을 보았느냐?"

"보았습니다, 세존이시여."

"내가 저들의 도가 위로 쳐들어 향하고 있다고 말하는 것 또한 이와 같다. 곧 알고서도 거짓말하면서 부끄러워하거나 뉘우치지도 않아, 스스로나 남에게 부끄러워함이 없기 때문이다.

라홀라여, 저들은 또한 짓지 않는 악이 없다. 그러므로 라홀라여, 이와 같이 배워서 허투루 웃거나 거짓말하지 말아야 한다."

다시 싸움터에 들어간 왕의 코끼리를 비유로 바른 행실을 깨우치심

"라홀라여, 마치 왕에게 큰 코끼리가 있어서 싸움터에 들어갈 때 앞다리 · 뒷다리 · 꼬리 · 허리뼈 · 등뼈 · 옆구리 · 목 · 이마 · 귀 · 어금니 등 온갖 것을 다 쓰면서도 오직 코만은 보살피는 것과 같다. 코끼리 다루는 이[象師]는 그것을 보고 곧 이렇게 생각한다.

'이 왕의 큰 코끼리는 아직도 목숨을 아끼고 있구나.'

왜냐하면 이 왕의 큰 코끼리는 싸움터에 들어갈 때 앞다리 · 뒷다리 · 꼬리 · 허리뼈 · 등뼈 · 옆구리 · 목 · 이마 · 귀 · 어금니 등 온갖 것을 다 쓰면서도 오직 코만은 보살피기 때문이다.

라홀라여, 만약 왕의 큰 코끼리가 싸움터에 들어갈 때 앞다리 · 뒷다리 · 꼬리 · 허리뼈 · 등뼈 · 옆구리 · 목 · 이마 · 귀 · 어금니 · 코 등 온갖 것을 다 쓴다 하자. 코끼리 다루는 이는 그것을 본 뒤에 곧 이렇게 생각할 것이다.

'이 왕의 큰 코끼리는 다시는 목숨을 아끼지 않는구나.'

왜 그런가. 이 왕의 큰 코끼리는 싸움터에 들어갈 때 앞다리 · 뒷다리 · 꼬리 · 허리뼈 · 등뼈 · 옆구리 · 목 · 이마 · 귀 · 어금니 · 코 등 온갖 것을 다 쓰기 때문이다.

라훌라여, 만약 왕의 큰 코끼리가 싸움터에 들어갈 때 앞다리 · 뒷다리 · 꼬리 · 허리뼈 · 등뼈 · 옆구리 · 목 · 이마 · 귀 · 어금니 · 코 등 온갖 것을 다 쓴다 하자. 라훌라여, 나는 이 왕의 큰 코끼리가 싸움터에 들어갈 때에 짓지 않는 악이 없다고 말할 것이다.

이와 같아서 라훌라여, 이미 알고서도 거짓말하며 부끄러워하거나 뉘우치지도 않아, 스스로나 남에게 부끄러워함이 없다고 말한 것이다. 라훌라여, 나는 저들이 또한 짓지 않는 악이 없다고 말했다.

그러므로 라훌라여, 이와 같이 배워서 허투루 웃거나 거짓말하지 말아야 한다."

그리고 세존께서는 곧 게송을 설하셨다.

사람이 한 법을 범한다면
거짓말이 곧 이것이네.
뒷세상을 두려워하지 않아
짓지 않는 악이 없으리.

차라리 불처럼 뜨거운
저 쇠구슬을 삼킬지언정
금한 계율을 범하고서
믿음 어린 보시 받지 말라.

만약 괴로움을 두려워하여
애착의 생각 없는 이는
숨은 곳이나 드러난 곳에서
나쁜 업 짓지 말아야 하네.

만약 착하지 않은 업을
이미 지었거나 지금 지으면
끝내 갚음 벗어나지 못하며
또한 피할 곳도 없으리라.

거울 보듯 몸과 입과 뜻의 업을 살피게 하심

붇다께서 게송을 마치시고, 다시 라훌라에게 물으셨다.

"어떻게 생각하느냐? 사람이 거울을 왜 쓰는가?"

존자 라훌라가 대답하였다.

"세존이시여, 그 얼굴을 살펴 깨끗한지 깨끗하지 않은지를 보기 위해서입니다."

"그렇다. 라훌라여, 만약 네가 몸의 업[身業]을 짓고자 하거든 곧 그 몸의 업을 이렇게 살펴보라.

'내가 몸의 업을 짓는다면 이 업이 깨끗한가, 깨끗하지 않은가, 자기도 위하고 남도 위한 일인가.'

현재의 몸의 업을 살피게 하심

"라훌라여, 만약 그것을 살필 때 다음처럼 안다 하자.

'내가 몸으로 업을 짓는다면 저 몸의 업은 깨끗할 것이다. 그러나

자기를 위해서나 남을 위해서나, 그 일이 착하지 않아 괴로움의 결과를 주고 괴로움의 갚음을 줄 것이다.'

라훌라여, 그러면 너는 그 지으려고 하는 몸의 업을 버려야 한다.

라훌라여, 만약 그것을 살필 때 다음처럼 안다 하자.

'내가 몸으로 업을 짓는다면 저 몸으로 짓는 업은 깨끗하지 않을 것이다. 그러나 자기를 위해서나 남을 위해서나, 그 일이 착하여 즐거움의 결과를 주고 즐거움의 갚음을 줄 것이다.'

라훌라여, 그러면 너는 현재 지으려고 하는 몸의 업을 받아들여야 한다. 라훌라여, 네가 만약 현재의 몸으로 업을 지으려거든 곧 이 몸으로 짓는 업을 다음과 같이 살펴보라.

'만약 내가 현재에 몸으로 업을 지으면, 이 몸으로 짓는 업이 깨끗한 것인가, 깨끗하지 않은 것인가. 자기도 위하고 남도 위하는 일인가.'

라훌라여, 만약 그것을 살필 때 다음처럼 안다 하자.

'내가 현재 이 몸으로 업을 지으면 이 몸으로 짓는 그 업이 깨끗할 것이다. 그러나 자기를 위해서나 남을 위해서나, 그 일이 착하지 않아 괴로움의 결과를 주고 괴로움의 갚음을 받게 할 것이다.'

라훌라여, 그러면 너는 반드시 이 현재의 몸으로 짓는 업을 버려야 한다.

라훌라여, 만약 그것을 살필 때 다음처럼 안다 하자.

'내가 현재의 몸으로 업을 지으면 이 몸으로 짓는 업은 깨끗하지 못할 것이다. 그러나 자기를 위해서나 남을 위해서나, 그것이 착하여 즐거움의 결과를 주고 즐거움의 갚음을 받게 할 것이다.'

라훌라여, 그러면 너는 반드시 이 현재의 몸으로 짓는 업을 받아

들여야 한다."

과거의 몸과 입과 뜻의 업을 살피게 하심

"라훌라여, 네가 만약 이미 몸으로 짓는 업을 지었다면 곧 그 몸의 업을 이렇게 살펴보라.

'내가 이미 몸으로 업을 지었는데 그 몸의 업은 이미 과거에 다 사라져 다하고 변하여 바뀌었다. 그것이 깨끗한 것이었는가, 깨끗하지 않은 것이었는가. 자기를 위하고 남을 위함이 되었는가.'

라훌라여, 만약 그것을 살필 때 다음처럼 안다 하자.

'나는 이미 몸으로 업을 지었다. 그 몸의 업은 이미 과거에 다 사라져 다하고 변해 바뀌었으나, 그 몸의 업은 깨끗했다. 그러나 그것이 자기를 위해서나 남을 위해서나, 착하지 않아 괴로움의 결과를 주고 괴로움의 갚음을 받게 하였다.'

라훌라여, 그러면 너는 반드시 좋은 스승[善知識] 범행 닦는 사람[梵行人]이 있는 곳에 나아가, 이미 몸으로 지었던 업을 지극한 마음으로 드러내고 그 허물을 뉘우쳐 말해야 한다.

삼가 덮어 감추지 말고 다시 잘 지니어 보살피라.

라훌라여, 만약 그것을 살필 때 다음처럼 안다 하자.

'나는 이미 몸으로 업을 지었다. 그 몸의 업은 이미 과거에 다 사라져 다하고 변해 바뀌었다. 그 몸으로 지었던 업은 깨끗하지 못했다. 그러나 그것이 자기를 위해서나 남을 위해서나, 착하여 즐거움의 결과를 주고 즐거움의 갚음을 받게 한 것이었다.'

라훌라여, 그러면 너는 반드시 밤낮으로 기뻐하고 바른 생각과 바른 지혜에 머물러야 한다.

입으로 짓는 업[口業] 또한 다시 이와 같다.

라훌라여, 과거의 지어감[行]으로 인하여 뜻의 업[意業]을 지었거든 곧 그 뜻의 업에 대하여 살펴보아야 한다.

'나는 과거의 지어감으로 인하여 이미 뜻의 업을 지었는데 그 뜻의 업은 깨끗한 것인가. 깨끗하지 못한 것인가. 자기도 위하고 남도 위하는 일이었는가?'

라훌라여, 만약 그것을 살필 때 다음처럼 안다 하자.

'과거의 지어감으로 인하여 이미 뜻의 업을 지었다. 그 뜻의 업은 이미 과거에 사라져 다하고 변해 바뀌었으나, 그 뜻의 업은 깨끗했다. 그러나 자기를 위해서나 남을 위해서나 착하지 않아서 괴로움의 결과를 주고 괴로움의 갚음을 받게 하였다.'

라훌라여, 그러면 너는 반드시 그 과거의 뜻의 업을 버려야 한다.

라훌라여, 만약 그것을 살필 때 다음처럼 안다 하자.

'과거의 지어감으로 인하여 이미 뜻의 업을 지었다. 그것은 이미 과거에 사라져 다하고 변해 바뀌었으나, 그 뜻의 업은 깨끗하지 못했다. 그러나 자기를 위해서나 남을 위해서나 착하여 즐거움의 결과를 주고 즐거움의 갚음을 받게 하였다.'

라훌라여, 그러면 너는 반드시 그 과거의 뜻의 업을 받아들여야 한다."

미래의 뜻의 업을 살피게 하심

"라훌라여, 미래의 지어감으로 인하여 뜻의 업을 지으려고 하거든 곧 그 뜻의 업에 대하여 이렇게 살펴보라.

'미래의 지어감으로 인하여 뜻의 업을 지으려는데 그 뜻의 업은

깨끗한 것인가, 깨끗하지 못한 것인가. 자기도 위하고 남도 위함이 되겠는가.'

라홀라여, 만약 그것을 살필 때 다음처럼 안다 하자.

'미래의 지어감으로 인하여 뜻의 업을 짓는다면 그 뜻의 업은 깨끗한 것이다. 그러나 자기를 위해서나 남을 위해서나 착하지 않아 괴로움의 결과를 주고 괴로움의 갚음을 줄 것이다.'

라홀라여, 그러면 너는 그 미래의 뜻의 업을 버려야 한다.

라홀라여, 만약 그것을 살필 때 다음처럼 안다 하자.

'미래의 지어감으로 인하여 뜻의 업을 짓는다면 그 뜻의 업은 깨끗하지 못할 것이다. 그러나 자기를 위해서나 남을 위해서나, 착하여 즐거움의 결과를 주고 즐거움의 갚음을 줄 것이다.'

라홀라여, 그러면 너는 반드시 그 미래의 뜻의 업을 받아들여야 한다."

현재의 뜻의 업을 살피게 하심

"라홀라여, 현재의 지어감으로 인하여 뜻의 업을 짓거든 곧 이 뜻의 업을 이렇게 살펴보라.

'현재의 지어감으로 현재에 뜻의 업을 지으면 이 뜻의 업은 깨끗한가, 깨끗하지 못한가. 자기를 위하고 남도 위함이 되는가.'

라홀라여, 만약 그것을 살필 때 다음처럼 안다 하자.

'현재의 지어감으로 인하여 현재에 뜻의 업을 지으면 이 뜻의 업은 깨끗할 것이다. 그러나 자기를 위해서나 남을 위해서나, 착하지 않아 괴로움의 결과를 주고 괴로움의 갚음을 받게 하는 것이다.'

라홀라여, 그러면 너는 이 현재의 뜻의 업을 버려야 한다.

라훌라여, 만약 그것을 살필 때 다음처럼 안다 하자.

'현재의 지어감으로 인하여 현재의 뜻의 업을 지으면, 뜻의 업은 깨끗하지 못할 것이다. 그러나 자기를 위해서나 남을 위해서나, 착하여 즐거움의 결과를 주고 즐거움의 갚음을 받게 하는 것이다.'

라훌라여, 그러면 너는 현재의 뜻의 업을 받아들여야 한다."

업을 살펴 업을 깨끗이 함이
바른 사문·브라마나의 행임을 보이심

"라훌라여, 만약 과거에 사문·브라마나가 있었으면, 몸과 입과 뜻의 업을 이미 살피고 또 살펴, 이미 깨끗이 하고 또 깨끗이 하였을 것이다. 그들은 모두 이 몸과 입과 뜻의 업을 이미 살피고 또 살피어 이미 깨끗이 하고 또 깨끗이 하였을 것이다.

라훌라여, 만약 미래에 사문·브라마나가 있으면, 몸과 입과 뜻의 업을 마땅히 살피고 또 살피어, 반드시 깨끗이 하고 또 깨끗이 할 것이다. 그들은 모두 이 몸과 입과 뜻의 업을 반드시 살피고 또 살피어 반드시 깨끗이 하고 또 깨끗이 할 것이다.

라훌라여, 만약 현재에 사문·브라마나가 있으면, 몸과 입과 뜻의 업을 지금 살피고 또 살피어 지금 깨끗이 하고 또 깨끗이 한다. 그들 모두는 이 몸과 입과 뜻의 업을 지금 살피고 또 살피어[現觀而觀] 지금 깨끗이 하고 또 깨끗이 한다[現淨而淨].

라훌라여, 너는 이와 같이 배워야 한다.

'나 또한 곧 이 몸과 입과 뜻의 업을 현재 살피고 또 살피어 현재 깨끗이 하고 또 깨끗이 하리라.'"

세 가지 업 살피어 거짓말 등 그릇된 행 벗어나도록 당부하심

그때 세존께서 다시 게송을 설하셨다.

> 몸의 업, 입의 업, 뜻의 업이
> 라훌라여, 착한가 착하지 않는가
> 너는 언제나 잘 살펴보아야 한다.

> 이미 알면서도 하는 거짓말
> 라훌라여, 그런 거짓말하지 말라.
> 본래 다른 사람 따라 살아가는데
> 어떻게 거짓말할 수 있으리.

> 이는 바른 사문의 법을 뒤엎고
> 텅 비어 진실함이 없으니
> 그것은 곧 거짓말하여서
> 그 입을 보살피지 못함이네.

> 그러므로 거짓말하지 않아야
> 바르게 깨친 이의 아들이 되고
> 곧 바른 사문의 법이 되는 것이니
> 라훌라여, 반드시 배워야 한다.

> 가는 곳마다 넉넉하고 즐거우며
> 안온하며 두려움이 없을 것이니

라훌라여, 그곳에 이르려 하면
남을 해치지 말아야 한다.

붓다께서 이렇게 말씀하시자, 존자 라훌라와 여러 비구들은 붓다
의 말씀을 듣고 기뻐하며 받들어 행하였다.

• 중아함 14 라운경(羅云經)

• 해설 •

주어진 사물의 진실을 온전히 드러내지 않고 감춤이 있고 숨김이 있는
것은 마치 물그릇의 물을 남겨 다하지 못한 것과 같고, 바른 도가 엎어지는
것은 물이 엎어져 쏟아지는 것과 같다. 또한 부끄러움이 없이 거짓말하고
뉘우침 없는 것은 빈 물그릇이 부질없이 위를 향하는 것과 같다.

싸움터에 코끼리가 코를 보살피는 것은 자기 목숨을 아끼려 함이듯, 여
래의 금한 계를 지키고 몸가짐과 마음가짐을 잘 보살피는 것은 지혜의 목숨
[慧命]을 지키려 하는 것이다. 그러므로 바르게 행하여 보디에 나아가려는
자는 스스로의 발부리를 돌이켜보고 스스로의 짓는 업을 살펴야 한다.

행위를 반성할 때 행위의 청정함과 정당성은 주관적 관념과 자의적 판단
으로 결정해서는 안 된다. 지금 행위 안에 나와 대상의 닫힌 모습이 공한 줄
알아 그 닫힌 모습에 머물지 않는 것이 행위의 청정함이다. 나와 대상이 공
하되 인연으로 거짓 있는[假有] 줄 알아 나와 대상이 서로 해치지 않는가를
살펴 서로의 건강한 성장을 함께 보살피고 함께 지혜의 힘으로 성숙시키는
것이 행위의 정당성이다.

나와 남의 있는 모습에 머물지 않아야 '넓고 큰 마음'[廣大心]이 되고, 내
가 너를 해치지 않아야 '자비의 마음'[慈悲心]이 되며, 내가 너를 속이지 않
아야 진실의 마음[眞實心]이 된다.

다시 모습에 머묾 없는 깨끗한 마음[淸淨心]일 때 나와 너를 살리는 넓고

큰 마음이 되고, 넓고 큰 마음일 때 서로가 서로를 해치지 않고 성숙시키는 자비의 마음이 된다. 이 크나큰 마음 자비의 마음이 바로 사문의 법이며, 사문의 법을 행할 때 바르게 깨친 이의 법의 아들이 된다.

『화엄경』(「십회향품」)도 연기의 진실 그대로 중생의 물든 업을 깨끗한 업 자비의 업으로 돌이킬 때 중생의 업이 중생의 이익을 위해 헌신하는 보디사트바의 행이 됨을 이렇게 말한다.

비유하면 진여가 끝없는 것같이
업 또한 이와 같이 끝없어라.
그 가운데 얽매어 집착 없으므로
이 업은 청정함을 얻게 되도다.

譬如眞如無邊際　業亦如是無有邊
而於其中無所着　是故此業得淸淨

만약 이 깊고 깊은 법에 머물게 되면
보디사트바의 행 닦아 행함 늘 즐거워하리.
그리하여 모든 중생 이익되게 하기 위해
큰 서원의 마음으로 장엄하는 행
뒤로 물러섬과 구름이 없게 되리라.

若能住是甚深法　常樂修行菩薩行
爲欲利益諸群生　大誓莊嚴無退轉

제6장

뭇 삶들과 더불어 해탈의 길 가야 하리
[倫理性]

"장자여, 그대는 큰 공덕의 과덕을 얻고,
큰 이름과 큰 과보를 얻어 이름이 시방에 사무치고[聲徹十方],
단이슬 같은 법의 맛[甘露法味]을 얻을 것이다.
왜냐하면 보디사트바가 있는 곳엔 늘 평등한 마음으로
은혜로이 보시하고 한뜻을 오롯이 해 다음처럼 생각해주기 때문이다.
'중생들은 먹음으로 말미암아 살고, 먹음이 있으면 목숨을 건지며
먹음이 없으면 곧 죽는다.'"

연기법에서 온갖 법 온갖 존재는 있되 그 있음이 닫힌 있음이 아니라 서로가 서로에 열려 있고 서로가 서로에 소통되어 있다.

'나'는 여기 '나'이되 '나 아닌 나'이므로 이미 저 속에 들어가 있는 '나'이며, '저'는 '나'가 아니되 '저 아닌 저'이므로 이미 내 속에 함께하는 '저'이다.

'나와 너'에게 각기 고유한 영적 실체가 있다 하거나, '나와 너'가 하나인 보편자의 그림자라 하면, '내'가 '너'에게 자비를 행해야 할 실천적 당위가 나올 수 없다.

온갖 존재가 연기로 있으므로 있되 공하고 공하되 있는 진실을 사유하는 지혜로운 사람은 '나'에 '나'가 없고 '내 것'에 '내 것'이 없는 줄 안다. 그래서 생각생각[念念] 걸음걸음[步步], '나'[我]에서 '나'를 떠나고 '내 것'[我所]에서 '내 것'을 떠나, '나와 너' 이 세간을 함께 진리의 공덕으로 장엄하는 해탈의 삶을 살아간다.

왜 그럴 수 있는가. '나'에서 '나'를 떠나면 허무에 빠짐없이 '너'와 대립하지 않는 '나 아닌 나'를 늘 현전시키기 때문이고, 저 세간을 '나 아님도 아닌 나'의 삶의 터전으로 받아들이기 때문이다. 그리고 '내 것'이 공한 줄 알아 있음에 대한 집착을 모두 버리고 늘 베풀면, 공도 공하여[空亦空] 다함없는 법의 재물[法財]이 삶을 풍요와 행복으로 바꾸어주기 때문이다.

연기법은 보시의 가르침이고 '너와 내'가 더불어 행복한 해탈의 공동체로 나아가게 하는 가르침이며, 궁핍과 대립의 삶을 풍요와 평화에로 이끄는 자비의 가르침이다.

바른 생활로 보시와 지혜 갖추면
현세와 뒷세상 모두 안락하나니

이와 같이 내가 들었다.

한때 붇다께서는 슈라바스티 국 제타 숲 '외로운 이 돕는 장자의 동산'에 계셨다.

때에 한 젊은 브라마나가 있었는데 우자야(Ujjaya)라고 하였다. 그는 붇다 계신 곳에 와서 붇다의 발에 머리를 대 절하고 한쪽에 물러 앉아 붇다께 여쭈었다.

"세존이시여, 세속 사람이 집에 있으면서 몇 가지 법을 행하여야 현재법의 편안함과 현재법의 즐거움을 얻을 수 있습니까?"

현재법에서 안락할 수 있는 네 가지 법을 보이심

붇다께서는 브라마나에게 말씀하셨다.

"네 가지 법이 있어서 세속 사람이 집에 있으면서 현재법의 편안함과 현재법의 즐거움을 얻을 수 있다.

어떤 것이 넷인가. 곧 생활의 방편을 갖추고[方便具足], 지켜 보살핌을 갖추며[守護具足], 좋은 벗을 갖추고[善知識具足], 바른 생활을 갖추는[正命具足] 것이다.

어떤 것이 생활의 방편을 갖추는 것인가. 곧 잘 행하는 사람이 여러 가지 기술로 일하는 곳에서 스스로 경영해 살아감이다. 밭갈이·장사·나랏일 맡음·글씨·글·셈법·그림 등 이런저런 기술로 일하는 곳에서 부지런히 닦아 행하는 것이니, 이것을 생활의 방편을 갖춤이라 한다.

어떤 것이 지켜 보살핌을 갖추는 것인가. 곧 잘 행하는 사람이 바른 직업의 방편으로 얻은 돈이나 손수 지어 일해서 법답게 얻은 것을 아주 잘 지켜 보살피는 것을 말한다.

그렇게 해서 임금이나 도적에게 빼앗기거나 물에 떠내려 보내거나 불에 태워 없애지 않게 하고, 잘 지키지 못해 잃어버리거나 사랑해 생각하지 않아서 빼앗기지 않게 하고, 여러 가지 재환에 무너지지 않게 하는 것이다.

이것을 잘 행하는 사람이 널리 지켜 보살피는 것이라 한다.

어떤 것이 좋은 벗을 갖추는 것인가. 곧 잘 행하는 사람이 지나침에 떨어지지 않고 방일하지 않으며, 허망하지 않고 흉악하지 않으면, 이와 같은 좋은 벗이 나를 잘 안위해준다.

곧 아직 생기지 않은 걱정과 괴로움은 생기지 않게 하고, 이미 생긴 걱정과 괴로움은 깨닫게 하며, 아직 생기지 않은 기쁨과 즐거움은 빨리 생기게 하고, 이미 생긴 기쁨과 즐거움은 잘 보살펴 잃어버리지 않게 한다.

이것을 잘 행하는 사람이 좋은 벗을 갖추는 것이라 한다.

어떤 것이 바른 생활을 갖추는 것인가. 곧 잘 행하는 사람이 가진 돈과 재물을 쓸 때, 내고 들이는 것에 양을 잘 맞춰, 두루 원만히 맡아 보살피어, 들어옴이 너무 많게 하고 나감이 적게 하거나, 나감이 많고 들어옴이 적게 하지 않는다.

마치 저울을 잡은 사람이 적으면 늘리고, 많으면 덜어서 평평하여야 그만두는 것과 같이, 이와 같이 잘 행하는 사람도 재물을 헤아려

들어옴과 나감을 알맞게 한다. 그는 곧 들어옴이 많고 나감이 적거나, 나감이 많고 들어옴이 적게 하지 않는다.

만약 어떤 사람이 재물이 없는데도 널리 뿌려 쓰면서 생활하면 사람들은 그를 우둠바라(uḍumbara) 열매라고 부른다. 그는 씨앗이 없고 어리석고 탐욕이 많아 그 뒷날을 돌아보지 않기 때문이다.

또 어떤 사람이 재물이 넉넉하면서도 그것을 쓰지 않으면 사람들은 그를 어리석은 사람이요, 배고파 죽는 개와 같다고 한다.

그러므로 잘 행하는 사람은 가진 재물을 잘 헤아려 들어옴과 나감을 알맞게 하나니, 이것이 바른 생활을 갖추는 것이다.

이와 같이 브라마나여, 이 네 가지 법을 성취하면 현재법의 편안함과 현재법의 즐거움을 얻을 수 있다."

뒷세상에 안락할 수 있는 네 가지 법을 보이심

브라마나는 붇다께 여쭈었다.

"세존이시여, 집에 있는 사람은 몇 가지 법이 있어야 뒷세상을 편안이 하고 뒷세상을 즐겁게 할 수 있습니까?"

붇다께서는 브라마나에게 말씀하셨다.

"집에 있는 사람은 네 가지 법이 있어야 뒷세상을 편안히 하고 뒷세상을 즐겁게 할 수 있다.

어떤 것이 넷인가. 곧 믿음을 갖추고[信具足], 계율을 갖추며[戒具足], 보시를 갖추고[施具足], 지혜를 갖추는 것[慧具足]이다.

어떤 것이 믿음을 갖추는 것인가. 잘 행하는 사람은 여래 계신 곳에 믿고 공경하는 마음을 얻어 믿음의 근본을 세운다. 그것은 모든 하늘이나 마라와 브라흐만, 그 밖의 세상 사람들 무너뜨리는 그런 법이 아니다. 이것을 잘 행하는 사람이 믿음을 갖추는 것이라 한다.

어떤 것이 계율을 갖추는 것이라 하는가. 곧 잘 행하는 사람은 산 목숨 죽이지 않고 도둑질하지 않으며 음행하지 않고 거짓말하지 않으며 술 마시지 않는다. 이것을 계율을 갖추는 것이라 한다.

어떤 것이 보시를 갖추는 것인가. 잘 행하는 사람은 아낌의 때묻은 마음을 떠나 집에 있으면서 해탈의 보시[解脫施]를 행하되, 늘 자기 손으로 주며 버림을 즐거이 닦아 행해 평등한 마음[等心]으로 보시를 행한다. 이것을 잘 행하는 사람이 보시를 갖추는 것이라 한다.

어떤 것이 지혜를 갖추는 것이라 하는가. 잘 행하는 사람은 괴로움의 거룩한 진리를 진실 그대로 알며, 괴로움 모아냄·괴로움 사라짐·괴로움을 없애는 길의 거룩한 진리를 진실 그대로 안다.

이것을 잘 행하는 사람이 지혜를 갖추는 것이라 한다.

만약 잘 행하는 사람이 집에 있으면서 이 네 가지 법을 행하면 뒷세상을 편안이 하고 뒷세상을 즐겁게 할 수 있다.”

계송으로 여덟 가지 법을 갖추어 안락의 삶 살도록 당부하심

그때에 세존께서는 다시 계송으로 말씀하셨다.

> 방편으로 여러 일거리 세우고
> 잘 간직해서 지켜 보살피며
> 좋은 벗을 갖춰 잘 행하는 이는
> 바른 생활로 스스로 살아가도다.
> 깨끗한 믿음과 계율 모두 갖추고
> 은혜로 베풀어 아낌의 때를 떠나

미혹의 길 깨끗이 모두 없애면
뒷세상의 안락을 얻을 것이다.

만약 세간의 집에 머물러 살며
이 여덟 가지 법을 갖춰 이루어
바르게 깨치신 분의 아시는 바와
세존의 말씀을 자세히 살피면
현재의 법에서 안온함을 얻고
현재의 법에서 기쁘고 즐겁게 살며
뒷세상에서 기쁘고 즐겁게 살리.

붇다께서 이 경을 말씀하시자 우자야는 붇다의 말씀을 듣고 기뻐하고 따라 기뻐하면서 절하고 물러갔다.

• 잡아함 91 울사가경(欝闍迦經)

• 해설 •

현재의 법이 곧 뒷세상 미래의 법이 되므로 여래께서 답하신 현재의 법과 미래의 법이 모두 현재와 미래에 통한다.

좋은 기술과 기능, 올바른 직업으로 열심히 일해 벌어들인 돈을 함부로 날리지 않고 잘 간직해 세상의 좋은 벗과 사귀며 좋은 일을 함께 의논해 나와 가족을 편안케 하고, 어려운 이웃에 나누어주고 살면 현재의 삶에 큰 장애가 없이 늘 편안하고 즐거울 것이다.

더 나아가 하늘과 마라가 무너뜨릴 수 없는 깨끗한 믿음을 갖추고, 계율을 갖추어 보시하되, 지혜로써 주는 자와 받는 자, 주는 물건이 공한 실상에 서서 해탈의 보시를 행하면, 그는 보시의 공덕으로 끝내 해탈의 땅에 이를 것이다.

곧 보시하되 주는 나에 나라는 모습이 없고, 받는 너에 너라는 모습이 없으며, 주는 물건의 모습에 모습 없음을 알아 모습에 머묾 없이 베풀면, 그는 보시행을 통해 '다함없는 공덕의 곳간'[無量功德藏]에 들어가며 법계 진여의 바다[法界眞如海]에 돌아가는 것이다.

보디사트바에게 스스로의 삶의 해탈은 중생을 이익되게 하고 안락하게 하는 행과 둘이 없으니, 『화엄경』(「십회향품」)은 보디사트바의 행을 이렇게 말한다.

가장 빼어난 지혜로 모든 법 살피면
그 가운데 한 법도 실로 남이 없어라.
이와 같은 방편으로 회향 닦으니
공덕은 한량없어 다할 수 없네.

以最勝智觀諸法　其中無有一法生
如是方便修迴向　功德無量不可盡

모든 공덕 회향하는 보디사트바는
한량없고 끝없는 붇다께 공양하며
널리 보시하고 깨끗한 계를 지니며
여러 아는 뿌리 잘 조복하고
모든 중생 이익되게 하기 위하여
널리 온갖 것 다 깨끗하게 하네.

供養無量無邊佛　布施持戒伏諸根
爲欲利益諸衆生　普使一切皆清淨

어떻게 보시해야 온갖 것 갖춘 보시라 합니까

이와 같이 내가 들었다.

한때 붇다께서는 슈라바스티 국 제타 숲 '외로운 이 돕는 장자의 동산'에 계셨다.

이때에 어떤 하늘신이 얼굴빛이 아주 묘했는데, 새벽에 붇다 계신 곳에 와 붇다의 발에 머리를 대 절하고 한쪽에 앉았다.

그 하늘신의 몸의 모든 밝은 빛이 제타 숲 '외로운 이 돕는 장자의 동산'을 두루 비추었다.

그때 하늘신이 게송으로 붇다께 여쭈었다.

　　무엇을 보시해야 큰 힘을 얻고
　　무엇을 보시해야 묘한 빛 얻고
　　무엇을 보시해야 안락을 얻고
　　무엇을 보시해야 밝은 눈 얻고
　　어떠한 보시를 닦아 행해야
　　온갖 것 갖춘 보시라 부르는지
　　이제 제가 세존께 여쭈옵나니
　　분별하여 말씀해주시옵소서.

이때 세존께서 게송으로 대답하셨다.

먹을 것을 보시하면 큰 힘을 얻고
입을 옷 보시하면 묘한 얼굴빛 얻으며
수레를 보시하면 안락을 얻고
등불을 보시하면 밝은 눈 얻고
방을 비워 손님을 맞아들이면
이것을 온갖 것 갖춘 보시라 하고
법으로써 중생을 가르쳐주면
그것은 곧 단이슬의 법 베풂이네.

때에 그 하늘 사람은 다시 게송으로 말하였다.

오래도록 브라마나 보아왔더니
온전한 니르바나 얻으셨어라.
온갖 두려움을 모두 이미 벗어나
길이 세간 은혜 애착 뛰어나셨네.

그때에 그 하늘신은 붇다의 말씀을 듣고 기뻐하고 따라 기뻐하면서 붇다의 발에 머리를 대 절하고 이내 사라져 나타나지 않았다.

• 잡아함 998 시하득대력경(時何得大力經)

• 해설 •

세상에 가득한 칠보로 보시해도 내가 준다는 마음의 오만을 안고, 물질이 물질이라는 집착을 안고 있으면, 그 보시는 샘이 있고 다함이 있다.

그러나 한 술 밥을 베풀고 한 벌 옷을 보시하며 한 자루 등을 보시하고 하룻밤 방을 비워 묵게 해도, 줌이 없이 주며 줌을 통해 물질의 모습에 모습이라는 생각을 버리면, 그는 한 술의 밥으로 온갖 것을 베푸는 보시[一切施] 행하는 자가 된다.

그는 모습 있는 것을 보시하면서 모습에 머묾 없으므로 모습에 모습 없는 실상을 내게 되니[卽生實相], 그가 바로 해탈의 보시 행하는 자이다.

그와 같이 물질을 보시하되 모습에 모습 없는 물질의 진실과 줌이 없고 받음 없는 삶의 실상대로 보시하면 작은 물건의 보시가 한량없는 공덕의 보시가 된다.

더 나아가 번뇌의 불에 시달리는 중생에게 단이슬의 시원한 법비를 내려주고 법의 북을 쳐 그 미망의 꿈을 깨뜨려주면, 그 보시는 해탈의 보시[解脫施]가 되고 법의 보시[法施]가 된다.

그는 모습 있는 것을 보시하면서 모습에 머묾 없으므로 모습에 모습 없는 실상을 내게 되고[卽生實相], 한 마디 말, 한 생각, 한 티끌로도 붇다의 일[佛事]을 지으니, 그가 바로 궁핍의 세간을 공덕의 재물로 장엄하는 자이고 여래의 옷을 입고 여래의 일을 행하는 자이다.

세존이여, 어찌 해야 낮과 밤으로
공덕이 늘 자랄 수 있습니까

이와 같이 내가 들었다.

한때 붇다께서는 슈라바스티 국 제타 숲 '외로운 이 돕는 장자의 동산'에 계셨다.

이때에 어떤 하늘신이 얼굴빛이 아주 묘했는데, 새벽에 붇다 계신 곳에 와 붇다의 발에 머리를 대 절하고 한쪽에 물러나 앉아 있었다. 그 하늘신의 몸의 모든 밝은 빛이 제타 숲 '외로운 이 돕는 장자의 동산'을 두루 비추었다.

그때 그 하늘신이 게송으로 붇다께 여쭈었다.

어떻게 하면 낮과 밤으로
공덕이 늘 자라나 늘며
어떻게 하면 하늘에 나는지
말씀하여주시길 바라옵니다.

그때 세존께서 게송으로 대답하셨다.

동산의 과일나무 심어서
나무그늘 맑고 시원케 하며
다리나 배로 건네어주고

복덕이 되는 집을 지으며
우물을 파 목마름 풀어주고
객사 지어 나그네 쉬게 하라.

이와 같이 하는 그 공덕은
밤낮으로 늘 자라나 늘 것이오.
또 법답게 계를 갖춰 지니면
이 때문에 하늘에 나게 되리라.

그러자 그 하늘신은 다시 게송으로 대답하였다.

오래도록 브라마나 보아왔더니
온전한 니르바나 얻으셨어라.
온갖 두려움을 모두 이미 벗어나
길이 세간 은혜 애착 뛰어나셨네.

그때 그 하늘신은 붇다의 말씀을 듣고 기뻐하고 따라 기뻐하면서,
붇다의 발에 머리를 대 절하고 곧 사라지더니 나타나지 않았다.

• 잡아함 997 공덕증장경(功德增長經)

• 해설 •

나와 남에 두 모습 없는 줄 알되 모습 없음에도 머묾이 없이 늘 나와 너를
함께 이롭게 하는 행을 지으면, 생각생각 밝은 지혜가 현전하고 걸음걸음이
해탈의 발걸음이 될 것이다.

그는 보시로써 모습도 버리고 모습 없음도 버리므로, 모습에 모습 없되 모습 없음도 없는 공덕의 곳간에 법의 재물이 늘 넘쳐나니, 그의 삶은 언제나 안락하고 풍요로우며 밤낮으로 공덕이 늘어나 자랄 것이다.

보시행은 억지로 짓는 것이 아니라 탐욕을 버려 보디에 나아갈 때 있음도 버리고 없음도 버리며 있음도 아니고 없음도 아님마저 버릴 때 현전하는 삶이다. 그러므로 목마른 자에게 못과 샘을 보시하고 숲을 만들어 시원한 그늘을 줌으로도 보디사트바는 보디에 돌아갈 수 있는 것이니,『화엄경』(「현수품」賢首品)은 말한다.

지혜의 빛 이룬 보디사트바는
못과 우물 샘물을 보시함으로도
오롯이 위없는 보디의 도를 구하고
다섯 욕망 꾸짖고 선정 찬탄하니
이 때문에 이 밝은 빛 이루게 됐네.

惠施池井及泉流　專求無上菩提道
毁呰五欲讚禪定　是故得成此光明

여러 다니는 길 큰 물이 있는 곳에
다리를 세우고 배와 뗏목 만들어주며
함이 있음 꾸짖고 고요함 찬탄하니
이 때문에 이 밝은 빛 이루게 됐네.

於諸行路大水處　造立橋梁及船筏
毁呰有爲讚寂靜　是故得成此光明

아낌없이 은혜롭게 베풀면
저 언덕에 건너가 이르게 되니

이와 같이 들었다.

한때 붇다께서는 슈라바스티 국 제타 숲 '외로운 이 돕는 장자의 동산'에 계셨다.

그때에 아나타핀다다(Anāthapiṇḍada, 給孤獨長者) 장자는 세존 계신 곳에 이르러 머리를 대 세존의 발에 절하고 한쪽에 앉았다.

세존께서는 말씀하셨다.

"어떤가 장자여, 그대는 늘 가난한 이에게 보시하는가."

장자는 대답하였다.

"그렇습니다, 세존이시여. 늘 가난한 이에게 보시합니다. 네 성문에서 널리 보시하고 집에서도 필요한 것들을 대어줍니다.

세존이시여, 저는 때로 이렇게 생각합니다.

'들의 나는 새와 돼지와 개에게도 보시하자.'

저는 또한 이런 생각은 없습니다.

'이것에는 주고 이것에는 주지 말자.'

저는 또한 이런 생각은 없습니다.

'이것에는 많이 주고 이것에는 적게 주자.'

저는 늘 이렇게 생각합니다.

'모든 중생은 다 먹음으로 말미암아 그 목숨을 보존한다. 먹으면 살고 먹지 않으면 곧 죽는다.'"

장자의 보시가 보디사트바의 평등한 마음의 보시임을 찬탄하심

세존께서는 말씀하셨다.

"참 잘 말했다, 장자여. 그대는 보디사트바의 마음으로, 한뜻을 오롯이 해 널리 은혜롭게 보시하는구나.

그렇듯 중생들은 먹음으로 말미암아 목숨을 건지고 먹지 않으면 곧 죽는다.

장자여, 그대는 큰 공덕의 과덕을 얻고, 큰 이름과 큰 과보를 얻어 이름이 시방에 사무치고[聲徹十方], 단이슬 같은 법의 맛[甘露法味]을 얻을 것이다.

왜냐하면 보디사트바가 있는 곳엔 늘 평등한 마음으로 은혜로이 보시하고 한뜻을 오롯이 해 다음처럼 생각해주기 때문이다.

'중생들은 먹음으로 말미암아 살고, 먹음이 있으면 목숨을 건지며 먹음이 없으면 곧 죽는다.'

이것을 장자여, '보디사트바의 마음은 머무는 곳에서 널리 은혜로이 보시한다'고 말한다."

늘 은혜로운 보시 행하도록 당부하심

그때에 세존께서는 곧 게송으로 말씀하셨다.

모두 은혜롭게 널리 베풀어서
끝내 아껴 뉘우치는 마음 없으면
그는 반드시 좋은 벗을 만나서
저 언덕에 건너가 이르게 되리.

"그러므로 장자여, 평등한 뜻으로 널리 은혜롭게 베풀어야 한다. 이와 같이 장자여, 반드시 이렇게 배워야 한다."

그때에 장자는 붇다의 말씀을 듣고 기뻐하며 받들어 행하였다.

• 증일아함 10 호심품(護心品) 五

• 해설 •

아나타핀다다 장자는 가진 것을 늘 베풀어 외로운 이 가난한 이들을 도우므로 그 이름을 '외로운 이 돕는 장자'라 하였다.

그는 보시하되 지혜의 보시 해탈의 보시를 행하므로 세존께서도 그를 보디사트바라 일컬어주시며, 그의 보시가 보디사트바의 평등한 마음[平等心]의 은혜로운 보시라 찬탄하신다.

보디사트바는 가진 것이 많을 때에도 가진 것이 실로 가짐이 아닌 줄 알아 가진 것을 베풀어 다함없는 삶의 풍요에 나아가며, 갖지 못했을 때에도 실로 갖지 못함이 아닌 줄 알므로 없음 가운데서 줄 거리와 베풀 거리를 찾아 이웃과 세상을 감싸고 보살핀다.

그는 마음에 나라는 생각과 너라는 생각, 밉고 고움 높고 낮음의 분별이 끊어졌으므로 그의 보시는 모습 없는 보시[無相施]이고 평등한 보시[平等施]이며 가림 없는 보시[無遮施]이다.

그는 이미 있음에서 있음을 떠나고 없음에서 없음을 떠났으므로 있음이 실로 있음이 되고 없음이 실로 없음이 되는 이 언덕[此岸]을 떠나, 있고 없음이 끊어진 실상의 저 언덕[彼岸]에 이르른 것이다.

제7장

온갖 법 그 중도의 참모습과
치우침 없는 삶의 길
[中道性]

"세간의 모여남[集]을 진실 그대로 바르게 살피면
세간이 없다는 것은 있을 수 없는 일이요, 세간의 사라짐[滅]을
진실 그대로 살피면 세간이 있다는 것은 있을 수 없는 일이다.
이것을 '두 치우친 가를 떠나 중도를
말하는 것'[離於二邊 說於中道]이라고 한다."

중도의 참모습은 깨친바 존재의 실상이고 실상은 지혜인 실상이다. 온갖 환상과 관념 번뇌가 다한 여래의 보디가 아니면 존재의 실상을 온전히 드러내고 온전히 밝혀낼 수 없고, 모습 없는 존재의 참모습을 바닥까지 사무쳐 다하지 않으면 위없는 보디가 완성될 수 없다.

여래에게 실상이면 온전히 주체의 지혜이고, 여래에게 지혜이면 온전히 법계의 실상이다. 깨친바 실상에 실로 알 것이 없으므로 지혜는 비추되 고요하고 고요하되 비춘다.

지혜가 비추되 고요하고 고요하되 비추므로 실상인 여래의 지혜는 실상 그대로의 막힘없는 활동으로 주어진다.

이 장에서 중도의 실상[中道實相]이란 살펴지는바 진리의 경계[所觀境]이고, 치우침 없는 삶의 길[中道行]이란 중도인 지혜의 막힘없는 활동 해탈의 작용을 말한다.

곧 깨친바 진리에 있음과 없음의 닫힌 대립의 모습이 없는 줄 알면, 진리를 깨친 주체로서 보디사트바는 있음에서 있음을 떠나고 없음에서 없음을 떠나, 있고 없음의 대립에 닫히지 않는 해탈의 삶을 사는 것이다.

그러므로 연기법에서는 진리를 비추는 지혜[智]와 지혜에 의해 드러난 실상[理], 실상 그대로의 창조적인 행위[行]는 서로 다르지 않고, 실천 속에서 하나의 통일된 고리를 이루는 것이다.

중도의 진실 살피는 지혜 법계인 지혜가 중생 건지는 해탈의 행이 됨을, 『화엄경』(「입법계품」)은 이렇게 노래한다.

바르게 나아가는 보디사트바는
이미 넓고 크고 묘한 지혜바다 행하고
이미 끝없는 모든 있음의 바다 건너
긴 목숨의 걱정 없는 지혜곳간의 몸
그 위덕의 밝은 빛이 이 대중에 머무네.

已行廣大妙慧海　已度無邊諸有海
長壽無患智藏身　威德光明住此衆

온갖 법의 진실 살피고 사유하여
모든 법의 성품 밝게 알아 깨쳐들어
이와 같이 붇다의 지혜 닦아 행해서
널리 중생 교화하여 해탈케 하네.

觀察思惟一切法　了知證入諸法性
如是修行佛智慧　普化衆生令解脫

이미 여래의 서원의 집에 태어나고
모든 붇다 공덕의 바다에 들어가면
법신은 청정하여 마음에 걸림 없어서
중생의 즐김 따라 뭇 모습 나타내네.

已生如來誓願家　已入諸佛功德海
法身淸淨心無礙　隨衆生樂現衆色

1 대립과 닫힘 없는 연기의 실상[中道實相]

• 이끄는 글 •

나가르주나 존자가 『중론』에서 보인 여덟 가지 부정을 통한 중도
의 개현[八不中道]과, 『열반경』에서 보인 니르바나의 네 가지 덕[涅
槃四德]으로 연기법의 중도실상을 이야기해보자.

나가르주나 존자은 남[生]과 사라짐[滅], 항상함[常]과 끊어짐
[斷], 같음[一]과 다름[異], 옴[來]과 감[去]의 네 짝의 모순된 법에
대해 모순된 법들이 모두 인연으로 있기 때문에 공함을 밝혀, 실로
네 짝의 모순이 실체적 모순이 아님을 통해 중도의 실상을 열어 보
이고 있다.

곧 생겨남은 인연으로 나기 때문에 실로 남이 아니고 사라짐도 인
연으로 사라지기 때문에 실로 사라짐이 아니다[不生不滅].

인연으로 있는 온갖 법은 있음이 곧 있음 아니므로 항상하지도 않
고 없음이 없음 아니므로 끊어져 없어지지도 않는다[不常不斷].

인연으로 있는 모든 법은 차별이 공하므로 다르지 않고 차별이 연
기하므로 같지도 않으며, 원인과 결과, 앞과 뒤가 같지 않고 다르지
도 않은 것이다[不一不異].

오는 것은 오되 실로 옴이 아니고 가는 것은 가되 실로 감이 없으므로 옴과 감도 대립으로 주어지지 않는다[不來不去].

나가르주나 존자는 『중론』에서 말한다.

공한 뜻이 있기 때문에
온갖 법은 이루어질 수 있다.
만약 공한 뜻이 없다면
온갖 것은 이루어지지 않는다.

以有空義故　一切法得成
若無空義者　一切則不成

여덟 가지 모순된 법들도 모두 연기한 법이라 그 법에 실로 그렇다 할 법이 없으니, 연기이므로 공한 줄 알 때 모순과 대립 속에서 대립을 벗어날 해탈의 길이 열리는 것이다.

나가르주나 존자의 여덟 가지 부정을 통한 중도의 개현이 인연으로 난 존재의 모습에서 중도를 밝히고 있다면, 니르바나의 네 가지 덕이란 해탈의 과덕에서 중도를 보인다.

니르바나의 네 가지 덕은 다음 중도행에서도 그 뜻이 겹쳐 나오지만 이 장에서 먼저 간략히 고찰해보기로 한다.

니르바나의 네 가지 덕은 항상함[常]과 즐거움[樂], 참된 나[我]와 깨끗함[淨]으로 표현되니, 이 네 가지 덕은 부정의 새로운 부정을 통해 구성된 뜻이다.

여래는 곧 중생이 연기되어 나고 사라지는 것을 '항상하다' 집착하므로 덧없음[無常]을 보이고, 덧없다는 말을 듣고 '덧없이 나서 사라진다' 집착하므로 나되 남이 없고 사라지되 사라짐 없음으로 항상함을 보인다. 그러므로 니르바나의 덕에서 항상함은 항상함과 덧없음을 모두 뛰어넘은 항상함이니, 여래의 교설에서 덧없음[無常]과 항상함[常]은 중도가 된다.

중생이 변해 바뀌는 것을 즐겁다고 하므로 온갖 것이 괴롭다[苦]고 말하고, 괴롭다는 말을 듣고 즐거운 법을 따로 구하므로 괴로움과 즐거움의 느낌을 모두 버리면 참된 즐거움이라 가르친다. 그러므로 여래의 교설에서 참된 즐거움은 괴로움[苦]과 즐거움[樂]의 중도가 된다.

중생이 연기이므로 공한 존재에서 나[我]를 집착하므로 나 없음[無我]을 보였으나, 나 없음과 공(空)을 다시 집착하므로 나 아닌 참 나를 다시 보인 것이다.

그러므로 여래의 교설에서 참된 나는 나 없음[無我]과 나[我]의 중도가 된다.

또 실로 깨끗하다 할 것이 없는 몸[身]을 중생이 아름답고 깨끗하다 집착하므로 깨끗하지 않다[不淨]고 가르쳤으나, 치우친 수행자들이 몸의 깨끗하지 않음을 버리고 깨끗한 법을 다시 찾으므로 참된 깨끗함을 말해 여섯 아는 뿌리[六根]의 공한 실상이 깨끗한 법신임을 보인 것이다. 그러므로 여래의 교설에서 참된 깨끗함은 깨끗하지 않음[不淨]과 깨끗함[淨]의 중도가 된다.

『화엄경』(「십회향품」)은 온갖 언어의 분별을 떠나 중도의 지혜를 성취한 보디사트바의 삶을 다음과 같이 말한다.

보디사트바는 차별된 언어 통달하고

갖가지 지혜 또한 이와 같아라.
진리대로 법을 설해 걸림 없어서
그 가운데 마음이 집착 않도다.

菩薩言辭已通達　種種智慧亦如是
說法如理無障礙　而於其中心不著

늘 모든 법에 두 모습 짓지 않고
다시 둘이 아님도 짓지 않도다.
둘과 둘 아님의 분별 모두 떠나서
그것이 모두 언어의 길임을 아네.

常於諸法不作二　亦復不作於不二
於二不二並皆離　知其悉是語言道

마음으로 모든 두 법 헤아리지 않고
다만 법에 둘이 없음을 늘 밝게 통달하여
모든 법에 둘이라거나 둘이 아니라거나
그 가운데 마쳐 다해 집착함이 없네.

心不稱量諸二法　但恒了達法無二
諸法若二若不二　於中畢竟無所著

1) 있음과 없음의 중도[有無中道]

———

여래는 있음과 없음의 두 치우침을 떠나
중도를 말하노라

이와 같이 내가 들었다.

한때 붇다께서는 나다칸타(Nāḍakantha)라고 하는 마을 깊은 숲속에 있는 '손님 맞이하는 집'[待賓舍]에 계셨다.

그때 존자 산타카차야나가 붇다 계신 곳으로 나아가 머리를 대 붇다의 발에 절하고 한쪽에 물러나서 붇다께 말씀드렸다.

"세존이시여, 세존께서 바른 견해[正見]라고 말씀하셨는데, 어떤 것을 바른 견해라고 하며, 어떻게 세존께서는 바른 견해를 세워 보이십니까?"

있음과 없음 떠난 바른 견해를 보이심

붇다께서 산타카차야나에게 말씀하셨다.

"세간에 두 가지 의지함이 있으니, 있음[有]이거나 없음[無]이다.

닿는 것을 취하고[取], 닿는 것을 취하기 때문에 때로 있음에 의지하고 때로 없음에 의지한다.

만약 이 취함이 없는 자는 마음[心]과 경계[境]에 얽매인 번뇌를 취하지 않고, 머무르지 않으며, 나[我]를 헤아리지 않을 것이다.

괴로움이 생기면 생기고, 괴로움이 사라지면 사라지는 것이니, 그

것에 대해 의심하지 않고, 미혹하지 않으며, 다른 사람을 말미암지 않고 스스로 아니, 이것을 바른 견해라고 한다.

이것을 여래가 세워 보인 바른 견해라 한다.

왜 그런가. 세간의 모여남[集]을 진실 그대로 바르게 살피면 세간이 없다는 것은 있을 수 없는 일이요, 세간의 사라짐[滅]을 진실 그대로 살피면 세간이 있다는 것은 있을 수 없는 일이다.

이것을 '두 치우친 가를 떠나 중도를 말하는 것'[離於二邊 說於中道]이라고 한다.

곧 '이것이 있기 때문에 저것이 있고, 이것이 일어나기 때문에 저것이 일어난다'는 것이니, 다음과 같다.

무명 때문에 지어감이 있고, 지어감 때문에 앎이 있고, 앎이 있기 때문에 마음·물질이 있고, 나아가 순전한 큰 괴로움의 무더기가 일어난다.

무명이 사라지기 때문에 지어감이 사라지고, 나아가 순전한 큰 괴로움의 무더기가 사라진다."

붇다께서 이 경을 말씀하시자, 존자 산타카차야나는 붇다의 말씀을 듣고 모든 흐름을 일으키지 않고 마음에 해탈을 얻어 아라한을 이루었다.

• 잡아함 301 가전연경(迦旃延經)

• 해설 •

세간 중생의 망집의 가장 흔한 모습은 있는 것을 실로 있다 하고 없는 것을 실로 없다 함이다. 있는 것을 실로 있다 함으로 있음을 집착하다 있음의 상실에 좌절하고 없음의 허무에 절망한다.

붇다께서는 가르치신다.

"세간의 모든 존재가 연기되어 일어나므로 없음이 아니지만, 인연으로 사라지므로 있음이 아니다."

이와 같이 알면 있음이 거짓 있음이므로 있음을 탐착하지 않고, 있음이 이미 있되 공하므로 있음의 상실에 절망하지 않는다.

여래의 가르침에서 '세간이 없지 않다'[世間非無]는 것은 연기이므로 거짓 있다[假有]는 뜻이고, '세간이 있지 않다'[世間非有]는 것은 연기이므로 곧 공함[卽空]을 말함이니, 연기가 공함이고 거짓 있음이다.

그러므로 연기법에서 곧 공함과 거짓 있음은 둘이 아니니, 연기와 공은 서로 이루어주는 뜻이다. 연기와 공이 서로 이루어주는 뜻이므로 여래는 때로 중생이 있음을 집착하면 공을 말해 있음을 있음 아닌 있음으로 밝혀주고, 없음을 집착하면 거짓 있음을 말하여 공도 공함을 보여 치우침 없는 중도의 길을 열어준다.

십이연기의 각 법도 서로 의지해 일어나고 서로 의지해 사라지므로 있되 있음 아니고 없되 없음이 아니다.

그러므로 십이연기의 각 법이 실로 있음도 아니고 없음도 아님을 바로 보면, 열두 가지 인연이 사슬처럼 서로 이어가는 현실 속에서 진여를 보고 윤회의 연기를 돌이켜[還滅] 니르바나를 구현하는 것이다.

『화엄경』(「십지품」) 또한 바른 견해로 있음과 없음의 두 갈랫길에 머묾 없이 해탈하면 니르바나에 평등히 머묾을 이렇게 말한다.

> 법의 자기성품 본래 공적하여
> 둘이 없고 또한 다함도 없네.
> 모든 윤회의 길에서 해탈하면
> 니르바나에 평등히 머물게 되리.
>
> 自性本空寂　無二亦無盡
> 解脫於諸趣　涅槃平等住

세간의 끝이 있음과 없음을 여래는 답하지 않으시니

　이와 같이 내가 들었다.

　한때 붇다께서는 라자그리하 성 칼란다카 대나무동산에 계셨다. 때에 '바깥길 집을 나온 이'[外道出家]가 있었는데, 우티카(Uttika)라고 하였다. 그는 세존 계신 곳에 와 서로 문안하고 위로한 뒤에 한쪽에 물러앉아 붇다께 여쭈었다.

　"어떻습니까, 고타마시여. 세간은 끝이 있습니까."

　붇다께서는 말씀하셨다.

　"이것은 말할 것 없는 법[無記]이오."

　"고타마시여, 세간은 끝이 없습니까. 끝이 있기도 하고 없기도 하며, 끝이 있는 것도 아니요 없는 것도 아닙니까."

　"이것은 말할 것 없는 법이오."

　우티카가 붇다께 말씀드렸다.

　"어째서 고타마께서는 '세간은 끝이 있느냐'고 물어도 '이것은 말할 것 없다'고 하시고, '세간은 끝이 없는가, 끝이 있기도 하고 없기도 한가, 끝이 있는 것도 아니요 없는 것도 아닌가'라고 물어도 '이것은 말할 것 없다'고 대답하십니까.

　고타마시여, 그러면 어떤 법을 말할 수 있습니까."

헛된 따짐에 답하지 않으시고, 중도 해탈의 길을 보이심

붇다께서는 말씀하셨다.

"바로 아는 사람이요 지혜로운 사람인 나는 제자들을 위해 도를 말해, 바르게 괴로움을 다하고, 괴로움의 끝을 마쳐 다하게 하오."

우티카가 붇다께 말씀드렸다.

"어떻게 고타마께서는 제자들을 위해 도를 말하여 바르게 괴로움을 다하고 마침내는 괴로움의 끝을 마쳐 다하게 하십니까.

또 온갖 세간이 다 이 도를 따라 나옵니까, 적은 부분 사람들이 따라 나옵니까."

그때에 세존께서는 잠자코 대답하지 않으셨다.

두 번 세 번 물었으나 붇다는 또한 두 번 세 번 잠자코 대답하지 않으셨다.

세존이 답하지 않은 까닭을 아난다가 말해줌

그때에 존자 아난다는 붇다 뒤에 서서 부채를 잡고 붇다께 부채를 부쳐드리고 있다가 바깥길 집을 나온 수행자 우티카에게 말하였다.

"그대는 처음에 이 뜻을 물었으나 지금은 다시 말을 달리해 물었소.

그러므로 세존께서는 말씀해주시지 않는 것이오. 우티카여, 이제 내가 그대를 위해 비유로 말하겠소. 대개 지혜로운 사람은 비유로 인해 알게 되오.

비유하면 나라의 왕이 국경에 성이 있어, 네 둘레는 굳세고 거리의 길은 반듯하고 평평한데 오직 한 문이 있소.

그 문지기는 총명하고 지혜로워 잘 헤아릴 수 있어서, 어떤 사람이 밖에서 올 때에는, 들여야 할 사람이면 들어오도록 들어주고, 들여서는 안 될 사람이면 들어주지 않았소. 그들은 온 성을 돌아다니면서 두 번째 문을 찾았지만 도무지 얻을 수 없었소.

고양이·삵이라도 드나들 곳이 전혀 없는데 하물며 두 번째 문이겠소. 그러므로 그 문지기는 드나드는 사람을 모두 알지 못하지만, 그는 온갖 사람은 오직 이 문을 따라 드나들 수 있고 다시 다른 곳이 없다는 것을 아오.

이와 같이 세존께서도 비록 마음을 쓰신다 해도 '이 세간의 온갖 중생이 다 이 도를 따라 나오는가, 적은 부분 사람이 따라 나오는가'는 알지 못하시오.

그러나 중생으로서 바르게 괴로움을 다하고 괴로움의 끝을 마쳐 다한 사람들, 그 온갖 사람은 다 이 도를 따라 나온다는 것을 아시오.”

때에 바깥길 집을 나온 수행자 우티카는 붇다의 말씀을 듣고 기뻐하면서 자리에서 일어나 물러갔다.

• 잡아함 965 울저가경(鬱低迦經)

• 해설 •

연기이므로 있되 공한 세간법은 있되 공하고 그 공함도 공하다. 이처럼 있되 공한 세간법에 대해 끝이 있다거나 끝이 없다거나 있기도 하고 없기도 하다거나 있음도 아니고 없음도 아니라고 하거나 하는 이 여러 따짐은 연기의 진실이 아니고 해탈의 길이 아니다.

여래는 오직 있음에서 있음을 떠남으로 없음에서 없음마저 떠나는 해탈의 한 길만을 열어 보일 뿐이니, 중생은 이 길이 아니면 니르바나의 성에 이를 수 없다.

집착 다한 해탈의 길은 연기의 진실을 진실대로 사는 한 길뿐이니, 이 뜻을 『법화경』은 '오직 하나인 붇다의 수레가 있을 뿐[唯有一佛乘]이고 실상의 한 일만이 있을 뿐[有此一事實]이다'라고 말한다.

누가 그 길을 따라 도에 들고 그 길을 따라 해탈하는가. 그것은 여래라 해도 다 그 수를 셀 수 있는 것이 아니고, 오직 가르침 듣는 중생 스스로의 믿음과 결단에 달렸지만 그 길을 따르는 자는 반드시 니르바나의 언덕에 오르리라 여래는 언약하신다.

『화엄경』(「십회향품」)은 이렇게 말한다.

위없는 모든 붇다 법의 왕께서
정수리에 물 뿌려 인정해주시어
법의 성품 지혜곳간의 몸을 이루면
모든 법의 실상을 잘 깨달아 알아
온갖 뭇 착한 법에 편히 머물리.

諸佛法王所灌頂　成就法性智藏身
悉能解了法實相　安住一切衆善法

보디사트바가 으뜸의 보시 행하면
온갖 여래께서 다 기뻐해주시니
짓는 일 다 붇다의 인정해줌 받아
이로써 사람 가운데 높음 이루리.

菩薩修行第一施　一切如來所讚喜
所作皆蒙佛認可　以此成就人中尊

2) 끊어져 없어짐과 늘 있음의 중도[斷常中道]

———

여래는 두 치우친 가를 떠나 중도에 서서 법을 설한다

이와 같이 내가 들었다.

한때 붇다께서는 라자그리하 성 제타 숲 '외로운 이 돕는 장자의 동산'에 계셨다.

그때 어떤 브릿지족의 집을 나온 이가 붇다 계신 곳에 찾아와 두 손을 맞잡고 문안 인사를 드렸다. 문안 인사를 다 드리고 나서 한쪽에 물러나 앉아서 붇다께 여쭈었다.

"어떻습니까? 세존이시여, 나[我]라고 하는 것이 있다고 하십니까?"

그러자 세존께서는 잠자코 대답하지 않으셨다. 이렇게 두 번 세 번 물었으나 세존께서는 여전히 두 번 세 번 다 대답하시지 않으셨다. 그때 브릿지족 집을 나온 이는 이렇게 생각하였다.

'내가 이미 세 번이나 사문 고타마께 여쭈어보았으나 대답을 듣지 못했다. 그만 돌아가야겠다.'

나가 있다고 하면 '상견'이 되고 없다고 하면 '단견'이 됨을 보이심

그때 존자 아난다가 붇다의 뒤에서 부채를 잡고 붇다께 부채를 부쳐드리고 있었다. 아난다가 붇다께 여쭈었다.

"세존이시여, 저 브릿지족 집을 나온 이가 세 번씩이나 여쭈었는데 세존께서는 왜 대답해주지 않으십니까? 그렇게 하시면 저 집을 나온 브릿지족에게 '사문은 내가 묻는 것에 대답하지 못한다'고 하는 잘못된 견해를 더하도록 하지 않겠습니까?"

붇다께서 아난다에게 말씀하셨다.

"내가 만약 나가 있다[有我]고 대답한다면, 그가 앞서부터의 삿된 견해를 더 늘어나게 할 것이요, 내가 만약 나가 없다[無我]고 대답한다면, 그는 앞의 어리석은데다 어찌 어리석음과 미혹을 더 늘리지 않겠는가?

먼저는 나가 있다가 지금 끊어져 없어졌다[斷滅]고 말한다 하자. 만약 앞에 '나가 있다'고 했다면 이것은 곧 '늘 있다는 견해'[常見]요, 지금 끊어져 없다고 하면 이것은 곧 '끊어져 없어진다는 견해'[斷見]이다.

여래는 그 두 치우친 가를 떠나 중도에 서서 이렇게 법을 설한다 [離於二邊 處中說法].

'이 일이 있기 때문에 이 일이 있게 되고, 이 일이 일어나기 때문에 이 일이 생기는 것이다. 무명 때문에 지어감이 있고, 지어감 때문에 앎이 있고, 앎 때문에 마음·물질이 있고, 마음·물질 때문에 여섯 들임이 있다.

여섯 들임 때문에 닿음이 있고, 닿음 때문에 느낌이 있고, 느낌 때문에 애착이 있고, 애착 때문에 취함이 있고, 취함 때문에 존재가 있고, 존재 때문에 태어남이 있고, 태어남 때문에 늙음·죽음·근심·슬픔·번민·괴로움이 있고, 이렇게 하여 순전한 괴로움뿐인 큰 무더기가 생겨난다.

무명이 사라지면 지어감이 사라지고, 지어감이 사라지면 앎이 사라지고, 나아가 순전한 괴로움의 큰 무더기가 사라진다.'"

붇다께서 이 경을 말씀하시자, 존자 아난다는 붇다의 말씀을 듣고 기뻐하며 받들어 행하였다.

• 잡아함 961 유아경(有我經)

• 해설 •

지금 있음을 실로 있다 하면 있음의 사라짐은 끊어져 없어짐이 되나, 지금 있음이 있음 아님이면 없음 또한 없음 아님이 된다.

'나'는 인연으로 있는 '나'이므로 '있되 공한 나'이고, '나'에 '나 없는 나'이므로 여래는 '나'의 늘 있음과 끊어져 없어짐이 모두 연기의 진실이 아니라 가르치신다.

여래의 가르침에서 '나'는 '나 없는 나'[無我之我]라 '실로 있는 나'가 없되 '나 아닌 나'가 새롭게 현전하는 것이다. 그러므로 '나가 있다'고 하면 이는 '늘 있다는 견해'요, '나가 없다'고 하면 '끊어져 없다는 견해'에 떨어진다.

여래는 두 치우친 가[二邊]의 길을 떠나 중도에 서서 법을 설하시니[離於二邊 處中說法] '늘 있는 나'를 집착하면 '나 없음'[無我, 空]을 말해주고, '끊어져 없어짐'을 집착하면 '나 아닌 나'[假我, 假有]를 말해준다.

여래는 나되 남이 없고 사라지되 사라짐 없는 연기의 진실을 온전히 사시는 분이다. 여래는 모습을 떠나되 모습 없는 공에도 머묾 없으니, 여래의 비치되 고요한 지혜는 넓고 넓으며 깊고 깊어 한량할 수 없고 사유할 수 없다.

그러므로 여래의 가르침을 듣는 중생 또한 온갖 견해와 집착에서 그 견해를 떠나면 여래를 따라 진여의 법바다[眞如法海]에 들어갈 수 있으리라.

다른 사문·브라마나들은 뒤의 죽음이
있다 해도 집착하고 없다 해도 집착하나니

이와 같이 내가 들었다.

한때 붇다께서는 라자그리하 성 칼란다카 대나무동산에 계셨다. 그때에 존자 마하목갈라야나 또한 거기 있었다.

그때 어떤 브릿지족 집을 나온 이가 존자 마하목갈라야나가 있는 곳에 나아가 존자 마하목갈라야나와 서로 문안하고 위로한 뒤에 한 쪽에 물러앉았다.

그가 존자 마하목갈라야나에게 말하였다.

"묻고 싶은 것이 있는데, 한가하시면 대답해주시겠습니까."

목갈라야나는 대답하였다.

"뜻대로 물으면 아는 것을 대답하겠소."

브릿지족 집을 나온 수행자가 물었다.

"다른 사문이나 브라마나들은 누가 와서 '여래는 뒤의 죽음이 있는가, 뒤의 죽음이 없는가, 있기도 하고 없기도 한가, 있음도 아니고 없음도 아닌가'라고 물으면, 모두다 따라 대답하오.

그런데 무슨 원인 무슨 까닭으로, 사문 고타마는 누가 와서 '여래는 뒤의 죽음이 있는가, 뒤의 죽음이 없는가, 있기도 하고 없기도 한 가, 있음도 아니고 없음도 아닌가'라고 물어도 말씀해주시지 않으십니까."

목갈라야나는 대답하였다.

"브릿지족 수행자여, 다른 사문이나 브라마나들은 물질에 대해, 물질의 모아냄·물질의 사라짐·물질의 맛들임·물질의 걱정거리·물질의 벗어남을 진실 그대로 알지 못하오.

그러므로 '여래께 뒤의 죽음이 있다'고 하면 거기에 집착하고, '여래께 뒤의 죽음이 없다, 있기도 하고 없기도 하다, 있지도 않고 없지도 않다'고 하면 곧 거기에 집착하오.

또 느낌·모습 취함·지어감·앎에 대해서도, 앎 등의 모아냄·사라짐·맛·걱정거리와 벗어남을 진실 그대로 알지 못하오.

진실 그대로 알지 못하므로 '여래께 뒤의 죽음이 있다'고 하면 거기에 집착하고, '여래께 뒤의 죽음이 없다, 있기도 하고 없기도 하다, 있지도 않고 없지도 않다'고 하면 곧 거기에 집착하오."

여래는 늘 있음의 집착과 끊어져 없어짐의 집착 깨기 위해 말씀하지 않으심을 보임

"그러나 여래는 물질에 대해 물질의 모아냄·물질의 사라짐·물질의 맛들임·물질의 걱정거리·물질의 벗어남을 진실 그대로 아시오.

그러므로 '여래에게 뒤의 죽음이 있다'고 하여도 거기에 집착하시지 않고, '여래에게 뒤의 죽음이 없다, 있기도 하고 없기도 하다, 있지도 않고 없지도 않다'고 하여도 곧 거기에 집착하시지 않소.

또 느낌·모습 취함·지어감·앎에 대해서도, 앎 등의 모아냄·사라짐·맛·걱정거리와 벗어남을 진실 그대로 아시오.

그러므로 '여래에게 뒤의 죽음이 있다'고 하여도 그렇다 하지 않고, '여래에게 뒤의 죽음이 없다, 있기도 하고 없기도 하다, 있지도 않고 없지도 않다'고 하여도 그렇다 하지 않소.

그것은 깊고 깊으며 넓고 크며, 한량없고 셈할 수 없어 다 고요한 것이오.

브릿지족 수행자여, 이와 같은 원인 이와 같은 까닭으로, 다른 사문이나 브라마나들은 만약 누가 와서 '여래는 뒤의 죽음이 있는가, 뒤의 죽음이 없는가, 있기도 하고 없기도 한가, 있지도 않고 없지도 않은가'라고 물으면 곧 말해주지만, 세존께서는 누가 와서 '여래는 뒤의 죽음이 있는가, 뒤의 죽음이 없는가, 있기도 하고 없기도 한가, 있지도 않고 없지도 않은가'라고 물으면 말씀해주지 않으시오."

때에 브릿지족 수행자는 존자 마하목갈라야나의 말을 듣고 기뻐하면서 자리에서 일어나 떠나갔다.

• 잡아함 958 목련경(目連經)

• 해설 •

여래의 진실이 연기의 진실이다. 그러므로 여래께 뒤의 죽음이 있다 하면 그 사람은 끊어져 없어짐의 견해에 떨어진 사람이고, 여래께 뒤의 죽음이 없다 하면 그 사람은 항상함의 견해에 떨어진 사람이다. 또한 있기도 하고 없기도 하다고 하거나 있음도 아니고 없음도 아니라 해도 허튼 논란에 지나지 않는다.

여래께는 남[生]이 남이 아니고 죽음[死]이 죽음이 아니므로 여래의 진실에는 항상함의 견해와 끊어짐의 견해가 붙을 수 없으니, 여래는 그러한 물음에 답하지 않으신다.

그러나 답하지 않음을 답하지 않았다 말해선 안 되니, 답하지 않음 속에 모든 허튼 논란이 다한 여래의 진실이 온전히 드러나 있는 것이다.

『화엄경』(「광명각품」)은 온갖 법이 나 없으므로 덧없는 연기의 생성이 있고, 연기의 생성이 있되 공하여 취할 모습이 없음을 다음과 같이 가르친다.

밝은 빛이 두루 깨끗하여
티끌의 쌓임 다 깨끗이 씻어
움직임 없이 두 가를 떠나니
이것이 여래의 지혜이네.

光明遍淸淨　塵累悉蠲滌
不動離二邊　此是如來智

뭇 과보가 업을 따라 생겨나
꿈과 같이 진실하지 않아서
생각생각 늘 사라지고 무너지니
앞과 같이 뒤 또한 그러네.

衆報隨業生　如夢不眞實
念念常滅壞　如前後亦爾

치우친 견해 떠난 지혜로운 이는
온갖 모든 법이 항상함 없고
모든 법이 공해 나 없음 살펴어
길이 온갖 모습을 떠나도다.

智者能觀察　一切有無常
諸法空無我　永離一切相

끊어짐의 견해[斷見]를 지어 있음을 깨면, 모든 지어감과 모든 흐름 다할 수 없나니

이와 같이 내가 들었다.

한때 붇다께서는 슈라바스티 국 제타 숲 '외로운 이 돕는 장자의 동산'에 계셨다. 그때에 세존께서는 가사를 입고 발우를 가지고 슈라바스티 성으로 들어가 밥을 비셨다.

다시 가사와 발우를 지니고 돌아오시어 대중에게도 말하지 않고 시자에게도 알리지 않으신 채 '오직 홀로 따르는 이 없이'[獨一無二] 서쪽 나라로 가시어 사람 사이에 노닐어 다니셨다.

때에 안다 숲에 있던 어떤 비구는, 세존께서 대중에게도 말하지 않고 시자에게도 알리지 않으신 채 오직 홀로 따르는 이 없이 가시는 것을 멀리서 보았다.

그는 보고서는 존자 아난다에게 가서 말씀드렸다.

"존자여, 아셔야 합니다. 세존께서는 대중에게도 말하지 않고 시자에게도 알리지 않으신 채 오직 홀로 따르는 이 없이 나가시어 노닐어 다니십니다."

때에 아난다는 그 비구에게 말하였다.

"만약 세존께서 대중에게도 말하지 않고 시자에게도 알리지 않으신 채 오직 홀로 따르는 이 없이 나가시어 노닐어 다니신다면, 아무도 따라가지 않아야 하오. 왜냐하면 오늘 세존께서는 고요함에 머무시려 적은 일거리마저 없애려 하시기 때문이오."

세존께서 홀로 반사 국의 숲에 계시니 대중이 찾아가 법을 들음

그때에 세존께서는 북쪽으로 노닐어 다니시다가 반사(牟闍) 국의 파타(波陀) 마을에 이르렀다. 그곳은 사람들이 그 숲을 지키고 있었는데, 그 숲속 한 밧다사라 나무 밑에 계셨다.

때에 여러 비구들이 아난다가 있는 곳에 가서 물었다.

"지금 세존께서 어느 곳에 계신다고 들으셨는지요?"

아난다가 대답했다.

"지금 내가 들으니 세존께서는 북으로 반사 국 파타 마을에 가시어 사람들이 지키는 숲속의 밧다사라 나무 밑에 계신다고 하오."

"존자는 아십시오. 우리들은 세존을 뵙지 못한 지 이미 오래되었습니다. 만약 수고를 꺼리지 않으신다면 우리들을 가엾이 여기어 세존 계신 곳에 같이 가주시면 좋겠습니다."

아난다는 때인 줄 알고 잠자코 허락하였다.

그때 존자 아난다는 많은 비구들과 함께 밤을 지내고, 이른 아침에 가사를 입고 발우를 가지고 슈라바스티 성으로 들어가 밥을 빌었다. 밥을 빈 뒤에 정사에 돌아와 자리끼를 거두어 들고 가사와 발우를 가지고 서쪽으로 나가 사람 사이에 노닐어 다녔다.

거기서 다시 북으로 반사 국 파타 마을의 사람들이 지키는 숲속으로 들어갔다. 존자 아난다는 많은 비구들과 함께 가사와 발우를 놓고 발을 씻은 뒤에 세존 계신 곳에 나가 그 발에 머리 숙여 절하고 한쪽에 앉았다.

그때에 세존께서는 많은 비구들을 위하여 설법해 가르쳐 보여, 이롭게 하고 기쁘게 하셨다.

네 곳 살핌 등의 방편으로 여러 쌓임 살피도록 가르치심

그때에 그 자리에 있던 어떤 비구는 이렇게 생각하였다.

'어떻게 알고 어떻게 보아야 빨리 흐름이 다하게 될까.'

그때에 세존께서는 그 비구가 마음으로 생각하는 바를 아시고 여러 비구들에게 말씀하셨다.

"만약 어떤 비구가 이 자리에서 '어떻게 알고 어떻게 보아야 빨리 흐름이 다하게 될까' 하고 생각한다면, 나는 이미 그 법을 이렇게 설했다.

여러 '쌓임'을 잘 살펴야 하니, 곧 살피는 법이란 '네 곳 살핌[四念處]과 네 가지 바르게 끊음[四精勤]·네 가지 선정[四如意足]·다섯 가지 진리의 뿌리[五根]·다섯 가지 진리의 힘[五力]·일곱 갈래 깨달음의 법·여덟 가지 바른 길'이다.

나는 이미 이와 같은 법을 말하고 여러 '쌓임'을 살피게 했다. 그런데 아직도 잘 행하는 사람으로 부지런히 하고자 하지 않고 부지런히 즐겨하지 않으며, 부지런히 생각하지 않고 부지런히 믿지 않으면서 스스로 게으르면 그는 더욱 나아가 모든 흐름 다함을 얻지 못한다.

그러나 만약 어떤 잘 행하는 사람으로서 내가 말한 법으로 여러 '쌓임'을 잘 살피어 부지런히 하고자 하고, 부지런히 즐겨하며 부지런히 생각하고 부지런히 믿는다면 그는 빨리 모든 흐름을 다할 수 있을 것이다."

다섯 쌓임에서 나와 내 것 보면 모든 흐름 다할 수 없음을 보이심

"어리석고 들음 없는 범부는 물질에서 '나'[我]라고 함을 보나니,

만약 '나'를 보면 이것을 '지어감'이라 한다. 그 지어감은 무엇이 원인이며, 무엇이 모아내며, 무엇으로 나며, 무엇으로 구르는가.

무명이 닿아 애착을 내니, 애착을 인연하여 그 지어감을 일으킨다.

그 애착은 무엇이 원인이며, 무엇이 모아내며, 무엇으로 나며, 무엇으로 구르는가. 그 애착은 '느낌'이 원인이요, 느낌이 모아내며, 느낌으로 나고, 느낌으로 구른다.

그 느낌은 무엇이 원인이며, 무엇이 모아내며, 무엇으로 나며, 무엇으로 구르는가. 그 느낌은 '닿음'이 원인이요, 닿음이 모아내며, 닿음으로 나며, 닿음으로 구른다.

그 닿음은 무엇이 원인이며, 무엇이 모아내며, 무엇으로 나며, 무엇으로 구르는가. 그 닿음은 '여섯 들임'[六入處]이 원인이요, 여섯 들임이 모아내며, 여섯 들임으로 나며, 여섯 들임으로 구른다.

그 여섯 들임은 덧없고 함이 있어[無常有爲] 마음의 인연이 일으키는 법이고, 그 닿음의 느낌과 지어감의 느낌 또한 덧없고 함이 있어 마음의 인연으로 일으키는 법이다."

항상함의 견해[常見]와 끊어짐의 견해를 다시 보이심

"이렇게 살피면서도 어리석은 사람은 물질[色]을 '나'라고 본다.

물질을 '나'라고 보지 않더라도 물질을 '내 것'이라고 보며, 물질을 '내 것'이라고 보지 않더라도 물질은 '나' 안에 있다고 보며, 물질은 '나' 안에 있다고 보지 않더라도 '나'는 물질 안에 있다고 본다.

'나'는 물질 안에 있다고 보지 않더라도 느낌[受]을 '나'라고 보며, 느낌을 '나'라고 보지 않더라도 느낌은 '내 것'이라고 보며, 느낌을 '내 것'이라고 보지 않더라도 느낌은 '나' 안에 있다고 보며, 느낌은 '나' 안에 있다고 보지 않더라도 '나'는 느낌 안에 있다고 본다.

'나'는 느낌 안에 있다고 보지 않더라도 모습 취함[想]을 '나'라고 보며, 모습 취함을 '나'라고 보지 않더라도 모습 취함[想]을 '내 것'이라고 보며, 모습 취함을 '내 것'이라고 보지 않더라도 모습 취함은 '나' 안에 있다고 보며, 모습 취함은 '나' 안에 있다고 보지 않더라도 '나'는 모습 취함 안에 있다고 본다.

'나'는 모습 취함 안에 있다고 보지 않더라도 지어감[行]을 '나'라고 보며, 지어감을 '나'라고 보지 않더라도 지어감을 '내 것'이라고 보며, 지어감을 '내 것'이라고 보지 않더라도 지어감은 '나' 안에 있다고 보며, 지어감은 '나' 안에 있다고 보지 않더라도 '나'는 지어감 안에 있다고 본다.

'나'는 지어감 안에 있다고 보지 않더라도 앎[識]을 '나'라고 보며, 앎을 '나'라고 보지 않더라도 앎을 '내 것'이라고 보며, 앎을 '내 것'이라고 보지 않더라도 앎은 '나' 안에 있다고 보며, 앎은 '나' 안에 있다고 보지 않더라도 '나'는 앎 안에 있다고 본다.

'나'는 앎 안에 있다고 보지 않더라도 다시 끊어짐의 견해[斷見]를 지어 있음의 견해[有見]를 부수고, 끊어짐의 견해를 지어 있음의 견해를 부수지 않더라도 '나'라는 거만을 떠나지 못한다.

'나'라는 거만을 떠나지 못하면 다시 '나'를 보고, '나'를 보면 그것은 곧 지어감이다. 그 지어감은 무엇이 원인이며, 무엇이 모아내며, 무엇으로 나며, 무엇으로 구르는가.

그것은 앞에서 말한 바와 같으며, 나아가 '나'라는 거만 또한 그러하니, 이와 같이 알고 이와 같이 보면 번뇌가 빨리 흐름을 다하게 된다."

붇다께서 이 경을 말씀하시자 여러 비구들은 붇다의 말씀을 듣고 기뻐하며 받들어 행하였다.

• 잡아함 57 질루진경(疾漏盡經)

• 해설 •

세존께서 오직 홀로 따르는 이 없이[獨一無二], 길을 나서시어 숲속에 앉아 계시니, 세존의 홀로 계심과 말 없으심이 참으로 거룩하고 아름답다.

세존께서는 홀로 계시되 참으로 중생과 보디사트바들을 잘 보살펴 생각해주시며, 말없으시되 중생과 보디사트바들에게 간곡히 보디의 마음을 잘 당부하신다. 여래의 당부와 가르침을 등진 중생은 어리석게 어떤 있는 것을 세워 그것이 '늘 있을 것이다'라는 집착을 내니, 늘 있다는 집착도 여러 가지 모습을 띤다.

다섯 쌓임이 어울려 존재를 이루므로 나도 공하고[我空] 다섯 쌓임의 여러 법도 공한데[法空], 중생의 다섯 쌓임이 곧 나라고 하거나 다섯 쌓임에 '내'가 있다고 하거나 '나' 안에 다섯 쌓임이 있다고 집착한다.

또 어떤 이는 이 있다는 견해[有見]를 없애기 위해 끊어져 없다는 견해[斷見]로써 있음을 부수려 하니, 이 견해가 모두 있음에 떨어지고 없음에 떨어짐이다.

있음을 있음으로 보기 때문에 없음의 절망과 허무, 있음의 걸림과 막힘이 있게 되니, 있음에서 있음을 떠나는 자만이 없음의 허무와 끊어져 없어짐의 두려움과 절망을 벗어나게 될 것이다.

여래의 연기법은 있음의 닫힘과 걸림 속에 자유와 소통을 주고, 없음의 절망과 허무에 넘치는 풍요를 주고 창조의 희망을 준다.

3) 스스로 지음과 남이 지음의 중도[自他作中道]

괴로움과 즐거움은 모두 스스로 지은 것도 아니고, 남이 지은 것도 아니니

이와 같이 내가 들었다.

한때 붇다께서는 라자그리하 성 칼란다카 대나무동산에 계셨다.

그때 존자 부미자(Bhūmija) 비구는 그리드라쿠타 산에 머물고 있었다.

이때 많은 집을 나온 바깥길 수행자들이 존자 부미자가 있는 곳으로 찾아와 서로 문안 인사를 나누고 기쁘게 위로하였다. 서로 문안 인사를 나눈 다음에 기쁘게 위로하고 나서 한쪽에 물러나 앉아 존자 부미자에게 말하였다.

"묻고 싶은 것이 있는데 한가하다면 대답해주시겠습니까?"

존자 부미자가 여러 바깥길 집을 나온 수행자들에게 말하였다.

"그대들이 묻는 대로 그대들에게 말해주겠소."

느낌이 일어남을 물음

이때 여러 바깥길 집을 나온 수행자들이 존자 부미자에게 물었다.

"괴로움과 즐거움은 스스로 지은 것입니까?"

존자 부미자가 대답하였다.

"여러 바깥길 집을 나온 수행자들이 '괴로움과 즐거움은 스스로 짓는다'고 하면, 세존께서는 '이것은 말할 것 없음[無記]이다'라고 하셨소.

또 물었다.

"괴로움과 즐거움은 남이 지은 것입니까?"

대답하였다.

"또 그들이 '괴로움과 즐거움은 남이 짓는다'고 하면, 세존께서는 '이것은 말할 것 없음이다'라고 하셨소."

또 물었다.

"괴로움과 즐거움은 스스로와 남이 같이 지은 것입니까?"

대답하였다.

"그들이 '괴로움과 즐거움은 스스로와 남이 같이 짓는다'고 말하면, 세존께서는 '이것은 말할 것 없음이다'라고 하셨소."

또 물었다.

"괴로움과 즐거움은 스스로도 아니요 남도 아니라 원인[因]이 없이 지은 것입니까?"

대답하였다.

"그들이 '괴로움과 즐거움은 스스로도 아니요 남도 아니라 원인이 없이 짓는다'고 말하면, 세존께서는 '이것은 말할 것 없음이다'라고 하셨소."

괴로움과 즐거움이 인연 따라 일어남을 보이심

여러 바깥길 집을 나온 수행자들이 물었다.

"어떻습니까? 존자 부미자여. '괴로움과 즐거움은 스스로 지은 것인가?' 물어도 말할 것 없음이라고 대답하고, '괴로움과 즐거움은 남이 지은 것인가?' 물어도 말할 것 없음이라고 대답하셨소.

또 '괴로움과 즐거움은 스스로와 남이 지은 것인가?' 물어도 말할 것 없음이라고 말하고, '괴로움과 즐거움은 스스로도 아니요 남도 아니라 원인이 없이 지어진 것인가'라고 물어도 말할 것 없음이라고 하셨습니다.

그러면 지금 사문 고타마께서는 괴로움과 즐거움이 어떻게 생긴다고 말씀하십니까?"

존자 부미자가 대답하였다.

"여러 바깥길 집을 나온 이들이여, 세존께서는 '괴로움과 즐거움은 인연을 따라 일어난다'[從緣起生]고 말씀하셨소."

이때 많은 바깥길 집을 나온 수행자들은 존자 부미자의 말을 듣고 마음으로 기뻐하지 않고 꾸짖으면서 떠나갔다.

사리푸트라 존자가 부미자를 인정하고
느낌이 닿음을 따라 연기함을 다시 보이심

그때 존자 사리푸트라는 존자 부미자에게 가기 그리 멀지 않은 곳에서 한 나무 밑에 앉아 있었다.

그때 존자 부미자는 여러 바깥길 집을 나온 이들이 떠난 줄을 알고는 존자 사리푸트라가 있는 곳으로 갔다. 그곳에 이르러서는 사리푸트라와 얼굴을 마주보고 서로 기쁘게 위로하였다.

기쁘게 위로하고서는 저 바깥길 수행자들이 물은 일을 존자 사리푸트라에게 갖추어 말했다.

"제가 이렇게 대답한 것이 세존을 헐뜯지는 않았는지요? 말씀하신 대로 말하고[如說說] 법답지 않게 말한 것은 아닌지요? 그리고 법행(法行)을 따르는 법이 되지 못한 것은 아닌지, 다른 원인 때문에 법을 논하는 이들이 와서 따져 꾸짖지나 않게 될까요?"

존자 사리푸트라가 말하였다.

"존자 부미자여, 그대가 말한 것은 실로 붇다의 말씀 그대로여서 여래를 비방한 것이 아니오.

말씀 그대로 말하였고, 법답게 말하였으며, 법행을 따르는 법의 말[法行法說]이어서 다른 원인 때문에 법의 뜻을 논하는 이들이 찾아와 따져 꾸짖을 수 없을 것이오.

왜냐하면 세존께서는 '괴로움과 즐거움은 인연을 따라 일어난다'고 말씀하셨기 때문이오.

존자 부미자여, 저 여러 사문·브라마나들이 '괴로움과 즐거움은 스스로 지은 것인가?' 하고 물은 것 또한 인연[因]을 따라 일어난 것이오. '인연을 따라 일어난 것이 아니다'라고 말한다면, 그것은 그럴 수 없는 것이오.

'괴로움과 즐거움은 남이 지은 것이다, 스스로와 남이 지은 것이다, 스스로도 아니요 남도 아니라 원인 없이 지어진 것이다'라고 말한 것 또한 인연을 따라 일어난 것이오. 만약 '인연을 따라 일어난 것이 아니다'라고 말한다면 그것은 있을 수 없는 것이오.

존자 부미자여, 저 사문·브라마나들이 '괴로움과 즐거움은 스스로 지은 것이다'라고 말한 것 또한 닿음[觸]을 인연하여 생겼소. 만약 '닿음으로부터 생긴 것이 아니다'라고 말한다면 그럴 수 없소.

'괴로움과 즐거움은 남이 지은 것이다, 스스로와 남이 지은 것이다, 스스로도 아니요 남도 아니라 원인 없이 지어진 것이다'라는 그것들 또한 닿음을 인연하여 생긴 것이오. 만약 '닿음을 인연하여 생긴 것이 아니다'라고 말한다면 그럴 수 없소."

아난다가 두 존자의 문답을 세존께 말씀드리니
세존이 크게 찬탄하시고 연기의 뜻을 다시 보이심

그때 존자 아난다는 사리푸트라에게 가기 그리 멀지 않은 곳에서 한 나무 밑에 앉아 있다가 존자 사리푸트라와 존자 부미자가 토론해 말하는 것을 들었다.

그 말을 듣고는 곧 자리에서 일어나 붇다 계신 곳으로 나아가 머리를 대 붇다의 발에 절하고 한쪽에 물러나 앉았다.

그러고는 존자 부미자와 존자 사리푸트라가 서로 논해 말한 것을 낱낱이 갖추어 붇다께 말씀드렸다.

붇다께서 아난다에게 말씀하셨다.

"참 잘했다, 참 잘했다. 아난다여, 사리푸트라는 찾아와 묻는 사람이 있으면 때를 따라 잘 답할 수 있는 사람이다.

아주 뛰어나다. 사리푸트라는 때에 맞는 지혜가 있기 때문에 찾아와 묻는 사람이 있으면 때를 따라 대답할 수 있다.

만약 나의 성문(聲聞)이라면 때를 따라 묻는 사람이 있을 때, 때를 따라 잘 답하기를 사리푸트라가 말한 것처럼 해야 한다.

아난다여, 내가 옛날 한때 라자그리하 성의 산 속 선인(仙人)이 살던 곳에서 머물고 있었을 때, 여러 바깥길 집을 나온 이들이 이와 같은 뜻·이와 같은 글귀·이와 같은 맛으로 내게 물어온 적이 있었다.

나는 그때 그들을 위해 이와 같은 뜻·이와 같은 글귀·이와 같은 맛으로 말해주었으니, 바로 지금 사리푸트라가 말한 것과 같다.

아난다여, 만약 여러 사문·브라마나들이 '괴로움과 즐거움은 스스로 지은 것이다'라고 말한다면 나는 곧 그에게 가서 물을 것이다.

'그대는 실로 〈괴로움과 즐거움은 스스로 지은 것이다〉라고 말했는가?'

그러면 그는 내게 '그렇다'고 대답할 것이다.

나는 곧 그에게 이렇게 물을 것이다.

'네가 이 뜻을 굳게 붙잡아 〈이것이 진실이요, 다른 것은 어리석은 것이다〉라고 말한다면 내가 허락하지 않는 것이다. 왜냐하면 내가 괴로움과 즐거움이 일어나는 것을 말함은 이 뜻과 다르기 때문이다.'

그가 만약 내게 이렇게 묻는다 하자.

'괴로움과 즐거움이 일어나는 것이 나의 뜻과 다르다 함은 무엇이오?'

나는 곧 그에게 대답할 것이다.

'그 인연을 따라 일어나[從其緣起] 괴로움과 즐거움을 내는 것이다.'

이와 같이 '괴로움과 즐거움은 남이 지은 것이다, 스스로와 남이 지은 것이다, 스스로도 아니요 남도 아니라 원인 없이 지어진 것이다'라고 말한다면 나는 또한 그 있는 곳에 찾아가 위와 같이 말할 것이다."

아난다가 붇다께 말씀드렸다.

"세존께서 말씀하신 뜻과 같이 저는 이미 풀리어 알았습니다. 태어남이 있기 때문에 늙음과 죽음이 있는 것이지, 다른 것을 인연하는 것이 아닙니다.

태어남이 있기 때문에 늙음과 죽음이 있고, 존재[有] 때문에 태어남이 있고, 취함 때문에 존재가 있으며, 나아가 무명(無明) 때문에 지어감[行]이 있는 것이지, 다른 것을 인연한 것이 아닙니다.

무명이 있기 때문에 지어감이 있으므로, 무명이 사라지면 지어감이 사라지며, 지어감이 사라지면 앎이 사라지고, 나아가 태어남이 사라지면 늙음·병듦·죽음과 근심·슬픔·번민·괴로움이 다 사라지며, 이렇게 하여 순전한 괴로움뿐인 큰 무더기가 사라집니다.”

붇다께서 이 경을 말씀하시자, 존자 아난다는 붇다의 말씀을 듣고 기뻐하면서 절하고 물러갔다.

• 잡아함 343 부미경(浮彌經)

• 해설 •

괴로움과 즐거움은 주관이 지은 것인가 객관이 지은 것인가. 주관·객관의 기계적 결합 속에서 난 것인가. 주관·객관이 어울려 만나[觸] 괴로움과 즐거움이 연기했으나 일어난 괴로움과 즐거움 속에는 주관도 없고 객관도 없다. 그러므로 스스로 짓는다고 하거나 남이 짓는다고 하거나 스스로와 남이 같이 짓는다거나 스스로와 남을 떠나서 원인 없이 짓는다거나 그 모두는 허튼 논란이 되는 것이니 여래는 답하지 않으신 것이다.

그 모든 논란을 ‘말할 것 없는 법[無記法]이다’라고 하신 여래의 뜻은 바로 공한 원인과 공한 조건의 어울림으로 일어났으므로 나되 남이 없음[無生]을 보이기 위함이다.

남[生]에 남이 없어서 있되 공한 줄 알아야 괴로움에서 괴로움을 벗어나고 연기되어 있는 존재 속에서 있음을 벗어나 해탈할 수 있기 때문이다.

연기법은 주관주의와 객관주의를 넘어 온갖 존재와 온갖 행위 속에서 중도의 진실을 열어준다. 연기의 가르침을 따라 중도를 알 때 안의 원인은 바깥 여건을 통해 안의 원인이 되고, 바깥 여건은 안의 원인 때문에 바깥 여건이 됨을 알아, 안과 밖이 어울리는 세간의 현실 속에서 안과 밖의 공성(空性)을 통달하여 해탈과 자재를 구현할 수 있는 것이다.

중생은 스스로 짓고 남이 지음도 아니나
스스로와 남 떠남 없으니

이와 같이 내가 들었다.

한때 붇다께서는 슈라바스티 국 제타 숲 '외로운 이 돕는 장자의 동산'에 계셨다.

이때에 어떤 브라마나는 붇다 계신 곳에 나아가 세존과 얼굴을 맞대 서로 위로한 뒤에 한쪽에 앉아 붇다께 말씀드렸다.

"중생은 스스로 지은 것도 아니요, 남이 지은 것도 아닙니다."

붇다께서는 브라마나에게 말씀하셨다.

"그와 같이 주장하는 사람을 나는 더불어 보지 못하였소. 그런데 그대는 지금 스스로 내게 와서 '스스로 지은 것도 아니요, 남이 지은 것도 아니다'라고 말하는구려."

브라마나는 말하였다.

"어떻습니까, 고타마시여. 중생은 스스로 지은 것입니까, 아니면 남이 지은 것입니까."

온갖 것의 연기적인 지어감이 스스로와 남이 아니되
스스로 남 떠나지 않음을 보이심

붇다께서는 브라마나에게 말씀하셨다.

"내가 이제 그대에게 묻겠소. 마음대로 내게 대답하시오.

브라마나여, 어떻게 생각하오. 중생의 방편의 세계가 있어서 여러 중생으로 하여금 방편 짓는 것을 알게 하오?"

"고타마시여, 중생의 방편의 세계가 있어서 여러 중생으로 하여금 방편 짓는 것을 알게 합니다."

"만약 방편의 세계가 있어서 여러 중생으로 하여금 방편 짓는 것을 알게 한다면, 이것은 곧 중생이 스스로 짓는 것이고, 이것은 곧 남이 짓는 것이오.

브라마나여, 어떻게 생각하오. 중생의 편히 머무는 세계 · 굳센 세계 · 벗어남의 세계 · 짓는 세계가 있어서, 그 중생들로 하여금 지어감이 있는 것을 알게 하오?"

"중생의 편히 머무는 세계 · 굳센 세계 · 벗어남의 세계 · 짓는 세계가 있어서 여러 중생으로 하여금 만들어 지어감[造作]이 있는 것을 알게 합니다."

붇다께서는 브라마나에게 말씀하셨다.

"만약 그 편히 머무는 세계 · 굳센 세계 · 벗어남의 세계 · 짓는 세계가 있어서 여러 중생으로 하여금 만들어 지어감이 있는 것을 알게 한다면, 이것은 곧 중생이 스스로 지은 것이고, 이것은 곧 남이 지은 것이오."

브라마나는 붇다께 여쭈었다.

"중생의 스스로 지음도 있고, 남이 지음도 있습니다. 고타마시여, 세간에 일이 많아서 하직하고자 합니다."

"세간에 일이 많으면 때를 알아 하시오."

때에 브라마나는 붇다의 말씀을 듣고 기뻐하면서 자리에서 일어나 떠나갔다.

• 잡아함 459 자작경(自作經)

　어떤 것이 이루어질 때 스스로 짓는 것도 아니고 남이 짓는 것도 아니나 스스로와 남을 떠나 짓는 것도 아니다. 저 브라마나가 '스스로와 남이 짓지 않는다는 것'은 주관·객관을 떠나 '어떤 초월적인 것'이 짓는다는 견해를 말하고 있는 것이다.

　중생에게 어떤 사람이 방편을 짓게 했다면, 그 방편을 짓는 스스로와 남의 요인이 비록 공하지만 스스로와 남을 떠난 것이 아니니, 스스로 짓는 것도 되고 남이 짓는 것도 된다.

　연기법은 이처럼 주·객의 실체성을 부정하되 주관적·객관적 요인과 여건을 떠남이 없이 존재의 나되 남이 없는 생성의 진실[生而無生]을 열어주는 가르침이다.

　어찌 지금 눈앞의 자기요인과 여건을 떠나 따로 짓는 자가 있고 지음이 있다 하겠는가.

　연기적 시각으로 보면 스스로[自]와 남[他], 안[內]과 밖[外]이 모두 인연으로 일어난 법에 거짓 이름을 붙인 것이므로, 같다 함[一]과 다르다 함[異]이 모두 허튼 논란[戱論]을 이룬다.

　『화엄경』(「십인품」)은 이렇게 말한다.

　　세간에 있는바 온갖 법
　　자기성품을 다 알아야 하니
　　법을 깨달으면 둘이 없지만
　　둘 없음에 또한 집착 없도다.

　　世間所有法　悉知其自性
　　了法無有二　無二亦無著

4) 마음과 물질의 중도[名色中道]

───────

자아[根] · 세계[境] · 마음활동[識]이
서로 의지해 연기하나니

이와 같이 내가 들었다.

한때 붇다께서는 슈라바스티 국 제타 숲 '외로운 이 돕는 장자의 동산'에 계셨다.

그때 세존께서 여러 비구들에게 말씀하셨다.

"너희들을 위하여 두 가지 법[二法]을 연설하겠다. 자세히 듣고 잘 사유하라. 어떤 것이 두 가지인가?

눈과 빛깔이 둘이요, 귀와 소리, 코와 냄새, 혀와 맛, 몸과 닿음, 뜻과 법이 둘이니, 이것을 두 가지 법이라 한다.

만약 어떤 사문 · 브라마나가 다음과 같이 말한다 하자.

'이것은 둘이 아니다. 사문 고타마가 말한 두 가지 법은 둘이 될 수 없다.'

그러나 그들이 스스로 제 뜻대로 두 법을 말하는 것은 다만 말로만 있을 뿐이어서 듣고서도 알지 못하여 의혹만 더할 것이니, 그것은 실로 있는 경계가 아니기 때문이다."

눈과 빛깔, 앎의 어울림에서 연기의 실상을 모르므로
괴로움이 남을 보이심

"무슨 까닭인가? 눈[眼]과 빛깔[色]을 인연하여 눈의 앎[眼識]이 생기고, 이 세 가지 일이 어울려 합함이 닿음[觸]이며, 닿음을 인연하여 괴롭거나 즐겁거나 괴롭지도 않고 즐겁지도 않은 느낌[受]을 낸다.

만약 느낌의 모아냄[受集]·느낌의 사라짐[受滅]·느낌의 맛들임[受味]·느낌의 걱정거리[受患]·느낌 벗어남[受出]을 진실 그대로 알지 못한다 하자.

그러면 탐욕의 닿음을 심고, 성냄의 닿음을 심으며, 그릇된 계 취하는 닿음을 심고, 나라는 견해의 닿음을 심으며, 또한 모든 악하여 착하지 않은 법을 심어서 늘리어 자라게 할 것이다.

이렇게 하여 순전한 괴로움의 큰 무더기가 모두 따라 나게 된다.

이와 같이 귀·코·혀·몸·뜻[六根]이 법 등[六境]을 인연하여 뜻의 앎[意識] 등[六識]이 생기고, 세 가지가 어울려 합함[三事和合]이 닿음이며, 닿음을 인연하여 괴롭거나 즐겁거나 괴롭지도 않고 즐겁지도 않은 느낌을 낸다.

만약 느낌의 모아냄·느낌의 사라짐·느낌의 맛들임·느낌의 걱정거리·느낌을 벗어남을 진실 그대로 알지 못한다 하자.

그러면 탐욕의 닿음을 심고, 성냄의 닿음을 심으며, 그릇된 계 취하는 닿음을 심고, 나라는 견해의 닿음을 심으며, 또한 모든 악하여 착하지 않은 법을 심어서 늘리어 자라게 할 것이다.

이렇게 하여 순전한 괴로움뿐인 큰 무더기가 모두 따라 나게 된다."

인연의 실상을 알면 닿음과 느낌에서 해탈함을 보이심

"다시 눈은 빛깔을 인연하여 눈의 앎을 내고, 이 세 가지가 어울려 합함이 닿음이며, 닿음을 인연하여 괴롭거나 즐겁거나 괴롭지도 않고 즐겁지도 않은 느낌을 낸다. 이 모든 느낌의 모아냄·사라짐·맛들임·걱정거리·벗어남에 대해서 이와 같이 진실 그대로 안다 하자.

이렇게 안 뒤에는 탐욕의 닿음을 심지 않고, 성냄의 닿음을 심지 않으며, 그릇된 계를 취하는 닿음을 심지 않고, 나라는 견해의 닿음을 심지 않으며, 또한 모든 악하여 착하지 않은 법을 심지 않는다.

이와 같이 모든 악하여 착하지 않은 법이 사라지면 순전한 괴로움뿐인 큰 무더기가 사라진다.

귀·코·혀·몸·뜻이 법 등을 인연함 또한 이와 같다."

붇다께서 이 경을 말씀하시자, 여러 비구들은 붇다의 말씀을 듣고 기뻐하며 받들어 행하였다.

• 잡아함 213 법경(法經)

• **해설** •

눈이 빛깔을 본다고 할 때 눈은 눈의 아는 뿌리[眼根]이니, 늘 뜻의 아는 뿌리[意根]와 함께한다. 아는 뿌리인 눈이 알려지는 경계인 빛깔을 인연하여 눈의 앎이 일어날 때, 눈의 앎은 아는 자와 알려지는 것이 만나 그 앎을 일으키지만, 눈의 앎에는 실체로서의 눈도 없고 아는 자도 없고 보여지는 세계의 빛깔도 없다.

앎활동[識]은 자아[六根]와 세계[六境]를 통해서 일어났으나, 앎활동일 때 자아와 세계는 앎활동 밖의 자아와 세계가 아니라 앎활동 자체로서 드러나는 자아와 세계이며, 앎활동에 의해서 새롭게 규정되는 자아와 세계이다.

지금 아는 뿌리[意根, 제8아라야식의 아는 자八識見分]와 알려지는 경계 [境, 제8아라야식의 아는 것八識相分]가 어울려 난 앎을 살피면, 앎은 주관 속에 있는 것도 아니고 객관 속에 있는 것도 아니며 주·객을 떠나 있는 것도 아니다.

눈과 빛깔이 어울려 앎이 나고, 눈과 빛깔 눈의 앎이 어울려 함께함을 닿음[觸, sparśa]이라 하고, 닿음으로 느낌이 날 때 아는바 빛깔이 공한 줄 모르므로 실로 닿아 느낌을 취해 느낌에 맛들임으로써 괴로움이 일어난다.

이때 아는 마음은 아는바 경계를 통한 마음이므로 그 마음은 마음 아닌 마음이고, 아는바 물질은 마음에 파악되고 마음인 물질로 드러나는 물질이므로 물질 아닌 물질이다.

아는 마음 알려지는 물질이 공하므로 앎과 알려지는 것이 닿아 나는 느낌 또한 공하니, 앎과 느낌에서 앎과 느낌을 떠날 때 해탈의 길이 열린다.

곧 마음은 마음에 머물지 않고[心不住心] 법은 법에 머물지 않으니[法不住法], 마음에서 마음을 떠날 때 모습에 모습 없는 세계의 진실을 볼 수 있고, 모습에서 모습 떠날 때 모습인 마음은 마음에서 마음 떠난 반야의 마음이 된다.

마음에서 마음 떠남을 마음의 해탈[心解脫]이라 하고 마음 없음에서 마음 없음마저 떠남을 지혜의 해탈[慧解脫]이라 하니, 마음의 해탈과 지혜의 해탈이 함께한[俱解脫] 자가 연기법을 본 자이고, 세계의 실상을 깨달아 해탈하고 '해탈된 알고 봄'[解脫知見]을 쓰는 자이다.

『화엄경』(「야마궁중게찬품」)은 이렇게 보인다.

    법이 자기성품 없으므로
    사무쳐 알 수가 없네.
    이와 같이 법을 알면
    마쳐 다해 알 것이 없네.

    以法無性故 無有能了知

如是解於法　究竟無所解
세간에 있는 국토의 성품
다 진실 그대로 살펴서
만약 이에 대해 알 수 있으면
온갖 뜻을 잘 말하리.

世間國土性　觀察悉如實
若能於此知　善說一切義

취하는 바에 취할 것이 없고
보는 바에 볼 것이 없으며
듣는 바에 들을 것이 없으면
한 마음은 사의할 수 없으리.

所取不可取　所見不可見
所聞不可聞　一心不思議

헤아릴 수 있음과 헤아릴 수 없음
두 가지에 모두 취할 것 없는데
만약 어떤 사람 취하려 해도
마쳐 다해 얻을 것이 없도다.

有量及無量　二俱不可取
若有人欲取　畢竟無所得

물질도 공하고 앎도 공하여 취할 것이 없어야

이와 같이 내가 들었다.

한때 붇다께서는 슈라바스티 국 제타 숲 '외로운 이 돕는 장자의 동산'에 계셨다.

그때 세존께서 여러 비구들에게 말씀하셨다.

"물질은 덧없다. 덧없는 것은 괴로운 것이요, 괴로운 것은 나[我]가 아니다. 나가 아닌 그 온갖 것은 '나도 아니요, 나와 다름[異我]도 아니며, 나와 나와 다름이 함께 있는 것[相在]도 아니다'라고 진실 그대로 알면, 이것을 바른 살핌이라 한다.

느낌·모습 취함·지어감·앎에 있어서도 또한 이와 같다.

많이 들은 거룩한 제자들은 이 다섯 가지 받는 쌓임[五受陰]에서 '그것은 나가 아니요, 내 것[我所]도 아니다'라고 살핀다.

이렇게 살피면 모든 세간에서 도무지 취할 것이 없게 되고, 취할 것이 없으므로 집착할 것이 없게 되며, 집착할 것이 없으므로 스스로 니르바나를 깨닫는다.

그리하여 '나의 태어남은 이미 다하고 범행은 이미 서고, 지을 바를 이미 지어 다시는 뒤의 있음을 받지 않는다'라고 스스로 안다."

붇다께서 이 경을 말씀하시자, 여러 비구들은 듣고 기뻐하며 받들어 행하였다.

• 잡아함 84 청정경(淸淨經)

앎과 바깥 경계에 나와 내 것 없음을 알아야 해탈하나니

이와 같이 내가 들었다.

한때 붇다께서는 사케타(Sāketa) 국 안자나(Añjana) 숲속에 계시면서 사리푸트라에게 말씀하셨다.

"나는 법을 간략히 말할 수도 있고 널리 말할 수도 있지만, 다만 아는 이가 드물다."

존자 사리푸트라는 붇다께 말씀드렸다.

"세존께서 간략하게나 널리 말씀해주시길 바랍니다. 법을 말씀하시면, 그 법을 실로 아는 이가 있을 것입니다."

붇다께서는 말씀하셨다.

"만약 어떤 중생이 스스로의 앎의 몸[識身, vijñāna-kāya]과 바깥 경계의 온갖 모습에서, '나'와 '내 것'이 없고, '나'라는 교만에 얽매인 번뇌가 없으면, 마음이 해탈하고 지혜가 해탈한다.

현재의 법에서 증득한 줄을 스스로 알아 갖추어 머무르는 자는, 앎의 몸과 바깥 경계의 온갖 모습에서 '나'와 '내 것'이란 견해와 '나'라는 교만과 집착하는 번뇌가 없으므로, 나의 마음이 해탈하고 지혜가 해탈하여 현재의 법에서 증득한 줄을 스스로 알아 갖추어 머무는 것이다.

사리푸트라여, 그 비구가 스스로의 앎의 몸과 바깥 경계의 온갖 모습에서 '나'와 '내 것'이 없고, '나'라는 교만에 얽매인 번뇌가 없어서 마음이 해탈하고 지혜가 해탈하여, 현재의 법에서 증득한 줄을 스스로 알아 갖추어 머무른다고 하자.

그는 앎의 몸과 바깥 경계의 온갖 모습에서 '나'와 '내 것'이란 견해와 '나'라는 교만과 집착하는 번뇌가 없으므로, 그의 마음이 해탈하고 지혜가 해탈하여 현재의 법에서 증득한 줄을 스스로 알아 갖추어 머무는 것이다."

앎과 알려지는 온갖 모습의 공성(空性)을 깨칠 때 마음과 지혜가 해탈함을 보이심

"사리푸트라여, 다시 어떤 비구가 스스로의 앎의 몸과 바깥 경계의 온갖 모습에서 '나'와 '내 것'이 없고, '나'라는 교만에 얽매인 번뇌가 없으면, 마음이 해탈하고 지혜가 해탈한다.

현재의 법에서 증득한 줄을 스스로 알아 갖추어 머무르는 자는, 앎의 몸과 바깥 경계의 온갖 모습에서 '나'와 '내 것'이란 견해와 '나'라는 교만과 집착하는 번뇌가 없으므로, 나의 마음이 해탈하고 지혜가 해탈하여 현재의 법에서 증득한 줄을 스스로 알아 갖추어 머무는 것이다.

사리푸트라여, 만약 다시 어떤 비구가 스스로의 앎의 몸과 바깥 경계의 온갖 모습에서 '나'와 '내 것'이 없고, '나'라는 교만에 얽매인 번뇌가 없어서 마음이 해탈하고 지혜가 해탈하여, 현재의 법에서 증득한 줄을 스스로 알아 갖추어 머무른다고 하자.

그는 앎의 몸과 바깥 경계의 온갖 모습에서 '나'와 '내 것'이란 견해와 '나'라는 교만과 집착하는 번뇌가 없으므로, 나의 마음이 해탈하고 지혜가 해탈하여 현재의 법에서 증득한 줄을 스스로 알아 갖추어 머무는 것이다.

사리푸트라여, 이것을 '비구가 애욕의 묶음과 맺음, 교만을 끊고 사이가 없는 평등한 지혜로 괴로움의 끝을 마쳐 다함이라 말한다."

파라야나푸르나카에게 답한 게송을 보이심

"그리고 사리푸트라여, 나는 여기에 달리 가르친 말이 있어서 파라야나푸르나카[波羅延富隣尼]의 물음에 이렇게 대답한 일이 있다."

세간의 수가 차별되어도
만나는 것에 편안히 움직임 없이
고요하여 모든 티끌 멀리 여의고
뿌리 뽑아 밖으로 바람 없으면
이미 세 가지 존재의 바다 건너서
다시는 늙고 죽음의 걱정 없으리.

붇다께서 이 경을 말씀하시자, 존자 사리푸트라는 그 말씀을 듣고 기뻐하며 받들어 행하였다.

• 잡아함 982 아난사리불경(阿難舍利弗經)

• **해설** •

두 경 가운데 앞의 경이 물질과 마음의 중도를 존재론적으로 해명해주고 있다면, 뒤의 경은 인식론적으로 해명해주고 있다.

존재는 물질·느낌·모습 취함·지어감·앎의 다섯 쌓임에 의해서 이루어졌으므로 존재에는 실로 존재라 할 실체가 없다. 그러나 존재를 이루는 물질·느낌·모습 취함·지어감·앎 등 모든 법도 모두 연기한 것이므로 실체가 없는 것이니, 각기 다른 법들이 쌓여 존재를 이룬다고 해서는 안 된다.

물질은 마음인 물질로 주어지므로 공한 물질이고, 마음활동은 물질인 마음이므로 마음활동 또한 공한 것이다. 물질과 마음이 모두 연기한 것이고 물질과 마음의 다섯 쌓임이 어울려 거짓 나[我]를 이루었으니, 나에도 나가 없고 다섯 쌓임에도 나가 없지만 다섯 쌓임이 나 아님도 아니다. 그러므로 다섯 쌓임은 '나'와 '나와 다름' '나와 나와 다름이 같이 있음'도 아니다.

곧 마음활동[心法]에도 아는 내가 없고[無我] 알려지는 물질[色法]에도 내 것이 없으므로[無我所] 많이 들은 거룩한 제자들은 마음과 물질에서 나와 내 것을 떠나 취하지 않고 취하지 않으므로 니르바나를 깨닫는 것이다.

붇다께서 사리푸트라와 문답한 경에서 보면 안의 앎의 몸은 바깥 경계를 토대로 해서 일어났으므로 앎의 몸에도 붙들어 쥘 것이 없고 나와 내 것을 분별할 수 없다.

앎에 파악된 바깥 경계는 경계에 경계의 실체가 있는 것이 아니라 지금 알 때 앎인 경계로 주어지는 것이니 경계 또한 공하다. 그러므로 경계에도 나와 내 것이 없다.

알려지는 바깥 경계를 실로 있는 것으로 볼 때 앎의 몸이 물들고, 앎의 몸을 여기 있는 것으로 볼 때 저 경계를 실로 있는 것으로 집착한다.

바깥 경계가 앎인 바깥 경계이므로 바깥 경계에서 취하는 바[所取] 실로 있는 모습을 떠날 때 아는 마음에서 취함[能取]이 사라져서, 마음은 고요하되 알게 되고[寂而知] 경계는 모습 없되 모습 없음도 없는 실상[無相實相]으로 현전하게 되는 것이다.

마음이 밝되 고요하면 마음이 해탈하고 고요하되 밝으면 지혜가 해탈하여 현재의 보고 듣고 아는 곳에서 늘 니르바나의 안락을 성취하는 것이다.

파라야나푸르나카의 물음에 답하신 뜻 또한 앞의 법문을 게송으로 다시 보이신 것이다. 게송의 뜻은 무슨 뜻일까.

먼저 게송은 아는 마음이 마음이 아니라 경계를 인한 마음이므로 경계의 모습에 모습 없는 줄 알면 온갖 차별된 세간 숫자 가운데서 아는 마음이 고요해지게 됨을 말한다.

그리고 마음이 알되 고요하고[照而寂] 고요히 알 때[寂而照] 밖으로 헛된 모습을 구하고 바람이 없어서, 모든 존재의 바다[諸有海] 건너 해탈의 땅에 이르게 됨을 보이신다. 모습에서 모습 떠나 마음과 지혜의 해탈 얻는 이는 존재에서 존재를 벗어나게 되니, 그에게 다시 늙음과 죽음의 걱정이 어찌 있을 것인가.

『화엄경』(「광명각품」) 또한 안의 마음과 바깥 경계에 취할 것이 없고 걸림 없어야 '사람 가운데 사자'[人獅子] 가장 높은 해탈의 사람이 됨을 다음과 같이 보인다.

붇다는 법이 허깨비 같음을 알아
통달하여 막혀 걸림이 없어라.
마음 깨끗해 뭇 집착 떠나니
여러 중생 조복하여주시네.

佛了法如幻　通達無障礙
心淨離衆著　調伏諸群生

붇다는 세간법의 쌓임 아니시고
열여덟 법의 영역 열두 들임의
나고 죽는 법이 아니시라
셀 수 있는 법이 이룰 수 없네.
그러므로 세간 모습 떠난 붇다를
사람 가운데 사자라 부르네.

佛非世間蘊　界處生死法
數法不能成　故號人師子

5) 같음과 다름의 중도[同異中道]

목숨은 몸과 같은가 다른가
두 극단에 마음이 따르지 않아야 하리

이와 같이 내가 들었다.

한때 붇다께서는 쿠루 국의 소 치는 마을에 계셨다.

그때 세존께서 여러 비구들에게 말씀하셨다.

"내 너희들을 위해 설법해주겠다. 이 경은 처음과 가운데와 뒤가 다 좋고, 좋은 뜻과 좋은 맛이며, 온전히 하나같이 청정하며 범행이 맑고 깨끗하니, '크게 공한 법을 말한 경'[大空法經]이다.

자세히 듣고 잘 사유하라. 너희들을 위하여 말해주겠다.

어떤 것이 크게 공한 법을 말한 경인가?

'이것이 있기 때문에 저것이 있고, 이것이 일어나기 때문에 저것이 일어난다'고 함을 말한다.

곧 무명(無明) 때문에 지어감[行]이 있고, 지어감 때문에 앎이 있고, 앎[識] 때문에 마음·물질[名色]이 있고, 마음·물질 때문에 여섯 들임[六入]이 있다.

여섯 들임 때문에 닿음[觸]이 있고, 닿음 때문에 느낌[受]이 있고, 느낌 때문에 애착[愛]이 있고, 애착 때문에 취함[取]이 있고, 취함 때문에 존재[有]가 있고, 존재 때문에 나고 죽음이 있고, 나아가 순전한 괴로움의 큰 무더기가 일어난다는 것이다."

연기인 줄 알아 두 치우친 가를 떠나야 함을 보이심

"태어남 때문에 늙음과 죽음이 있다고 하면, 어떤 사람은 '그 누가 늙고 죽으며, 늙고 죽음은 누구에게 속한 것인가' 하고 따져 묻는다.

그러면 저들은 곧 이렇게 답한다.

'내가 곧 늙고 죽는다. 지금의 늙고 죽음은 나에게 속하고, 늙고 죽음은 바로 나이다.'

'목숨[命]이 곧 몸[身]이다'라고 말한 것에, 어떤 사람은 '목숨이 다르고 몸이 다르다'고 말한다. 이것은 곧 한뜻인데 여러 가지로 말한 것일 뿐이다.

만약 '목숨이 곧 몸이다'라고 보아 말한다면, 그것은 범행자(梵行者)에게는 있을 수 없는 일이다. 만약 또 '목숨이 다르고 몸이 다르다'고 보아 말한다면, 그것도 범행자에게는 있을 수 없는 일이다.

이 두 치우친 가[二邊]에 마음이 따라가지 않는 것이 바르게 중도로 향하는 것이다.

현성은 세상에 나와 진실 그대로 뒤바뀌지 않고 바르게 보니, 곧 다음과 같다.

'태어남 때문에 늙음과 죽음이 있듯이, 이처럼 태어남[生]·존재[有]·취함[取]·애착[愛]·느낌[受]·닿음[觸]·여섯 들임[六入處]·마음과 물질[名色]·앎[識]·지어감[行]도 마찬가지이니, 무명 때문에 지어감이 있다.'

그런데도 만약 다시 '누가 곧 지어감이며, 지어감은 누구에게 속한 것인가?' 하고 물으면 어리석은 저들은 곧 '지어감이 곧 나요, 지어감은 곧 내 것이다'라고 대답한다.

저들은 이와 같이 '목숨이 곧 몸이다'라고 말하고, 또는 '목숨이 다르고 몸이 다르다'라고 말한다.

그 사람이 '몸이 곧 몸이다'라고 본다면, 범행자로서는 있을 수 없다. 또 '목숨이 다르고 몸이 다르다'고 말한다면, 범행자로서는 또한 있을 수 없다.

이 '두 치우친 가를 여의는 것'[離於二邊]이 바르게 중도로 향하는 것이다.

현성이 세상에 나와 진실 그대로 뒤바뀌지 않고 바르게 보는 것은 다음과 같다.

'무명 때문에 지어감이 있고, 지어감 때문에 앎이 있고, 앎 때문에 마음·물질이 있고, 마음·물질 때문에 여섯 들임이 있다.

여섯 들임 때문에 닿음이 있고, 닿음 때문에 느낌이 있고, 느낌 때문에 애착이 있고, 애착 때문에 취함이 있고, 취함 때문에 존재가 있고, 존재 때문에 나고 죽음이 있고, 나아가 순전한 괴로움뿐인 큰 무더기가 일어난다.'"

탐욕 떠나 무명에서 밝음을 내면 나고 죽음이 끊어짐을 보이심

"여러 비구들이여, 만약 무명에서 탐욕을 떠나 밝음[明]을 내면, 그 누가 늙고 죽을 것이며 늙고 죽음이 누구에게 속하겠느냐?

늙고 죽음이 곧 끊어지면, 마치 다라 나무 밑동을 자르듯 그 뿌리 끊을 줄을 알아 미래세상에서 나지 않는 법[不生法]을 이룰 것이다.

만약 비구가 무명에서 탐욕을 떠나 밝음을 내면, 그 누가 태어나며, 태어남이 누구에게 속하겠느냐? 나아가 그 누가 지어가며, 누가 행할 것이며 지어감이 누구에게 속하겠느냐?

지어감이 곧 끊어지면, 마치 다라 나무 밑동을 자르듯 그 뿌리 끊을 줄을 알아 미래세상에서 나지 않는 법을 이룰 것이다.

만약 비구가 무명에서 탐욕을 떠나 밝음을 내서 그 무명이 사라지면 곧 지어감이 사라지고, 지어감이 사라지면 앎이 사라지고, 앎이 사라지면 마음·물질이 사라지고, 마음·물질이 사라지면 여섯 들임이 사라진다.

여섯 들임이 사라지면 닿음이 사라지고, 닿음이 사라지면 느낌이 사라지고, 느낌이 사라지면 애착이 사라진다.

애착이 사라지면 취함이 사라지고, 취함이 사라지면 존재가 사라지고, 존재가 사라지면 나고 죽음이 사라지고, 나아가 순전한 괴로움뿐인 큰 무더기가 사라진다.

이것을 '크게 공한 법을 말한 경'이라고 한다."

붇다께서 이 경을 말씀하시자, 여러 비구들은 붇다의 말씀을 듣고 기뻐하며 받들어 행하였다.

• 잡아함 297 대공법경(大空法經)

• 해설 •

목숨은 몸[身]·앎[識]·숨[息]이 함께할 때를 짐짓 이름한 것이다. 이때 몸은 목숨의 요소가 아니라 목숨인 몸이고 앎인 몸이며, 앎과 목숨 또한 몸인 앎이고 몸인 목숨이다.

몸과 목숨이 모두 공한 몸과 목숨이니, 같고 다름을 분별한 것은 연기의 진실에 맞지 않는다.

연기법에서 같다 함은 몸·목숨·앎·숨이 모두 공해 자기실체 없는 것을 같다 하고, 다르다 함은 서로 의지해 목숨이라 이름하고 몸이라 이름함을 다름이라 이름한 것이다. 그러므로 다름에 다름이 없고 같음에 같음이 없는 것이다.

여래는 오직 실체적인 같고 다름의 두 치우친 가를 떠나 중도에 서서 법을 설하니, 중도의 법을 듣는 이 또한 가르침을 듣고 연기중도의 진실에 나아가야 하지만, 어리석은 이들은 여기 아는 자에 목숨의 뿌리를 두어 몸과 목숨이 같고 다름을 분별한다.

십이연기설로 보면 지금 중생이 목숨의 뿌리[命根]라고 집착하는 것은 여섯 들임이다. 여섯 들임은 닫혀 있는 나가 아니라 뜻뿌리[意根]와 몸[五根, 身]이 어울려 있는 나 아닌 나[無我之我]이고, 여섯 들임은 바깥 여섯 경계[六境]와 만나 앎[六識]을 일으키니, 아는 뜻뿌리도 공하고 몸도 공하고 세계도 공한 것이다.

중생은 무명의 어두움으로 마음인 물질과 물질인 마음의 진실을 보지 못하고 여섯 들임에 아는 뜻뿌리가 따로 있는 줄 알아 몸과 마음, 몸과 목숨의 실체성을 집착하는 것이니, 마음·물질, 남과 죽음이 모두 공한 줄 알아야 무명이 다한 곳에서 해탈하게 됨을 보인다.

연기를 모르면 공(空)을 모르고 공을 모르면 연기를 모르는 것이니, 크게 공한 법 설한 여래의 뜻이 참으로 있음 아닌 있음을 세워주고 연기의 뜻 세워줌인 줄 알아야 한다.

세계 밖에 목숨의 뿌리가 있고 알려지는 것 밖에 실로 아는 자가 있다는 집착을 깨는 데 다음 공안(公案)의 법문이 친절하다.

상가난디(Saṃghānandhi, 僧伽難提) 존자가 바람이 구리방울[銅鈴] 울리는 것을 보고 물었다.

"방울이 우는가, 바람이 우는가."

어린이가 말했다.

"바람이나 방울이 우는 것이 아니요, 내 마음이 웁니다[我心鳴耳]."

존자가 말했다.

"바람과 방울이 우는 것이 아니라면 마음은 다시 누구인가."

어린이가 말한다.

"모두 고요하기 때문이니, 사마디가 아닙니다[俱寂靜故 非三昧也]."

존자가 말했다.

"잘 말하고 잘 말했다, 나의 도를 이을 자는 너 아니고 누구이겠는가."

존자와 문답한 어린이가 '모두 고요하기 때문이니, 사마디가 아닙니다'라고 한 것이, 아는 자와 알려지는 것이 모두 공하되[能所俱空] 아는 자는 알려지는 것으로 아는 자가 되고, 알려지는 것은 아는 자로 인해 알려지는 것이 됨을 보임인가.

그런 뜻으로 바람과 방울이 만나 우는 소리가 내 마음의 소리라 말하고 다시 소리인 마음도 공해 고요하다 답한 것인가.

있음이 곧 연기로 있음이라 아는 마음과 알려지는 것의 고요함이 본래 그러하다면 다시 따로 사마디에 들어가야 보는 특별한 일이 아닐 것이니, 옛 사람[悅齋居士]은 이 공안에 대해 다음과 같이 노래한다.

바람도 아니요 요령도 아님이여
물은 맑고 산은 푸름이며
바람도 아니요 깃발도 아님이여
맑은 물 푸른 산이로다.
非風非鈴 水綠山靑
非風非幡 綠水靑山

물질에 대해 '나'와 '나와 다름' 그 둘의 합함을 보느냐

이와 같이 내가 들었다.

한때 붇다께서는 슈라바스티 국 제타 숲 '외로운 이 돕는 장자의 동산'에 계셨다.

그때 세존께서 여러 비구들에게 말씀하셨다.

"다섯 가지 받는 쌓임[五受陰]이 있으니, 어떤 것이 다섯 가지인 가? 물질의 받는 쌓임[色受陰]·느낌의 받는 쌓임[受受陰]·모습 취 함의 받는 쌓임[想受陰]·지어감의 받는 쌓임[行受陰]·앎의 받는 쌓임[識受陰]이다.

너희 비구들이여, 물질을 살펴보아야 한다. 물질을 살피고서 '나 [我]와 나와 다름[異我], 나와 나와 다름이 함께 있음[相在]'을 보겠 느냐?"

여러 비구들이 붇다께 말씀드렸다.

"아닙니다, 세존이시여."

세존께서 말씀하셨다.

"잘 말하고, 잘 말했다. 물질에는 나가 없다. 나가 없으면 덧없는 것이요, 덧없으면 괴로운 것이다.

만약 괴로운 것이면 그 온갖 것은 나가 아니요, 나와 다름도 아니 며, 나와 나와 다름이 함께 있는 것도 아니니, 이와 같이 살펴야 한다.

이와 같이 느낌·모습 취함·지어감·앎 또한 이와 같다."

다섯 쌓임에서 나와 나와 다름을 떠나면
나고 죽음 벗어남을 보이심

"많이 들은 거룩한 제자들은 이 다섯 가지 받는 쌓임에서 '그것은 나도 아니요, 내 것도 아니다'라고 살핀다.

이와 같이 살피고 나면 세간에서 전혀 취할 것이 없게 되니, 취할 것이 없으면 곧 집착할 것이 없게 되고, 집착할 것이 없으면 스스로 니르바나를 깨닫는다. 그리하여 '나의 태어남은 이미 다하고 범행은 이미 서고, 지을 바를 이미 지어 다시는 뒤의 있음을 받지 않는다'고 스스로 안다."

붇다께서 이 경을 말씀하시자, 여러 비구들은 붇다의 말씀을 듣고 기뻐하며 받들어 행하였다.

• 잡아함 76 욕탐경(欲貪經)

• 해설 •

다섯 쌓임에 물듦이 있으면 받는 쌓임이라 한다. 다섯 쌓임이 모여 나[我]를 이루었으니 나는 공한 것이고[我空], 다섯 쌓임도 실체로서의 다섯 법이 아니니 법도 공한 것이다[法空].

물질 또한 안밖의 요인으로 있는 물질이라 저 물질이 내가 아니지만 나와 다름도 아니니, 물질 안에 '나'[我]와 '나와 다름'[異我] '나와 나와 다름이 함께 있음'[相在]이 실로 있는 것이 아니다.

아는 마음 또한 알려지는 것을 의지해 있는 마음이라 마음이 '나 아님'이 아니되 '내'가 아니니, 마음에도 '나'와 '나와 다름' '나와 나와 다름이 함께 있음'이 없다.

'나'를 이루는 다섯 쌓임에서 마음과 물질이 모두 공한 것이니 물질과 마음활동에서 '나'와 내 것', '나와 같음과 나와 다름'의 분별을 떠날 때 아는 마음과 알려지는 것이 함께 고요하여[心境俱寂] 취함이 없고 집착 없어서 다시 뒤에 올 존재의 모습을 받지 않을 것이다.

지금 있음에서 있음을 떠나므로 다시 실체로서의 뒤의 있음을 받지 않는 것이니, 그가 바로 태어남을 다하고 범행을 이루어 성취한 사람이다.

'나와 내 것'이 공해 평등함을 보면 해탈의 땅에 나아가게 되니,『화엄경』(「수미정상게찬품」)은 이렇게 말한다.

만약 평등해 다름없음 보면
사물에 분별하지 않는다.
이런 봄은 모든 미혹을 떠나
샘이 없이 자재함 얻으리.

若見等無異　於物不分別
是見離諸惑　無漏得自在

이 가운데 둘이 없고
또한 다시 하나도 없네.
큰 지혜로 잘 보는 이는
진리대로 편안히 머물도다

此中無有二　亦復無有一
大智善見者　如理巧安住

6) 나고 사라짐과 항상함의 중도[常無常中道]

눈은 생길 때도 오는 곳이 없고
사라질 때도 가는 곳이 없나니

이와 같이 내가 들었다.

한때 붇다께서는 쿠루 국의 소 치는 마을에 계셨다.

그때 세존께서 여러 비구들에게 말씀하셨다.

"내가 이제 너희들을 위하여 설법하겠다. 그 법은 처음과 가운데와 뒤가 모두 좋으며, 좋은 뜻과 좋은 맛으로 온전히 하나같아, 원만하고 깨끗하여 범행이 맑고 깨끗하다.

이를 '으뜸가는 뜻의 공을 밝힌 경'[第一義空經]이라고 하니 자세히 듣고 잘 사유하라. 너희들을 위해 말해주겠다."

속제(俗諦)의 공성을 보이심

"어떤 것이 '으뜸가는 뜻의 공을 밝힌 경'인가?

여러 비구들이여, 눈은 생길 때 오는 곳이 없고, 사라질 때에도 가는 곳이 없다. 이와 같이 눈은 진실이 아니면서 나고, 나서는 다해 사라진다.

업의 갚음은 있지만 짓는 자는 없다. 그리하여 이 쌓임[陰]이 사라지고 나면 다른 쌓임이 이어지니, 다만 세속의 세는 법은 내놓는다.

귀·코·혀·몸·뜻 또한 이와 같이 말하나, 다만 세속의 세는 법은 내놓는다."

속제의 나고 사라짐을 보이심

"세속의 세는 법이란 다음과 같다. 곧 '이것이 있기 때문에 저것이 있고, 이것이 일어나기 때문에 저것이 일어난다'는 것을 말하니, 다음과 같다.

'무명 때문에 지어감이 있고, 지어감 때문에 앎이 있고, 앎 때문에 마음·물질이 있고, 마음·물질 때문에 여섯 들임이 있다.

여섯 들임 때문에 닿음이 있고, 닿음 때문에 느낌이 있고, 느낌 때문에 애착이 있고, 애착 때문에 취함이 있고, 취함 때문에 존재가 있고, 존재 때문에 나고 죽음이 있고, 나아가 순전한 괴로움의 큰 무더기가 일어난다.'

또 '이것이 없기 때문에 저것이 없고, 이것이 사라지기 때문에 저것이 사라진다'는 것이니, 다음과 같다.

'무명이 사라지면 지어감이 사라지고, 지어감이 사라지면 앎이 사라지고, 앎이 사라지면 마음·물질이 사라지고, 마음·물질이 사라지면 여섯 들임이 사라진다.

여섯 들임이 사라지면 닿음이 사라지고, 닿음이 사라지면 느낌이 사라지고, 느낌이 사라지면 애착이 사라지고, 애착이 사라지면 취함이 사라지고, 취함이 사라지면 존재가 사라지고, 존재가 사라지면 나고 죽음이 사라지고, 나아가 순전한 괴로움의 큰 무더기가 사라진다.'

비구들이여, 이것을 으뜸가는 뜻의 공을 밝힌 경이라고 말하는 것이다."

붇다께서 이 경을 말씀하시자, 여러 비구들은 붇다의 말씀을 듣고 기뻐하며 받들어 행하였다.

- 잡아함 335 제일의공경(第一義空經)

• 해설 •

흔히 연기법을 그릇 이해하는 이들은 존재가 인연 따라 생겼다가 인연 따라 사라짐을 말하는 법이라 이해한다. 그러나 이 말은 실체로서의 원인과 조건이 모여 존재가 나고 인연이 흩어지면 따라 흩어진다는 것이므로, 이는 법집(法執)에 떨어진 치우친 견해일 뿐 연기의 진실이 아니다.

여래가 인연으로 난다고 가르친 것은 실로 남이 없음을 보이기 위함이고, 여래가 인연으로 사라진다고 가르친 것은 실로 사라짐 없음을 보이기 위함이다.

실로 난다면 난 것이 어찌 사라질 것이며, 실로 사라진다면 없어진 것이 어찌 다시 날 수 있겠는가.

그러나 실로 나지 않고 사라지지 않기 때문에 새로운 인연에 의해 남이 없이 남이 있고, 사라짐 없는 사라짐이 있는 것이니, '나고 사라짐'[生滅]과 '나지 않고 사라지지 않음'[不生不滅]은 중도의 뜻이 된다.

이 뜻을 여래는 '눈이 올 때에도 오는 곳이 없고 사라질 때에도 가는 곳이 없다' 말하고 이것이 '으뜸가는 뜻의 공'[第一義空]이라고 가르치니, 으뜸가는 뜻의 공에서 공하여 남이 없음[空無生]과 인연으로 나는 것[緣起生]은 둘이 아니다.

다만 경에서 세속의 세는 법을 내놓는다고 한 것은 존재가 실체로서 늘 머문다는 생각을 깨기 위해 인연으로 있고 인연으로 사라짐을 보인 방편의 뜻을 말함이니, 나고 사라짐의 사제법[生滅四諦]이다. 이는 곧 중생의 집착이 있으면 방편의 뜻 또한 다할 수 없음을 보인 것이다.

그러므로 실로 있다는 집착의 생각과 인연으로 있다는 방편의 뜻을 함께 넘어설 수 있는 자가, 연기와 공, 내고 남[生生]과 남 없음[無生]이 둘이 아닌 여래의 법문[不二法門]에 들어갈 수 있으리라.

공함과 서로 응하는 연기의 법을 여래는 설하나니

이와 같이 내가 들었다.

한때 붇다께서는 라자그리하 성의 칼란다카 대나무동산에 계시면서 어떤 비구에게 말씀하셨다.

"나는 이미 의심을 건넜고 망설임을 떠났으며, 삿된 견해의 가시를 빼어 다시는 물러나거나 넘어지지 않으니, 그것은 마음에 집착하는 바가 없기 때문이다.

어느 곳에 '나'가 있어서, 저 비구들을 위하여 법을 말하겠는가."

인연으로 나는 것이 공에 서로 응함을 보이심

"저 비구들을 위하여 현성은 세상에 나와, '공과 서로 응하는 연기[空相應緣起] 따르는 법'을 말해주었으니, 다음과 같다.

'이 일이 있기 때문에 이 일이 있고, 이 일이 있기 때문에 이 일이 일어난다는 것이다.

곧 무명 때문에 지어감이 있고, 지어감 때문에 앎이 있고, 앎 때문에 마음·물질이 있고, 마음·물질 때문에 여섯 들임이 있다.

여섯 들임 때문에 닿음이 있고, 닿음 때문에 느낌이 있고, 느낌 때문에 애착이 있으며, 애착 때문에 취함이 있고, 취함 때문에 존재가 있고, 존재 때문에 태어남이 있고, 태어남 때문에 늙음·죽음·근심·슬픔·번민·괴로움이 있고, 이렇게 하여 순수한 큰 괴로움의 무더기가 모인다.

다시 무명이 사라지므로 지어감이 사라지고, 나아가 순전한 큰 괴로움의 무더기가 사라진다.'"

함이 있음에서 함이 없는 니르바나 깨닫도록 하심

"이와 같이 설법하였지만, 저 비구들은 아직도 의혹과 망설임이 있어, 앞서 얻지 못하고도 얻었다 생각하고, 거두지 못하고도 거두었다 생각하며, 증득하지 못하고도 증득하였다고 생각한다.

그래서 지금 법을 듣고서도 마음에 근심 · 괴로움 · 뉘우침 · 원한 · 어두워 흐림 · 가라앉아 빠짐 · 막혀 걸림이 생긴다.

무슨 까닭인가. 이 깊고 깊은 곳[此甚深處]은 연기한다고 하는 것보다 몇 곱이나 더 깊어 보기 어렵기 때문이니, 다음과 같다.

곧 온갖 취함을 떠나고 애착 다해 탐욕 없으면 고요하여 니르바나라고 함이다.

이와 같이 두 법이 있으니 곧 '함이 있음'과 '함이 없음'이다.

'함이 있음'이란 나고 머무르며 달라지고 사라지는 것이다.

'함이 없음'이란 나지도 않고 머무르지도 않으며 달라지지도 않고 사라지지도 않는 것이니, 이것을 비구의 모든 지어감과 괴로움이 고요하여 니르바나라고 함이다.

원인[因]이 모아내므로 괴로움이 모이고, 원인이 사라지므로 괴로움이 사라진다. 모든 오솔길[邏路]을 끊고 서로 이어감을 없애고, 서로 이어감의 사라짐을 없애면 이것을 괴로움의 끝이라 한다.

비구여, 그 어떤 것이 사라지는가. 곧 남음이 있는 괴로움이니, 그것이 만약 사라져 그치어 맑고 시원하며 쉬고 없어지면, 이것이 온갖 취함이 사라지고 애착이 다해 탐욕 없으면 고요하여 니르바나라고 함이다."

붇다께서 이 경을 말씀하시자 여러 비구들은 붇다의 말씀을 듣고 기뻐하며 받들어 행하였다.

• 잡아함 293 심심경(甚深經)

• 해설 •

여래가 온갖 법이 서로 의지해서 일어남을 말함은 공함을 보이기 위함이고 공함을 말함은 연기를 말함이다.

법은 연기하기 때문에 공하고 공하기 때문에 연기하는 것이니, 연기라는 말을 듣고 곧 공함을 알기는 매우 어렵다.

공함과 연기가 서로 응하기 때문에[空緣起相應] 세간의 나고 사라지는 함이 있는 법[有爲法]을 떠나 함이 없는 법[無爲法]이 있는 것이 아니다.

연기가 곧 공이므로 나되 남이 없음[生而無生]을 알고 남이 없이 남을 알면[無生而生] 세간의 함이 있는 법을 다하지 않고[不盡有爲], 함이 없는 법에 머묾이 없이[不住無爲] 함이 있는 법 그대로 함이 없는 법을 얻어 괴로움의 끝을 다할 수 있다.

『화엄경』(「입법계품」)은 세간의 함이 있는 존재의 세계가 본래 공하므로 모습의 세계 떠나지 않고 나고 죽음의 바다 건너는 보디사트바의 길을 다음과 같이 보인다.

연기의 진실 깨달은 보디사트바는
안과 밖의 법을 집착하지 않고
이미 나고 죽음의 바다 건넜지만
갖가지 모습의 몸을 나타내어
모든 존재의 세계에 머물러 사네.

不著內外法 已度生死海
而現種種身 住於諸有界

모든 법이 공함 깨쳐 알지만
언제나 묘한 법을 구하고
번뇌와 더불어 합하지 않지만
또한 번뇌 흐름 다하지 않네.

了達諸法空 而常求妙法
不與煩惱合 而亦不盡漏

바르게 살피는 보디사트바는
붇다와 중생을 생각해
큰 원의 구름 일으키고
이를 좇아 공덕을 닦아
방편의 도에 들어가네.

緣佛及衆生 起於大願雲
從是修功德 趣入方便道

덧없음을 아는 자가 나 없음을 알게 되나니

나는 들었다, 이와 같이.

한때 붇다께서는 슈라바스티 국에 노니시면서 제타 숲 '외로운 이 돕는 장자의 동산'에 계셨다.

그때에 세존께서는 여러 비구들에게 말씀하셨다.

"마음의 해탈이 아직 익지 못하여 만약 익도록 하려 한다면, 다섯 가지 닦아 익히는 법[五習法]이 있다. 어떤 것이 다섯인가."

비구의 다섯 가지 닦아 익히는 법을 보이심

"비구는 스스로 좋은 벗이 되어 좋은 벗과 함께하고, 좋은 벗과 같이 어울려 하나되어야 한다. 마음의 해탈이 아직 익지 못했으면, 이렇게 익도록 해야 하니, 이것을 첫 번째의 익히는 법이라 한다.

다시 비구는 금한 계[禁戒, śīla]를 닦아 익히고, 프라티목샤(prātimokṣa, 從解脫)를 지켜 보살피며, 또 바른 몸가짐과 예절을 잘 거두어, 가는 티끌만한 죄를 보아도 늘 두려움을 품으며, 배울 계를 받아 지녀야 한다. 마음의 해탈이 아직 익지 못했으면 이렇게 익도록 해야 하니, 이것을 두 번째의 익히는 법이라 한다.

다시 비구는 해야 할 말이 거룩하고 뜻이 있어서 마음을 부드럽게 하며, 마음에 덮음이 없도록 한다. 그리하여 곧 계를 말하고 선정을 말하며, 지혜를 말하고 해탈을 말하며, 해탈지견을 말한다.

그리고 차츰 덜어짐을 말하며, 쌓여 모임 즐기지 않음을 말하고, 욕심 줄임을 말하며, 만족할 줄 아는 것[知足]을 말하고 끊기를 말하며, 탐욕 없음[無欲]을 말하고 사라짐을 말하고, 고요히 앉음을 말하며, 연기(緣起)를 말한다.

이와 같이 비구들은 말할 것을 헤아려 얻고 갖추어 얻으며, 어렵지 않게 얻게 된다. 마음의 해탈이 아직 익지 못했으면 이렇게 익도록 해야 하니, 이것을 세 번째의 익히는 법이라 한다.

다시 비구는 늘 정진을 행하여, 악하여 착하지 않은 것을 끊고 모든 착한 법을 닦으며, 늘 스스로 뜻을 일으켜 하나에 오롯이 함[專一]이 굳세어, 모든 착함의 근본을 위하여 방편을 버리지 않는다.

마음의 해탈이 아직 익지 못했으면 이렇게 익도록 해야 하니, 이것을 네 번째의 익히는 법이라 한다.

다시 비구는 지혜를 닦아 행해 일어나고 시드는 법을 살피고, 이러한 지혜를 얻어서는 거룩한 지혜로 밝게 통달해 분별하고, 밝게 알아 바로 괴로움을 다한다. 마음의 해탈이 아직 익지 못했으면 이렇게 익도록 해야 하니, 이것을 다섯 번째의 익히는 법이라 한다.”

네 가지 수행법을 보이시고 덧없음과 나 없음의 중도 깨치게 하심

“그는 이 다섯 가지 익히는 법이 있게 되면, 다시 네 법을 닦는다. 어떤 것이 넷인가.

첫째, 더러운 것이 흘러 깨끗하지 않다는 살핌[惡露]을 닦아 탐욕을 끊게 한다.

둘째, 자비(慈悲)를 닦아 성냄을 끊게 한다.

셋째, 드나드는 숨 살핌[呼吸觀]을 닦아 어지러운 생각을 끊게 한다.

넷째, 덧없다는 생각[無常觀]을 닦아 아만(我慢)을 끊게 한다.

만약 비구가 스스로 좋은 벗이 되어 좋은 벗과 함께하고, 좋은 벗과 같이 어울려 하나되면, 알아야 한다. 그는 금한 계를 닦아 익히고, 프라티목샤를 지켜 보살피며, 또 바른 몸가짐과 예절을 잘 거두어, 가는 티끌만한 죄를 보아도 늘 두려움을 품으며, 배울 계를 받아 지니게 된다.

만약 비구가 스스로 좋은 벗이 되어 좋은 벗과 함께하고, 좋은 벗과 같이 어울려 하나되면, 알아야 한다. 해야 할 말이 거룩하고 뜻이 있어서, 마음을 부드럽게 하며, 마음이 덮음이 없도록 한다.

그리하여 곧 계를 말하고 선정을 말하며, 지혜를 말하고 해탈을 말하며, 해탈지견을 말한다. 그리고 차츰 덜어짐을 말하며, 쌓여 모임 즐기지 않음을 말하고, 욕심 줄임을 말하며, 만족한 줄 아는 것을 말하고 끊기를 말하며, 탐욕 없음을 말하고 사라짐을 말하고, 고요히 앉음을 말하며, 연기를 말한다.

이와 같이 비구들은 말할 것을 헤아려 얻어 갖추어 얻고 어렵지 않게 얻어서, 마음의 해탈이 아직 익지 못하면 익도록 한다.

만약 비구가 스스로 좋은 벗이 되어 좋은 벗과 함께하고, 좋은 벗과 같이 어울려 하나되면, 알아야 한다. 정진을 행하여, 악하여 착하지 않은 것을 끊고 모든 착한 법을 닦으며, 늘 스스로 뜻을 일으켜 하나에 오로지 함이 굳세어, 모든 착함의 근본을 위하여 방편을 버리지 않게 된다.

비구가 스스로 좋은 벗이 되어 좋은 벗과 함께하고, 좋은 벗과 같이 어울려 하나되면, 알아야 한다. 지혜를 닦아 행해, 일어나고 시드는 법을 살피고, 이러한 지혜를 얻어서는 거룩한 지혜로 밝게 통달해 분별하고, 밝게 알아 바로 괴로움을 없애게 된다.

만약 비구가 스스로 좋은 벗이 되어 좋은 벗과 함께하고, 좋은 벗과 같이 어울려 하나되면, 알아야 한다.

더러운 것이 흘러 깨끗하지 않다는 살핌[惡露]을 닦아 탐욕을 끊게 하고, 자비를 닦아 성냄을 끊게 하며, 드나드는 숨 살핌을 닦아 어지러운 생각을 끊게 하고, 덧없다는 생각을 닦아 아만을 끊게 한다.

만약 비구가 덧없음의 생각을 얻으면 반드시 '나 없음'의 생각을 얻게 된다.

만약 비구가 '나 없음'의 생각을 얻으면 곧 현재의 법에서 온갖 아만을 끊고 쉼·사라짐·다함·함이 없음·니르바나를 얻게 된다."

붇다께서 이와 같이 말씀하시니, 여러 비구들은 기뻐하며 받들어 행하였다.

• 중아함 57 즉위비구설경(卽爲比丘說經)

• 해설 •

이 중아함의 가르침을 『마하지관』(摩訶止觀)의 뜻으로 보면 스스로 좋은 벗이 되어 좋은 벗과 어울려 하나됨은 선지식의 인연 갖춤[善知識緣]이고, 프라티목샤를 지켜 보살피고 배울 계를 받아지님은 계 지님[持戒]이고, 말과 뜻을 거두어 부드럽게 함은 몸과 입과 뜻의 업을 깨끗이 함[三業淸淨]이다. 그러므로 다섯 가지 닦아 익히는 법은 곧 해탈의 조건이 되고, 뒤의 네 가지 살핌의 수행법은 바른 관행이니 해탈의 원인이 된다.

몸이 '더러운 것들이 흘러나와 깨끗하지 않다'[惡露]고 보는 것은 몸이 깨끗하다는 집착을 깨기 위함이다.

중생을 자비로 보게 하는 것은 중생에 대한 증오와 성냄을 끊기 위함이다.

드나드는 숨을 살피는 것은 흩어진 마음을 고요하게 하기 위함이다.

덧없음을 살피라 하는 것은 덧없기 때문에 나 없음[空無我]을 보도록 하기 위함이니, 덧없음은 있는 것이 흘러가 사라짐을 말하는 것이 아니다.

덧없기 때문에 나 없고 나 없기 때문에 덧없으니, 덧없음과 나 없음을 중도로 보는 이가 나고 사라짐을 버리지 않고 니르바나를 구현할 수 있다. 그가 남[生]에서 남을 떠나되 남 없음[無生]에도 머묾 없이, 지을 바를 짓고 범행을 세울 수 있는 자이니, 그를 보디사트바라 하고 아라한이라 한다.

좋은 벗을 가까이하고 스스로 중생의 좋은 벗 보디사트바가 되어 마음의 덮음을 버린 이가 여래의 법을 듣고 기뻐해 여래의 법을 볼 수 있으니, 『화엄경』(「입법계품」)은 말한다.

선지식을 가까이 모시고
희고 깨끗한 법 즐겨하여
모든 붇다의 자재한 힘
부지런히 살펴 구하면
이 법을 듣고 기뻐하리.

親近善知識　愛樂白淨法
勤求諸佛力　聞此法歡喜

기뻐하는 마음에도 집착 없이
온갖 것을 버릴 수 있어서
평등하게 중생에게 베푸니
이것이 보디사트바의 경계이네.

歡喜心無著　一切皆能捨
平等施衆生　是彼之境界

2 중도실상 그대로의 치우침 없는 삶의 길

• 이끄는 글 •

앞 장에서 해명한 연기실상인 중도의 법은 관조의 지혜[觀照般若]가 살피는바 진리의 경계[所觀境, 實相般若]이다. 그러나 연기법에서 지혜는 경계인 지혜이고 경계는 지혜인 경계이므로 여기 살피는 지혜가 있고 저기 살피는바 경계가 있다 해서는 안 된다.

지금 이 장에서 밝히고 있는 중도실상 그대로의 행은 바로 실상인 지혜이자 지혜의 막힘없는 활동이다.

그렇다면 왜 실상인 지혜가 막힘없는 활동으로 나타나며 중도실상과 중도의 지혜와 중도행이 하나의 고리를 이루는가.

실상인 지혜에서 보면 알려지는바 존재의 모습에 모습 없어서 실로 알 것이 없으므로 아는 지혜 또한 알되 앎이 없는 것이다. 그러므로 실상인 지혜와 지혜인 실상은 주체의 편에서 보면 알되 앎이 없고 앎이 없되 앎 없음도 없는 지혜로 드러난다.

알되 앎이 없음은 아는 바가 있되 공함이고[有而空] 앎이 없되 앎 없음도 없음은 아는 바가 공하되 있음[空而有]이니, 세계인 앎은 있음에도 머묾 없고 공함에도 머묾 없는 활동으로 주어진다.

있음과 없음에 머묾 없는 활동은 바로 짓되 지음 없고[作而無作] 지음 없되 짓지 않음도 없는[無作而無無作] 걸림 없는 활동으로 주어지나 활동 자체가 다시 실상의 고요함이 되는 행이다.

그러므로 함이 있음에 머물지 않고 함이 있음을 다하지 않되 온통 함이 있음[有爲]이 그대로 곧 함이 없음[無爲]이 되는 행이 중도행[madhyamā-pratipad]이고 파라미타의 행인 것이다.

화엄회상(「입법계품」) 선지식 또한 구도자에게 보디사트바가 구할 지혜의 세계가 자비행과 둘이 없어서 지혜가 해탈의 행이 됨을 다음과 같이 가르친다.

> 그대는 모든 중생이 뒤바뀌어
> 미혹에 덮인 것을 보고서
> 큰 자비의 뜻을 일으켜
> 스승 없는 도를 깨닫도록 하라.
>
> 汝見諸衆生　顚倒惑所覆
> 而興大悲意　求證無師道
>
> 그대는 그러면 모든 세간에서
> 의지함이 없고 집착 없이
> 그 마음이 널리 걸림 없어서
> 청정하기 허공 같으리라.
>
> 汝於諸世間　無依無所著
> 其心普無礙　淸淨如虛空

1) 있음과 없음의 중도[有無中道行]

─────

비구들이여, 있다 없다 하는
두 가지 견해를 버려야 하니

이와 같이 들었다.

한때 붇다께서는 슈라바스티 국 제타 숲 '외로운 이 돕는 장자의
동산'에 계셨다. 그때 세존께서 여러 비구들에게 말씀하셨다.

"이 두 가지 견해가 있다. 어떤 것이 그 두 가지 견해인가?

'있다는 견해'[有見]와 '없다는 견해'[無見]이다."

있다는 견해와 없다는 견해의 뿌리를 보이심

"어떤 것을 있다는 견해라고 하는가? 욕계[欲]가 있다는 견해 · 색
계[色]가 있다는 견해 · 무색계[無色]가 있다는 견해이다.

저 어떤 것이 욕계가 있다는 견해인가? 곧 다섯 가지 욕망이 이것
이다. 어떤 것을 다섯 가지 욕망이라고 하는가?

곧 눈이 빛깔을 보고 아주 사랑하고 공경히 생각해 일찍이 버려
떠나지 못해 세간 사람들이 높여 받드는 것이다.

만약 귀가 소리를 듣고, 코가 냄새를 맡고, 혀가 맛을 느끼고, 몸이
가늘고 매끄러움을 느끼며, 뜻이 모든 법을 가려 아는 것이니, 이것
을 있다는 견해라고 말한다.

저 어떤 것을 없다는 견해라고 하는가?

곧 항상함이 있다는 견해에 대해 항상함이 없다는 견해, 끊어져 사라짐[斷滅]이 있다는 견해에 대해 끊어져 사라짐이 없다는 견해, 끝이 있다는 견해에 대해 끝이 없다는 견해, 몸이 있다는 견해에 대해 몸이 없다는 견해, 목숨이 있다는 견해에 대해 목숨이 없다는 견해, 몸이 다르다는 견해에 대해 목숨이 다르다는 견해이니, 이것을 없다는 견해라고 말한다.

이런 예순두 가지 견해[六十二見]를 있다는 견해와 없다는 견해라고 하는데, 또한 참된 견해가 아니다.

그러므로 여러 비구들이여, 이 두 가지 견해[二見]는 버려야 한다. 이와 같이 여러 비구들이여, 반드시 이렇게 배워야 한다."

그때 여러 비구들은 붇다의 말씀을 듣고 기뻐하며 받들어 행하였다.

• 증일아함 15 유무품(有無品) 二

• 해설 •

연기법에서 실상인 지혜는 사물을 밖에서 들여다보는 앎이 아니라 모습에 모습 없는 세계의 실상을 온전히 사는 지혜이다. 그러므로 그 지혜는 있음이 있음 아닌 줄 알아 있음에서 실로 있음을 벗어나고 없음이 없음 아닌 줄 알아 없음에서 실로 없음을 벗어난다.

실상을 통달한 지혜의 사람은 눈이 빛깔을 보되 봄이 없이 보고, 코가 냄새를 맡되 맡음 없이 맡으며, 혀가 맛을 알되 맛봄 없이 맛보며, 몸이 닿음을 느끼되 느낌 없이 느끼며, 뜻이 법을 알되 앎이 없이 안다.

있음을 실로 있다 함으로 예순두 가지 견해가 벌어지나, 있음이 본래 있되 공하다면 그 갖가지 견해는 끝내 어디서 온 것인가. 온 곳이 없으므로 사라지되 사라짐이 없는 것이다.

망상으로 헤아리지 않으면
마음 · 물질에 들어가지 않나니

이와 같이 내가 들었다.

한때 붇다께서는 슈라바스티 국 제타 숲 '외로운 이 돕는 장자의 동산'에 계셨다.

그때 세존께서 여러 비구들에게 말씀하셨다.

"만약 헤아림이 있고 망상(妄想)이 있으면 곧 번뇌가 있어 붙잡아 아는 앎에 머무름이 있게 된다. 붙잡아 아는 앎의 머무름이 있으므로 마음 · 물질에 들어가고, 마음 · 물질에 들어가므로 곧 가고 옴[往來]이 있게 된다.

가고 옴이 있으므로 나고 죽음[生死]이 있게 되고, 나고 죽음이 있으므로 곧 앞으로 올 세상의 태어남 · 늙음 · 병듦 · 죽음과 근심 · 슬픔 · 번민 · 괴로움이 있게 되어, 이와 같이 순전한 괴로움의 큰 무더기가 일어난다.

만약 헤아리지 않고 망상이 없으면 번뇌가 없고 붙잡아 아는 앎의 머무름이 없게 된다. 번뇌가 없고 붙잡아 아는 앎의 머무름이 없으므로 마음 · 물질에 들어가지 않고, 마음 · 물질에 들어가지 않으므로 곧 가고 옴이 없게 된다. 가고 옴이 없으므로 곧 나고 죽음이 없고, 나고 죽음이 없으므로 앞으로 올 세상의 태어남 · 늙음 · 병듦 · 죽음과 근심 · 슬픔 · 번민 · 괴로움이 없어지고, 이와 같이 이렇게 하여 순전한 괴로움의 큰 무더기가 없어진다."

붇다께서 이 경을 말씀하시자, 여러 비구들은 붇다의 말씀을 듣고 기뻐하며 받들어 행하였다.

• 잡아함 361 사량경(思量經) ③

• 해설 •

마음·물질에서 마음은 물질인 마음이므로 마음이 있되 공하고, 물질은 마음인 물질이므로 물질 또한 있되 공하다.

망상으로 마음을 마음이라 하여 물든 마음으로 세계를 보면 세계가 물든 마음에 의해 닫히고, 망상으로 물질을 물질이라고 집착하면 실로 있는 물질에 마음이 가리고 물든다. 이렇게 하면 마음이 물질을 가두고 물질이 마음에 물드니 이것이 마음·물질에 들어감이다.

물질이 물질 아닌 물질인 줄 알아 마음이 물질을 보되 봄이 없으면 마음에 마음이 없고, 알되 앎이 없이 세계를 보면 세계의 모습에 모습이 없으니 마음·물질에 들어감이 없다. 마음·물질에 들어감이 없어 마음·물질의 있는 모습에서 해탈하면 가고 옴이 없고 나고 죽음이 없게 되어, 보고 듣는 경험활동 속에서 니르바나의 고요함을 떠나지 않게 된다.

『화엄경』(「도솔궁중게찬품」兜率宮中偈讚品)은 마음에서 마음 떠나고 물질에서 물질 떠난 지혜로만 붇다의 경계를 볼 수 있음을 다음과 같이 보인다.

이 법은 생각하고 말할 수 없으니
마음이 이르러 가는 곳이 아니다.
지혜로 저 언덕에 이르러야
모든 붇다의 경계 볼 수 있으리.

是法難思議　非心所行處
智慧到彼岸　乃見諸佛境

2) 괴로움과 즐거움의 중도[苦樂中道行]

느낌의 진실 알아 세간 수에
떨어지지 않아야 니르바나니

이와 같이 내가 들었다.

한때 붇다께서는 라자그리하 성 칼란다카 대나무동산에 계셨다. 그때에 라훌라는 붇다 계신 곳에 나아가 머리를 대 붇다의 발에 절한 뒤에 한쪽에 물러 앉아 붇다께 여쭈었다.

"세존이시여, 어떻게 알고 어떻게 보아야 저의 이 앎의 몸과 바깥 경계의 온갖 모습에서 나와 내 것이라는 견해·나라는 교만에 얽매인 번뇌가 없게 되겠습니까."

세 가지 느낌 벗어나기 위해 범행 닦음을 보이심

붇다께서는 라훌라에게 말씀하셨다.

"세 가지 느낌이 있으니 괴로움의 느낌·즐거움의 느낌·괴롭지도 즐겁지도 않은 느낌이다.

즐거움의 느낌을 살펴 즐거운 느낌으로 일으키는 탐냄의 번뇌를 끊기 위하여 '내 것'에 대하여 범행을 닦는 것이다.

괴로운 느낌으로 일으키는 성냄의 번뇌를 끊기 위하여 '내 것'에 대하여 범행을 닦는 것이다.

괴롭지도 않고 즐겁지도 않은 느낌으로 일으키는 어리석음의 번뇌를 끊기 위하여 '내 것'에 대하여 범행을 닦는 것이다.

만약 비구로서 즐거운 느낌으로 일으키는 탐냄의 번뇌를 이미 끊고 이미 알며, 괴로운 느낌으로 일으키는 어리석음의 번뇌를 이미 끊고 이미 알며, 괴롭지도 않고 즐겁지도 않은 느낌으로 일으키는 어리석음의 번뇌를 이미 끊고 이미 알았다 하자. 이것을 비구가 애욕의 묶음을 끊어 없애고 모든 맺음과 교만을 버리고 사이가 없는 평등한 살핌으로 괴로움의 끝을 마쳐 다함이라고 한다."

세 가지 느낌이 공함을 알 때 파리니르바나가 됨을 노래로 보이심
그때에 세존께서는 곧 게송으로 말씀하셨다.

즐거움의 느낌을 받아 느낄 때
그 즐거움의 느낌을 알지 못하면
탐내는 번뇌의 부림을 받아
벗어남의 바른 길 보지 못하네.

괴로움의 느낌을 받아 느낄 때
그 괴로움의 느낌을 알지 못하면
성내는 번뇌의 부림을 받아
벗어남의 바른 길 보지 못하네.

괴롭지도 않고 즐겁지도 않은 느낌
바르게 깨친 분이 말한 것처럼
그 느낌 잘 살펴 알지 못하면

끝내 저 언덕에 건너가지 못하네.

비구들이 부지런히 정진한다면
느낌들의 참모습 바르게 깨달아
느낌들에 움직여 구르지 않으니
이와 같은 온갖 여러 느낌들을
지혜로운 이 깨달아 알 수 있도다.

그 모든 느낌들을 깨달아 알면
현재법에서 모든 흐름 다하게 되며
밝고 지혜로운 이 목숨 마치면
여러 수에 떨어지지 않으며
뭇 수들 이미 끊어 다해버리면
길이 파리니르바나에 머물게 되리.

붇다께서 이 경을 말씀해 마치시자, 존자 라홀라는 붇다의 말씀을 듣고 기뻐하며 받들어 행하였다.

• 잡아함 468 삼수경(三受經)

• 해설 •

주체가 대상을 감성적으로 수용하는 느낌의 활동으로 보면 중생의 삶은 괴로운 느낌·즐거운 느낌·괴롭지 않고 즐겁지도 않은 느낌의 끝없는 반복으로 주어진다. 괴로운 느낌[苦苦]만 괴로움인 것이 아니라 즐거운 느낌은 무너져 없어지므로 괴로운 것[壞苦]이며, 괴롭지도 않고 즐겁지도 않은 느낌은 덧없이 사라지므로 괴로운 것[行苦]이다.

그러므로 괴로움에서 해탈은 괴로운 느낌을 없애고 즐거운 느낌을 얻는 것이 아니라 세 가지 느낌이 안과 밖이 만나 일어난 것이므로 공한 줄 알아 느낌의 흐름 속에서 늘 고요해 세간 온갖 수의 세계에 떨어지지 않음이다.

눈과 귀가 빛깔과 소리를 마주해 대상을 감각적으로 받아들일 때 [vedanā, 受] 느껴지는 바에 느낄 것이 없음을 바로 알아 셀 수 있는 세간법의 모습에서 벗어나는 것이 범행의 길이다.

세간 수에 떨어짐 없이 범행의 길 닦아 나아가는 이는 근심과 기쁨 떠나 참 기쁨의 땅에 나아갈 것이니, 그 뜻을 마누라(Manura, 摩拏羅) 존자의 게송은 다음과 같이 보인다.

마음이 만 가지 경계 따라 구르나
구르는 곳마다 실로 그윽하도다.
흐름 따라 흐름 없는 성품을 알면
기쁨도 없고 근심 또한 없으리.

心隨萬境轉 轉處實能幽
隨流認得性 無喜亦無憂

위 노래에 대해 옛 사람[知非子]이 이렇게 한 마디했다.

나에게 한 구절 있으니
물결 따르고 물굽이 좇는다.

我有一句 隨波逐浪

근심 없고 기쁨 없이 본래 참됨에 맡기니
번뇌 끊지 않고 보디가 자라나네.

無憂無喜任天眞 不斷煩惱菩提長

느낌이 인연으로 난 줄 알아야 나와 내 것 벗어나리라

이와 같이 내가 들었다.

한때 붇다께서는 라자그리하 성 칼란다카 대나무동산에 계셨다.

그때 존자 라훌라가 붇다 계신 곳에 나아가 머리를 대 그 발에 절한 뒤 한쪽에 물러나 앉아 붇다께 말씀드렸다.

"세존이시여, 어떻게 알고 어떻게 보아야 저의 이 앎의 몸과 바깥 경계의 온갖 모습에서 '나다, 내 것이다'라고 하는 견해, 나라는 교만[我慢]에 묶인 번뇌가 없어지겠습니까?"

닿음의 원인이 사라지면 느낌이 사라짐을 보이심

붇다께서는 라훌라에게 말씀하셨다.

"세 가지 느낌이 있으니, 괴로운 느낌·즐거운 느낌·괴롭지도 않고 즐겁지도 않은 느낌이다.

이 세 가지 느낌은 무엇이 원인이 되고, 무엇이 모아내며, 어떻게 나며, 어떻게 구르는가? 곧 이 세 가지 느낌은 닿음이 원인이 되고, 닿음이 모아내며, 닿아서 생기며, 닿아서 구르는 것이다. 이런저런 닿음이 원인이 되어 이런저런 느낌이 생기는 것이다.

만약 이런저런 닿음이 사라지면 이런저런 느낌 또한 사라지고 그치며, 맑고 시원해지고 없어진다.

이같이 알고 이같이 보면, 나의 이 앎과 바깥 경계의 온갖 모습에서 '나다, 내 것이다'라고 하는 견해, 나라는 교만에 얽매인 번뇌가 없어지게 된다."

붇다께서 이 경을 말씀하시자, 존자 라훌라는 붇다의 말씀을 듣고 기뻐하며 받들어 행하였다.

• 잡아함 466 촉인경(觸因經)

• 해설 •

느낌은 주체가 대상을 경험하는 앎활동을 따라 난다.

주체가 대상을 경험하면서 괴로운 느낌, 즐거운 느낌, 괴롭지도 않고 즐겁지도 않은 느낌이 일어날 때 범부는 느낌이 실로 있는 느낌이라는 집착 속에서 괴로운 느낌을 주는 대상을 버리려 하고 즐거운 느낌을 주는 대상을 취하려 한다.

느낌을 돌이켜 살펴보면 느낌은 느끼는 자와 느끼는 것과 앎이 어울려 [觸] 일어나므로 느낌에 느낌이 공하다. 또한 느끼는 자와 느끼는 것도 서로 의지해 느낌 가운데서 느끼는 자와 느끼는 것을 이루므로 공하다.

이처럼 느낌에서 느끼는 자와 느낌과 느끼는 것이 모두 공한 줄 알면, 앎과 알려지는 모습에서 나와 내 것을 떠나게 된다.

곧 앎을 따라 나는 괴로운 느낌에도 실로 느낄 것이 없고 즐거운 느낌에도 실로 느낄 것이 없어서 느낌에서 느낌을 떠나면, 세간 온갖 수와 온갖 모습에서 해탈하여 보고 듣고 느껴 아는 경험 속에서 길이 흐름이 다하고 모습이 다할 것이다.

그가 바로 벗어남의 길 바로 본 자이고 이 언덕을 떠나지 않고 저 언덕에 이르른 사람이다.

『화엄경』(「광명각품」)은 느낌과 느끼는 것이 셀 수 있는 실체의 법이 아님을 알면 세간 수를 벗어나 해탈의 사람이 됨을 이렇게 보인다.

물질과 느낌에 셀 것이 없고
모습 취함과 지어감과 앎 또한
그와 같이 셀 수 있는 법이 없네.
만약 이와 같이 다섯 쌓임을 알면
반드시 크신 무니가 될 수 있으리.

色受無有數 想行識亦然
若能如是知 當作大牟尼

'나와 내 것' 떠나고 세간 수(數)의 모습 떠나면 비로소 세간 속에서 수에
자재한 해탈의 몸 나투게 되니, 「광명각품」은 또한 이렇게 말한다.

한 몸이 한량없음이 되고
한량없음이 다시 하나되네.
모든 세간을 깨달아 알면
모습 나타내 온갖 곳 두루하리.

一身爲無量 無量復爲一
了知諸世間 現形遍一切

여섯 지어감에서 항상한 행 성취하면
그가 사리푸트라와 같은 사람이니

이와 같이 내가 들었다.

한때 붇다께서는 슈라바스티 국 제타 숲 '외로운 이 돕는 장자의 동산'에 계셨다.

그때 세존께서 여러 비구들에게 말씀하셨다.

"여섯 가지 항상한 행[六常行]이 있다. 어떤 것이 그 여섯 가지 항상한 행인가?

비구가 눈으로 빛깔을 보고는 괴로워하지 않고 즐거워하지도 않으며, 평등한 마음으로 바른 생각 바른 지혜에 머문다 하자.

그리고 귀로 소리를, 코로 냄새를, 혀로 맛을, 몸으로 닿음을 느끼고, 뜻으로 법을 알고는 괴로워하지도 않고 즐거워하지도 않으며, 평등한 마음으로 바른 생각 바른 지혜에 머문다 하자.

그러면 이것이 여섯 가지 항상한 행이다.

만약 비구로서 이 여섯 가지 항상한 행을 성취했다면, 그들은 바로 사리푸트라와 같은 이들임을 알아야 한다.

사리푸트라 비구는 눈으로 빛깔을 보고는 괴로워하지 않고 즐거워하지도 않으며, 평등한 마음으로 바른 생각 바른 지혜에 머문다.

귀로 소리를, 코로 냄새를, 혀로 맛을, 몸으로 닿음을 느끼고, 뜻으로 법을 알고는 괴로워하지도 않고 즐거워하지도 않으며, 평등한 마음으로 바른 생각 바른 지혜에 머문다.

사리푸트라는 이 여섯 가지 항상한 행을 성취하였으므로 세간에서 얻기 어려운 사람이며, 그는 받들어 섬기고 공경하고 공양해야 할 사람이니, 곧 세간의 위없는 복밭이다."

붇다께서 이 경을 말씀하시자, 여러 비구들은 붇다의 말씀을 듣고 기뻐하며 받들어 행하였다.

• 잡아함 342 육상행경(六常行經) ④

• 해설 •

눈[眼]으로 빛깔[色]을 보고 눈의 앎[眼識]이 날 때 앎 따라 느낌[受]이 나고, 느낌과 더불어 주체의 하고자 함과 지어감[行]이 난다.

괴로운 느낌·즐거운 느낌·괴롭지도 않고 즐겁지도 않은 느낌이 일어나도 그 느낌 따라 괴로워함·즐거워함·괴롭지도 않고 즐겁지도 않음의 세 가지 지어감[苦樂捨三行]을 내지 않고 평등한 마음으로 지혜에 머물면, 이것이 항상한 행[常行]이다.

눈에서와 같이 귀·코·혀·몸·뜻의 앎 따라 나는 느낌, 지어감 속에서도 괴로움과 즐거움에 평등하면 이것이 여섯 가지 지어감[六行] 가운데 항상한 행이다.

괴로움에 괴로움 없고 즐거움에 즐거움 없으므로 늘 평등한 마음이고, 괴로움과 즐거움의 경계에 물들지 않으므로 늘 항상한 마음이며, 괴롭지 않고 즐겁지도 않은 경계 또한 공한 줄 알아 머물지 않으므로 늘 밝은 마음이다.

늘 평등하고 항상하고 밝은 마음의 행이 해탈의 마음이고 넓고 큰 마음[廣大心]이며 머묾 없는 마음[無住心]이니, 이것이 바로 세간에 자비를 행하고 늘 보시하는 공덕의 마음이다.

누가 그런 사람인가. 사리푸트라 존자가 그렇고, 많이 들어 지혜로 사유하는 비구가 그러하며, 뒷세상 믿음과 지혜가 함께하는 보디사트바가 그렇다.

3) 밝음 없음과 밝음의 중도[無明明中道]

법의 실상을 바로 아는 지혜가 없으면
곧 무명이라 하나니

이와 같이 내가 들었다.

한때 붓다께서는 라자그리하 성 칼란다카 대나무동산에 계셨다.

그때 존자 사리푸트라는 존자 마하카우스틸라(Mahākauṣṭhila)와 함께 그리드라쿠타 산에 있었다. 존자 마하카우스틸라는 해질 무렵 선정에서 깨어나, 존자 사리푸트라가 있는 곳으로 가서 서로 문안을 하고 나서, 한쪽에 물러나 앉아서 존자 사리푸트라에게 말하였다.

"묻고 싶은 것이 있는데 한가하시면 대답해주시겠습니까?"

사리푸트라가 말하였다.

"그대가 묻는 대로 아는 것을 대답해주겠소."

존자 마하카우스틸라가 존자 사리푸트라에게 물었다.

"무명(無明, avidyā)이라고 하는데, 어떤 것을 무명이라고 합니까?"

진실 그대로 존재를 보지 못함이 무명임을 말함

존자 사리푸트라가 말하였다.

"바로 알지 못하는 것을 말하니, 바로 알지 못하면 이것이 무명이오.

어떤 것을 바로 알지 못함이라 하느냐 하면, 다음과 같소.

눈이 덧없음[眼無常]을 알지 못하면, 이것을 바로 알지 못함이라 하오. 눈이 나고 사라지는 법을 진실 그대로 알지 못하면 이것을 바로 알지 못함이라 하오. 귀·코·혀·몸·뜻 또한 이와 같소.

이와 같이 존자 마하카우스틸라여, 이 여섯 가지 닿아 들이는 곳[六觸入處]을 진실 그대로 알지 못하고 보지 못하며, 사이 없는 평등함이 되지 못해 어리석으며, 밝음이 없이 크게 어두운 것, 이것을 다 무명이라 말하오."

여섯 들이는 곳의 실상 바로 보면 곧 밝음임을 보임

존자 마하카우스틸라는 다시 존자 사리푸트라에게 물었다.

"밝음[明, vidyā]이라고 하는데, 어떤 것을 밝음이라고 합니까?"

사리푸트라가 말하였다.

"바로 아는 것을 말하니, 바로 알면 이것이 밝음이오.

어떤 것을 바로 아느냐 하면, 다음과 같소.

곧 눈의 덧없음이니, 눈이 덧없음을 진실 그대로 아는 것이고, 눈의 나고 사라지는 법이니 눈의 나고 사라지는 법을 진실 그대로 아는 것이오. 귀·코·혀·몸·뜻 또한 이와 같소.

존자 마하카우스틸라여, 이 여섯 가지 닿아 들이는 곳을 진실 그대로 알고 보며, 밝게 깨닫고 깨달아 지혜로우며 사이 없는 평등함이 되면, 이것을 밝음이라고 말하오."

이때 두 존자는 각기 말한 것을 듣고는 더욱더 따라 기뻐하며 각기 있던 곳으로 돌아갔다.

• 잡아함 251 구리차경(拘絺羅經) ③

다섯 쌓임의 진실 바로 보면 무명이 곧 밝음이 되니

이와 같이 내가 들었다.

한때 붇다께서는 라자그리하 성의 칼란다카 대나무동산에 계셨다.

이때 존자 사리푸트라와 존자 마하카우스틸라는 그리드라쿠타 산에 있었다.

이때 존자 마하카우스틸라가 해질 무렵 선정에서 일어나 존자 사리푸트라가 있는 곳으로 가서 서로 문안 인사를 나누고 갖가지 일로 서로 즐거워한 뒤 한쪽에 물러나 앉았다. 이때 존자 마하카우스틸라가 사리푸트라에게 말하였다.

"묻고 싶은 일이 있는데, 조금 틈이 있으시면 저를 위해 말씀해주시겠습니까?"

사리푸트라가 말하였다.

"그대가 물으면, 아는 것을 말해주겠소."

마하카우스틸라가 사리푸트라에게 물었다.

"무명이라고 하는데, 다시 어떤 것을 무명이라고 하며, 누구에게 이 무명이 있습니까?"

다섯 쌓임의 진실 알지 못함이 무명임을 보임

사리푸트라가 대답하였다.

"무명이란 바로 알지 못하는 것을 말하니, 바로 알지 못하는 것이 무명이오."

"어떤 것을 알지 못하는 것입니까?"

"곧 물질을 진실 그대로 알지 못하고, 물질의 모아냄·물질의 사라짐·물질을 없애는 길을 진실 그대로 알지 못하는 것이오.

느낌·모습 취함·지어감·앎을 진실 그대로 알지 못하고, 앎 등의 모아냄·앎 등의 사라짐·앎 등을 없애는 길을 진실 그대로 알지 못하는 것이오.

마하카우스틸라여, 이 다섯 가지 받는 쌓임[五受陰]에 대해서 진실 그대로 알지 못해, 깨닫지 못하고 보지 못하며 사이 없는 평등함이 되지 못해 어리석고 어두워 밝지 못하면 이것을 무명이라고 말하고, 이런 어두움이 이루어진 이를 '무명이 있다'고 하오."

다섯 쌓임을 바로 알면 무명이 곧 밝음이 됨을 보임

또 사리푸트라에게 물었다.

"어떤 것을 밝음이라고 하며, 누구에게 이 밝음이 있습니까?"

사리푸트라가 말하였다.

"밝음이란 곧 바로 아는 것을 말하는 것이니, 바로 아는 것이 밝음이오."

"어떤 것을 바로 아는 것입니까?"

사리푸트라가 말하였다.

"물질을 진실 그대로 알고 물질의 모아냄·물질의 사라짐·물질을 없애는 길을 진실 그대로 아는 것이오.

느낌·모습 취함·지어감·앎을 진실 그대로 알고, 앎 등의 모아냄·앎 등의 사라짐·앎 등을 없애는 길을 진실 그대로 아는 것이오.

카우스틸라여, 이 다섯 가지 받는 쌓임에 대해서 진실 그대로 알고 보며, 밝게 깨닫고 지혜로워 사이 없는 평등함이 되면, 이것을 밝음이라고 하며, 이런 법을 이룬 이를 '밝음이 있다'고 말하오."

이 두 존자는 각기 말한 바를 듣고 기뻐하면서 자리에서 일어나 각기 본래 있던 곳으로 돌아갔다.

• 잡아함 257 무명경(無明經) ②

• 해설 •

연기의 진실을 진실 그대로 알지 못함을 무명이라 하고, 연기의 실상을 진실 그대로 아는 것을 밝음이라 한다. 무명이란 진실이 아닌 망상이요 환상이므로 원래 없는 것이고, 밝음은 실상 그대로의 지혜이므로 실상을 깨쳐 아는 것밖에 따로 얻음이 없다.

곧 눈과 귀, 코와 혀, 몸과 뜻은 덧없으므로 공한 것인데 실로 있음으로 보는 것이 무명이고, 여섯 들임이 있되 공한 줄 아는 것이 밝음이다.

앎활동과 알려지는바 물질에서 아는 마음은 아는 바[所知]로 인해 마음이므로 앎이 공하고, 알려지는바 모습은 모습에 모습 없는 것이다.

그러므로 앎에 실로 앎이 있고 모습에 실로 알아야 할 모습이 있다 하면 무명이고, 모습에서 모습 떠나 앎에 앎 없고 앎 없음에 앎 없음도 없으면 밝음이다.

무명의 집착이 원래 붙잡아 취할 것 없는 데서 일으킨 환상인 줄 알아 취함 일으키지 않는 것이 밝음이므로, 무명과 밝음은 두 바탕이 없다.

그러므로 영가선사(永嘉禪師)는 '무명의 진실한 모습이 불성이다'[無明實性卽佛性]라고 말하고, '망상을 끊지 않고 따로 참됨을 구하지 않는다'[不斷妄想不求眞] 하니, 밝지 못함과 밝음을 어찌 두 가지 실로 있는 것으로 볼 것인가.

'허깨비가 허깨비인 줄 알면 허깨비에서 곧 벗어나게 된다'[知幻卽離]는 『원각경』의 가르침을 깊이 새겨보아야 할 것이다.

4) 그침과 살핌의 중도 [止觀中道行]

선정으로 안의 마음 고요해지면
진실 그대로의 지혜가 나타나니

이와 같이 내가 들었다.

한때 붇다께서는 라자그리하 성 칼란다카 대나무동산에 계셨다.

그때 세존께서 여러 비구들에게 말씀하셨다.

"선정의 사유를 부지런히 해 바른 방편을 일으켜 안으로 그 마음을 고요히 하라.

왜 그런가. 비구가 선정의 사유로 안으로 그 마음 고요히 함을 성취하고 나면, 진실 그대로의 지혜가 밝게 나타나기 때문이다.

어떻게 진실 그대로 밝게 나타나는가?

곧 괴로움의 거룩한 진리가 진실 그대로 밝게 나타나고, 괴로움 모아냄의 거룩한 진리 · 괴로움이 사라짐의 거룩한 진리 · 괴로움을 없애는 길의 거룩한 진리가 진실 그대로 밝게 나타난다."

붇다께서 이 경을 말씀하시자, 여러 비구들은 붇다의 말씀을 듣고 기뻐하며 받들어 행하였다.

• 잡아함 428 선사경(禪思經)

• 해설 •

지혜의 바탕이 선정이고 선정의 작용이 지혜이다.

지금 앎에서 아는 자와 아는 바가 모두 공한 줄 알아 알되 앎이 없으면 고요한 선정이 되고, 아는 자와 아는 바의 실체성이 끊어지면 앎이 없되 앎 없음도 없이 존재의 있음 아닌 있음을 드러낼 수 있다.

아는 자와 아는 바의 실체성을 모두 막음[能所雙遮]이 선정이 되고, 아는 자와 아는 바의 있음 아닌 있음을 모두 살려냄[能所雙照]이 지혜이니, 선정인 지혜일 때 연기의 진실은 지혜인 실상으로 드러나고 지혜는 실상인 지혜가 된다.

이 뜻을 본 경은 지혜일 때 괴로움의 연기와 해탈의 연기가 진실 그대로 드러난다고 말한다. 또한 모습에서 모습 떠나는 사마디의 고요함이 지혜(智慧, prajñā)의 큰 광명이 되어 세간 중생 건져줌을 『화엄경』(「현수품」賢首品)은 다음과 같이 보인다.

아주 빼어난 사마디가 있어서
편안하고 즐거움이라 말하니
여러 중생 널리 건져 건네주도다.
편안하고 즐거운 사마디에서
부사의한 큰 빛을 널리 놓아서
보는 이들이 다 조복하게 하도다.

有勝三昧名安樂　能普救度諸群生
放大光明不思議　令其見者悉調伏

그침을 닦아 익히면 곧 살핌이 되고
살핌을 닦아 익히면 곧 그침이 되니

이와 같이 내가 들었다.

한때 붓다께서는 카우삼비 국 고실라라마 동산에 계셨다.

그때 존자 아난다는 윗자리 비구[上座]로서, 윗자리 비구라고 불리는 이들이 있는 곳으로 가서 공경히 문안 인사하고, 문안 인사한 뒤에 한쪽에 물러나 앉았다.

그리고 윗자리 비구로서 윗자리 비구라 불리는 이에게 물었다.

"만약 비구가 빈터나 나무 밑, 한가하고 고요한 방에서 사유한다면, 어떤 법으로 오롯이 정진해 사유해야 합니까?"

제자들까지 그침과 살핌 닦아야 해탈 얻음을 문답함

윗자리 비구가 대답하였다.

"존자 아난다여, 빈터나 나무 밑, 한가하고 고요한 방에서 사유하는 사람은 두 가지 법으로 오롯이 정진해 사유해야 하니, 그침[止, śamatha]과 살핌[觀, vipaśyanā]이오."

존자 아난다가 다시 윗자리 비구에게 물었다.

"그침을 닦아 익히며 많이 닦아 익히고 나면, 어떤 것을 이루게 되며, 살핌을 닦아 익히며 많이 닦고 익히고 나면, 어떤 것을 이루게 됩니까?"

윗자리 비구가 대답하였다.

"존자 아난다여, 그침을 닦아 익히면 끝내 살핌을 이루고, 살핌을 닦아 익히면 또한 그침을 이룹니다. 이것이 곧 거룩한 제자가 그침과 살핌을 함께 닦으면[止觀俱修] 모든 해탈의 세계를 얻게 된다는 것입니다."

아난다가 다시 윗자리 비구에게 물었다.

"어떤 것을 모든 해탈의 세계라고 합니까?"

윗자리 비구가 대답하였다.

"존자 아난다여, 저 끊어진 세계[斷界] · 탐욕 없는 세계[無欲界] · 사라짐의 세계[滅界], 이것을 모든 해탈의 세계라고 합니다."

존자 아난다가 또 윗자리 비구에게 물었다.

"어떤 것이 끊어진 세계 · 탐욕 없는 세계 · 사라짐의 세계입니까?"

윗자리 비구가 대답하였다.

"존자 아난다여, 온갖 행을 끊으면 이것을 끊어진 세계라 하고, 애욕을 끊어 없애면 이것을 탐욕 없는 세계라고 하며, 온갖 지어감[行]이 사라지면 이것을 사라짐의 세계라고 합니다."

이때 존자 아난다는 윗자리 비구가 말한 것을 듣고 기뻐하고 따라 기뻐하였다.

아난다는 오백 비구들이 있는 곳으로 가서 공경히 문안 인사한 뒤에 한쪽에 물러나 앉아 오백 비구들에게 말하였다.

"만약 비구가 빈터나 나무 밑, 한가하고 고요한 방에서 사유한다면, 어떤 법으로 오롯이 정진해 사유해야 합니까?"

이때 오백 비구들은 존자 아난다에게 윗자리 비구들이 말한 것처럼 이렇게 대답하였다.

"빈터나 나무 밑, 한가하고 고요한 방에서 사유하는 사람은 두 가지 법으로 오롯이 정진해 사유해야 하니, 그침과 살핌입니다.

그침을 닦아 익히면 끝내 살핌을 이루고, 살핌을 닦아 익히면 또한 그침을 이룹니다. 이것이 곧 거룩한 제자가 그침과 살핌을 함께 닦으면 모든 해탈의 세계를 얻게 된다는 것입니다.

해탈의 세계는 저 끊어진 세계·탐욕 없는 세계·사라짐의 세계입니다."

이때 존자 아난다는 오백 비구가 말한 것을 듣고 기뻐하고 따라 기뻐하였다.

세존께 그 뜻을 물으니 같은 뜻으로 답하심

또 붓다 계신 곳으로 나아가 붓다의 발에 머리를 대 절한 뒤에 한쪽에 물러나 앉아서 붓다께 말씀드렸다.

"세존이시여, 만약 비구가 빈터나 나무 밑, 한가하고 고요한 방에서 사유한다면, 어떤 법으로 오롯이 정진해 사유해야 합니까?"

붓다께서 아난다에게 저 오백 비구의 말과 같이, 이렇게 말씀하셨다.

"만약 빈터나 나무 밑, 한가하고 고요한 방에서 사유하는 사람은 두 가지 법으로 오롯이 정진해 사유해야 하니, 그침과 살핌이다.

그침을 닦아 익히면 끝내 살핌을 이루고, 살핌을 닦아 익히면 또한 그침을 이룬다. 이것이 곧 거룩한 제자가 그침과 살핌을 함께 닦으면 모든 해탈의 세계를 얻게 된다는 것이다.

해탈의 세계는 저 끊어진 세계·탐욕 없는 세계·사라짐의 세계이다."

세존께서 윗자리 비구와 오백 비구가 아라한임을 말씀하심

이때 존자 아난다가 붇다께 말씀드렸다.

"기이합니다. 세존이시여, 큰 스승과 여러 제자들은 모두 법을 같이하고 말귀를 같이하며 뜻을 같이하고 맛을 같이하십니다.

제가 오늘 윗자리 비구로서 윗자리 비구라고 불리는 이에게 가서 이 같은 뜻을 묻자, 또한 이 뜻·이 말귀·이 맛으로 저에게 답하셨습니다. 바로 지금 세존께서 말씀하신 것과 같습니다.

제가 다시 오백 비구들이 있는 곳에 가서 또한 이와 같은 뜻·말귀·맛으로 묻자, 그 오백 비구들 또한 이와 같은 뜻·말귀·맛으로 대답하였는데, 바로 지금 세존께서 말씀하신 것과 같습니다.

그러므로 스승과 제자는 모두 법을 같이하고 말귀를 같이하며 뜻을 같이하고 맛을 같이함을 알아야 하는 것입니다."

붇다께서 아난다에게 말씀하셨다.

"너는 그 윗자리 비구가 어떤 비구인 줄 아느냐?"

아난다가 붇다께 말씀드렸다.

"알지 못합니다, 세존이시여."

붇다께서 아난다에게 말씀하셨다.

"그 윗자리 비구는 바로 아라한이다. 모든 흐름이 이미 다하였고 무거운 짐을 이미 벗어버렸으며, 바른 지혜로 마음이 잘 해탈하였다.

저 오백 비구들 또한 이와 같다."

붇다께서 이 경을 말씀하시자, 존자 아난다는 붇다의 말씀을 듣고 기뻐하며 받들어 행하였다.

• 잡아함 464 동법경(同法經)

그침[止, śamatha]과 살핌[觀, vipaśyanā]은 선정[定, dhyāna]과 지혜[慧, prajñā]와 같은 뜻이다. 그침과 살핌을 같이 닦음[止觀俱修]은 그대로 선정과 지혜를 같이 닦음[定慧雙修]이다. 그래서 『기신론』에서는 여섯 가지 파라미타행을 말하면서 위의 선정과 지혜의 두 가지 파라미타를 합해 지관(止觀)을 말하고 있는 것이다.

그러나 지혜와 해탈을 성취하는 선정의 방편을 중심으로 말하면 사마타와 비파사나는 선정의 두 측면이 되고 선정의 다른 이름이 된다.

선정 안에서 사마타는 망상과 번뇌를 쉬고 쉬는 소극적 휴식의 방편이라면, 비파사나는 지혜를 드러내고 드러내는 적극적 살핌의 방편이 된다.

그러나 망상을 그치는 사마타의 쉼이 아니면 비파사나의 살핌이 이루어질 수 없고, 지혜를 드러내는 비파사나의 살핌이 아니면 사마타의 쉼 또한 이루어질 수 없으므로, '사마타와 비파사나를 같이 닦으라'[止觀俱修]고 가르치는 것이다. 비파사나 없는 사마타는 고요함에 빠져 밝음을 잃어버리게 되고, 사마타 없는 비파사나는 비추어봄에 빠져 고요함을 잃어버리게 되기 때문이다.

고요하되 비추면[寂而照] 사마타의 방편이 끝내 선정인 지혜의 실상이 되는 것이며, 비추되 고요하면[照而寂] 비파사나의 방편이 끝내 지혜인 선정의 실상이 되는 것이다.

그러므로 사마타 없는 비파사나 없고, 비파사나 없는 사마타 없으니, 동아시아 불교사에서는 천태선사가 수대(隋代) 중국통일에 맞춰 불교의 모든 실천을 사마타와 비파사나에 거두어 선(禪)으로 회통하였다.

제자들에 의해 편집된 『마하지관』(摩訶止觀)의 첫머리에는 그 사상적 위업을 '사마타와 비파사나의 고요함과 밝음은 앞대에서는 듣지 못한 것이다'[止觀明靜 前代未聞]라고 찬탄하고 있다.

이런 뜻에서 보면 중국 당조에 들어 선종이 종파화되기 이전 선으로 모든 실천법을 회통하여 선의 종지를 표방한 분은 남악(南嶽)·천태(天台) 두

성사이다.

그리고 선과 파라미타행이 다른 것이라 생각하는 일부 선류들의 사고와는 달리, 사마타와 비파사나를 같이 닦아 사마타와 비파사나가 같이 행해지게 되면[止觀俱行] 여섯 가지 파라미타의 갖가지 행[六度萬行]이 한 마음의 바탕 가운데서 두렷해지게 되는 것[體中圓]이다.

어리석음이 다한 지혜와 선정의 고요함이 하나될 때 중생 건네주는 보디사트바의 한량없는 해탈의 행이 발현됨을 『화엄경』(「이세간품」)은 이렇게 말한다.

삼계의 마라 번뇌의 업을 떠나
거룩한 공덕과 빼어난 행을 갖추고
모든 어리석음의 미혹을 없애
그 마음이 언제나 고요하니
저 보디사트바가 행하는 도
내가 지금 곧 바로 말해주리라.

離三界魔煩惱業　具聖功德最勝行
滅諸癡惑心寂然　我今說彼所行道

법의 진실 잘 살피는 보디사트바는
세간의 모든 거짓 허깨비 길이 떠나
갖가지 변화 중생에게 보이고
마음이 나고 머물고 사라짐으로
뭇 교화의 일을 나타내 보여서
저가 할 수 있는 것을 말해주어
중생이 모두 기뻐하도록 하네.

永離世間諸誑幻　種種變化示衆生
心生住滅現衆事　說彼所能令衆喜

5) 말 있음과 말 없음의 중도[說黙中道行]

———

사라져 다한 법을 내는 이가 많이 들은 비구이니

이와 같이 내가 들었다.

한때 붇다께서는 슈라바스티 국 제타 숲 '외로운 이 돕는 장자의 동산'에 계시면서 비구들에게 말씀하셨다.

"많이 들은 비구[多聞比丘]가 있다. 어떻게 여래는 많이 들은 비구를 베풀어 세우는가."

여러 비구들은 붇다께 여쭈었다.

"세존께서는 법의 근본이시고 법의 눈이시며 법의 의지이십니다. 많이 들은 비구에 대해 말씀해주시길 바랍니다. 여러 비구들은 듣고서는 받아 받들어 행하겠습니다."

붇다께서는 비구들에게 말씀하셨다.

"자세히 듣고 잘 사유하라. 너희들을 위하여 말해주겠다.

여러 비구들이여, 만약 어떤 비구가 늙음·병듦·죽음을 듣고서 즐거워하지 않음[厭]을 내고 탐욕 떠나[離欲] 법을 없애 다하면[滅盡法], 이것을 많이 들은 비구라 한다.

이와 같이, 남, 존재, 취함, 애착, 느낌, 닿음, 여섯 들임, 마음·물질, 앎, 지어감에 대해 듣고서 즐거워하지 않음을 내고 탐욕 떠나 법을 없애 다하면, 이것을 많이 들은 비구라 한다.

이것을 여래가 많이 들은 비구를 베풀어 세움이라 한다."

붇다께서 이 경을 말씀하시자, 여러 비구들은 붇다의 말씀을 듣고 기뻐하며 받들어 행하였다.

• 잡아함 362 다문제자경(多聞第子經)

• 해설 •

많이 들은 이[多聞者]를 부정적으로 보는 오늘날 한국불교의 수행 풍토와는 달리, 아함경의 많은 곳은 소리 들어 해탈에 나아가는 여래의 제자들[聲聞]을 많이 들은 거룩한 제자들[多聞聲弟子]이라고 찬탄하고 있다.

여래의 찬탄 받은 거룩한 제자는 많이 들어 기억하기만 하는 제자가 아니다. 여래의 말씀은 반야인 말씀이고 반야는 진리인 반야·실상인 반야이니, 가르침을 듣고 집착을 지혜로 돌이키고 지혜를 통해 법계 진여의 바다에 들어가는 이가 많이 들은 제자이다. 법계 진여의 바다는 어디인가.

다섯 쌓임의 공한 실상이자 십이연기가 있되 공해 깊고 깊어 바닥이 없는 연기의 실상이 진여의 바다이다. 그러므로 탐욕 떠나고 집착 떠나 법에서 법 없음을 체달하여 법의 모습 다한 이가, 많이 들은 제자로서 늘 여래의 칭찬 받고 여래의 인가를 받는[佛所印] 거룩한 제자인 것이다.

들음 없이 온갖 법 들을 수 있는 보디사트바의 행을 화엄회상(「입법계품」) 선지식은 다음과 같이 가르친다.

나의 귀는 매우 청정하여
들음은 미치지 못함 없어서
세간 온갖 언어의 바다를
모두 들어 기억해 지니네.

我耳甚淸淨　聽之無不及
一切語言海　悉聞能憶持

다섯 쌓임이 고요한 줄 알아
고요한 법을 내면 잘 말함이 되니

이와 같이 내가 들었다.

한때 붇다께서는 슈라바스티 국 제타 숲 '외로운 이 돕는 장자의 동산'에 계셨다. 그때 어떤 비구가 붇다 계신 곳에 찾아와 붇다의 발에 엎드려 절하고 물러나 한쪽에 서서 말씀드렸다.

"세존께서는 법사(法師)를 말씀하시는데, 어떤 이를 법사라고 합니까?"

붇다께서 그 비구에게 말씀하셨다.

"참 잘 물었다. 네가 지금 여래가 말한 법사의 뜻을 알고 싶으냐?"

비구가 붇다께 말씀드렸다.

"그렇습니다, 세존이시여."

붇다께서 비구에게 말씀하셨다.

"자세히 듣고 잘 사유하라. 내 너를 위해 말해주겠다.

만약 물질에 대해서, '이것은 즐겨하지 않음을 내 탐욕 떠나야 함이고, 사라져 다함과 고요한 법이다'라고 말하면, 이런 이를 법사라 한다.

만약 느낌·모습 취함·지어감·앎에 대해서 '이것은 즐겨하지 않음을 내 탐욕 떠나야 함이고, 사라져 다함과 고요한 법이다'라고 말하면, 이런 이를 법사라 한다. 이것을 여래가 말한 법사라 한다."

그때 그 비구는 붇다의 말씀을 듣고 기뻐 뛰면서 절하고 물러갔다.

• 잡아함 26 선설법경(善說法經)

• 해설 •

누가 여래로부터 많이 들은 비구[多聞比丘]이며, 누가 여래의 법을 잘 설하는 법사[善說法師]인가. 문자와 언어를 많이 들어 기억해서 남에게 가르치는 사람이 많이 들어 잘 말하는 사람인가.

여래에게 들은 법은 언어문자로 된 반야[文字般若]이고, 언어문자로 된 반야는 지혜를 열어 연기의 실상에 들어가게 하는 것이다.

그러므로 가르침을 들어 무명을 돌이켜 지혜에 나아가고, 가르침을 통해 연기의 실상을 깨달아 남에게 다시 언교(言敎)를 세워 지혜의 길을 열어주는 자가 잘 듣고 잘 말하는 자이다.

연기법에서 보면 온갖 법은 있되 공하니, 비록 생각하되 앎[能念]과 알 것[所念]이 없고, 비록 말하되 말함[能說]과 말할 것[所說]이 없으며, 비록 듣되 들음[能聞]과 들을 것[所聞]이 없다.

그러므로 여래의 법을 듣되 들음 없이 들어서 스스로 다섯 쌓임이 공한 실상을 깨달아 모습에 대한 집착이 없어져 온갖 법이 사라져 다한 고요함을 내는 자가 많이 들은 비구이다.

또 여래의 법을 설하되 설함 없이 설해 모습의 집착 속에 사는 중생에게 모습에 대한 탐착 떠나 봄에 봄이 없는 사마디를 얻게 하고, 모습에 모습 없는 실상을 내게 하는 이[卽生實相]가 많이 들은 제자[多聞弟子]요 법을 잘 설하는 법사이다.

곧 말에 말이 없고 말 없음에 말 없음도 없음을 통달해 말과 말 없음에 자재한 이가 많이 들은 비구요 법을 잘 설하는 법사이며, 종지[宗]와 설법[說]을 모두 통한[宗說兼通] 대승의 선사[大乘禪師]인 것이다.

6) 잠듦과 깨어 있음의 중도 [寤寐中道行]

생각 바른 이가 늘 편히 잠자고 그 마음 고요하나니

이와 같이 내가 들었다.

한때 붇다께서는 마가다 국 사람 사이에 노닐어 다니시다가 날이 저물자 오백 비구와 함께 쿠마[屈摩] 야크샤 귀신이 사는 곳에서 주무시게 되었다.

때에 쿠마 야크샤 귀신은 붇다 계신 곳에 와서 붇다의 발에 머리를 대 절하고 한쪽에 물러앉아 말씀드렸다.

"세존이시여, 지금 세존과 여러 대중들이 오늘밤 여기서 주무시길 청합니다."

그때에 세존께서는 잠자코 그 청을 받아주셨다.

이때에 쿠마 야크샤 귀신은 세존께서 잠자코 청 받으신 것을 알고는, 오백의 이층 방과 누울 자리·앉을 자리·걸상·덮을 것·나무베개 각 오백 벌을 모두 변화로 만들었다. 그러자 변화로 만든 오백 개 등불은 연기나 불꽃이 없이 모두 변화로 나타났다.

그는 붇다 계신 곳에 나아가 붇다의 발에 머리를 대 절하고, 붇다를 청해 그 방에 들게 하였다.

여러 비구들에게는 차례로 방과 자리끼를 받게 하고, 두루 다 받은 뒤에는 다시 붇다 계신 곳에 나아가 붇다의 발에 머리를 대 절하고 한쪽에 물러앉아 게송으로 말씀드렸다.

쿠마 야크샤가 여래의 잠을 찬탄함

어질고 덕 있는 이 바른 생각이 있고
어질고 덕 있는 이 늘 생각 바르네.
이 세상이나 저 세상에서 언제나
바른 생각이면 안온하게 잠자네.

어질고 덕 있는 이 바른 생각이 있고
어질고 덕 있는 이 늘 생각 바르네.
그 마음이 언제나 고요하게 그치니
바른 생각이면 안온하게 잠자네.

어질고 덕 있는 이 바른 생각이 있고
어질고 덕 있는 이 늘 생각 바르네.
다른 마라의 군대 버리고 항복받아
바른 생각이면 안온하게 잠자네.

어질고 덕 있는 이 바른 생각이 있고
어질고 덕 있는 이 늘 생각 바르네.
산목숨 죽이지 않고 죽이게 하지 않고
마라에 항복 않고 항복케 하지 않고
뭇 삶들에게 사랑의 마음을 지니어

마음에 원한과 맺음 품지 않는다.

그때에 세존께서는 쿠마 야크샤 귀신에게 말씀하셨다.
"그렇다, 그렇다. 네가 말한 것과 같다."
때에 쿠마는 붇다의 말씀을 듣고 기뻐하고 따라 기뻐하면서, 붇다의 발에 머리를 대 절하고, 스스로 머물던 곳으로 돌아갔다.

• 잡아함 1319 굴마경(屈摩經)

• 해설 •

연기의 실상을 온전히 실현하신 여래의 잠은 어떠하고 여래의 깸은 어떠한가. 낮에 잘 보고 듣던 감각의 문이 왜 밤에 잘 때에는 닫히는가.

깨어 있을 때 아는 것은 뜻의 아는 뿌리[意根]가 몸의 아는 뿌리[五根]를 의지하여 저 경계를 만나 여섯 앎[六識]을 일으키는 것이다.

앎은 뜻뿌리가 아니지만 뜻뿌리를 떠나지 않고, 몸의 다섯 뿌리가 아니지만 몸을 떠나지 않으며, 저 경계가 아니지만 경계를 떠나지 않는다. 앎은 아는 자와 아는 경계가 만나 이루어진 앎이므로 앎에 앎이 없다.

앎이 몸이 아니되 몸을 떠나지 않으므로 몸이 피로에 지치고 어두움에 잠기면 몸의 감각의 문이 닫히고 앎 또한 감각의 문을 따라 닫히게 되니 그것을 잠[眠]이라 이름한다.

낮의 깸도 연기이며 밤의 잠도 연기이다.

여래는 뜻의 아는 뿌리와 몸과 저 세계가 있되 공함을 사무치신 분이므로 낮에 알 때에는 앎이 없이 아시며, 밤에 누워 쉬실 때는 몸과 앎이 공하되 공하지 않은 니르바나의 평상에서 쉬시므로 감각의 문이 닫힘이 없이 앎없는 앎이 늘 현전한다.

여래는 아실 때는 니르바나인 보디로써 아시고 누워 쉬실 때는 보디인 니르바나에서 쉬신다. 그러므로 여래만이 잠과 깸에서 참으로 평등한 진여를 얻으신 것이며, 여래만이 니르바나의 처소에서 쉼 없이 쉬는 것이다.

그리고 여래의 니르바나에는 나와 중생의 모습이 없으므로 여래는 누워 쉬시되 저 중생에 대한 넓고 큰 마음의 보살핌[護念]을 버리지 않고 쉬시며, 누워 쉬시되 중생과 보디사트바에 대한 따뜻한 배려와 당부[付囑]를 잊지 않는다.

이러한 여래의 잠을 야크샤(yakṣa, 夜叉)인들 어찌 찬탄하지 않으리. 또한 이처럼 여래의 쉼과 잠이 법계의 진실 그대로의 쉼이므로 여래의 길을 따라 행하는 보디사트바 또한 깨어 있을 때 잠 속의 꿈처럼 삼계의 세간을 볼 수 있어야 잠 속에서도 잠의 어두움에 머물지 않을 수 있는 것이다.

『화엄경』(「십지품」十地品)은 이렇게 말한다.

　　보디사트바는 세간의 법 온갖 것이
　　꿈과 같다고 밝게 깨달아 아니
　　곳도 없고 곳 없음도 없어서
　　바탕 성품이 늘 고요하도다.

　　菩薩了世法　一切皆如夢
　　非處非無處　體性恒寂滅

　　모든 법은 분별할 것 없으니
　　꿈이 마음과 다르지 않음 같네.
　　삼세에 걸쳐있는 모든 세간
　　온갖 것이 다 이와 같도다.

　　諸法無分別　如夢不異心
　　三世諸世間　一切悉如是

안의 마음 고요해 지혜 밝으면
자나 깨나 늘 안락하나니

이와 같이 내가 들었다.

한때 붇다께서는 바라나시 국의 사슴동산에 계셨다.

그때 세존께서는 이른 아침에 가사를 입고 발우를 가지고 바라나시 국의 성안으로 들어가 밥을 비셨다.

그때 어떤 비구도 가사를 입고 발우를 가지고 성에 들어와 밥을 빌다가, 길가에 있는 어떤 나무 밑에 서서 좋지 못한 느낌[不善覺]을 일으켜 나쁜 탐욕을 의지하였다.

그때 세존께서는 그 비구가 나무 밑에서 좋지 못한 느낌을 일으켜 나쁜 탐욕을 의지한 것을 아시고 그 비구에게 말씀하셨다.

"비구여, 비구여. 괴로움의 씨앗을 심어 냄새를 피워내고 더러운 물이 흘러나오게 하지 말라. 만약 비구가 괴로움의 씨앗을 심어 스스로 냄새를 피워내고 더러운 물이 흘러나오게 하면, 아무리 구더기나 파리 떼가 몰려들지 못하게 하려고 해도 그럴 수가 없다."

그러자 그 비구는 이렇게 생각하였다.

'세존께서는 내 마음의 나쁜 생각까지 다 알고 계시는구나.'

그러자 그는 곧 두려움을 내 온몸의 털이 곤두섰다.

길가 비구의 나쁜 생각과 맛들임을 비구에게 말씀해 깨우치심

그때 세존께서는 성에 들어가 밥 빌기를 마치신 다음 정사로 돌아와, 가사와 발우를 거두고 발을 씻으신 다음 방으로 들어가 좌선하셨다. 해질 무렵 선정에서 깨어나 비구대중들에게로 오시어 대중들 앞에 자리를 펴고 앉아 여러 비구들에게 말씀하셨다.

"내 오늘 이른 아침에 가사를 걸치고 발우를 가지고 성으로 들어가 밥을 빌다가, 어떤 비구가 나무 밑에 서서 좋지 못한 생각을 일으켜 나쁜 탐욕의 맛에 의지함을 보고서 나는 곧 그 비구에게 말하였다.

'비구여, 비구여. 괴로움의 씨앗을 심어 냄새를 피워내고 더러운 물이 흘러나오게 하지 말라. 만약 비구가 괴로움의 씨앗을 심어 스스로 냄새를 피워내고 더러운 물이 흘러나오게 하면, 아무리 구더기나 파리 떼가 몰려들지 못하게 하려고 해도 그럴 수가 없다.'

그러자 그 비구는 곧 '붇다께서는 내 마음의 생각까지 이미 알고 계시는구나'라고 생각하고는 부끄럽고 두려워 마음이 놀라 털이 곤두선 채 길을 따라 가버렸다."

여섯 들이는 곳 잘 보살피면 자나 깨나 안락함을 보이심

그때 어떤 비구가 자리에서 일어나 차림새를 바로잡고 오른 어깨를 드러내고서 합장한 다음 붇다께 말씀드렸다.

"세존이시여, 어떤 것이 괴로움의 씨앗이며, 어떤 것이 냄새 피움이고, 어떤 것이 나쁜 물이 흐르는 것이고, 어떤 것이 구더기와 파리 떼입니까?"

붇다께서 비구에게 말씀하셨다.

"성내며 번민하고 원망하는 것을 괴로움의 씨앗이라고 하고, 다섯 가지 탐욕의 공덕[五欲功德]을 냄새 피움이라 하며, 여섯 닿아 들이는 곳[觸入處]에 바른 몸가짐[律儀] 거두지 못하는 것을 나쁜 물이 흐름이라 한다.

곧 닿아 들이는 곳에서 잘 거두지 못해, 탐냄과 근심 그리고 여러 악해 착하지 않은 마음이 다투어 나면, 이를 구더기와 파리 떼라 말한다."

그러고는 곧 게송을 말씀하셨다.

귀나 눈을 막아 보살피지 못해
탐욕이 이를 따라 생겨나면
이것을 괴로움의 씨앗이라 하니
냄새나는 나쁜 물이 흘러내리고
여러 살핌 느낌의 기운과 맛이
나쁜 탐욕의 맛 즐김에 의지하네.

마을이나 비어 한가한 곳에서
만약 낮이나 밤이 되어도 늘
멀리 떠나 범행을 닦아간다면
괴로움의 끝을 마쳐 다하리라.

만약 안의 마음이 고요해지면
반드시 진리를 밝게 깨닫게 되니
누워서도 늘 깨어 안락할 것이며
몹쓸 파리 구더기 떼 사라지리라.

바른 수행자가 가까이 익히는 것은
좋은 말씀이신 현성의 길이니
여덟 가지 바른 길 깨달아 알면
다시는 뒤의 몸을 받지 않으리.

붓다께서 이 경을 말씀하시자, 여러 비구들은 붓다의 말씀을 듣고 기뻐하며 받들어 행하였다.

• 잡아함 1081 고종경(苦種經)

• 해설 •

여래가 보이신 깸과 잠이 한결같음[寤寐一如]의 뜻이 이 경에 잘 나타나 있다. 지혜로운 이는 안으로 번뇌가 다해 앎에 앎이 끊어졌으므로 바깥 다섯 탐욕의 경계에 취할 모습을 보지 않고, 취할 모습이 공한 줄 알므로 안으로 다섯 탐욕을 내지 않는다.

보디를 성취한 이는 낮에 보고 알 때는 보되 봄이 없고 알되 앎이 없으며, 밤에 누워 쉴 때에는 몸과 잠이 공하고 공도 공해 고요하게 비치는 지혜가 어둡지 않으니, 밤이나 낮이나 늘 범행 지어 중생을 이롭게 하는 파라미타 행이 끊이지 않는다.

깨어서는 안의 마음과 밖의 모습이 고요하고, 누워서는 고요하되 비치는 지혜가 밝아 늘 깨어 안락하니, 깨어 있을 때 그 마음은 비치되 고요하고 누워 쉴 때 그 마음은 고요하되 비친다.

이처럼 깨어 있음과 누워 쉼이 한결같은 여래의 나가(nāga, 龍)의 큰 선정[大定]은 하늘마라도 붙들 수 없고 천지개벽의 바람도 움직일 수 없을 것이다.

선정의 기쁜 맛 먹고
몸과 마음 쉰 이가 잠의 덮음 떠난 자이니

이와 같이 내가 들었다.

한때 붇다께서는 우루빌라 마을 나이란자나 강가에 계셨는데, 보디 나무 밑에서 깨달음을 이루신 지 오래지 않으셨다.

때에 악한 마라 파피야스는 이렇게 생각하였다.

'사문 고타마는 지금 우루빌라 마을 나이란자나 강가에 있는데, 보디 나무 밑에서 깨달음을 이룬 지 오래지 않다.

나는 거기 가서 어려움을 끼쳐주겠다.'

여래의 지혜와 선정의 힘을 하늘마라가 와서 시험해봄

그는 곧 젊은이로 변해 붇다 앞에 가서 게송을 말하였다.

홀로 한 빈 곳에 들어가서
선정에서 고요히 사유하니
나라와 재물 이미 버리고서
여기서 다시 무엇을 구하는가.

만약 마을의 이익을 구한다면
어찌 사람을 가까이하지 않는가.
이미 사람을 가까이하지 않거니

끝내 무엇을 얻을 수 있겠는가.

그때에 세존께서는, '이것은 악한 마라 파피야스가 어지럽게 하려는 짓이다'라고 생각하시고, 곧 게송을 말씀하셨다.

뜻이 만족하고 안온해 고요하니
여러 마라의 군대를 꺾어 누르고
모습의 탐욕에 집착하지 않네.

오직 홀로 선정으로 사유하며
선정의 묘한 즐거움 먹고 있네.
그러므로 두루 사람들께 다니며
서로 익혀 가까이하지 않는다.

마라는 다시 게송으로 말하였다.

고타마 그대가 만약 스스로
안온한 니르바나의 길 알았다면
함이 없는 즐거움에 홀로 잘 지내지
왜 억지로 남을 교화하려는가.

붇다께서는 다시 게송으로 대답하셨다.

마라의 제약 받지 않는 이가

내게 와 저 언덕 건너감을 물으면
나는 곧 그에게 바로 답하여
그가 곧 니르바나 얻도록 하네.
그때에 방일하지 않음 얻으면
마라가 멋대로 함 따르지 않게 되네.

**세존의 깊은 선정과 법의 재물에 관한
가르침 듣고 마라가 승복하여 찬탄함**

마라는 다시 게송으로 말하였다.

마치 기름에 엉긴 돌이 있어서
날아가는 까마귀 와서 먹으려 하나
마침내 그것을 맛보지 못하고
부리 다치고 허공에 돌아감 같네.
나도 지금 또한 그와 같아서
부질없이 하늘로 되돌아가네.

마라는 이렇게 말하고 근심과 슬픔을 품고 마음에 뉘우침을 냈다.
그래서 머리를 숙이고 땅에 엎드려 손가락으로 땅을 그었다.

파피야스의 세 딸이 여래를 시험함

그 마라 파피야스에게는 사랑의 욕망[愛慾]·사랑의 생각[愛念]
·사랑의 즐거움[愛樂]이라는 세 딸이 있었다. 그들은 파피야스가
있는 곳에 와서 게송을 말하였다.

아버지는 지금 왜 슬퍼하시오.
장부께 무슨 걱정할 것이 있으리.
우리들이 애욕의 밧줄로써
코끼리 다루듯 그를 묶어서
끌고 와 아버지 앞에 이르게 해
아버지 부리는 대로 따르게 하리.

마라는 딸들에게 대답하였다.

그는 이미 은혜와 애욕 떠났으니
애욕으로 그를 부를 수 없다.
그는 이미 마라의 경계 벗어났으므로
나는 지금 근심하고 슬퍼하도다.

때에 마라의 세 딸은 몸으로 불꽃을 놓아, 그 타오름이 구름 속의
번갯불 같았다. 붇다 계신 곳에 나아와 머리를 대 그 발에 절하고 한
쪽에 물러서서 말씀드렸다.
"저희들은 지금 세존의 발 아래 귀의합니다. 모시도록 해주십시오."
그때에 세존께서는 아예 돌아보지도 않으셨다.
"여래는 모든 애욕을 떠나 마음이 잘 해탈한 줄을 알라."
이렇게 두 번 세 번 말씀하셨다.
때에 마라의 세 딸들은 서로 말하였다.
'사람에게는 갖가지 형상을 따르는 애욕이 있다.
이제 각각 변화해서, 백 가지 어린 여인의 모습을 짓고, 백 가지 갖

시집 간 여인의 모습을 짓고, 백 가지 아직 아이 낳지 않은 여인의 모습, 백 가지 이미 아이 난 여인의 모습, 백 가지 중년 여인의 모습, 백 가지 늙은 여인의 모습을 짓자.

이런 갖가지 형상을 만들어 사문 고타마 있는 곳에 가서 이렇게 말하자.

'저희들이 모시도록 해주십시오. 지금 모두 와 높으신 이의 발 아래 귀의합니다.'

이렇게 의논한 뒤에 위의 말과 같이 갖가지로 변화하였다.

세존께 나아가 머리를 대 그 발에 절하고 한쪽에 물러나 말씀드렸다.

"세존이시여, 저희들은 지금 세존의 발 아래 귀의합니다. 모시도록 해주십시오."

그때에도 세존께서는 아예 돌아보지도 않으셨다.

"여래의 법은 모든 애욕을 떠났다."

이렇게 두 번 세 번 말씀하셨다.

때에 마라의 세 딸들은 각기 스스로 말하였다.

"만약 아직 애욕을 떠나지 못한 여느 남자라면 우리들의 갖가지 아름다운 모양을 보고는 마음이 곧 어지럽고 욕정의 기운이 치밀어 올라 가슴이 찢어지고 뜨거운 피에 얼굴이 달 것이다.

그런데 이제 사문 고타마라는 우리를 아예 돌아보지도 않는다.

여래는 애욕을 떠나 해탈하고 해탈하였다는 생각을 얻은 것 같다. 우리는 이제 각각 게송으로 물어야겠다."

파피야스의 세 딸들에게 다섯 가지 덮음 떠난 지혜와 선정을 보이심

그들은 다시 붇다 앞에 이르러 머리를 대 그 발에 절하고 한쪽에 물러섰다.

사랑의 욕망 하늘여인이 곧 게송으로 말하였다.

홀로 한 빈 곳에 들어가서
선정에서 고요히 사유하니
나라와 재물 이미 버리고서
여기서 다시 무엇을 구하는가.

만약 마을의 이익을 구한다면
어찌 사람을 가까이하지 않는가.
이미 사람을 가까이하지 않거니
끝내 무엇을 얻을 수 있겠는가.

붇다께서도 게송으로 대답하셨다.

뜻이 만족하고 안온해 고요하니
여러 마라의 군대를 꺾어 누르고
모습의 탐욕에 집착하지 않네.

오직 홀로 선정으로 사유하며
선정의 묘한 즐거움 먹고 있네.
그러므로 두루 사람들에게 다니며

서로 익혀 가까이하지 않는다.

다음에는 사랑의 생각 하늘여인이 게송으로 말하였다.

　　어떤 묘한 선정 많이 닦았기에
　　다섯 가지 욕망의 흐름 건너고
　　다시 그 어떠한 방편으로써
　　여섯 번째 그 바다를 건너갔는가.

　　어떻게 묘한 선정 닦았기에
　　여러 깊고 넓은 탐욕의 흐름에서
　　저 언덕에 건너가시게 되어
　　애욕에 붙들리지 않게 되었는가.

그때에 세존께서도 게송으로 대답하셨다.

　　몸은 그치어 쉬는 즐거움 얻고
　　마음은 이미 좋은 해탈을 얻어
　　함이 없고 짓는 바 아예 없으니
　　바른 생각은 기울어 움직임 없네.

　　온갖 법의 참모습 밝게 깨달아
　　여러 어지러운 생각 내지 않고
　　탐냄과 성냄 어두운 잠의 덮음

이 모든 것 이미 다 여의었도다.

이와 같은 행 많이 닦아 익히어
다섯 가지 탐욕을 건너게 되고
또한 여섯 번째 바다를 건너
저 언덕에 이를 수 있게 되었네.

이와 같이 선정을 닦아 익히어
여러 깊고도 넓은 탐욕의 흐름에서
저 언덕으로 모두 건너게 되어
저 애욕의 붙들린 바 되지 않도다.

다음에는 사랑의 즐거움 하늘여인이 게송으로 말하였다.

은혜와 애정 두텁게 쌓여 모인
탐욕을 이미 끊어 없애버리니
사람에게 깨끗한 믿음 많이 내게 해
탐욕의 흐름에서 건너게 되어
밝은 지혜 열고 펴게 할 수 있으며
죽음의 마라 그 구역 뛰어넘도다.

그때에 세존께서는 게송으로 대답하셨다.

크나큰 방편으로 널리 건너서

여래의 법과 율에 들어서게 되면
이들은 다 모든 흐름 건넌 것이니
지혜로운 이 다시 무슨 걱정 하리.

여래께 승복한 세 딸에게 파피야스가 여래의 위덕을 말해줌

때에 세 하늘여인은 뜻한 원을 채우지 못하고, 아버지 파피야스가 있는 곳으로 돌아갔다.

그때 마라 파피야스는 멀리서 딸들이 오는 것을 보고 게송으로 놀리었다.

너희들 세 딸 나의 자식들은
스스로의 능력을 자랑하면서
모두 몸에서 불꽃을 놓아
구름 속 번개의 흐름 같더니
큰 정진의 세존 계신 곳 가서
각기 그 얼굴 자태 나타냈으나
도리어 그에게 부수어짐이
바람에 날리는 솜과 같구나.

어울려 합함에서 벗어나신 이
그 마음을 어지럽히려는 것
마치 손톱으로 산을 깨뜨리고
이로 쇠구슬을 물어 깨뜨리며
가는 털이나 연뿌리 실로써

크나큰 산 굴리려 하는 것 같네.

어울려 합함에서 벗어나신 이
흔들어 움직이려 하는 것은
마치 바람의 발을 붙들어 묶고
허공의 달을 떨어뜨리며
손으로 큰 바다 물을 긷거나
숨길로 설산 움직이려 함 같네.

여래는 온갖 어울려 합함에서
모두다 벗어나 뛰어났으니
아주 깊고도 또 큰 바다 가운데
발 디딜 땅을 구하는 것처럼
바른 깨침 크나큰 바다 가운데
흔들림 구하는 것 또한 그러네.

이처럼 파피야스는 세 딸을 놀린 뒤에 이내 사라져 나타나지 않았다.

• 잡아함 1092 마녀경(魔女經)

• 해설 •

이 경은 여래가 위없는 보디를 성취한 뒤 하늘마라 파피야스와 그 세 딸
이 여래의 지혜와 선정의 힘을 시험해보는 내용을 담고 있다.

파피야스는 취할바 경계의 장애를 마라로 비유한 것이라면, 마라의 세
딸은 경계를 취하는 애욕의 마음과 탐착의 마음을 마라로 표현한 것이리라.

그러므로 이 경은 보디를 성취하신 뒤 여래 스스로 성취한 선정과 지혜의 힘을 중생의 탐냄·성냄·어리석음의 마음으로 자기 점검한 내용을 하늘마라와의 대화로 보인 것이라 할 것이다.

경의 이야기처럼 여래는 해탈의 밥[解脫食]을 들고, 니르바나의 침상[涅槃床]에서 쉬시며, 선정의 기쁨[禪悅]으로 맛을 삼고, 법의 기쁨[法喜]으로 즐거움 삼아 살아가신다.

여래는 지혜로 모든 법의 참모습이 있되 공한 줄 아시므로 다시는 탐냄·성냄을 일으키지 않고, 모습이 공하되 공도 공한 줄 아시므로 어두운 잠의 덮음을 길이 떠나고, 삼계가 온전히 꿈인 줄 알므로 다시는 잠들어 삼계의 꿈을 만들지 않는다.

여래의 선정은 만법이 인연으로 난 것이라 공해 모습 없는 것이 선정이 되며, 여래의 지혜는 만법이 공하되 공도 공해 어둡지 않는 것이 지혜가 된다. 그러므로 하늘땅이 무너져도 여래의 선정과 지혜는 무너지지 않으니, 만법의 합해 모이는 모습과 나뉘어 흩어지는 모습을 길이 떠났기 때문이다. 무너질 수 없는 법의 성품 그대로인 여래의 지혜와 선정을 마라와 마라의 세 딸인들 어찌하리.

마라가 세존께 승복하니 마라의 세계[魔界]가 본시 법계(法界)이므로 법계로 다시 돌아옴을 말함인가.

『화엄경』(「수미정상게찬품」) 또한 여래의 선정은 온갖 법에 물듦 없이 자재하시며, 여래의 지혜는 늘 고요함과 비춤이 함께하므로 깨어 있을 때 빛깔과 소리가 어지럽히지 못하고 누워 쉬실 때 잠이 덮지 못함을 다음과 같이 보인다.

지혜의 빛 늘 널리 비치어
세간 어두움 다 없애버리네.
온갖 것에 같이 할 것이 없으니
어떻게 헤아려 알 수 있겠는가.

慧光恒普照　世闇悉除滅
一切無等倫　云何可測知

여래의 지혜의 빛 널리 비추어
뭇 캄캄한 어두움을 없애버리네.
이 빛은 비춤 있음이 아니고
또한 다시 비춤 없음도 아니네.

如來光普照　滅除衆暗冥
是光非有照　亦復非無照

모든 법에 집착하는 바가 없고
생각에 생각 없고 물듦 없어서
머묾 없고 머무는 곳 없으니
법의 성품을 무너뜨리지 않네.

於法無所著　無念亦無染
無住無處所　不壞於法性

7) 본디 깨침과 새로 깨침의 중도[本始二覺中道行]

———

비구들이여, 니르바나 그대로
니르바나에 나아가는 길이 있나니

이와 같이 내가 들었다.

한때 붇다께서는 슈라바스티 국 제타 숲 '외로운 이 돕는 장자의 동산'에 계셨다.

그때 세존께서 여러 비구들에게 말씀하셨다.

"니르바나 그대로 니르바나에 나아가는 길[似趣涅槃道跡]이 있다. 어떤 것이 니르바나 그대로 니르바나에 나아가는 길인가?

눈은 나가 아니라[眼非我] 살피고, 빛깔과 눈의 앎, 눈의 닿음의 인연으로 생기는 느낌, 곧 안의 느낌으로 괴롭거나 즐겁거나 괴롭지도 즐겁지도 않은 느낌, 그것 또한 덧없다고 살피라.

귀·코·혀·몸·뜻에 있어서도 또한 이와 같나니, 이것을 니르바나 그대로 니르바나에 나아가는 길이라 한다."

붇다께서 이 경을 말씀하시자, 여러 비구들은 붇다의 말씀을 듣고 기뻐하며 받들어 행하였다.

• 잡아함 220 사취열반도적경(似趣涅槃道跡經)

• 해설 •

눈[眼]이 빛깔[色]을 보아 눈의 앎[眼識]을 내고, 귀[耳]가 소리[聲]를 들고 귀의 앎[耳識]을 내며, 코[鼻]가 냄새[香]를 맡아 코의 앎[鼻識]을 내고, 혀[舌]가 맛[味]을 보고 혀의 앎[舌識]을 내며, 몸[身]이 닿음[觸]을 느끼어 몸의 앎[身識]을 내고, 뜻[意]이 법(法)을 알아 뜻의 앎[意識]을 낸다.

눈·귀·코·혀·몸·뜻의 여섯 아는 뿌리[六根]와 알려지는바 빛깔·소리·냄새·맛·닿음·법의 여섯 경계[六境]가 연기한 것이라 있되 공하다. 주체의 아는 뿌리는 알려지는 것을 떠나 없고, 알려지는 것은 아는 자를 떠나 없으므로, 보는 눈이 '나'가 아니고 보여지는 것이 '내 것'이 아니다.

안과 밖과 안팎의 앎은 모두 자기성품 없으므로 덧없고 덧없으므로 '나'에 '내'가 없다. 곧 안의 아는 뿌리[內根]와 바깥 알려지는 경계[外境]가 있되 공하므로 서로 어울리고 서로 의지해 여섯 앎[六識]이 나는 것이니, 여섯 앎에 앎 없고 앎 없지만 앎 없음도 없다.

열여덟 법의 영역[十八界]이 본래 공해 모습 없어서 본래 니르바나라 다시 적멸하게 할 것이 없으니, 이것이 본디 깨쳐 있는 곳[本覺處]이다.

본디 깨쳐 있음에서 번뇌와 괴로움을 돌이켜 서로 깨침[始覺]에 나아가나, 번뇌를 실로 끊음도 아니고 보디를 새로 얻음도 아니다. 중생의 못 깨친 번뇌와 괴로움[不覺]이 공한 곳이 본디 깨친 곳이니, 본디 깨쳐 있음과 새로 깨침은 둘이 아니다.

그러므로 새로 깨침에도 얻을 것이 없고 닦아 나아감 또한 실로 닦음이 없으니, 이것이 경에서 말하고 있는바 니르바나에 앉아서 니르바나에 돌아감이고 니르바나 그대로 니르바나에 나아가는 것이다.

애착 다해 다시 파리니르바나 돌아가네

이와 같이 내가 들었다.

한때 붇다께서는 슈라바스티 국 제타 숲 '외로운 이 돕는 장자의 동산'에 계셨다. 그때 말룽카푸트라(Māluṅkyaputra)는 붇다 계신 곳에 와서 머리를 대 그 발에 절하고 한쪽에 물러앉아 붇다께 말씀드렸다.

"거룩하십니다, 세존이시여. 저를 위해 설법하여주십시오. 저는 법을 듣고는 홀로 한 고요한 곳에서 오롯이 정진해 사유하며 방일하지 않게 머물러서 몸으로 증득해 스스로 깨닫겠습니다.

그리하여 '나의 태어남은 이미 다하고 범행은 이미 서고, 지을 바를 이미 지어 뒤의 있음을 다시 받지 않는다'고 알겠습니다."

그때에 세존께서는 말룽카푸트라에게 말씀하셨다.

"여러 젊은이들은 총명하고 근기가 날카로워 나의 법과 율에서 집을 나온 지 아직 오래지 않았지만, 나의 법과 율에서 오히려 게으름이 없다.

그런데 하물며 그대는 오늘 나이도 늙고 여러 몸의 아는 뿌리도 물러 빠져 있는데, 내가 간략히 말하는 가르침과 깨우침을 듣고자 하는가."

나이든 말룽카푸트라를 경책하시고 괴로움의 끝을 설하심

말룽카푸트라는 붇다께 여쭈었다.

"세존이시여, 저는 비록 나이도 많고 몸의 여러 아는 뿌리도 물러 빠졌지만, 그래도 오히려 세존의 간략히 말씀하시는 가르침과 깨우침을 듣고자 합니다. 저를 위해 설법하여주십시오.

저는 법을 듣고는 홀로 한 고요한 곳에서 오롯이 정진해 사유하며 방일하지 않게 머물러서 몸으로 증득해 스스로 깨닫겠습니다.

그리하여 '나의 태어남은 이미 다하고 범행은 이미 서고, 지을 바를 이미 지어 뒤의 있음을 다시 받지 않는다'고 알겠습니다."

이렇게 말씀드리고 두 번 세 번 이와 같이 청하였다.

붇다께서는 말룽카푸트라에게 말씀하셨다.

"너는 지금 우선 그만 그치라."

이와 같이 두 번 세 번 되풀이하시며 또한 말씀하지 않았다.

그때에 세존께서는 말룽카푸트라에게 말씀하셨다.

"나는 이제 너에게 묻겠다. 뜻을 따라 내게 대답하라."

붇다께서는 말룽카푸트라에게 말씀하셨다.

"만약 눈으로 일찍 빛깔을 보지 못하는데, 그 빛깔에 대해 보고자 하여 그 빛깔에 대해서 탐욕을 일으키고 사랑을 일으키며, 생각을 일으키고 물들어 집착함을 일으키겠는가."

"아닙니다, 세존이시여."

귀와 소리, 코와 냄새, 혀와 맛, 몸과 닿음, 뜻과 법 또한 이와 같이 말씀하셨다.

붇다께서는 말룽카푸트라에게 말씀하셨다.

"참 잘 말했다, 말룽카푸트라여. 봄[見]은 보는 것[所見]으로 혜

아림을 삼고, 들음[聞]은 듣는 것[所聞]으로 헤아림을 삼으며, 느낌
[受]은 느끼는 것[所受]으로 헤아림을 삼고, 앎[知]은 아는 것[所知]
으로 헤아림을 삼는다.”

그리고 게송으로 말씀하셨다.

만약 그대가 저것에 의하지 않고
저것 또한 이것이 아니며
또한 이것 저것 가운데도 아니면
이것이 곧 괴로움의 끝이 된다.

말룽카푸트라는 붇다께 말씀드렸다.
“이미 알았습니다, 세존이시여. 이미 알았습니다, 세존이시여.”
붇다께서는 말룽카푸트라에게 말씀하셨다.
“너는 어떻게 내가 간략히 말한 법에서 널리 그 뜻을 알았느냐.”

법의 눈이 밝아진 말룽카푸트라가 게송으로 깨친 뜻을 노래함
말룽카푸트라는 게송으로 붇다께 말씀드렸다.

만약 눈이 이미 빛깔 보고
바른 생각을 잃어버리면
그는 본바 빛깔에 대하여
사랑해 생각하여 모습 취하네.

사랑하고 즐거할 모습 취하면

마음은 언제나 매여 집착하여
갖가지 애욕을 일으키고서
한량없는 물질이 모여 나네.

탐욕과 성냄과 해치는 생각은
그 마음 물러나 줄어들게 하고
뭇 괴로움들을 키워 길러서
니르바나 길이 떠나게 하네.

빛깔 보고도 모습 취하지 않으면
그 마음은 바른 생각을 따라
나쁜 마음의 애착에 물들지 않고
또한 매어 집착함 내지 않으며
그 모든 애착 일으키지 않으리.

한량없는 물질 모여 나더라도
탐욕과 성냄과 해치는 생각이
그 마음을 무너뜨릴 수 없으며
뭇 괴로움 조금씩 기른다 해도
차츰 니르바나에 가까워지니
해 종족 세존의 말씀하신 것
모든 애착 떠난 파리니르바나네.

만약 귀가 모든 소리를 듣고

마음이 바른 생각 잃어버리고
모든 소리의 모습을 취해
굳게 잡아 그것 버리지 않으며
코가 냄새 맡고 혀가 맛을 보고
몸이 닿음 느끼고 뜻이 법 생각해
바른 생각을 잃어버리고
또한 모습 취함 다시 그러하여서
그 마음이 사랑과 즐거움을 내
매이어 집착하고 굳게 머물러
갖가지 모든 애착 일으킨다면
한량없는 물질이 모여나
탐욕과 성냄과 해치는 생각이
그 마음이 뒤로 물러나게 하고
바른 마음 줄이고 무너뜨려서
뭇 괴로움 더미 길러 자라게 하고
니르바나 길이 떠나게 하네.

있는바 모든 법에 물들지 않고
바른 지혜 바른 생각에 머물러서
그 마음 물들어 더러워지지 않고
또한 즐겨하여 집착하지 않고
모든 애욕을 일으키지 않으면
한량없는 법들이 모여서 나도
탐욕과 성냄과 해치는 생각은

그 마음을 뒤로 물리지 못하고
바른 마음 줄어들게 하지 못하리.

그러면 온갖 괴로움 따라 사라져
차츰 파리니르바나에 가까워지니
애착 다함이 파리니르바나라 함은
세존께서 말씀하여주신 바이네.

"이것을 세존께서 간략히 말씀하신 법에서 그 뜻을 널리 아는 것이라 합니다."

세존의 계송 듣고 방일함이 없이 정진해 아라한을 이룸

붇다께서는 말룽카푸트라에게 말씀하셨다.

"너는 참으로 내가 간략히 말한 법에서 그 뜻을 널리 알았다. 무슨 까닭인가. 내가 다음처럼 말한 게송과 같기 때문이다.

만약 눈이 이미 빛깔 보고
바른 생각을 잃어버리면
그는 본바 빛깔에 대하여
사랑해 생각해서 모습 취하네.

사랑하고 즐겨 해서 모습 취하면
마음은 언제나 매여 집착하여
갖가지 애욕을 일으키고서

한량이 없는 물질이 모여 나네.

탐욕과 성냄과 해치는 생각은
그 마음 물러나 줄어들게 하고
뭇 괴로움을 키워 길러서
니르바나 길이 떠나게 하네.

빛깔 보고도 모습 취하지 않으면
그 마음은 바른 생각을 따라
나쁜 마음의 애착에 물들지 않고
또한 매어 집착함 내지 않으며
그 모든 애착 일으키지 않으리.

한량없는 물질 모여 나더라도
탐욕과 성냄과 해치는 생각이
그 마음을 무너뜨릴 수 없으며
뭇 괴로움 조금씩 기른다 해도
차츰 니르바나에 가까워지니
해 종족 세존의 말씀하신 것
모든 애착 떠난 파리니르바나네.

만약 귀가 모든 소리를 듣고
마음이 바른 생각 잃어버리고
모든 소리의 모습을 취해

굳게 잡아 그것을 버리지 않고
코가 냄새 맡고 혀가 맛보고
몸이 닿음 느끼고 뜻이 법 생각해
바른 생각 잊고 잃어버리고
또한 모습 취함 다시 그러하여서
그 마음이 사랑과 즐거움을 내
매이어 집착하고 굳게 머물러
갖가지 모든 애착 일으킨다면
한량없는 물질이 모여 나
탐욕과 성냄과 해치는 생각이
그 마음이 뒤로 물러나게 하고
바른 마음 줄이고 무너뜨려서
뭇 괴로움 더미 길러 자라게 하고
니르바나 길이 떠나게 하네.

있는바 모든 법에 물들지 않고
바른 지혜 바른 생각에 머물러서
그 마음 물들어 더러워지지 않고
또한 즐겨하여 집착하지 않고
모든 애욕을 일으키지 않으면
한량없는 법들이 모여서 나도
탐욕과 성냄과 해치는 생각은
그 마음을 뒤로 물리지 못하고
바른 마음 줄어들게 하지 못하리.

그러면 온갖 괴로움 따라 사라져
차츰 파리니르바나에 가까워지니
애착 다함이 파리니르바나라 함은
세존께서 말씀하여주신 바이네.

그때에 존자 말룽카푸트라는 붇다의 말씀을 따라 기뻐하면서 절
하고 물러갔다.

그때에 존자 말룽카푸트라는 세존께서 간략히 말씀하신 법 가운
데서 널리 그 뜻을 알고는 홀로 고요한 곳에서 오롯이 정진하고 사
유하여 방일하지 않고 머물렀다.

나아가 아라한을 이루어 마음에 해탈을 얻었다.

• 잡아함 312 마라가구경(摩羅迦舅經)

• 해설 •

다섯 쌓임이 본래 공하여 아는 마음에 마음이 없고 알려지는 모습에 모
습 없음이 본래 이미 고요한 니르바나라 다시 고요하게 할 것이 없다.

본래 모습에 모습 없어 고요한 곳에서 탐욕과 애착으로 모습에 모습 보
아 니르바나에서 멀어진 것이니, 다시 번뇌와 애착을 돌이키면 모습에 모습
없는 파리니르바나에 돌아가게 된다.

붇다의 게송에서 저것은 보는 것과 듣는 것이고, 이것은 주체의 봄과 들
음이다. 봄과 보여지는 것이 공한 줄 알아 취하지 않는 것이 저것에 의하지
않음이고, 그 가운데 안과 밖이 함께 있음[相在]이나 주·객의 공함에 머물
지 않음이 가운데가 아님이다. 안과 밖과 가운데에 모두 머물지 않으면 이
것이 곧 붇다가 보이신 파리니르바나인 것이다.

그러나 설사 중생이 봄으로 보여지는 것을 취하고 앎으로 아는 것을 취

해 번뇌와 애착을 일으켜도 번뇌와 애착이 헛된 그림자라 본래 공해 실로 끊을 것이 없고, 연기하는 물질이 나되 실로 모여 남이 없고 마음이 공해 본래 물듦이 없다.

그러므로 니르바나에 다시 돌아간다 하나 니르바나는 새로 얻는 것이 아니다. 끊을 번뇌와 애착에 실로 끊을 것이 없어서 본래의 니르바나인 줄 알면, 그 닦음은 닦되 닦음 없는 것[全修卽性]이며 닦음은 온전히 니르바나가 일으킨 닦음 없는 닦음이 되는 것[全性起修]이다.

『화엄경』「여래현상품」如來現相品) 또한 중생과 세계가 본래 니르바나 되어 있는 법계의 처소에서 한량없는 방편의 행을 닦아 위없는 보디 이루었으므로 보디에 실로 얻음 없는 뜻을, 이렇게 보인다.

> 겁의 바다 다하도록 방편 닦으사
> 한량없고 끝이 없고 나머지 없네.
> 온갖 법문에 들어가지 못함 없으나
> 그 모든 성품 고요함 늘 말씀하네.
>
> 盡諸劫海修方便　無量無邊無有餘
> 一切法門無不入　而恒說彼性寂滅
>
> 온갖 모든 붇다는 뭇 모임 가운데서
> 널리 시방에 두루해 가지 않음 없으니
> 이는 다 깊고 깊은 지혜바다로
> 저 여래의 고요한 법에 들어감이네.
>
> 一切諸佛衆會中　普遍十方無不往
> 皆以甚深智慧海　入彼如來寂滅法

8) 게으름과 조급함을 뛰어넘은 중도[緩急中道行]

잠과 들뜸 조복해야 정진과 쉼이
평정한 깨달음의 법 이루나니

이와 같이 내가 들었다.

한때 붇다께서는 파탈리푸트라 성읍에 계셨다.

그때에 존자 우파마나(Upamāna)와 존자 아티묵타(atimukta)는 파탈리푸트라 성읍 닭숲정사[鷄林精舍]에 있었다. 그때에 아티묵타는 해질녘 선정에서 깨어나 우파마나 있는 곳에 가 서로 문안 인사한 뒤에, 한쪽에 물러앉아 우파마나 존자에게 물었다.

"존자는 일곱 갈래 깨달음 법[七覺支]의 방편을 알아서 이와 같이 즐거움에서 사마디에 머묾[樂住正受]과 괴로움에서 사마디에 머묾[苦住正受]이 되시오?"

우파마나는 대답하였다.

"존자 아티묵타여, 비구가 방편을 잘 알아 일곱 갈래 깨달음 법을 닦으면, 이와 같이 즐거움에서 사마디에 머묾과 괴로움에서 사마디에 머묾이 되는 것이오."

다시 물었다.

"비구가 어떻게 방편을 잘 알아 일곱 갈래 깨달음 법을 닦소?"

마음의 해탈을 알고 닦음 일으켜야 함을 보임

우파마나가 대답했다.

"비구가 방편으로써 생각의 깨달음 법을 닦을 때에, 그는 이렇게 잘 사유할 수 있소.

'그 마음이 잘 해탈하지 못하면 잠을 물리치지 못하고, 들떠 뉘우침을 잘 조복하지 못하고, 잠을 물리치지 못한다.

이와 같이 마음이 해탈하지 못해서 내가 생각의 깨달음 법을 사유하여 방편에 정진하더라도 평정함을 얻지 못할 것이다.'

이처럼 법 가림 · 정진 · 기쁨 · 쉼 · 선정 · 버림의 깨달음 법에도 이와 같이 말하오.

비구가 만약 생각의 깨달음 법을 닦을 때에 먼저 이렇게 사유하오.

'마음이 잘 해탈하여 잠을 바로 물리치고 들떠 뉘우침을 조복하고서 내가 이 생각의 깨달음 법을 사유하고 나면, 다른 방편을 부지런히 하지 않더라도 평정함을 얻게 될 것이다.'

이와 같이 아티묵타여, 비구가 방편을 알아 일곱 갈래 깨달음 법을 닦으면, 이와 같이 '즐거움에서 사마디에 머묾'이 되고, '괴로움에서 사마디에 머묾'이 되는 것이오."

때에 두 존자는 서로 같이 논의한 뒤에 각기 자리에서 일어나 떠나갔다.

• 잡아함 719 우파마경(憂波摩經)

• 해설 •

마음의 해탈을 이룬다 함은 먼저 연기의 법을 잘 사유하고 잘 살피어 물질이 본래 공하고 번뇌가 본래 남이 없음을 아는 것이니, 바로 알면 이미 물질과 번뇌의 장애에서 벗어난 것이다.

본래 니르바나의 처소, 본래 해탈된 곳을 알고 일곱 갈래 깨달음 법의 닦음을 일으키고 정진을 일으켜야, 그 닦음이 들뜸과 조급함에 떨어지지 않고 게으름과 잠에 떨어지지 않고 앞으로 나아가게 된다.

그렇게 닦아 행할 때 괴로울 때에도 사마디에 머물고 즐거울 때도 사마디에 머물게 되어 평정한 깨달음에 나아가게 될 것이다.

그렇지 않고 끊을 번뇌와 얻을 니르바나가 실로 있다는 생각으로 조바심치고 정진하면 조급함을 내다 쉽게 물러나 뒤바뀌게 되니, 그는 들뜬 마음과 가라앉은 마음, 조급한 마음과 게으른 마음을 조복할 수 없다.

『화엄경』(「현수품」賢首品) 또한 중생과 세계가 본래 니르바나되어 있음을 깨달아 쓰는 화엄 사마디[華嚴三昧]의 힘에 의해서만 여섯 가지 파라미타행의 쉼없는 실천이 나올 수 있음을 다음과 같이 보인다.

보시 지계 인욕 정진 그리고 선정
지혜와 방편 신통 등 파라미타행
이와 같은 온갖 행이 다 자재한 것은
붇다의 화엄 사마디의 힘 때문이네.

施戒忍進及禪定　智慧方便神通等
如是一切皆自在　以佛華嚴三昧力

보디사트바는 사마디 가운데 머물러
갖가지 자재함으로 중생 거두며
지은 공덕의 법과 한량없는 방편으로
중생을 열어 법에 이끌어들이네.

菩薩住在三昧中　種種自在攝衆生
悉以所行功德法　無量方便而開誘

정진에는 너무 지나침과 게으름이 모두 없어야 하니

이와 같이 들었다.

한때 붇다께서는 참파(Campā) 국의 우렛소리[雷聲] 못가에 계셨다.

이때 슈로나코티빔사(Śroṇakoṭīviṃśa, 二十億耳) 존자는 어떤 고요한 곳에서 스스로 법의 근본을 닦아 열두 가지 두타행법[十二頭陀行法]을 버리지 않고, 밤낮으로 거닐어 다니며[經行], 서른일곱 실천법[三十七道品]의 가르침을 떠나지 않았다.

앉거나[坐] 다니거나[行] 늘 바른 법을 닦고, 초저녁이나 한밤이나 새벽이나 늘 스스로 격려하여 잠깐도 버리지 않았다.

그러나 그는 탐욕의 흐름[欲漏] 그 법에서 마음이 해탈하지 못하였다.

그때 존자 슈로나코티빔사는 거닐어 다니던 곳에서 다리를 다쳐 피가 흘러 온 길가에 가득했다. 비유하면 마치 소를 잡은 곳에서 까막까치가 그 피를 먹는 것과 같았다. 그런데도 그는 탐욕의 흐름에서 마음이 해탈을 얻지 못했다.

그때 존자 슈로나코티빔사는 곧 이렇게 생각하였다.

'사카무니 붇다의 고행 정진하는 제자들 가운데 내가 으뜸이다. 그런데도 나는 오늘날까지 번뇌의 마음[漏心]에서 해탈하지 못하였다. 또 우리집 살림은 재산도 많고 보배도 넉넉하다.

나는 차라리 이 가사를 벗어버리고 다시 흰옷을 입고 집안의 재물을 가지고 널리 은혜롭게 보시하는 것이 좋겠다.

지금처럼 사문 노릇을 하는 것은 아주 어려워 쉽지 않다.'

거문고 줄의 비유로 바른 수행의 길을 보이심

그때 세존께서 멀리서 슈로나코티빔사가 마음으로 생각하고 있는 것을 아시고, 곧 허공을 날아 그가 거닐어 다니는 곳으로 가서 자리를 펴고 앉으셨다.

그때 존자 슈로나코티빔사가 붇다 계신 곳에 나아가 붇다의 발에 머리를 대 절하고 한쪽에 앉았다. 세존께서 슈로나코티빔사에게 물으셨다.

"너는 아까 무엇 때문에 이런 생각을 했느냐?

'사카무니 붇다의 고행 정진하는 제자들 가운데 내가 으뜸이다. 그런데도 나는 오늘날까지 번뇌의 마음에서 해탈하지 못하였다. 또 우리집 살림은 재산도 많고 보배도 넉넉하다.

나는 차라리 이 가사를 벗어버리고 다시 흰옷을 입고 집안의 재물을 가지고 널리 은혜롭게 보시하는 것이 좋겠다.

지금처럼 사문 노릇을 하는 것은 아주 어려워 쉽지 않다.'"

슈로나코티빔사가 대답하였다.

"그렇습니다, 세존이시여."

세존께서 말씀하셨다.

"나는 지금 도로 너에게 묻겠다. 네 마음 따라 나에게 대답하여라. 어떤가, 슈로나코티빔사여. 너는 본래 집에 있을 때에 거문고를 잘 탔느냐?"

슈로나코티빔사가 대답하였다.

"그렇습니다. 세존이시여, 저는 본래 집에 있을 때에 거문고를 잘 탔었습니다."

세존께서 말씀하셨다.

"어떤가, 슈로나코티빔사여. 만약 거문고 줄이 아주 급하면 그 소리 울림이 고르지 못할 터인데, 그때에도 거문고 소리를 들을 만하게 낼 수 있더냐?"

슈로나코티빔사가 대답하였다.

"아닙니다, 세존이시여."

세존께서 말씀하셨다.

"어떤가, 슈로나코티빔사여. 만약 거문고 줄이 다시 느슨하게 되면 그때에도 거문고 소리를 들을 만하게 낼 수 있더냐?"

슈로나코티빔사가 대답하였다.

"아닙니다, 세존이시여."

세존께서 말씀하셨다.

"어떤가, 슈로나코티빔사여. 만약 거문고 줄이 너무 느슨하지도 않고 너무 급하지도 않으면, 그때에는 거문고 소리를 들을 만하게 낼 수 있더냐?"

슈로나코티빔사가 대답하였다.

"그렇습니다. 세존이시여, 거문고 줄이 너무 느슨하지도 않고 너무 급하지도 않으면, 그때에는 거문고 소리를 들을 만하게 낼 수 있습니다."

세존께서 말씀하셨다.

"이 수행하는 것 또한 이와 같다. 너무 지나치게 정진하면 그것은 마치 조롱하고 노는 것과 같고, 게으르면 삿된 견해에 떨어지게 된다.

만약 가운데 있을 수 있으면 이것은 가장 높은 행이다. 이와 같이 하면 오래지 않아 '번뇌 흐름이 없는 사람'[無漏人]을 이루게 될 것이다."

그때 세존께서는 슈로나코티빔사 비구에게 미묘한 법을 설명하시고 나서 우렛소리 못가로 돌아가셨다.

세존의 깨우침대로 정진하여 아라한을 이룸

그때 존자 슈로나코티빔사는 세존의 가르침과 분부를 사유하여 잠깐도 버리지 않고 한가하고 고요한 곳에 있으면서 그 법을 사유하였다.

좋은 종족의 사람이 집을 나와 도를 배우며, 수염과 머리를 깎는 것은 위없는 범행(梵行)을 닦는 것이다.

그리하여 '나의 태어남은 이미 다하고 범행은 이미 서고, 지을 바를 이미 지어 다시는 뒤의 있음을 받지 않는다'는 것을 진실 그대로 알아 존자 슈로나코티빔사는 곧 아라한을 이루었다.

그때 세존께서 여러 비구들에게 말씀하셨다.

"내 성문(聲聞)들 가운데서 정진 고행으로 으뜸가는 제자는 이 슈로나코티빔사 비구가 바로 그 사람이다."

그때 여러 비구들은 붇다의 말씀을 듣고 기뻐하며 받들어 행하였다.

• 증일아함 23 지주품(地主品) 三

• 해설 •

중생의 번뇌와 괴로움이 연기한 것이라 본래 공한 것을 알아 마음이 번뇌에서 벗어나야 정진이 게으름과 조급함의 두 치우침을 떠나 아라한의 배울 것 없는[無學] 과덕을 이룰 수 있다.

이미 스스로 해탈되어 있음을 알고 번뇌를 돌이켜 지혜에 나아가야, 다시는 뒤로 물러서 떨어지지 않게 되고 억지로 얻으려는 조급함을 내지 않기 때문이다.

그는 번뇌가 공한 줄 알아 이미 해탈되어 있는 곳에서 닦되 닦음 없으므로 결코 조급증을 일으키지 않고, 번뇌가 번뇌 아님도 아닌 줄 알아 쉬임없이 번뇌를 지혜로 돌이키고 악을 착함으로 돌이켜, 닦음 없이 닦아가므로 뒤로 물러서거나 게으름에 빠지지 않는다.

거문고 줄 고르듯 알맞게 닦아가는 자, 그는 닦되 닦음 없이 닦고, 이미 보디의 집에 앉아 보디의 길을 가니, 끝내 보디의 처소에 이를 것으로 이미 언약 받은 자이다.

『선문염송집』(禪門拈頌集)은 거문고 줄로 보인 이 가르침을 다음과 같이 재구성해 보인다.

붇다께서 한 사미에게 물으셨다.
"너는 집에 있을 때 무슨 일을 했느냐."
"거문고를 연주했습니다."
"줄이 느슨하면 어떻던가."
"소리가 울리지 않습니다."
"줄이 급하면 어떻던가."
"소리가 끊어집니다."
"느슨함과 급함이 알맞으면 어떻던가."
"맑은 소리가 널리 울립니다."
붇다께서 말씀했다.
"도를 배움 또한 그렇다."

이에 대해 지비자(知非子)는 다음과 같이 노래하고 있다.

거문고 줄 느슨하면 소리가 없고
줄이 너무 급하면 바빠지도다.
소리를 알아주는 자기가 죽으니
백아는 슬프게 통곡했지만
줄 없는 거문고를 한 곡조 탐에
궁상각치우 아름다운 온갖 소리가
모두 갖춰 있음과 어찌 같으리.

緩卽無聲急卽促 子期云亡伯牙哭
爭似無絃彈一曲 宮商角徵諸音足

이 게송 가운데 줄 없는 거문고의 소리가 본래 갖춰 있다고 했으니, 이는
본래 니르바나되어 있는 곳에서 일어나는 닦음 없는 닦음을 비유한 것인가.
아무리 거문고 잘 타는 이의 소리라 해도 소리 있는 소리는, 소리 없되 소
리 없음도 없는 줄 없는 거문고[沒絃琴]의 남이 없는 가락[無生曲]에 견줄
수 없을 것이다.
줄 없는 거문고의 비유처럼 온갖 행을 닦아 행하되 행함이 없어야 파라
미타의 행을 지침 없고 쉼이 없이 지어갈 수 있으니, 『화엄경』(「야마궁중게
찬품」)은 여래의 행을 통해 다음과 같이 말한다.

삼계의 큰 인도자 세존께서는
시방 세계 노닐어 다니되
허공처럼 걸림이 없어서
한 몸이 한량없는 몸이 되지만
그 모습 얻을 수 없도다.

遊行十方界 如空無所礙

一身無量身　其相不可得

여래가 세간에 나오심은
세간의 어리석음의 어두움을
없애주기 위함이시니
이와 같은 세간의 등불은
아주 드물어 볼 수 없도다.

如來出世間　爲世除癡冥
如是世間燈　希有難可見

닦음 없이 이미 보시를 닦고
지계와 인욕 정진과 선정
프라즈냐 파라미타를 닦아
이로써 세간을 비춰주도다.

已修施戒忍　精進及禪定
般若波羅蜜　以此照世間

제6부

고통의 연기,
해탈의 연기

고통은 연기된 것이므로 실로
있는 것이 아니고, 고통은 연기된 것이라
실로 없는 것도 아니다. 고통은 연기된
것이라 고통의 원인과 조건[集諦]을
소멸하는 실천[道諦]을 통해 새로운
해탈의 삶 현실[滅諦]을 구현할 수 있는 것이다.
해탈은 실체적이고 초월적인 요인에
돌아감으로써 얻어지는 것이 아니라
고통이 연기되는 과정[流轉緣起]을 되돌리고
뒤집어가는 실천과정[還滅緣起]을 통해 구현된다.

무명과 고통의 연기로 밝히는 진여의 세계

사제(四諦) · 십이연기(十二緣起)의 두 가르침은 모두 삶 속의 번뇌와 괴로움이 인연으로 일어난 것이므로 사라질 수 있음을 보이며, 삶의 고통과 소외가 실로 있는 것이 아니므로 새로운 해탈의 현실이 구현될 수 있음을 밝힌다.

사제법이 고통의 발생과 니르바나의 구현을 가르치는 연기법의 가장 기본이 되는 교설이라면, 십이연기설은 사제법을 구체화하여 고통과 소외가 발생하는 연기의 내용을 열두 인연이 서로 원인되고 결과됨을 통해서 밝히고 있다.

두 교설은 모두 붇다가 보디의 도를 이루신 뒤 맨 처음 대중에게 가르친 것이다. 사슴동산에서 맨 처음 사제법의 설법으로 인해 다섯 비구가 아라한을 얻어 삼보가 이 세간에 출현하게 되었다. 십이연기설 또한 성도(成道) 이후 붇다께서 늘 이 가르침이 바로 여래의 보디의 내용이며 과거 붇다가 설하고 현재 붇다가 깨쳐 설하신 법이라고 강조한 것이다.

이처럼 사제 · 십이연기설은 붇다 연기교설의 바탕이 되고 기본축이 된다. 그래서 나가르주나 존자는『중론』에서 사제법을 깊이 고찰하여, 사제법의 '인연으로 나고 사라진다'는 뜻이 '나지 않고 사라지지 않는다'는 공의 뜻[空義]이며, 연기와 공의 뜻이 서로 이루어짐을 말하고, 연기가 곧 공(空)이고 거짓 있음[假有]과 중도(中道)임을 말하였다.

중국 천태선문의 초조(初祖) 혜문선사(慧聞禪師)는『중론』의 이 삼제게(三諦偈)를 읽고 크게 깨쳤으며, 천태선사(天台禪師)는 스승 혜사선사(慧思禪師)의 가르침과 『중론』의 삼제게를 통해 세 가지 지관[三種止觀: 漸次·不定·圓頓]과 세 가지 살핌[三觀: 空觀·假觀·中道觀]으로 관행의 기본을 세웠다.

다시 천태선사는 이 삼제게를 통해 붇다의 일대교설을 네 가지 가르침[四敎]으로 판별하여 중국 남북조시대 분열된 교판을 회통하였다.

본 아함전서의 편집에서도 사제·십이연기의 '나고 사라짐의 뜻'[生滅義]과 '남이 없고 사라짐 없는 공의 뜻'이 둘이 아니라는 입장으로 사제·십이연기의 일어나고 사라짐이 진여(眞如)에서 남이 없이 나고 사라짐을 강조하고 있다.

『화엄경』(「십지품」) 또한 십이연기가 진여에서 남이 없이 나는 법이므로 집착된 마음이 사라지면 무명의 과보인 나고 죽음이 사라짐을 이렇게 보인다.

인연으로 나되 남이 없음이 진제인데
진제 알지 못함을 무명이라 하고
무명이 지은 하고자 함의 업으로
어리석음의 과보를 일으키도다.
앎이 날 때 아는 마음과 아는 것
같이 나면 마음·물질이라 하니
이와 같이 뭇 괴로움 모여 쌓이네.

不知眞諦名無明　所作思業愚癡果
識起共生是名色　如是乃至衆苦聚

삼계가 마음에 의지해 있으며
십이인연 또한 그러함을 깨치면
나고 죽음이 마음을 말미암아
마음이 지어서 있는 것이므로
마음이 만약 사라져 다하면
나고 죽음이 따라 다하게 되리.

了達三界依心有　十二因緣亦復然
生死皆由心所作　心若滅者生死盡

그러므로 다시 『화엄경』(「야마궁중게찬품」)은 사제·십이인연의
연기가 본래 니르바나되어 있는 진여의 연기인 줄 알면 붇다의 경계
볼 수 있음을, 이렇게 보인다.

만약 온갖 법의 본 성품이
니르바나와 같음을 본다면
이것이 곧 여래께서 마쳐 다해
머무는 바 없음을 본 것이네.

若見一切法　本性如涅槃
是則見如來　究竟無所住

「도솔궁중게찬품」 또한 이렇게 말한다.

온갖 법이 다 진여인 것이니
모든 붇다의 경계 또한 그러네.

나아가 그 어떤 한 법이라도

공한 진여 그 가운데서는

실로 나고 사라짐이 있지 않네.

一切法皆如 諸佛境亦然

乃至無一法 如中有生滅

붇다의 경계가 연기의 진실이라 십이연기의 깊고 깊은 진실 아는
자가 곧 참된 붇다의 법의 아들이니, 경은 또한 이렇게 말한다.

온갖 법의 참모습 통달해야

이 사람이 참된 붇다의 아들이네.

이런 사람이라야 모든 붇다의

자재한 힘을 깨쳐 알 수 있으리.

通達一切法 是乃眞佛子

此人能了知 諸佛自在力

제1장

괴로움이 일어나는 연기와
니르바나에 돌아가는 연기
[四諦法]

"여러 어진 이들이여, 과거에도 이것은 괴로움의
거룩한 진리였고, 미래에도 이것은 괴로움의 거룩한
진리일 것이며, 현재에도 이것은 괴로움의 거룩한 진리이오.
참된 진리[眞諦]로서 헛되지 않고 진여(眞如)를 떠나지 않으며,
또한 뒤바뀌지도 않는 참된 진리로서 분명하고
진실하여[眞諦審實], 이와 같은 진리[如是諦]에 하나되오.
성인이 가진 것[聖所有]이요, 성인이 아는 바[聖所知]이며,
성인이 본 바[聖所見]요, 성인이 깨달은 것[聖所了]이며,
성인이 얻은 것[聖所得]이고, 성인이 바르게
두루 깨친 바[聖所等正覺]이오.
그러므로 괴로움의 거룩한 진리를 말하는 것이오."

사제법(四諦法, satya-catuṣṭaya)은 여래 성도 후 맨 처음 입을 열어 설한 것으로서 붇다의 가르침에 가장 기본이 되는 교설이다.

사제법은 기성 철학의 고통과 해탈에 대한 실체주의적 응답[有我論]에 대해 인간 삶 속의 고통과 해탈이 연기임을 보이는 교설을 통해 우주 만유의 연기생성[緣起無我]을 해명하고 있다.

붇다는 존재의 근거나 삶의 고통[苦諦, duḥkha-satya]을 어떤 실체적 출발에서 이끌어내지 않고, 지금 주체가 대상을 받아들이면서 일어나는 감성적 활동을 반성함으로써 존재의 실상을 해명한다.

주체의 대상에 대한 감성적 수용은 괴로움·즐거움·괴롭지도 않고 즐겁지도 않음의 세 방면으로 일어난다. 이 세 느낌이 모두 여기 주관 안에 있는 것이 아니라 주체와 객체가 만나 연기한 것이라 공하므로, 즐거움에 취할 것이 없고[不取] 괴로움에 버릴 것이 없으며[不捨] 괴롭지도 않고 즐겁지도 않음에 머물 것이 없음[不住]을 보여, 느낌에서 느낌을 벗어나고 느낌을 일으키는 주·객의 대립에서 벗어나는 길을 붇다는 가르치신다.

고통은 연기된 것이므로 실로 있는 것이 아니고[非有], 고통은 연기된 것이라 실로 없는 것도 아니다[非無]. 고통은 연기된 것이라 고통의 원인과 조건[集諦, samudaya-satya]을 소멸하는 실천[道諦, mārga-satya]을 통해 새로운 해탈의 삶 현실[滅諦, nirodha-satya]을 구현할 수 있는 것이다. 해탈은 실체적이고 초월적인 요인에 돌아감으로써 얻어지는 것이 아니라 고통이 연기되는 과정[流轉緣起]을 되돌리고 뒤집어가는 실천과정[還滅緣起]을 통해 구현된다.

이제 사제법이 보이는 고통의 연기와 해탈의 연기를 밝히는 실천의 인과구조 그 기본적인 뜻을 천태선사의 『법계차제초문』(法界次弟初門)을 통해 살펴보자.

천태선사는 『법계차제초문』의 전체 편제 안에서 사마디법[三昧法] 다음에 사제법의 차제 정하게 된 뜻을 보이고, 사제의 기본 골격을 다음과 같이 보인다.

뛰어 벗어나는 사마디[超越三昧] 다음에 네 가지 진리를 밝히는 것은 다음과 같다. 앞에서 말한 모든 샘이 없는 선[無漏禪] 가운데 선정마다 다 네 가지 진리를 살피는 지혜[四諦觀慧]가 있지만, 그것은 다만 선정의 모습[禪相]만을 밝혔으니 진리[理]는 숨게 하고 실천의 모습[事]만 나타내므로 그 모습[事]을 좇아 이름을 세웠다.

이 때문에 비록 사제를 살피는 법은 있으나 '진리'[諦]를 따라 이름을 얻지는 못하였다.

마치 주머니 속에 보배가 있으나 꺼내서 남에게 보여주지 않으면 다른 사람이 볼 수 없는 것과 같다. 그래서 이제 다시 여러 선정 다음에 사제 등 여덟 과목 지혜를 행하는 법문[慧行法門]을 밝히는 것이다.

이 네 가지를 통틀어 모두 '진리'라고 하는 까닭은 다음과 같다. '진리'[諦, satya]는 '진실을 살핌'[審實]으로써 뜻을 삼는다. 이 사제법문은 바로 성문(聲聞)의 사람이 들음[聞]을 따라 앎[解]을 내도록 하는 것이다. 그러므로 반드시 가르침을 빌려 진리[理]를 나타내는 것이다. 이제 가르침과 진리[敎理]가 허망하지 않음을 밝히므로 '진실을 살핌'이라 한다.

만약 원인으로 말미암아 결과를 부른다면, 반드시 원인을 먼저 말하고 결과를 뒤에 말해야 할 것이다. 그러나 지금 모두 결과를 먼저 말하고 원인을 뒤로 하는 것은 가르침의 문으로 사람을 끌어 들임에 맞기 때문이다. 그러므로 다 결과를 먼저 하고 원인을 뒤에 말한 것이다.

괴로움의 진리

첫째, 괴로움의 진리[苦諦]이다. 괴로움이란 '내몰려 괴로움'의 뜻이니, 모든 함이 있는 마음의 활동이 늘 덧없는 근심과 번뇌에 내몰려 괴롭힌 바 되므로 괴로움이라 이름한다. 괴로움에는 세 가지가 있으니 첫째 쓰라린 괴로움[苦苦], 둘째 무너짐의 괴로움[壞苦], 셋째 변화의 괴로움[行苦]이다. 지금 세 가지 괴로움을 밝히는데 따로따로 밝히기도 하고 함께 통해 밝히기도 한다.

따로 밝히는 것은 세 가지 괴로움이 따로 세 가지 느낌[三受]을 상대한 것이기 때문이다. 괴로운 느낌[苦受]이 고통스러운 조건을 따라 생겨나서 우리들이 이것을 아픈 괴로움이라고 느끼는데, 이것이 쓰라린 괴로움이다.

즐거운 느낌[樂受]은 그 즐거움이 없어질 때 괴로움을 내니 무너짐의 괴로움이다. 괴롭지도 즐겁지도 않은 느낌[不苦不樂受]은 늘 덧없이 옮기어 움직이니 곧 변화의 괴로움이다.

만약 세 가지 괴로움을 함께 통해 말하면, 세 가지 느낌에 모두 세 가지 괴로움이 있다. 왜냐하면 세 가지 느낌의 마음[三受之心]이 곧 괴로움이니, 모두 괴로운 조건을 좇아 생겨나기 때문에 이것은 모두 '쓰라린 괴로움'이다.

세 가지 느낌의 마음은 모두가 무너지는 모습으로 무너지는 바되기 때문에 모두 '무너짐의 괴로움'이다.

세 가지 느낌의 마음은 모두 일어나고 사라지고 움직여 머무르지 않는 모습이므로 모두 '변화의 괴로움'이다.

만약 세 가지 느낌의 마음은 따로 말하거나 모두 통해 말하거나 괴로움 아님이 없는 것이다. 그러므로 이 괴로움은 바로 진실[實]을 살펴서 있는 것이므로 '진리'[諦]라 이름하였음을 알아야 한다.

괴로움 모아냄의 진리

둘째, 괴로움 모아냄의 진리[集諦]이다. 모아냄[集]은 '불러 모음'으로 뜻을 삼는다. 만약 마음이 맺은 업과 서로 응하면 미래에 반드시 나고 죽음의 괴로움을 불러 모으므로 이를 '괴로움 모아냄'이라 이름한다.

괴로움의 원인에는 세 가지 업이 있으니, 이 세 가지가 온갖 업을 다 거둔다.

첫째, 착하지 않은 업이니 곧 열 가지 착하지 않은 법[十不善]이다. 둘째, 착한 업이니 곧 열 가지 착한 법이다. 셋째, 움직이지 않는 업[不動業, 不善不惡業]이니 곧 열두 가지 선정[十二門禪]이다. 자세한 것은 앞에 이미 밝힌 바와 같다.

번뇌에는 두 가지의 번뇌가 있으니 이것이 온갖 번뇌를 거둔다. 하나는 애착에 속하는 번뇌[愛煩惱]이고, 또 하나는 견해에 속하는 번뇌[見煩惱]이다. 이 두 번뇌가 온갖 세 가지 독과 다섯 가지 덮음, 열 가지 번뇌, 아흔여덟 가지 번뇌 등을 내니 앞에서 말한 것과 같다.

만약 이 번뇌가 앞의 업과 합하면 미래에 반드시 '삼계의 나고 죽는 괴로운 결과'[三界生死苦果]를 내니, 이것이 바로 '괴로움 모아냄의 진리'이다.

괴로움 사라짐의 진리

셋째, 괴로움 사라짐의 진리[滅諦]이다. 사라짐[滅]은 '사라져 없어짐'으로 뜻을 삼는다. 업 맺음[結業]이 이미 다하면 나고 죽음의 근심과 번뇌가 없어지므로 '사라짐'이라 이름한다. 만약에 모습에 물든 견사혹(見思惑)을 끊어 샘이 없는 밝음[無漏明]을 일으켜서 서른네 가지 마음을 갖추어 번뇌의 묶임을 끊어버리면 삼계의 아흔여덟 가지 번뇌가 다 사라지고 번뇌의 묶임이 사라지므로 삼계의 업 또한 사라진다.

만약 삼계의 업과 번뇌가 사라지면 이것이 괴로움 사라진 진리의 남음 있는 니르바나[有餘涅槃]이다.

원인이 사라지므로 결과도 사라지는 것이니, 이 갚음의 몸을 버릴 때 뒷세상의 괴로운 결과가 길이 서로 이어가지 않으면 '남음 없는 니르바나[無餘涅槃]에 들어가는 참된 니르바나'라 이름한다.

사라짐의 진리가 허망하지 않으므로 '진리'라 한다.

괴로움을 없애는 길의 진리

넷째, 괴로움을 없애는 길의 진리[道諦]이다. 길[道]은 '통할 수 있게 함'으로 뜻을 삼는다. 바른 도[正道]와 돕는 도[助道] 이 두 가지가 서로 붙들어 니르바나에 통하여 이르게 하므로 '길'이라 이름한다. 바른 도라는 것은 실로 서른일곱 실천법과 세 가지 해탈문을 진실하게 살펴 진리를 따르는 지혜의 행[緣理慧行]이니 이것을 바른 도라고 한다. 이 다음에 그 과목을 보일 것이다.

돕는 도라는 것은 바른 앎을 얻는 살핌 가운데[得解觀中] 갖가지 상대해 다스리는 법[對治法]과 선정이 다 돕는 도이니 자세한 것은 앞에 나온 것과 같다.

다시 바른 도[正道]라는 것은 이성적 미혹[見惑]을 끊는 지혜[見諦]인 여덟 참음[八忍]·여덟 지혜[八智]·열여섯 마음[十六心]과 감성적 미혹[思惑]을 끊는 지혜[思惟]인 아홉 걸림 없음[九無礙]·아홉 해탈[九解脫]·열여덟 마음[十八心]의 참되어 샘이 없는 지혜[眞無漏慧]가 바른 도이다.

그 밖의 방편으로 상대해 다스리는 여러 선정 사마디 및 서른일곱 실천법, 세 가지 해탈 등은 모두 돕는 도이다.

이 두 가지 도가 서로 붙들어 니르바나에 이르게 하며 진실을 살펴 허망하지 않으므로 '괴로움을 없애는 길의 진리'라 한다.

천태선사의 사제법의 기본적인 풀이는 고통의 조건이 사라져서 해탈의 새로운 현실이 다시 구현되는 나고 사라짐의 인과[生滅因果]를 잡아 풀이한 것이다.

앞에서 이미 『중론』과 『화엄경』의 교설을 통해 해명한 바와 같이 인연으로 나고 사라짐의 진실한 뜻은 나되 남이 없음의 뜻이고 남이 없이 나는 뜻이다. 천태선사는 이를 나고 사라짐의 사제[生滅四諦]·나되 남이 없는 사제법[無生四諦]·남이 없이 나는 한량없는 사제법[無量四諦]·남과 남이 없음을 모두 뛰어넘는 사제법[無作四諦]으로 전개한다.

천태의 이러한 네 가지 사제법[四種四諦]은 연기를 설한 붇다의 뜻, 곧 공함[空]이고 곧 거짓 이름[假名]이고 곧 중도[中]이므로, 그 중도의 뜻을 잡아 사제법을 다시 풀이한 것이다.

『화엄경』(「현수품」賢首品)에서도 듣는 대중의 집착과 병통, 듣는 대중의 삶의 양태, 근기와 익혀옴에 따라 갖가지 말과 갖가지 표현으로 사제법이 설해짐을 다음과 같이 보인다.

중생이 미혹하여 삿된 가르침을 받아
나쁜 견해에 머물러 괴로움 받으므로
그들 위해 방편으로 묘한 법 설해주어
그들이 모두 진실한 진리 알도록 하네.

衆生迷惑稟邪敎　住於惡見受衆苦
爲其方便說妙法　悉令得解眞實諦

때로 치우친 주문의 말로 사제 설하고
때로 좋은 비밀의 말로 사제 설하며
때로 사람의 곧은 말로 사제 설하고
때로 하늘의 비밀한 말로 사제 설하네.

或邊咒語說四諦　或善密語說四諦
或人直語說四諦　或天密語說四諦

때로 문자를 분별하여 사제 설하고
때로 분명한 뜻과 이치로 사제 설하며
다른 이를 잘 깨뜨리려 사제 설하고

바깥길에 동요하지 않고 사제 설하네.

分別文字說四諦　決定義理說四諦
善破於他說四諦　非外所動說四諦

때로 팔부중의 말로써 사제 설하고
때로 온갖 말을 벌이어 사제 설하며
때로 중생이 알아듣는 말과 소리 따라
그들 위해 사제법을 설해 해탈케 하네.

或八部語說四諦　或一切語說四諦
隨彼所解語言音　爲說四諦令解脫

설해져 있는 온갖 모든 붇다의 법을
다 이와 같이 설해 다하지 않음 없으며
설하는 말과 경계를 앎이 사의할 수 없으니
이것을 법 설하는 사마디의 힘이라 하네.

所有一切諸佛法　皆如是說無不盡
知語境界不思議　是名說法三昧力

1 네 가지 진리의 깃발 세워
닦아 행하도록 권하시니[示轉, 勸轉]

• 이끄는 글 •

붇다께서는 카시의 사슴동산 첫 설법에서 사제의 네 가지 행[四行]을 세 번 굴려[三轉] 열두 행[十二行]을 보이셨다.

첫째는 사제법을 세간 중생이 의지하고 나아갈 진리의 깃발로 세워 보임이니, 사제의 법바퀴를 '세간에 보여줌으로 굴림'[示轉]이다. 이처럼 여래께서 사제의 깃발을 세워 보이심은 온갖 환상과 미망의 꿈에 취해 사는 중생에게 바른 믿음을 심어주기 위한 것이다.

둘째는 사제의 법을 잘 이해시켜 고통의 원인을 끊게 하고 해탈의 원인은 행하게 하심이니, 사제의 법바퀴를 '실천하도록 권함으로 굴림'[勸轉]이다. 여래의 권함의 법바퀴를 들은 중생은 여래의 교설을 듣고 이해하여 괴로움의 현실은 잘 알고, 괴로움의 원인을 잘 끊으며, 원인이 되는 해탈의 행은 잘 행하여 니르바나의 과덕에 나아가게 되는 것이다.

셋째는 여래가 스스로 증득하신 이 법이 중생도 따라 행하면 반드시 해탈의 과덕을 증득하여 스스로 진리를 증험하게 됨을 보임이니, 사제의 법바퀴를 '증득함으로 굴림'[證轉]이다.

이처럼 여래의 사제의 법바퀴를 세 번 굴리심에 진리를 믿고[信]

이해하고[解] 실천하여[行] 증득하는[證] 실천의 길이 모두 포함되어 있다. 그러므로 고제(苦諦)를 잘 듣고 알아 고제가 연기이므로 공한 줄 믿으면, 사제의 가르침을 들은 수행자는 바로 니르바나의 큰집에 앉아 니르바나에 돌아가는 해탈의 길을 닦음 없이 닦아가게 되는 것이다. 이렇게 보면 사제법이 바로 니르바나의 집안일[家裏事]을 떠나지 않고 니르바나를 향해 감이 없이 가는 해탈의 도정[途中事]을 밝힌 법이 되는 것이다.

괴로움이 본래 공한 본디 깨침의 빛 가운데서 다시 삼보에 귀의하여 해탈의 빛 이루는 보디사트바의 길을 『화엄경』(「현수품」)은 이렇게 말한다.

또 지혜의 밝은 빛을 놓으면
사랑해 즐기도록 함이라 하니
이 빛이 온갖 중생을 깨우칠 수 있어
중생이 마음으로 붇다와 다르마
그리고 상가대중 즐기게 하네.
만약 마음으로 붇다와 다르마
그리고 상가를 즐기게 되면
곧 여래의 법의 모임 가운데 있으며
위없고 깊은 법인 모두 이루게 되리.

又放光明名愛樂　此光能覺一切衆
令其心樂於諸佛　及以樂法樂衆僧
若常心樂於諸佛　及以樂法樂衆僧
則在如來衆會中　逮成無上深法忍

비구들이여, 사제의 법은 진실해 허망하지 않다

이와 같이 들었다.

한때 붓다께서는 슈라바스티 국 제타 숲 '외로운 이 돕는 장자의 동산'에 계시면서 여러 비구들에게 말씀하셨다.

"네 가지 거룩한 진리법[四聖諦, catuḥ-āryasatya]을 닦아 행하라. 어떤 것이 네 가지인가.

첫째 괴로움의 진리[苦諦]이니, 뜻을 다할 수 없고, 뜻을 사무칠 수 없으며, 법 설함을 다할 수 없다.

둘째 괴로움 모아냄의 진리[集諦]이니, 뜻을 다할 수 없고, 뜻을 사무칠 수 없으며, 법 설함을 다할 수 없다.

셋째 괴로움 다함의 진리[滅諦]이니, 뜻을 다할 수 없고, 뜻을 사무칠 수 없으며, 법 설함을 다할 수 없다.

넷째 괴로움 벗어나게 하는 진리[道諦]이니, 뜻을 다할 수 없고, 뜻을 사무칠 수 없으며, 법 설함을 다할 수 없다."

네 가지 진리를 보이시고 그 내용을 넓혀 보이심

"그 어떤 것을 괴로움의 진리라 하는가. 괴로움의 진리란, 나는 괴로움·늙는 괴로움·병드는 괴로움·죽는 괴로움과, 근심·슬픔·번민의 괴로움과, 미워하는 이와 만나는 괴로움, 사랑하는 이와 헤어지는 괴로움, 구하고자 하나 얻지 못하는 괴로움이다.

요점을 잡아 말하면 '다섯 쌓임의 괴로움'이다.

이것을 괴로움의 진리라 한다.

그 어떤 것을 괴로움 모아냄의 진리라 하는가. 괴로움 모아냄의 진리란, 애착이 탐욕과 서로 응해 어울려 마음이 늘 물들어 집착하는 것이니, 이것을 괴로움 모아냄의 진리라 한다.

그 어떤 것을 괴로움 사라짐의 진리라 하는가. 괴로움 사라짐의 진리란, 애착과 탐욕이 길이 다해 남음이 없어 다시 짓지 않는 것이다.

이것을 괴로움 사라짐의 진리라 한다.

그 어떤 것을 괴로움 벗어나게 하는 진리[苦出要諦]라 하는가.

괴로움 벗어나게 하는 진리란 현성의 여덟 가지 바른 길[八正道]이니, 곧 바른 견해 · 바른 뜻 · 바른 말 · 바른 행위 · 바른 생활 · 바른 방편 · 바른 생각 · 바른 선정을 말한다.

이것을 괴로움 벗어나게 하는 진리라 한다."

여래가 성취한 진실의 법으로 해탈에 이끎을 보이심

"이와 같이 비구들이여, 이 네 가지 진리가 있어 진실하여 허망하지 않아 세존께서 말씀하신 것이다. 그러므로 진리라 한다.

여러 중생으로서 두 발 가진 것 · 세 발 가진 것 · 네 발 가진 것이나, 욕계(欲界) · 색계(色界) · 무색계(無色界)나, 생각이 있는 것과 생각 없는 것들에서 여래가 가장 높으시다.

그 여래가 이 네 가지 진리를 성취하셨기 때문에 네 가지 진리라고 한다.

이것을 비구들이여, 네 가지 진리라 한다. 그러나 이것을 깨달아 알지 못하면 길이 나고 죽음 가운데 있어서 다섯 길을 바퀴 돌게 된다.

이제 나는 이 네 가지 진리를 얻었기 때문에 이 언덕에서 저 언덕에 이르니, 이 뜻을 이루어 나고 죽음의 뿌리를 끊고 다시는 뒤의 존재[後有] 받지 않는 줄을 진실 그대로 알았다."

사제법 깨달아 이루기를 게송으로 당부하심

그때에 세존께서는 곧 이 게를 말씀하셨다.

지금 이 네 진리의 법이 있지만
그것을 진실 그대로 알지 못하면
나고 죽음 가운데 바퀴 돌면서
끝내 해탈하지 못하게 되리.

만약 이제 이 네 가지 진리 있어
그 법을 깨쳐 환히 사무쳐 알면
나고 죽음의 뿌리를 끊어버리고
다시는 뒤의 존재 받지 않으리.

"만약 네 부류 대중이 이 진리[諦, satya]를 깨달아 알지 못하면, 곧 다섯 길을 따르게 될 것이다.

그러므로 여러 비구들이여, 방편을 지어 이 네 가지 진리를 이루어야 한다. 이와 같이 비구들이여, 반드시 이렇게 배워야 한다."

그때에 여러 비구들은 붇다의 말씀을 듣고 기뻐하며 받들어 행하였다.

· 증일아함 25 사제품(四諦品) —

이 사제의 법이 여래가 세간에 오시어 위없는 보디를 이루고 맨 처음 법의 북을 치고 법의 소라를 불어 설하고 보이신 첫 번째 법문이다.

이 법은 여래가 스스로 성취해 검증했고 중생이 스스로 믿어 행하면 해탈에 나아가게 되므로 진실해 허망하지 않다.

왜 괴로움을 진리라 하는가. 괴로움이 연기한 것이라 실로 있음 아님을 보면 곧 법계를 보기 때문이다.

왜 괴로움 모아내는 원인을 진리라 하는가. 고통의 원인이 원인 아닌 원인이니 고통의 원인과 조건을 돌이키면 곧 해탈의 원인이 되기 때문이다.

왜 괴로움 사라짐을 진리라 하는가. 모든 고통과 번뇌가 본래 적멸하므로[本寂滅] 다시 니르바나에 들 수 있기 때문이며, 지금 번뇌 끊는 행으로 모든 번뇌가 사라져 고요해진다고 하는 것이 실은 본래의 니르바나에 돌아감이기 때문이다.

왜 여덟 가지 바른 길을 진리라 하는가. 바른 길은 실상에서 일어나 실상에 돌아가는 행이기 때문이다.

그러므로 본래 니르바나되어 있기 때문에 니르바나에서 니르바나에 돌아감을 보이는 이 사제의 법은, 깊고 깊어 붙잡을 수 없으며 뜻으로 사무쳐 다할 수 없고 말로 이루 말할 수 없다.

경의 가르침처럼 이 법을 깨달아 해탈의 길 보이시는 여래가 온갖 중생 가운데 높고 높아 위없으시며, 여래의 법을 따라 보디의 언덕에 올라 이 세간에 법의 등불 밝혀 여래의 집에 법의 가족이 된 이가 이 세간의 크나큰 장부 마하사트바인 것이다.

늙음과 죽음의 사라짐과 없애는 길을
깨달아 알아야 하니

이와 같이 내가 들었다.

한때 붇다께서는 슈라바스티 국 제타 숲 '외로운 이 돕는 장자의 동산'에 계시면서 비구들에게 말씀하셨다.

"늙음과 죽음[老死, 苦諦]을 깨달아 알아야 하고, 늙음과 죽음의 모아냄[老死集, 集諦]·늙음과 죽음의 사라짐[老死滅, 滅諦]·늙음과 죽음을 없애는 길의 자취[老死滅道跡, 道諦]를 깨달아 알아야 한다.

이와 같이 존재·취함·애착·느낌·닿음·여섯 들임, 나아가 지어감과 지어감의 모아냄·지어감의 사라짐·지어감을 없애는 길의 자취를 깨달아 알아야 한다."

고제가 집제로 일어남을 밝히시고
다시 여덟 가지 바른 길로 니르바나에 돌아감을 밝히심

"어떻게 늙음과 죽음을 깨달아 아는가.

남[生] 때문에 늙음과 죽음이 있다고 깨달아 아는 것이니, 이와 같이 늙음과 죽음을 깨달아 아는 것이다.

어떤 것이 '늙음과 죽음의 모아냄'인가.

남이 모여나면 이것이 곧 늙음과 죽음의 모아냄이니, 이와 같이 '늙음과 죽음의 모아냄'을 깨달아 아는 것이다."

"어떻게 '늙음과 죽음의 사라짐'을 깨달아 아는가.

남이 사라지면 곧 늙음과 죽음의 사라짐이니, 이와 같이 '늙음과 죽음의 사라짐'을 깨달아 아는 것이다.

어떻게 '늙음과 죽음을 없애는 길의 자취'를 깨달아 아는가.

여덟 가지 거룩한 길이 늙음과 죽음을 없애는 길의 자취이니, 이와 같이 늙음과 죽음을 없애는 길의 자취를 깨달아 아는 것이다.

다시 존재 · 취함 · 느낌 · 닿음 · 여섯 들임 나아가 지어감을 어떻게 깨달아 아는가.

몸의 지어감[身行] · 입의 지어감[口行] · 뜻의 지어감[意行]이니, 이와 같이 지어감을 깨달아 아는 것이다.

어떻게 '지어감의 모아냄'[行集]을 깨달아 아는가.

무명이 모여나면 곧 지어감을 모아내니 이와 같이 '지어감의 모아냄'을 깨달아 아는 것이다.

어떻게 '지어감의 사라짐'[行滅]을 깨달아 아는가.

무명이 사라지면 곧 지어감이 사라지니, 이와 같이 '지어감의 사라짐'을 깨달아 아는 것이다.

어떻게 '지어감 없애는 길의 자취'[行滅道跡]를 깨달아 아는가.

여덟 가지 거룩한 길이 곧 지어감 없애는 길의 자취이니, 이와 같이 지어감을 없애는 길의 자취를 깨달아 아는 것이다."

붇다께서 이 경을 말씀하시자, 여러 비구들은 붇다의 말씀을 듣고 기뻐하며 받들어 행하였다.

• 잡아함 355 노사경(老死經)

• 해설 •

이 경에서 붇다는 바르게 깨달아 아는 것을 통해, 끊을 것을 끊음과 닦을 것을 닦음과 증득할 것을 증득하도록 당부하고 있다. 곧 고제를 알아야 집제를 끊게 되고, 집제를 끊기 위해서는 도제를 닦아야 하며, 도제를 닦아야 멸제를 얻기 때문이다.

고제(苦諦)란 고통스런 지금의 삶의 현실을 말하니, 바로 무명 때문에 존재[有]가 있고 남[生]이 있으며 늙고 죽음[死老]이 있는 닫힌 삶이다.

고제를 모아내는 원인[集諦]이란 바로 무명으로 그릇된 몸과 입과 뜻의 지어감을 내어 앎이 물들고, 앎이 물들어 아는 여섯 뿌리[六入]가 실체화되는 것이다.

아는 뿌리가 실체화되면 알려지는 것이 실로 취할 대상으로 굳어져 느낌·닿음이 물들고, 대상을 내 것으로 취하게 되어 다시 존재가 실로 있는 존재로서 실체화되어 온갖 삶의 소외가 일어나기 때문이다.

도제(道諦)란 고통스런 삶의 원인인 무명을 돌이키고 그릇된 몸과 입과 뜻의 지어감을 돌이켜 여덟 가지 바른 길에 나아감이다.

여덟 가지 바른 길은 끊을 번뇌와 고통이 실로 있음도 아니고 실로 없음도 아니므로 일어나는 해탈의 행이다. 번뇌를 끊는 여덟 길이 닦되 닦음 없음이 되면[修而無修] 그곳이 바로 원래 니르바나되어 있는 해탈의 처소이고, 닦음 없는 닦음[無修而修]이 현전하면 닦음이 바로 니르바나 그대로의 해탈의 작용이 되는 것이다.

사제의 진리 모르는 자는 진리의 길에 뜻이 정해지지 않은 무리이니

이와 같이 들었다.

한때 붇다께서는 슈라바스티 국 제타 숲 '외로운 이 돕는 장자의 동산'에 계셨다. 그때 세존께서 여러 비구들에게 말씀하셨다.

"세 가지 실천법의 모임[三聚]이 있다. 어떤 것이 그 셋인가.

바르게 나아가는 모임[等聚]·삿되게 나아가는 모임[邪聚]·정해지지 않은 모임[不定聚]이다.

어떤 것이 바르게 나아가는 법의 모임인가. 곧 바른 견해[正見]·바른 뜻[正思惟]·바른 말[正語]·바른 행위[正業]·바른 생활[正命]·바른 방편[正精進]·바른 생각[正念]·바른 선정[正定]이니, 이것을 바르게 나아가는 법의 모임이라 한다.

어떤 것이 삿되게 나아가는 법의 모임인가. 곧 삿된 견해·삿된 뜻·삿된 말·삿된 행위·삿된 생활·삿된 방편·삿된 생각·삿된 선정이니, 이것을 삿되게 나아가는 법의 모임이라 한다.

어떤 것이 정해지지 않은 모임인가. 곧 괴로움을 모르고, 괴로움의 모아냄을 모르며, 괴로움의 사라짐을 모르고, 괴로움 없애는 길을 모르며, 바르게 나아가는 법의 모임을 모르고, 삿되게 나아가는 법의 모임을 모르는 것이니, 이것을 정해지지 않은 모임이라 한다."

다시 세 가지 좋은 실천법의 모임을 보여 받들어 행하게 하심

"여러 비구들이여, 다시 세 가지 모임이 있음을 알아야 한다.

어떤 것이 그 셋인가. 곧 착하게 나아가는 법의 모임[善聚]과 바르게 나아가는 법의 모임[等聚]과 정해진 법의 모임[定聚]이다.

어떤 것이 착하게 나아가는 법의 모임인가. 세 가지 착한 진리의 뿌리이니, 곧 '탐내지 않는 착한 뿌리'와 '성내지 않는 착한 뿌리'와 '어리석지 않은 착한 뿌리'다. 이것을 착하게 나아가는 법의 모임이라 한다.

어떤 것이 바르게 나아가는 법의 모임인가. 곧 바른 견해·바른 뜻·바른 말·바른 행위·바른 생활·바른 방편·바른 생각·바른 선정의 여덟 가지 길이다. 이것을 바르게 나아가는 법의 모임이라 한다.

어떤 것이 정해진 법의 모임인가. 곧 괴로움을 알고, 괴로움의 모아냄을 알며, 괴로움의 사라짐을 알고, 괴로움 없애는 길을 알며, 착하게 나아가는 법의 모임을 알고 나쁜 세계를 알며, 정해진 법의 모임을 아는 것이다. 이것을 정해진 법의 모임이라 한다.

그러므로 여러 비구들이여, 이 세 가지 실천법의 모임 가운데 삿되게 나아가는 법의 모임과 정해지지 않은 모임은 멀리하고, 반드시 바르게 나아가는 법의 모임을 받들어 행해야 한다.

이와 같이 여러 비구들이여, 반드시 이렇게 배워야 한다."

그때에 비구들은 붓다의 말씀을 듣고 기뻐하며 받들어 행하였다.

• 증일아함 23 지주품(地主品) 九

• 해설 •

진리는 행위로 주어지고 행위로 검증되며, 해탈은 바로 실천적 행위의 결과로 주어진다. 그러므로 연기의 진실을 열어주는 바른 행위가 있는 곳이 바른 실천의 모임인 것이다.

사제의 진리를 모르는 것은 바른 실천적 행위의 인과를 모르는 것이며, 그릇된 세계관에 빠져 해탈의 원인이 아닌 것을 해탈의 원인이라 말하는 것이다. 사제의 바른 인과를 모르고 갖가지 실천법의 모임을 제시해서 그에 따라 행하게 해도, 그것은 해탈의 결과에 이끌지 못하는 것이다.

위없는 보디의 성취자께 공양하고 붇다의 법을 따라 배움으로써 보디를 이루어 중생을 건지는 바른 실천의 인과를, 『화엄경』(「십지품」)은 다음과 같이 보인다.

> 만약 어떤 사람이 뭇 착한 법 모아
> 희고 깨끗한 법을 갖추고서
> 하늘과 사람의 스승께 공양하면
> 붇다의 자비의 도 따라 행하리.
>
> 若人集衆善　具足白淨法
> 供養天人尊　隨順慈悲道
>
> 자비의 도를 따라 행하게 되면
> 믿음과 앎은 아주 넓고 커서
> 바른 뜻의 즐거움 청정해지니
> 붇다의 지혜 구하려고 하므로
> 이 위없는 마음을 일으키도다.
>
> 信解極廣大　志樂亦淸淨
> 爲求佛智慧　發此無上心

2 사제의 법은 우리 스스로 깨달아 증험하는 법이니

• 이끄는 글 •

붇다가 깨친 연기의 진리가 객관적으로 증험될 수 있는 바른 법이라면 그 법은 주어진 현실의 참모습을 해명할 수 있어야 하고, 중생이 따라 행하면 스스로 괴로움을 풀어갈 수 있어야 한다.

붇다 혼자 깨달아 그 법을 홀로 진리라고 지키고 있다면, 그 법은 관념의 신비에 지나지 않을 것이다.

붇다의 연기법은 중생과 세간의 참모습을 진실 그대로 깨친 지혜의 길이니, 그 누구든 믿고 이해하고 따라 행하면 붇다와 같이 깨달아 스스로 증험할 수 있는 법이다.

그러므로 붇다의 가르침은 아즈냐타 카운디냐 등 다섯 비구가 듣고 깨달아, 여래의 법이 여래만의 것이 아니라 온갖 중생의 자기진실의 법이고 객관적인 진리임을 검증했다.

여래의 법이 중생의 진실이므로 듣는 대중이 듣고서 행하면 모두 해탈할 수 있으니, 여래는 스스로 깨친 법을 온갖 중생이 따라 행하도록 '권함의 법바퀴'[勸轉]를 굴리시며 중생이 따라 행하면 그 과덕을 인증해주시는 것이다.

곧 이 사제의 법은 여래가 이미 그 과덕을 증험했을 뿐 아니라 누구나 믿어 받아 행하면 고제를 알아 집제를 끊고 바른 실천행으로 해탈의 멸제(滅諦, nirodha-satya)를 증험할 수 있다.

중생이 스스로 해탈의 과덕 증험할 수 있음을 가르치시는 것, 이 것이 사제의 법바퀴를 '증득함으로 굴리심'[證轉]이다.

이 법은 깨끗한 거울에 얼굴을 대면 바로 그 얼굴이 드러나듯, 때를 떠나지 않고 그 실천의 과덕이 있으니, 어찌 여래가 그 어느 뒤때를 기다려 깨달음을 말하고 그 공덕을 말할 것인가.

중생의 망상을 끊고 참됨을 따로 구하는 자가 중생 속에 이미 현전해 있는 공덕을 스스로 등지는 것이니, 옛 선사[法眞一]의 한 노래를 살펴보자.

범부의 마음 쉬지 않거니 거룩함을 어찌 구하리.
밥 먹고 나서 산에서 딴 차 저절로 한잔하네.
꽃 지고 꽃 피는 것 때와 철에 맡기니
세상에 몇 번의 봄과 가을인지 어찌 알리오.

凡心不息聖何求　飯了山茶自一甌
花落花開任時節　那知世上幾春秋

이미 알아 증득했으면 괴로움의 끝을 다한 자이니

이와 같이 내가 들었다.

한때 붇다께서는 바라나시 국의 선인이 살던 사슴동산에 계셨다.

그때 세존께서 여러 비구들에게 말씀하셨다.

"네 가지 거룩한 진리가 있다.

어떤 것이 그 네 가지인가?

괴로움의 거룩한 진리·괴로움 모아냄의 거룩한 진리·괴로움 사라짐의 거룩한 진리·괴로움을 없애는 길의 거룩한 진리이다.

만약 비구가 괴로움의 거룩한 진리를 이미 알고 이해하며, 괴로움 모아냄의 거룩한 진리를 이미 알고 끊으며, 괴로움 사라짐의 거룩한 진리를 이미 알고 증득하며, 괴로움을 없애는 길의 거룩한 진리를 이미 알고 닦았다 하자.

그러면 이와 같은 비구는 곧 애욕을 끊고 더욱 모든 묶음을 없애 풀어버리며, 교만과 무명 등에서 괴로움의 끝을 마쳐 다하게 된다."

붇다께서 이 경을 말씀하시자, 여러 비구들은 붇다의 말씀을 듣고 기뻐하며 받들어 행하였다.

• 잡아함 383 이지경(已知經)

이미 알고 닦아 증득했으면 그 비구가 아라한이다

이와 같이 내가 들었다.

한때 붇다께서는 바라나시 국의 선인이 살던 사슴동산에 계셨다.

그때 세존께서 여러 비구들에게 말씀하셨다.

"네 가지 거룩한 진리가 있다.

어떤 것이 그 네 가지인가?

괴로움의 거룩한 진리·괴로움 모아냄의 거룩한 진리·괴로움 사라짐의 거룩한 진리·괴로움을 없애는 길의 거룩한 진리이다.

만약 비구가 괴로움의 거룩한 진리를 이미 알고 이해하며, 괴로움 모아냄의 거룩한 진리를 이미 알고 끊으며, 괴로움 사라짐의 거룩한 진리를 이미 알고 증득하며, 괴로움을 없애는 길의 거룩한 진리를 이미 알고 닦았다 하자.

그러면 이와 같은 비구를 아라한이라 한다.

그는 모든 흐름이 이미 다하고, 지을 바를 이미 마쳤으며, 모든 무거운 짐을 버리고, 스스로의 이익을 다 얻고, 모든 존재의 묶임을 다하고 바른 지혜로 잘 해탈한 것이다."

붇다께서 이 경을 말씀하시자, 여러 비구들은 붇다의 말씀을 듣고 기뻐하며 받들어 행하였다.

• 잡아함 384 누진경(漏盡經)

어떤 일을 행하는데 그 원인이 진실하고 실천과정이 올바르면 결과 또한 바르지 않을 수 없다.

사제의 가르침은 본래 번뇌와 고통이 공한 실상의 땅에 서서 스스로의 소외된 현실을 바로 보게 하고, 고통과 소외의 원인을 바로 진단하여 고통의 원인 없애는 바른 실천을 제시한다.

그러므로 사제의 법은 반드시 해탈의 과덕에 이르게 하고, 물들고 닫힌 현실을 뒤집어 새롭게 실상을 실현해낼 수 있다.

비유하면 구 층 보배탑에 오르는 사람이, 첫걸음이 분명하고 걸음을 옮김이 쉬임 없으며 무너지지 않은 계단이라면 반드시 탑의 꼭대기에 오르는 것과 같다.

또 환자가 병의 원인을 바로 보고 그에 맞는 약을 쓰며 치유의 방편을 갖추어 병의 원인을 없애가면 끝내 건강을 회복하는 것과 같다.

사제법도 그와 같아 존재의 진실에 부합된 가르침이므로, 그에 대한 믿음과 이해가 갖춰지고 그 끊음과 행함이 이미 갖춰지면 그는 반드시 니르바나의 공덕을 갖추게 되는 것이다.

본래 니르바나의 땅에서 니르바나의 공덕을 다시 구현한 자, 그가 '괴로움의 끝을 마쳐 다한 사람'이고 '아라한'이며 '보디사트바'이다.

그러나 그런 사람을 멀리 있다 하지 말아야 하니, 지금 사제의 법을 바로 믿어 의심하지 않으면, 우리 중생이 아라한이며 이 세간을 벗어난 대장부[出世大丈夫]이다.

『화엄경』(「십인품」) 또한 지금 미망의 꿈속에서 고통받는 중생이 집착의 사슬을 놓아버리는 그때 바로 해탈의 사람이 됨을 다음과 같이 보인다.

시방에 있는 모든 중생은
다 모습 취함으로 덮여 있네.
만약 뒤바뀐 견해 버리면

세간의 물든 생각 없애게 되네.

十方諸衆生　皆爲想所覆
若捨顚倒見　則滅世間想

세간은 아지랑이 같은데
모습 취함으로 차별이 있네.
세간이 모습 취함에 머묾을 알면
세 가지 뒤바뀜 멀리 여의리.

世間如陽焰　以想有差別
知世住於想　遠離三顚倒

만약 모습 취하는 생각 떠나고
모든 헛된 논란 또한 떠나면
어리석게 모습 취하는 이들
모두다 해탈하게 하리라.

若離於諸想　亦離諸戲論
愚癡著想者　悉令得解脫

저 사리푸트라 비구는 중생의 어버이이고
목갈라야나는 길러주는 이와 같나니

이와 같이 들었다.

한때 붇다께서는 슈라바스티 국 제타 숲 '외로운 이 돕는 장자의 동산'에 계시면서 여러 비구들에게 말씀하셨다.

"이것을 비구들이여, 우리들이 늘 말하는 법이라고 한다.

그것은 곧 네 가지 진리다. 지금껏 우리는 셀 수 없는 방편으로 이 법을 살피고 그 뜻을 분별하여 사람들을 위해 널리 연설하였다.

어떤 것이 네 가지인가.

곧 괴로움의 진리이니, 셀 수 없는 방편으로 이 법을 살피고 그 뜻을 분별하여 사람들을 위해 널리 연설하였다.

또 셀 수 없는 방편으로 그 괴로움 모아냄[習]과 괴로움 사라짐[盡]과 괴로움 없애는 길의 진리[道諦]를 말하여, 그 법을 살피고 그 뜻을 분별하여 사람들을 위해 널리 연설하였다."

사제법 잘 행하고 설하는 사리푸트라와 목갈라야나를 찬탄하심

"너희 비구들은 사리푸트라 비구를 가까이하고 받들어 섬기고 공양하라.

왜냐하면 저 사리푸트라 비구는 셀 수 없는 방편으로 이 네 가지 진리를 말하고, 사람들을 위해 널리 연설하였기 때문이다.

사리푸트라 비구가 중생들과 네 부류 대중[四部大衆]을 위해 그 뜻을 분별하고 사람들을 위해 널리 연설할 때에는 헤아릴 수 없는 중생들이 모든 티끌과 때가 다하고 법의 눈이 깨끗하게 되었다.

또 너희 비구들은 사리푸트라와 목갈라야나 비구를 가까이하고 받들어 섬기고 공양하라.

왜냐하면 사리푸트라 비구는 중생의 어버이[父母]요, 낳은 뒤에 길러서 키우는 이는 목갈라야나 비구이기 때문이다.

그 까닭은 사리푸트라 비구는 사람들을 위해 법의 요점[法要]을 말해 네 가지 진리를 이루고[成四諦], 목갈라야나 비구는 사람들을 위해 법의 요점을 말해 으뜸가는 뜻[第一義]을 이루고 샘이 없는 행 [無漏行]을 이루기 때문이다.

너희들은 사리푸트라와 목갈라야나 비구를 가까이 모셔야 한다.”

세존께서는 이렇게 말씀하시고 고요한 방으로 들어가셨다.

사리푸트라 존자가 사제법 설하니
듣는 중생이 법의 눈을 얻음

세존께서 가시고 오래지 않아 사리푸트라는 비구들에게 말하였다.

“만약 네 가지 진리의 법을 얻을 수 있는 사람, 그 사람은 아주 시원스럽게 좋은 이익을 얻을 것이오.

어떤 것이 네 가지요? 곧 괴로움의 진리를 말하니 지금껏 셀 수 없는 방편으로 그 뜻을 널리 연설하였소.

어떤 것이 괴로움의 진리요? 곧 나는 괴로움 · 늙는 괴로움 · 병드는 괴로움 · 죽는 괴로움과, 근심 · 슬픔 · 번민의 괴로움, 미워하는 이와 만나는 괴로움, 사랑하는 이와 헤어지는 괴로움, 구하고자 하나 얻지 못하는 괴로움이오.

요점을 잡아 말하면 다섯 치성한 쌓임[五蘊陰]의 괴로움이오. 이것을 괴로움의 진리라 하오.

어떤 것이 괴로움 모아냄의 진리요? 곧 애착의 묶음이 그것이오.

어떤 것이 괴로움 사라짐의 진리요? 곧 애착의 묶음이 길이 다해 남음 없음이니, 이것을 사라짐의 진리라 하오.

어떤 것이 괴로움 없애는 길의 진리요? 곧 여덟 가지 거룩한 길이니, 바른 견해·바른 뜻·바른 말·바른 행위·바른 생활·바른 방편·바른 생각·바른 선정이오. 이것을 길의 진리라 하오.

저 중생이 시원스럽게 좋은 이익을 얻는다면, 그것은 이 네 가지 진리를 들을 수 있기 때문이오."

존자 사리푸트라가 이 법을 말하였을 때에 한량없고 셀 수 없는 중생들은 이 법을 듣고, 모든 티끌의 때[諸塵垢]가 다하고 법의 눈이 깨끗하게 되었다.

그래서 이렇게 말하였다.

'저희들도 시원스럽게 좋은 이익을 얻었습니다. 세존께서 저희를 위해 법을 설해주시어 복된 땅에 편안히 머물게 하셨습니다.'"

이런 까닭에 네 부류 대중은 방편을 구해 이 네 진리를 행하였다 [行此四諦].

그때에 비구들은 붇다의 말씀을 듣고 기뻐하며 받들어 행하였다.

• 증일아함 27 등취사제품(等趣四諦品) —

• 해설 •

사제의 가르침을 듣고 행하여 스스로 니르바나의 진실에 이르렀으면 그는 니르바나의 고요함에 머물지 않고 크나큰 자비의 마음을 일으켜 중생을 다시 니르바나의 땅에 이끌고 법의 은택을 끼쳐주는 것이다.

사제의 법을 스스로 증득하고도 그에게 자비의 마음[慈悲心]이 없고 넓고 큰 원[廣大願]이 없다면, 그는 니르바나의 진실을 알지 못하는 사람이다.

왜 그런가. 니르바나란 모습을 없애고 공함에 돌아감이 아니고, 니르바나란 모습에 모습 없는 모습의 실상이며, 나와 중생을 나누지 않는 크나큰 자비마음이기 때문이다.

사리푸트라와 목갈라야나 존자는 스스로 법의 눈을 얻고 잘 법을 설하여 듣는 중생을 해탈의 땅에 이끌므로 세존으로부터 크게 칭찬받았으니, 두 존자야말로 지혜와 자비로 여래께 인가 받은 법왕의 아들[法王子]이며, '중생의 자비로운 어버이'라 할 분들이다.

스스로 중생의 굴레를 벗어나 중생에게 중생이 중생 아님을 보여주는 자가 세간의 위없는 장부이니, 『화엄경』(「수미정상게찬품」)은 이렇게 말한다.

세간의 위없는 마하사트바는
중생이라는 모습 취함 멀리 떠나네.
아무도 그를 넘는 자가 없으니
그를 위없는 이라 부르도다.

無上摩訶薩　遠離衆生想
無有能過者　故號爲無上

여래께서 사리푸트라와 목갈라야나 존자를 찬탄해 법왕의 아들이고 중생의 어버이로서 중생을 잘 기르는 이라 한 것은, 두 분 존자가 여래의 지혜의 방에 들어가 지혜의 목숨으로 다시 났음을 말한다.

여래의 지혜의 목숨으로 다시 난 법왕의 아들이 바로 마하사트바이고 보디사트바이니, 『화엄경』(「이세간품」離世間品)은 그 삶을 다음과 같이 말한다.

보디사트바 사자의 왕은
희고 깨끗한 법으로 몸을 삼고
사제의 진리로 발을 삼으며
바른 생각으로 목을 삼고
자비의 눈 지혜의 머리로
이마에 해탈의 비단끈 묶고
온갖 모습이 공한 골짜기
빼어난 진리의 뜻 가운데서
사자처럼 바른 법 외치어
뭇 마라를 두렵게 하네.

菩薩師子王　白淨法爲身
四諦爲其足　正念以爲頸
慈眼智慧首　頂繫解脫繒
勝義空谷中　吼法怖衆魔

보디사트바는 상인의 주인되어
고통 속에 헤매는 여러 중생이
나고 죽음의 넓고 넓은 들판과
번뇌의 험하고 나쁜 곳에 있으며
마라와 도적들에 붙잡혀서
캄캄하게 어리석고 어두워
바른 길 잃음을 널리 보고서
그들에게 바르고 곧은 길 보여
두려움 없는 해탈의 성 들게 하네.

菩薩爲商主　普見諸群生
在生死曠野　煩惱險惡處
魔賊之所攝　癡盲失正道

示其正直路　令入無畏城

보디사트바가 법바퀴 굴리는 것은
붇다께서 굴리시는 것과 같아라.
계의 바퀴통 사마디의 바퀴테
지혜의 힘과 날카로운 칼로
번뇌의 도적들을 이미 깨뜨리고
또 뭇 마라와 원수 무찌르니
온갖 모든 바깥길 삿된 무리는
보고서 흩어지지 않음 없어라.

菩薩轉法輪　如佛之所轉
戒轂三昧輞　智莊慧爲劍
既破煩惱賊　亦殄衆魔怨
一切諸外道　見之無不散

3 사제법에 관한 여러 가지 비유

• 이끄는 글 •

사제의 진리는 쉬운 법인가 어려운 법인가. 사제의 가르침은 중생이 스스로 집착의 병을 깨뜨리고 자기 삶의 진실에 돌아가게 하는 길이다. 사제법이 이처럼 중생의 실상 자체인 법이라면 거기에 어찌 쉽고 어려움이 붙을 것인가. 쉬운 것으로 보면, 한 생각 분별과 망념을 버리면 사제의 법이 열어 보이는 니르바나가 바로 눈앞이다. 그러나 믿어 행하지 않는 이들이 어려운 것으로 보면, 활을 쏘아 털 하나를 백 개로 나눈 그 가운데 하나를 맞추는 것처럼 어려운 것이다.

옛 스님[僧璨大師, 『信心銘』]은 여래의 법이 중생이 본래 갖춘 자기 자신의 실상이라 실로 어렵지 않음을 이렇게 말했다.

지극한 도 어렵잖아 오직 가림만을 꺼리니
다만 미워하고 사랑하지만 않으면
막힘 없이 툭 트여 환하게 밝아지리.

至道無難　唯嫌揀擇
但莫憎愛　洞然明白

사제의 법이 중생 자신의 법이므로 어렵다 할 것이 없는 곳에서 중생 스스로 미혹으로 인해 믿지 못해 어려움을 내므로 여래께서는 또한 갖가지 비유로써 중생을 깨우쳐 이끌어주신다.

　여래가 비유를 보임 가운데 어렵다 하는 것은 믿어 행하지 않는 중생의 집착을 깨기 위함일 뿐, 중생으로 하여금 아득히 어렵다는 생각을 지어 진리의 문에서 멀어지게 하려 함이 아니다. 어렵다 하심이 쉽게 들어가도록 하기 위함이니, 여래의 자비 방편을 어찌 다 헤아릴 수 있겠는가.

　붇다의 법은 알려 하므로 알지 못하고 보려 하므로 보지 못하니, 어떻게 해야 쉽고 어렵다는 분별 떠나 붇다의 법바다에 바로 들 수 있는가.

　옛 조사[介庵朋]의 한 노래를 들어보자.

　　아직 들어보이기 전 벌써 알았으니
　　그대는 동쪽으로 나는 또한 서쪽이네.
　　붉은 놀은 푸른 하늘을 뚫어 떨어지고
　　흰 해는 수메루 산을 휘감아 도네.

　　未擧便先知　君東我亦西
　　紅霞穿碧落　白日繞須彌

사제의 진리 알지 못하면 윤회에 떨어지나니

이와 같이 내가 들었다.

한때 붇다께서는 라자그리하 성 칼란다카 대나무동산에 계셨다. 그때에 세존께서는 여러 비구들에게 말씀하셨다.

"마치 사람이 지팡이를 허공에 던지면 반드시 도로 땅에 떨어져, 깨끗한 곳에 떨어지거나 깨끗하지 않은 곳에 떨어지는 것과 같다.

이와 같이 사문이나 브라마나로서 괴로움의 진리를 진실 그대로 알지 못하고, 괴로움 모아냄의 진리, 괴로움 사라짐의 진리, 괴로움 없애는 길의 진리를 진실 그대로 알지 못하면, 진실 그대로 알지 못하기 때문에 좋은 세계에 나고, 나쁜 세계에 난다.

그러므로 여러 비구들이여, 네 가지 거룩한 진리에 아직 사이 없는 평등한 살핌이 되지 못했으면, 방편에 힘써 더욱 하고자 함을 일으켜 사이 없는 평등함을 배워야 한다."

붇다께서 이 경을 말씀해 마치시자, 여러 비구들은 붇다의 말씀을 듣고 기뻐하며 받들어 행하였다.

• 잡아함 431 장경(杖經)②

• 해설 •

사제법은 중생의 고통이 인연으로 나고 사라짐을 보여 중생의 나고 죽음이 본래 니르바나되어 있음을 가르치고 있으니, 사제법을 알지 못하면 업의 공성을 알지 못하므로 나고 죽음에 길이 바퀴 구름[輪回]을 벗어나지 못할 것이다.

고통을 일으키는 물든 업이란 '내'가 공하고 '내 것'이 공한 곳에서 '나'와 '내 것'을 집착하고 남이 실로 남이 아니고 죽음이 실로 죽음 아닌 곳에서 죽음을 보는 것이니, 그 업으로 중생은 '나와 내 것' '남과 죽음'의 굴레에서 길이 바퀴 구른다.

그러므로 고통과 고통을 일으키는 물든 업의 진실을 모르면 허공에 던진 지팡이가 땅에 떨어져 깨끗한 곳이나 깨끗하지 않은 곳에 이른 것과 같다. 깨끗하지 않은 곳은 지옥같이 어둡고, 깨끗한 곳은 하늘같이 빛난다.

그러나 허공의 지팡이가 실로 좇아온 곳이 없고 떨어져 이른 곳이 없으니, 사제의 가르침을 듣고 나고 죽음 오고 감의 진실을 알면, 그는 어두움과 밝음, 선과 악의 굴레에서 벗어날 것이다. 좋은 세계 나쁜 세계가 모든 취할 것 없음을 아는 자가 사제의 가르침을 바로 듣고 바로 읽고 바로 이해한 것이니 사제법에서 평등한 살핌을 일으킨 자이다.

옛 사람[悅齋居士]의 한 노래로 이 경의 비유를 다시 살펴보자. 옛 분은 이렇게 노래한다.

구름 짙어도 서쪽 들판 비오지 않는데
이 산의 빛깔은 먹덩이 같네.
우레와 번개는 노는 용 치지 않고
큰 몽둥이는 늙은 쥐를 때려죽인다.

密雲西郊不雨 四山色如墨聚
雷電不擊游龍 大棒打殺老鼠

사제법 모르는 것이
저 아주 험한 바위보다 더 두렵나니

이와 같이 내가 들었다.

한때 붇다께서는 라자그리하 성 칼란다카 대나무동산에 계셨다.

그때에 세존께서는 여러 비구들에게 말씀하셨다.

"너희들은 함께 깊고 험한 바위[深險岩]까지 가자."

비구들은 붇다께 여쭈었다.

"그렇게 하겠습니다, 세존이시여."

그때에 세존께서는 여러 대중과 함께 깊고 험한 바위로 가시어 자리를 펴고 앉아, 두루 깊고 험한 바위를 둘러 살피신 뒤에 여러 비구들에게 말씀하셨다.

"이 바위는 아주 깊고 험하다."

깊고 험한 바위로 비구를 데리고 가
나고 죽음의 위태로움을 일깨우심

때에 어떤 비구가 자리에서 일어나 옷을 여미고 붇다께 절한 뒤에 합장하고 붇다께 여쭈었다.

"세존이시여, 이 바위는 아주 깊고 험합니다.

그러나 다시 아주 깊고 험한 것으로, 이것보다 더 험하여 매우 두려워할 만한 것이 있습니까?"

붇다께서는 그 뜻을 아시고 곧 말씀하셨다.

"그렇다, 비구여. 이 바위는 아주 깊고 험하다.

그러나 다시 아주 깊고 험한 것으로, 이것보다 더 험하여 매우 두려워할 만한 것이 있다.

곧 사문이나 브라마나로서 괴로움의 진리를 진실 그대로 알지 못하고, 괴로움 모아냄의 진리·괴로움 사라짐의 진리·괴로움 없애는 길의 진리를 진실 그대로 알지 못한다 하자.

그러면 그는 태어남의 바탕[生本]인 모든 지어감에 대하여 즐겨 집착하고, 늙음·병듦·죽음·근심·슬픔·번민·괴로움의 바탕인 모든 지어감에 대하여 즐겨 집착하여 그 행을 짓는다.

그리하여 늙음·병듦·죽음·근심·슬픔·번민·괴로움의 행은 더욱 늘어나 자라기 때문에 깊고 험한 곳에 떨어져 태어나고, 늙음·병듦·죽음·근심·슬픔·번민·괴로움의 깊고 험한 곳에 떨어진다.

이와 같이 비구들이여, 이것은 매우 깊고 험하기가 이 바위보다 더하다.

그러므로 비구들이여, 네 가지 거룩한 진리에 아직 사이 없는 평등한 살핌이 되지 못했으면, 방편에 힘써 더욱 하고자 함을 일으켜 사이 없는 평등함을 배워야 한다."

붇다께서 이 경을 말씀해 마치시자, 여러 비구들은 붇다의 말씀을 듣고 기뻐하며 받들어 행하였다.

• 잡아함 421 심험경(深嶮經)

• **해설** •

이 경은 사제의 진리를 알지 못하는 삶의 불안정성과 위태로움, 윤회의 악순환을 깨우쳐주고 있다.

온갖 존재는 인연으로 생겨나 업(業, karma)으로 주어지므로 잠시도 멈춤 없이 나고 사라지며 중생은 늘 차별과 대립 속에서 모순을 안고 살아가지 않을 수 없다. 나되 실로 남이 없고 있되 공한 연기의 진실을 보지 못하고 대립의 실체성을 넘어서지 못하면 그의 삶은 얼마나 고통스러우며 얼마나 위태로울 것인가.

그는 선악의 굴레를 벗어나지 못하고 괴로움과 즐거움의 끝날 길 없는 되돌아옴과 되풀이를 겪어야 하며, 허공에 던진 지팡이가 굴러가는 것처럼 업을 지어 업을 받고 업에 따라 구르는 것이 다하지 않을 것이다.

사제의 진리를 바르게 살피는 수행자는 지금 삶을 고통스럽게 하는 집착의 원인을 끊어 해탈에 나아가되 집착과 고통이 본래 공한 곳에서 끊음 없이 그 뿌리를 끊으니, 그의 지혜는 사이 없는 평등한[無間等] 지혜가 되고 그의 끊음은 닦음 없는 닦아감이 된다.

그는 나고 사라짐에 실로 나고 사라짐이 없음을 알므로 그의 삶의 뿌리는 결코 나고 죽음 따라 동요하지 않으며 차별과 대립 속에서 대립의 질곡을 겪지 않는다.

그는 온갖 법이 공한 진제(眞諦)의 휴식처에서, 편안히 쉬며 일함 없이 일하고, 괴로움과 즐거움의 소용돌이가 그친 진리의 땅[理地]을 떠남 없이, 괴로움에 빠진 이웃을 고통에서 건져주며 생활 속의 온갖 즐거움을 사적 소유의 장 속에 가두지 않고 이 세상 뭇 삶들과 함께한다.

이렇듯 참으로 편안하고 고요한 삶의 길은 어디 있는가. 저 깊고 험한 바위 골짜기처럼 위태롭고 위태로운 지금, 중생의 발걸음 그 밑뿌리를 돌아보아야 할 것[照顧脚下]이다.

사제의 진리 바로 알기란
활을 쏘아 털 하나 맞추기보다 더 어렵나니

이와 같이 내가 들었다.

한때 붇다께서는 바이살리 국의 원숭이 못가에 있는 이층강당[重閣講堂]에 계셨다. 그때에 존자 아난다는 이른 아침에 가사를 입고 발우를 가지고 바이살리 성에 들어가 밥을 빌었다.

때에 많은 리차비 어린이들은 이른 아침에 성안에서 나와 정사(精舍)의 문 앞에 이르러, 화살을 가지고 정사 문구멍을 다투어 쏘는데, 화살마다 다 문구멍으로 들어갔다.

존자 아난다는 그것을 보고 생각했다.

'기특하다, 저 리차비 어린이들이 이렇게 어려운 일을 해내다니.'

그는 성으로 들어가 밥을 빈 뒤에 돌아와, 가사와 발우를 두고 발을 씻은 뒤에 붇다 계신 곳에 나아가 붇다의 발에 머리를 대 절하고 한쪽에 물러서서 붇다께 말씀드렸다.

"세존이시여, 저는 오늘 이른 아침에 가사를 입고 발우를 가지고 바이살리 성으로 밥을 빌러 들어갔습니다. 많은 리차비 어린이들이 성안에서 나와 정사 문 앞에 이르러, 다투어 정사 문구멍을 쏘는데 화살마다 다 문구멍으로 들어가는 것을 보았습니다.

저는 이렇게 생각했습니다.

'이는 참으로 기특한 일이다. 여러 리차비 어린이들이 이렇게 어려운 일을 할 수 있다니.'"

붇다께서는 아난다에게 말씀하셨다.

"어떻게 생각하느냐. 리차비 어린이들이 문구멍을 다투어 쏘는데, 화살마다 다 들어가는 것을 어렵다고 하겠는가. 아니면 털 하나를 쪼개어 백 개로 나누고, 그 나눈 한 개 털을 화살을 쏘아 다 맞히는 것을 어렵다고 하겠는가."

아난다는 붇다께 말씀드렸다.

"털 하나를 쪼개어 백 개로 나누고, 그 나눈 한 개 털을 화살을 쏘아 다 맞히면 그것을 어렵다고 하겠습니다."

붇다께서는 아난다에게 말씀하셨다.

"그것은 괴로움의 진리에 진실 그대로의 앎을 내는 것이 매우 어렵고 어려운 것만 못하다. 이와 같이 괴로움 모아냄의 진리·괴로움 사라짐의 진리·괴로움을 없애는 길의 진리를 진실 그대로 아는 것, 이것은 매우 어렵고 어렵다."

그때에 세존께서는 게송으로 말씀하셨다.

하나의 털을 백으로 나누어서
그 하나 쏘아 맞춤 참으로 어려워라.
낱낱 괴로움의 쌓임이 나 아님을
살피는 어려움 또한 그러하네.

붇다께서 이 경을 말씀하시자, 여러 비구들은 붇다의 말씀을 듣고 기뻐하며 받들어 행하였다.

• 잡아함 405 공경(空經)

여래의 자비의 눈[慈悲眼]으로 보면 기나긴 겁 번뇌와 애착의 강을 건너지 못한 중생이 사제의 법을 듣고 해탈의 저 언덕에 이르는 것이 얼마나 어렵겠는가. 그러나 중생이 본래 니르바나되어 있음을 바로 보는 여래의 지혜의 눈으로 살피면 사제의 법이 얼마나 쉽고 쉬울 것인가. 그렇다면 쉽고 어려움은 어디 있는가.

방거사는 중국선불교에서 조사(祖師)로 추앙받는 분인데, 그 가족들의 문답을 살펴보자.

그 방거사가 어느 날 홀로 초암 가운데 앉아 있다 갑자기 말했다.
"어렵고 어렵다. 백 섬의 참깨를 나무 위에 늘어놓는 것 같다."
그러자 방거사의 부인이 듣고서 소리를 이어 말했다.
"쉽고 쉽소. 백 가지 풀 끝에 조사의 뜻이오."
딸 영조가 말했다.
"어렵지도 않고 쉽지도 않소. 배고프면 밥 먹고 피곤하면 잠을 자오."

이 세 사람의 말 가운데 어느 말이 옳은가. 이 세 사람의 말을 가져다 한 구절을 만들어보아야 여래께서 사제법 설한 뜻을 알아, 번뇌가 공한 니르바나의 성품이 닦음을 빼앗고[以性奪修] 공하되 공하지 않은 니르바나의 성품이 온전히 닦음 없는 닦음 일으킴[全性起修]을 알 수 있는 것인가.

돈오돈수(頓悟頓修)가 여래의 사제법 밖에 따로 있는 묘한 도리라 외치는 선류들은 깊이 살펴야 하리라.

날마다 창에 삼백 번을 찔린다 해도
이 사제의 법 들어야 하니

이와 같이 내가 들었다.

한때 붇다께서는 바라나시 국의 선인이 살던 사슴동산에 계시면서 여러 비구들에게 말씀하셨다.

"비유하면 어떤 사람의 나이가 백 살인 때, 누가 그에게 이렇게 말했다 하자.

'만약 그대가 법을 듣고자 하면 날마다 세 때에 괴로움을 받아서, 아침에 백 개 창의 괴로움을 받고, 낮에도 저녁에도 또한 이와 같이 하여, 하루에 삼백 개 창의 괴로움을 받아야 하오.

날마다 이와 같이 하여 백 살이 된 뒤에 법을 들으면 사이 없는 평등함을 얻을 것[得無間等]이니, 그대는 그렇게 할 수 있소?'

그때 그 사람은 법을 들으려 하므로, 법을 듣기 위하여 그것을 다 견디어 받았다.

왜 그런가. 그는 이렇게 생각한 것이다.

'사람이 세상에 나면 기나긴 밤 동안에 괴로움을 받는다. 때로는 지옥, 때로는 축생, 때로는 아귀, 이렇게 세 가지 악한 길에서 헛되이 뭇 괴로움을 받지만 그래도 법을 듣지 못한다.

그러므로 나는 지금 사이 없는 평등한 지혜를 위하기 때문에 몸을 마치도록 삼백 개의 창에 찔려도 큰 괴로움으로 삼지 않는다.'

그러므로 비구들이여, 네 가지 거룩한 진리에 대하여 사이 없는 평등함을 얻지 못하였으면, 반드시 방편을 부지런히 하여 더욱 하고자 함을 일으켜 사이 없는 평등함을 배워야 한다."

붇다께서 이 경을 말씀하시자, 여러 비구들은 붇다의 말씀을 듣고 기뻐하며 받들어 행하였다.

• 잡아함 401 백창경(百槍經)

• 해설 •

지금 눈앞에 사물이 분명히 있는데 미혹에 빠진 범부가 그 사물이 있되 공한 줄 어찌 알 것인가. 또한 영겁토록 온갖 존재가 나고 사라지는데, 기나긴 밤 윤회의 길에 헤매는 중생이 존재가 나되 실로 남이 없고 사라지되 실로 사라짐 없음을 어찌 알 것인가.

위없는 스승 여래가 이 세간에 출현하여 사제의 법을 보이지 않았다면, 미혹의 중생이 그것을 알기란 가는 털 하나를 다시 백 가닥으로 쪼개어 화살로 그 털 하나를 맞추는 것보다 더 어렵다.

그러나 어려운 그 법을 여래가 입을 열어 가르쳐주고 손을 잡아 이끌어주니 믿어 받아들이면 어찌 그 길이 어려울 것인가.

어렵고 어려움 가운데 쉽고 쉬움이 있다.

어두운 밤길에 횃불처럼 여래의 가르침이 이토록 분명하니, 그 법을 들으려 하면 설사 하루 삼백 번 창에 찔리는 고통을 백세토록 겪는다고 해도 그 법을 받아들여야 한다.

왜인가. 창에 찔리는 괴로움은 백 년이지만, 사제의 진리를 몰라 나고 죽음의 윤회의 길에서 받는 고통은 천 겁 만 겁이 되기 때문이다.

설사 칼에 찔리고 불에 타는 육체적 생명의 고통을 짊어지더라도, 길이 나지 않고 사라지지 않으며 길이 안락할 지혜의 목숨[慧命]에 나아가야 하는 것이다.

사제의 법 몰라 윤회하는 중생의 흰 뼈
저 비풀라 산과 같나니

이와 같이 내가 들었다.

한때 붇다께서는 라자그리하 성 비풀라(Vipula) 산에 계시면서 여러 비구들에게 말씀하셨다.

"한 사람이 한 겁 동안에 나고 죽음에 돌아다니며 쌓인 흰 뼈가 썩어 무너지지 않는다면 저 비풀라 산과 같을 것이다.

만약 많이 들은 거룩한 제자가, 이것은 괴로움의 진리라고 진실 그대로 알고, 이것은 괴로움 모아냄의 진리·괴로움 사라짐의 진리·괴로움 없애는 길의 진리라고 진실 그대로 알면, 그는 이와 같이 알고 이와 같이 보아, 세 가지 맺음[三結]을 끊게 되니, 곧 몸의 삿된 견해·그릇된 계의 견해·의심이다.

이 세 가지 맺음을 끊고 스로타판나를 얻어 나쁜 갈래 길의 법에 떨어지지 않고, 반드시 바른 보디에 곧장 향해, 일곱 번 하늘과 사람에 가서 나고는 괴로움의 끝을 마쳐 다하게 된다."

그때에 세존께서는 곧 게송을 말씀하셨다.

한 사람이 한 겁 동안에
그 몸의 뼈를 쌓아 모아서
늘 쌓아 썩고 무너지지 않으면
저 높은 비풀라 산과 같으리.

만약 여러 거룩한 제자가
바른 지혜로 진리를 보아
이 괴로움과 괴로움의 모아냄
바로 살펴 괴로움 떠나면
니르바나의 고요함 얻으리.

여덟 가지 바른 길 닦아 익혀
저 파리니르바나에 바로 향해
일곱 번 하늘 사람 오고 가다
온갖 번뇌 묶음을 다하여
괴로움의 끝 마쳐 다하리.

붇다께서 이 경을 말씀하시자, 여러 비구들은 그 말씀을 듣고 기뻐하며 받들어 행하였다.

• 잡아함 947 누골경(累骨經)

• 해설 •

사제의 법 바로 알지 못하여 수가 있는 세간의 온갖 모습과 뭇 중생이 본래 니르바나되어 있는 고요한 모습인 줄 깨닫지 못한다면, 윤회하는 중생의 뼈무더기를 어찌 비풀라 산으로 견주어 말할 뿐이겠는가. 네 큰 바다의 물방울과 크나큰 땅의 티끌 수로도 이루 견주어 말할 수 없을 것이다.

중생이 본래 니르바나의 모습이라 실로 다시 니르바나에 들 것 없고 온갖 모습이 본래 적멸하여 다시 적멸하게 할 것이 없는 줄 알 때만, 끊음 없이 번뇌 끊어 괴로움의 끝에 이를 것이며, 한량없는 중생을 실로 건네줌 없이 니르바나의 저 언덕에 건네줄 것이다.

4 사제의 법은 모든 붇다의 법

• 이끄는 글 •

사제의 법은 연기된 존재의 있되 공한 모습에서 실로 있는 모습을 보아 구하고 취하는 것이 모든 집착과 고통의 뿌리임을 가르친다. 사제법에서 해탈의 구현은 고통의 과정을 거슬러 돌이키는 과정이다. 그러므로 연기법의 실상을 진실 그대로 알아[如實知], 온갖 있음에서 있음을 떠나 존재[有]의 장애와 나고 죽음의 굴레에서 벗어나도록 가르치고 있다.

온갖 법은 인연으로 나고 인연으로 사라진다. 인연으로 나므로 나되 남이 없고 인연으로 사라지므로 사라지되 사라짐이 없으며 가고 오되 실로 가고 옴이 없다.

실로 오고 감이 없는 곳에서 오고 감을 보고, 실로 있되 공한 곳에서 있음을 보아 온갖 장애가 벌어졌으나, 진실을 등진 중생의 망념 또한 공하고, 중생의 장애 또한 실로 있는 것이 아니다.

과거의 붇다도 이 법을 깨달아 위없는 보디를 이루었으며, 현재의 붇다도 이 법을 깨달아 위없는 보디를 이룬 것이며, 미래의 붇다도 이 법을 깨달아 위없는 보디를 이룰 것이다.

네 가지 진리 가운데 멸제야말로 온갖 중생과 온갖 존재의 참모습이자, 이미 보디를 이룬 과거 붇다와 현재 붇다의 해탈된 모습이고 미래 붇다의 해탈되어질 모습이다.

고제와 집제야말로 현재 붇다께서 보디 이루기 전 미혹의 모습이고, 지금 온갖 중생의 윤회의 현실이며 고통의 모습이다. 또한 도제야말로 이미 보디 이루신 이가 닦아 행했던 실천의 모습이고, 지금 닦아 행하는 모든 보디사트바의 바르게 보디에 나아가는 모습이다.

그러므로 사제법은 중생이 중생 아님을 보이는 실천적 증험의 가르침이며, 이미 온갖 중생이 니르바나되어 있음에 대한 진실의 증언이며, 지금 고통과 어두움 속에 있는 뭇 삶을 밝혀주는 희망의 등불이자 미래의 해탈과 보디의 언약이다.

사제법은 희망의 철학이고 확실한 약속의 철학이다.

사제의 가르침을 확실히 믿고 받아들이는 자, 그는 스스로 이미 니르바나되어 있는 해탈의 땅에 서 있는 진리의 존재임을 확신하고, 중생을 위해 밝혀줌의 등불이 되고 의지해 쉬는 섬이 되며 세찬 강물 가운데 건네줌의 다리가 된다.

『화엄경』(「현수품」)은 말한다.

사제법 잘 행하는 보디사트바가
밝은 빛 놓으면 환히 비춤이라 하니
온갖 하늘빛마저 가려버리고
세간에 있는바 어두움의 장애
모두 없애주지 않음이 없이
널리 중생 위해 이익을 짓네.

又放光明名照耀　映蔽一切諸天光
所有闇障靡不除　普爲衆生作饒益

이 빛이 온갖 중생을 깨우쳐서
등의 밝음 잡아 붇다께 공양케 하니
모든 붇다께 등을 공양하므로
세간의 위없는 등 이룰 수 있네.

此光覺悟一切衆　令執燈明供養佛
以燈供養諸佛故　得成世中無上燈

또 지혜의 밝은 빛을 놓으면
중생을 건져 건네줌이라 하니
이 빛이 온갖 중생 깨우칠 수 있어
그들이 널리 큰 서원의 마음 내게 해
탐욕바다 모든 중생 건네 해탈케 하네.

又放光明名濟度　此光能覺一切衆
令其普發大誓心　度脫欲海諸群生

여래도 사제의 진리 깨쳐 길이 나고 죽음 벗어났으니

이와 같이 내가 들었다.

한때 붇다께서는 마가다 국에 계시면서 사람 사이에 노니시었다. 라자그리하 성과 파탈리푸트라 가운데 있는 대숲 마을에 국왕은 복덕사(福德舍)를 지었다.

그때에 세존께서는 여러 대중들과 함께 그 안에서 주무셨다.

때에 세존께서는 여러 비구들에게 말씀하셨다.

"나도 너희들과 더불어 거룩한 네 가지 진리에 대하여 아는 것도 없고 보는 것도 없었으며, 깨달음의 길을 따르지 않고 따라 받는 것이 없었으면, 기나긴 밤에 나고 죽음에 치달렸을 것이다.

어떤 것을 네 가지라고 하는가. 곧 괴로움의 진리·괴로움 모아냄의 진리·괴로움 사라짐의 진리·괴로움을 없애는 길의 진리이다.

나도 너희들과 함께 이 네 가지 거룩한 진리에 대하여 아는 것도 없고 보는 것도 없었으며, 깨달음의 길을 따르지 않고 따라 받는 것이 없었으면, 기나긴 밤에 나고 죽음에 치달렸을 것이다.

그러나 나와 너희들은 이 괴로움의 거룩한 진리[苦聖諦]를 따라 알고 따라 들어가, 모든 존재의 흐름[諸有漏]을 끊고, 모든 나고 죽음을 다하여 뒤의 존재[後有]를 받지 않는 것이다.

괴로움 모아냄의 거룩한 진리·괴로움 사라짐의 거룩한 진리·괴로움 없애는 길의 거룩한 진리를 따라 알고 따라 들어가, 모든 존재의 흐름을 끊고 모든 나고 죽음을 떠나 뒤의 존재를 받지 않는 것이다.

그러므로 여러 비구들이여, 네 가지 진리에 대하여 사이가 없는 평등한 살핌이 되지 못하였으면, 방편에 힘써 더욱 하고자 함을 일으켜 사이가 없는 평등함을 닦아야 한다."

그때에 세존께서는 곧 게송을 말씀하셨다.

나도 언제나 너희들과 더불어
기나긴 밤에 나고 죽음 겪었으니
거룩한 진리를 보지 못했으므로
큰 괴로움 날로 늘어나 자랐도다.

만약 네 가지 거룩한 진리를 보면
존재의 큰 흐름의 바다를 끊고
나고 죽음 길이 없애버리어
다시는 뒤의 태어남 받지 않으리.

붇다께서 이 경을 말씀하시자, 여러 비구들은 붇다의 말씀을 듣고 기뻐하며 받들어 행하였다.

• 잡아함 403 여실지경(如實知經)

• 해설 •

사제의 가르침은 나고 죽음에 실로 나고 죽음이 없음을 모르는 무명으로 인해 중생의 고통의 삶이 연기하고, 남에 남이 없음을 깨달아 해탈의 삶이 성취됨을 가르친다.

그러므로 사제법은 여래가 만든 법이 아니니, 여래도 사제의 진리를 깨달아 기나긴 겁 윤회와 고통의 삶을 마쳐 다하고 위없는 스승이 되신 것이다.

지금 사제의 법을 몰라 고통의 바다에 빠져 있는 중생의 모습은 과거 보디 이루시기 전 붇다의 자기 모습이니, 붇다 또한 이 법을 몰랐으면 기나긴 밤 나고 죽음에 치달렸을 것이라고 한 것이다.

사제의 법을 깨달아 해탈의 저 언덕에 이미 잘 가신 분은 지금 고통바다에 빠져 있는 중생의 본래 니르바나되어 있는 자기진실을 온전히 실현하신 분이다. 그리고 해탈의 언덕에 올라 자재를 구현하신 분의 공덕과 행은 무명의 어두움 속에 있는 중생의 자기진실이다. 사제법은 여래에 의해서 이미 증험되었고 지금 중생 스스로 닦아 행해 현재법에서 실천적으로 검증할 수 있는 법이다.

그러므로 지금 비록 고통 속에 있더라도 여래의 가르침을 듣고 존재의 진실을 진실 그대로 아는 자[如實知]가 여래를 따라 해탈의 바다에 들리라.

그렇다면 물결을 따르고 물이랑을 좇는[隨波逐浪] 이곳 이때를 떠나지 않고 니르바나의 바다 해탈의 바다가 있다 할 것인가. 이 어떤 것인가.

과거·현재·미래의 모든 여래에게
바른 행의 설법이 있으시니

나는 들었다, 이와 같이.

한때 붇다께서는 슈라바스티 국을 노니실 적에 제타 숲 '외로운 이 돕는 장자의 동산'에 계셨다.

그때 세존께서 여러 비구들에게 말씀하셨다.

"이것이 바로 '바른 행의 설법'[正行說法]이니, 곧 네 가지 거룩한 진리[四聖諦]이다.

이 네 진리로 널리 거두고 두루 살피며, 분별하고 드러내며, 우러름을 열고, 베풀어 세우며, 나타내 보이고 나아가게 한다."

네 가지 진리가 삼세 붇다가 설한 바른 행임을 보이심

"과거의 모든 여래·집착 없는 이·바르게 깨친 분들께서도 또한 이 '바른 행의 설법'이 있었으니, 곧 네 가지 거룩한 진리이다.

이 네 진리로 널리 거두고 두루 살피며, 분별하고 드러내며, 우러름을 열고, 베풀어 세우며, 나타내 보이고 나아가게 한다.

미래의 모든 여래·집착 없는 이·바르게 깨친 분들께서도 또한 이 '바른 행의 설법'이 있을 것이니, 곧 네 가지 거룩한 진리이다.

이 네 진리로 널리 거두고 두루 살피며, 분별하고 드러내며, 우러름을 열고, 베풀어 세우며, 나타내 보이고 나아가게 할 것이다.

지금 나 현재의 여래·집착 없는 이·바르게 깨친 이 또한 이 '바른 행의 설법'이 있으니, 곧 네 가지 거룩한 진리이다.

이 네 진리로 널리 거두고 두루 살피며, 분별하고 드러내며, 우러름을 열고, 베풀어 세우며, 나타내 보이고 나아가게 한다."

사리푸트라의 지혜를 찬탄하시고
사리푸트라와 목갈라야나 비구를 공경토록 하심

"사리푸트라 비구는 총명한 지혜, 빠른 지혜, 날랜 지혜, 날카로운 지혜, 넓은 지혜, 깊은 지혜, 벗어나는 지혜, 밝게 통달한 지혜, 변재의 지혜가 있다.

사리푸트라 비구는 진실한 지혜를 성취하였다.

왜 그런가. 내가 이 네 가지 거룩한 진리를 간략하게 말하면, 사리푸트라 비구는 남을 위하여 더 널리 가르치고 널리 살피며, 분별하고 드러내며, 우러름을 열고, 베풀어 세우며, 나타내 보이고 나아가게 하기 때문이다.

사리푸트라 비구가 이 네 가지 거룩한 진리를 널리 가르치고 널리 보이며, 분별하고 드러내며, 우러름을 열고, 베풀어 세우며, 나타내 보이고 나아가게 할 때에, 한량없는 사람들로 하여금 살필 수 있게 한다.

사리푸트라 비구는 바른 견해로써 사람을 이끌어주고, 목갈라야나 비구는 사람으로 하여금 가장 높은 진리의 바탕[眞際]에 서게 하니, 곧 마쳐 다해 번뇌의 흐름이 다한 것[究竟漏盡]이다.

사리푸트라 비구는 모든 범행을 나게 하는 것이 마치 낳아준 어머니[生母]와 같고, 목갈라야나 비구는 모든 범행을 길러 자라게 하니 길러준 어머니[養母]와 같다.

그러므로 모든 범행자는 사리푸트라와 목갈라야나 비구를 받들어 섬기고 공양하며, 공경하고 절해야 한다.

왜냐하면 사리푸트라와 목갈라야나 비구는 여러 범행자를 위하여 뜻과 요익됨을 구하고, 안온한 즐거움을 구하기 때문이다."

그때에 세존께서는 이와 같이 말씀하신 뒤에 곧 자리에서 일어나 방에 들어가 편안히 좌선하셨다.

사리푸트라 존자가 여러 비구들에게 사제를 보이고 여덟 가지 괴로움을 널리 분별해 말함

이에 존자 사리푸트라는 여러 비구들에게 말하였다.

"여러 어진 이들이여, 세존께서는 우리들을 위하여 이 세상에 나오셨소.

곧 다른 사람들을 위하여 이 네 가지 거룩한 진리를 널리 가르치시고 널리 보이시며, 분별하고 드러내시며, 우러름을 열고 베풀어 세우며, 나타내 보이고 나아가게 하신 것이오.

어떤 것이 네 가지냐 하면, 괴로움의 거룩한 진리[苦聖諦]·괴로움 모아냄의 거룩한 진리[苦集聖諦]·괴로움 사라짐의 거룩한 진리[苦滅聖諦]·괴로움을 없애는 길의 거룩한 진리[苦滅道聖諦]이오.

여러 어진 이들이여, 어떤 것이 괴로움의 거룩한 진리이오?

남[生]의 괴로움, 늙음의 괴로움, 병의 괴로움, 죽음의 괴로움, 원수와 만나는 괴로움, 사랑하는 이와 헤어지는 괴로움, 구하는 것을 얻지 못하는 괴로움이니, 간략히 하면 다섯 가지 치성한 쌓임[五盛陰]의 괴로움이오."

태어남의 괴로움을 분별함

"여러 어진 이들이여, 남[生]의 괴로움을 말하니 이것은 무엇 때문이오?

여러 어진 이들이여, 남이란 곧 저 중생과 이러저러한 모든 중생의 무리들은 태어나게 되면 난다 하고[生則生], 나오게 되면 나온다 하고[出則出], 이루어지게 되면 이루어진다[成卽成] 하니, 다섯 쌓임[五陰]을 일으켜 이미 목숨 뿌리를 얻으면, 이것을 남이라 말하오.

여러 어진 이들이여, 태어남의 괴로움[生苦]이란 다음과 같소. 곧 중생은 날 때에 몸이 괴로움의 느낌[苦受]을 받아 두루 받으며[遍受], 느껴 알아 두루 느껴 아오[覺遍覺]. 마음이 괴로움의 느낌을 받아 두루 받으며, 느껴 알아 두루 느껴 아오. 몸과 마음이 괴로움의 느낌을 받아 두루 받으며, 느껴 알아 두루 느껴 아오[覺遍覺].

몸이 뜨거운 느낌을 받아 두루 받으며, 느껴 알아 두루 느껴 아오. 마음이 뜨거운 느낌을 받아 두루 받으며, 느껴 알아 두루 느껴 아오. 몸과 마음[身心]이 뜨거운 느낌[熱受]을 받아 두루 받으며[遍受], 느껴 알아 두루 느껴 아오.

몸이 아주 뜨거운 번뇌 근심을 받아 두루 받으며, 느껴 알아 두루 느껴 아오. 마음이 아주 뜨거운 번뇌 근심을 받아 두루 받으며, 느껴 알아 두루 느껴 아오. 몸과 마음이 아주 뜨거운 번뇌 근심을 받아 두루 받으며, 느껴 알아 두루 느껴 아오.

여러 어진 이들이여, 태어남의 괴로움이 말하는 것은 이렇기 때문에 말하는 것이오."

늙음의 괴로움을 분별함

"여러 어진 이들이여, 늙음의 괴로움을 말하니 이 말은 무엇 때문이오?

여러 어진 이들이여, 늙음이란 다음과 같소. 곧 저 중생과 이러저러한 중생의 무리들은 늙어지면 머리는 희고 이는 빠지며 건장함은 날로 시들어, 허리는 굽고 다리는 휘어지며, 몸은 무겁고 기운은 위로 올라 지팡이를 짚고 다니오.

살은 쭈그러들고 살갗은 늘어져 주름살은 마치 얽은 것 같고, 몸의 모든 아는 뿌리는 헐어 물러지고, 얼굴빛은 추해지고 나빠지니, 이것을 늙음이라고 하오.

여러 어진 이들이여, 늙음의 괴로움이란 것은 곧 중생들이 늙을 때에는 몸이 괴로움의 느낌을 받아 두루 받으며, 느껴 알아 두루 느껴 아는 것이오.

마음이 괴로움의 느낌을 받아 두루 받으며, 느껴 알아 두루 느껴 아오. 몸과 마음이 괴로움의 느낌을 받아 두루 받으며, 느껴 알아 두루 느껴 아오.

몸이 뜨거운 느낌을 받아 두루 받으며, 느껴 알아 두루 느껴 아오. 마음이 뜨거운 느낌을 받아 두루 받으며, 느껴 알아 두루 느껴 아오. 몸과 마음이 뜨거운 느낌을 받아 두루 느끼며, 느껴 알아 두루 느껴 아오.

몸이 아주 뜨거운 번뇌 근심을 받아 두루 받으며, 느껴 알아 두루 느껴 아오. 마음이 아주 뜨거운 번뇌 근심을 받아 두루 받으며, 느껴 알아 두루 느껴 아오. 몸과 마음이 아주 뜨거운 번뇌 근심을 받아 두루 받으며, 느껴 알아 두루 느껴 아오.

여러 어진 이들이여, 늙음의 괴로움이라 말하는 것은 이렇기 때문에 말하는 것이오."

병의 괴로움을 분별함

"여러 어진 이들이여, 병의 괴로움을 말하니 이 말은 무엇 때문이오?

여러 어진 이들이여, 병이란 다음과 같소. 곧 머리가 아프고 눈이 아프며, 귀가 아프고 코가 아프며, 얼굴이 아프고 입술이 아프며, 이가 아프고 혀가 아프며, 잇몸이 아프고 목이 아프오.

또 병이란 숨 헐떡거림 · 기침 · 구토 · 목속 종기 · 지랄병 · 등창 · 여인의 달거리가 넘침 · 피가래 · 아주 뜨거운 병 · 마름병 · 치질 · 설사 · 이질 따위요.

만약 이와 같은 병과 그밖에 여러 가지 병이 느낌을 따라 생겨 마음을 떠나지 않고 몸속에 있으면 이것을 병이라 하오.

여러 어진 이들이여, 병의 괴로움이란 곧 중생이 앓을 때 몸이 괴로움의 느낌을 받아 두루 받으며, 느껴 알아 두루 느껴 아오.

마음이 괴로움의 느낌을 받아 두루 받으며, 느껴 알아 두루 느껴 아오. 몸과 마음이 괴로움의 느낌을 받아 두루 받으며, 느껴 알아 두루 느껴 아오.

몸이 뜨거운 느낌을 받아 두루 받으며, 느껴 알아 두루 느껴 아오. 마음이 뜨거운 느낌을 받아 두루 받으며, 느껴 알아 두루 느껴 아오. 몸과 마음이 뜨거운 느낌을 받아 두루 받으며, 느껴 알아 두루 느껴 아오.

몸이 아주 뜨거운 번뇌 근심을 받아 두루 받으며, 느껴 알아 두루 느껴 아오. 마음이 아주 뜨거운 번뇌 근심을 받아 두루 받으며, 느껴 알아 두루 느껴 아오. 몸과 마음이 아주 뜨거운 번뇌 근심을 받아 두루 받으며, 느껴 알아 두루 느껴 아오.

여러 어진 이들이여, 병의 괴로움이라고 한 것은 이렇기 때문에 말한 것이오."

죽음의 괴로움을 분별함

"여러 어진 이들이여, 죽음의 괴로움을 말하니 이 말은 무엇 때문이오?

여러 어진 이들이여, 죽음이란 다음과 같소. 곧 저 중생과 이러저러한 중생의 무리들은 끝내 목숨을 마치어 덧없소. 그들은 죽으면 흩어져 사라지고, 목숨이 다하면 부서지고 목숨의 뿌리가 닫혀 막히니, 이것을 죽음이라고 하오.

죽음의 괴로움이란 곧 중생은 죽을 때에 몸이 괴로움의 느낌을 받아 두루 받으며, 느껴 알아 두루 느껴 아오.

마음이 괴로움의 느낌을 받아 두루 받으며, 느껴 알아 두루 느껴 아오. 몸과 마음이 괴로움의 느낌을 받아 두루 받으며, 느껴 알아 두루 느껴 아오.

몸이 뜨거운 느낌을 받아 두루 받으며, 느껴 알아 두루 느껴 아오. 마음이 뜨거운 느낌을 받아 두루 받으며, 느껴 알아 두루 느껴 아오. 몸과 마음이 뜨거운 느낌을 받아 두루 받으며, 느껴 알아 두루 느껴 아오.

몸이 아주 뜨거운 번뇌 근심을 받아 두루 받으며, 느껴 알아 두루 느끼어 아오.

마음이 아주 뜨거운 번뇌 근심을 받아 두루 받으며, 느껴 알아 두루 느끼어 아오. 몸과 마음이 아주 뜨거운 번뇌 근심을 받아 두루 받으며, 느껴 알아 두루 느끼어 아오.

죽음의 괴로움이라고 한 것은 이렇기 때문에 말하는 것이오."

원수나 미워하는 자를 만나는 괴로움을 분별함

"여러 어진 이들이여, 원수나 미워하는 자를 만나는 괴로움을 말하니 이것은 무엇 때문이오?

여러 어진 이들이여, 원수나 미워하는 자를 만난다는 것은 곧 다음과 같소. 중생에게는 실로 안의 여섯 앎 내는 곳[六處]의 사랑스럽지 않음[內六處不愛]이 있으니, 눈[眼處]·귀[耳處]·코[鼻處]·혀[舌處]·몸[身處]·뜻[意處]이 그것이오.

이것들이 함께 모여 하나가 되어 거두고 섞이고 가까이하게 되며 함께 어울려 괴로움이 되오.

이와 같이 밖의 앎 내는 곳[外處]의 닿음[更樂]·느낌[覺]·모습 취함[想]·지어감[思]·애착[愛] 또한 이와 같소.

여러 어진 이들이여, 중생에게는 실로 여섯 법의 영역[六界]의 사랑스럽지 않음[六界不愛]이 있으니, 땅의 영역[地界]·물의 영역[水界]·불의 영역[火界]·바람의 영역[風界]·허공의 영역[空界]·앎의 영역[識界]이 그것이오.

이것들이 함께 모여 하나가 되어 거두고 섞이고 가까이하게 되며 함께 어울려 괴로움이 되오.

이것을 원수와 미워하는 것을 만나는 것이라 하오.

여러 어진 이들이여, 원수나 미워하는 자를 만나는 괴로움이란 다음과 같소. 곧 중생은 원수와 미워하는 자를 만날 때에 몸이 괴로움의 느낌을 받아 두루 받으며, 느껴 알아 두루 느껴 아오.

마음이 괴로움의 느낌을 받아 두루 받으며, 느껴 알아 두루 느껴 아오. 몸과 마음이 괴로움의 느낌을 받아 두루 받으며, 느껴 알아 두루 느껴 아오.

원수와 미워하는 것을 만나는 괴로움이라고 말하는 것은 이렇기 때문에 말하는 것이오."

사랑하는 것과 헤어지는 괴로움을 분별함

"여러 어진 이들이여, 사랑하는 것과 헤어지는 괴로움을 말하니 이 말은 무엇 때문이오?

여러 어진 이들이여, 사랑하는 것과 헤어지는 괴로움이란 곧 다음과 같소. 중생에게는 실로 안의 여섯 앎 내는 곳의 사랑함[內六處愛] 이 있으니, 눈·귀·코·혀·몸·뜻이 그것이오. 그것들이 달라지고 흩어져 서로 응하지 못하게 되며, 서로 떠나 모이지 못하고 거두지 못하며, 가까이하지 못하고 어울려 합하지 못하면 괴로움이 되오.

이와 같이 밖의 앎 내는 곳의 닿음·느낌·모습 취함·지어감·애착 또한 이와 같소.

여러 어진 이들이여, 중생에게는 실로 여섯 법의 영역의 사랑함 [六界愛]이 있으니, 땅의 영역·물의 영역·불의 영역·바람의 영역·허공의 영역·앎의 영역이오.

그것들이 달라지고 흩어져 서로 응하지 못하게 되며, 서로 떠나 모이지 못하고 거두지 못하고, 가까이하지 못하고 어울려 합하지 못하게 되면 괴로움이 되오. 이것을 사랑하는 것과 헤어짐이라 하오.

여러 어진 이들이여, 사랑하는 것과 헤어지는 괴로움이란 다음과 같소. 곧 중생은 헤어질 때 몸이 괴로움의 느낌을 받아 두루 받으며, 느껴 알아 두루 느껴 아오.

마음이 괴로움의 느낌을 받아 두루 받으며, 느껴 알아 두루 느껴 아오. 몸과 마음이 괴로움의 느낌을 받아 두루 받으며, 느껴 알아 두루 느껴 아오.

사랑하는 것과 헤어지는 괴로움이라고 말하는 것은 이렇기 때문에 말하는 것이오."

구하여도 얻지 못하는 괴로움을 분별함

"여러 어진 이들이여, 구하여도 얻지 못하는 괴로움을 말하니 이 말은 무엇 때문이오?

여러 어진 이들이여, 곧 중생은 나는 법[生法]이라 나는 법을 떠나지 않소. 나[我]로 하여금 나지 않게 하고자 해도 그렇게 할 수 없는 것이오.

늙는 법[老法], 죽는 법[死法], 근심하고 슬퍼하는 법[愁憂慼法]이라 근심하고 슬퍼하는 법을 떠나지 않소. 자신을 근심하고 슬퍼하지 않게 하고자 해도 그렇게 할 수 없는 것이오.

여러 어진 이들이여, 중생은 어떤 것이 실로 괴로움을 내 즐거워할 수 없고 사랑해 생각할 수 없다면 이렇게 생각하오.

'만약 내가 괴로움을 내 즐거워할 수 없고 사랑해 생각할 수 없다면 이것을 뒤바꾸어 사랑해 생각할 수 있도록 해보자.'

그러나 이 또한 그렇게 할 수 없는 것이오.

여러 어진 이들이여, 중생은 실로 즐거움을 내, 사랑해 생각할 만하면 그는 이렇게 생각하오.

'만약 내가 즐거움을 내, 사랑해 생각할 만하면, 이것을 늘 오래 머물게 해 변해 바뀌지 않는 법이 되도록 해보자.'

그러나 이 또한 그렇게 할 수 없는 것이오.

여러 어진 이들이여, 중생은 실로 지어감[行, saṃskāra]과 모습 취함[想, saṃjñā]을 내, 즐거워할 수도 없고 사랑해 생각할 것이 없으면 그는 이렇게 생각하오.

'만약 내가 즐거움을 내, 즐거워할 수도 없고 사랑해 생각할 것이 없으면, 이것을 뒤바꾸어 사랑해 생각할 수 있도록 해보자.'

그러나 이 또한 그렇게 할 수 없는 것이오.

여러 어진 이들이여, 중생은 실로 지어감과 모습 취함을 내, 사랑해 생각할 만하면 그는 이렇게 생각하오.

'만약 내가 지어감과 모습 취함을 내, 즐거워하고 사랑해 생각할 만하면, 이것을 늘 오래 머물러 변해 바뀌지 않는 법이 되도록 해보자.'

그러나 이 또한 그렇게 할 수 없는 것이오.

여러 어진 이들이여, 구하여도 얻지 못하는 괴로움이라고 말하는 것은 이렇기 때문에 말하는 것이오."

다섯 가지 치성한 쌓임의 괴로움을 분별함

"여러 어진 이들이여, 간략히 다섯 가지 치성한 쌓임[五盛陰]의 괴로움을 말하니 이 말은 무엇 때문이오? 곧 물질의 치성한 쌓임[色盛陰]·느낌의 치성한 쌓임[覺盛陰]·모습 취함의 치성한 쌓임[想盛陰]·지어감의 치성한 쌓임[行盛陰]·앎의 치성한 쌓임[識盛陰]이 그것이오.

여러 어진 이들이여, 다섯 가지 치성한 쌓임의 괴로움이라고 말하는 것은 이 때문에 말하는 것이오."

고제가 삼세 붇다의 법으로 진여 떠나지 않음을 보임

"여러 어진 이들이여, 과거에도 이것은 괴로움의 거룩한 진리였
고, 미래에도 이것은 괴로움의 거룩한 진리일 것이며, 현재에도 이
것은 괴로움의 거룩한 진리이오.

참된 진리[眞諦]로서 헛되지 않고 진여(眞如)를 떠나지 않으며,
또한 뒤바뀌지도 않는 참된 진리로서 분명하고 진실하여[眞諦審
實], 이와 같은 진리[如是諦]에 하나되오.

성인이 가진 것[聖所有]이요 성인이 아는 바[聖所知]이며, 성인이
본 바[聖所見]요, 성인이 깨달은 것[聖所了]이며, 성인이 얻은 것[聖
所得]이고, 성인이 바르게 두루 깨친 바[聖所等正覺]이오.

그러므로 괴로움의 거룩한 진리를 말하는 것이오."

네 가지 진리 가운데 집제를 말하고,
집제가 삼세 붇다의 법으로 진여 떠나지 않음을 보임

"여러 어진 이들이여, 어떻게 애착의 익혀냄[愛習]을 괴로움 익히
어 모아냄의 거룩한 진리[苦習聖諦]라고 하오? 곧 중생에게는 안의
여섯 앎 내는 곳[內六處, 六根]에 실로 사랑함이 있으니, 눈·귀·코
·혀·몸·뜻의 앎을 내는 곳이 그것이오. 그 가운데서 만약 애착이
있고 더러움이 있으며, 물듦이 있고 집착이 있으면, 이것을 익혀냄
[習]이라고 하오.

여러 어진 이들이여, 많이 들은 거룩한 제자[多聞聖弟子]는 내가
이와 같이 이 법을 알며, 이와 같이 보고 이와 같이 밝게 알며, 이와

같이 자세히 보고 이와 같이 깨침을 아니, 이것을 애착의 익혀냄으로[愛習] 괴로움 모아냄의 거룩한 진리[苦習聖諦]라고 하오.

이와 같이 이것을 안다는 것은 어떻게 아는 것이오?

'만약 처자ㆍ노비ㆍ심부름꾼ㆍ권속ㆍ토지ㆍ집ㆍ가게ㆍ이자 붙는 재물 따위를 사랑하고, 하고 있는 일에 애정이 있고 더러움이 있으며, 물듦이 있고 집착이 있으면, 이것을 익혀냄이라 하오.'

그는 이 애착의 익혀냄이 괴로움 모아냄의 거룩한 진리[愛習苦習聖諦]임을 아는 것이오.

이와 같이 밖의 앎을 내는 곳[外處, 六境]의 닿음[更樂]ㆍ느낌[覺]ㆍ모습 취함[想]ㆍ지어감[思]ㆍ애착[愛] 또한 이와 같소.

여러 어진 이들이여, 중생에게는 실로 여섯 법의 영역에 사랑함이 있으니, 땅의 영역ㆍ물의 영역ㆍ불의 영역ㆍ바람의 영역ㆍ허공의 영역ㆍ앎의 영역이 그것이오.

그 가운데 만약 애착이 있고 더러움이 있으며, 물듦이 있고 집착이 있으면, 이것을 익혀냄이라 하오.

여러 어진 이들이여, 많이 들은 거룩한 제자는 내가 이와 같이 이 법을 알며, 이와 같이 보고 이와 같이 밝게 알며, 이와 같이 자세히 보고 이와 같이 깨침을 아니, 이것을 애착의 익혀냄으로서 괴로움 모아냄의 거룩한 진리라고 하오.

이와 같이 이것을 안다는 것은 어떻게 아는 것이오?

'만약 처자ㆍ노비ㆍ심부름꾼ㆍ권속ㆍ토지ㆍ집ㆍ가게ㆍ이자 붙는 재물 따위를 사랑하고, 하고 있는 일에 애착이 있고 더러움이 있으며, 물듦이 있고 집착이 있으면, 이것을 익혀냄이라 하오.'

그는 이 애착의 익혀냄이 괴로움 모아냄의 거룩한 진리임을 아오.

여러 어진 이들이여, 과거에도 이것은 애착의 익혀냄으로서 괴로움 모아냄의 거룩한 진리였고, 미래에도 이것은 애착의 익혀냄으로서 괴로움 모아냄의 거룩한 진리일 것이며, 현재에도 이것은 애착의 익혀냄으로서 괴로움 모아냄의 거룩한 진리이오.

참된 진리[眞諦]로서 헛되지 않고 진여를 떠나지 않으며, 또한 뒤바뀌지도 않소. 참된 진리로서 분명하고 진실하여 이와 같은 진리[如是諦]에 하나되오.

성인이 가진 것이요 성인이 아는 바이며, 성인이 본 것이요 성인이 깨달은 것이며, 성인이 얻은 것이고, 성인이 바르게 두루 깨친 것이오. 그러므로 애착의 익혀냄이 괴로움 모아냄의 거룩한 진리라고 말하는 것이오."

멸제를 말하고 멸제가 삼세 붇다의 법으로
진여 떠나지 않음을 보임

"여러 어진 이들이여, 어떻게 애착의 사라짐이 괴로움 사라짐의 거룩한 진리[愛滅苦滅聖諦]라고 하오? 곧 중생에게는 안의 여섯 앎 내는 곳[內六處, 六根]에 실로 사랑함이 있으니, 눈·귀·코·혀·몸·뜻의 앎을 내는 곳이 그것이오.

그가 만약 해탈하여 물들지도 않고 집착하지도 않으며, 끊어버리고 다 뱉어 다하며 탐욕 없이 그쳐 없어지면, 이것을 괴로움의 사라짐[苦滅]이라 하오.

여러 어진 이들이여, 많이 들은 거룩한 제자는 내가 이와 같이 이 법을 알며, 이와 같이 보고 이와 같이 밝게 알며, 이와 같이 자세히 보고 이와 같이 깨침을 아니, 이것을 애착의 사라짐으로서 괴로움 사라짐의 거룩한 진리라고 하오.

이와 같이 이것을 안다는 것은 어떻게 아는 것이오?

'만약 처자·노비·심부름꾼·권속·토지·집·가게·이자 붙는 재물 따위를 사랑하지 않고, 하고 있는 일에 애착이 없고, 그가 만약 해탈하여 물들지도 않고 집착하지도 않으며, 끊어버리고 뱉어 다해 탐욕 없이 사라지고 그쳐 없어지면, 이것을 괴로움이 사라짐이라 하오.'

그는 이 애착의 사라짐이 괴로움 사라짐의 거룩한 진리임을 아오.

이와 같이 밖의 앎을 내는 곳[外六處, 六境]의 닿음·느낌·모습 취함·지어감·애착 또한 이와 같소.

중생에게는 실로 여섯 법의 영역에 사랑함이 있으니, 땅의 영역·물의 영역·불의 영역·바람의 영역·허공의 영역·앎의 영역이 그 것이오.

그가 만약 해탈하여 물들지도 않고 집착하지도 않으며, 끊어버리고 뱉어 다해 탐욕 없이 사라지고 그쳐 없어지면, 이것을 괴로움이 사라짐이라 하오.

많이 들은 거룩한 제자는 내가 이와 같이 이 법을 알며, 이와 같이 보고 이와 같이 밝게 알며, 이와 같이 자세히 보고 이와 같이 깨침을 아니, 이것을 애착의 사라짐으로서 괴로움 사라짐의 거룩한 진리[愛滅苦滅聖諦]라고 하오.

이와 같이 이것을 안다는 것은 어떻게 아는 것이오?

'만약 처자·노비·심부름꾼·권속·토지·집·가게·이자 붙는 재물 따위를 사랑하지 않고, 하고 있는 일에 애착이 없고, 그가 만약 해탈하여 물들지도 않고 집착하지도 않으며, 끊어버리고 뱉어

다해 탐욕 없이 사라지고 그쳐 없어지면, 이것을 괴로움이 사라짐
이라 하오.'

그는 이 애착의 사라짐이 괴로움 사라짐의 거룩한 진리임을 아오.

여러 어진 이들이여, 과거에도 이것은 애착의 사라짐으로서 괴로
움 사라짐의 거룩한 진리였고, 미래에도 이것은 애착의 사라짐으로
서 괴로움 사라짐의 거룩한 진리일 것이며, 현재에도 이것은 애착의
사라짐으로서 괴로움 사라짐의 거룩한 진리이오.

참된 진리로서 헛되지 않고 진여를 떠나지 않으며, 또한 뒤바뀌지
도 않소. 참된 진리로서 분명하고 진실하여 이와 같은 진리에 하나
되오.

성인이 가진 것이요 성인이 아는 바이며, 성인이 본 것이요 성인
이 깨달은 것이며, 성인이 얻은 것이고, 성인이 바르게 두루 깨친 것
이오. 그러므로 애착의 사라짐이 괴로움 사라짐의 거룩한 진리라고
말하는 것이오."

도제를 말하고 도제가 삼세 붇다의 법으로
진여 떠나지 않음을 보임

"여러 어진 이들이여, 어떤 것을 괴로움을 없애는 길의 거룩한 진
리[苦滅道聖諦]라고 하오? 곧 바른 견해[正見]·바른 뜻[正志]·바
른 말[正語]·바른 행위[正業]·바른 생활[正命]·바른 방편[正方
便]·바른 생각[正念]·바른 선정[正定]이 그것이오."

바른 견해를 보임

"여러 어진 이들이여, 또 어떤 것을 바른 견해라고 하오? 다음과 같소.

거룩한 제자가 괴로움을 괴로움이라고 생각할 때, 익혀냄[習]을 익혀냄, 사라짐[滅]을 사라짐, 바른 길[道]을 바른 길이라고 생각할 때, 본래 지은 바를 살피거나 모든 행 생각하기를 배우며, 모든 행 지어감의 재난과 걱정거리를 보고 니르바나의 그쳐 쉼을 보오.

또 집착이 없이 착한 마음이 해탈함[善心解脫]을 생각하여 살필 때, 그 가운데 잘 가리고 두루 가리며[遍擇] 차츰 가리고 법을 가리며[擇法], 두루 보고 살피어 환히 통달하오.

이것을 바른 견해라 하오."

바른 뜻을 보임

"여러 어진 이들이여, 어떤 것을 바른 뜻이라고 하오? 다음과 같소.

거룩한 제자는 괴로움을 괴로움이라고 생각할 때, 익혀냄을 익혀냄, 사라짐을 사라짐, 바른 길을 바른 길이라고 생각할 때, 본래 지은 바를 살피거나 모든 행 생각하기를 배우며, 모든 행 지어감의 재난과 걱정거리를 보고 니르바나의 그쳐 쉼을 보오.

또 집착이 없이 착한 마음이 해탈함을 생각하여 살필 때, 그 가운데 마음으로 살피고, 두루 살피며 따라 살펴, 생각할 만한 것이면 생각하고[可念則念] 바랄 만한 것이면 바라오.

이것을 바른 뜻이라고 하오."

바른 말을 보임

"여러 어진 이들이여, 어떤 것을 바른 말이라고 하오? 다음과 같소.

거룩한 제자는 괴로움을 괴로움이라고 생각할 때, 익혀냄을 익혀냄, 사라짐을 사라짐, 바른 길을 바른 길이라고 생각할 때, 본래 지은 바를 살피거나 모든 행 생각하기를 배우며, 모든 행 지어감의 재난과 걱정거리를 보고 니르바나의 그쳐 쉼을 보오.

또 집착이 없이 착한 마음이 해탈함을 생각하여 살필 때, 그 가운데 입의 네 가지 묘한 행[妙行]을 내놓고 다른 모든 입의 악행을 멀리 여의고 끊어 없애, 행하지도 않고 짓지도 않으며, 합하지도 않고 모으지도 않소.

이것을 바른 말이라 하오."

바른 행위를 보임

"여러 어진 이들이여, 어떤 것을 바른 행위라고 하오? 다음과 같소.

거룩한 제자는 괴로움을 괴로움이라고 생각할 때, 익혀냄을 익혀냄, 사라짐을 사라짐, 바른 길을 바른 길이라고 생각할 때, 본래 지은 바를 살피거나 모든 행 생각하기를 배우며, 모든 행 지어감의 재난과 걱정거리를 보고 니르바나의 그쳐 쉼을 보오.

또 집착이 없이 착한 마음이 해탈함을 생각하여 살필 때, 그 가운데 몸의 세 가지 묘한 행을 내놓고 다른 모든 몸의 악행을 멀리 여의고 끊어 없애, 행하지도 않고 짓지도 않으며, 합하지도 않고 모으지도 않소.

이것을 바른 행위라고 하오."

바른 생활을 보임

"여러 어진 이들이여, 어떤 것을 바른 생활이라고 하오? 다음과 같소.

거룩한 제자는 괴로움을 괴로움이라고 생각할 때, 익혀냄을 익혀냄, 사라짐을 사라짐, 바른 길을 바른 길이라고 생각할 때, 본래 지은 바를 살피거나 모든 행 생각하기를 배우며, 모든 행 지어감의 재난과 걱정거리를 보고 니르바나의 그쳐 쉼을 보오.

또 집착이 없이 착한 마음이 해탈함을 생각하여 살필 때, 그 가운데 이치에 맞지 않게 구하지 않고 욕심 많아 싫증냄이 없는 짓[多欲無厭足]을 하지 않으며, 갖가지 기술을 쓰고 주술을 말하는 삿된 직업으로 생활하지 않고 다만 법으로 옷을 구하고 법이 아닌 것으로 하지 않으며, 또한 법으로 먹을 것과 자리를 구하고 법이 아닌 것[非法]으로 하지 않소.

이것을 바른 생활이라고 하오."

바른 방편을 보임

"여러 어진 이들이여, 어떤 것을 바른 방편이라고 하오? 다음과 같소.

거룩한 제자는 괴로움을 괴로움이라고 생각할 때, 익혀냄을 익혀냄, 사라짐을 사라짐, 바른 길을 바른 길이라고 생각할 때, 본래 지은 바를 살피거나 모든 행 생각하기를 배우며, 모든 행 지어감의 재난과 걱정거리를 보고 니르바나의 그쳐 쉼을 보오.

또 집착이 없이 착한 마음이 해탈함을 생각하여 살필 때, 그 가운데 만약 정진(精進)의 방편이 있으면, 한결같이 부지런히 힘써 구하고 힘있게 나아가 오롯이 잡아버리지 않으며, 또한 시들어 물러나지도 않고 바르게 그 마음을 항복받소.

이것을 바른 방편이라고 하오."

바른 생각을 보임

"여러 어진 이들이여, 어떤 것을 바른 생각이라고 하오? 다음과 같소.

거룩한 제자가 괴로움을 괴로움이라고 생각할 때, 익혀냄을 익혀냄, 사라짐을 사라짐, 바른 길을 바른 길이라고 생각할 때, 본래 지은 바를 살피거나 모든 행 생각하기를 배우며, 모든 행 지어감의 재난과 걱정거리를 보고 니르바나의 그쳐 쉼을 보오.

또 집착이 없이 착한 마음이 해탈함을 생각하여 살필 때, 그 가운데 만약 마음이 잘 해탈에 따르면 생각하고[若心順念], 해탈에 등지면 향해 생각지 않으며[背不向念], 생각이 두루하고 생각해 기억하며 다시 기억해, 마음마음으로 마음이 응하는 것을 잊지 않소[心心不忘心之所應].

이것을 바른 생각이라 하오."

바른 선정을 보임

"여러 어진 이들이여, 어떤 것을 바른 선정이라고 하오? 다음과 같소.

거룩한 제자가 괴로움을 괴로움이라고 생각할 때, 익혀냄을 익혀냄, 사라짐을 사라짐, 바른 길을 바른 길이라고 생각할 때, 본래 지은 바를 살피거나 모든 행 생각하기를 배우며, 모든 행 지어감의 재난과 걱정거리를 보고 니르바나의 그쳐 쉼을 보오.

또 집착이 없이 착한 마음이 해탈함을 생각하여 살필 때, 그 가운데 만약 마음이 머무르면 선정이 머무르며[若心住禪住], 머묾을 따라 어지럽지 않고 흩어지지 않아[不亂不散] 거두어 그치어 바로 안정하오[攝止正定].

이것을 바른 선정이라고 하오.

여러 어진 이들이여, 과거에도 이것은 괴로움을 없애는 길의 거룩한 진리[苦滅道聖諦]였고, 미래에도 이것은 괴로움을 없애는 길의 거룩한 진리일 것이며, 현재에도 이것은 괴로움을 없애는 길의 거룩한 진리이오.

참된 진리로서 헛되지 않고 진여를 떠나지 않으며, 또한 뒤바뀌지도 않소. 참된 진리로서 분명하고 진실하여 이와 같은 진리에 하나 되오.

성인이 가진 것이요 성인이 아는 바이며, 성인이 본 것이요 성인이 깨달은 것이며, 성인이 얻은 것이고, 성인이 바르게 두루 깨친 것이오. 그러므로 괴로움을 없애는 길의 거룩한 진리라고 말하는 것이오."

네 가지 거룩한 진리를 모아 게송으로 찬탄함

이에 게송을 말하였다.

붇다는 모든 법 밝게 통달해
한량없는 좋은 덕을 모두 보시고
괴로움과 괴로움 모아냄의 진리
괴로움 사라짐과 없애는 길의 진리
잘 드러내 나타내고 분별하셨네.

존자 사리푸트라가 이와 같이 말하자, 여러 비구들은 존자 사리푸트라의 말을 듣고 기뻐하며 받들어 행하였다.

• 중아함 31 분별성제경(分別聖諦經)

• 해설 •

제자가 크신 스승을 공경하고 크신 스승이 제자 찬탄하는 이 광경이 참으로 아름답고 거룩하다. 어느 스승이 제자인 사리푸트라와 목갈라야나를 사람들을 진제(眞諦, satya)에 세워주는 이로서 중생을 낳아주고 길러주는 어버이 같다 찬탄할 것인가.

그리고 어느 제자가 크신 스승이신 세존이 모든 법의 뿌리이며 진리은혜의 원천임을 그토록 우러러 공경할 수 있겠는가.

함께 진여(眞如, tathatā)의 문에 들어선 법왕(法王)과 법왕의 아들[法王子]이 아니면 그렇게 할 수 없으리라. 제자가 이미 법왕의 진여의 문에 들어섰으므로 그는 제자 아닌 제자이니, 그의 사제의 설법이 여래의 설법이 된다.

참으로 사리푸트라 같은 제자야말로 여래의 '참된 교화를 곁에서 도와드날려줄 만한 이'[助揚眞化]다.

사리푸트라의 고제의 설법 가운데 특기할 만한 것은, 사랑하는 이와 헤어지는 괴로움, 미워하는 이와 만나는 괴로움을, 사람과의 만남과 헤어짐으로 한정하지 않은 점이다. 사리푸트라 존자는 미워하는 것을 만나고 사랑하는 이와 헤어지는 괴로움을 안의 여섯 아는 뿌리[六根]와 밖의 여섯 경계[六境], 땅·물·불·바람·허공·앎 이 여섯 가지 온갖 법의 영역[六界]에서 사랑스럽지 않은 것들이 뒤섞이고, 사랑해 애착하는 것들이 서로 떠나 등지는 것으로 풀이한다.

안의 아는 뿌리나 밖의 경계 속 그 어느 하나[一] 가운데서 진실을 보지 못해 일으킨 애착과 미움이 바로 온갖 법[一切]의 진실에 대한 왜곡이며 애착과 미움이기 때문이리라.

이 경에서 사리푸트라 존자가 말한 진여의 뜻은 바로 공함의 뜻[空義]이니, 고제와 집제, 도제와 멸제는 모두 인연으로 일어난 집착과 괴로움이고 인연으로 이루어진 해탈과 보디이므로 공한 것이다.

그러므로 공한 진여에서 허깨비처럼 실로 일어남 없이 일어난 번뇌와 고통이므로, 고통과 번뇌가 진여를 떠나지 않는 것이며, 공한 진여에서 닦음 없이 닦고 얻음 없이 얻는 보디와 니르바나이므로 보디와 니르바나가 진여를 떠나지 않는 것이다.

이처럼 사제법이 진여인 사제법이라 끊을 것이 없고 얻을 것이 없는데, 그 법이 어찌 깊지 않다 할 것이며, 과거의 붇다·미래의 붇다·현재의 붇다가 다른 법을 설한다 할 것인가. 삼세의 붇다가 모두 진여인 사제법을 설하신 것이니, 진여인 이 법은 깊고 깊어 바닥이 없고, 넓고 넓어 그 끝을 붙잡을 수 없다.

『화엄경』(「수미정상게찬품」) 또한 끊어야 할 나고 죽음의 고제가 공하고 얻어야 할 니르바나의 멸제 또한 공함을 이렇게 보인다.

다툼 있으면 나고 죽음 말하고
다툼 없으면 곧 니르바나이네.
나고 죽음의 고제와 니르바나
이 두 법 모두 얻을 수 없네.

有諍說生死　無諍卽涅槃
生死及涅槃　二俱不可得

만약 거짓 이름자를 좇아서
이 두 가지 법을 취해 집착하면
이 사람은 실상과 같지 않아
거룩하고 묘한 도 알지 못하네.

若逐假名字　取著此二法

此人不如實 不知聖妙道

이 진실한 바탕 고요하여서
진여의 모습인 줄 알 수 있으면
곧 바르게 깨친 분 보게 되어서
말길을 뛰어나 벗어나게 되리라.

能知此實體 寂滅眞如相
則見正覺尊 超出語言道

있다고 하거나 있지 않다고 하는
저 모습 취함 다 사라져 없어져
이와 같이 붇다를 뵐 수 있으면
니르바나의 바탕에 편히 머물리.

若有若無有 彼想皆除滅
如是能見佛 安住於實際

제2장

열두 고리 닫힌 삶의 악순환과
삶의 새로운 전환
[十二緣起]

"만약 지혜로운 사람이라도 무명에 덮이고
애착의 경계[愛緣]에 매이면 이 앎의 몸을 얻게 된다.
그리하여 이와 같이 안에 앎의 몸이 있고
밖에 마음·물질이 있게 되어, 이 두 가지 인연으로
여섯 닿아 들이는 곳을 내고, 여섯 닿음이 닿는 바[六觸所觸] 때문에
지혜로운 사람도 괴롭고 즐거운 느낌을 받아 갖가지를 일으킨다.
어떤 것이 여섯인가. 눈의 닿아 들이는 곳,
귀·코·혀·몸·뜻의 닿아 들이는 곳이다."

열두 가지 인연법[十二因緣法]이 서로 원인이 되고 조건이 되어 나고 사라짐을 밝히는 것은 실로 열두 가지 법이 남이 없이 공한 뜻[空義]을 밝히기 위함이다. 또 남이 없음과 공함을 밝히는 것은 실로 남이 없기 때문에 남이 없이 나고[無生而生], 공하기 때문에 거짓 있음[假有]을 보이기 위함이다.

십이연기의 열두 법은 서로 다른 것을 의지해 있으므로 있되 공하고 나되 남이 없이 난다.

열두 가지 인연의 법이 온갖 법을 거둔다. 존재가 인연으로 나기 때문에 남이 없이 나는 곳에서 실로 남을 보는 것을 무명이라 하고, 무명 때문에 애착과 취함이 있고 애착과 취함 때문에 존재가 존재로 굳어져 나고 죽음이 실체화되는 것이다.

그러므로 지금 현재법에서 한 생각 무명[一念無明]이 사라지면, 곧 현재의 법에서 남이 없는 남과 사라짐 없는 사라짐을 보아, 나고 죽음에서 해탈한다.

이렇게 이해하는 것은 현전의 한 생각[現前一念] 가운데서 십이연기를 바로 보는 것이다.

다시 부파불교의 아비다르마(abhidharma) 논사들은 한 기간 태어남을 받아 죽는 목숨의 자기동일성[一期生死]을 토대로 십이연기를 삼세(三世)에 걸쳐 원인과 결과가 두 번 겹치는 것[三世兩重因果]으로 이해한다.

무명(無明)과 지어감[行]이 앞세상의 원인이 되고, 앞세상 원인으로 지금 앎[識]과 마음·물질[名色]의 움직임이 있고 지금세상 여섯 들임[六入]의 과보[現世果]가 있으며, 지금세상의 닿음·느낌·애착

· 취함의 원인[現世因]으로 존재가 존재의 실체로 굳어짐으로 뒷세상 남이 있고 늙고 죽음이 있다.

이처럼 과거에 이루어진 결과가 현재법의 원인이 되고, 현재에 짓는 원인이 뒷세상 결과를 낸다고 이해하는 것이 과거·현재·미래 삼세의 인과구조로 이해하는 십이연기설이다.

이렇게 이해할 때도 앞세상 무명과 지어감으로 현재의 여섯 들임이 있으므로 현재의 있음이 공한 것이고, 현재의 원인으로 뒷세상 남이 있으니 뒷세상 존재가 공한 것이다.

이제 삼세인과설(三世因果說)로 십이연기설을 이해하는 관점과 현전의 한 생각 가운데서 십이연기설을 이해하는 관점을, 나가르주나 존자의 『중론』과 천태선사의 『법계차제초문』 가운데 정리한 십이연기설을 통해 살펴보기로 한다.

먼저 나가르주나 존자의 『중론』은 당시 일반화되어 있는 부파불교 아비다르마의 삼세인과설로 십이연기의 나고 사라짐을 말해도 인연으로 나고 사라지기 때문에 실로 남이 없고 실로 사라짐 없음을 보인다.

또한 인연으로 나기 때문에 열두 가지 인연의 법이 공하고, 공하기 때문에 법이 남이 없이 나며, 무명과 무명으로 인한 괴로움이 모두 사라짐 없이 사라져 다하는 것이니, 『중론』은 이렇게 말한다.

중생은 어리석음에 덮이어서
뒤의 세 지어감 일으키고
이 지어감을 일으키기 때문에
지어감 따라 여섯 길에 떨어지네.

여러 지어감의 인연 때문에
앓은 여섯 길의 몸을 받고
앓의 집착이 있기 때문에
마음·물질을 늘려 키우네.

衆生癡所覆　爲後起三行
以起是行故　隨行墮六趣
以諸行因緣　識受六道身
以有識著故　增長於名色

마음·물질이 늘어나 자라므로
그로 인해 여섯 들임을 내고
뜻뿌리 티끌경계 앎이 어울려
여섯 가지 닿음을 내네.
여섯 가지 닿음을 인하므로
세 가지 느낌을 내게 되고
세 가지 느낌을 인하므로
애착의 목마름을 내네.

名色增長故　因而生六入
情塵識和合　而生於六觸
因於六觸故　即生於三受
以因三受故　而生於渴愛

애착으로 인해 네 취함이 있고
취함으로 인해 존재가 있으니

만약 취하는 자가 취하지 않으면
곧 해탈하여 존재 없으리.

因愛有四取　因取故有有
若取者不取　則解脫無有

존재를 좇아서 남이 있고
남을 좇아서 늙고 죽음 있으며
늙고 죽음 따라 근심과 슬픔
여러 가지 괴로움과 번민 있네.

從有而有生　從生有老死
從老死故有　憂悲諸苦惱

이와 같은 모든 일들은 다
태어남을 좇아서 있는 것이며
다만 이러한 인연 때문에
큰 괴로움 더미 모아내네.
이것을 나고 죽음이 있게 하는
모든 지어감의 뿌리라 하나
이는 밝음 없는 자가 짓는 것이고
지혜로운 이가 하는 바 아니네.

如是等諸事　皆從生而有
但以是因緣　而集大苦陰
是謂爲生死　諸行之根本
無明者所造　智者所不爲

이러한 일들이 사라지므로

이런 일들이 나지 않으니

다만 이 괴로움의 무더기는

이와 같이 바로 사라지네.

以是事滅故　是事則不生

但是苦陰聚　如是而正滅

위와 같이 나가르주나 존자는 아비다르마 불교의 삼세인과설을 그대로 가져와, 나고 죽는 괴로움의 원인인 무명과, 무명이 일으킨 물든 행과 앎의 결과인 큰 괴로움의 무더기가 모두 인연으로 있어서 실로 있음이 아님을 보이고 있다. 이는 당시 일반화되어 있는 삼세인과설로 열두 인연의 법이 공함을 가르치는 것이다.

이처럼 존재에 관한 실재론적 사유[有論]를 가진 이들의 생각을 그대로 받아서 삼세인과를 말해도 삼세인과는 실로 지금 한 생각을 떠나지 않으니, 지금 생각과 지금 있는 찰나가 사라져 과거가 되고, 아직 오지 않은 법이 찰나에 지금의 새로운 법이 되어, 과거 · 현재 · 미래의 법이 실로 얻을 수 없는 곳에서 서로 인연이 되어 이어져 가기 때문이다.

그러므로 천태선사의『법계차제초문』은 삼세인과설(三世因果說) 과 이세인과설(二世因果說)로 십이연기를 보인 뒤, 현전의 한 생각 가운데 갖춰진 십이연기를 경전을 인용하여 보인다.

『법계차제초문』가운데 십이연기에 관한 법문 전체를 인용하면 다음과 같다.

열한 가지 지혜 다음에 십이인연을 밝히는 것은 다음과 같다.

열한 지혜 가운데 진실 그대로의 지혜[知實智]를 내놓고는 나머지 열 지혜는 모두 작은 실천의 수레인 이승(二乘)이 함께 얻는 바이다. 지금 하나같이 밝혀 보이니, 만약 성문의 사람이라면 다만 한 생을 잡아 사제를 모아 살피어[總觀] 열 지혜를 이루므로 지혜가 낮고, 지혜가 낮으므로 번뇌의 익힌 기운[習氣]을 모두 없앨 수 없다. 그러므로 공덕과 신령스런 작용도 적다.

만약 연각(緣覺)의 사람이라면 삼세를 모두 잡아 세밀하게 십이인연을 분별해 살피니 열 지혜를 이루면 그 지혜가 강하고, 지혜가 강하므로 모든 번뇌의 익힌 기운을 쳐 없앨 수 있고 공덕과 신령스런 작용 또한 넓다.

그러므로 큰 성인의 가르침의 문에, '따로 가운데 수레의 도[中乘之道]를 열어낸다'고 하는 뜻이 여기 있다.

모두 통틀어 인연(因緣)이라고 하는 것은 이 열두 법이 펼쳐 굴러 결과를 부를 수 있으므로 '원인됨'[因]이라 하고, 서로 말미암고 서로 의지하여 있으므로 '조건됨'[緣]이라 한다.

인연이 서로 잇달으면 생겨나고 사라짐이 돌고 돌아 끝이 없다.

만약 무명을 알아 취함[取]과 존재[有]를 일으키지 않으면, 삼계의 스물다섯 가지 모든 존재[二十五有]의 나고 사라짐이 다 쉬게 된다.

이것이 세간을 벗어나는 요긴한 방도이다.

성인의 가르침의 문 가운데 설해진 십이인연은 세 가지가 있어 서로 같지 않다.

첫째는 삼세(三世)를 잡아 십이인연을 밝힘이다.

둘째는 결과로 받는 이세(二世)를 잡아 십이인연을 밝힘이다.

셋째는 한 생각[一世]을 잡아 십이인연을 밝힘이다.

삼세의 십이인연설[三世十二因緣]

지금 먼저 '삼세의 십이인연'을 밝히면 다음과 같다.

처음 무명과 지어감의 두 가지는 과거세에 거두어지고, 끝의 남과 늙고 죽음 두 가지는 미래세에 거두어지며, 가운데 여덟 가지는 현재세에 거두어진다.

이 가운데 번뇌와 업과 괴로움의 세 가지 일을 간략히 설하니, 이 세 가지가 펼쳐 굴러 다시 서로 원인과 조건이 된다. 곧 번뇌는 업의 인연이고, 업은 괴로움의 인연이며, 괴로움은 괴로움의 인연이 된다. 다시 괴로움은 번뇌의 인연이며, 번뇌는 업의 인연이며, 업은 괴로움의 인연이며, 괴로움이 다시 괴로움의 인연이 되어 이것이 굴러 펼쳐 다시 서로 인연이 되므로 '삼세의 십이인연'이라고 한다.

첫째 무명이니, 과거세의 온갖 번뇌가 다 '무명'이다. 과거에 아직 지혜의 밝은 빛이 있지 않았으므로 온갖 번뇌가 일어난다. 그러므로 과거의 번뇌가 모두 무명인 것이다.

둘째 지어감이니, 무명으로부터 업을 내면 업이 곧 '지어감'이다. 착하거나 착하지 않은 업이 세계의 결과를 지을 수 있으므로 '지어감'이라 한다.

셋째 앎이니, 지어감으로부터 때묻은 마음을 냄이다. 처음 몸의 씨앗은 송아지와 같아서 어미를 식별하고서 스스로 서로 알아보므로 '앎'이라 한다. 곧 이것은 부모가 서로 어우러져 처음 모태에 의탁하려 할 때의 이름이다.

넷째 마음·물질이니, 앎으로부터 물질이 아닌 네 가지 쌓임[非色四陰, 受·想·行·識]과 마음이 머무는 물질의 쌓임[色陰]을 낸다. 이것을 '마음·물질'이라 하니, 곧 '칼라라'(kalala, 凝滑) 때의 이름이다.

다섯째 여섯 들임이니, 마음·물질로부터 눈 등 여섯 가지 뜻뿌리[六情]를 내면 이것을 '여섯 들임'이라 한다. 몸의 다섯 송이[五皰]가 처음 열리고부터 곧 여섯 들임이라는 이름을 얻는다.

여섯째 닿음이니, 여섯 들임이 티끌경계[六塵]를 마주함으로 말미암아 안의 뜻뿌리[情, 根]와 밖의 경계[塵] 가운데 앎[識]이 합하면 이것을 '닿음'이라 한다. 여섯 경계가 여섯 뜻뿌리와 닿으므로 곧 여섯 가지 앎이 생겨나니 '뜻뿌리와 경계 앎의 합함'[情塵識合]이라 이름한다.

일곱째 느낌이니, 닿음으로부터 받아들임을 내면 '느낌'이라 이름한다. 곧 이것은 여섯 가지 닿음을 인하여, 여섯 가지 아는 뿌리[六根]를 닿게 되어 곧 여섯 경계[六塵]를 받아들이면 '여섯 가지 느낌'[六受]이 되는 것이다.

여덟째 애착이니, 느낌으로부터 마음의 집착을 내면 이를 '애착'이라고 한다. 곧 받아들이는바 여섯 티끌경계 가운데서 마음으로 목마른 애착을 내는 것이다.

아홉째 취함이니, 목마른 애착의 인연으로 따라 구하는 것을 '취함'이라고 한다. 곧 애착하는 티끌경계를 구해 취함을 말한다.

열째 존재이니, 취함으로부터 곧 뒷세상의 업의 원인이 이루어지면 이것을 존재라 한다. 원인이 결과를 있게 할 수 있으므로 '있음'이라고 한다.

열한째 태어남이니, 존재의 있음으로부터 다시 뒷세상 다섯 쌓임[五陰]의 몸을 받으면 이를 '태어남'이라 한다. 곧 네 가지 태어남과 여섯 갈랫길[四生六道] 가운데에 태어남 받는 것을 말한다.

열두째 늙고 죽음이니, 태어남으로부터 다섯 쌓임의 몸이 오래되어 무너지면 이것이 '늙고 죽음'이다.

늙어 죽게 되면 근심하고 슬퍼해 눈물 흘리고 갖가지로 시름하고 괴로워하며 뭇 번뇌가 모이게 된다.

만약 모든 법의 참모습[諸法實相]이 청정함을 바르게 살피면, 무명이 다하게 된다. 무명이 다하므로 지어감이 다하며 나아가 뭇 괴로움의 어울려 합함이 모두 다하게 된다. 만약 이와 같이 삼세 십이인연을 바르게 살피면 참된 샘이 없는 지혜[眞無漏]를 일으켜 프라테카붇다(pratyeka-buddha, 緣覺)를 이루게 된다.

이세의 십이인연설[二世十二因緣]

다음으로 과보를 따라 이세(二世)를 잡아 십이인연의 모습 살핌을 밝힌다. 『대집경』(大集經)에 갖추어 나오지만 지금은 경의 글을 간략히 보이겠다.

이 십이인연은 칼라라 때부터 무명을 갖추었으므로 '과보'라고 한다. 이세를 잡아 밝힘이란 앞의 열 가지 인연은 현재에 속하고, 끝의 두 인연은 미래에 속하여, 이 이세의 것을 합하면 열둘이 됨이다.

첫째 무명이니, 『대집경』은 이렇게 말한다.

무엇을 무명을 살핌이라 하는가. 먼저 중음(中陰)을 살피면 부모가 낸 탐욕과 애착의 마음에 의해 그 애착의 인연으로 물질의 네 큰 요소[四大]가 화합하고, 정(精)과 혈(血)의 두 방울이 합하여 한 방울을 이루면 크기가 콩알만 하니, 이것을 '칼라라'라고 한다. 이 칼라라에는 세 가지 일[三事]이 있으니, 첫째는 목숨[命]이고 둘째는 앎[識]이고 셋째는 따뜻함[煖]이다.

과거세의 업으로 인한 과보이므로 실로 지은 자[作者]도 없고 받는 자[受者]도 없다. 처음 숨이 들어오고 나갈 때 이것을 '무명'이라 한다.

칼라라 때 기와 숨[氣息]이 들고나는 것에는 두 가지 길이 있다. 곧 어머니의 기와 숨이 올라가고 내려감을 따라 이레에 한 번씩 바뀌는 것이니, 숨이 들고나는 것을 '목숨'[壽命]이라 하고, 이것을 '바람길'[風道]이라 한다.

썩지 않고 문드러지지 않으면 이것을 '따뜻함'이라고 한다. 이 가운데 마음과 뜻[心意]을 '앎'[識]이라 한다. 잘 행하는 이가 만일 프라테카붇다를 얻고자 하면 반드시 이와 같은 십이인연을 살펴야 한다.

둘째 지어감이니, 다시 목숨과 앎과 따뜻함 세 가지 받음[三受]의 인연으로 다섯 쌓임 · 열두 들임 · 열여덟 법의 영역이 있음을 살핌이다.

어떻게 살피는가. 마음의 생각함을 따라 숨이 나가고 들어옴을 살피면, 안 몸[內身]에서 살갗과 살, 힘줄, 뼈와 뇌수가 허공 가운데 구름과 같다고 살핀다.

이 몸 가운데 바람도 이와 같아 올라갈 수 있는 바람이 있고, 내려갈 수 있는 바람이 있고, 가득 채울 수 있는 바람이 있고, 태울 수 있는 바람이 있고 늘리어 키우는 바람이 있다. 그러므로 숨의 들고나감을 '몸의 지어감'[身行]이라 한다. 숨은 느끼고 살핌[覺觀]으로부터 나므로 '뜻의 지어감'[意行]이라 한다. 숨이 모이면 소리를 내니 이것을 '입의 지어감'[口行]이라 한다.

셋째 앎이니, 이와 같은 세 가지 지어감의 인연 때문에 '앎'이 생기므로 '앎'이라 이름한다.

넷째 마음·물질이니, 앎의 인연 때문에 네 가지 마음의 쌓임과 물질의 쌓임이 있으므로 '마음·물질'이라 한다.

다섯째 여섯 들임이니, 다섯 쌓임의 인연으로 앎이 여섯 곳에서 행하므로 '여섯 들임'이라 한다.

여섯째 닿음이니, 눈[眼]과 빛깔[色]이 서로 마주하므로 '닿음'이라 한다. 나아가 뜻[意]과 법(法)이 마주함 또한 이와 같다.

일곱째 느낌이니, 닿음의 인연 때문에 물질과 나아가 법을 생각하게 되니 이것을 '느낌'이라 한다.

여덟째 애착이니, 물질 나아가 법에 대하여 탐착하니, 이것을 '애착'이라고 한다.

아홉째 취함이니, 애착의 인연 때문에 사방으로 구하여 찾으므로 '취함'이라고 한다.

열째 존재이니, 취함의 인연으로 뒤의 몸을 받으므로 '존재'[有]라고 한다.

열한째 태어남이니, 존재의 인연 때문에 남이 있게 되므로 이것이 '태어남'이다.

열두째 늙고 죽음이니, 태어남의 인연 때문에 곧 늙고 죽는 갖가지 여러 괴로움이 있게 됨이다.

이것을 '다섯 쌓임·열두 들임·열여덟 법의 영역·열두 인연의 커다란 나무'라고 한다.

이것들은 모두 경의 글을 간략히 보여 처음 과보의 몸 받음으로부터 이세를 잡아 십이인연의 모습 밝힘을 보인 것이니, 삼가 한 구절도 나 개인의 말은 없다.

이 글을 읽는 이는 잘 살펴어 앞에 나온 삼세를 잡아 십이인연을 밝힌 것과 다름이 있음을 스스로 알라.

한 생각의 십이인연설[一念十二因緣]

다음은 한 생각의 십이인연을 밝힌다. 다만 한 세상 가운데를 잡아 보임이니, 한 생각 마음이 일어남을 따르면 곧 십이인연이 갖춰진다. 또한 『대집경』 가운데 나오는데, 지금 간략히 경전의 글을 뽑아서 한 생각 십이인연의 모습을 밝힌다.

첫째 무명이니, 눈[眼]이 빛깔[色]을 보는 것을 인연하여 애착하는 마음을 내면 곧 이것이 '무명'이다.

둘째 지어감이니, 애착 때문에 업을 지으면 곧 '지어감'이라 한다.

셋째 앎이니, 지극한 마음으로 오롯이 생각하므로 '앎'이라고 한다.

넷째 마음·물질이니, 앎이 물질과 같이 행하므로 '마음·물질'이라 한다.

다섯째 여섯 들임이니, 여섯 곳에서 탐냄을 내면 이것을 '여섯 들임'이라 한다.

여섯째 닿음이니, 여섯 들임을 인연하여 구해 애착하면 이것을

'닿음'이라 한다.

일곱째 느낌이니, 탐내고 애착하는 마음을 '느낌'이라고 한다.

여덟째 애착이니, 『대집경』 가운데 탈락되어 '애착'의 모습을 풀이하지 않고 있다. 지금 내가 뜻으로 풀이해보면, 얽혀 이어짐을 버리지 않으면 이것을 '애착'이라 한다.

아홉째 취함이니, 이와 같은 법들을 구하면 '취함'이라 한다.

열째 존재이니, 이러한 법이 나면 이것을 '존재'라 한다.

열한째 태어남이니, 차례로 이어져 끊어지지 않으면 이것을 '태어남'이라 한다.

열두째 늙고 죽음이니, 차례로 이어짐이 끊어지므로 죽음이라 한다. 나고 죽음의 인연으로 뭇 괴로움에 내몰리는 것을 '괴로움'[惱]이라 한다.

나아가 뜻[意]과 법(法)의 인연으로 탐내는 마음을 내는 것 또한 이와 같다.

이 십이인연은 한 사람의 한 생각을 모두다 갖추고 있다. 모두 『대집경』의 글에 나오며 한 구절도 나의 말은 없으니, 읽는 이들은 이 십이인연이 보통 말하고 있는 '삼세의 십이인연'과 아주 다름을 잘 살피라.

만약 프라테카붇다의 길을 배우고자 하는 사람은, 위에서 여기까지 이 세 가지로 인연의 모습 밝힌 것을 쓰임에 따라 한 가지 문씩 닦아 배우면 곧 프라테카붇다의 지혜를 얻을 것이다.

위의 세 가지 십이인연설 가운데 한 생각의 십이인연이란 아함경과 대승경 가운데 자주 등장하는바, 바로 지금 현전의 한 생각에서 눈이 빛깔을 보고 눈의 앎[眼識]을 낼 때, 애착을 내면 그것이 무명이라고 가르치는 말을 받아 십이연기를 풀이한 것이다.

아는 자와 알려지는 것이 겹치는 지금 한 생각을 바로 살피면 존재의 진실[眞諦]을 보지 못한 무명이 온갖 닫힌 삶 고통의 원인이 되지만, 결과가 다시 원인을 일으켜 지금 고통과 번뇌의 삶이 다시 무명을 일으킨다. 이 비롯함이 없는 무명[無始無明]이 다시 물든 앎과 느낌 · 지어감 · 취함의 뿌리가 되어 원인인 무명과 결과인 괴로움이 서로 원인이 되고 결과가 되어 모두 그 뿌리가 없다.

이같이 십이연기설은 원인이 결과를 이루고 결과가 다시 원인을 일으키므로 원인과 결과가 모두 공함을 보이는 교설이다.

무명과 무명의 결과가 모두 공한 뜻을 『화엄경』(「보살문명품」菩薩問明品) 또한 다음과 같이 말한다.

눈 · 귀 · 코 · 혀 · 몸과 뜻
여러 아는 뿌리 그 온갖 것은
모두 공하여 자성이 없으나
망령된 마음이 있다고 분별하네.

眼耳鼻舌身　心意諸情根
一切空無性　妄心分別有

공한 진리 그대로 잘 살펴보면
온갖 것은 모두다 자성 없도다.
법의 눈은 사유하고 말할 수 없으니
이 견해는 뒤바뀐 생각 아니네.

如理而觀察　一切皆無性
法眼不思議　此見非顚倒

실답다거나 실답지 않다 하거나
허망하다거나 허망치 않다 하거나
세간이라거나 세간 벗어남이라 함
다만 거짓 이름 세워 말한 것이네.

若實若不實　若妄若非妄
世間出世間　但有假言說

　중생이 있음의 바다[有海]에 빠져 긴 겁에 윤회하므로 여래는 십
이연기의 법을 설해 있음이 곧 나고 사라지므로 취할 것이 없음을
보여 나고 사라짐을 떠나지 않고 고요한 니르바나에 이끄는 것이다.
십이연기가 곧 고요한 법인 줄 알면 여래의 청정한 법신을 보아 있
음의 바다를 벗어날 수 있으니, 『화엄경』(「세주묘엄품」世主妙嚴品)
은 이렇게 말한다.

　그대는 여래의 성품이 청정하여
　널리 위엄스런 빛을 나투어
　여러 중생 이롭게 함을 살펴라.
　여래는 단이슬의 도를 보여
　타는 번뇌 맑고 시원케 하여
　뭇 괴로움을 길이 없애어
　의지할 바가 없게 하도다.

汝觀如來性淸淨　普現威光利群品
示甘露道使淸涼　衆苦永滅無所依

온갖 중생은 있음의 바다에 살며
모든 악업과 미혹에 얽히고 덮여 있어
여래께서 행하신 고요한 법 보이시니
티끌 떠난 위엄스런 소리 하늘신이
여래께서 행하신 이 법 잘 깨달았네.

一切衆生居有海　諸惡業惑自纏覆
示彼所行寂靜法　離塵威音能善了

1 무명의 뿌리와 무명에서의 해탈

무명은 멀리 있지 않다. 눈이 빛깔을 볼 때 탐착과 애착을 내면 곧 무명이고, 빛깔이 빛깔 아닌 빛깔임을 알아 탐착이 없으면 빛깔 아닌 빛깔의 실상이 실현되어 무명이 사라진다. 무명이 사라지면 존재의 실체성[有]이 사라지고 남[生]이 남 없는 남이 되므로 그것이 곧 존재와 나고 죽음의 사라짐이다.

오온설에서 다섯 쌓임은 마음·물질로 표현되니, 마음은 물질로 인한 마음이고 물질은 공한 물질로 마음인 물질로 드러난다.

물질이 물질 아닌 물질인 줄 알게 되면 마음이 공한 마음이 되고, 마음이 공해 앎이 앎 없는 앎이 되면 물질은 물질 아닌 물질이 된다. 이렇듯 마음에서 마음 떠나고 물질에서 물질 떠나면 마음과 물질이 모두 있되 공한 진실 그대로의 마음과 물질이 된다.

곧 연기의 진실 그대로 보지 못함이 무명이고 진실 그대로 앎[如實知]이 밝음이니, 무명의 어두움이 사라지고 밝음이 실로 온 것이 아니다. 저 보여지는 물질이 물질 아닌 물질인 줄 알면 아는 마음이 알되 앎이 없는 마음이 되니, 그것을 밝음이라 한다.

무명은 본래 진실이 아닌 곳에서 헛것을 취해 진실을 삼는 헛된 생각이 일으킴이라 꿈과 같은 것이다. 그러므로 무명의 헛된 마음을 끊고 진리를 얻는다 하면 그것이 거짓이 되는 것이고, 무명에 끊을 것이 없고 보리에 얻을 것이 없음을 아는 것이 연기법의 바른 사유[正思惟]이다.

영가선사는 「증도가」에서 이렇게 말한다.

망령된 마음 버려 진리를 취함이여
취하고 버리는 마음 교묘한 거짓되네.
배우는 이 바른 뜻 모르고 수행하는 것
도적을 자식이라 그릇 여김이라네.

捨妄心 取眞理 取捨之心成巧僞
學人不了用修行 眞成認賊將爲子

존재에 대한 집착 떠나면 중생의 현실 떠나지 않고 여래의 공덕을 볼 수 있으니, 『화엄경』(「입법계품」) 또한 이렇게 가르친다.

물질의 모습을 집착하지 않고
모든 법에서 있음을 헤아리지 않으면
낮고 못난 지혜의 사람이라도
세존의 경계 알 수 있으리.

非是著色相 計有於諸法
劣智淺識人 能知尊境界

네 가지 먹음에 탐욕이 없으면 앎이 머물 수 없고
끝내 괴로움의 무더기가 사라지니

이와 같이 내가 들었다.

한때 붇다께서는 슈라바스티 국 제타 숲 '외로운 이 돕는 장자의 동산'에 계셨다.

그때 세존께서 여러 비구들에게 말씀하셨다.

"네 가지 먹음[四食]이 중생을 도와 이익 주어 그들로 하여금 세상에 머물며 거두어 받아들이고 키워 자라게 한다.

어떤 것이 그 네 가지인가?

첫째는 덩이로 먹음이요, 둘째는 닿아 먹음이고, 셋째는 하고자 함의 먹음이고, 넷째는 앎의 먹음이다.

여러 비구들이여, 이 네 가지 먹음에 대하여 탐욕이 있고 기뻐함이 있으면 앎이 머물러 늘어나 자라나고, 마음·물질이 늘어나 자란다. 여섯 들임이 늘어나 자라며, 닿음이 늘어나 자라고, 나아가 순전한 괴로움의 큰 무더기가 생겨난다.

비유하면 비구들이여, 화가나 화가의 제자가 갖가지 물감을 모아 놓고 바탕이 되는 물체에 갖가지 모습을 칠해 그리려고 한다 하자. 비구들이여, 어떻게 생각하느냐? 그 화가나 화가의 제자는 그 물체에 그림을 그릴 수 있겠느냐?"

비구들이 붇다께 아뢰었다

"그렇습니다. 세존이시여, 물체에 그림을 그릴 수 있습니다."

붇다께서는 비구들에게 말씀하셨다.

"네 가지 먹음에 대하여 탐욕이 있고 기뻐함이 있으면 앎이 머물러 늘어나 자라나고, 마음·물질이 늘어나 자란다. 여섯 들임이 늘어나 자라며, 닿음이 늘어나 자라고, 나아가 순전한 괴로움의 큰 무더기가 생겨난다."

바탕이 없으면 그림 그릴 수 없듯 네 가지 먹음에
탐욕 없으면 앎이 늘어나 자라지 못함을 보이심

"여러 비구들이여, 만약 네 가지 먹음에 탐욕도 없고 기뻐함이 없으면, 앎이 머물러 늘어나 자라지 못하고, 마음·물질이 사라지고, 여섯 들임이 사라지며, 닿음이 사라지고, 나아가 순전한 괴로움의 큰 무더기가 사라진다.

비구들이여, 비유하면 화가나 화가의 제자가 갖가지 물감을 모아 놓고 바탕이 되는 물체를 떠나 갖가지 모습을 칠해 그리려고 한다면 그릴 수 있겠느냐?"

비구들이 붇다께 말씀드렸다.

"그럴 수 없습니다, 세존이시여."

"이와 같이 비구들이여, 네 가지 먹음에 대하여 탐욕도 없고 기뻐함이 없으면, 앎이 머물러 늘어나 자라지 못하고, 마음·물질이 사라지고, 여섯 들임이 사라지며, 닿음이 사라지고, 나아가 순전한 괴로움의 큰 무더기가 사라진다."

붇다께서 이 경을 말씀하시자, 여러 비구들은 붇다의 말씀을 듣고 기뻐하며 받들어 행하였다.

• 잡아함 378 유탐경(有貪經)⑤

연기법에서 모든 존재는 나 아닌 다른 대상을 자기화함으로써 자기존재의 정체성을 유지한다.

네 가지 먹음의 교설로 보면 중생은 먹음으로 살아가고 먹음으로 유지된다. 먹음은 네 가지 먹음이 있으니 덩이로 먹음, 닿아 먹음, 하고자 함의 먹음, 앎의 먹음이다. 먹음은 먹는 자와 먹을거리가 만나 먹음이 있게 된다.

씹어 먹음과 덩이밥, 닿음과 닿아짐, 하고자 함과 하는 일, 앎과 알려지는 바가 서로 의지해 네 가지 먹음이 있으니, 먹는바[所食] 먹을거리가 공한 먹을거리인 줄 알지 못해 그 먹음에 탐욕이 있으면 무명의 먹음[無明食]이 된다.

중생의 먹음이 무명의 먹음이 되면 앎이 물질의 모습을 따라 자라나고 마음·물질이 자라며, 마음·물질이 자라면 삶에 막힘과 걸림이 있게 되고 대립과 갈등이 있게 된다. 그것은 마치 화가가 바탕이 있는 물질에 색칠하는 것과 같다.

그러나 먹는바 먹을거리, 아는바 알 거리, 짓는바 지을 거리에 실로 취할 모습이 없는 줄 알고 먹으면 먹음에 먹음이 없고 앎에 앎이 없다. 이는 마치 화가가 텅빈 허공에 그림을 그리는 것과 같아 앎이 자라지 않고 막힘과 걸림이 없게 되니 무명이 사라짐이다.

다섯 쌓임을 진실 그대로 알고 보아
지혜가 평등하면 그것을 밝음이라 하니

이와 같이 내가 들었다.

한때 붇다께서는 라자그리하 성의 칼란다카 대나무동산에 계셨다. 그때에 존자 사리푸트라와 존자 마하코티카는 그리드라쿠타 산에 있었다.

때에 마하코티카는 해질녘 선정에서 일어나 사리푸트라가 있는 곳으로 가서 서로 문안 인사하고 서로 즐거워한 뒤에, 물러나 한쪽에 앉았다. 때에 마하코티카는 사리푸트라에게 말하였다.

"묻고 싶은 것이 있는데, 한가하시면 대답해주시겠습니까."

사리푸트라는 말하였다.

"우선 물으시오, 아는 것을 대답하겠소."

사리푸트라 존자가 무명과 밝음을 답함

때에 마하코티카는 사리푸트라에게 물었다.

"무명이라고 하니 무명이란 무엇을 말하며, 누구에게 이 무명이 있습니까."

사리푸트라는 말하였다.

"바로 알지 못하는 것이 무명이오."

"어떤 것을 알지 못하는 것입니까."

"무엇을 알지 못하는가 하면 다음과 같소.

물질은 덧없는데 물질의 덧없음을 진실 그대로 알지 못하고, 물질의 모아냄·물질의 사라짐·물질의 맛들임·물질의 걱정거리·물질의 벗어남을 진실 그대로 알지 못함[不如實知]이오.

느낌·모습 취함·지어감·앎과 앎의 모아냄·앎의 사라짐·앎의 맛들임·앎의 걱정거리·앎의 벗어남을 진실 그대로 알지 못함이오.

코티카여, 이 '다섯 가지 받는 쌓임'[五受陰]을 진실 그대로 알지 못하고 진실 그대로 보지 못하며, 사이가 없는 평등함이 되지 못해 어둡고 어리석으면, 이것을 무명이라 하고, 이런 법을 성취하면 무명이 있다고 하오."

다시 물었다.

"밝음이란 어떤 것이 밝음이고 누구에게 그 밝음이 있습니까."

사리푸트라는 말하였다.

"바로 아는 것이 곧 밝음이오."

"어떤 것을 아는 것입니까."

"물질을 진실 그대로 알고, 물질의 모아냄·물질의 사라짐·물질의 맛들임·물질의 걱정거리·물질의 벗어남을 진실 그대로 아는 것[如實知]이오.

느낌·모습 취함·지어감·앎과 앎의 모아냄·앎의 사라짐·앎의 맛들임·앎의 걱정거리·앎의 벗어남을 진실 그대로 아는 것이오.

마하코티카여, 이 '다섯 가지 받는 쌓임'에 대해서 진실 그대로 알고 진실 그대로 보며, 밝게 깨달아 사이가 없는 평등함이 되면, 이것을 밝음이라 하고, 이것을 성취하면 밝음이 있다고 하오."

때에 두 존자는 각기 말하는 바를 듣고 기뻐하면서 떠나갔다.

• 잡아함 258 무명경(無明經) ③

무명을 무명이 되게 하는 조건이 사라지면 무명이 밝음이 되는 것이니, 이 밝음이 곧 보디요 해탈이다. 두 존자는 문답을 통해 밝음 없음과 밝음을 다섯 쌍임의 법으로 보이고 있다.

다섯 쌍임에서 마음은 늘 물질인 마음이고 앎은 아는 바를 안고 일어나는 앎이다. 취하는바 물질의 모습에 모습 없음을 알고 아는 바에 실로 알 것이 없는 줄 깨달아 알면, 앎이 아는 바에 막히지 않고 물질의 모습에 물들지 않는다. 이것이 곧 무명이 없음이고, 무명이 없으므로 앎 없는 앎이 늘 고요하되 밝은 것이니, 무명에 머물러도 밝음이 아니고 무명을 끊어 없애도 연기법의 밝음이 아니다.

밝음 없음과 밝음이 이처럼 두 법이 아니므로, 이미 해탈의 빛 갖춘 붇다와 큰 보디사트바들의 세간 교화의 뜻은 무명을 끊음 없이 밝음이 되게 하여 중생에게 해탈의 언약 주심이니, 『화엄경』(「입법계품」入法界品)은 이렇게 말한다.

> 여래는 보디의 문을 열어
> 모든 중생이 한량없고
> 사의할 수 없음 깨우치시사
> 지혜의 문에 들게 하시고
> 보디의 언약 주시네.
>
> 曉悟諸衆生　無量不思議
> 令入智慧門　授以菩提記

2 괴로움의 악순환과 니르바나에 돌아감

• 이끄는 글 •

안의 여섯 뿌리[六根]와 바깥 여섯 티끌경계[六境]는 모두 있되 있음 아닌 있음[非有之有]이므로 아는 자와 알려지는 것이 만나 구체적인 여섯 앎[六識]을 이룬다.

아는 뿌리와 여섯 경계와 여섯 앎이 서로 어울려 만남[根境識三事和合]을 닿음[觸, sparśa]이라 한다. 아는 자와 알려지는 것과 앎이 모두 공하므로 닿음이 나는 것이니, 세 가지 일이 각기 고정된 자기성품이 있다면 어떻게 셋이 어울려 합해[三事和合] 느낌[受, vedana]을 일으킬 것인가.

닿음이 일어날 때 '안의 닿아 들이는 곳'[內觸入處]과 '바깥 닿아 들이는 것'[外觸入處]에 실체가 있는 줄 알면, 닿음이 닿는 것을 붙잡아 취해 닿는 것에 들어가니, 이것이 무명의 경계에 매여 취함을 일으킴이다.

닿음이 일어날 때 지혜가 있어 '안의 닿아 들이는 곳'과 '바깥의 닿아 들이는 것'에 실체 없는 줄 알면, 닿되 닿음이 없으니 닿음이 닿는 것[所觸]에 들어가지 않는다.

닿음이 닿는 것에 들어가지 않으면 취함이 없고 취함이 없으면 존재가 사라진다.

이처럼 범부와 지혜로운 이의 밝지 못함[無明, avidyā]과 밝음[明, vidyā]의 차별은 바로 앎활동 속에 닿아 취함이 있느냐 없느냐의 차별이니, 그 또한 실체적 차별이 아니다. 그러므로 닿아 취함에 실로 취할 것이 없는 줄 알면, 아는 자와 알려지는 것이 서로 닿음 가운데 길이 닿음이 없어, 법신(法身)인 반야의 지혜[般若]와 지혜인 해탈(解脫)의 활동이 늘 현전하리라.

『화엄경』(「입법계품」)은 이렇게 가르친다.

안과 밖의 법을 취하지 않아
움직임 없고 걸리는 바 없으면
맑고 깨끗한 지혜의 눈이
붇다의 신통의 힘 볼 수 있으리.

不取內外法　無動無所礙
清淨智慧眼　見佛神通力

무명과 애욕에 매인 앎의 몸이 있으면
해탈하지 못하니

이와 같이 내가 들었다.

한때 붇다께서는 라자그리하 성 칼란다카 대나무동산에 계셨다. 그때에 세존께서는 여러 비구들에게 말씀하셨다.

"어리석고 들음 없는 범부들은 무명에 덮이고 애착의 경계에 매이어 이 앎의 몸[識身, vijñāna-kaya]을 얻었다.

그리하여 안에는 앎의 몸이 있고 밖에는 마음·물질이 있어, 이 두 가지 인연이 닿음을 내고, 이 여섯 닿음[六觸]이 닿는 바[所觸]에 들어가, 어리석고 들음 없는 범부는 괴롭고 즐거운 느낌을 받아 이로 인해 갖가지를 일으킨다.

어떤 것을 여섯이라 하는가. 눈의 닿아 들이는 곳, 귀·코·혀·몸·뜻의 닿아 들이는 곳이다.

만약 지혜로운 사람이라도 무명에 덮이고 애착의 경계[愛緣]에 매이면 이 앎의 몸을 얻게 된다. 그리하여 이와 같이 안에 앎의 몸이 있고 밖에 마음·물질이 있게 되어, 이 두 가지 인연으로 여섯 닿아 들이는 곳을 내고, 여섯 닿음이 닿는 바[六觸所觸] 때문에 지혜로운 사람도 괴롭고 즐거운 느낌을 받아 갖가지를 일으킨다.

어떤 것이 여섯인가. 눈의 닿아 들이는 곳, 귀·코·혀·몸·뜻의 닿아 들이는 곳이다."

무명의 삶과 해탈의 삶의 차별을 보이심

"그러면 어리석은 범부와 지혜로운 사람, 그들은 내가 닦는 모든 범행에 있어서 어떠한 차별이 있는가."

비구들은 붇다께 여쭈었다.

"세존께서는 법의 근본이시고 법의 눈이시며 법의 의지이십니다. 거룩하십니다! 세존이시여, 연설하여 주시길 바랍니다.

여러 비구들은 듣고서는 받아 받들어 행할 것입니다."

그때에 세존께서는 여러 비구들에게 말씀하셨다.

"자세히 듣고 잘 사유하라. 너희들을 위하여 말해주겠다.

여러 비구들이여, 저 어리석고 들음 없는 범부들은 무명에 덮이고 애착의 경계에 매이어 이 앎의 몸을 얻어, 그는 무명이 끊어지지 않고 애착의 경계가 다하지 않으면, 몸이 무너지고 목숨이 끝난 뒤에는 다시 몸을 받는다.

도로 몸을 받기 때문에 태어남·늙음·병듦·죽음과 근심·슬픔·번민·괴로움에서 해탈하지 못한다.

왜 그런가. 그 어둡고 어리석은 범부는 본래 범행을 닦아 바르게 괴로움 다함을 향해 괴로움의 끝을 마쳐 다하지 않았기 때문이다. 그러므로 몸이 무너지고 목숨이 끝난 뒤에는 다시 몸을 받고, 도로 몸을 받기 때문에 태어남·늙음·병듦·죽음과 근심·슬픔·번민·괴로움에서 해탈하지 못한다.

만약 밝고 지혜로운 사람이라면 무명에 덮이고 애착의 경계에 매이어 이 앎의 몸을 얻었지만, 그는 무명이 끊어지고 애착의 경계가 다하게 되니, 무명이 끊어지고 애착의 경계가 다하므로, 몸이 무너지고 목숨이 끝난 뒤에는 다시는 몸을 받지 않는다.

몸을 다시 받지 않기 때문에 태어남·늙음·병듦·죽음과 근심·슬픔·번민·괴로움에서 해탈한다.

왜 그런가. 그는 앞에서 범행을 닦아 바로 괴로움 다함에 향하고 괴로움의 끝을 마쳐 다했기 때문이다.

그러므로 그는 몸이 무너지고 목숨이 끝난 뒤에는 다시는 몸을 받지 않고, 몸을 다시 받지 않기 때문에 태어남·늙음·병듦·죽음과 근심·슬픔·번민·괴로움에서 해탈할 수 있다.

이것을 범부와 지혜로운 사람, 그들이 내가 닦는바 여러 범행에서 갖가지로 차별됨이라 한다.”

붇다께서 이 경을 말씀하시자 여러 비구들은 붇다의 말씀을 듣고 기뻐하며 받들어 행하였다.

• 잡아함 294 우치철혜경(愚癡黜慧經)

• 해설 •

이 경은 삼세인과설(三世因果說)로 십이연기를 가르친다. 삼세인과설로 보이더라도 십이연기의 모든 법은 있되 공하다. 곧 무명으로 애착의 경계에 매이어 앎의 몸을 얻었지만, 경계에 물든 앎의 몸 때문에 다시 아는 마음과 바깥 애착의 경계가 있게 되어 실로 있는 마음·물질이 다시 무명을 내니, 열두 가지 인연의 법은 모두 실로 있는 것이 아니다.

이 경에서 안의 앎의 몸과 밖의 마음·물질이 있다 함은 무슨 뜻일까. 마하야나(mahā-yāna)의 해석으로 보면 앎[識]은 제8아라야식[ālaya-vijñāna]이니, 열두 들이는 곳[十二處]의 아는 뜻뿌리[意根]와 알려지는바 경계[六境]가 서로 의지해 있음이다.

앎이 무명으로 인해 앎의 몸이 된다고 함은 중생의 삶에서 안의 뜻뿌리

[意根]가 실체화되면 그것이 곧 중생의 안의 앎이라는 것이다.

아는 자[意根, 第八識見分]와 알려지는 것[六境, 第八識相分]이 어울려 구체적 경험활동으로서 여섯 앎[六識]이 날 때, 마음은 물질인 마음이고 물질은 마음인 물질인데 무명으로 인해 마음이 물질에 물들고 물질이 마음에 갇히게 된 것을 밖에 마음·물질이 있다고 한 것이다.

무명에 물든 중생의 앎의 몸이 태에 있으면 마음·물질의 몸은 칼라라 (kalala, 凝滑)의 몸이다.

이 마음·물질의 마음이 마음인 물질을 밖에 실로 있는 물질로 집착하여 안의 여섯 들임[六入]이 다시 실로 있는 안의 들임[內入]으로 굳어지는 것이다. 그리고 주체의 여섯 들임이 안에 있는 것으로 실체화됨으로 해서 여섯 앎의 닿음[六觸]이 닿는 것[所觸]에 들어가게 된다.

아는 마음[能知]과 아는 바[所知]가 닿을 때, 닿음이 닿는 것에 들어가므로 애착이 있고 취함이 있어 다시 미래생의 존재가 있고 존재가 있으므로 나고 죽음이 있는 것이다.

다시 지금 생의 짓는 행(行)이 다음 생에서는 다음 생의 현재를 규정짓는 무명이 되고 무명의 지어감이 되며, 무명으로 인한 앎의 몸이 되고, 그 앎의 몸으로 다시 다음 생 현재의 '칼라라의 몸'을 받는다.

이처럼 과거의 원인과 현재의 결과, 현재의 원인과 미래의 결과가 서로 의지해 일어나니, 삼세의 인과의 이어짐도 공한 이어짐인 것이다.

그러므로 지금 보이고 들리는 애착의 경계에 애착할 것이 없으면 바로 삼세 윤회(輪廻)의 뿌리인 무명이 사라져, 나고 죽음에서 나고 죽음이 없게 되어 파리니르바나에 들어가게 되는 것이다.

무명이 사라지면 지금 받아 나온 몸에서
해탈을 이루니

이와 같이 내가 들었다.

한때 붇다께서는 라자그리하 성 칼란다카 대나무동산에 계셨다. 그때에 세존께서는 여러 비구들에게 말씀하셨다.

"어떻게 생각해 헤아리고 살피면 바로 괴로움을 다하고 괴로움의 끝을 마쳐 다할 수 있는가.

그때에는 중생에게 있는 뭇 괴로움이 갖가지로 차별됨을 생각해 헤아려, 그 모든 괴로움은 무엇이 원인이고 무엇이 모아내며 어떻게 나고 어떻게 닿는가를 생각해 헤아려야 한다.

그래서 그것은 취함[取]이 원인이며 취함이 모아내며 취함으로 나며 취함으로 닿는다고 생각해 헤아리라.

만약 그 취함이 사라져 남음이 없으면 뭇 괴로움이 곧 사라진다. 그리고 저 타고 갈[所乘] 괴로움 없애는 길의 자취를 진실 그대로 알아 닦아 행해 그 법을 향하고 따르게 된다.

이것을 비구가 바로 괴로움을 다함과 괴로움의 끝을 마쳐 다함에 로 향하는 것이라 하니, 곧 취함의 사라짐이다."

취함 없애야 함을 보이신 뒤, 애착 없애야 함을 보이심

"다시 비구들은 바로 괴로움 다함과 괴로움의 끝 마쳐 다함을 생각해 헤아리고 살핀다. 그때 그 취함은 무엇이 원인이고 무엇이 모아내며 어떻게 생기고 어떻게 닿는가를 생각해 헤아려야 한다.

그러면 그 취함은 애착[愛]이 원인이고 애착이 모아내며 애착으로 나며 애착이 닿는다고 알게 된다.

그 애착이 길이 사라져 남음이 없으면 취함 또한 따라 사라진다. 그리고 저 타고 갈 취함 없애는 길의 자취를 진실 그대로 알아 닦아 행해 그 법을 향하고 따르게 된다.

이것을 비구가 바로 괴로움 다함과 괴로움의 끝을 마쳐 다함에 향하는 것이라 하니, 곧 애착의 사라짐이다."

느낌과 닿음 없애야 함을 보이심

"다시 비구들은 바로 괴로움 다함과 괴로움의 끝을 마쳐 다함을 생각해 헤아리고 살핀다. 그때 그 애착은 무엇이 원인이고 무엇이 모아내며 어떻게 생기고 어떻게 닿는가를 생각해 헤아려야 한다.

그러면 그 애착은 느낌[受]이 원인이고 느낌이 모아내며 느낌으로 나며 느낌이 닿는다고 알게 된다.

그 느낌이 길이 사라져 남음이 없으면 애착 또한 따라 사라진다. 그리고 저 타고 갈 애착 없애는 길의 자취를 진실 그대로 알아 닦아 행해 그 법을 향하고 따르게 된다.

이것을 비구가 바로 괴로움 다함과 괴로움의 끝 마쳐 다함에 향하는 것이라 하니, 곧 느낌의 사라짐이다.

다시 비구들은 바로 괴로움 다함과 괴로움의 끝 마쳐 다함을 생각해 헤아리고 살핀다. 그때 그 느낌은 무엇이 원인이고 무엇이 모아내며 어떻게 생기고 어떻게 닿는가를 생각해 헤아려야 한다.

그러면 그 느낌은 닿음[觸]이 원인이고 닿음이 모아내며 닿음으로 나며 닿음으로 부딪친다고 알게 된다.

그 닿음이 길이 사라져 남음이 없으면 느낌 또한 따라 사라진다. 그리고 저 타고 갈 닿음 없애는 길의 자취를 진실 그대로 알아 닦아 행해 그 법을 향하고 따르게 된다.

이것을 비구가 바로 괴로움 다함과 괴로움의 끝을 마쳐 다함에 향하는 것이라 하니, 곧 닿음의 사라짐이다."

여섯 들임과 마음·물질 없애야 함을 보이심

"다시 비구들은 바로 괴로움 다함과 괴로움의 끝을 마쳐 다함을 생각해 헤아리고 살핀다. 그때 그 닿음은 무엇이 원인이고 무엇이 모아내며 어떻게 생기고 어떻게 닿는가를 생각해 헤아려야 한다.

그러면 그 닿음은 여섯 들임[六入處]이 원인이고 여섯 들임이 모아내며 여섯 들임으로 나며 여섯 들임이 닿는다고 알게 된다.

그 여섯 들임이 길이 사라져 남음이 없으면 닿음 또한 따라 사라진다. 그리고 저 타고 갈 닿음 없애는 길의 자취를 진실 그대로 알아 닦아 행해 그 법을 향하고 따르게 된다.

이것을 비구가 바로 괴로움 다함과 괴로움의 끝 마쳐 다함에 향하는 것이라 하니, 곧 여섯 들임의 사라짐이다.

다시 비구들은 바로 괴로움 다함과 괴로움의 끝을 마쳐 다함을 생각해 헤아리고 살핀다. 그때 그 여섯 들임은 무엇이 원인이고 무엇이 모아내며 어떻게 생기고 어떻게 닿는가를 생각해 헤아려야 한다. 그러면 그 여섯 들임은 마음·물질[名色]이 원인이고 마음·물질이 모아내며 마음·물질로 나며 마음·물질로 닿는다고 알게 된다.

그 마음·물질이 길이 사라져 남음이 없으면 여섯 들임 또한 따라 사라진다. 그리고 저 타고 갈 마음·물질 없애는 길의 자취를 진실 그대로 알아 닦아 행해 그 법을 향하고 따르게 된다.

이것을 비구가 바로 괴로움 다함과 괴로움의 끝을 마쳐 다함에 향하는 것이라 하니, 곧 마음·물질의 사라짐이다."

앎과 지어감 무명 없애야 함을 보이심

"다시 비구들은 바로 괴로움 다함과 괴로움의 끝을 마쳐 다함을 생각해 헤아리고 살핀다. 그때 그 마음·물질은 무엇이 원인이고 무엇이 모아내며 어떻게 생기고 어떻게 닿는가를 생각해 헤아려야 한다.

그러면 그 마음·물질은 앎[識]이 원인이고 앎이 모아내며 앎으로 나며 앎으로 닿는다고 알게 된다.

그 앎의 탐욕이 길이 사라져 남음이 없으면 마음·물질 또한 따라 사라진다. 그리고 저 타고 갈 앎 없애는 길의 자취를 진실 그대로 알아 닦아 행해 그 법을 향하고 따르게 된다.

이것을 비구가 바로 괴로움 다함과 괴로움의 끝을 마쳐 다함에 향하는 것이라 하니, 곧 앎의 사라짐이다.

다시 비구들은 바로 괴로움 다함과 괴로움의 끝을 마쳐 다함을 생각해 헤아리고 살핀다. 그때 그 앎은 무엇이 원인이고 무엇이 모아내며 어떻게 생기고 어떻게 닿는가를 생각해 헤아려야 한다.

그러면 그 앎은 지어감[行]이 원인이고 지어감이 모아내며 지어감으로 나며 지어감으로 닿는다는 것을 알게 된다. 곧 여러 모든 복된 행을 지으면 좋은 앎[善識]이 나고, 복되지 않고 좋지 않은 행을 지으면 좋지 않은 앎[不善識]이 나며, 있는 바 없는 행을 지으면 있는 바 없는 앎[無所有識]이 난다.

이것이 곧 저 앎은 지어감이 원인이고 지어감이 모아내며 지어감으로 나며 지어감으로 닿는 것이니, 그 지어감의 탐욕이 사라져 남음이 없으면 곧 앎도 사라진다.

그리고 저 타고 갈 지어감 없애는 길의 자취를 진실 그대로 알아 닦아 행해 그 법을 향하고 따르게 된다.

이것을 비구가 바로 괴로움 다함과 괴로움의 끝 마쳐 다함에 향하는 것이라 하니, 곧 지어감의 사라짐이다.

다시 비구들은 바로 괴로움 다함과 괴로움의 끝 마쳐 다함을 생각해 헤아리고 살핀다. 그때 그 지어감은 무엇이 원인이고 무엇이 모아내며 어떻게 생기고 어떻게 닿는가를 생각해 헤아려야 한다.

그러면 그 지어감은 무명[無明]이 원인이고 무명이 모아내며 무명으로 나며 무명으로 닿는다고 알게 된다. 곧 저 복된 지어감도 무명이 인연이 되고 복되지 않은 지어감도 무명이 인연이 되며, 복도 아니고 복되지 않음도 아닌 지어감 또한 무명이 인연이 되는 것이다.

그러므로 알아야 한다. 저 지어감은 무명이 원인이고 무명이 모아내며 무명으로 나며 무명으로 닿는 것이니, 그 무명이 아주 사라져 남음이 없으면 곧 지어감도 사라진다.

그리고 저 타고 갈 무명 없애는 길의 자취를 진실 그대로 알아 닦아 행해 그 법을 향하고 따르게 된다.

이것을 비구가 바로 괴로움 다함과 괴로움의 끝 마쳐 다함에 향하는 것이라 하니, 곧 무명의 사라짐이다."

무명을 돌이켜 밝음을 내면 모든 괴로움의 무더기가 사라짐을 보이심

붇다께서 비구들에게 말씀하셨다.

"어떻게 생각하느냐. 만약 무명을 즐거워하지 않고 밝음[明]을 내면, 다시 그 무명을 인연하여 복된 지어감과 복이 아닌 지어감과 있는 바 없는 지어감을 짓겠느냐."

비구들은 붇다께 말씀드렸다.

"아닙니다, 세존이시여. 왜냐하면 많이 들은 거룩한 제자는 무명을 즐거워하지 않고 밝음을 내기 때문입니다.

무명이 사라지면 지어감이 사라지고, 지어감이 사라지면 앎이 사라지고, 앎이 사라지면 마음·물질이 사라지고, 마음·물질이 사라지면 여섯 들임이 사라집니다.

여섯 들임이 사라지면 닿음이 사라지고, 닿음이 사라지면 느낌이 사라지고, 느낌이 사라지면 애착이 사라지고, 애착이 사라지면 취함이 사라지고, 취함이 사라지면 존재가 사라집니다.

존재가 사라지면 나고 죽음이 사라지고, 나아가 태어남·늙음·병듦·죽음과 근심·슬픔·번민·괴로움이 사라집니다. 이렇게 하여 순전한 괴로움뿐인 큰 무더기가 사라지기 때문입니다."

붇다께서는 말씀하셨다.

"아주 잘 말했다. 비구들이여, 나 또한 이와 같이 말하였고 너희들 또한 그것을 알았다.

'이러저러한 법에서 이러저러한 법을 일으키고, 이러저러한 법을 냈다가 이러저러한 법을 없애고, 법이 사라져 그치면[滅止] 맑고 시원하여[淸凉] 쉬고 없어진다[息沒].'"

밝음을 내면 다시 뒤의 존재 받지 않게 됨을 보이심

"만약 많이 들은 거룩한 제자로서, 무명에서 탐욕을 떠나 밝음을 내, 받아 난 몸의 집[身分齋]에서 느낀 바를 받으면, 받아 난 몸에서 느낀 바를 받을 때, 그것을 진실 그대로 안다.

만약 받아 난 목숨에서 느낀 바를 받으면, 받아 난 목숨에서 느낀 바를 받을 때 그것을 진실 그대로 안다.

그래서 몸이 무너지고 목숨이 다하려 할 때에는 이 모든 받아 느낌에서 온갖 느낀 것[一切所覺]이 사라져 다해 남음이 없게 된다.

비유하면 힘센 장사가 새로 구운 오지그릇을 가지고 뜨거운 채로 땅에 두면, 잠깐 동안에 뜨거운 기운은 다 흩어지고 뜨거움이 무너져 사라지는 것과 같다.

이와 같이 비구들이여, 무명에서 탐욕을 떠나 밝음을 내어, 받아 난 몸에서 느낀 바 받는 것을 진실 그대로 알고, 받아 난 목숨에서 느낀 바 받는 것을 진실 그대로 알면, 몸이 무너지고 목숨 마침에 온갖 느낀 바를 받음이 다 사라져 남음이 없게 된다."

붇다께서 이 경을 말씀하시자, 여러 비구들은 붇다의 말씀을 듣고 기뻐하며 받들어 행하였다.

• 잡아함 292 사량경(思量經)

　주체가 대상을 닿아 느낄 때 느낌은 여기 주체 속에 있는 것이 아니다. 느끼는 자와 느끼는 것이 만나 느낌을 내는데, 그 느낌은 여섯 아는 뿌리와 알려지는 여섯 경계와 여섯 앎이 닿아 만남을 따라 일어난다.

　닿음이 일어날 때 여섯 아는 뿌리와 알려지는 경계가 공한 줄 알고, 아는 뿌리와 경계가 공하므로 앎이 공한 줄 알면, 닿음이 닿는 것에 들어가지 않는다. 곧 닿음은 여섯 들임을 따라 일어나고, 공한 여섯 들임은 앞선 앎의 물든 힘을 따라 실로 있지 않는 여섯 들임이 여섯 들임으로 실체화된다.

　여섯 들임을 실로 있는 것으로 지어내는 앎은 무명의 지어감으로 일어난다.

　무명 또한 본래 있는 것이 아니라 존재의 진실을 보지 못한 것이 무명이라 무명 또한 공하니, 무명을 돌이켜 밝음을 내 아는 자와 아는 바가 공한 줄 알면 닿음이 닿는 바에 들어가지 않는다.

　이처럼 무명이 애착과 취함을 낼 뿐 아니라 애착과 취함이 무명을 내는 것이니, 무명이 다해 닿음이 닿는 바에 들어가지 않으면, 느낌·애착·취함이 사라지고 존재가 사라지며 나고 죽음에서 나고 죽음이 사라진다.

　곧 무명의 미혹[惑]이 업(業)을 내고 업이 고통[苦]을 내지만, 다시 고통의 삶이 무명을 일으키고 무명의 업을 일으키는 것이다.

　그러므로 서로 의지해 나는 미혹과 업과 고통의 서로 이어진 고리 가운데 한 고리가 공한 줄 알면, 세 가지 윤회의 고리가 모두 공해져 무명이 다해 밝음이 나는 것이다.

　무명의 밝지 못함이 공하므로 밝음이 남이 없이 날 수 있는 것이니, 밝음은 바로 무명의 진실[無明實性]이고 니르바나는 바로 나고 죽음의 진실인 것[生死眞諦]이다.

3 십이연기는 삼세 모든 붇다의 법

십이연기는 인연 따라 있고 인연으로 나기 때문에 십이연기의 진실은 공한 것이다. 여래도 이 연기의 진실을 깨달아 여래가 된 것이므로, 십이연기의 진리는 과거의 붇다가 만든 것도 아니고 현재의 붇다가 지어서 말한 것도 아니며 그 누구가 짓는 것도 아니다.

연기의 진리는 붇다가 세간에 오시든 오시지 않든 중생이 그 법을 깨닫든 깨닫지 못하든 늘 그러한 존재의 진실이고 삶의 진실이다.

붇다도 이 연기의 법을 깨달아 위없는 보디를 이루었고 보디를 이루므로 붇다가 되신 것이다. 그리하여 붇다는 깨달은 보디의 지혜에서 갖가지 건네줌과 해탈의 말을 일으켜, 연기의 교법으로 십이연기의 진리를 등지고 고통바다에 헤매는 중생을 해탈의 언덕에 이끄시는 것이다.

반야불교의 법수(法數)로 이야기하면 여래가 깨친 연기의 진리는 실상반야(實相般若)이며, 연기의 진리를 깨친 여래의 지혜는 관조반야(觀照般若)이며, 갖가지 연기교설은 문자반야(文字般若)이다.

여래의 보디는 연기의 진리를 깨친 지혜이므로 실상인 관조반야이고, 연기의 진리는 여래의 보디에 의해 밝혀진 진리이므로 지혜인 실상이고 관조반야인 실상이다.

실상인 지혜는, 아는바 모습에 모습 없어[於相無相] 실로 아는 것도 없고 알지 않는 것도 없는 실상 그대로 지혜이다.

그러므로 그 지혜는 알되 앎이 없어서 비치되 고요하고[照而寂], 앎 없되 앎 없음이 없이 고요하되 비치는[寂而照] 지혜라, 밖에서 사물을 관조하는 지혜가 아닌 것이니, 행하되 행함 없는 해탈의 행 자체로 주어지는 지혜이다.

여래의 해탈의 행은, 바로 설함 없이 연기의 진리를 설해 중생을 깨우쳐주는 여래의 문자반야행으로 발현된다.

과거 붇다의 설법도 연기의 실상(實相)에서 일어나는 해탈의 행이고, 현재 붇다의 설법도 실상에서 일어나는 해탈의 행이므로 과거 붇다의 법과 현재 붇다의 법이 다르지 않다.

현재의 붇다도 옛 붇다가 설한 법과 설한 진리를 다시 전해 설하고 이어 설하는 것이다.

설법을 듣는 중생은 이제 언어문자의 가르침을 듣고[聞] 그 뜻을 사유하고[思] 무명을 돌이켜 밝음에 나아가고 번뇌를 돌이켜 지혜에 나아가[修], 지혜인 진리의 세계에 돌아간다.

미래의 한량없는 붇다가 그 누구인가.

지금 연기의 진리를 바르게 듣고 바르게 사유하여 해탈법계에 나아가는 자가 바로 그 사람이니, 그가 곧 마이트레야(Maitreya, 彌勒)의 이름으로 세간을 건지기 위해 다시 오실 붇다이며, 마이트레야의 세상 그 법의 모임에 함께할 대중이다.

십이연기의 법이 있되 공한 진여의 법이고 십이연기를 깨쳐 설하

는 여래의 법이 삼세에 평등한 해탈의 법임을 『화엄경』(「여래출현
품」)은 다음과 같이 말한다.

보디의 공덕 큰 지혜에서 나와
널리 온갖 경계에 통달하여서
해탈의 저 언덕에 이르셨네.
그 지혜 삼세 여래에 평등하나니
저는 지금 공경히 절하옵니다.

正覺功德大智出　普達境界到彼岸
等於三世諸如來　是故我今恭敬禮

이미 모습 없는 경계의 언덕 오르사
묘한 모습으로 꾸민 몸을 나투어
때를 떠난 일천의 밝은 빛을 놓아
마라 군대 깨뜨려 모두 다하게 하네.

已昇無相境界岸　而現妙相莊嚴身
放於離垢千光明　破魔軍衆咸令盡

널리 시방에 있는 모든 세계를
남음 없이 다 움직여 떨리게 하나
한 중생도 두려워하게 함 없으시니
잘 가신 이 위신의 힘 이와 같도다.

十方所有諸世界　悉能震動無有餘
未曾恐怖一衆生　善逝威神力如是

십이연기는 과거 붇다가 깨친 법이고
지금 여래가 또한 깨쳐 말하는 법이니

이와 같이 내가 들었다.

한때 붇다께서는 슈라바스티 국 제타 숲 '외로운 이 돕는 장자의 동산'에 계셨다.

그때 세존께서 비구들에게 말씀하셨다.

"옛날 비파신 붇다께서는 아직 바른 깨달음을 이루시지 못하셨을 때 보디의 처소에 머무시다 오래지 않아 깨달음을 이루셨다.

그분께선 보디 나무 아래로 나아가 풀을 깔아 자리를 만드시고 두 발을 맺고 앉으셨다. 단정히 앉아 생각을 바로 하여 이레 동안 십이연기에 대하여 거스름[逆]과 따름[順]으로 이렇게 살피셨다.

'이것이 있기 때문에 저것이 있고, 이것이 일어나기 때문에 저것이 일어난다. 곧 무명 때문에 지어감이 있고, 지어감 때문에 앎이 있고, 앎 때문에 마음 · 물질이 있고, 마음 · 물질 때문에 여섯 들임이 있다.

여섯 들임 때문에 닿음이 있고, 닿음 때문에 느낌이 있고, 느낌 때문에 애착이 있고, 애착 때문에 취함이 있고, 취함 때문에 존재가 있다.

존재 때문에 태어남이 있고, 태어남 때문에 늙음 · 죽음 · 근심 · 슬픔 · 번민 · 괴로움이 있고, 이렇게 하여 순전한 괴로움뿐인 큰 무더기가 생겨난다.

무명이 사라지면 지어감이 사라지고, 지어감이 사라지면 앎이 사라지고, 앎이 사라지면 마음·물질이 사라지고, 나아가 순전한 괴로움의 큰 무더기가 사라진다.'"

과거 붇다의 말씀으로 십이연기를 보이심

"그 비파신 붇다께서는 바르게 앉아 이레를 보내신 뒤 사마디에서 깨어나 이 게송을 말씀하셨다."

이와 같이 모든 법은 생겨나나니
브라마나가 부지런히 선정 닦아서
모든 의심 미혹을 길이 떠나면
인연이 법 내는 것 알게 되리라.

만약 원인이 괴로움 냄을 안다면
모든 느낌 사라져 다함을 알며
인과 연으로 법이 다함을 알면
흐름 있음 다하는 것 알게 되리라.

이와 같이 모든 법은 생겨나나니
브라마나가 부지런히 선정 닦아서
모든 의심 미혹을 길이 떠나면
원인 있어 괴로움 냄 알게 되리라.

이와 같이 모든 법은 생겨나나니

브라마나가 부지런히 선정 닦아서
모든 의심 미혹을 길이 떠나면
모든 느낌 사라져 다함 알리라.

이와 같이 모든 법은 생겨나나니
브라마나가 부지런히 선정 닦아서
모든 의심 미혹을 길이 떠나면
인과 연으로 법이 다함 알게 되리라.

이와 같이 모든 법은 생겨나나니
브라마나가 부지런히 선정 닦아서
모든 의심 미혹을 길이 떠나면
모든 흐름 있음이 다함 알리라.

이와 같이 모든 법은 생겨나나니
브라마나가 부지런히 선정 닦아서
밝은 지혜 모든 세간 두루 비추어
마치 해가 허공에 머묾 같으면
여러 마라의 군대를 깨뜨려 부수고
모든 묶임 해탈함을 깨달으리라.

붓다께서 이 경을 말씀하시자, 여러 비구들은 붓다의 말씀을 듣고
기뻐하며 받들어 행하였다.

(비파신 붇다에서와 같이 시킨 붇다, 비쓰바부 붇다, 크라쿠찬다 붇다, 카나카무니 붇다, 카샤파 붇다에 대해서도 모두 이와 같이 말씀하셨다.)

• 잡아함 369 십이인연경(十二因緣經) ①

• 해설 •

과거 붇다의 이름으로 십이연기의 법을 설하니, 과거 붇다의 법이 지금 붇다의 법이고 지금 붇다의 법이 앞으로 오실 붇다의 법이기 때문이다.

모든 법이 다른 법을 조건으로 해서 나기 때문에 스스로 나는 법이 아니고, 인연으로 나기 때문에 남에 남이 없는 것이니, 남이 없음을 깨달을 때 온갖 존재의 있음을 벗어나 있음에 갇히지 않는 지혜의 해가 시방을 비출 것이다.

있음을 있음으로 볼 때 온갖 마라가 일어나는 것이니, 여래의 지혜의 해가 비출 때 마라의 군대는 깨뜨려지는 것이다.

여래의 지혜의 해가 중생의 무명과 마라의 군대 깨뜨림을 『화엄경』(「광명각품」)은 이렇게 노래한다.

해에 구름의 가림이 없으면
시방 세계를 널리 비추어서
밝은 빛에 다른 성질 없음 같나니
모든 붇다의 법도 이와 같도다.

如日無雲曀　普照於十方
光明無異性　諸佛法如是

바른 길잡이 뭇 마라 항복받아
용맹하여 그를 이길 자 없네.

지혜의 밝은 빛 가운데서
묘한 뜻을 연설해주시니
자비 때문에 이와 같도다.

導師降衆魔　勇健無能勝
光中演妙義　慈悲故如是

경은 다시 연기의 법을 깨달아 쓰는 여래의 지혜의 해가 모든 보디사트바와 중생의 의지할 바임을 이렇게 말한다.

비유하면 큰 힘의 왕이
온갖 땅을 다스리고 거느려
모두 이어 우러러 모시듯
선정과 지혜 또한 이와 같아
보디사트바가 의지할 바네.

譬如大力王　率土咸戴仰
定慧亦如是　菩薩所依賴

어떤 사람이 옛날의 큰길 따라 옛 성을 발견하듯

이와 같이 들었다.

한때 붇다께서는 슈라바스티 국 제타 숲 '외로운 이 돕는 장자의 동산'에 계시면서 여러 비구들에게 말씀하셨다.

"내가 본래 닦아가는 보디사트바였을 때, 아직 깨달음의 도를 이루지 못한 가운데 이렇게 생각했다.

'이 세간은 매우 괴로워, 남이 있고 늙음·병듦·죽음이 있다. 그래서 이 다섯 가지 쌓임은 그 본바탕을 다할 수 없다.'

괴로움이 일어나는 연기를 살피심

그때에 나는 다시 생각하였다.

'무슨 인연으로 이 남·늙음·죽음이 있으며 무슨 인연으로 말미암아 이런 재앙에 이르게 되었는가.'

이것을 사유할 때에 다시 이런 생각을 냈다.

'남이 있기 때문에 늙음·병듦·죽음이 있다.'

이것을 사유할 때에 다시 이런 생각을 냈다.

'무슨 인연으로 말미암아 남이 있는가.'

이렇게 살필 때 생각했다.

'존재로 말미암아 남이 있다.'

거듭 사유하였다.

'존재는 무엇으로 말미암아 있는가.'

이것을 사유할 때 이런 생각을 했다.

'취함으로 말미암아 이 존재가 있다.'

거듭 사유하였다.

'이 취함은 무엇으로 말미암아 있는가.'

지혜로써 이렇게 살폈다.

'애착으로 말미암아 취함이 있다.'

다시 사유하였다.

'이 애착은 무엇으로 말미암아 생기는가.'

거듭 이렇게 살폈다.

'느낌으로 말미암아 애착이 있다.'

거듭 사유하였다.

'이 느낌은 무엇으로 말미암아 생기는가.'

이렇게 살필 때 생각했다.

'닿음으로 말미암아 이 느낌이 있다.'

거듭 사유하였다.

'이 닿음은 무엇으로 말미암아 있는가.'

이렇게 살필 때 생각했다.

'여섯 들임으로 말미암아 이 닿음이 있다.'

거듭 사유하였다.

'이 여섯 들임은 무엇으로 말미암아 있는가.'

이렇게 살필 때 생각했다.

'마음·물질로 말미암아 여섯 들임이 있다.'

거듭 사유하였다.

'이 마음·물질은 무엇으로 말미암아 있는가.'

이때 나는 다시 생각했다.

'앎으로 말미암아 마음·물질이 있다.'

거듭 사유하였다.

'이 앎은 무엇으로 말미암아 있는가.'

이렇게 살필 때 생각했다.

'지어감으로 말미암아 앎이 생긴다.'

이때 나는 다시 생각했다.

'지어감은 무엇으로 말미암아 생기는가.'

이것을 살필 때 '지어감은 어리석음[癡]으로 말미암아 생긴다'고 알았다.

곧 '무명 때문에 지어감이 있고, 지어감 때문에 앎이 있고, 앎 때문에 마음·물질이 있고, 마음·물질 때문에 여섯 들임이 있다. 여섯 들임 때문에 닿음이 있고, 닿음 때문에 느낌이 있고, 느낌 때문에 애착이 있고, 애착 때문에 취함이 있고, 취함 때문에 존재가 있다. 존재 때문에 태어남이 있고, 태어남 때문에 늙음·죽음·근심·슬픔·번민·괴로움이 있다.

이것을 괴로움의 쌓임이 익히어 일어남이라고 말한다.'"

다시 괴로움이 사라지는 연기를 보이심

"나는 이때 다시 생각했다.

'무슨 인연으로 말미암아 남·늙음·병듦·죽음이 사라지는가.'

내가 이것을 살필 때 '남이 사라지면 늙음·병듦·죽음이 사라진다'고 알았다.

다시 이런 생각을 냈다.

'무엇으로 말미암아 남이 없게 되는가. 남의 바탕을 살펴보니 존재가 사라지면 남이 사라지는 것이었다.

다시 생각했다.

'무엇으로 말미암아 존재가 없어지게 되는가.'

그때 이 생각을 냈다.

'취함이 없으면 존재가 없어진다.'

다시 사유했다.

'무엇으로 말미암아 취함이 사라지는가.'

그때 이렇게 살폈다.

'애착이 사라지면 취함이 사라진다.'

다시 사유했다.

'무엇으로 말미암아 애착이 사라지는가.'

그때 이렇게 살폈다.

'느낌이 사라지면 애착이 사라진다.'

다시 사유했다.

'무엇으로 말미암아 느낌이 사라지는가.'

그때 이렇게 살폈다.

'닿음이 사라지면 느낌이 사라진다.'

다시 사유했다.

'무엇으로 말미암아 닿음이 사라지는가.'

그때 이렇게 살폈다.

'여섯 들임이 사라지면 닿음이 사라진다.'

다시 사유했다.

'무엇으로 말미암아 여섯 들임이 사라지는가.'

그때 이렇게 살폈다.

'마음·물질이 사라지면 여섯 들임이 사라진다.'

다시 사유했다.

'무엇으로 말미암아 마음·물질이 사라지는가.'

그때 이렇게 살폈다.

'앎이 사라지면 마음·물질이 사라진다.'

다시 사유했다.

'무엇으로 말미암아 앎이 사라지는가.'

그때 이렇게 살폈다.

'지어감이 사라지면 앎이 사라진다.'

다시 사유했다.

'무엇으로 말미암아 지어감이 사라지는가.'

그때 이렇게 살폈다.

'어리석음이 사라지면 지어감이 사라진다.'

이것을 살필 때 '어리석음이 사라지면 지어감이 사라진다'고 알 았다.

곧 '무명이 사라지면 지어감이 사라지고, 지어감이 사라지면 앎 이 사라지고, 앎이 사라지면 마음·물질이 사라지고, 마음·물질이 사라지면 여섯 들임이 사라진다. 여섯 들임이 사라지면 닿음이 사 라지고, 닿음이 사라지면 느낌이 사라지고, 느낌이 사라지면 애착이 사라지고, 애착이 사라지면 취함이 사라지고, 취함이 사라지면 존재 가 사라진다. 존재가 사라지면 태어남이 사라지고, 태어남이 사라지 면 늙음·죽음·근심·슬픔·번민·괴로움이 사라진다.

이것을 다섯 가지 치성한 쌓임[五盛陰]의 사라짐이라고 한다.'"

연기의 법이 본래 있던 진리의 길임을 비유로 보이심

"때에 나는 다시 사유하였다.

'이 무명의 앎이 맨 처음의 바탕이 되어 사람으로 하여금 남·늙음·병듦·죽음을 이루게 한다. 그러나 사람들은 이 남·늙음·병듦·죽음의 바탕을 알지 못한다.'

이는 마치 다음과 같다. 어떤 사람이 산숲에 있으면서 작은 길을 따라 앞에 가던 길을 조금 다시 가다가, 옛날의 큰길을 보았다. 옛날 여러 사람이 가던 곳에 있다 그 사람이 다시 그 길을 따라 조금 앞으로 나아가니, 옛날의 성과 동산과 목욕 못이 모두 어우러져 있는 것을 보았다.

다만 거기에는 사는 사람이 없었다. 그 사람이 보고서는 본국으로 돌아가 왕에게 말했다.

'나는 어제 산숲에서 놀다가 좋은 성을 보았는데, 나무숲이 우거져 있는데, 그 성 가운데 사는 사람이 없었습니다. 대왕은 사람들을 보내어 그 성에서 머물러 살도록 하십시오.'

왕은 이 사람의 말을 듣고 곧 사람들을 살게 하였다. 그래서 그 성은 옛날과 같이 백성들이 번성하고 즐거움이 견줄 데 없었다.

이 비유와 같이 여러 비구들이여, 알아야 한다.

나는 옛날 보디사트바를 이루기 전에 산속에서 도를 배우다가 옛날의 모든 붇다가 노닐던 그 길을 따라 남·늙음·병듦·죽음이 일어나는 바탕을 알았다.

곧 '남이 있으면 사라짐이 있다'는 것을 다 분별하였고, 태어남의 괴로움·태어남의 모아냄·태어남의 사라져 다함·태어남을 없애는 길을 모두다 깨달아 알았다. 존재, 취함, 애착, 느낌, 닿음, 여섯 들임,

마음·물질, 앎, 지어감, 어리석음에 있어서도 또한 다시 이와 같다.

무명이 일어나면 지어감이 일어나고, 지어감이 만든 것은 다시 앎을 말미암았다[由於識]. 나는 이제 그 앎을 밝혀 네 부류 대중[四部大衆]에게 이 바탕을 설명하는 것이다."

연기의 진실 살펴 니르바나의 성에 이르도록 당부하심

"너희들은 이 앎의 바탕이 일어나는 것을 알아서, 괴로움을 알고 괴로움의 모아 익힘·괴로움의 사라짐·괴로움 없애는 길을 알고, 그것을 생각해 분명하게 해야 한다.

여섯 들임이 있으면 남·늙음·병듦·죽음이 있고, 여섯 들임이 사라지면 곧 남·늙음·병듦·죽음이 사라진다. 그러므로 비구들은 방편을 구해 여섯 들임을 없애야 한다[滅於六入].

이와 같이 여러 비구들이여, 반드시 이렇게 배워야 한다."

그때에 비구들은 붇다의 말씀을 듣고 기뻐하며 받들어 행하였다.

• 증일아함 38 역품(力品) 四

• 해설 •

온갖 존재는 인연으로 일어나므로 있되 공하다[依他起無性]. 있되 공해 취할 것 없는 곳에서 중생이 이 한 생각 무명을 일으켜 애착과 취함을 내고, 취함으로 존재가 실체화되고, 남이 없는 남 속에서 남을 보고 죽음 없는 죽음에서 죽음을 보게 된다.

그러나 무명으로 집착한 중생의 물든 모습과 환상의 삶 또한 인연으로 났으며 본래 없는 것을 실로 있다 집착한 것이므로 그 자체가 공해 없는 것[遍計所執無性]이다.

그러므로 경에서 맨 끝에 반드시 방편을 구해[當求方便] 여섯 들임[六

시]을 없애라고 가르치는 것은 아는 주체를 없애 공함에 돌아가라는 뜻이 아니라, 아는 자에 실로 아는 나[我]가 없고 알려지는 것에 내 것이 없고 실로 알바 모습 없음을 알아야 해탈법계(解脫法界)에 나아갈 수 있음을 보이신 것이다.

중생의 무명과 무명에 갇힌 삶이 실로 있는 것이 아니므로 중생은 무명을 돌이켜 밝음에 나아갈 수 있으며, 갇히고 물든 중생의 세계[衆生世間]를 돌이켜 막힘없는 해탈법계에 나아갈 수 있는 것이다.

여섯 들임에서 실로 아는 자를 떠나는 방편이 사마타이고 비파사나이니, 사마타인 비파사나로 아는 자가 아는 자 아님을 바로 볼 때 주체의 앎은 앎 없는 앎이 되는 것이다.

이 연기의 진리는 붇다가 만든 것이 아니라 붇다가 이 세간에 오시든 오시지 않든 늘 그러한 삶의 참모습이다. 붇다가 위없는 보디를 완성한 것은 마치 산길 가던 이가 옛날 풍요의 성을 찾아 그 성을 뭇 사람들에게 알려주어 그 성안에서 모두가 안락한 삶을 누리게 함과 같다.

붇다 또한, 옛 붇다가 걸어갔던 그 길을 따라 니르바나의 옛 성을 찾아 끝내 위없는 보디를 성취해 붇다가 되시고 그 해탈의 문을 열어 중생을 니르바나 안락의 성에 이끌어 들이시는 것이다.

연기의 진리를 깨달아 쓰는 보디의 길 보디의 삶은 삼세 모든 붇다가 같이 행하는 길이고 온갖 중생이 함께 가야 할 길이다.

제3장

사제 · 십이연기가
진여를 떠나지 않으니

"그 어떤 것이 으뜸가는 공한 법인가?
눈이 일어날 때는 곧 일어나지만 또한 그 오는 곳을
보지 못하고, 사라질 때는 곧 사라지지만
또한 그 사라지는 곳을 보지 못한다.
다만 짐짓 이름 지어진 법[假號法]과 인연의 법은 빼놓는다.
어떤 것이 짐짓 이름 지어진 법이고 인연의 법인가?
곧 '이것이 있으면 곧 있고 이것이 생기면 곧 생김'이니."

인연으로 나는 법의 생겨남[生]은 나게 함[能生]과 나는 바[所生]가 의지해 어울림을 난다[生]고 이야기한다.

그러므로 생겨남은 남에 실로 남이 없다[於生無生]. 지금 어떤 것이 일어날 때 그 일어남은 안의 요인이 짓는 것도 아니고[非自作] 밖의 여건이 짓는 것도 아니며[非他作] 실체로의 안과 밖이 함께 짓는 것도 아니고[非共作] 안과 밖을 떠나서 지어지는 것도 아니다[非無因作].

지금 일어난 것에 일어나게 하는 안의 요인과 밖의 여건이 모두 공하다면 생겨난 것에 남이 없는 것[無生]이다.

생겨남에 생겨남이 없는 것은 있되 공하다. 이 공함은 있음이 곧 공한 것이므로 공함마저 없어, 공의 뜻이 연기를 이루어주니 온갖 법은 나되 남이 없지만[生而無生] 남이 없되 남이 없이 나는 것[無生而生]이다.

나되 남이 없어서 존재가 있되 공함을 진여(眞如)라 하니, 온갖 법은 진여를 떠나지 않고 남이 없이 나는 것이다.

사제(四諦) 십이인연(十二因緣)의 연기도 나되 남이 없어서 십이연기가 온전히 진여이지만, 진여 또한 공하여 진여를 떠남 없이 나는 것이 십이인연의 나는 모습이다.

그러므로 인연으로 나고 사라진다[因緣生滅]는 가르침을 들으면 우리는 나되 남이 없음을 알아야 하고, 남이 없다는 말을 들으면 남이 없이 남을 알아, 실로 남이 없음과 실로 나지 않음의 두 치우침을 모두 떠나고 치우친 분별을 모두 그쳐야 한다[息二邊分別止].

인연으로 나는 법밖에 한결같은 진여가 없고 인연으로 있는 빛깔과 소리밖에 보디의 길이 없으니, 옛 선사[大慧]의 다음 법어[上堂法語]를 들어보자.

> 소리를 듣고 도를 깨닫고
> 빛깔을 보고 마음을 밝힌다.
>
> 聞聲悟道 見色明心

갑자기 주장자를 들고 말했다.
"이것은 빛깔이다."
한번 들어 내리고는 말했다.
"이것은 소리이다."
여러 사람은 모두 보고 모두 들었으니, 또 어떤 것이 밝힌 마음이고 어떤 것이 깨친 도인가.
'악' 한번 외치고 말했다.

> 저 한 알의 쌀을 탐착하다
> 반년의 식량을 잃었도다.
>
> 貪他一粒米 失却半年糧

다시 주장자를 들었다 한번 내렸다.

1 네 가지 진리에서 사이 없는 평등함을 얻으면 곧 무너짐 없는 삼보의 세계

• 이끄는 글 •

사제의 진리를 바로 알면 그가 왜 붇다와 다르마와 상가에 무너짐 없는 믿음을 이루어 해탈에 나아가는 자인가.

사제법에서 고제와 집제는 무명과 집착으로 중생의 고통과 미혹의 세계가 일어남을 뜻한다. 고제와 집제에 대한 사제의 교설은 고통과 미혹이 스스로 있는 것이 아니라 연기한 것이므로 공함을 가르친다. 중생의 못 깨친 모습[不覺相] 곧 중생의 미혹의 원인과 고통의 결과가 연기해 있으므로 공하다는 것은 중생의 고통이 고통이 아니라 중생이 본래 깨쳐 있고 해탈되어 있음[本覺]을 보이는 것이다.

중생이 본래 깨쳐 있고 해탈되어 있음을 아는 것이 곧 사제의 진리가 진여를 떠나지 않음을 아는 것이다. 또 고통이 고통 아닌 곳을 본디 깨쳐 있음이라 이름한 것이라 본디 깨쳐 있음 또한 공하므로 중생은 미혹으로 인해 고통을 일으키니, 중생은 중생이 아니되[非衆生] 중생 아님도 아닌 것[非非衆生]이다.

다시 중생이 본디 깨쳐 있음을 의지해 미혹을 돌이켜 지혜로 나아가고 고통을 돌이켜 해탈의 세계로 나아가나, 미혹과 고통이 본래 공하므로 지혜와 해탈의 세계 또한 실로 얻음이 없다.

해탈의 세계가 실로 얻음이 아니므로 보디사트바의 새로 깨침[始覺] 또한 공한 것이다. 사제의 진리를 바로 이해한 자는 고통이 공한 본각의 땅[本覺地]에 서서 실로 얻음 없이 새로 깨침을 향해 나아가는 자이니, 그가 바로 고통과 시련의 땅에서 삼보에 대한 무너짐 없는 믿음을 이루어 스스로 삼보의 진리를 실현하는 자이다.

그러므로 화엄회상(「입법계품」) 마이트레야 선지식 또한 구도자 선재를 다음과 같이 격려한다.

그대는 삼계 존재의 집에 노닐며
뭇 미혹의 방을 널리 무너뜨리고
널리 여래의 해탈의 방에 들어가
이와 같은 도를 행해야 한다.

普遊三有室　普壞衆惑室
普入如來室　當行如是道

중생의 미혹과 고통이 본래 공한 줄 알므로 삼계의 집에 노닐 수 있는 것이니, 연기하는 세간의 모습과 진여가 모두 공하고 중생의 뭇 깨침과 본디 깨침이 모두 자기성품 없는 소식을 다시 어떻게 보일까.

옛 선사[大慧]의 다음 법문이 친절하다.

당에 올라[上堂] 어떤 승려와 풍혈선사(風穴禪師)의 문답을 들어보였다.

물었다.

"옛 가락은 소리 울림이 없는데 어떻게 어울려 같이할 수 있습니까."

풍혈이 답했다.

"나무 닭은 한밤에 울고 짚으로 된 개는 새벽하늘에 짖는다."

선사[大慧]가 말했다.

"이 얼굴 노란 강가 촌사람이 이렇게 답한 것이 저 임제의 자손이 되기에는 아직 아니다. 오늘 누가 이 경산(徑山, 大慧)에게 이렇게 물었다 하자."

옛 가락은 소리 울림이 없는데
어떻게 어울려 같이할 수 있는가.

古曲無音韻　如何和得齊

"그에게 다만 이렇게 말해주리라."

나무 닭은 한밤에 울고
짚으로 된 개는 새벽하늘에 짖는다.

木鷄啼子夜　芻狗吠天明

사제의 진리 바로 알면
삼보의 세계에 다시 의혹하지 않나니

이와 같이 내가 들었다.

한때 붇다께서는 슈라바스티 국 제타 숲 '외로운 이 돕는 장자의 동산'에 계시면서 여러 비구들에게 말씀하셨다.

"만약 비구로서 다섯 가지 두려움과 원한이 쉬어 세 가지 일에 마음이 결정되어, 의혹을 내지 않고 성현의 거룩한 길을 진실 그대로 알고 보면, 그들은 스스로 이렇게 말할 수 있을 것이다.

'지옥·축생·아귀 등 나쁜 세계가 이미 다하고, 스로타판나를 얻어 나쁜 세계의 법에 떨어지지 않고, 반드시 바른 깨달음에 곧장 향해, 일곱 번 하늘과 사람에 가서 나고는 괴로움의 끝을 마쳐 다한다.'"

다섯 가지 두려움과 원한 쉼을 보이심

"어떤 것을 다섯 가지 두려움과 원한 쉼이라 하는가.

만약 산목숨 죽이는 죄의 인연이 있으면 원한과 두려움이 생긴다.

만약 그가 산목숨 죽임을 떠나면 그 산목숨 죽이는 죄의 원한 그 인연으로 생기는 두려움이 쉰다.

또 도둑질·삿된 음행·거짓말·술 마시기의 죄가 있으면 그 원한의 인연으로 두려움을 낸다.

만약 그가 도둑질·삿된 음행·거짓말·술 마시기의 죄로 생기는 원한을 떠나면 그 인연으로 생기는 두려움이 쉰다.

이것을 죄의 원한 그 인연으로 생기는 다섯 가지 두려움을 쉼이라 한다."

삼보에 의혹 없이 사제를 알면 스스로
해탈 언약할 수 있음을 보이심

"어떤 것이 세 가지 일[三事]에 결정하여 의혹 내지 않음인가.

곧 붇다에 대해 마음을 결정하여 의혹을 떠나고, 법과 상가에 대해 마음을 결정하여 의혹을 떠나는 것이다.

이것을 세 가지 일에 결정하여 의혹을 떠나는 것이라 한다.

어떤 것이 거룩한 일을 진실 그대로 알고 보는 것인가.

이것은 괴로움의 거룩한 진리라고 진실 그대로 알고, 이것은 괴로움 모아냄의 진리, 이것은 괴로움 사라짐의 진리, 이것은 괴로움 없애는 길의 진리라고 진실 그대로 아는 것이다.

이렇게 아는 것을 거룩한 길을 진실 그대로 알고 보는 것이라 한다.

만약 이 다섯 가지 두려움과 죄의 원한이 쉬고 세 가지 일에 결정하여 의혹을 떠나며, 거룩한 진리를 진실 그대로 알고 보면, 그 거룩한 제자는 스스로 이렇게 언약해 말할 수 있게 된다.

'나는 지옥이 다하고, 축생·아귀의 나쁜 세계가 다하여 스로타판나를 언어, 나쁜 세계의 법에 떨어지지 않고, 반드시 바른 보디[saṃbodhi, 正覺]로 곧장 나아가, 일곱 번 하늘과 사람에 가서 나고는 괴로움의 끝을 마쳐 다하리라.'"

붇다께서 이 경을 말씀하시자, 여러 비구들은 그 말씀을 듣고 기뻐하며 받들어 행하였다.

• 잡아함 845 공포경(恐怖經) ①

　삼보에 결정된 믿음이 있어 사제의 법을 진실 그대로 알아 의혹이 없으면, 그는 끝내 보디의 세계에 돌아간다는 이 뜻은 무엇인가.

　여래가 성취한 보디가 바로 중생의 자기진실이니, 사제의 법을 듣고 중생이 중생이 아니라 집착의 원인으로 중생된 줄을 알아 끊음 없이 집착의 원인을 끊으면 다시 니르바나의 진실에 복귀함을 말한다.

　사제법은 고통의 땅이 여래 보디의 땅임을 바로 보여주는 가르침의 문이다. 고통과 해탈이 연기임을 보이는 이 가르침이 본래 깨쳐 있음[本來成佛]과 본래의 해탈[本自解脫] 가리키는 법임을 바로 알아들어야 여래의 법을 잘 들은 거룩한 제자[多聞聲弟子]라 할 것이다.

　중생은 듣고서 법의 진실을 믿지 않음으로 긴 겁의 윤회를 벗어나지 못하니, 여래의 교화는 바로 그 중생의 의혹을 끊어 공덕의 땅에 이끄는 것이다. 『화엄경』(「입법계품」)은 이렇게 말한다.

　　여래는 온갖 중생의 의혹
　　길이 모두 끊어주실 수 있어
　　중생 마음의 즐거워함을 따라
　　모두다 만족하게 하여주시네.

　　如來能永斷　一切衆生疑
　　隨其心所樂　普皆令滿足

참으로 사제 지니는 자가
무너짐 없는 삼보에 돌아가는 자이니

이와 같이 내가 들었다.

한때 붇다께서는 라자그리하 성 칼란다카 대나무동산에 계셨다. 그때 세존께서 여러 비구들에게 말씀하셨다.

"만약 비구가 붇다에 대하여 의심한다면 곧 괴로움의 거룩한 진리에 의혹이 있는 것이고, 괴로움 모아냄의 거룩한 진리, 괴로움 사라짐의 거룩한 진리, 괴로움을 없애는 길의 거룩한 진리에 의혹이 있는 것이다. 만약 법과 상가에 대하여 의심한다면 곧 괴로움의 거룩한 진리에 의혹이 있는 것이고, 괴로움 모아냄의 거룩한 진리, 괴로움 사라짐의 거룩한 진리, 괴로움을 없애는 길의 거룩한 진리에 의혹이 있는 것이다.

만약 붇다에 대하여 의심하지 않는다면 곧 괴로움의 거룩한 진리에 대하여 의혹하지 않는 것이요, 괴로움 모아냄의 거룩한 진리, 괴로움 사라짐의 거룩한 진리, 괴로움을 없애는 길의 거룩한 진리에 의혹하지 않는 것이다. 만약 법과 상가에 대하여 의심하지 않는다면 괴로움의 거룩한 진리에 의혹하지 않는 것이요, 괴로움 모아냄의 거룩한 진리, 괴로움 사라짐의 거룩한 진리, 괴로움을 없애는 길의 거룩한 진리에 의혹하지 않는 것이다."

붇다께서 이 경을 말씀하시자, 여러 비구들은 붇다의 말씀을 듣고 기뻐하며 받들어 행하였다.

사문·브라마나는 사제의 법에 의혹 없는 이임을 보이심

이와 같이 내가 들었다.

한때 붇다께서 라자그리하 성 칼란다카 대나무동산에 계셨다.

그때 세존께서 여러 비구들에게 말씀하셨다.

"만약 사문·브라마나가 괴로움의 거룩한 진리에 의심이 있으면 곧 붇다에 의심이 있는 것이고, 법과 상가에도 의심이 있는 것이다.

만약 괴로움의 모아냄·사라짐·없애는 길에 의심이 있으면 곧 붇다에 의심이 있는 것이고, 법과 상가에도 의심이 있는 것이다.

만약 괴로움의 거룩한 진리에 의심이 없다면 곧 붇다에 의심이 없는 것이고, 법과 상가에도 의심이 없는 것이다.

괴로움의 모아냄·사라짐·없애는 길에 의심이 없으면 곧 붇다에 의심이 없는 것이고, 법과 상가에도 의심이 없는 것이다."

붇다께서 이 경을 말씀하시자, 여러 비구들은 붇다의 말씀을 듣고 기뻐하며 받들어 행하였다.

• 잡아함 419 의경(疑經) ① · 420 의경 ②

• 해설 •

붇다·다르마·상가 이 삼보의 세계는 연기이므로 공한 세계의 실상이 실현된 세계이고, 실상 그대로의 지혜가 발현된 세계이며, 그 지혜와 실상에 나아가는 구체적이고 집단적인 삶의 길을 말한다.

삼보는 나고 사라지는 세간법 가운데 실로 남이 없고 사라짐 없는 연기의 진실한 모습[眞實諦]을 온전히 반영한 삶을 말한다.

사제의 진리를 바로 이해하고 바로 믿는 자는 중생의 번뇌와 고통이 연기이므로 공함을 바로 알고, 나고 사라지는 세간법이 남이 없고 사라짐 없음을 바로 아니, 그는 이미 삼보의 진리가 자기 삶 안에 주체화되어 있음을 믿는다. 또한 삼보를 믿는 자는 중생의 번뇌와 고통의 실체성을 부정하고 보디에 나아가니, 그는 사제의 진리를 믿고 이해한다.

그러므로 사제의 진리를 바로 이해한 자, 그는 이미 지혜의 흐름[法流]에 들어가 다시 뒤로 물러섬이 없이 번뇌를 돌이켜 보디에 나아가니[菩提廻向], 그가 곧 붇다께 귀의한 자이다.

다시 믿음의 사람은 보디를 통해 실상에 복귀하니[實際廻向] 그가 곧 법보에 귀의한 자이다. 또한 믿음의 사람은 너와 내가 둘이 없는 실상에 돌아가 나와 너에 다툼 없는 사마디[無諍三昧]를 실현하니, 이것이 상가에 돌아감이고 중생에게 늘 자비공덕을 실현함[衆生廻向]이다.

삼보를 공경하고 믿는 자가 사제의 진실을 깨달아 지혜의 흐름에 들어갈 뿐 아니라, 사제의 진리를 바로 알 때 무너짐 없는 믿음의 땅에 서게 되는 것이니, 굳건한 믿음의 땅에 발을 댄 자 그가 어찌 해탈의 언약 위없는 보디의 언약[菩提記]을 스스로 확인할 수 있지 않겠는가.

『화엄경』(「현수품」)은 삼보에 대한 믿음이 진리에 대한 의혹을 없애 여래의 땅에 반드시 이르게 함을 다음과 같이 보인다.

보디사트바가 뜻을 내 보디 구함은
원인 없고 조건이 없음 아니니
붇다 다르마 상가에 깨끗한 믿음 내
이로써 넓고 큰 마음 내는 것이네.

菩薩發意求菩提　非是無因無有緣
於佛法僧生淨信　以是而生廣大心

믿음이 지혜 공덕 키워 기르고
믿음이 여래땅에 이르게 하네.
믿음이 몸의 여섯 아는 뿌리를
깨끗하고 밝고 날카롭게 하니

믿음의 힘 군세 무너뜨릴 수 없네.

信能增長智功德　信能必到如來地
信令諸根淨明利　信力堅固無能壞

믿음이 번뇌뿌리 길이 없애고
믿음이 붇다 공덕 향하게 하니
경계에 집착할 바 없음 믿으면
모든 어려운 일들 멀리 떠나서
어려움 없이 안락함 얻게 되리라.

信能永滅煩惱本　信能專向佛功德
信於境界無所著　遠離諸難得無難

믿음이 뭇 마라의 길 벗어나게 하고
위없는 해탈을 나타내 보이며
믿음의 공덕 그 씨앗 깨지지 않아
믿음이 보디 나무 자라게 하네.

信能超出衆魔路　示現無上解脫道
信爲功德不壞種　信能生長菩提樹

바르게 믿는 보디사트바가
만약 빼어나고 분명한 앎을 얻으면
모든 붇다의 보살펴 생각해줌이 되고
만약 모든 붇다가 보살펴 생각해주면
그는 곧 보디의 마음을 일으킬 수 있으리.

若得殊勝決定解　則爲諸佛所護念
若爲諸佛所護念　則能發起菩提心

2 십이연기의 공성이 곧 진여의 법

인연으로 나는 존재의 모습은 있되 공한데, 존재의 실상을 바르게 알지 못하는 무명으로 인해 실로 있음[實有]에 대한 애착과 취함으로 존재가 실체로서의 존재[有]가 된다.

취함으로 인해 존재가 실체로서의 존재가 됨으로 실로 나고 죽음 아닌 곳에서 나고 죽음을 본다.

연기의 진리를 잘 이해하는 사람은, 무명으로 인해 지어감이 있고 나아가 나고 죽음이 있지만, 나고 죽음 아닌 나고 죽음을 나고 죽음으로 보는 곳에서 무명이 연기한 것을 안다. 그러므로 연기의 진실한 뜻[緣起眞實義]을 바로 본 사람은 십이연기가 모두 공해 진여 떠나지 않음을 안다.

십이연기가 모두 공함을 진여라 하니, 경에 따라 '십이연기가 진여다'라고 말하기도 하고, '십이연기가 곧 불성이다'라고 말하기도 한다. 그러므로 이제 진리에 나아가는 이는 무명이 무명 아닌 진여에 발을 대고 서서 진여를 떠나지 않고 무명의 연기를 해탈의 연기로 돌이켜내야 한다.

무명의 연기가 공함을 진여라 이름했으므로 무명의 연기[無明緣起]가 진여를 물들인다고 해도 안 되지만, 무명의 연기가 진여를 떠났다 해도 안 된다.

이런 뜻에서 호법논사(護法論師, Dharmapāla)는『유식론』(唯識論)에서 '진여는 무명의 끼쳐 익힘을 받지 않는다'[眞如不受無明熏習]고 했으니, 이는 무명의 연기가 나되 나지 않음[生而無生]을 잡아서 보인 것이며, 십이연기가 공해 온전히 진여임을 잡아서 말한 것이다.

그에 비해 아쓰바고샤(Aśvaghoṣa, 馬鳴) 존자의『기신론』(起信論)은 '진여와 무명이 서로 끼쳐 익힌다'[眞如無明互熏]고 했으니, 이는 무명의 연기가 남이 없이 나는 것을 잡아 보인 것이며, 진여를 떠나지 않고 무명이 연기하는 것을 보인 것이다.

이를 다시 진여를 중심으로 말하면, 진여가 인연 따르되 변치 않으므로[隨緣不變] 호법논사는 '진여가 무명의 끼쳐 익힘을 받지 않는다'고 말한 것이며, 진여가 변하지 않으면서 인연을 따르므로[不變隨緣] 아쓰바고샤 존자는 '진여와 무명이 서로 끼쳐 익힌다'고 말한 것이다.

그러므로 무명의 연기가 공한 진여에 서서 무명의 연기를 온전히 지혜로 돌이키는 자가 다시는 무명의 끼쳐 익힘에 떨어지지 않고 니르바나에 돌아가는 자[還滅緣起]이며, 무명의 진실한 성품[無明實性]이 바로 붇다의 보디의 성품[佛性]인 줄을 보는 자인 것이다.

십이연기의 업의 모습이 진여의 성품과 모습임을『화엄경』(「십회향품」)은 이렇게 말한다.

　　진여의 모습같이 업 또한 그러하고

진여의 성품같이 업 또한 그러하네.
진여의 성품이 본래의 진실임과 같이
업 또한 이와 같이 진여와 같네.

如眞如相業亦爾　如眞如性業亦爾

如眞如性本眞實　業亦如是同眞如

십이연기의 모든 법이 공한 줄 알면 짓는 업과 업을 짓는 자가 실로 있지 않은 줄 알지만 공하기 때문에 업의 과보가 없지 않는 것이니, 「십회향품」은 또한 다음과 같이 보인다.

바르게 법을 살피는 보디사트바는
보디사트바는 모든 법이 공하여
온갖 세간 실로 있는 바가 없어서
지어감과 짓는 자가 없음 알지만
중생 업보 잃지 않음 또한 알도다.

菩薩了知諸法空　一切世間無所有

無有造作及作者　衆生業報亦不失

연으로 나는 법이 법의 머무름이고
법의 한결같음이니

이와 같이 내가 들었다.

한때 붇다께서는 라자그리하 성 칼란다카 대나무동산에 계셨다. 그때에 세존께서는 여러 비구들에게 말씀하셨다.

"나는 이제 인연의 법[因緣法]과 연으로 나는 법[緣生法]을 말해 주겠다.

어떤 것이 인연의 법인가. 곧 '이것이 있기 때문에 저것이 있다'는 것이니 다음과 같다.

무명이 있으므로 지어감이 있고, 지어감이 있으므로 앎이 있으며, 앎이 있으므로 마음·물질이 있고, 마음·물질이 있으므로 여섯 들임이 있다.

여섯 들임이 있으므로 닿음이 있고, 닿음이 있으므로 느낌이 있고, 느낌이 있으므로 애착이 있고, 애착이 있으므로 취함이 있고, 취함이 있으므로 존재가 있고, 존재가 있으므로 죽음과 근심 등 괴로움의 큰 무더기가 일어나는 것이다."

연으로 나기 때문에 나되 남이 없는 법을 보이심

"어떤 것을 '연으로 나는 법'이라 하는가. 곧 '무명 때문에 지어감이 있다'고 함이니, 붇다가 세상에 오시든 세상에 오시지 않든 이는 늘 머무름[常住]이요 법의 머무름[法住]이고 법의 세계[法界]로서 저 여래가 스스로 깨쳐 알아 바른 깨달음을 이루어, 사람들을 위해 연설하시어 열어 보이시고 드러내 나타내신 것이다.

곧 '남이 있기 때문에 늙음과 병듦과 죽음, 근심·슬픔·번뇌·괴로움이 있다'고 함이다.

이런 모든 법은 법의 머무름[法住]이고 법의 공함[法空]이고 법의 한결같음[法如]이며, 법의 그러함[法爾]으로써 법은 한결같음을 떠나지 않고, 법은 한결같음과 다르지 않다. 진리 살핌이 진실하면 뒤바뀌지 않으니, 이것을 연으로 나는 법이라 한다.

곧 '연으로 나는 무명, 지어감, 앎, 마음·물질, 여섯 들임, 닿음, 느낌, 애착, 취함, 존재, 남과 늙음, 병듦, 죽음, 근심, 슬픔, 번민, 괴로움이니, 이것을 연으로 나는 법이라 한다.

많이 들은 거룩한 제자는 이 인연의 법과 연으로 나는 법을 바르게 알고 잘 보아 과거를 구하여 이렇게 말하지 않는다.

'내 과거세상은 있었던가 없었던가, 내 과거세상은 어떤 종류였던가, 내 과거세상은 어떠하였던가.'

미래를 구하여 이렇게 말하지 않는다.

'내 미래세상은 있을 것인가, 없을 것인가, 어떤 종류일까, 어떠할까.'

그리하여 안으로 다음처럼 망설이지 않는다.

'이것은 어떤 것인가, 어떻게 이것이 있는가, 앞에는 누구였으며 끝내 어떻게 되는가, 이 중생들은 어디서 왔는가, 여기서 사라지면 어디로 갈 것인가.'"

바른 사문·브라마나의 나지 않는 법을 보이심

"만약 어떤 사문이나 브라마나가 범부의 소견을 일으켜 거기에 매이어 곧 '나'[我, ātman]라는 견해에 매임을 말하고 중생(衆生, sattva)이라는 견해에 매임을 말하며 목숨[壽, jīva]이라는 견해에 매임을 말하여, 꺼리고 싫어하거나 좋아서 기뻐하는 견해에 매임을 말하면, 그때에 거룩한 제자는 그것을 다 끊고 다 알아 그 뿌리 끊기를 타알라 나무 밑동을 끊음과 같이한다.

그리하여 미래세상에 나지 않는 법[不生法]으로 이루니, 이것을 '많이 들은 거룩한 제자가 인연의 법과 연으로 나는 법에 대해 진실대로 바르게 알아, 잘 보고 잘 깨닫고 잘 닦고 잘 들어가는 것'이라 한다."

붇다께서 이 경을 말씀하시자 여러 비구들은 붇다의 말씀을 듣고 기뻐하며 받들어 행하였다.

• 잡아함 296 인연경(因緣經)

• 해설 •

'인연의 법'[因緣法]이라고 말할 때는 십이연기의 법이 인연으로 나고 사라짐[因緣生滅]을 뜻하며, '연으로 나는 법'[緣生法]이라고 말할 때는 조건을 통해 이루어졌으므로 자기성품 없음[緣成無性]을 말하니 나되 남이 없음이다.

연생법의 나되 남이 없음이 곧 십이연기법의 공함이고 한결같음이니, 연생법은 남이 없으므로 사라짐이 없어 이를 법의 머무름이라 말한다.

이 진여가 곧 인연법 이루는 뜻이니 연생법은 남에 남이 없되 나지 않음도 없어서, 진여를 떠나지 않고 연기가 있는 것이다.

그러므로 십이연기가 곧 진여인 줄 알아 연기의 법을 끊어내지 않되 공도 공한 줄 알아, 진여를 떠나지 않고 무명에로 흘러가는 연기[流轉緣起]를 온전히 니르바나인 연기[還滅緣起]로 돌이키는 자가, 여래의 십이연기의 가르침을 잘 알고 잘 행하는 사람이라 할 것이다.

갖가지 중생의 차별과 업은 연기한 것이라 공하다. 있되 공한 곳에서 모습 취함으로 차별이 일어난 것이니, 이와 같이 살피면 진여의 성품 무너뜨리지 않는다.『화엄경』(「십회향품」)은 이렇게 말한다.

> 바르게 법을 살피는 보디사트바는
> 모든 중생 갖가지 다른 모습이
> 모습 취함과 지어감으로 분별됨 아니
> 이처럼 살펴서 모두 밝게 깨치면
> 모든 법의 성품 무너뜨리지 않네.
>
> 了知衆生種種異　悉是想行所分別
> 於此觀察悉明了　而不壞於諸法性

십이연기의 모든 법은 생겨도 그 오는 곳을
보지 못하고 사라져도 간 곳을 보지 못하니

이와 같이 들었다.

한때 붇다께서는 슈라바스티 국 제타 숲 '외로운 이 돕는 장자의 동산'에 계셨다.

그때 세존께서 여러 비구들에게 말씀하셨다.

"내가 이제 으뜸가는 공한 법[第一最空法]을 말하겠으니, 너희들은 잘 사유하고 생각하라."

여러 비구들이 대답했다.

"그렇게 하겠습니다, 세존이시여."

여러 비구들이 붇다에게서 가르침을 받아들이려 하니 세존께서 말씀하셨다.

"그 어떤 것이 으뜸가는 공한 법인가? 눈이 일어날 때는 곧 일어나지만 또한 그 오는 곳을 보지 못하고, 사라질 때는 곧 사라지지만 또한 그 사라지는 곳을 보지 못한다.

다만 짐짓 이름 지어진 법[假號法]과 인연의 법은 빼놓는다.

어떤 것이 짐짓 이름 지어진 법이고 인연의 법인가? 곧 '이것이 있으면 곧 있고 이것이 생기면 곧 생김'이니 다음과 같다.

무명 때문에 지어감이 있고, 지어감 때문에 앎이 있고, 앎 때문에 마음·물질이 있고, 마음·물질 때문에 여섯 들임이 있다.

여섯 들임 때문에 닿음이 있고, 닿음 때문에 느낌이 있고, 느낌 때문에 애착이 있고, 애착 때문에 취함이 있고, 취함 때문에 존재가 있다. 존재 때문에 태어남이 있고, 태어남 때문에 늙음·죽음·근심·슬픔·번민·괴로움이 있어, 이루 헤아릴 수 없게 된다.

이와 같이 괴로움의 쌓임이 이루어지는 것이다. 이 인연은 이것이 없으면 곧 없고, 이것이 사라지면 곧 사라지니, 다음과 같다.

곧 '무명이 사라지면 지어감이 사라지고, 지어감이 사라지면 앎이 사라지며, 앎이 사라지면 마음·물질이 사라지고, 마음·물질이 사라지면 여섯 들임이 사라진다.

여섯 들임이 사라지면 닿음이 사라지고, 닿음이 사라지면 느낌이 사라지고, 느낌이 사라지면 애착이 사라지고, 애착이 사라지면 취함이 사라지고, 취함이 사라지면 존재가 사라진다.

존재가 사라지면 태어남이 사라지고, 태어남이 사라지면 늙음·죽음·근심·슬픔·번민·괴로움이 모두 사라져 다한다.

다만 짐짓 이름 지어진 법은 빼놓는다."

**십이연기가 공한 뜻을 보이시고,
나되 남이 없음을 여섯 들임을 잡아 비유로 보이심**

"귀·코·혀·몸·뜻의 법 또한 이와 같아, 일어날 때는 곧 일어나지만 또한 그 오는 곳을 알 수 없고, 사라질 때는 곧 사라지지만 또한 사라지는 곳을 알 수 없다.

다만 짐짓 이름 지어진 법은 빼놓는다.

저 짐짓 이름 지어진 법이란, 이것이 일어나면 곧 일어나고 이것이 사라지면 곧 사라지는 것이다.

이 여섯 들임 또한 지은 사람이 없으니, 마음·물질 등 여섯 가지

들이는 법도 없다. 여섯 들임[六入, ṣaḍ-āyatana]에 지은 사람이 없으니, 부모로 말미암아 있지만 태에 든 이 또한 없다.

이것들은 인연으로 있는 것이요, 이 또한 짐짓 이름 지어짐이고, 반드시 앞에 마주함이 있은[要前有對] 뒤에야 비로소 있게 되는 것이다.

마치 나무를 뚫어 불을 구할 때 앞의 마주함이 있은 뒤에야 불이 생기는 것과 같다. 그러나 불 또한 나무에서 나온 것도 아니요, 나무를 떠나 생기는 것도 아니다.

만약 다시 어떤 사람이 나무를 쪼개어 불을 찾더라도 불을 얻을 수 없으니, 그것은 모두 인연이 모인[因緣合會] 뒤에야 불이 있기 때문이다.

이 여섯 뜻[六情]이 병 일으킴 또한 이와 같아서 모두 인연이 모임으로 말미암아[皆有緣會] 그 가운데서 병을 일으킨다.

이 여섯 들임은 일어날 때는 곧 일어나지만 또한 그 오는 곳을 보지 못하고, 사라질 때는 곧 사라지지만 또한 그 사라지는 곳을 보지 못한다.

그러나 짐짓 이름 지어진 법은 빼놓으니, 그것은 부모의 인연이 모임으로 말미암아 있는 것이다."

중생의 여섯 들임이 있음 아닌 있음임을 게송으로 보이심

그때 세존께서 곧 이런 게송을 말씀하셨다.

먼저 반드시 어머니 태를 받아서
차츰차츰 젖의 엉김처럼 엉기며

드디어 다시 솟은 살처럼 되고
뒤에 더욱 틀 갖춘 모습이 되네.

먼저 머리와 목이 생겨나고
다시 더욱 손과 발이 생겨나며
뼈줄기와 마디가 각기 생겨나고
머리털과 손톱 발톱 이가 생기네.

어머니가 먹을거리 먹고 마실 때
먹을거리 그 정기로 살아가나니
태를 받는 목숨의 바탕이 되네.

몸의 틀이 이루어 채워지면
몸의 모든 뿌리 빠뜨려 세지 않음에
어머니를 말미암아 나게 되나니
태를 받는 괴로움이 이와 같아라.

"비구들이여, 알아야 한다. 인연이 모여 곧 이 몸이 있을 뿐이다. 다시 비구들이여, 한 사람의 몸에는 뼈가 삼백육십 개 있고, 털구멍이 구만 구천 개 있으며, 맥(脈)이 오백 개 있고, 힘줄이 오백 개 있고, 벌레가 팔만 가지이다.

비구들이여, 여섯 들임의 몸에는 이런 재변이 있음을 알아야 한다. 비구들이여 이렇게 생각해야 한다.

'이와 같은 걱정거리가 있으니 누가 이 뼈를 만들었는가? 누가 이

힘줄과 맥을 붙였는가? 누가 이 팔만 가지 벌레를 만들었는가.'

그때 그 비구들은 이렇게 사유하고는 곧 두 가지 과덕을 얻었으니, 아나가민이거나 아라한이었다."

게송으로 다시 으뜸가는 공한 법을 보이시고 니르바나에 이끄심

그때 세존께서는 곧 게송을 말씀하셨다.

삼백육십 개의 뼈가 사람 몸속에 있으니
옛 붇다의 말씀하신 것 나도 지금 말하네.
힘줄은 오백 가닥 맥의 수 또한 그러하며
몸속 벌레 팔만 가지 구만 구천 털구멍이니
몸이 곧 이와 같음을 마땅히 살펴서
비구들이 부지런히 정진해 쉼이 없으면
아라한의 길 빨리 얻어 니르바나에 가리라.
이 법 비어 고요하나 어리석은 이 탐내지만
지혜로운 이의 그 마음은 늘 기뻐하여서
이 공한 법의 바탕을 늘 받아 듣는다네.

"이것을 비구들이여, 으뜸가는 공한 법이라 한다. 너희들에게 여래가 말해온바 닦아 행하는 법을 말하였다.

나는 이제 이로써 사랑하고 가엾이 여기는 마음을 일으키고, 나는 지금 이렇게 할 일을 모두 갖추었다.

너희들은 그 법 닦아 행할 것을 늘 생각하고, 한가한 곳에 있으면서 좌선하며 사유하여 게을리하지 말라.

지금 닦아 행하지 않는다면 뒤에 뉘우쳐도 이익이 없을 것이다.

이것이 내가 가르쳐 일깨움이다.

이와 같이 여러 비구들이여, 반드시 이렇게 배워야 한다.”

그때 여러 비구들은 붇다의 말씀을 듣고 기뻐하며 받들어 행하였다.

• 증일아함 37 육중품(六重品) 七

• 해설 •

인연으로 일어나는 온갖 존재의 실상은 인연으로 나기 때문에 남이 없고 인연으로 사라지기 때문에 사라짐이 없는 것이다.

눈·귀·코·혀·몸과 뜻 여섯 아는 뿌리가 있되 공하여, 일어나되 옴이 없고 사라지되 감이 없는 것이 ‘으뜸가는 공의 뜻’이다.

으뜸가는 공의 뜻을 모르고 집착을 일으키면 공한 진여의 바탕에서 무명의 연기가 없지 않으니, 공한 진여에서 있음 아닌 있음이 일어남을 ‘짐짓 이름 지어진 법’과 ‘인연으로 있는 법’이라 말한다.

인연으로 있는 법, 짐짓 이름 지어진 법은 다른 연을 의지해 있으므로 실로 있음 아니니, 불이 나무로 인해 있지만 불 속에 나무가 있지 않은 것과 같다. 이는 인연으로 결과가 있지만 인연도 공하고 결과도 공함을 비유로 보이신 것이다.

경의 첫 게송은 어머니 탯속의 칼라라(kalala, 凝滑)의 몸이 앞생 업의 힘과 부모의 연으로 있어서 칼라라의 몸이 공함을 보이니, 이는 삼세 십이연기설 가운데 탯속에 있는 ‘마음인 물질’과 ‘물질인 마음’이 공한 것을 보인 것이다.

십이연기의 열두 법은 서로 원인이 되고 서로 조건이 되므로, 열두 인연의 고리 가운데 마음·물질이 이미 공하다면 십이연기의 모든 법이 모두 있되 공하다.

이같이 인연법이 있되 공하고 나되 남이 없음을 살피면 연기의 움직임 속에 공한 법의 바탕을 깨닫는 것이니, 그가 으뜸가는 공한 법 아는 사람이다.

으뜸가는 공한 법 깨친 이, 그가 모습에 물듦 없이 그 마음이 범행에 머물러 앎이 없이 아는 자이고, 저 중생을 늘 거두어 자비로 보살피는 사람이다.

이 법은 늘 눈앞의 법이고 지금 서 있는 바로 이곳의 법이니, 눈에 닿는 온갖 것[一切所觸]에 실로 닿음 없음[無觸]을 아는 이가, 보고 듣는 그 자리에서 니르바나의 공덕을 쓰게 될 것이다.

곧 삼세의 인과로 보인 십이연기설에서 진여의 뜻을 아는 자는 삼세의 인과를 깨뜨리지 않고 인과를 벗어나 해탈의 땅에 나아갈 것이니, 『화엄경』(「여래출현품」)은 이렇게 말한다.

> 비유하면 진여가 나고 사라지지 않아
> 방위와 곳이 없어서 볼 수 없듯이
> 크게 이익 주는 이의 행도 이와 같아
> 삼세를 벗어나서 헤아릴 수 없도다.
>
> 譬如眞如不生滅　無有方所無能見
> 大饒益者行如是　出過三世不可量

학담 鶴潭

1970년 도문화상(道文和尙)을 은사로 출가하여
동헌선사(東軒禪師)의 문하에서 선(禪) 수업을 거친 뒤
상원사·해인사·봉암사·백련사 등 제방선원에서 정진했다.
스님은 선이 언어적 실천, 사회적 실천으로 발현되는
창조적 선풍을 각운동(覺運動)의 이름으로 제창하며,
용성진종선사 유업 계승의 일환으로 서울 종로에
대승사 도량을 개설하고 역경불사를 진행하여
『사십이장경강의』『돈오입도요문론』『원각경관심석』
『육조법보단경』『법화삼매의 길』등 많은 불전 해석서를 발간했다.
이밖에도 한길사에서 출간한『물러섬과 나아감』을 비롯하여,
『소외와 해탈의 연기법』『선으로 본 붇다의 생애』등
많은 저서가 있다.
시대의 흐름에 맞는 새로운 선원과 수행처 개설을 위해
도량을 양평 유명산(有明山)으로 이전하고
화순 혜심원 진각선원(眞覺禪院), 오성산 낭오선원(朗晤禪院)
도량불사를 진행 중이다.

아함경 ⁶

시대철학과 연기법의 진리

지은이 · 학담
펴낸이 · 김언호
펴낸곳 · (주)도서출판 한길사

등록 · 1976년 12월 24일 제74호
주소 · 413-120 경기도 파주시 광인사길 37
　　　www.hangilsa.co.kr
　　　http://hangilsa.tistory.com
　　　E-mail: hangilsa@hangilsa.co.kr
전화 · 031-955-2000~3　　팩스 · 031-955-2005

부사장 · 박관순 | 총괄이사 · 김서영 | 관리이사 · 곽명호
영업이사 · 이경호 | 경영담당이사 · 김관영 | 기획위원 · 류재화
책임편집 · 서상미 이지은 박희진 박호진
기획편집 · 백은숙 안민재 김지희 김지연 김광연 이주영
전산 · 노승우 | 마케팅 · 윤민영
관리 · 이중환 문주상 김선희 원선아

CTP출력 및 인쇄 · 예림인쇄 | 제본 · 경일제책

제1판 제1쇄 2014년 7월 30일

값 40,000원
ISBN 978-89-356-6286-9 94220
ISBN 978-89-356-6294-4 (세트)